努力开创二十一世纪粮食工作新局面

——广西壮族自治区粮食局

2000年，是我区粮食工作取得重大进展的一年。全区粮食系统广大干部职工认真贯彻落实全国粮食生产和流通工作会议精神，严格执行中央、自治区关于粮食工作的一系列方针、政策、措施和法规，各项工作都取得了新的成绩。粮食流通体制改革进一步深化，粮食生产和流通各项政策措施进一步完善。按保护价敞开收购农民余粮政策得到坚决贯彻落实，切实保护了农民利益。在早籼稻退出保护价、市场粮价持续走低的情况下，国有粮食购销企业积极收购粮食，全年区内收购粮食7.49亿公斤，其中定购粮4.15亿公斤，保护价和议价收购粮食3.34亿公斤，比上年增加0.36亿公斤。严格实行粮食顺价销售规定，粮食促销取得了较好成效。在市场竞争激烈，库存粮价偏高，市场粮价持续下滑的不利情况下，粮食购销企业积极采取措施，把握机遇，开拓市场，扩大销量，推陈储新。全区销售粮食15.57亿公斤，比上年同期增加3.05亿公斤，减轻了库存压力，减少了费用开支。粮食收购资金切实做到封闭运行，没有出现挤占挪用收购资金的现象。企业改革整顿力度加大，国有粮食企业大幅度亏损的势头继续得到遏制，扭亏增盈工作取得了新成效。各地继续深化粮食购销企业改革，加快附营企业放开搞活的步伐，积极引进多种所有制成分，盘活企业存量资产；企业内部三项制度改革力度进一步加大，离退休人员养老保险基本落实。强化了扭亏增盈措施，层层落实扭亏增盈目标管理责任制。全区国有粮食企业减亏10%左右。优质谷产业化经营工作继续推进。粮食企业参与优质谷产业化经营面积继续扩大，收购优质谷2亿公斤左右，优质谷市场销售好，粮食经营出现了的转机。对外开放取得了新进展，各地积极采取走出去、引进来等办法，开展了一批合资合作项目。以国家、自治区直属储备粮库和世行项目为重点的粮食基础设施建设加快进行。1998年安排在我区修建的11个中央粮库存建设项目工程已进入验收阶段，新库装新粮压仓计划已经完成。2000年新开工北海和防城港中央直属粮库建设项目进展顺利。储备粮管理体系逐步理顺，粮食安全保管工作进一步规范化、科学化，粮食宏观调控能力进一步增强。在储备粮推陈储新工作中，规范了储备粮的销售处理办法，通过拍卖的方式，全区共处理储备粮陈粮7万多吨。积极开展库存粮食安全检查工作，确保储备粮油的安全。科技、教育、扶贫等各项工作也取得了新的成绩。

2001年是新世纪的第一年，也是实施“十五”计划的第一年，做好2001年的工作，具有十分重要的意义。我们要继续深化粮食流通体制改革，着力推进经济结构调整，切实加大企业改革力度，加快体制创新和科技创新，积极参与农业产业化经营，进一步扩大对外开放，加强党风廉政建设和社会主义精神文明建设，努力实现“十五”计划良好开局。

新建的防城港中央粮食储备库

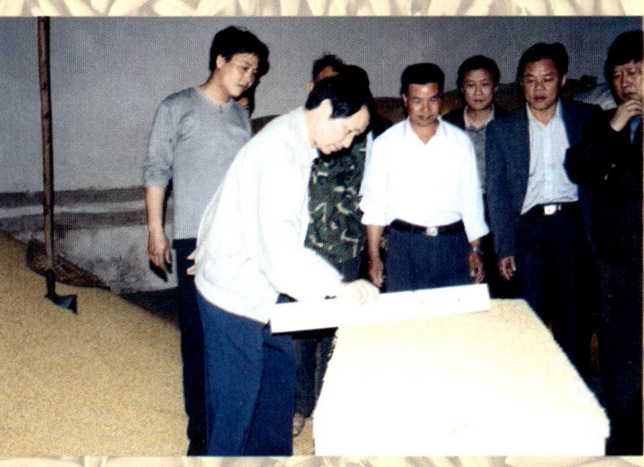
自治区粮食局梁雨祥局长在基层粮食企业检查工作

广西壮族自治区统计局

2000年9月14日自治区召开地、市人口普查领导小组组长会议，图为国家统计局副局长、国务院人口普查办公室主任卢春恒同志，自治区党委常委、自治区人民政府副主席、自治区人口普查领导小组组长王汉民同志，自治区人民政府副秘书长、自治区人口普查领导小组副组长王跃飞同志，自治区统计局局长、自治区人口普查领导小组副组长廖新华同志在主席台上。

2000年11月1日，自治区党委书记曹伯纯同志以普通公民的身份参加人口普查登记。

2000年11月1日，自治区人民政府主席李兆焯同志以普通公民的身份参加人口普查登记。

(4)

（4）2000年11月9日，自治区人民政府在南宁召开全区确保第五次人口普查质量电视电话会议，自治区人民政府主席李兆焯出席会议并讲话。

（5）自治区统计局合唱队在全局纪念中国共产党成立八十周年大会上高歌《党啊，亲爱的妈妈》。

（6）自治区统计局党组书记、局长廖新华同志在全局纪念中国共产党建党八十周年大会上发表重要讲话。

（7）2001年5月14日，国家统计局"九五"统计信息工程检查验收工作组对广西"九五"统计信息工作项目进行检查验收。

（8）2001年6月1日，由国家统计局纪检组长（局党组成员）章国荣（左三）等同志组成的党风廉政建设工作检查组到广西统计局检查指导工作。

图片由人口处、记者站提供。

纪念中国共产党成立八十周年大会

(5)

1921—2001

(6)

(7)

(8)

广西壮族自治区

2001年中国统计年鉴发行研讨会在广西召开，中国统计出版社总编刘科、副总编严建辉、广西区统计局总统计师李军出席了会议（会议由本中心组织）。

广西壮族自治区统计信息咨询服务中心是自治区统计局主管的一个综合性信息咨询机构，是广西统计系统对政府、企业和社会提供咨询服务的主要窗口，是目前我区最具权威的信息咨询、市场调查机构之一，中心具有法人资格，财务独立。

中心以国家统计局在全国的社会经济信息调查网络和地方调查系统为依托，具有计算机、信息、网络、人才四大优势和信息资源丰富、智力密集、反馈迅速、资信权威四大特点，同时拥有一支通过多次培训的高素质的，能吃苦耐劳的防问员队伍。中心每年定期编印、发行《广西统计年鉴》，向国内外客户提供统计资料，同时，承接国内外客户委托的项目整体策划、问卷设计、方案实施、数据处理、提供调查报告等。

中心设综合和咨询调查二个科，分财务、咨询、调查、计算机管理四个室。有召开各类专题分析、项目座谈、产品测试等会议的会议室、监控室及各种专用设备（如电视机、录音机、录像机、摄像机等）。

多年来，中心曾单独或协助客户围绕消费者、制造商、经销商及投资环境等方面进行大量的入户问卷调查、街头访问、电话访问、深度访问、组织各类座谈会、产品派发、产品留置、质量追踪、市场占有率分析及产品需求预测等工作，深受海内外客户的高度赞誉和信任。

统计信息咨询服务中心

项目总督导正在培训访问员

参加项目培训的访问员正在全神贯注地听项目总督导讲课。

主　　任：卢金邦　　电话：(0771) 5877615

副 主 任：卢增勤　　电话：(0771) 5877615

副 主 任：杨寿欧　　电话：(0771) 5864621

综 合 科：(0771) 5864621　　调查科：(0771) 5867028

传　　真：(0771) 5840912

单位地址：广西壮族自治区南宁市新竹路11号区统计局办公楼4号楼3楼　　邮码：530022

网　　址：www.gxsic.com

E-mail:GSCISC@PUBLIC.NN.GX.CN 或 GSCISC@163.NET

以改革为己任　再创新的业绩

——广西壮族自治区机构编制委员会办公室

机构改革是一项事关社会主义现代化建设全局的战略举措。党的十五大以来，我区各级机构编制部门坚持以邓小平理论为指导，认真贯彻江泽民总书记“三个代表”的重要思想，围绕建立适应社会主义市场经济体制需要的行政管理体系的目标，在各级党委、政府的领导下，把积极推进和稳妥实施各级机构改革作为中心任务，扎扎实实做好机构编制工作，为我区改革开放和经济建设作出了应有的贡献。

2000年，在自治区党委、自治区人民政府的领导下，自治区直属党政机构改革顺利进行，稳步实施，在推进政府职能转变、理顺职能关系、精干机构设置、优化队伍结构和提高工作效率等方面，取得了积极的进展。自治区编办作为具体负责机构改革和机构编制管理工作的职能部门，在机构改革前，进行了广泛深入的调查研究，研究拟订了机构改革方案和配套政策，为实施机构改革作了充分的准备；机构改革实施后，完成了大量的组织协调工作，保证改革的顺利实施，当好党委、政府的参谋和助手，得到了自治区党委、自治区人民政府的肯定 和表扬。自治区党政机构改革结束后，自治区编办及时把工作重点转入到深化自治区党政机构改革，加强机构编制管理，巩固机构改革成果和充分做好市（地）县乡机构改革准备工作。通过多方努力，在深化改革和加强管理等方面，取得了进展，并基本完成市（地）县乡机构改革的各项准备工作。同时，通过分类推进事业单位的改革，促进了科研院所的转制、教育事业单位的布局调整以及机关后勤服务社会化；通过贯彻实施国务院《事业单位登记管理暂行条例》和《广西壮族自治区事业单位登记管理办法》，实现了对事业单位的依法管理。

在新的世纪里，我办将认真学习和深刻领会中央领导同志关于“要从全局的高度，把机构编制工作看作是巩固我们党执政地位的一项重要工作，是党和国家政权建设的重要组成部分”的讲话精神，积极探索新 的思路，加强理论与实践的密切结合，以体制创新为主线，加强前瞻性、战略性和重大问题的研究，增强机构编制工作的主动性、针对性和创造性，为促进全区经济和社会的发展再作新的贡献。

自治区党委、自治区人民政府召开全区地市县乡机构改革电视电话动员大会。

自治区党委副书记、编委副主任刘奇葆（前左一）到自治区编委办检查指导工作。

自治区编委委员、编委办主任邵博文（右三）深入平果县新安镇调查研究。

广西统计年鉴

GUANGXI STATISTICAL YEARBOOK

2001

广西壮族自治区统计局　编

（总第19期）

(京)新登字 041 号

图书在版编目(CIP)数据

广西统计年鉴，2001/广西统计局编，—北京:中国统计出版社，2001.7

ISBN 7-5037-3512-0

Ⅰ.广...Ⅱ.广...Ⅲ.社会经济统计—统计资料—广西—2001—年鉴 Ⅳ.C832.67-54

中国版本图书馆CIP数据核字(2001)第028970号

广西统计年鉴—2001

作者/广西壮族自治区统计局

责任编辑/蔡启新

E-mail/yearbook@stats.gov.cn

责任校对/黄贵忠

封面设计/杨寿欧

出版发行/中国统计出版社

通信地址/北京市西城区三里河月坛南街75号 中国统计出版社

电 话/(010)63265595

印 刷/南宁双龙实业有限公司 彩枫纸制品有限公司

经 销/新华书店

开 本/878 × 1194毫米

字 数/120万

印 张/39印张

印 数/1-5000册

版 别/ 2001年9月第1版

版 次/2001年9月第1次印刷

书 号/ISBN 7-5037-3512-0/C.1884

定 价/220.00元

编者说明

一、《广西统计年鉴—2001》是一部全面反映广西壮族自治区国民经济和社会发展情况的大型资料性年刊。本书收录了2000年广西壮族自治区经济和社会等各方面的统计数据,90年代主要年份和改革开放以来统计数据,以及各地市县的主要统计数据。

二、全书内容由22个篇章、"九五"时期广西国民经济与社会发展成就图表和附录组成,即"九五"时期广西国民经济与社会发展成就图表;1、行政区划和自然资源;2、综合;3、人口;4、从业人员和职工工资;5、固定资产投资;6、能源生产与消费;7、财政、金融和保险;8、物价;9、人民生活;10、环境保护及城市公用设施;11、城市概况;12、农业;13、工业;14、建筑业;15、交通运输和邮电通信业;16、国内贸易;17、对外经济贸易和旅游;18、教育、科技和文化;19、体育、卫生、社会福利和服务业;20、区域经济;21、地市基本情况;22、县(市)基本情况。为便于读者了解广西和西部地区2000年的国民经济和社会发展情况和正确使用资料,附录部分还收录了2000年广西壮族自治区国民经济和社会发展统计公报、西部地区国民经济和社会发展主要指标和主要统计指标解释。

三、本年鉴的资料来源:大部分来自统计年报,部分来自抽样调查。全国资料来自《中国统计摘要——2001》,西部地区资料来自西部各省(自治区、市)统计局。

四、本年鉴表中的符号使用说明:

"…"表示数据不足本表最小计量单位数;

"空格"表示该项统计数据不详或无该项统计数据;

"#"表示其中的主要项。

五、由于统计制度的改革,对年鉴中某些统计指标数据相应作了调整,对这些指标我们作了脚注。

六、在本年鉴的编辑过程中,得到了许多单位和同志的大力支持,在此我们深表谢意。限于我们的水平,加之时间仓促,欢迎读者对年鉴中的错误和不足之处给予批评指正。

《广西统计年鉴——2001》编辑委员会及编辑出版人员

一、编委会

主　　任　廖新华

委　　员　孙则智　邹伟忠　李　军　韦世良　周树民

主　　编　廖新华

副 主 编　李　军　孙则智　邹伟忠　黄卫东

二、编辑工作人员

年鉴资料

责任编辑　黄卫东　杨耀忠　黄贵忠　冯华春

编辑人员　(以姓氏笔画为序)

韦　仪　韦学敏　邓海梅　司丽锋　史　进　任亚平
李剑波　邱　燕　林春波　杨　荣　陆寿湖　钟业宁
唐丽纹　莫可扬　梁　葵　黄文钊　黄强发　覃　飞
虞　冰　潘树坚

统计制图　冯华春

英文目录　杨耀忠

图片资料

责任编辑　卢金帮　卢增勤　杨寿欧

编　　辑　谭慧英　林桂生　江智新　谢　伟　朱金合　覃梅珍
吕俊山　韦文春　李晓群　黄月珊

激光照排　广西壮族自治区统计信息咨询服务中心

发行人员　杨寿欧　谭慧英　李晓群　黄月珊

《广西统计年鉴》编辑委员会特邀编委委员名单

蒋济雄	广西区农垦局局长
徐　昇	广西区公安厅副厅长、禁毒办主任
袁　智	广西区经济协作办公室主任
陈柱雄	广西区边防委员会办公室主任
罗叙德	柳州铁路局局长
李继喜	广西区监狱管理局局长
谢明学	广西区档案局(馆)局(馆)长
黄俊华	广西区测绘局局长
雷爱祖	广西区物价局局长
龙安明	广西区地震局副局长
岑鸿平	广西区乡镇企业局局长
黄树芬	广西供销联社主任
靳学斌	工商银行广西区分行行长
程泽群	中国银行广西分行行长
朱立军	广西区电信公司董事长
赵建国	广西区电力公司总经理
张元生	广西物资集团总公司董事长
王保利	广西信托投资公司董事长
程贞生	广西日报社社长
鲁　炜	新华社广西分社社长
黄著诚	广西电视台台长
卫惠宣	东罗矿务局局长
吴集成	柳州钢铁集团总公司董事长
蒋文杰	柳州锌品股份有限公司总经理
黄日波	广西区科学院院长
李扬瑞	广西农业科学院院长
钟夏平	桂林工学院院长
向文全	广西区财政高等专科学校校长
贾玉成	南宁职业技术学院院长
黄启善	广西区博物馆馆长
黄鹏鸣	南宁市公安局局长
赖贵寿	南宁市新城区人民政府区长
肖志钢	南宁市永新区人民政府区长

弘扬时代主旋律 把党报办得更好

广西日报社

1958年1月12日，毛泽东同志在南宁会议期间给当时的广西省委领导同志写信，对办好《广西日报》作了重要指示，明确指出："省报问题是一个极重要问题，值得认真研究……一张省报，对于全省工作，全体人民，有极大的组织、鼓舞、激励、批判、推动的作用。"这封指示信，是建国以来毛泽东同志就如何办好党报问题所写的唯一的指示信，为如何办好党报指明了方向。这是留给广西日报社的宝贵财富。

在喜迎新世纪到来之际，《广西日报》作为自治区党委的机关报，作为自治区党委、政府和全区各族人民的喉舌，我们时刻不忘毛泽东同志的教诲，按照社委制订的"舆论引导要上新水平，报业经营要有新突破，队伍建设要有新进展"的目标，努力在弘扬时代主旋律，把党报办得更好上下功夫。

《广西日报》高举邓小平理论伟大旗帜，以强烈的政治意识、大局意识和责任意识，坚持党的基本路线和基本方针，坚持正面宣传为主和团结、稳定、鼓劲的方针，牢牢把握正确的舆论导向，弘扬主旋律，唱响主旋律，坚持以科学的理论武装人，以正确的舆论引导人，以高尚的精神塑造人，以优秀的作品鼓舞人。

《广西日报》坚持正确的办报方向，围绕党的工作大局，全面准确地宣传马列主义、毛泽东思想和邓小平理论，宣传党的路线、方针、政策和自治区党委的决策与部署，全面宣传改革开放和两个文明建设，推出了一大批反映时代精神的重大典型，忠实地反映人民群众的呼声和要求，为促进广西各族人民的团结，振兴广西经济，推动社会的进步、繁荣和稳定，作出了应有的贡献。

《广西日报》适应时代发展，致力于造就一支"政治强、业务精、纪律严、作风正"的特别能战斗的新闻队伍。坚持不懈地用邓小平理论教育武装全社职工，大力加强现代科技知识和其他业务知识的学习，认真落实江泽民同志视察人民日报社时的重要指示，讲学习、讲政治、讲正气，打好理论路线、政策法律纪律、群众观点、知识、新闻业务等"五个根底"，发扬敬业、实事求是、艰苦奋斗、清正廉洁、严谨细致、勇于创新等"六种作风"，使报道更贴近实际，贴近生活、贴近群众，更为群众喜闻乐见。

随着广西迅猛发展的步伐，广西日报社的事业不断发展壮大。如今已形成以《广西日报》为主报，同时拥有《南国早报》、《当代生活报》的一社三报格局，成为广西报业的主力军。

抓住机遇加快广西

李里宁厅长陪同水利部部长汪恕诚、自治区主席李兆焯察看百色水利枢纽工程前期施工现场。

高标准的达开水库灌区防渗渠道

完成除险加固工作的南宁市郊区延安水库

“九五”期间，广西水利建设得到了较快发展，特别是1998年中央加大基础设施投入以后，在认真分析了广西水利建设的现状及机遇后，及时提出了广西水利建设“万千百十”计划，并按既定的目标去努力。

（一）到2000年底已经建成了9200多公里的防渗渠道，1万公里的防渗渠道建设任务接近完成。

（二）到2000年底共有640座三类病险水库得到了除险加固，其中大型7座，中型44座，小型589座。病险水库除险加固工作取得了重大进展。

（三）河海堤防建设进度加快，防洪防潮标准明显提高。全区达标堤防总长达到263.22公里，其中建成50年一遇防洪堤24.06公里，20年一遇防洪堤180.16公里。标准海堤到2000年底已经完成了59公里。

（四）干旱山区治旱工程建设取得历史性突破。通过开展地头水柜集雨灌溉工程大会战，共建成地头集雨水柜26.4万个，实现旱地灌溉面积53.25万亩。

（五）十项水利示范工程进展顺利。百色水利枢纽工程由外资方案转为内资方案，各项前期工作加快进行，今年国家将正式批准开工建设。柳州市防洪工程、北海西沙联围海堤工程发挥了初步防洪防潮效益，梧州市河西防洪工程已接近竣工。柳州洪水预警预报系统投入使用。贵港、横县“桂中综合治旱工程”试点完成了工程设施的建设。贺州龟石水库灌区配套工程已经启动。都安、凤山万亩地头水柜集雨灌溉示范工程和百色市、恭城县农村电网改造示范工程起到了明显的示范作用。

（六）水利系统负责的39个县市的农网改造工作进展顺利，至2000年8月底止，共完成投资11.66亿元，占总投资的46%。

从以上六个方面情况来看，今后一个时期我区水利工作的重点是紧紧围绕确保我区经济可持续发展这个总的目标，抓住中央实施西部大开发的历史性机遇，以防洪治旱为中心，进一步加快水利建设步伐，全面提高水利抵御自然灾害的能力。主要表现在以下几个方面：

（一）围绕广西五大经济区发展的用水需求，因地制宜地确定水利建设重点。

1．在以港口经济、海洋产业、高新技术产业为重点的桂南沿海经济区，一是要抓好淡水供给工程建设，满足城市规模不断扩大、经济快速发展对淡水的需求；二要抓好标准化海堤建设，提高抵御风暴潮灾害能力，确保南、北、钦、防大西南出海大通道的安全；三要抓好病险水库除险加固、农业灌区的改造，消除汛期安全度汛隐患，充分发挥工程效益。

2．在以工业为重点的桂中经济区，一是要重点抓好柳州市防洪工程和沿江主要城镇的防洪工程建设；二要大力发展城镇供水工程建设；三要抓好桂中旱片整治工程和农业节水灌溉工程建设，提高桂中旱区农作物单位面积产量。

3．在以旅游和农林业为主导的桂北经济区，一是要抓好桂林市防洪工程和中心城镇的防洪工程建设；二要抓好旅游供水工程建设；三要抓好青狮潭水库、俊山水库等农业灌区的高标准节水灌溉工程建设；四要抓好水土保持工程建设，保护旅游生态环境。

4．在以现代农业、乡镇工业和外向型企业为重点的桂东经济区，一是要重点抓好西江干流防洪工程建设；二要抓好大中型灌区的配套改造工程和高效节水灌溉工程建设，三要建设乡镇供水工程，推动乡镇企业发展和农村城市化的建设；四要加强对水资源的保护，防止水环境的恶化。

5．在以种养业、矿产业为重点的桂西经济区，一是要抓好百色水利枢纽

水利事业的发展

——自治区水利厅

工程建设；二是支持龙滩水利枢纽工程建设；三是继续与扶贫部门合作，大力开展集雨水柜工程建设。

（二）用好用足国家实施西部大开发的水利政策，选准中央支持的重点项目。

根据中共中央、国务院的要求，结合我区的实际，水利系统初步确定了以下11项重点工程建设项目：

1．百色水利枢纽工程，总投资48.64亿元。

2．重点病险水库除险加固工程，重点是对现有的1539座病险水库进行保险加固。

3．桂西北地头水柜集雨节水灌溉工程，工程总投资29.12亿元。

4．四个重点防洪城市防洪排涝工程，南宁、柳州、梧州、桂林等四个城市共需修建、加高50年一遇防洪堤125.6公里，20年一遇防洪堤115.6公里；修建、扩建城市排涝泵站73座，装机7.8万千瓦；修建防洪排涝闸58座，项目静态总投资52.36亿元。

5．西江干流重点河段防洪工程，工程总投资27.48亿元。

6．沿海标准海堤整治工程，重点是对北海、钦州、防城港三市的标准海堤第一期工程规划建设350公里的任务，工程总投资19.2亿元。

7．大型灌区配套工程，龟石、洪潮江、青狮潭、合浦、峻山、达开、六陈、伍化、灵东、武思江、右江等11个大型灌区，设计灌溉面积551.41万亩，工程完成后，灌区有效灌溉面积可恢复到500万亩。

8．高效节水灌溉项目，大力发展喷灌、滴灌、低压管灌等高效节水灌溉工程推广水稻节水科学灌溉制度，建设高效农业示范区。2001-2005年，规划实现节水灌溉面积186.7万亩，工程总投资4.1亿元；2006-2010年，规划实现节水灌溉面积346万亩，工程总投资8.2亿元。

9．乡镇供水工程项目，2000-2001年，我区规划兴建乡镇供水工程195处，日供水规模163.5万吨，其中生活供水98.1万吨，生产供水65.4万吨，项目总投资10.44亿元。

10．水土流失治理项目，西部大开发的一个重要内容就是要加强以防治水土流失为主要内容的生态环境建设，我区的水土流失面积达3.33万平方公里，占全区总面积的12.9%，近期急需治理的有1.04万平方公里，需投入资金10.05亿元。

11．西江洪水预警预报系统，系统建设投资规模6600万元。

（三）抓住中央实施西部大开发的有利时机，加快完成广西水利“万千百十”计划。

“万”是要建设10000多公里高标准防渗渠道。

“千”是完成1500多座病险水库除险加固，建起1000华里高标准城市防洪堤和沿海海堤。

“百”是要建设100万亩以上的旱地节水灌溉工程。

“十”是指选择10项在广西水库建设中具有代表性、示范性的工程，集中资金、集中力量重点突破。

西部大开发是一项长期的战略任务，水利工作不仅要着眼于当前，还要放眼于未来。随着我区水资源开发、利用和治理程度不断提高，努力实现由工程水利向资源水利、传统水利向现代水利和可持续发展水利的转变。通过对水资源开发进行科学规划，强化对水资源统一管理，加强对水环境保护，建立起适应社会主义市场经济体制的水利良性运行机制，实现水资源可持续利用，为我区的经济和社会可持续发展提供有力保障。

已发挥防洪效益的柳州市河西防洪大堤

新建成的钦州市钦南区康熙岭标准海堤

桂西干旱石山区的地头集雨水柜

健康快速发展的广西新闻出版业

——广西壮族自治区新闻出版局

广西出版业在出版资源不算丰厚的边陲地区崛起，"双效"显著，引起中宣部领导和自治区领导的关注。图为在局党组书记、局长阳建国的陪同下，丁关根（右四）、曹伯纯（右一）、刘云山（右五）、刘奇葆（右二）参观桂版精品陈列馆。

在区党委、政府的正确领导下，结合中央精神和广西实际，区新闻出版局积极探索适合我区新闻出版发展的路子，以"从实际出发，理清发展思路，创造性开展工作"为关键，以"依法治业，全面加强管理"为基础，以"坚持改革创新，注重机制转换"为动力，以"以人为本，狠抓队伍建设"为指导思想和组织保证，使广西新闻出版业取得了较显著的成绩，实现了超常规发展。

"九五"期间，新闻出版导向正确，没有发生干扰工作的重大恶性事件，保持了持续，快速，健康发展的态势，同时科技进步和基础设施建设加快，局及所属10个单位完成基本建设项目28个，总面积17.4万平方米，技改项目13个，总投资3.63亿元，极大改善了系统的生产经营条件，截止目前，产业格局初具规模，已形成门类较齐全、布局较合理、书、报、刊、音像电子出版全方位发展、编、印、发、科、工、贸、教整体推进的社会产业体系，成为广西的文化产业。

与此同时，经济效益大幅增长，2000年全行业销售收入30.41亿元，利润总额2.76亿元，资产总额37.43亿元，净资产17.58亿元，分别比1995年增长70.2%；124.23%；113.07%；171.27%;2000年直属企业销售收入13.69亿元，利润总额1.86亿元，资产总额15.58亿元，净资产8.65亿元，分别比1995年增长81.76%，177.99%.146.93%和297.59%，且区8家图书出版社平均销售收入达5834.3万元，在全国名列前矛；且社会效益显著增强，广西共获国家三大图书奖27种，其中"五个一工程"奖6种，国家图书奖12种，中国图书奖9种，特别是1997年，在第六届"五个一工程奖和第三届国家图书奖评比中，广西共获奖10种，获奖总数居全国前列，

8家书出版社6家榜上有名，还有238种图书获省部级奖。音像电子出版物共有16种在全国各类评奖中获奖，有63种获省部级奖。出版社有一家被评为全国优秀出版社，4家被评为全国优良出版社，有6家报纸被评为全国地方报纸管理先进单位，1家期刊进入全国百种重点社科期刊行列。版权贸易在全国居于前列，逐步成为中国南方版权贸易的重要窗口，我区接力出版社在卡通图书、动画基地建设方面取得了突破，被中宣部、新闻出版署确定为全国五大儿童动画出版基地之一——中南基地的牵头单位。

区新闻出版业虽取得一些成绩和进步，仍有很多不足，今后将以加快发展为主题，加强管理为基础，优化结构为主线，改革创新为动力，培育启用人才为根本，进一步加强管理深化改革，努力实现持续、快速、健康发展。

图为荣获国家三大奖的部分桂版图书

1998年5月，广西出版改革与发展理论研讨会在桂林市举行，研讨会的举行，对于进一步解放思想，拓宽改革思路，促进广西出版业发展起到积极的作用。

1998年国庆节期间，首届广西（桂林）书市在桂林市举办，区内14家出版社、全国400多家图书出版社3万个品种的图书和音像制品参加了书市的展销和订货。书市累计接待读者15万人次，在当地产生了轰动效应，树立了广西出版业新形象。

广西旅游业以骄人业绩迈入新世纪

——广西壮族自治区旅游局

资源八角寨

大新世界第二大跨国瀑布——德天瀑布

"九五"期间，以"山水、滨海、边关、民族风情"为重点的广西旅游业，已成为广西国民经济中发展最快、最具活力的新兴产业之一，全区累计接待海外旅游者361.67万人次，累计接待国内旅游者人数1.733亿人次，实现旅游总收入761.10亿元人民币，比"八五"增长622%。2000年，广西入境旅游人数和旅游创汇再创历史新高，增幅名列全国第一，接待入境人数达到123万人次，居全国第六位，全区全年旅游总收入172.25亿元人民币，同比增长12.05%，相当于全区GDP的8.45%。与此同时景区建设也取得了显著的成绩，基础设施和旅游接待设施日超完善，一大批新的旅游景点项目相继建成，如：投资20亿元，占地6000亩的桂林乐满地休闲世界作为广西旅游的新亮点已全面开业，新建开放的北海海底世界拥有三个全国第一。

龙脊梯田

广西区党委、区人民政府已把旅游业作为重要的支柱产业和对外开放的形象产业来培育和发展，并要求有条件发展旅游业的地市要像抓工业、农业和外贸那样来抓旅游业，为此做出了一系列重大决策，有力推动了广西旅游业跨越式发展。根据

桂林山水

三江程阳风雨桥

北海银滩

宁明花山崖壁画

苗族风情

广西旅游发展总体规划纲要，广西旅游发展的总体布局为“四区、一带、一龙头，既以桂林为龙头，以桂林-----柳州-----南宁-----北海-----防城港黄金旅游带为重点，逐步建成桂北、桂南、桂东、桂西四大旅游区。”桂北旅游经济区：包括桂林市和柳州地、市范围，该区以山水风光秀丽、文物古迹众多，民族风情古朴浓郁为特色。桂南旅游经济区：包括南宁地、市、北海、钦州、防城港市范围，该区以海滨度假、亚热带风光、边光风貌为特色。桂东旅游经济区：包括贺州地区、梧州市、玉林市和贵港市范围，该区以风景名胜、文物古迹、宗教寺庙和侨乡风貌为特色。桂西旅游经济区：包括河池地区和百色地区，该区以山雄、谷幽、洞奇、山美为特点。力争用十年时间，分期分批精心开发十大旅游精品：桂林山水风光游（含阳朔风光）、北海银滩休闲游（含涠洲岛）、南国边关揽胜游、巴马寿乡探秘游、壮乡大观之旅、瑶苗侗乡采风游、花山崖画探奇游、千年灵渠寻古游、金田风云之旅（含西山胜景）、百色烽火之旅。尽快广西建成“特色鲜明、设施完善、服务一流、驰名中外的旅游先进省区”。新世纪、新机遇，广西旅游业将乘西部大开发的东风，进一步加快特色旅游业的发展，促进广西经济的快速发展。

资源资江漂流

柳州大龙潭风景区

经过改革开放以来特别是“八五”以来的发展，广西已经建成一个规模宏大、技术先进、安全高效、四通八达的现代化通信网。全区电信固定资产达110多亿元。实现县县通会议电视、乡乡通光缆、88%的行政村通电话。以高速、宽带公众多媒体通信网为象征的信息高速公路建成开通。全区局用电话交换机总容量达340多万门，固定电话用户280多万户，城乡固定电话普及率达6.9部/百人，其中城市达29.8部/百人。

按照国家关于电信体制改革总体要求，广西电信在经过邮电分营、无线寻呼和移动两次剥离后，又实行政企分开，进行公司化改组，成立中国电信集团广西电信公司。中国电信集团广西电信公司的成立，标志着广西电信事业将进入一个新的发展阶段。新成立的中国电信集团广西电信公司是国家主体电信企业，统一经营全区固定电话网及其相关业务。面对新世纪世界信息技术革命的汹涌浪潮，面对日趋激烈的电信市场竞争，面对国民经济信息化和社会各方面日益增长的通信需求，新成立的广西电信公司和全区一万三千多

公司高层领导正在谋划宏伟蓝图

迈向新世纪

—— 中国电信集团广西电信公司成立

自治区党委书记曹伯纯同志听取公司领导汇报工作

电信员工，决心以党的十五大、十五届五中全会和自治区党委七届九次全会精神为指导，进一步深化企业改革，加快发展步伐，提高服务水平，加大技术创新、机制创新和管理创新力度，把广西电信公司发展成为具有国际和国内竞争实力的现代化通信企业，为国民经济信息化，为促进广西国民经济和社会发展作出更大的贡献。

廣西民政事業新成就

—自治区民政厅

我区与云南省行政区域界线协议书签字仪式在昆明市举行，自治区副主席周明甫代表广西在桂滇线勘界协议书签字。桂滇线是我区与周边省区4条界际界线中最后一条勘定的界线。

2000年，各级民政部门认真履行职责，依法维护和保障人民群众基本生活权益，加强社会行政事务管理，把充满生机与活力的民政事业全面推向新世纪。

——城乡居民最低生活保障制度有新进展。全区9个地级市和81个县（市）全部建立城乡居民最低生活保障制度。保障标准，县城80-120元，城市120-183元。全年国家安排保障金5441.7万元，保障对象21万人。

——抗灾救灾工作成效显著。2000年，广西先后遭受风雹、洪涝、干旱、病虫害等灾害，受灾人口2844.31万人，农作物成灾面积2136万亩，绝收面积506.4万亩倒塌房屋2.9万间，损坏19.16万间；造成直接经济损失70.18亿元。各级民政干部及时深入灾区查核灾情，组织抢险救灾，在中央，民政部的帮助下，全区对灾区生活安排投入资金8549万元，接收分配救灾捐赠款1584万元，有效地保障了灾民的基本生活，维护是灾区的社会稳定。

——优抚双拥安置工作开辟新途径。各地开展创建“双拥”模范城（县、区）活动，涌现自治区“双拥”模范城（县、区）53个，自治区双拥先进市（县、区）18个，南宁、柳州、桂林、贵港、玉林、桂平、扶绥等7个市（县）被命名为全国双拥模范城（县）。优抚安置政策进一步落实，优待金由社会统筹纳入各级政府财政预算管理。全区优扶对象特别是在乡老复员军人的生活得到改善。安置工作深化改革，拓宽渠道，全区安置退伍义务兵、转业士官14600人；接收安置伤残军人101名。

——省、县界勘界任务全面完成。2000年，广西行政区域界线的勘定，重点在于解决争议历史较长、情况复杂、矛盾突出的遗留地段。截止2000年底，勘定省界4条，4005公里，勘定县界260条，约16000公里，实现省、县界的全面贯通。

——基层政权与社区建设得到巩固、发展。全区设有建制镇745个，乡616个；居民委员会1250个，居民小组9042个；村民委员会14750个，村民小组259026个。村民自治模范活动深入开展，涌现“全国村民自治模范县（区）”3个、自治区级“村民自治模范县（市、区）”29个。在做好乡镇政务公开的巩固、完善、提高工作的基础上，探索城市社区建设新路子，全区有城镇社区服务设施1262处，各类社区服务中心419个，便民服务网点2441个，开展社区服务活动45.8万人次，有效地提高了城乡居民生活质量。

——社会行政管理工作稳步加强。全区有收容遣送站15个；福利企业325个；城乡各种福利事业单位634个，床位16072张，收养9989人；有殡仪馆24个，火化遗体37405具。年内办理婚姻登记322263对；办理复查登记民办非企业单位59个；登记社团254个，注、撤销社团544个。全年销售福利彩票42216万元，募集社会福利资金9231.4万元。

八桂的福音 广西的骄傲

广西福利彩票发行中心

2001年3月20日，是“广西风采”电脑福利彩票发行一周年。

象苍松翠柏在阳光雨露下参天挺拔，“广西风采”沐浴着党和国家改革开放的春光，承蒙广大彩民的关爱与呵护，在八桂大地根深叶茂，茁壮成长，屹立于广西各项事业之林。

一年来，“广西风采”发行近4亿元，筹集社会福利基金1.2亿元，约有1/3上交中彩中心兴办全国性社会福利项目，1/3下拨各地兴办和资助桂林市社会福利院、柳州市儿童福利院、南宁市社区服务业等社会福利事业，资助全区兴建100所乡镇敬老院。全区广大孤老残幼将由此获得一份厚重的关怀，享受无比的喜悦，广西的社会稳定与进步将因此增添坚实的基础。

令人高兴的是，“广西风采”一年中一等奖52个产生了33个百万、数百万富翁，其中500万元大奖就有8人。“广西风采”为人们带来了欢乐和希望，为全体社会成员特别是弱势群体提供了改变生活与命运的光明而公平公正的途径。

“广西风采”的成长伴随着广西彩民的热情与参与。在一个经济社会发展水平相对落后的省、区，“广西风采”的发行在全国处中上水平，充分说明广西人的爱心强烈，勇于拼搏，广西是发扬中华民族扶弱助残优良传统的圣地，是社会主义精神文明的乐园。

“广西风采”的成就离不开广西福彩人。一年来，广西福利彩票发行中心的领导和员工，包括数千名彩票销售员，满怀强烈的事业心，高度的责任感，夜以继日，艰苦奋斗，锐意改革，高效工作，全心全意为彩民服务，这一切得到了上级的表扬，同行的赞誉，树立了“广西风采”的良好形象。

“广西风采”的过去成就显著，未来任重道远，前途无量。仅靠几千万元的投资，建成了一条稳定的生产线，年集资上亿甚至数亿，源源不断地为我区福利事业提供资金，成为广西社会稳定、发展、进步的有力保障。随着我国第十个五年计划的贯彻实施，党和国家对彩票事业将进一步重视，“广西风采”必将放射出更加灿烂的光辉！

广西福利彩票发行中心本着“扶老，助残，救孤，济困”的宗旨，满怀信心，再接再励，共创“广西风采”更加美好的明天！

一年回顾

各 项	时 间	数目
总发行量	1年	4亿(元)
返回奖金	1年	2亿(元)
筹集福利资金	1年	1.2亿(元)
上缴税金	1年	2535(万元)
设投注站	1年	1622(个)
解决就业人员	1年	3200(人)

争相购买

公证员执行公证

网点众多

广西计生工作胜利推向新世纪

——自治区计划生育委员会

2000年1月25日，全区计划生育工作会议在南宁召开。会议总结上年度工作，表彰先进，研究部署2000年的工作。

2000年，广西认真贯彻落实《中共中央国务院关于加强人口与计划生育工作稳定低生育水平的决定》和全国人口、资源、环境保护工作座谈会精神，继续加大人口与计划生育工作力度，连续9年完成了国家下达的人口计划，较好地完成了“九五”人口控制计划，人口与计划生育工作取得了新的进展，计划生育工作已基本实现“三为主”。

2000年，国家下达给我区的人口控制计划是：年末总人口4789万，出生人数90万，出生率18.92‰，净增人口62万，自然增长率12.12‰。根据自治区统计局数据，全自治区年末总人口为4751.2万人，比上年增长0.81%，比国家下达的同期人口控制计划少37.8万人。第五次人口普查年人口出生率为13.6‰，人口死亡率为5.7‰，人口自然增长率为7.9‰，人口出生率、自然增长率已连续5年低于全国平均水平。 与上年比，人口出生率、自然增长率分别下降1.36个千分点和0.13个千分点。“九五”时期，全自治区共出生人口361.91万人，比计划少生93.70万人。据自治区计划生育年终目标责任考核评估，2000年末全区已婚育龄妇女人数为853万人，综合避孕节育率为86.89%，妇女总和生

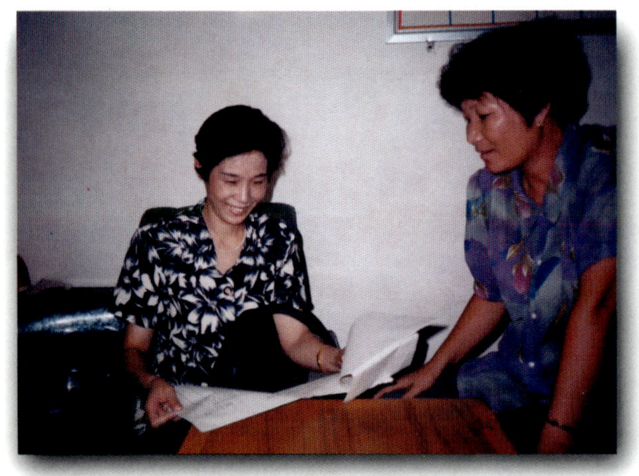

自治区计生委副主任韩萍到北海市铁山港区检查指导工作，深入育龄妇女户了解情况。

自治区计生委副主任林霁峰深入田阳县检查指导工作。

育率为1.86，已连续6年低于更替小平。经自治区组织对人口与计划生育目标管理责任制考核，全区14个地、市和115个县（区）均完成了年度计划，其中43个县（市、区）被自治区人口与计划生育领导小组评为2000年人口与计划生育工作达标先进单位。至2000年5月份考核，全区已有106个县（市、区）基本实现计划生育工作“三为主”。2000年，全区深入开展“婚育新风进万家、千村万户村新风”活动，进一步加强计划生育依法管理，普遍开展“三好一满意”（宣传教育好，执法服务好、科技服务好，群众对计划生育工作满意）活动，在39个县（市、区）开展计划生育优质服务活动，进行计划生育村民自治试点并逐步推开。

展望新世纪，广西计生委决心承继“九五”辉煌，开创“十五”伟业，努力实现新世纪的良好开局，为全面实现稳定低生育水平的战略目标而努力奋斗。

自治区计生委主任何劳深入北流市检查指导工作

自治区计生委副主任王翠娇深入荔浦县检查指导工作

自治区计生委副主任肖哲深入平南县官成镇检查指导工作

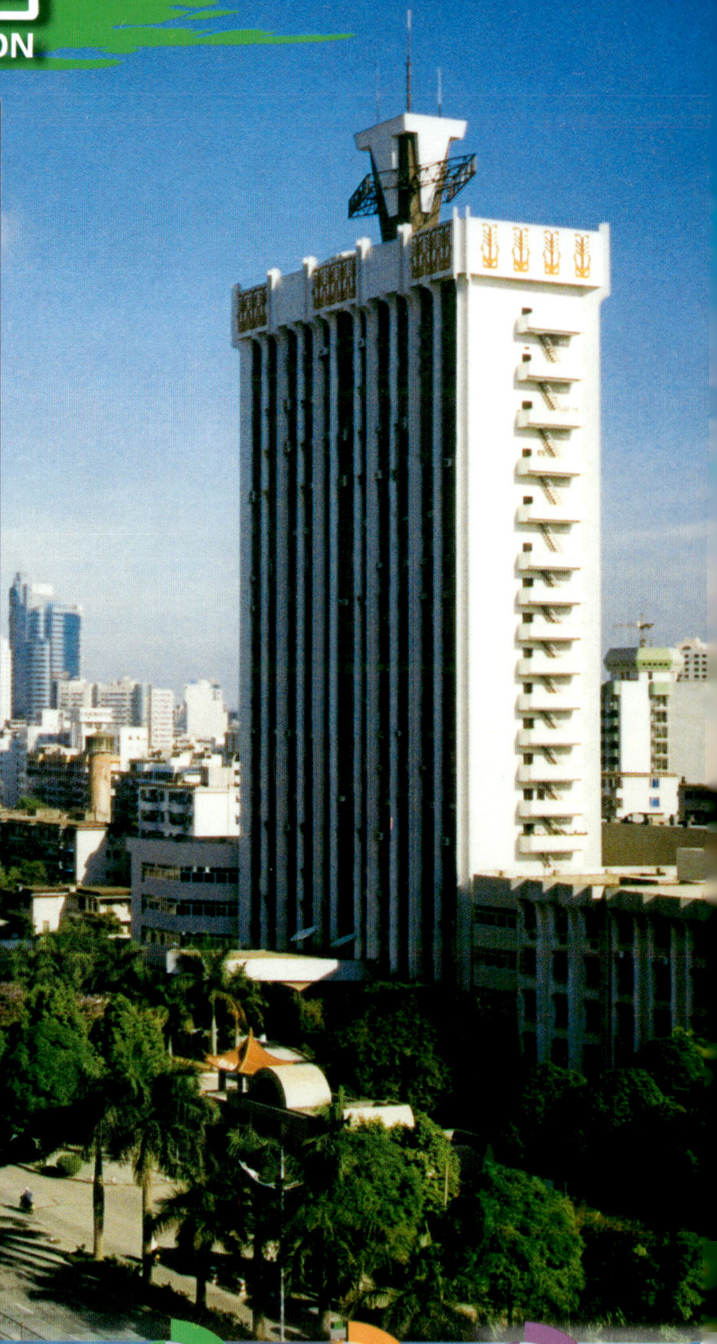

在浩渺的星空中，一颗金星带着星云和光束飘然而来，落在山水秀丽的祖国南疆，组合成金星飞旋，彗尾流盼的图案，宛如一只凌空飞舞的金凤凰——这就是广西电视台。

1970年10月，广西电视台正式开播，历经三十年奋斗，现已开办有上星的综合频道和非上星的文体频道两套节目，拥有17个部、室，700多名员工。

综合频道通过卫星及微波覆盖全广西，并进入北京、广州、沈阳、西安、武汉等400多个城市的有线电视网，每天从上午7：00至凌晨1：00播出18小时。综合频道开设有新闻类、专题类、文艺类、青少类、经济类和综艺类等自办栏目20多个，内容丰富，特色鲜明。许多栏目如《南疆花月夜》、《趣味竞技》、《生存空间》、《百姓专利》等，创意新颖，在全国电视界独树一帜。

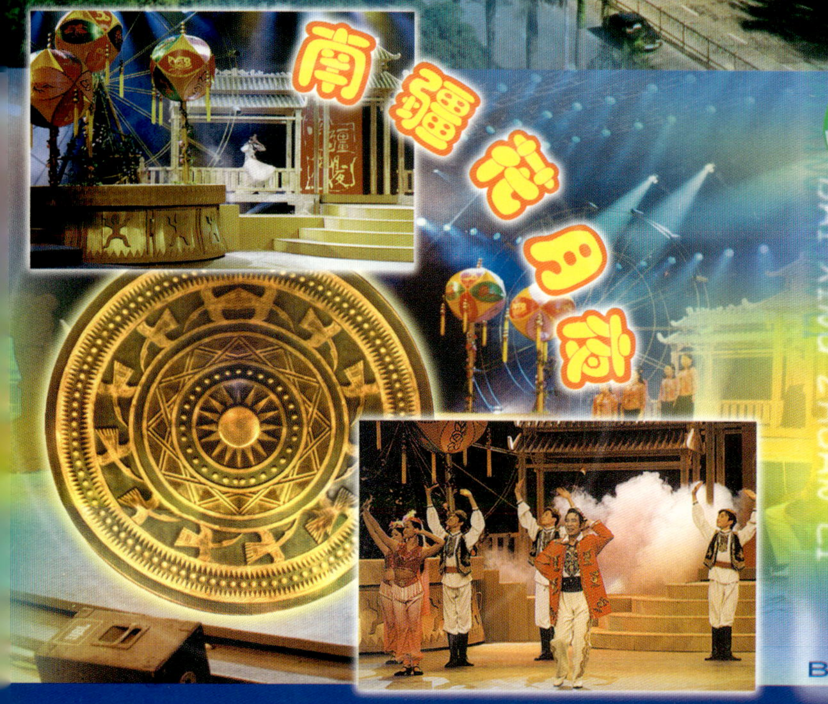

南疆花月夜

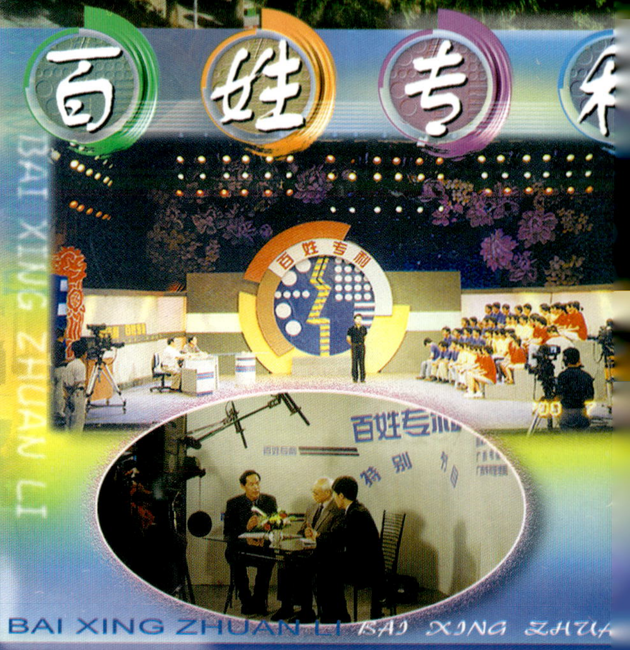

百姓专利

BAI XING ZHUAN LI

BAI XING ZHUAN LI BAI XING ZHUA

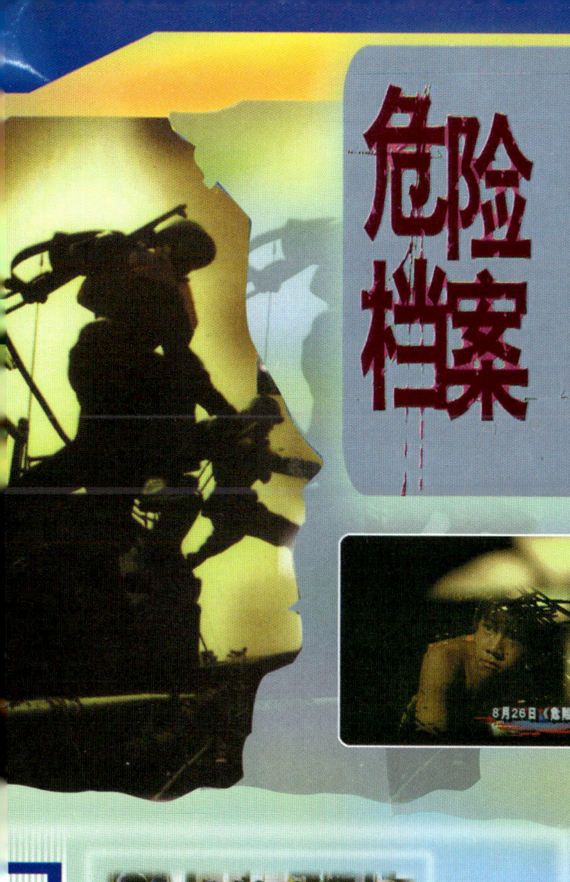

趣味竞技

纪录人生

中国广西电视台
CHINA GUANGXI TELEVISION

认真履行
为社会主义两个

广西壮族自治区档案局、档案馆是局、馆合并，一个机构挂两块牌子，履行档案事业行政管理和档案保管利用两种职能的单位。局、馆内设办公室、档案馆（室）业务指导处、经济科技档案业务指导处、法规科教处、档案管理处、档案保护技术处和机关党委。

自治区档案局主管全区的档案事业。依据党和国家的政策、法规，拟定有关档案工作的地方性法规和规章；指导、监督、检查、协调自治区直属机关和地、市、县档案业务工作。截止2000年底，全区共有各级档案局104个，国家综合档案馆102个，专门档案馆5个，部门档案馆4个，企业档案馆5个；专职档案工作人员1600多人，其中具有大专以上文化程度占55%，具有中级以上专业技术职务占30%；各级各类档案馆馆藏档案300多万卷，资料100多万册；档案馆建筑面积10万多平方米；向社会开放档案32万多卷。全区各级档案部门的基础业务建设和基础设施建设、机关档案工作、企业和科技事业单位档案工作、农业和农村档案工作等跃上了新台阶。截止2000年底，全区各级档案馆已定升级86个，占总数的84%；自治区直属机关档案室定升级75个，占总数的51%；县以上科技事业单位和大中型企业通过档案工作达标的有348家，占总数的38%；全区大部分乡镇机关档案室基本达到合格以上，80%左右的行政村完成了建档任务。档案法制建设也取得了新突破，《广西壮族自治区档案管理条例》已于1999年3月正式公布施行。

自治区档案馆是保管自治区党政机关永久保存档案的重要基地，是各方面利用档案资料的中心。自治区档案馆自1960年8月成立以来，经过40年的建设，已初步具有现代化综合档案馆的规模。馆区总面积1.3万平方米，建筑面积1万平方米，其中档案库房面积6595平方米，馆内

自治区档案局馆貌

两种职能 文明建设服务

安装中央空调，设置安全防护电子计算机监控系统，实现馆区防盗、防火自动报警和档案库房恒温恒湿调节控制系统。馆库建设按国家《档案馆建筑设计规范》进行设计，布局合理，防护功能良好，能满足30年内接收进馆存放档案所需的容量。截止2000年底，馆藏档案43万多卷，资料7万多册，档案资料排架总长度4千多米。目前，自治区档案馆已配备了档案缩微、静电复印机、空调去湿、消毒杀虫以及电子计算机等现代化设备，档案管理逐步由传统的模式向现代化管理方向发展。自治区档案馆积极开发档案信息资源，千方百计为社会各方面提供利用档案服务，每年接待利用者都在2000多人次以上，提供档案1万卷次以上，取得了良好的经济效益和社会效益，受到利用者的好评。1998年11月，自治区档案馆晋升为国家一级档案馆，1999年3月，被列为自治区级爱国主义教育基地。

自治区档案局(馆)党组书记、局(馆)长谢明学同志

自治区档案局(馆)党组书记、局(馆)长谢明学同志(左2)深入河池地区宜州市小龙村检查指导村级建档工作。

全区档案工作暨表彰先进大会于2000年1月18日至19日在南宁召开。自治区党委副书记马庆生(中)、自治区党委常委、秘书长邱石元(右3)等领导在主席台上就座。

广西壮族自治

2000年是“九五”期间的最后一年，又是世纪之交的一年。在这一年，自治区级国土资源机构改革顺利完成，国土资源管理工作步入了一个新的阶段，各项工作取得了新的进展。坚决贯彻《土地管理法》、《矿产资源法》及相关的法律、法规，坚持“在开发中保护，在保护中开发”的总原则，加强矿产资源管理，合理开发利用和有效保护矿产资源。全面实施土地用途管制，严格控制农用地转为建设用地，保证经济建设对用地的需求。

一、加强用地审批制度

严持最严格的土地管理制度，落实土地用途管制，严格限制农用地转为建设用地。对基本农田实行特殊保护，进行宏观控制，对那些不符合土地利用总体规划的建设项目用地，在建设用地会审中实行一票否决。

全区建设项目申报用地面积2396.62公顷，其中农地转用1773.58公顷，耕地1062.41公顷。而实际批准建设项目用地1047.03公顷，其中农地转用698.00公顷，耕地448.70公顷。全区实际用地面积958.25公顷，其中农地转用634.08公顷，耕地408.21公顷。

二、加大对耕地开发整理力度

2000年，我区加大了对耕地开发整理力度，落实耕地“占一补一”措施，不仅实现了耕地总量的动态平衡，而且使耕地有所增加。全区新增土地10317.91公顷，总投资额43045.27万元。其中土地整理326.43公顷，投资额5492.02万元；土地开发9354.34公顷，投资额36736.64万元；土地复垦637.14公顷，投资额816.61万元。

三、土地利用从外延粗放向内涵集约型转变

2000年，我区在各级国土资源管理部门全面实施土地用途管制，严格控制农用地转用，转变观念，深化土地使用制度改革，土地利用从外延粗放向内涵集约型转变。除法律规定可以实行划拨方式供地外，其他用地采用出让、租赁等有偿使用方式提供，经营性用地原则上采取招标拍卖方式提供。各地、市、县积极推行土地公开招标、拍卖办法，建立土地市场。

土地一级市场：划拨土地6347宗，面积2607.40公顷；出让土地7884宗（其中招标238宗、拍卖510宗、协议7136宗），出让面积2528.19公顷，共获土地收益88194.33万元；租赁2350宗，面积54.07公顷，获租金1331.39万元；其他供地方式3424宗，面积317.41公顷，收入35198.55万元。

土地二级市场：转让30024宗；面积6424.97公顷，转让金219117.00万元；出租17056宗，面积121.89公顷，租金3578.16万元；抵押15029宗，面积9231.99公

广西国土资源厅中心学习组学习江泽民总书记关于“三个代表”的重要论述

国土资源部副部长孙文盛（右三）来广西考察，广西国土资源厅党组书记罗在明（右二）、厅长杨政中陪同考察。

区国土资源厅

顷，转让金802793.84万元。通过土地二级市场有效盘活了存量土地资产，提高了土地利用率。

四、严查土地、矿产资源开采违法案件

依法行政，加大执法力度，严格查处破坏耕地、违法用地、非法采矿等违法行为。

1、土地违法案件查处情况

2000年通过各级土地行政主管部门的共同努力，全区的土地行政执法工作取得了令人瞩目的成绩，在土地违法案件查处中，共拆除构件物175042平方米，没收构件216892平方米，收回土地面积58.33公顷（其中耕地10.73公顷），罚没款4073.20万元。各级土地行政主管部门查处土地违法案件15886件，其中省级6件，市级2390件，县级13490件。由于领导的重视，严抓共管，使全区的土地违法案件的发案率下降，结案率提高，遏制了耕地锐减和土地违法案件的大面积发生的势头。

2、矿产资源违法案件查处情况。

2000年矿产资源勘查、开采违法案件共1168件。其中：勘查4件（其中无证勘查3件，扰乱勘查秩序1件）；开采1164件（其中无证开采884件，越界开采54件，非法转让采矿权4件，破性怀开采139件，其它非法开采61件）。

本年度处理案件1143件，其中无证勘查3件，扰乱勘查秩序1件，无证开采825件，越界开采54件，非法转让采矿权4件，破性怀开采139件，其它非法开采58件。

在矿产资源勘查、开采违法案件查处中，勘查罚款1万元，调处勘查纠纷3起；吊销采矿证81个，采矿罚款73.16万元，调处采矿纠纷209起。

六、加大地质勘查投入力度

2000年全区地质勘查投入6027.50万元。其中中央财政拨款1688万元，地方财政拨款62.30万元，国内企事业投入4277.20万元。机械岩心钻探工作量21263米，坑探工作量3556米，勘查年末从业人员1438人（其中技术人员1005人），劳动报酬1344.78万元。

2000年全区新发现矿产地7处，新查明锰矿资源量矿石344.00千吨（D级）、铜矿资源量金属3193.00吨（D级）、铅矿资源量金属3163.00吨（D级）、锌矿资源量金属3272.00吨（D级）、金矿资源量金属2342.38kg（D级+E级）、银矿资源量金属40kg（D级）、重晶石资源量矿石452.00千吨（D级）、麦饭石基础储量347.00千吨（A+B+C级），资源量矿石940.00千吨（D级+E级）。

国土资源厅杨政中厅长（左二）深入龙滩电站坝址现场办公，解决电站建设用地问题。

广西首开对中央下放地方的地勘队伍实行统一管理的先例。图为国土资源厅党组书记罗在明（右一）到驻南宁地勘单位进行地勘队伍改革调研。

在改革开放中前进

图为国务院总理朱镕基(前排左二)、国务委员吴仪(前排左三),在自治区党委书记曹伯纯(前排左一)、自治区主席李兆焯(二排右三)、自治区司法厅厅长蔡江生(前排右二)的陪同下,视察广西戒毒劳教所。

广西壮族自治区司法厅是主管全区司法行政工作的自治区人民政府组成部门。其主要职能是领导和管理全区监狱、劳教、普法依法治理、律师、公证、基层法律服务、法律援助、人民调解、刑释解教人员安置帮教、司法行政法制、仲裁登记、法学教育和法学研究等工作。

广西司法行政机关自1980年恢复重建以来，在各级党委、政府的领导下，坚持贯彻党的十一届三中全会以来的路线、方针和政策，高举邓小平理论伟大旗帜，艰苦创业，奋发图强，认真履行职责，努力推动司法行政各项工作的改革与发展，取得了丰硕的成果，为我区经济和民主法制建设，为实施依法治国基本方略，推进依法治桂进程作出了积极的贡献。恢复重建以来，建立了较为完善的法律服务和法律保障体系，建设了一支政治可靠、立场坚定、作风过硬、业务精通的干警队伍和法律服务队伍，司法行政各项业务迅速发展，成效显著。全区监狱、劳教机关累计改造罪犯20万余人、教育改造劳教人员5万余人，罪犯和劳教人员改好率分别在95%和92%以上，为维护社会政治稳定发挥了重要作用。普法依法治理工作全面推进，深入发展，成绩喜人。经过三个“五年”普法教育，共组织公民学习法律法规70多部，有2580多万普法对象(不含在校学生)接受了法律知识教育，所有的地、市、县(区)先后建立了干部学法用法考核制度，全区各地均按规范化要求开展了依法治理。律师、公证、基层法律服务、法律援助工作发展迅速，全区现有律师事务所310个，从业律师2600人，公证处103个，从业公证人员415人，基层法律服务所1268个，基层法律工作者3670人，法律援助机构40个，成为保障我区改革开放和经济建设顺利进行的重要法制力量。律师累计为各级政府和企事业单位、公民担任法律顾问6万多家，办理各种诉讼、非诉讼法律事务69万余件，仅经济案件就为当事人索回赔欠款34亿多元;公证机构共办理公证330万余件，通过公证证明活动，发现和制止不法行为，为国家、集体和个人避免和挽回经济损失25亿多元;基层法律工作者累计担任政府机关和企事业单位、公民法律顾问13万多家，办理各类诉讼或非诉讼代理41万余件，为当事人避免和挽回经济损

图为中共中央政治局委员、全国人大常委会副委员长姜春云(前排右二)在自治区领导陪同下视察广西少年犯管教所。

图为自治区副主席周明甫(左一)、自治区司法厅厅长蔡江生(左二)给“法轮功”劳教人员做教育转化工作。

西司法行政工作

图为司法部副总长段正坤（右一）在自治区司法厅厅长蔡江生（右二）、副厅长卫福喜（右三）的陪同下，视察广西法律援助中心。

图为自治区司法厅副厅长曾学愚（左二）在东兰县检查基层司法行政工作。

给外国朋友办理涉外公证

失26亿多元；法律援助机构为贫弱者和特殊案件当事人提供法律援助 1.5万件。作为党委、政府密切联系人民群众纽带的“148”法律服务专用电话已在全区开通，在城乡民主法制建设中发挥了积极的作用。人民调解工作有了新的发展，全区有人民调解组织18000多个，调解人员23万余人，累计调解各类民间纠纷近400万件，调处土地、山林、水利三大纠纷35万件，促进了社会安定和精神文明建设。刑释解教人员安置帮教、仲裁登记司法行政法制法学教育和法学研究后勤保障等方面的工作也都取得了较好的成绩。

广西司法行政机关恢复重建的发展历程，是艰苦创业的发展历程，是改革开拓的发展历程，是阔步前进的发展历程。这一发展历程表明，司法行政工作在改革开放、经济建设、维护社会稳定和民主法制建设中起着特殊的不可替代的作用。

图为自治区主席李兆焯(左五)、自治区政府秘书长潘鸿权(右三)在自治区政法委副书记李先明(右二) 自治区司法厅厅长蔡江生(左一)、自治区监狱局政委钟世范(右三) 局长梁振林的陪同下 视察广西女子监狱。

图为自治区司法厅副厅长颜发德(前排右三)同干警观看广西法制书法、摄影作品展。

自治区司法厅厅长蔡江生(前一)副厅长卫福喜(前二)在全区第五次律师代表大会上投票选举新一届律师协会领导成员。

图为自治区司法厅在朝阳广场开展维护妇女婚姻家庭合法权益法制宣传和法律咨询活动。

希诺基公司为中国第一...

第一任总经理 —— 李明特

生活区

广西来宾B电厂是中国电力行业第一个BOT项目，即通过国际上特定的BOT（建设--运营--移交）融资方式筹措全部项目资金，投资方在建成电厂并运营十五年后，无价移交给广西政府。

1996年7月，法国电力集团国际部/通用电气----阿尔斯通公司联合体经激烈竞争，在广西政府就建设火电厂而进行的国际指标中一举中标。为实施项目，广西来宾法资发电有限公司（FIGLEC）成立，并于1997年9月与广西政府签定了特许权协议等文件。项目总投资额6.2亿美元（50亿人民币），电厂两台机组各为360MW。

来宾B电厂建厂工程于1997年9月开工，1999年6月厂房竣工，设备安装到位。1999年9月和2000年5月1号机组和2号机组先后成功并网发电。2000年11月来宾B电厂开始商业运行。

1997年9月，为广西来宾B电厂提供世界级发电运营维护服务的希诺基公司成立。法国电力集团公司占85%股份，广西电力公司和广西开发投资有限公司分别占7.5%股份。

1997年以来，希诺基公司大力开发人力资源，目前已有260名来自广西、四川、重庆、湖南等地的中文资深

法国电力公司总裁及区、地、县领导与部分职工合影留念。

最高管理层

T项目——广西来宾B电厂

提供世界级发电运营维护服务

专业人才和经过严格培训的高素质的年青技术骨干。他们和来自法国电力集团的具有国际水平的专家一道同心合力，在高科技基础上实现现代化管理，向客户提供优质服务。

2001年2月机组全面调试成功，各项技术指标达到达标，希诺基公司对电厂进行了全面接管。

希诺基公司的最高决策机构是董事会。公司首任总经理是李明特先生，现任总经理是吉强毅先生。总经理负责公司的管理，执行董事会决定，制定公司策略，决定公司重大事宜。

希诺基公司现有四个部分组成：发电部、维护部、技术部、财务、行政部。

希诺基公司是一个新型的中法合资企业，它兼有法兰西和中华民族的特色和气质，它在广西的经济生活中正逐渐活跃。希诺基积极参与了广西电力行业协会，并在2000年广西电力企业协会上当选为广西电力行业协会理事。

希诺基的成功运营和经济活动为增强中国----法国人民之间的友好感情，对未来中国与法国、乃至欧盟的经济合作关系的发展产生积极推动。

现任总经理 —— 吉强毅

总控室

B电厂场房一角

自治区领导和希诺基公司领导观看文体节目。

抢抓机遇实现广西林业的跨越式发展

——自治区林业局局长黎梅松

按照国务院实施西部大开发有关政策措施，自治区党委“三五五”思路，把生态环境建设为五篇文章之一以及国家林业局提出的实际六大林业工程，以大工程带动发展，实现新世纪林业的跨越式发展的工作思路，结合广西实际，在未来的十年里，广西林业要抢抓机遇，牢牢把握并始终贯穿结构调整这条主线，从系统整合后的林业重点工程入手，走以工程带动发展之路，全面开创新世纪广西林业工作新局面。

第一、提高认识，更新观念，树立现代林业指导思想。要充分认识林业在整个社会中的生态、经济、社会三大效益的地位和作用，在整个西部大开发中的关系全局成败的重要战略地位。以此为制高点，从狭隘的、陈旧的、受计划经济模式影响较为深重的林业观念中冲破出来。统一思想，开阔眼界，大胆实践，以现代林业思想为指导，以全新的精神面貌及工作思路，投身到西部大开发的林业建设当中。

第二、以项目为载体，以大工程带动大发展。工程项目是资金的载体，有了大的工程项目才能吸引大的资金投入，才有可能使事业有大的发展。多年的实践证明，广西林业要想有一个跨越式的发展，必须从林业的重点工程入手，走以大工程带动大发展之路，必须举全局之力抓好十大工程。

一是518万公顷的天然林保护工程。我区有518万公顷的天然林，力争列入国家的天保工程或国家公益林管护工程，争取国家公益林补偿基金的补偿，以利天然林区的稳定发展。同时加强管护，落实责任。二是珠防林和海防林工程。“十五”期间要全面启动二期工程，重点治理漓江流域、红水河流域、右江流域、左江流域、南盘江流域。规划造林141.03万公顷，其中人工造林48.99万公顷，封山育林90.47万公顷，飞播造林1.57万公顷。同时启动沿海防护林体系二期工程，使沿海地区森林覆盖率由目前的40.2%提高到50.7%。三是退耕还林工程。要重点抓好乐业、东兰两个全国试点县的试点工作，力争今后10年内完成26万公顷退耕还林任务。四是野生动植物保护及大自然保护区建设工程，重点抓好170多万顷自然保护区，申报一批为国家级自然保护区。五是以速生丰产林为主的工业原料林基地建设工程。这是广西林业是实现跨越式发展最大的突跛口。“十五”期间计划造速丰林66.7万公顷，力争把广西建成我国重要的商品林基地。六是以沼气为重点的生态能源工程。要实施“生态家园富民工程”，带动全区生态能源工程建设。“十五”期间，全国新建沼气池130万座，累计总数达230万座，占全区农户总数30%左右，并力争列入国家西部开发重点生态工程。七是石漠化治理工程。从2001年开始首先在13个石山县搞试点，重点治理道路两旁、居民点周边第一面坡的植被和绿化。“十五”期间治理1000万亩，2006—2010年治理1600万亩，使70%以上的石漠化土地和潜在石漠化趋势的土地得到整治。八是城市大环境绿化工程。力争到2005年我区城市规划建成区绿化率达30%以上，绿化覆盖率达到35%发上，人均公共绿地面积到8平方米以上，城市中心区人均公共绿地达到4平方米以上。九是生物防火林带建设工程。“十五”期间要建设生物防火林带3.68万公里。确保完成边境防火带建设任务。十是种苗工程。到2005年要初步实现种苗生产区域化、供应基地化、质量标准化、品种多样化、造林良种化的目标。全区年生产各类苗木在30000万株以上，人工造林的良种使用率在60%以上。

自治区党委书记曹伯纯（右一）、政府主席李兆焯（左一）、林业局局长黎梅松（中）正在参加义务植树。

第三、实行对外开放，引进资金技术，实现林业大发展。一是以更宽松、更务实、更优惠的政策以吸引国外资金、技术、人才到广西参与林业建设与开发。要继续加强与已在我区投资造林的外商的联系与合作，扩大在广西营造速生丰产林的规模以及投资办加工企业。二是要切实加强对我区世行贷款项目的实施、管理，树立良好的国际形象，为争取新的项目创造条件。三是大力发展外向型经济，扩大林业产品出口。使我区林业更大程度地融入世界经济范畴。

中国工程院李文华院士（左三）率考察团考察我区生态建设。图为正在考察金秀水源林。自治区林业局黎梅松局长（右二），廖培来副局长（左二）陪同考察。

第四、以大企业为龙头，以市场为导向带动短轮伐期工业原料林、经济林的发展。“十五”期间我区将组建林浆、林板企业集团。通过以骨干大企业为龙头，以市场为导向，带动我区速生丰产林基地建设、经济林、竹木加工、林产化工、木浆造纸、林副产品加工等林业产业的发展，力争在“十五”期间使人造板年产量达110万m^3，木浆116万吨，松香25万吨、栲胶1.5万吨，把林业产业建成我区重点的支柱产业。

第五、以调整结构、合理布局、扬长避短、发挥优势来推动大发展。一是调整林种结构和树种结构。在商品林中重点发展以桉树、马尖相思、任豆树、西南桦为主的速生丰产林。二是调整所有制经济成份。要大力发展非公有制林业。对公益林建设要搞公有民营。国有林场要积极发展股份制合作林场、家庭林场、职工自营经济。国有企业要进行股份制改造。三是调整经济结构。对现有的林业企业进行改造、重组。国有林场要以工促林、林工一体，三产联动，形成多种所有制并存，多产业共同发展的格局。四是调整产品结构。重点发展深加工产品，增加附加值。

第六、以科技进步和技术创新支撑大发展。要在生物技术、信息技术、石山造林技术、良种选育、病虫害防治技术等领域不断取得突破。要加速优质速生丰产树种推广、工厂化育苗等领域的产业化的步伐，积极利用现代信息技术，发展“数字林业”推动林业管理的革命。要积极运用基因工程技术，组织培养技术，提高种苗质量和造林成效。要依靠科技进步培植名优精品，要加快林业科技成果的转化，“十五”期间转化率达到60%，科技贡献率达50%。

近年来我区大力发展速生丰产林。图为自治区林业局黎梅松局长（左）、裴安道副局长正在考察桉树生产。

第七、调整政策以及体制和制度创新促进大发展。一是要努力争取并落实对林业生态建设的扶持政策，包括提供造林技术、国家投入资本金、财政补贴、减免农业特产税、更改资金营业所得税、林场松脂加工的特产税、以及实行优惠贷款。二是狠抓森林分类经营改革，促进适应市场经济要求和林业自身特点的管理体制和运行机制的形成。对生态公益林严封强管。对商品林放胆发展，灵活经营。三是继续抓好三项制度改革，加快建立现代企业制度步伐；四是要在木材采伐指标管理制度和木材税费方面实现突破。要以农村税费改革为契机，调减木材税费，提高经营者的收益比例。要根据全国林业厅局长会议精神，对新造用材林试行依法尽量满足采伐限额，并选择一个地区作为试点，探索尽量保证商品林采伐限额的办法和措施，并争取作为全国的试点。五是建立和健全商品林特别是经济林的宏观管理制度，对主要经济林产品的市场供求信息，做出预测和发布，引导各地发展，避免出现盲目无序状态。六是对重点生态工程等大型营林项目实行项目法人责任制、监管制和报帐制，将质量好坏与工程投资挂起钩来。七是要修改完善营造林技术规程，强化技术指导和质量检查监督。

第八、强化保障体系确保林业发展。一是调整、完善不适应新时期森林资源保护管理的法规和管理办法，使全区森林资源管理工作进一步法制化、规范化。二是加强林木资源管理，最大限度地杜绝超限额、超计划采伐。三是强化林地管理，严格控制林地逆转。四是严厉打击各种破坏森林资源的违法犯罪行为，要积极争取解决森林公安机关的专项行政编制和经费纳入财政预算问题。五是认真抓好森林防火。进一步落实森林防火行政领导负责制，切实加强火源管理和队伍建设，全面提高森林火灾的预防和扑救能力。六是切实抓好森林病虫害防治工作的目标管理。对松材线虫病、松毛虫、柄天牛等危险性病虫害，要坚决采取有力措施，遏制蔓延扩大。七是加强野生动植物的保护和自然区的建设。

水从林中来——贺州国家森林公园瀑布

第九、加大宣传力度。要通过电视、广播、报刊等媒体大力宣传林业在生态和经济社会中的重要地位和作用，宣传林业跨越式发展重要性和紧迫性，提高人们的思想认识，增强工作责任感和使命感，积极投入新世纪广西林业建设之中。

神秘的金秀圣堂山原始森林

退耕还竹

安静的一家——国家二级保护动物猕猴

"九五"期间我区禁

"九五"期间，在自治区党委政府和国家禁毒委、公安部的领导下，我区禁毒部门认真贯彻[1997]中央5号文件精神和国家禁毒委关于开展禁毒专项斗争的统一部署，坚持"四禁并举、堵源截流、严格执法、标本兼治"的禁毒工作方针，结合区内实际情况，采取有针对性的有力措施，创造性地开展禁毒各项工作，取得了十分显著的成绩，堵源截流缉毒侦查破案缴毒数创历史新高，创建无毒社区工作迈入全国先进行列，实现了禁毒工作"双丰收"。据统计，"九五"期间，全区共查破毒品违法犯罪案件40780起，抓获毒品违法犯罪分子55891人，缴获海洛因2118公斤，冰毒、摇头丸等苯丙胺类毒品1550公斤，鸦片671公斤，其他毒品9600公斤。仅2000年一年缴获海洛因1038公斤，创我区历史上缴获毒品最好成绩，得到国家禁毒委和公安部的充分肯定。

为了遏制毒品在我区蔓延发展势头，全区坚持打防结合，预防为主的方针，提出了"打、防、建、戒"禁毒战略思想，在实际工作中，一方面坚持开展禁毒严打专项整治斗争，严厉打击大宗过境贩毒和扫荡地下毒品销售市场，摧毁零包贩毒网络，切断毒品供应渠道；另一方面坚持预防为主，以毒品预防教育为本，对全社会公众特别是青少年和在校中小学生广泛开展禁毒宣传和毒品预防教育，最大限度地减少新吸毒人员的滋生。通过加强戒毒场所的建设和对吸毒人员的戒毒帮教工作，建立了社会帮教机制，努力提高戒毒巩固率，减少和降低复吸率，巩固戒毒成果。"九五"期间，全区共建立强制戒毒所89所，收治戒毒人员62055次，劳教戒毒11560人次。

自治区人民政府副主席、禁毒委副主任周明甫在全区禁毒工作会议上讲话。

"九五"期间，我区在调查研究和科学论证的基础上，提出了以创建无毒社区为载体，积小区为大区，积大区为全区，最后实现无毒自治区的战略构想。从1998年起，在全区进行了大胆的

毒工作取得辉煌成绩

–广西壮族自治区禁毒委员会办公室

尝试，经过两年多的探索实践，在各级党委政府的高度重视支持下，各职能部门充分发挥主力军的作用，广大群众积极参与，全社会共同努力，创建无毒社区成效显著。到2000年，全区共创建无毒社区38712个，2000年内有20个县实现了“无毒县”的目标，被自治区人民政府授予“无毒县”称号，，标志着我区创建无毒社区工作取得了新的突破。

自治区党委副书记、禁毒委主任陆兵在全区禁毒工作会议上作报告。

自治区公安厅副厅长、禁毒办主任徐昇主持全区禁毒工作会议并讲话。

图为全区禁毒工作会议会场，自治区党委副书记、自治区禁毒委主任陆兵作工作报告，部署全区禁毒工作。

图为自治区召开“6.26”禁毒公判大会会场

自治区人民政府副主席、禁毒委副主任周明甫在全区禁毒宣传活动中作重要讲话。区党委政法委副书记李先明（左6），区公安厅厅长陆炳华（左5），区禁毒办主任、区公安厅副厅长徐昇（左7）等领导参加。

自治区党委书记曹伯纯（左2）在区党委副书记、区禁毒委主任陆兵（左3）等领导同志的陪同下，参观“禁毒大风暴”——广西禁毒成果展。

图为开展创建无毒社区活动中组织不吸毒、不贩毒万人签名承诺活动。

图为开展禁毒宣传和毒品预防教育活动中组织中、小学生参观“珍爱生命、拒绝毒品”全国禁毒挂图展览。

图为我区开展禁毒专项斗争和创建无毒社区专门建立的强制戒毒所

图为抓捕毒贩现场

图为我区开展禁毒专项斗缴获的部分毒品海洛因

图为缴获的苯丙胺类毒品“摇头丸”

图为自治区纪念“6.26”国际禁毒日召开的禁毒大会，会后公开焚烧毒品的现场。

供稿人：

区禁毒办陈世彪

广西华盛集团有限责任公司

公司董事长兼总经理：李继喜

广西壮族自治区华盛集团有限责任公司是自治区直属国有独资企业，注册资金3亿元，拥有固定资产近15亿元。由桂林英山柴油机总厂、中渡铁厂、英山铸锻厂、罗城矿务局、东山建材厂、北海陶瓷厂、茅桥被服厂、露塘制糖造纸总厂，廖平农场、四塘农场、雒容农场、新桥建材厂、钟山机械厂、百色茶场、石榴河园艺场及广西茅桥造纸厂等17家企业组成。1999年销售总产值达7.6亿元。生产经营的主导产品有机制糖、食用酒精、水泥、机制纸、各种铸锻件、汽车配件、煤炭、红砖及粮食、甘蔗、水果、畜牧业产品及其它农副产品等，并开展商贸和旅游等服务行业。本公司的产品质量上乘、享有信誉，“双露牌”白砂糖、“菱环”牌、“飞鹰牌”和“新威牌”水泥、“桂生牌”焊管等产品是广西区（省）优质产品，“英山牌”柴油机及“凤凰花”牌绿茶曾获部优及省优产品，“凤凰花”牌绿茶获农业部“AA级绿色食品”称号，瘦肉型猪达到供港猪标准。

广西桂林高频焊管厂生产的“桂生牌压流体输送用镀锌焊接钢管”荣获区优质产品奖

我公司下属企业分布于南宁、桂林、柳州、北海、贵港、百色、贺州等地市，公路铁路、水路交通十分方便，通讯发达，各种投资设施日趋完善；公司拥有一大批中、高级的专业技术、经营管理人员，具有严格、先进的企业管理措施；各企业拥有丰富的劳动力资源、闲置厂房、场地，适宜发展来料加工。近年来，公司在认真抓好主导传统产业的同时，努力开拓第三产业，注重发展劳动密集型产业及其它“三来一补”工业，积极寻求发展高新技术产业，培植新的经济增长点，建立新的产业群。本公司可提供多种优惠条件，，竭诚与各届人士合作，共同创造美好的明天。

企业注册名称：广西壮族自治区华盛集团有限责任公司

企业地址：南宁市民主路33号

企业负责人：李继喜（董事长兼总经理）

业务联系部门：华盛集团生产管理部

联　系　人：梁芝扬

电　　话：(0771) 2630306　　　邮编：530023

新桥建材厂的万头养猪场外貌

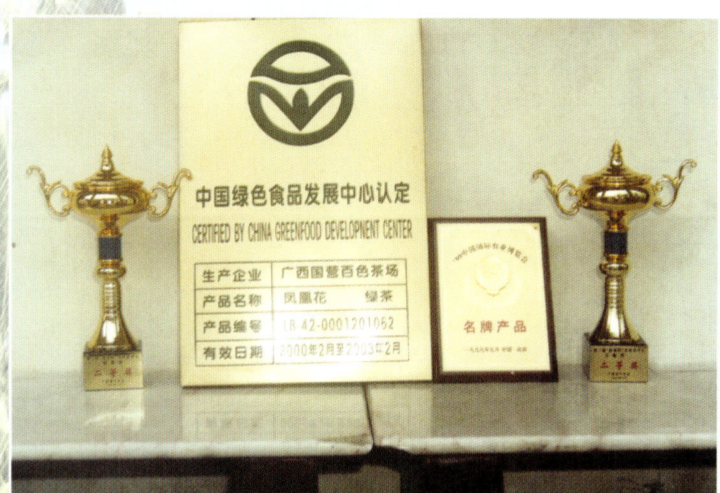

百色茶场生产的凤凰花牌绿茶荣获农业部“AA级绿色食品”称号

广西区北海陶瓷厂引进国际一流美国SD公司最先进的陶瓷生产线

再拢再厉

推动广西工商行政

自治区工商局办公大楼外景

2000年，是承前启后、继往开来的关键一年。一年来，广西各级工商行政管理机关以转变观念为前提，以体制改革为保障，以强化监管为重点，以经济发展为中心，以队伍建设为基础，围绕经济运作方式和市场竞争方式的发展变化，积极推进工商行政管理方式、方法的改革与创新；围绕建立政令畅通、执法统一、管理科学、运转协调的新体制，进一步完善工商行政管理体制改革；围绕建立和维护良好的市场经济秩序，切实加强监管执法；围绕经济发展目标，积极支持国有企业深化改革，支持个体私营经济和外商投资企业发展，支持农村经济发展；围绕建设一支政治坚定、业务精通、执法严格、作风优良的工商行政管理队伍，全面加强系统的班子建设、机关建设、基层建设和廉政建设，较好地完成了以“整顿市场秩序、整顿队伍作风”为重点的各项工作任务，为促进经济发展和社会进步做出了积极的贡献。

2001年，是新世纪的开端，也是实施“十五”计划的第一年。面临新世纪，新任务，我们将坚持以邓小平理论为指导，认真贯彻落实江泽民总书记“三个代表”的重要思想和党的十五届五中全会精神，适应我国实施西部大开发战略和即将加入WTO的新形势，按照“一推进、两规范、三提高”的思路，做好新时期工商行政管理各项工作。一是适应新形势和新时期市场监管执法的任务，全面推进工商行政管理目标、方式、机构、体制、手段的改革，促进职能到位。二是按照“切实加强管理，整顿和规范市场经济秩序”的要求，进一步加强市场监管和行政执法，规范市场主体行为，规范市场竞争交易行为，逐步建立和完善统一开放、竞争有序的市场体

举行“红盾艺术奖”文艺汇演，展现工商系统精神文明建设的丰硕成果。

势 前 进

管理事业跨世纪发展

广西壮族自治区工商行政管理局　蔡永伦

系。三是抓住实施西部大开发的机遇，发挥职能作用，不断提高为经济建设服务的能力和水平，促进西部大开发、广西大发展。四是面对我国即将加入WTO的历史性跨越，加快观念更新，完善自身能力，提高监管效能。五是把加强队伍建设作为一项长期的战略任务，以党建为基础，加强政治和组织建设；以改革为契机，加强工商所建设；以精神文明为载体，加强机关作风建设；以工作上水平为目标，加强全系统理论建设，提高队伍的综合素质，培养造就高层次、高素质的干部队伍。

千里之行，始于足下。在充满机遇和挑战的21世纪里，我们决心认清形势，坚定信心，立足本职，开拓进取，以咬住目标不放松、不达目的誓不休的志气，不畏艰难、迎难而上的勇气，坚韧不拔、百折不挠的锐气，谱写新世纪工商行政管理的辉煌篇章！

自治区工商局局长蔡永伦在全区工商行政管理工作会议上作报告

工商行政管理人员讲解辨别真伪商品知识

工商执法人员查获的假冒劣质药品

自治区副主席张文学、南宁市政府及国家工商局有关部门领导在区、市工商局领导陪同下，检阅工商行政管理12315执法队伍。

迈向新世纪 再创新辉煌

广西壮族自治区水产畜牧局

2000年8月18日区水产畜牧局挂牌仪式上陈荣贵局长接受新闻记者采访

广西地处祖国南疆，气候温和，雨量充沛，渔业、畜牧业资源十分丰富，加之良好的区位优势，发展水产畜牧业大有可为。

广西海域辽阔，全区海岸线总长1595公里，沿海浅海滩涂广阔，潮间带滩涂面积150万亩。滩涂以沙滩为主，占55.2%，沙泥滩、淤泥滩与红树林滩分别占18.6%、17.0%、7.2%，适宜水产养殖的滩涂面积约100万亩。20米等深线浅海面积974万亩。适宜水产养殖的浅海面积约850万亩。到2000年底止开发利用的浅海滩涂面积92万亩，仅占20米等深线以内的浅海滩涂面积1124亩的8.1%，开发利用的潜力仍很大。

北部湾港湾众多，水质肥沃，浮游生物很多，渔业资源丰富，有记录的鱼类928种，虾蟹类200种，头足类47种。滩涂生物资源有140种，其中，近江牡蛎、文蛤、对虾、珍珠、锯缘青蟹、泥蚶、中华乌塘鳢、名贵鱼类等是广西沿海传统的浅海滩涂养殖品种。

淡水养殖水面也很多，有1200万亩。其中，水库面积224万亩，山塘面积65万亩，湖泊面积1万亩，池塘面积110万亩，江河水面800万亩，山泉500余处。此外，在全区2000多万亩水田中，有将近一半面积可发展稻田养鱼。

我区畜牧业资源十分丰富，光优良地方畜禽品种就有23种。其中，陆川猪被确定为中国八大地方猪种之一；德保矮马被认为是我国唯一的微型马种，非常珍贵；许多优良的地方畜禽品种资源有待深入挖掘和开发。我区有可供利用的草山草坡8000多万亩，目前改造利用养殖的不到10%；5000多万吨的秸秆还没有很好利用。可见，我区畜牧业的发展潜力是非常之大。

改革开放以来，广西水产畜牧业连续二十多年持续稳定增长，水产畜牧业已成为我区农村经济的一大支柱产业，是大农业中一个突出的新的增长点，是农民和渔民增加收入的一个重要途径。

2000年，在自治区党委、自治区人民政府的正确领导下，我局一手抓机构改革，"三讲"教育和警示教育，一手抓经济工作，抓住西部大开发、农业经济结构战略性调整和加入WTO三大机遇，以结构调整为主线，以提高产业化经营水平为重点，以改革开放和科技进步为动力，以提高行业整体素质和增加农民收入为目标，使水产畜牧业迈向新的台阶。据初步统计，2000年全区水产品总产量达245万吨，比上年增长6.1%。总产值达164亿元，比上年增长9.6%；全区肉类总产量预计达到274万吨，总产值274亿元，分别比上年增长4.2%和4.6%。水产畜牧业农民人均全年新增30元的目标得以实现。

之所以取得这样显著的成绩，与我们局领导团结、开拓、进取、创新的工作作风分不开的。新年伊始，局领导做了大量的调查研究，精心组织，严格监管，并深入全区14个地市对养殖业增收计划实施情况进行检查，发现问题及时解决。由于措施得力，给广西水产畜牧业"九五"发展计划打上了圆满的句号。同时，局领导已把目光描准2001年，我们坚信，在自治区党委、自治区人民政府的直接领导下，在全区水产畜牧业系统广大干部职工的共同努力下，我区的水产畜牧业一定再创辉煌。

陈荣贵局长在中共广西壮族自治区水产畜牧局直属机关第一次党代会上。

自治区党委、政府领导在2000年全区养殖业钦州现场会上。

贵港市港旺养殖有限公司出口瘦肉型猪养殖基地120亩，猪栏10000m²，种猪600多头，存栏4000多头，年出栏瘦肉型猪1.2万头。

玉林市优质三黄鸡养殖场年出栏16万只

桂平市石排农场，鱼鸭套养1600亩池塘，蛋鸭30万只，每亩产鱼产值1000多元。

博白县种鹅场基地规模存马岗种鹅3500羽，年出栏15万羽，利用坡地种草养鹅，年产值600万元。

全社会客运量（亿人）

全社会货运量（亿吨）

2.86
3.09
3.13
1995年
1999年
2000年

农林牧渔业总值（亿元）

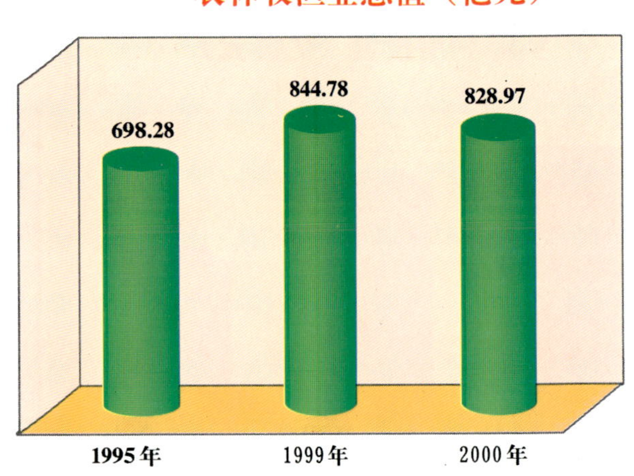

主要农产品产量				
农产品	单位	1995年	1999年	2000年
粮食产量	万吨	1553.30	1722.49	1667.24
油料产量	万吨	45.35	54.73	58.61
甘蔗产量	万吨	2555.73	3220.64	2937.89
肉类产量	万吨	195.61	262.94	287.26
水果产量	万吨	266.60	405.19	360.14
水产品	万吨	103.29	230.93	239.86

全部工业总产值（亿元）

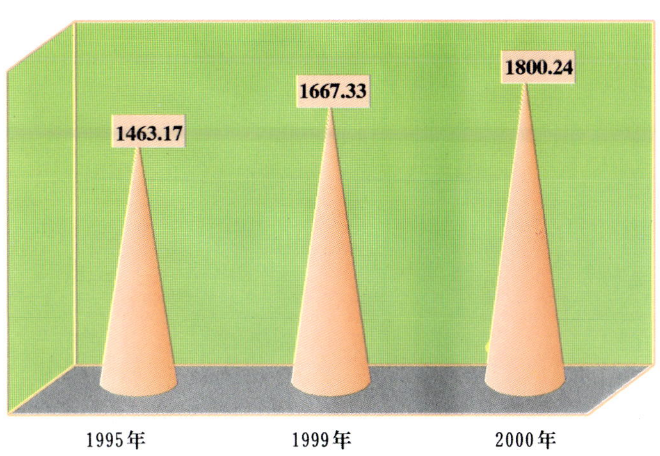

轻重工业比重（%）

轻工业 重工业

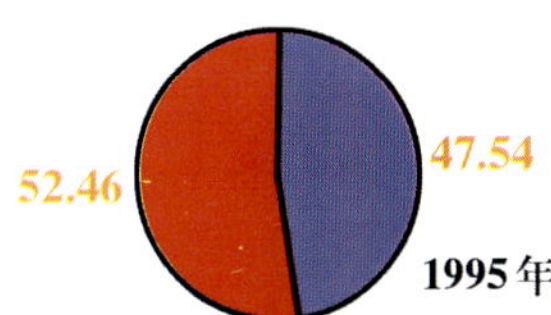

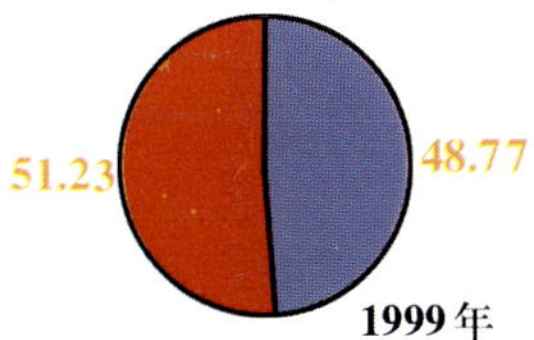

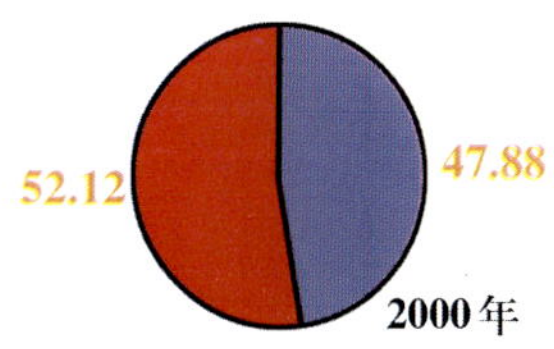

工业主要产品产量				
产 量	单 位	1995年	1999年	2000年
原煤	万吨	1391.42	816.06	706.67
发电量	亿千瓦时	217.29	253.42	289.09
钢	万吨	88.78	118.85	104.73
农用化肥	万吨	43.12	46.14	53.30
十种有色金属	万吨	27.27	52.31	60.59

目　　录
CONTENTS

三、人口

CHAPTER 3. POPULATION

四、从业人员和职工工资

CHAPTER 4. EMPLOYMENT AND WAGES

五、固定资产投资

CHAPTER 5. INVESTMENT IN FIXED ASSETS

六、能源生产与消费

CHAPTER 6. ENERGY PRODUCTION AND CONSUMPTION

七、财政、金融和保险

CHAPTER 7. FINANCE, BANKING AND INSURANCE

八、物价

CHAPTER 8. PRICE

九、人民生活

CHAPTER 9. PEOPLE'S LIVELIHOOD

十、环境保护及城市公用设施

CHAPTER 10. ENVIRONMENTAL PROTECTION AND PUBLIC FACILITIES IN CITIES

十一、城市概况

CHAPTER 11. GENERAL SURVEY OF CITIES

十二、农业

CHAPTER 12. AGRICULTURE

十三、工业

CHAPTER 13. INDUSTRY

十四、建筑业

CHAPTER 14. CONSTRUCTION

十五、交通、运输和邮电通信业

CHAPTER 15. TRANSPORTATION, POSTAL AND TELECOMMUNICATIONS SEVERICES

十六、国内贸易

CHAPTER 16. DOMESTIC TRADE

十七、对外经济贸易和旅游

CHAPTER 17. FOREIGN ECONOMY, TRADE AND TOURISM

十八、教育、科技和文化

CHAPTER 18. EDUCATION, SCIENCE AND CULTURE

十九、体育、卫生、社会福利及服务业

CHAPTER 19. SPORT, PUBLIC HEALTH, SOCIAL WELFARE AND SERVICE

二十、区域经济

CHAPTER 20. ECONOMIC ZONES

二十一、地、市基本情况

CHAPTER 21. BASIC STATISTICS OF REGION

二十二、县(市)基本情况

CHAPTER 22. BASIC STATISTICS OF COUNTY(CITY)

附录

APPENDIX

一、行政区划和自然资源

1—1 行政区划

(2000年底)

单位:个

地、市名称	地级单位	市数			县数			乡镇数			自治区辖市城(郊)区
		合计	地级市	县级市	合计	县	自治县	合计	乡	镇	
全区	**14**	**19**	**9**	**10**	**71**	**59**	**12**	**1361**	**616**	**745**	**29**
南宁市	1	1	1		2	2		52	9	43	6
柳州市	1	1	1		2	2		37	10	27	5
桂林市	1	1	1		12	10	2	146	81	65	5
梧州市	1	2	1	1	3	3		66	7	59	3
北海市	1	1	1		1	1		27	3	24	3
防城港市	1	2	1	1	1	1		32	18	14	2
钦州市	1	1	1		2	2		61	1	60	2
贵港市	1	2	1	1	1	1		85	28	57	2
玉林市	1	2	1	1	4	4		119	20	99	1
南宁地区	1	1		1	11	11		173	80	93	
柳州地区	1	1		1	9	6	3	138	90	48	
贺州地区	1	1		1	3	2	1	67	17	50	
百色地区	1	1		1	11	10	1	184	130	54	
河池地区	1	2		2	9	4	5	174	122	52	

1—2 行政区划一览表

（2000年底）

地及地级市名称	县及县级市、县级区名称
南宁市	兴宁区 新城区 城北区 江南区 永新区 郊区 邕宁县 武鸣县
柳州市	城中区 鱼峰区 柳南区 柳北区 郊区 柳江县 柳城县
桂林市	秀峰区 叠彩区 象山区 七星区 雁山区 阳朔县 临桂县 灵川县 全州县 兴安县 永福县 灌阳县 龙胜各族自治县 资源县 平乐县 荔浦县 恭城瑶族自治县
梧州市	万秀区 蝶山区 郊区 岑溪市 苍梧县 藤县 蒙山县
北海市	海城区 银海区 铁山港区 合浦县
防城港市	防城区 港口区 东兴市 上思县
钦州市	钦南区 钦北区 灵山县 浦北县
贵港市	港北区 港南区 桂平市 平南县
玉林市	玉州区 北流市 容县 陆川县 博白县 兴业县
南宁地区	凭祥市 横县 宾阳县 上林县 隆安县 马山县 扶绥县 崇左县 大新县 天等县 宁明县 龙州县
柳州地区	合山市 鹿寨县 象州县 武宣县 来宾县 融安县 三江侗族自治县 融水苗族自治县 金秀瑶族自治县 忻城县
贺州地区	贺州市 昭平县 钟山县 富川瑶族自治县
百色地区	百色市 田阳县 田东县 平果县 德保县 靖西县 那坡县 凌云县 乐业县 田林县 隆林各族自治县 西林县
河池地区	河池市 宜州市 罗城仫佬族自治县 环江毛南族自治县 南丹县 天峨县 凤山县 东兰县 巴马瑶族自治县 都安瑶族自治县 大化瑶族自治县

1—3 自 然 资 源

指 标	单 位	2000年
一、土地		
土地总面积	万平方公里	23.67
按土地特征分:		
林地面积	万公顷	1146.5
牧草地面积	万公顷	78.2
水域面积	万公顷	80.3
按地形分各类土地所占比重	%	100.0
中山(海拔800米以上)	%	23.5
低山(海拔400—800米)	%	15.9
丘陵(海拔200—400)米	%	28.9
#石山	%	18.4
台地(海拔200米以下)	%	6.3
二、海洋		
海岸线长度	公里	1595
浅海面积	平方公里	67.8
滩涂面积	平方公里	220.9
海水可养殖面积	平方公里	319.5
三、气候		
年平均气温	℃	16.3～23.0
年日照时数	小时	1118～2194
年降水量	毫米	730～2541
各类气候占全区总面积的比重	%	**100.0**
湿润气候区(干燥度低于1.0)	%	50.0
半湿润气候区(干燥度1.0—1.49)	%	49.0
半干燥气候区(干燥度1.5—2.0)	%	1.0
四、森林		
森林面积	万公顷	981.9
人均森林面积	亩	3.12
森林蓄积量	万立方米	36500
森林覆盖率	%	41.3

1—3　续表

指　　　标	单　位	2000 年
五、矿产资源(保有储量)		
锰	万吨	20821
锡	万吨	98.87
砷	万吨	82.79
膨润土	万吨	64388
钒	万吨	203.09
钨	万吨	34.86
锑	万吨	76.12
银	吨	7158
铝土矿	万吨	36784
滑石	万吨	2076
重晶石	万吨	4153
镁(白云岩)	万吨	21025
稀土	吨	85234
硫铁矿	万吨	9666
煤	万吨	200543

1—4　主要河流基本情况

(2000 年)

名　　称	流域面积(万平方公里)	年径流量(亿立方米)	水利资源蕴藏量(万千瓦)	流域面积占全区总面积的比重(%)
全区总计	**23.67**	**1461.66**	**2133**	**100**
#红水河	3.86	205.71	690	16.31
郁　江	6.81	226.72	355.86	28.77
西　江	2.14	83.13	25.82	9.04
桂　江	1.81	125.22	146.2	7.65
南流江	1.25	55.22	49.06	5.28
柳　江	4.20	436.33	341.82	17.74
贺　江	0.84	86.68		3.55

1—5　主要城市平均气温

(2000年)　　单位:℃

城市名称	1月	2月	3月	4月	5月	6月	7月	8月	9月	10月	11月	12月	年平均
南宁市	14.5	11.9	17.1	22.6	25.3	27.3	28.5	28.5	26.4	23.0	17.2	15.8	21.5
柳州市	11.5	9.8	15.8	20.4	25.2	27.9	29.8	29.4	27.2	22.2	16.0	13.8	20.8
桂林市	8.3	7.7	13.9	18.5	23.8	26.3	29.1	28.1	25.1	20.2	13.5	11.7	18.8
梧州市	13.3	12.1	17.7	22.0	25.6	27.8	28.7	28.7	26.9	23.2	17.2	15.5	21.6
北海市	16.1	14.1	18.9	24.5	26.4	28.4	29.0	28.9	27.2	24.5	19.7	18.2	23.0
防城港市	15.3	13.2	17.5	23.4	26.1	28.0	28.7	28.7	27.2	24.2	19.8	18.5	22.6
钦州市	15.6	13.0	17.7	23.7	26.2	28.4	28.9	28.7	27.1	24.2	19.3	17.9	22.6
贵港市	14.1	11.7	17.1	22.3	25.8	28.2	29.4	29.7	27.5	23.8	18.1	16.3	22.0
玉林市	15.1	13.1	18.3	23.6	26.1	27.8	28.7	29.1	26.7	24.0	18.7	16.9	22.3
贺州市	10.4	9.0	15.5	20.2	25.3	27.9	29.2	28.6	26.4	21.6	14.5	12.7	20.1
百色市	14.7	12.8	18.2	23.5	26.3	27.4	29.0	28.5	26.5	23.3	17.7	15.4	21.9
河池市	12.3	10.2	15.9	20.6	25.1	27.1	28.9	28.4	26.4	22.1	16.3	14.0	20.6

1—6　主要城市降水量

(2000年)　　单位:毫米

城市名称	1月	2月	3月	4月	5月	6月	7月	8月	9月	10月	11月	12月	年平均
南宁市	1.7	47.7	37.0	66.5	154.9	37.7	248.7	68.8	69.6	159.2	10.8	2.4	905.0
柳州市	19.0	53.5	94.6	237.5	315.7	202.8	113.7	143.2	31.4	204.4	7.9	13.3	1437.0
桂林市	41.4	53.3	178.8	273.5	384.9	432.4	67.5	228.5	201.4	147.3	28.0	19.1	2056.0
梧州市	11.3	29.8	57.6	202.1	181.7	121.4	72.2	109.6	13.8	64.4	30.1	10.2	904.2
北海市	5.0	21.6	70.9	115.1	109.3	83.0	130.2	490.6	30.8	201.1	16.2	10.1	1283.9
防城港市	2.5	22.2	55.6	37.7	415.5	104.5	449.7	402.0	204.1	158.7	9.2	3.3	1865.0
钦州市	3.4	30.3	72.7	48.1	271.8	92.4	529.9	431.9	192.5	196.6	6.9	7.9	1884.4
贵港市	8.1	28.9	48.0	126.6	200.9	98.0	286.0	74.2	30.3	133.1	5.6	1.0	1040.7
玉林市	22.5	22.6	29.0	220.4	219.0	208.1	242.1	39.5	144.4	232.1	9.8	10.9	1400.4
贺州市	24.3	62.1	90.8	286.3	206.6	102.0	74.6	98.4	16.2	177.0	34.9	4.8	1178.0
百色市	7.1	13.0	18.2	22.9	117.7	128.8	121.0	53.4	51.6	173.3	1.9	8.8	717.7
河池市	22.0	31.6	83.7	167.8	384.1	253.8	232.3	174.5	47.8	248.4	14.4	23.7	1648.1

二、综　合

2—1 主要年份国民经济和社会发展总量和速度指标

指　　标	单　位	1990 年	1995 年	1999 年	2000 年	1996—2000 年平均增长%
人口与就业						
人　口						
年末总人口	万人	4242	4543	4713	4751	0.9
非农业人口	万人	565	745	817	826	0.2
农业人口	万人	3677	3757	3841	3898	0.3
总人口中:男性	万人	2205	2377	2463	2484	0.9
女性	万人	2037	2166	2250	2267	0.9
就　业						
从业人数	万人	2109	2383	2515	2566	1.5
#职工人数	万人	312	343	329	320	-1.4
#国有经济	万人	259	283	259	251	-2.4
乡村劳动者	万人	1768	1965	2080	2145	1.8
城镇失业人数	万人	13.9	10.1	12.0	11.3	2.3
宏观经济						
国民核算						
国内生产总值	亿元	449.06	1497.56	1953.27	2050.15	8.1
第一产业	亿元	175.61	449.64	554.48	538.70	6.2
第二产业	亿元	118.45	535.86	695.83	748.00	9.0
#工业	亿元	104.79	461.25	579.26	619.84	8.8
第三产业	亿元	155.00	512.06	702.96	763.45	8.6
人均国内生产总值	元	1066	3304	4148	4319	7.1
按支出法计算的国内生产总值	亿元	449.06	1497.56	1953.27	2050.15	8.1
最终消费	亿元	346.68	993.95	1342.88	1443.17	9.0
居民消费	亿元	265.41	754.12	978.81	1019.36	7.3
政府消费	亿元	81.27	239.83	364.07	423.81	13.5
资本形成总额	亿元	107.40	618.75	645.64	676.12	2.1
固定资本	亿元	72.60	423.37	629.07	670.65	9.1
存货增加	亿元	34.80	195.38	16.57	5.47	-50.2
固定资产投资						
全社会固定资产投资	亿元	68.57	423.37	620.20	660.01	9.3
#国有单位	亿元	41.17	216.29	303.47	328.77	8.7
集体单位	亿元	5.47	57.00	60.54	57.24	0.1
#基本建设	亿元	21.29	157.10	263.00	281.54	12.4
更新改造	亿元	16.96	68.56	70.10	80.16	3.2
新增固定资产	亿元		358.81	485.65	618.71	11.5
财　政						
财政总收入	亿元		133.29	201.09	220.01	10.5
#地方财政收入	亿元	46.83	79.44	133.56	147.05	13.1
人均地方财政收入	元	112	176	284	311	12.1
地方财政支出	亿元	65.00	140.59	224.98	258.49	13.0

注:①总人口中,1990 年为户籍统计数,1995、1999 年为人口变动抽样调查数,2000 年为第五次人口普查数,农业、非农业人口为户籍统计数。

②价值指标绝对数按当年价格计算,增长%按可比价格计算。

2—1 **续表1**

指　　标	单　位	1990年	1995年	1999年	2000年	1996—2000年平均增长%
物价总指数(上年=100)						
居民消费价格总指数	%	101.1	118.4	97.7	99.7	
城　市	%	98.3	118.0	97.2	100.0	
农　村	%	104.4	118.6	98.2	99.5	
商品零售价格总指数	%	100.1	116.4	97.2	98.6	
农产品收购价格总指数	%	88.6	119.0	87.6	92.8	
利用外资						
新签外商直接投资协议额	亿美元	1.25	10.42	6.91	5.48	-12.1
实际利用外资额	亿美元	0.60	9.64	9.21	7.53	-4.8
产　业						
农　业						
耕地面积	千公顷	2595.90	2614.20	2658.27	2652.57	0.3
农林牧渔业总产值	亿元	252.22	698.28	844.78	828.97	5.6
主要农产品产量						
粮　食	万吨	1402.57	1553.30	1722.49	1667.24	1.4
油　料	万吨	25.19	45.35	54.73	58.61	5.3
甘　蔗	万吨	1501.84	2556.00	3220.64	2937.89	2.8
水　果	万吨	91.61	266.60	405.19	360.14	6.2
猪牛羊肉	万吨	90.52	160.94	213.72	230.13	7.4
水产品	万吨	32.35	103.29	230.93	239.86	18.4
工　业						
全部工业总产值	亿元	353.43	1463.17	1667.33	1800.24	7.7
轻工业	亿元	195.32	695.59	813.01	862.00	4.6
重工业	亿元	158.11	767.58	854.32	938.24	6.3
主要工业产品产量						
钢	万吨	52.41	88.78	118.85	104.73	3.4
成品钢材	万吨	45.48	80.50	108.27	102.63	5.0
生　铁	万吨	57.98	96.76	132.01	125.32	5.3
十种有色金属	万吨	8.68	27.27	52.31	60.59	17.3
发电量	亿千瓦时	125.62	217.29	253.42	289.09	5.9
原　煤	万吨	979.45	1391.42	816.06	706.67	-12.7
农用化肥(折纯100%)	万吨	41.35	43.12	46.14	53.30	4.3
水　泥	万吨	765.28	1980.47	2062.55	2198.35	2.1
机制糖	万吨	136.64	178.12	374.30	325.76	12.8
国有及规模以上非国有工业企业主要经济指标						
固定资产原价	亿元	228.49	833.27	1147.46	1296.41	9.2
资金总额	亿元	259.06	1047.58	1441.24	1583.97	8.6
利税总额	亿元	41.68	85.01	74.91	117.01	6.6

注:1990、1995年国有及规模以上非国有工业企业为乡及乡以上独立核算工业企业。

2—1 续表2

指　　标	单　位	1990年	1995年	1999年	2000年	1996—2000年平均增长%
建筑业						
建筑企业年末从业人数	万人	42.28	101.92	67.18	64.86	-8.6
建筑业总产值	亿元	33.48	274.26	302.17	287.05	0.9
竣工房屋面积	万平方米	957	3517	3958	3814	1.6
交通运输业						
货运量	万吨	19898	28620	30862	31270	1.8
#铁路	万吨	3798	5072	5293	5843	2.9
客运量	万人	26272	34317	41009	42952	4.6
#铁路	万人	2391	2819	2496	2508	-2.3
公路通车里程	公里	36214	40904	51378	52910	5.3
铁路通车里程	公里	2291	2473	3113	3113	4.7
主要港口货物吞吐量	万吨	1101	1717	2505	2917	11.2
邮电通信业						
邮电计费业务总量(90年不变价)	万元	14235	205600	654364	963559	36.2
电话用户	万户	12.41	76.69	210.35	319.12	33.0
城　市	万户	8.91	65.65	164.93	233.48	28.9
农　村	万户	3.50	11.04	45.42	85.64	50.6
国内商业						
社会消费品零售总额	亿元	175.44	532.48	791.27	859.16	10.0
对外经济贸易和国际旅游						
进出口总额	亿美元	8.98	32.11	17.53	20.38	
进口总额	亿美元	1.69	9.65	5.06	5.45	
出口总额	亿美元	7.29	22.46	12.47	14.93	
国际旅游人数	万人	51.83	41.85	77.68	124.03	24.3
旅游收入	亿元	3.66	10.92	15.15	21.78	14.8
金融、保险						
全社会金融机构存款余额	亿元	271.17	1152.32	2010.14	2269.07	14.5
#城乡居民储蓄存款	亿元	152.29	735.50	1257.26	1374.42	13.3
金融机构贷款余额	亿元	326.29	1055.67	1719.19	1613.25	8.9
国内保险承保额(财险、寿险)	亿元	655	3103	4118	4289	6.7
教育、科技、文化						
教　育						
专任教师数						
高等学校	万人	0.68	0.75	0.87	0.93	4.3
中等专业学校	万人	0.73	0.78	0.89	0.88	2.4
普通中学	万人	8.15	9.77	12.17	12.67	5.3
小　学	万人	20.47	19.48	19.90	19.90	0.4

注:进出口总额1990年、1995年为外贸部门数,1999年2000年为海关数,故增长速度不可比。

2—1 续表3

指　　标	单　位	1990年	1995年	1999年	2000年	1996—2000年平均增长%
在校学生数						
高等学校	万人	3.78	6.00	9.03	11.79	14.5
中等专业学校	万人	7.17	11.67	16.13	15.87	6.3
普通中学	万人	140.88	194.05	267.66	285.63	8.0
小　学	万人	560.55	639.92	569.46	536.79	-3.5
科　　技						
县以上科研机构数	个		230	226	224	-0.5
国有企事业单位科技人员	万人	24.86	69.19	77.60	79.46	2.8
文　　化						
图书出版数量	万册	13360	25397	136638	149238	42.5
杂志出版数量	万册	3226	4630	5053	5243	2.5
报纸出版数量	万份	33603	47475	55421	56056	3.4
家庭　生活　环境						
家　　庭						
家庭总户数	万户		1020	1110	1150	2.4
城镇居民平均每户家庭人口	人	3.62	3.30	3.15	3.19	-0.7
农村居民平均每户家庭人口	人	5.62	5.32	4.87	4.82	-2.0
居　　住						
城镇居民人均居住面积(抽样调查)	平方米	10.9	14.51	17.13	18.91	5.4
农村居民人均生活用房面积(抽样调查)	平方米	15.80	18.21	22.68	23.40	5.1
生　　活						
城镇居民人均可支配收入(抽样调查)	元	1448	4792	5619	5834	3.7
农村居民人均纯收入(抽样调查)	元	639	1446	2048	1865	5.2
工资和福利						
职工工资总额	亿元	62.40	172.31	204.36	222.17	5.2
职工平均工资	元	2049	5105	6254	6772	5.8
职工保险福利费用总额	亿元	9.12	17.36	12.56	109.05	44.4
离退休退职职工保险福利费用	亿元	8.52	30.24	45.69	528.94	77.2
卫　　生						
卫生机构数	个	5791	5571	13319	13707	19.7
#医院	个	1496	1709	1864	1868	1.8
医院病床数	万张	6.90	7.88	8.32	8.30	1.0
医生数	万人	5.12	5.53	6.08	6.15	2.1
市政建设						
自来水供水总量	亿吨	13.23	16.62	13.82	13.58	-4.0
排水管道长度	公里	782	2142	2788	2885	6.1
环　　境						
园林绿地面积	公顷	6313	37350	41669	44149	3.4
治理污染资金使用额	亿元	0.32	3.32	3.67	7.37	17.3
安排治理项目	个	292	1002	596	1270	4.9
工业废水排放达标量	万吨	33235	42227	42536	30303	-6.4
工业粉尘回收量	万吨	86	135	228	267	14.6

2—2 主要年份国民经济和社会发展结构指标

单位：%

指　　标	1990 年	1995 年	1999 年	2000 年
人口与就业				
人　　口				
城乡结构				
非农业人口	13.32	17.05	17.34	17.49
农业人口	86.68	82.95	82.66	82.51
性别结构				
男	51.98	52.26	51.65	52.58
女	48.02	47.74	48.35	47.72
就　　业				
产业结构				
第一产业	76.5	66.4	64.4	61.2
第二产业	9.8	11.8	11.0	10.8
第三产业	13.7	21.8	24.6	28.0
就业结构				
国有单位	12.28	11.75	10.29	9.78
城镇集体单位	2.42	1.90	1.39	1.29
城镇私营企业和个体劳动者	1.37	2.57	3.78	3.51
乡村劳动者	83.83	82.62	82.70	83.59
其他经济类型单位	0.01	0.58	1.84	1.40
宏观经济				
国民核算				
国内生产总值产业结构				
第一产业	39.11	30.03	28.39	26.30
第二产业	26.38	35.78	35.62	36.50
第三产业	34.51	34.19	35.99	37.20
国内生产总值支出结构				
最终消费结构	77.2	66.4	68.8	70.4
居民消费	59.1	50.4	50.1	49.7
农村居民	40.1	28.7	29.0	28.2
城镇居民	19.0	21.6	21.1	21.5
政府消费	18.1	16.0	18.6	20.7
资本形成总额结构	23.9	41.3	33.1	33.0
固定资本	16.2	28.3	32.2	32.7
存货增加	7.7	13.0	0.8	0.3
固定资产投资				
全社会固定资产投资结构				
#基本建设	31.05	37.11	42.41	42.66
更新改造	24.73	16.19	11.30	12.15
房地产开发	3.21	12.17	5.32	5.86
其他投资	5.22	3.84	6.35	8.98
资金来源结构				
#国家预算内资金	12.77	2.68	9.06	9.02
国内贷款	33.24	29.06	18.48	24.51
利用外资	5.37	7.49	4.47	3.67
自筹和其他投资	41.81	43.00	46.36	45.29

2—2 续表 1

指　　标	1990 年	1995 年	1999 年	2000 年
财　政				
财政收入结构				
中央		40.40	33.58	33.16
地方		59.60	66.42	66.84
财政支出结构				
基本建设支出	5.62	6.06	8.48	9.78
农业支出	13.35	11.04	9.82	10.79
教育支出	20.80	21.54	18.17	17.85
利用外资				
实际利用外资结构				
对外借款	29.51	30.13	30.81	29.91
外商直接投资	50.16	69.46	69.19	69.69
外商其他投资	20.33	0.41		0.40
能源生产和消费结构				
能源生产总量结构				
原　煤	59.1	50.9	40.5	36.0
原　油	2.4	1.3	0.6	0.6
水　电	38.5	51.6	58.9	63.4
能源消费总量结构				
煤　炭	62.7	55.9	52.5	49.3
石　油	11.6	10.1	13.6	15.2
水　电	20.7	23.4	20.4	20.5
产　　业				
农　业				
农林牧渔业产值结构				
农　业	59.35	54.84	53.84	50.52
林　业	7.16	4.64	4.44	4.68
牧　业	29.93	32.11	31.00	33.21
渔　业	3.56	8.41	10.72	11.59
工　业				
全部工业总产值结构				
轻工业	55.25	47.54	48.77	47.88
重工业	44.75	52.46	51.23	52.12
国有及规模以上非国有工业产值结构				
国有经济	79.84	57.55	47.96	40.92
集体经济	18.37	25.24	15.26	13.22
其他经济类型	1.79	17.21	36.78	45.86
建筑业				
建筑业总产值结构				
#国有经济	54.33	23.14	30.44	30.94
城镇集体经济	16.28	10.84	15.59	16.24
运输业				
货运量结构				
按运输方式分				
铁路	19.14	17.72	17.15	18.69
公路	74.12	72.28	76.86	75.20
水运	6.74	10.00	5.98	6.11

注:1990、1995 年国有规模以上工业产值结构为乡及乡以上工业结构。

2—2 续表 2

指 标	1990 年	1995 年	1999 年	2000 年
客运量结构				
按运输方式分				
#铁路	9.10	8.21	6.09	5.84
公路	86.88	87.49	91.23	91.55
水运	3.75	3.47	1.90	1.78
国内贸易				
社会消费品零售总额构成				
城市	40.01	44.28	48.20	48.46
县城	25.63	25.50	19.95	20.53
县以下	34.36	30.22	31.85	31.01
经济类型结构				
#国有经济		27.17	15.29	15.95
集体经济		14.96	13.01	12.17
私营经济		2.03	2.76	3.39
个体经济		36.60	50.50	51.38
其他经济类型		19.24	18.44	13.62
对外经济贸易、国际旅游				
进出口总额结构				
进口	18.77	30.05	28.86	26.73
出口	81.23	69.95	71.14	73.27
边境贸易进出口结构				
出口商品结构				
#农副产品		15.79	9.02	10.77
工业品		47.48	40.20	31.50
生产资料		18.97	8.18	6.50
其他		17.76	42.60	49.56
进口商品结构				
#农副产品		57.44	24.24	38.30
工业品		25.33	17.24	20.36
生产资料		1.43	4.63	7.89
其他		15.80	53.89	32.86
来华旅游人数结构				
外国人	29.60	73.46	47.85	40.82
华 侨	4.65	0.81	0.36	0.26
港澳台同胞	65.75	25.73	51.79	58.92
教育、科技、文化				
教育				
在校学生结构				
大学生	0.5	0.7	1.0	1.4
中学生	21.9	27.9	34.2	35.5
小学生	77.6	71.4	64.8	63.1
专任教师结构				
大学	2.22	2.30	2.50	2.70
中学	31.25	37.90	40.56	39.40
小学	66.62	59.80	56.94	57.90
科 技				

2—2 续表 3

指　　标	1990 年	1995 年	1999 年	2000 年
国有企事业单位科技人员结构				
#工程技术人员	36.32	15.44	15.61	16.17
农业技术人员	9.21	2.88	2.94	2.97
科学研究人员	1.65	0.48	0.41	0.35
卫生技术人员	33.11	13.22	13.05	13.11
教学人员	19.75	47.64	50.05	50.11
生活、环境				
生活				
城镇居民消费结构				
#食品类	58.7	51.0	44.3	39.9
衣着类	8.7	8.8	6.6	6.5
用品及其他	9.2	9.5	7.4	9.0
居住	5.5	8.1	12.8	15.5
农村居民消费结构				
#食品类	65.17	61.28	58.28	55.44
衣着类	4.96	4.30	3.60	3.47
家庭设备、用品及服务	4.57	4.55	4.59	4.23
居住	15.09	12.20	13.72	13.52
福　利				
职工保险福利费结构				
国有单位	90.27	88.15	81.12	76.72
城镇集体单位	9.19	7.92	6.80	9.32
其他单位	0.54	3.93	12.08	13.96
离退休人员结构				
国有单位	78.43	83.35	81.29	81.62
城镇集体单位	21.54	15.26	12.96	12.85
其他单位	0.03	1.39	5.75	5.53
卫　　生				
医生结构				
中医	21.34	17.14	14.98	14.46
西医师	60.41	62.35	65.60	63.78
其他	18.25	20.48	19.42	21.76
医院床位结构				
县以上	92.20	93.95	97.42	97.14
其　他	7.80	6.05	2.58	2.86
环　　境				
污染治理资金使用结构				
治理废水	57.87	53.83	43.10	54.33
治理废气	28.53	30.68	36.83	36.51
治理固体废物	9.69	11.36	3.68	3.69
治理噪声	0.90	1.17	0.20	0.14
其他	2.96	2.96	16.19	5.33

2—3 主要年份国民经济和社会发展比例和效益指标

指　　标	1990年	1995年	1999年	2000年
人口与就业				
人口				
人口出生率(‰)	20.20	17.54	14.96	13.60
人口死亡率(‰)	6.60	6.53	6.93	5.70
人口自然增长率(‰)	13.60	11.01	8.03	7.90
就业				
三次产业从业者比例(以第一产业为100)				
第一产业	100.0	100.0	100.0	100.0
第二产业	4.4	8.1	14.4	17.7
第三产业	6.8	17.7	38.3	45.6
城镇失业率(%)	3.90	2.40	3.30	3.20
宏观经济				
国民核算				
三次产业增加值比例(以第一产业为100)				
第一产业	100.0	100.0	100.0	100.0
第二产业	67.5	119.2	125.5	138.9
第三产业	88.3	113.9	126.8	141.7
全社会劳动生产率(元/人)	2129	6284	7766	7990
第一产业	1088	2840	3425	3429
第二产业	5722	19002	25211	26906
第三产业	5382	9885	11338	10648
固定资产投资				
全社会固定资产投资相当于国内生产总值比例(%)	15.27	28.27	31.75	32.19
全社会房屋建筑面积竣工率(%)		80.16	81.45	81.04
基本建设固定资产交付使用率(%)		89.50	64.90	109.68
基本建设项目建成投产率(%)		52.32	64.81	58.43
财政				
中央地方财政收入相当于国内生产总值比例(%)		8.90	10.30	10.73
地方财政收入相当于国内生产总值比例(%)	10.43	5.30	6.84	7.17
地方财政支出相当于国内生产总值比例(%)	14.47	9.39	11.52	12.61
能源生产与消费				
能源消费弹性系数	1.17	0.89	0.30	1.10
每万元国内生产总值消耗的能源(吨)	2.91	1.51	1.27	1.30

2—3 **续表**

指　　标	1990 年	1995 年	1999 年	2000 年
产　业				
农业				
人均耕地面积(亩)	0.93	0.87	0.85	0.84
每公顷耕地农业机械总动力(千瓦)	3.0	4.1	5.2	5.5
每公顷耕地用电量(千瓦小时)	485	903	1076	1115
每公顷耕地化肥施用量(公斤)	332	470	578	595
工　业				
产值利税率(%)	21.49	8.80	8.22	11.67
资金利税率(%)	16.09	8.10	5.20	7.39
成本费用利用率(%)			0.45	3.86
流动资产周转次数(次/年)			1.37	1.49
全员劳动生产率(元/人.年,按增加值计)		18488	28924	35486
建筑业				
技术装备率(元/人)	3968	4675	6900	7784
产值利税率(%)	7.3	3.5	3.6	3.4
全员劳动生产率(按总产值计算,元/人)	14323	41860	52568	56937
运输邮电业				
铁路网密度(公里/万平方公里)	97	104	131	132
公路网密度(公里/万平方公里)	1530	1728	2171	2235
电话普及率(部/万人)	48	234	614	1102
对外贸易				
进出口总额相当于国内生产总值比例(%)	9.44	17.82	7.43	8.23
金融				
金融机构存款相当于国内生产总值比例	60.39	76.95	102.91	110.68
金融机构贷款相当于国内生产总值比例	72.66	70.49	88.02	78.69
教育、科技、文化				
教育				
学龄儿童入学率(%)		98.16	98.54	98.68
科技				
县及县以上研究与开发经费支出相当于国内生产总值比例(%)		0.26	0.23	0.26
文化				
每万人拥有公共图书馆(个)	0.02	0.02	0.02	0.02

2—4 主要年份按人口平均的国民经济和社会发展主要指标

指 标	单 位	1990年	1995年	1999年	2000年
国内生产总值	元	1066	3304	4148	4319
全社会固定资产投资	元	163	937	1321	1395
农林牧渔业总产值	元	601	1546	1800	1752
耕地面积	亩	0.93	0.87	0.85	0.84
粮食产量	公斤	334	344	367	352
甘蔗产量	公斤	358	566	686	621
水果产量	公斤	22	59	86	76
猪牛羊肉产量	公斤	22	45	45	49
水产品产量	公斤	8	23	49	51
工业总产值	元	842	3239	3552	3804
轻工业	元	465	1540	1732	1822
重工业	元	377	1699	1820	1983
发电量	千瓦时	299	481	540	611
糖产量	公斤	33	40	80	69
社会消费品零售总额	元	418	1179	1686	1816
地方财政收入	元	112	176	284	311
地方财政支出	元	155	311	477	546
外贸出口额	美元	17	50	27	32
每万人在校大学生	人/万人	9.0	13.2	19.2	24.8
每万人在校中学生	人/万人	372.0	491.9	636.7	669.7
每万人在校小学生	人/万人	1321.0	1410.0	1208.0	1130.0
每万人医院病床数	张/万人	16.0	17.3	17.7	17.5
每万人医生数	人/万人	12.0	12.2	12.9	12.9

注:每万人拥有教育、科技、卫生指标按年末总人口计算,其余指标按年平均人口计算。

2—5 各个时期主要经济指标

时期	国内生产总值(亿元)	第一产业	第二产业	#工业	第三产业	固定资产投资(亿元)
"一五"时期	88.96	50.35	22.59	19.89	16.02	6.19
"二五"时期	125.03	57.92	37.65	31.64	29.46	19.58
1963-1965年	83.12	43.66	22.42	19.26	17.04	7.21
"三五"时期	165.90	89.17	41.41	36.68	35.32	19.42
"四五"时期	287.04	133.80	91.39	82.80	61.85	32.87
"五五"时期	393.84	172.14	132.55	119.91	89.15	48.79
"六五"时期	708.45	321.87	202.77	175.97	183.81	120.68
"七五"时期	1592.80	627.12	479.93	417.65	485.75	337.65
"八五"时期	4732.74	1447.01	1655.27	1423.97	1630.46	1314.72
"九五"时期	9421.61	2778.07	3323.46	2796.81	3320.07	2808.14

注:本表国内生产总值按当年价格计算。

2—5 续表

时期	地方财政收入(亿元)	地方财政支出(亿元)	外贸出口总额(亿美元)	社会消费品零售总额(亿元)	邮电业务总量(万元)
"一五"时期	15.33	12.61	1.74	41.80	3385
"二五"时期	23.66	34.70	1.48	59.36	10015
1963-1965年	12.64	15.92	1.21	42.88	6728
"三五"时期	25.24	34.25	2.19	84.47	10863
"四五"时期	48.32	61.57	7.21	114.48	12241
"五五"时期	61.72	87.53	12.82	177.10	16617
"六五"时期	72.99	105.13	17.46	321.52	28988
"七五"时期	177.90	265.93	28.32	720.45	53614
"八五"时期	354.75	923.09	71.14	1715.24	496128
"九五"时期	589.95	1009.68	91.87	3669.51	2809846

2—6 各个时期主要经济指标平均增长率

单位:%

时期	国内生产总值	第一产业	第二产业	#工业	第三产业	固定资产投资
"一五"时期	10.8	6.5	11.2	12.1	27.5	
"二五"时期	1.2	-4.5	3.9	4.7	8.4	
1963-1965年	7.5	11.5	9.5	8.4	-0.02	
"三五"时期	5.1	2.6	5.3	5.1	8.7	
"四五"时期	9.6	6.2	15.0	16.5	9.9	
"五五"时期	6.2	3.9	4.8	5.5	12.2	10.5
"六五"时期	8.3	4.4	9.9	9.2	13.3	27.4
"七五"时期	6.1	5.0	8.7	9.7	4.4	10.2
"八五"时期	15.1	8.4	24.3	24.2	13.6	43.9
"九五"时期	8.1	6.2	9.0	8.8	8.6	9.3

注:本表国内生产总值增长率按可比价格计算。

2—6 续表

时期	地方财政收入	地方财政支出	外贸出口总额	社会消费品零售总额	邮电业务总量
"一五"时期	6.4	14.7	47.1	13.2	11.9
"二五"时期	2.7	2.0	-20.3	6.1	23.3
1963-1965年	12.9	18.7	33.5	7.1	5.5
"三五"时期	8.5	8.3	0.4	2.9	-4.1
"四五"时期	8.6	7.5	33.2	8.1	6.8
"五五"时期	2.1	5.8	12.7	11.9	6.1
"六五"时期	10.4	11.3	0.3	14.1	13.6
"七五"时期	18.3	16.9	14.4	14.6	15.3
"八五"时期	11.1	16.7	25.2	24.9	70.6
"九五"时期	13.1	13.0		10.0	36.2

2—7 平均每天主要社会经济活动

(2000年)

指　　标	单　位	1990年	1995年	1999年	2000年
每天创造的财富					
国内生产总值	亿元	1.23	4.10	5.35	5.62
第一产业	亿元	0.48	1.23	1.52	1.48
第二产业	亿元	0.32	1.47	1.91	2.05
#工业	亿元	0.29	1.26	1.59	1.70
第三产业	亿元	0.42	1.40	0.93	2.09
#运输邮电业	亿元	0.07	0.25	0.40	0.44
商业	亿元	0.16	0.46	0.71	0.76
地方财政收入	亿元	0.12	0.22	0.37	0.40
地方财政支出	亿元	0.18	0.39	0.62	0.71
粮食	万吨	3.84	4.26	4.72	4.57
油料	万吨	0.07	0.12	0.15	0.16
猪牛羊肉	万吨	0.25	0.44	0.59	0.63
水产品	万吨	0.09	0.28	0.63	0.66
布	万米	48.52	46.03	22.78	23.87
原　煤	万吨	2.68	3.81	2.24	1.94
发电量	亿千瓦时	0.34	0.60	0.69	0.79
钢	万吨	0.14	0.24	0.33	0.29
钢　材	万吨	0.12	0.22	0.30	0.28
水　泥	万吨	2.10	5.43	5.65	6.02
每天消费量					
最终消费	亿元	0.95	2.72	3.68	3.95
居民消费	亿元	0.73	2.07	2.68	2.79
农　民	亿元	0.49	1.18	1.55	1.58
非农业居民	亿元	0.23	0.89	1.13	1.21
政府消费	亿元	0.22	0.66	1.00	1.16
能源消费量(标准煤)	万吨	3.58	6.18	6.77	7.31
社会消费品零售总额	亿元	0.48	1.46	2.17	2.35
每天其他经济活动					
资本形成总额	亿元	0.29	1.70	1.77	1.85
固定资产形成	亿元	0.20	1.16	1.72	1.83
存货增加	亿元	0.09	0.54	0.05	0.02
货运量	万吨	54.52	78.41	84.55	85.67
客运量	万人	71.98	94.02	112.35	117.68
沿海主要港口货物吞吐量	万吨	3.02	4.70	6.86	7.99
邮电业务总量	万元	39.00	563.29	1792.78	2639.89
进出口总额	亿美元	0.02	0.09	0.05	0.06
出口总额	亿美元	0.02	0.06	0.03	0.04
进口总额	亿美元		0.03	0.02	0.02
实际利用外资额	亿美元	0.02	0.03	0.03	0.02
来华旅游人数	万人	0.14	0.11	0.21	0.34
居民储蓄额	亿元	0.42	2.02	3.44	3.77
每天人口变动和婚姻					
出　生	人	2329	2164	1918	1753
死　亡	人	767	795	877	712
结　婚	对	483	896	873	873
离　婚	对	22	71	79	80

注:1990年离婚数中不包括法院调判数。

2—8 广西主要社会经济指标占全国的比重

(2000 年)

指 标	全 国	广 西	广西占全国的比重(%)
土地面积(万平方公里)	960	23.67	2.5
年末总人口(万人)	126583	4751	3.8
社会从业 人员(万人)	71150	2566	3.6
#职工人数	11259	320	2.8
国内生产总值(亿元)	89404	2050.15	2.3
第一产业	14212	538.70	3.8
第二产业	45488	748.00	1.6
#工业	39570	619.84	1.6
第三产业	29704	763.45	2.6
财政总收入(亿元)	13380.1	220.01	1.6
#地方财政收入	6394.0	147.05	2.3
地方财政支出(亿元)	10365.1	258.49	2.5
全社会固定资产投资(亿元)	32619	660.01	2.0
#基本建设	13215	281.54	2.1
更新改造	5077	80.16	1.6
其他	9425	59.26	0.6
房地产开发	4902	38.67	0.8
港口货物吞吐量万吨)	125603	2917	2.3
邮电业务总量(亿元)	4792.7	96.36	2.0
全社会客运量(万人)	1476671	42952	2.9
全社会货运量(万吨)	1354542	31270	2.3
社会消费品零售总额(亿元)	34153	859.16	2.5
进出口总额(亿美元)	4743	20.38	0.4
#出口总额	2492	14.93	0.6
国际旅游人数(万人)	8344	124.03	1.5
实际利用外资(亿美元)	593.6	7.53	1.3
大学在校学生数(万人)	556.1	11.79	2.1
国有企事业单位科技人员(万人)	2165	79.46	3.7
医院数(个)	66509	1868	2.8
医院病床数(万张)	295	8.30	2.8
医生数(万人)	208	6.15	3.0

2—9 广西主要社会经济指标占西部地区的比重

(2000 年)

指　　标	西部地区	广西	广西占西部地区的比重(%)
土地面积(万平方公里)	688.48	23.67	3.4
年末总人口(万人)	35941.80	4751.20	13.2
从业人员数(万人)	18548.38	2566.40	13.8
#在岗职工人数	2695.06	283.10	10.5
国内生产总值(亿元)	16654.42	2050.15	12.3
第一产业	3706.06	538.70	14.5
第二产业	6911.07	748.00	10.8
#工业	5486.32	619.84	11.3
第三产业	6037.29	763.45	12.6
全社会固定资产投资(亿元)	6430.26	660.01	10.3
#基本建设	3166.53	281.54	8.9
地方财政预算收入(亿元)	1284.20	147.05	11.5
地方财政预算支出(亿元)	2596.19	224.98	8.7
金融机构存款余额(亿元)	20280.47	2269.07	11.2
#城乡居民存款余额	11385.09	1374.42	12.1
农林牧渔业总产值(亿元)	5823.18	828.97	14.2
粮食产量(万吨)	13280.79	1667.24	12.6
油料产量(万吨)	671.32	58.61	8.7
糖料产量(万吨)	5034.02	2937.89	58.4
水果产量(万吨)	1613.24	360.14	22.3
肉类总产量(万吨)	1842.79	287.26	15.6
水产品产量(万吨)	358.61	239.86	66.9
全部工业总产值(亿元)	14319.18	1800.24	12.6
规模以上工业总产值(亿元)	9798.87	1003.24	10.2

2—9 **续表** (2000年)

指　　标	西部地区	广西	广西占西部地区的比重(%)
发电量(亿千瓦时)	3131.14	289.09	9.2
钢(万吨)	2103.66	104.73	5.0
成品钢材(万吨)	1947.35	102.63	5.3
水泥(万吨)	12494.72	2198.35	17.6
农用化肥(万吨)	1056.43	53.30	5.0
汽车(万辆)	44.38	13.12	29.6
建筑业总产值(亿元)	2630.11	287.05	10.9
交通运输客运量(万人次)	405639.00	42952.00	10.6
交通运输货运量(万吨)	282632.00	31270.00	11.1
邮电业务总量(万元)	6813826.00	963559.00	14.1
社会消费品零售总额(亿元)	6004.30	859.16	14.3
对外贸易进出口总额(亿美元)	165.84	20.38	12.3
#出口总额	94.44	14.93	15.8
实际利用外资(亿美元)	33.29	7.53	22.6
#外商直接投资	18.65	5.25	28.2
国际旅游人数(万人次)	492.47	124.78	25.3
旅游外汇收入(亿美元)	15.42	2.62	17.0
在校大学生数	115.82	12.00	10.4
医院、卫生院床位数(万张)	79.28	8.30	10.5
医生数(万人)	56.06	6.15	11.0

注:1、全部工业总产值、交通运输客运量、交通运输货运量、邮电业务总量西部地区缺内蒙古自治区数据。

2、规模以上工业总产值西部地区缺西藏自治区数据。

3、重庆人口数为户籍统计数。

4、贵州进出口和出口总额为贵阳海关报关数。

5、宁夏医院、卫生院个数及床位数为医院数据。

2—10 国内生产总值

(按当年价格计算)

单位:亿元

年份	国内生产总值	第一产业	第二产业	工业	建筑业	第三产业	#交通运输仓储及邮电通信业	#批发和零售贸易餐饮业	人均国内生产总值(元/人)
1978	75.85	30.88	25.81	23.29	2.52	19.16	3.67	4.43	225
1979	84.59	37.43	27.98	25.12	2.86	19.18	3.71	3.98	246
1980	97.33	43.91	30.79	27.78	3.01	22.63	4.79	5.00	278
1981	113.46	52.39	33.01	29.71	3.30	28.06	5.06	10.40	317
1982	129.15	62.93	34.72	30.98	3.74	31.50	5.36	11.36	354
1983	134.60	63.36	37.09	32.39	4.70	34.15	5.93	11.17	363
1984	150.27	66.01	43.26	36.97	6.29	41.00	6.88	12.31	399
1985	180.97	77.18	54.69	45.92	8.77	49.10	7.70	14.56	471
1986	205.46	85.27	69.03	58.41	10.62	51.16	9.04	12.30	525
1987	241.56	99.53	81.79	70.96	10.83	60.24	11.53	13.55	607
1988	313.28	117.72	100.69	86.38	14.31	94.87	15.72	28.23	770
1989	383.44	148.99	109.97	97.11	12.86	124.48	20.44	44.41	927
1990	449.06	175.61	118.45	104.79	13.66	155.00	25.79	57.53	1066
1991	518.59	192.68	141.02	123.66	17.36	184.89	38.65	62.03	1211
1992	646.60	229.13	187.48	161.44	26.04	229.99	49.14	74.92	1490
1993	871.70	245.60	321.10	273.03	48.07	305.00	61.16	101.66	1982
1994	1198.29	329.96	469.81	404.59	65.22	398.52	69.52	130.96	2675
1995	1497.56	449.64	535.86	461.25	74.61	512.06	93.02	168.97	3304
1996	1697.90	531.51	587.37	503.32	84.05	579.02	111.95	200.72	3706
1997	1817.25	579.14	614.07	524.49	89.58	624.04	120.06	223.52	3928
1998	1903.04	574.25	678.19	569.90	108.29	650.60	125.04	243.50	4076
1999	1953.27	554.48	695.83	579.26	116.57	702.96	145.30	260.33	4148
2000	2050.15	538.70	748.00	619.84	128.16	763.45	160.87	277.73	4319

2—11 国内生产总值产业构成

（按当年价格计算）

单位：%

年 份	国内生产总值	第一产业	第二产业	工 业	建筑业	第三产业	#交通运输仓储及邮电通信业	#批发和零售贸易餐饮业
1978	100.0	40.7	34.0	30.7	3.3	25.3	4.8	5.8
1979	100.0	44.2	33.1	29.7	3.4	22.7	4.4	4.7
1980	100.0	45.1	31.6	28.5	3.1	23.3	4.9	5.1
1981	100.0	46.2	29.1	26.2	2.9	24.7	4.5	9.2
1982	100.0	48.7	26.9	24.0	2.9	24.4	4.2	8.8
1983	100.0	47.1	27.6	24.1	3.5	25.4	4.4	8.3
1984	100.0	43.9	28.8	24.6	4.2	27.3	4.6	8.2
1985	100.0	42.6	30.2	25.4	4.8	27.1	4.3	8.0
1986	100.0	41.5	33.6	28.4	5.2	24.9	4.4	6.0
1987	100.0	41.2	33.9	29.4	4.5	24.9	4.8	5.6
1988	100.0	37.6	32.1	27.6	4.5	30.3	5.0	9.0
1989	100.0	38.9	28.7	25.3	3.4	32.5	5.3	11.6
1990	100.0	39.1	26.4	23.3	3.1	34.5	5.7	12.8
1991	100.0	37.2	27.2	23.8	3.4	35.7	7.5	12.0
1992	100.0	35.4	29.0	25.0	4.0	35.6	7.6	11.6
1993	100.0	28.2	36.8	31.3	5.5	35.0	7.0	11.7
1994	100.0	27.5	39.2	33.8	5.4	33.3	5.8	10.9
1995	100.0	30.0	35.8	30.8	5.0	34.2	6.2	11.3
1996	100.0	31.3	34.6	29.6	5.0	34.1	6.6	11.8
1997	100.0	31.9	33.8	28.9	4.9	34.3	6.6	12.3
1998	100.0	30.2	35.6	29.9	5.7	34.2	6.6	12.8
1999	100.0	28.4	35.6	29.7	5.9	36.0	7.4	13.3
2000	100.0	26.3	36.5	30.2	6.3	37.2	7.8	13.5

2—12 国内生产总值指数

(按可比价格计算,以上年为100)　　单位:%

年份	国内生产总值	第一产业	第二产业			第三产业			人均国内生产总值(元/人)
				工业	建筑业		#交通运输仓储及邮电通信业	#批发和零售贸易餐饮业	
1978	111.7	102.3	100.2	100.0	103.6	148.2	119.5	123.6	109.1
1979	103.4	105.5	105.4	105.2	109.1	98.3	100.7	91.8	101.3
1980	110.2	112.6	107.5	108.5	92.1	110.2	129.2	114.9	108.2
1981	108.0	102.5	105.5	106.9	92.7	123.0	106.2	205.2	105.9
1982	112.5	118.5	105.0	104.1	114.7	110.6	106.9	106.8	110.5
1983	103.3	99.3	106.9	105.0	125.6	107.0	104.0	100.6	101.5
1984	106.9	97.8	113.6	112.6	122.0	115.5	117.8	108.0	105.2
1985	111.0	105.0	119.0	117.8	128.2	111.1	107.7	109.2	108.9
1986	106.4	105.7	118.1	119.4	109.2	93.7	106.5	79.8	104.6
1987	109.2	105.7	112.0	114.5	92.6	110.8	119.7	103.3	107.3
1988	104.5	93.8	108.8	108.1	115.0	114.2	117.6	137.3	102.3
1989	103.6	112.4	99.2	100.7	86.1	99.0	102.4	82.9	101.8
1990	107.0	108.5	106.4	106.6	104.3	105.8	93.3	96.8	105.2
1991	112.7	108.8	115.9	114.8	125.0	114.8	131.7	106.2	110.9
1992	118.3	112.9	128.0	127.9	128.5	116.6	119.7	112.8	116.8
1993	118.3	99.6	144.9	145.1	143.8	115.1	108.4	116.9	116.7
1994	115.2	106.0	127.3	128.3	120.0	110.7	111.7	104.2	113.2
1995	111.4	115.6	108.6	108.2	111.4	111.1	116.0	111.2	110.0
1996	108.3	107.2	109.3	109.4	108.8	108.2	113.5	113.3	107.2
1997	108.0	111.2	106.4	106.4	106.1	107.3	106.6	111.3	107.0
1998	109.1	105.8	113.9	113.2	118.9	106.4	103.4	112.8	108.1
1999	107.7	107.0	106.8	106.1	111.5	109.5	113.9	109.6	106.8
2000	107.3	100.2	109.0	109.0	108.9	111.5	112.1	108.6	106.4

2—13 按支出法计算的国内生产总值

（按当年价格计算）　　　　单位：亿元

	1998 年	1999 年	2000 年
按支出法计算			
国内生产总值	1903.04	1953.27	2050.15
最终消费	1308.67	1342.88	1443.17
居民消费	952.63	978.81	1019.36
农村居民	560.99	566.36	578.22
自给性消费	166.66	154.04	173.71
商品性消费	284.30	302.94	324.49
文化生活服务消费	78.25	81.57	47.66
住房及水电消费	31.78	27.81	32.36
其中:住房消费	11.47	7.91	13.94
城镇居民	391.64	412.45	441.14
商品性消费	286.48	291.40	318.93
文化生活服务消费	66.18	74.75	66.17
住房及水电消费	38.98	46.30	56.04
其中:住房消费	24.18	30.03	8.68
政府消费	356.04	364.07	423.81
资本形成总额	650.55	645.64	676.12
固定资本形成总额	573.10	629.07	670.65
第一产业	25.03	24.93	27.62
第二产业	135.16	154.56	189.56
采掘业	10.17	8.22	8.89
制造业	73.79	66.69	70.40
电力、煤气及水的生产和供应业	47.56	73.36	101.98
建筑业	3.64	6.28	8.29
第三产业	412.91	449.58	453.47
交通运输、仓储及邮电通信业	141.77	147.54	143.58
批发零售贸易、餐饮业	10.61	11.94	14.70
金融保险业	3.83	5.33	2.38
房地产业	174.99	174.02	156.58
其他行业	81.71	110.75	136.23
存货增加	77.45	16.57	5.47
货物和服务净出口	-56.18	-35.25	-69.14
出口	1298.42	1322.06	1412.24
进口	1354.60	1357.31	1481.38

2—14 支出法国内生产总值

（按当年价格计算）　　单位：亿元

年份	支出法计算的国内生产总值	最终消费	居民消费	农村居民	城镇居民	政府消费	资本形成	固定资本	存货增加
1978	75.85	59.22	50.14	38.55	11.59	9.08	26.80	20.89	5.91
1979	84.59	65.41	55.19	41.75	13.44	10.22	26.21	20.57	5.64
1980	97.33	77.79	65.62	49.28	16.34	12.17	29.08	26.76	2.32
1981	113.46	87.29	74.09	56.28	17.81	13.20	32.73	26.97	5.76
1982	129.15	105.45	89.60	71.17	18.43	15.85	30.56	19.11	11.45
1983	134.60	111.40	93.87	73.94	19.93	17.53	32.40	23.30	9.10
1984	150.27	126.73	102.82	80.34	22.48	23.91	36.51	34.42	2.09
1985	180.97	152.73	123.92	96.13	27.79	28.81	61.80	42.22	19.58
1986	205.46	169.14	137.65	102.06	35.59	31.49	72.04	55.21	16.83
1987	241.56	189.66	154.31	112.71	41.60	35.35	79.69	62.72	16.97
1988	313.28	251.93	196.36	134.04	62.32	55.57	104.29	75.63	28.66
1989	383.44	296.29	228.80	157.25	71.55	67.49	111.54	70.81	40.73
1990	449.06	346.68	265.41	180.03	85.38	81.27	107.40	72.60	34.80
1991	518.59	394.07	297.08	195.00	102.08	96.99	137.14	99.38	37.76
1992	646.60	445.12	328.31	212.95	115.36	116.81	227.39	150.11	77.28
1993	871.70	564.25	422.30	257.72	164.58	141.95	350.54	278.07	72.47
1994	1198.29	778.82	588.47	336.66	251.81	190.35	472.33	382.59	89.74
1995	1497.56	993.95	754.12	430.25	323.87	239.83	618.75	423.37	195.38
1996	1697.90	1202.63	919.89	544.74	375.15	282.74	596.99	483.57	113.42
1997	1817.25	1255.76	936.65	548.93	387.72	319.11	578.61	487.29	91.32
1998	1903.04	1308.67	952.63	560.99	391.64	356.04	650.55	573.10	77.45
1999	1953.27	1342.88	978.81	566.36	412.45	364.07	645.64	629.07	16.57
2000	2050.15	1443.17	1019.36	578.22	441.14	423.81	676.12	670.65	5.47

2—15 支出法国内生产总值指数

(按可比价格计算,以上年为100)　　单位:%

年　份	支出法计算的国内生产总值	最终消费	居民消费	农村居民	城镇居民	政府消费	资本形成	固定资本	存货增加
1978	111.7	110.0	106.7	108.2	101.7	132.2	109.2	109.2	109.4
1979	103.4	101.6	100.3	97.3	110.4	108.5	91.8	92.3	90.8
1980	110.2	117.3	117.1	117.7	115.3	118.1	95.7	121.5	41.8
1981	108.0	111.5	112.2	114.1	106.4	107.9	99.9	89.4	220.8
1982	112.5	117.6	118.0	123.9	98.8	115.7	95.2	67.3	225.6
1983	103.3	104.3	103.5	102.9	105.9	108.7	106.3	130.1	73.1
1984	106.9	110.3	105.3	103.5	112.1	137.8	102.9	135.1	23.0
1985	111.0	110.8	111.3	110.4	114.6	108.8	161.1	115.0	833.1
1986	106.4	103.4	103.1	102.1	106.8	104.4	109.8	122.3	84.7
1987	109.2	104.6	104.5	102.9	110.2	104.8	102.5	105.1	94.7
1988	104.5	106.7	104.5	100.2	117.9	116.2	90.4	78.1	129.7
1989	103.6	95.6	98.8	100.7	93.6	83.5	110.9	97.1	137.5
1990	107.0	108.0	107.1	104.2	115.1	112.2	102.5	89.0	120.9
1991	112.7	113.0	111.3	108.6	116.8	118.5	112.5	115.7	105.9
1992	118.3	110.5	105.7	104.6	108.1	124.9	153.6	135.8	194.2
1993	118.3	106.4	109.2	102.0	122.8	99.3	151.8	196.0	81.4
1994	115.2	111.7	113.6	106.8	124.3	106.6	118.8	122.5	104.5
1995	111.4	112.3	113.7	115.9	110.7	108.2	122.8	107.0	193.8
1996	108.3	111.5	111.4	114.6	107.0	111.7	94.7	110.3	55.9
1997	108.0	107.9	104.8	103.6	106.5	117.8	97.2	100.5	81.3
1998	109.1	108.9	106.2	107.0	105.0	116.5	112.0	116.1	87.5
1999	107.7	107.5	107.9	108.9	106.4	106.4	104.3	114.4	23.1
2000	107.3	109.0	106.5	106.2	107.0	115.6	103.4	105.1	33.5

2—16 支出法国内生产总值构成

（按当年价格计算）

单位：%

年 份	支出法计算的国内生产总值	最终消费	居民消费	农村居民	城镇居民	政府消费	资本形成	固定资本	存货增加
1978	100.0	78.1	66.1	50.8	15.3	12.0	35.3	27.5	7.8
1979	100.0	77.3	65.2	49.4	15.9	12.1	31.0	24.3	6.7
1980	100.0	79.9	67.4	50.6	16.8	12.5	29.9	27.5	2.4
1981	100.0	76.9	65.3	49.6	15.7	11.6	28.8	23.8	5.1
1982	100.0	81.6	69.4	55.1	14.3	12.3	23.7	14.8	8.9
1983	100.0	82.8	69.7	54.9	14.8	13.0	24.1	17.3	6.8
1984	100.0	84.3	68.4	53.5	15.0	15.9	24.3	22.9	1.4
1985	100.0	84.4	68.5	53.1	15.4	15.9	34.1	23.3	10.8
1986	100.0	82.3	67.0	49.7	17.3	15.3	35.1	26.9	8.2
1987	100.0	78.5	63.9	46.7	17.2	14.6	33.0	26.0	7.0
1988	100.0	80.4	62.7	42.8	19.9	17.7	33.3	24.1	9.1
1989	100.0	77.3	59.7	41.0	18.7	17.6	29.1	18.5	10.6
1990	100.0	77.2	59.1	40.1	19.0	18.1	23.9	16.2	7.7
1991	100.0	76.0	57.3	37.6	19.7	18.7	26.4	19.2	7.3
1992	100.0	68.8	50.8	32.9	17.8	18.1	35.2	23.2	12.0
1993	100.0	64.7	48.4	29.6	18.9	16.3	40.2	31.9	8.3
1994	100.0	65.0	49.1	28.1	21.0	15.9	39.4	31.9	7.5
1995	100.0	66.4	50.4	28.7	21.6	16.0	41.3	28.3	13.0
1996	100.0	70.8	54.2	32.1	22.1	16.7	35.2	28.5	6.7
1997	100.0	69.1	51.5	30.2	21.3	17.6	31.8	26.8	5.0
1998	100.0	68.8	50.1	29.5	20.6	18.7	34.2	30.1	4.1
1999	100.0	68.8	50.1	29.0	21.1	18.6	33.1	32.2	0.8
2000	100.0	70.4	49.7	28.2	21.5	20.7	33.0	32.7	0.3

2—17 国内生产总值构成项目

（按当年价格计算）　　（2000年）　　单位：亿元

	增加值	劳动者报酬	生产税净额	固定资产折旧	营业盈余
国内生产总值	2050.15	1318.96	225.15	215.33	290.71
第一产业	538.70	490.65	1.44	15.75	30.86
农业	298.96	272.29	0.80	8.74	17.13
林业	31.34	28.54	0.08	0.92	1.80
畜牧业	140.30	127.79	0.38	4.10	8.03
渔业	68.10	62.03	0.18	1.99	3.90
第二产业	748.00	388.53	161.03	82.79	115.65
工业	619.84	292.03	143.28	72.11	112.42
采掘业	72.94	47.72	10.80	5.88	8.54
制造业	493.41	227.71	119.62	49.93	96.15
电力、煤气及水的生产和供应业	53.49	16.60	12.86	16.30	7.73
建筑业	128.16	96.50	17.75	10.68	3.23
第三产业	763.45	439.78	62.68	116.79	144.20
农林牧渔服务业	5.21	4.22	0.23	0.42	0.34
地质勘查业、水利管理业	4.30	2.47	0.18	1.83	−0.18
交通运输、仓储及邮电通信业	160.87	111.91	7.71	41.00	0.25
交通运输和仓储业	124.71	105.29	5.35	14.54	−0.47
邮电通信业	36.16	6.62	2.36	26.46	0.72
批发和零售贸易、餐饮业	277.73	93.05	40.20	16.77	127.71
批发和零售贸易业	224.06	87.46	30.90	15.08	90.62
餐饮业	53.67	5.59	9.30	1.69	37.09
金融保险业	20.42	16.60	6.07	6.27	−8.52
金融业	18.13	14.77	4.98	5.66	−7.28
保险业	2.29	1.83	1.09	0.61	−1.24
其　他	0.00	0.00	0.00	0.00	0.00
房地产业	46.12	4.79	1.88	22.86	16.59
房地产管理业	17.82	0.77	0.04	0.51	16.50
房地产开发与经营业	6.92	4.02	1.84	0.97	0.09
城镇居民自有住房	8.10	0.00	0.00	8.10	0.00
农村居民自有住房	13.28	0.00	0.00	13.28	0.00
社会服务业	54.16	42.06	3.90	5.52	2.68
卫生、体育和社会福利业	37.33	33.38	0.15	2.46	1.34
教育、文艺及广播电影电视业	69.33	54.32	0.88	10.71	3.42
科学研究和综合技术服务业	6.14	4.56	0.31	0.70	0.57
国家机关、政党机关和社会团体	65.86	57.16	0.82	7.88	0.00
其他行业	15.98	15.26	0.35	0.37	0.00

2—18 国内生产总值构成项目比重

(按当年价格计算)　　(2000年)　　单位:%

	增加值	劳动者报酬	生产税净额	固定资产折旧	营业盈余
国内生产总值	100.00	64.33	10.98	10.50	14.18
第一产业	26.28	23.93	0.07	0.77	1.51
农业	14.58	13.28	0.04	0.43	0.84
林业	1.53	1.39	0.00	0.04	0.09
畜牧业	6.84	6.23	0.02	0.20	0.39
渔业	3.32	3.03	0.01	0.10	0.19
第二产业	36.49	18.95	7.85	4.04	5.64
工业	30.23	14.24	6.99	3.52	5.48
采掘业	3.56	2.33	0.53	0.29	0.42
制造业	24.07	11.11	5.83	2.44	4.69
电力、煤气及水的生产和供应业	2.61	0.81	0.63	0.80	0.38
建筑业	6.25	4.71	0.87	0.52	0.16
第三产业	37.24	21.45	3.06	5.70	7.03
农林牧渔服务业	0.25	0.21	0.01	0.02	0.02
地质勘查业、水利管理业	0.21	0.12	0.01	0.09	-0.01
交通运输、仓储及邮电通信业	7.85	5.46	0.38	2.00	0.01
交通运输和仓储业	6.08	5.14	0.26	0.71	-0.02
邮电通信业	1.76	0.32	0.12	1.29	0.04
批发和零售贸易、餐饮业	13.55	4.54	1.96	0.82	6.23
批发和零售贸易业	10.93	4.27	1.51	0.74	4.42
餐饮业	2.62	0.27	0.45	0.08	1.81
金融保险业	1.00	0.81	0.30	0.31	-0.42
金融业	0.88	0.72	0.24	0.28	-0.36
保险业	0.11	0.09	0.05	0.03	-0.06
其　他	0.00	0.00	0.00	0.00	0.00
房地产业	2.25	0.23	0.09	1.12	0.81
房地产管理业	0.87	0.04	0.00	0.02	0.80
房地产开发与经营业	0.34	0.20	0.09	0.05	0.00
城镇居民自有住房	0.40	0.00	0.00	0.40	0.00
农村居民自有住房	0.65	0.00	0.00	0.65	0.00
社会服务业	2.64	2.05	0.19	0.27	0.13
卫生、体育和社会福利业	1.82	1.63	0.01	0.12	0.07
教育、文艺及广播电影电视业	3.38	2.65	0.04	0.52	0.17
科学研究和综合技术服务业	0.30	0.22	0.02	0.03	0.03
国家机关、政党机关和社会团体	3.21	2.79	0.04	0.38	0.00
其他行业	0.78	0.74	0.02	0.02	0.00

三、人　口

3—1 总人口及其构成

(1978—2000年)

年　份	总户数(万户)	总人口(万人)			性别比(以女性为100)	年平均人口(万人)	人口密度(人/平方公里)
			男	女			
1978	661	3402	1753	1649	106.31	3365	
1979	666	3470	1786	1684	106.06	3436	
1980	676	3538	1822	1716	106.18	3504	149
1981	694	3613	1862	1751	106.34	3576	
1982	706	3684	1902	1782	106.73	3648	
1983	718	3733	1930	1803	107.04	3709	
1984	734	3806	1970	1836	107.30	3770	
1985	757	3873	2005	1868	107.33	3840	164
1986	783	3946	2044	1902	107.47	3910	
1987	808	4016	2082	1934	107.65	3981	
1988	831	4088	2119	1969	107.62	4052	
1989	867	4150	2152	1998	107.71	4119	
1990	896	4242	2205	2037	108.25	4196	179
1991	918	4324	2250	2074	108.49	4283	
1992	950	4380	2285	2095	109.07	4352	
1993	973	4438	2317	2121	109.24	4409	
1994	997	4493	2346	2147	109.27	4466	
1995	1020	4543	2377	2166	109.74	4518	192
1996	1040	4589	2398	2191	109.45	4566	
1997	1069	4633	2421	2212	109.45	4611	
1998	1092	4675	2442	2233	109.37	4654	
1999	1110	4713	2463	2250	109.51	4694	
2000	1150	4751	2484	2267	109.56	4732	201

注:本表数字按2000年行政区划计算,总人口从1991—1999年为人口调查推算数,其余年份总人口及总户数、性别比均为户籍统计年报数。2000年总人口根据第五次人口普查资料推算。

3—2 城乡人口及少数民族人口

（1978－2000年）

单位：万人

年份	按城乡分		按农业、非农业分		少数民族人口
	市镇人口	乡村人口	农业人口	非农业人口	
1978	361	3041	3042	360	1272
1979	373	3097	3084	386	1310
1980	388	3150	3140	398	1335
1981	404	3209	3202	411	1380
1982	451	3233	3263	421	1405
1983	455	3278	3302	431	1429
1984	1434	2372	3361	445	1470
1985	1483	2390	3402	471	1510
1986	1506	2440	3457	489	1543
1987	1529	2487	3505	511	1572
1988	1710	2378	3556	532	1597
1989	1877	2273	3600	550	1618
1990	1960	2282	3677	565	1650
1991	2063	2231	3713	581	1664
1992	2200	2159	3730	629	1683
1993	2473	1935	3735	673	1701
1994	2728	1727	3743	712	1719
1995	2989	1513	3757	745	1734
1996	3241	1305	3771	775	1752
1997	3347	1241	3793	795	1764
1998	3423	1199	3816	806	1777
1999	3517	1141	3841	817	1790
2000	3575	1149	3898	826	1809

注：本表为户籍统计年报数。

3—3 人口自然变动情况

(1978—2000年)

年份	总人口比上年增减		出生人口(万人)	出生率(‰)	死亡人口(万人)	死亡率(‰)	自然增长率(‰)
	绝对数(万人)	增长速度(%)					
1978	73	2.19	83	24.69	19	5.79	18.90
1979	68	2.00	87	25.26	21	6.07	19.19
1980	68	1.96	88	25.17	20	5.80	19.37
1981	75	2.12	98	27.30	20	5.55	21.75
1982	71	1.97	98	26.88	21	5.64	21.24
1983	49	1.33	69	18.52	21	5.60	12.92
1984	73	1.96	107	28.34	22	5.87	22.47
1985	67	1.76	98	25.51	22	5.60	19.91
1986	73	1.88	106	27.08	26	6.68	20.40
1987	70	1.77	97	24.42	29	7.36	17.06
1988	72	1.79	90	22.18	26	6.36	15.82
1989	62	1.52	84	20.34	24	5.72	14.62
1990	92	2.22	85	20.20	28	6.60	13.60
1991	63	1.48	93	21.89	31	7.24	14.65
1992	56	1.30	87	20.19	32	7.28	12.91
1993	58	1.32	86	19.58	28	6.35	13.23
1994	55	1.24	84	18.84	29	6.60	12.24
1995	50	1.11	79	17.54	29	6.53	11.01
1996	46	1.01	77	16.83	31	6.82	10.01
1997	44	0.96	74	15.93	30	6.40	9.53
1998	42	0.91	74	15.87	32	6.86	9.01
1999	38	0.81	70	14.96	32	6.93	8.03
2000	38	0.81	64	13.60	26	5.70	7.90

注:(1)本表"三率"数字,1982年以前根据第三次人口普查资料进行了调整,1983年根据户籍统计年报数计算,1984—2000年为人口调查数。(2)总人口增减绝对数、增长速度和年平均人口从1991年起为人口调查数,1990年以前为户籍统计年报数。

3—4 主要年份分民族人口

单位:人

民族别	1990年	1995年	1999年	2000年
壮族	14236246	14949517	15381070	15531076
汉族	25917554	27676242	28677983	29142356
瑶族	1291897	1365739	1432894	1459508
苗族	407867	429309	449318	455845
侗族	279673	299834	314538	318050
仫佬族	143946	155134	163803	166381
毛南族	69386	67980	72182	72545
回族	25607	27727	29453	30377
京族	14083	15156	16212	18234
彝族	6074	6277	6883	7126
水族	10460	11752	12879	13542
仡佬族	2391	2698	2874	2788
其他民族	11018	13736	16390	18272

注:本表为户籍统计年报数。

3—5 各地市县人口数及其构成

（2000年）　　单位：万人

地市县名称	合　计	男　性	女　性	性别比（以女性为100）
总　计	**4751.2**	**2483.9**	**2267.3**	**109.56**
南宁市	**294.3**	**153.2**	**141.1**	**108.58**
市辖区	137.5	71.2	66.3	107.39
邕宁县	91.7	48.2	43.5	110.80
武鸣县	65.1	33.8	31.3	107.99
柳州市	**183.8**	**95.3**	**88.5**	**107.68**
市辖区	91.0	47.3	43.7	108.24
柳江县	51.8	27.0	24.8	108.87
柳城县	41.0	21.0	20.0	105.00
桂林市	**483.6**	**251.7**	**231.9**	**108.54**
市辖区	64.5	33.0	31.5	104.76
阳朔县	29.9	15.4	14.5	106.21
临桂县	45.1	23.0	22.1	104.07
灵川县	35.1	18.0	17.1	105.26
全州县	76.7	41.0	35.7	114.85
兴安县	37.2	19.2	18.0	106.67
永福县	26.9	13.9	13.0	106.92
灌阳县	27.1	14.8	12.3	120.33
龙胜各族自治县	16.7	8.7	8.0	108.75
资源县	16.7	8.7	8.0	108.75
平乐县	42.7	22.2	20.5	108.29
荔浦县	37.0	19.1	17.9	106.70
恭城瑶族自治县	28.0	14.7	13.3	110.53
梧州市	**289.6**	**152.4**	**137.2**	**111.08**
市辖区	34.3	17.4	16.9	102.96
岑溪市	77.7	41.2	36.5	112.88
苍梧县	66.0	34.8	31.2	111.54
藤　县	91.8	48.6	43.2	112.50
蒙山县	19.8	10.4	9.4	110.64
北海市	**141.7**	**74.0**	**67.7**	**109.31**
市辖区	49.5	25.3	24.2	104.55
合浦县	92.2	48.7	43.5	111.95
防城港市	**77.8**	**43.0**	**34.8**	**123.56**
市辖区	46.6	25.7	20.9	122.97
东兴市	10.2	5.6	4.6	121.74
上思县	21.0	11.7	9.3	125.81

3—5 **续表** 1

地市县名称	合　计	男　性	女　性	性别比（以女性为 100）
钦州市	**325.5**	**174.5**	**151.0**	**115.56**
市辖区	115.8	63.3	52.5	120.57
灵山县	132.0	69.6	62.4	111.54
浦北县	77.7	41.6	36.1	115.24
贵港市	**460.9**	**240.0**	**220.9**	**108.65**
市辖区	169.9	87.3	82.6	105.69
平南县	125.3	66.4	58.9	112.73
桂平市	165.7	86.3	79.4	108.69
玉林市	**581.0**	**307.6**	**273.4**	**112.51**
市辖区	91.0	48.5	42.5	114.12
北流市	116.6	61.6	55.0	112.00
容　县	75.2	39.2	36.0	108.89
陆川县	85.7	44.8	40.9	109.54
博白县	146.8	78.3	68.5	114.31
兴业县	65.7	35.2	30.5	115.41
南宁地区	**561.9**	**291.6**	**270.3**	**107.88**
凭祥市	10.2	5.2	5.0	104.00
横　县	107.5	57.2	50.3	113.72
宾阳县	96.4	50.3	46.1	109.11
上林县	45.1	23.3	21.8	106.88
隆安县	37.1	19.3	17.8	108.43
马山县	49.3	24.7	24.6	100.41
扶绥县	41.2	21.6	19.6	110.20
崇左县	33.5	17.4	16.1	108.07
大新县	35.4	18.3	17.1	107.02
天等县	40.5	20.6	19.9	103.52
宁明县	38.8	20.0	18.8	106.38
龙州县	26.9	13.7	13.2	103.79
柳州地区	**400.9**	**210.3**	**190.6**	**110.34**
合山市	14.0	7.3	6.7	108.96
鹿寨县	47.1	25.3	21.8	116.06
象州县	34.9	18.1	16.8	107.74
武宣县	40.4	21.5	18.9	113.76
来宾县	96.7	50.6	46.1	109.76
融安县	32.2	17.0	15.2	111.84

3—5 续表 2

地市县名称	合 计	男 性	女 性	性别比（以女性为 100）
三江侗族自治县	34.2	17.8	16.4	108.54
融水苗族自治县	46.5	24.2	22.3	108.52
金秀瑶族自治县	14.7	7.7	7.0	110.00
忻城县	40.2	20.8	19.4	107.22
贺州地区	**206.0**	**108.0**	**98.0**	**110.20**
贺州市	89.2	46.4	42.8	108.41
昭平县	39.3	20.9	18.4	113.59
钟山县	48.6	25.7	22.9	112.23
富川瑶族自治县	28.9	15.0	13.9	107.91
百色地区	**364.5**	**187.0**	**177.5**	**105.35**
百色市	32.5	16.6	15.9	104.40
田阳县	32.9	16.6	16.3	101.84
田东县	38.9	19.7	19.2	102.60
平果县	45.2	23.2	22.0	105.45
德保县	34.0	18.0	16.0	112.50
靖西县	57.4	29.8	27.6	107.97
那坡县	19.3	10.1	9.2	109.78
凌云县	18.2	9.3	8.9	104.49
乐业县	14.6	7.4	7.2	102.78
田林县	23.2	11.8	11.4	103.51
隆林各族自治县	35.1	17.8	17.3	102.89
西林县	13.2	6.7	6.5	103.08
河池地区	**379.7**	**195.3**	**184.4**	**105.91**
河池市	30.9	15.9	15.0	106.00
宜州市	61.1	31.2	29.9	104.35
罗城仫佬族自治县	35.8	18.6	17.2	108.14
环江毛南族自治县	37.2	19.3	17.9	107.82
南丹县	27.9	14.3	13.6	105.15
天峨县	14.2	7.3	6.9	105.80
凤山县	18.5	9.5	9.0	105.56
东兰县	28.0	14.4	13.6	105.88
巴马瑶族自治县	23.9	12.3	11.6	106.03
都安瑶族自治县	60.8	31.1	29.7	104.71
大化瑶族自治县	41.4	21.4	20.0	107.00

3—6 各地市县户数及出生、死亡人口和人口密度

(2000年)

地市县名称	年末总户数（万户）	乡村户数（万户）	出生人口（万人）	死亡人口（万人）	人口密度（人/平方公里）
总　计	**1150.00**	**913.95**	**64.00**	**26.00**	**201**
南宁市	**78.47**	**47.17**	**3.55**	**1.44**	**293**
市辖区	39.12	12.74	1.68	0.62	749
邕宁县	22.15	18.63	1.19	0.44	194
武鸣县	17.20	15.80	0.68	0.38	187
柳州市	**50.61**	**23.91**	**2.22**	**0.89**	**347**
市辖区	26.50	3.04	1.26	0.43	1378
柳江县	13.93	12.00	0.58	0.26	207
柳城县	10.18	8.87	0.38	0.20	193
桂林市	**130.55**	**99.55**	**4.51**	**2.84**	**174**
市辖区	17.16	3.44	0.73	0.29	1140
阳朔县	8.12	6.49	0.27	0.17	209
临桂县	11.23	8.96	0.43	0.24	205
灵川县	9.91	7.40	0.28	0.22	154
全州县	21.78	19.76	0.72	0.48	191
兴安县	10.15	8.87	0.30	0.21	159
永福县	6.25	5.73	0.24	0.17	96
灌阳县	7.97	7.24	0.26	0.18	148
龙胜各族自治县	4.22	3.61	0.16	0.13	66
资源县	4.90	4.08	0.14	0.11	85
平乐县	10.54	8.87	0.37	0.22	223
荔浦县	10.71	8.97	0.35	0.24	210
恭城瑶族自治县	7.61	6.13	0.26	0.18	130
梧州市	**73.28**	**56.49**	**4.26**	**1.53**	**230**
市辖区	10.66	2.12	0.37	0.22	1114
岑溪市	19.16	16.12	1.21	0.37	279
苍梧县	15.81	14.48	1.05	0.36	154
藤　县	22.28	18.94	1.38	0.47	232
蒙山县	5.37	4.83	0.25	0.11	155
北海市	**37.25**	**26.59**	**1.82**	**0.60**	**424**
市辖区	14.96	7.83	0.59	0.21	516
合浦县	22.29	18.76	1.23	0.39	387
防城港市	**20.65**	**14.74**	**1.00**	**0.35**	**126**
市辖区	12.63	7.66	0.55	0.18	165
东兴市	2.84	2.84	0.15	0.04	185
上思县	5.18	4.24	0.30	0.13	75

注:全区出生人口、死亡人口总计数根据2000年第五次人口普查数据进行了调整,各地、市、县(区)出生人口数、死亡人口数为2000年第五次人口普查数据。

3—6 **续表 1** (2000 年)

地市县名称	年末总户数（万户）	乡村户数（万户）	出生人口（万人）	死亡人口（万人）	人口密度（人/平方公里）
钦州市	**73.09**	**68.11**	**5.38**	**1.66**	**300**
市辖区	27.62	25.67	1.80	0.61	242
灵山县	27.45	25.73	2.33	0.63	370
浦北县	18.02	16.71	1.25	0.42	307
贵港市	**103.00**	**87.69**	**7.51**	**2.23**	**434**
市辖区	39.35	31.70	2.51	0.68	479
平南县	27.50	24.99	2.00	0.65	418
桂平市	36.15	31.00	3.00	0.90	406
玉林市	**134.74**	**114.48**	**8.76**	**2.67**	**452**
市辖区	23.03	17.53	1.27	0.43	726
北流市	30.67	24.14	1.73	0.55	474
容　县	20.24	16.08	1.16	0.41	332
陆川县	16.53	15.07	1.19	0.34	551
博白县	29.07	26.79	2.48	0.60	382
兴业县	15.20	14.87	0.93	0.34	446
南宁地区	**131.35**	**112.45**	**6.22**	**3.04**	**190**
凭祥市	2.63	1.70	0.11	0.06	156
横　县	26.12	23.84	1.25	0.57	310
宾阳县	21.37	18.09	1.28	0.40	416
上林县	10.90	9.04	0.48	0.24	240
隆安县	8.58	7.69	0.34	0.21	163
马山县	10.22	9.57	0.54	0.26	210
扶绥县	10.87	7.69	0.45	0.23	143
崇左县	8.10	6.55	0.35	0.20	115
大新县	8.30	6.87	0.34	0.23	128
天等县	8.50	8.01	0.44	0.27	187
宁明县	9.40	7.86	0.41	0.19	105
龙州县	6.36	5.54	0.23	0.18	116
柳州地区	**94.12**	**79.95**	**4.44**	**2.17**	**149**
合山市	3.54	1.73	0.11	0.06	401
鹿寨县	12.25	9.10	0.47	0.24	139
象州县	8.37	7.76	0.36	0.21	184
武宣县	9.12	7.74	0.52	0.19	232
来宾县	20.83	16.80	1.18	0.43	221
融安县	8.20	7.74	0.30	0.16	111

3—6 **续表 2** (2000 年)

地市县名称	年末总户数（万户）	乡村户数（万户）	出生人口（万人）	死亡人口（万人）	人口密度（人/平方公里）
三江侗族自治县	7.93	6.95	0.42	0.23	139
融水苗族自治县	10.66	10.35	0.58	0.29	100
金秀瑶族自治县	3.71	3.33	0.15	0.09	58
忻城县	9.51	8.45	0.35	0.27	158
贺州地区	**47.39**	**39.24**	**2.60**	**1.10**	**173**
贺州市	21.16	16.85	1.26	0.48	173
昭平县	8.76	8.30	0.43	0.21	120
钟山县	10.43	8.22	0.56	0.26	260
富川瑶族自治县	7.04	5.87	0.35	0.15	184
百色地区	**83.18**	**67.88**	**4.57**	**2.38**	**101**
百色市	7.82	4.75	0.33	0.21	88
田阳县	8.04	3.98	0.30	0.26	138
田东县	9.20	7.78	0.44	0.27	139
平果县	10.81	9.32	0.56	0.26	183
德保县	7.75	6.79	0.33	0.26	132
靖西县	12.21	10.98	0.68	0.32	172
那坡县	4.36	3.66	0.24	0.15	86
凌云县	4.12	3.69	0.30	0.10	89
乐业县	3.22	2.79	0.28	0.09	56
田林县	5.28	4.60	0.35	0.16	42
隆林各族自治县	7.54	6.71	0.55	0.21	99
西林县	2.83	2.83	0.21	0.09	45
河池地区	**92.32**	**75.70**	**4.00**	**2.37**	**113**
河池市	8.58	5.02	0.28	0.18	132
宜州市	15.67	12.07	0.57	0.32	157
罗城仫佬族自治县	8.82	7.23	0.34	0.21	135
环江毛南族自治县	8.36	7.44	0.35	0.20	81
南丹县	7.44	5.18	0.39	0.19	71
天峨县	3.43	2.77	0.20	0.09	44
凤山县	4.12	3.60	0.22	0.12	106
东兰县	6.28	5.79	0.36	0.19	116
巴马瑶族自治县	5.27	4.83	0.29	0.15	121
都安瑶族自治县	14.17	13.36	0.56	0.42	148
大化瑶族自治县	10.18	8.41	0.44	0.30	152

3—7 主要年份婚姻情况

	单　位	1990 年	1995 年	1999 年	2000 年
准予登记结婚	万对	35.27	32.7	31.86	31.86
初婚	万人	68.5	63.53	61.57	61.43
再婚	万人	2.04	1.96	2.15	2.28
#女性	万人	1.04	0.92	1.02	1.12
离婚人数	万人		5.2	5.79	5.8
#民政部门批准	万人	1.57	2.1	2.49	2.6
法院调判	万人		3.1	3.3	3.2
涉外婚姻	对	852	1364	3301	3700
#国内公民	人	852	1364	3301	3700
男性	人	29	54	301	504
女性	人	823	1310	3000	3196

四、从业人员和职工工资

4—1 从业人员数

单位:万人

年份	从业人员		职工	城镇个体和私营企业从业人员	乡村劳动者
	合计	占总人口(%)			
1978	1456	42.8	237		1219
1979	1493	43.0	240	0.7	1252
1980	1550	43.8	248	2.2	1300
1981	1605	44.4	260	5.4	1340
1982	1668	45.3	267	7.8	1393
1983	1713	45.9	267	10.7	1435
1984	1776	46.7	270	15.5	1490
1985	1831	47.3	276	21.0	1534
1986	1896	48.0	284	25.9	1586
1987	1961	48.8	296	27.8	1637
1988	2012	49.2	303	31.3	1678
1989	2046	49.3	307	27.8	1712
1990	2109	49.7	312	28.9	1768
1991	2171	50.6	323	29.6	1818
1992	2217	50.9	334	32.9	1850
1993	2275	51.3	344	38.3	1893
1994	2336	52.0	341	48.7	1935
1995	2383	52.2	343	62.4	1965
1996	2417	52.7	344	62.4	1997
1997	2454	53.0	340	65.3	2032
1998	2499	53.5	335	82.4	2068
1999	2515	53.4	329	94.5	2080
2000	2566	54.0	320	89.7	2145

注:从1994年起从业人员包括其他从业人员。

4—2 国有单位职工工资和指数

年份	工资总额(万元)	指数	职工平均工资(元)			
			货币工资	指数	实际工资	指数
1978	107460	126.1	559	104.3	560	104.5
1979	121233	112.8	620	110.9	603	107.9
1980	149574	123.4	735	118.5	653	105.2
1981	157342	105.2	748	101.8	728	99.1
1982	169708	107.9	782	104.5	751	100.4
1983	178875	105.4	810	103.6	786	100.6
1984	219622	122.8	1039	128.3	993	122.7
1985	243143	110.7	1126	108.4	982	94.5
1986	299732	123.3	1344	119.4	1266	112.4
1987	347475	115.9	1502	111.8	1363	101.5
1988	428302	123.3	1798	119.7	1458	97.1
1989	464594	108.5	1887	104.9	1576	87.6
1990	538257	113.3	2135	113.1	2172	115.1
1991	609682	113.5	2341	109.6	2279	106.7
1992	739678	121.5	2733	116.7	2554	109.1
1993	952559	128.9	3432	125.6	2783	101.9
1994	1266563	133.0	4604	134.1	3671	106.9
1995	1452995	114.7	5226	113.5	4429	96.2
1996	1546649	106.4	5525	105.7	5237	100.2
1997	1558907	100.8	5654	102.3	5615	101.6
1998	1530839	98.2	5824	103.0	6000	106.1
1999	1631014	106.5	6337	108.8	6520	108.7
2000	1766070	108.3	7081	111.7	7102	108.9

注:①"实际工资"指扣除职工生活费用价格变动因素后的平均工资。
②1990年工资总额含肉类等价格补贴,其指数是按同一口径对比。
③指数以上年为100。

4—3 主要年份劳动力资源

	1990 年	1995 年	1999 年	2000 年
劳动力资源总数(万人)	**2439**	**2907**	**3147**	**3203**
劳动力资源总数占人口总数(%)	**57.5**	**64**	**66.8**	**67.4**
#从业人员人数(万人)	2109	2383	2515	2566
劳动力资源利用率(%)	86.5	82	80	80.1
职工人数(万人)	312	343	329	320
城镇个体和私营企业从业人员(万人)	28.9	62	95	90
乡村劳动者(万人)	1768	1965	2080	2145
从业人员按产业分				
第一产业(万人)	1614	1583	1619	1571
占总数比重(%)	76.5	66.4	64.4	61.2
第二产业(万人)	207	282	276	278
占总数比重(%)	9.8	11.8	11	10.8
第三产业(万人)	288	518	620	717
占总数比重(%)	13.7	21.8	24.6	28.0

4—4 主要年份全部职工人数和工资

指 标	1990 年	1995 年	1999 年	2000 年
一、年末职工人数(万人)	**312**	**343**	**329**	**320**
国有单位	259	283	259	251
城镇集体单位	51	47	35	33
其他各种经济单位	2	13	35	36
二、工资总额(万元)	**624048**	**1723058**	**2043620**	**2221688**
国有单位	538257	1452995	1631014	1766070
城镇集体单位	81949	190392	154058	149934
其他各种经济单位	3842	79671	258548	305684
三、平均工资(元)	**2049**	**5105**	**6254**	**6772**
国有单位	2135	5226	6337	7081
城镇集体单位	1624	4064	4370	4471
其他各种经济单位	1934	6324	7571	8458

4—5　分产业从业人员数

（2000年）　　　　单位:万人

	从业人员	在岗职工	#国有单位	#集体单位	离开本单位仍保留劳动关系的职工	城镇私营和个体	乡村劳动者
总　计	**2566.4**	**283.1**	**225.1**	**26.2**	**37.0**	**89.7**	**2145.4**
第一产业	**1571.4**	**12.6**	**12.3**		**1.3**	**0.5**	**1556.8**
农业	1566.3	8.3	8.0		0.7	0.3	1556.8
林业	4.5	3.9	3.9		0.6		
畜牧业	0.5	0.3	0.3			0.2	
渔业	0.1	0.1	0.1				
第二产业	278.4	93.0	54.3	13.5	21.5	13.1	148.6
工业	**177.2**	**79.9**	**49.1**	**9.2**	**19.3**	**11.7**	**65.0**
采掘业	8.6	5.7	5	0.4	2.5	0.5	
制造业	160.1	66.2	36.9	8.7	16.4	11.2	65.0
电力、煤气及水的生产和供应业	8.5	8.0	7.2	0.1	0.4		
建筑业	101.2	13.0	5.2	4.3	2.2	1.4	83.6
第三产业	**716.5**	**116.5**	**158.5**	**12.7**	**14.2**	**76.1**	**439.9**
农林牧渔服务业	4.2	4.0	3.9		0.1		
地质勘探业、水利管理业	2.9	2.6	2.6		0.3		
交通运输、仓储及邮电通信业	60.9	16.8	14.6	1.2	2.1	7.2	33.2
邮电通信业	3.3	2.8	2.6		0.2		
批发和零售贸易、餐饮业	141.7	24.5	14.3	7.9	9.4	55.7	51.2
餐饮业	1.4	1.1	0.7	0.2	0.3		
金融保险业	8.5	8.0	5.8	1.8	0.1		
金融业	8.0	7.6	5.4	1.8	0.1		
保险业	0.5	0.4	0.4				
房地产业	2.1	1.8	1.2	0.1	0.2		
房地产管理业	0.7	0.6	0.6		0.1		
房地产开发与经营业	1.3	1.1	0.6	0.1	0.1		
社会服务业	23.1	11.0	8.2	0.8	0.7	11.2	
卫生、体育、社会福利业	14.7	14.4	14.3	0.1	0.1		
教育、文艺广播电影电视业	60.2	54.5	54.4	0.1	0.6		
科学研究和综合技术服务业	3.6	3.4	3.4		0.1		
国家机关、党政机关和社会团体	34.7	34.0	33.9	0.1	0.3		
其他行业	360.0	2.5	2.0	0.4	0.2	1.6	355.6

4—6 分产业单位从业人员劳动报酬

(2000年)

	单位从业人员劳动报酬(万元)	在岗职工工资	其他从业人员劳动报酬	离开本单位仍保留劳动关系职工生活费(万元)	在岗职工平均工资(元)	离开本单位仍保留劳动关系职工平均生活费(元)
总　计	**2215360.1**	**2166614.7**	**48745.4**	**55072.2**	**7651**	**1533**
第一产业	**55445.6**	**54698.6**	**747.0**	**1066.0**	**4341**	**820**
农业	34615.2	34188.6	426.6	429.6	4243	715
林业	18344.3	18046.3	298.0	571.8	4572	1003
畜牧业	2066.6	2047.6	19.0	40.1	6156	741
渔业	419.5	416.1	3.4	24.5	5623	1738
第二产业	**760646.8**	**750030.8**	**10616.0**	**36240.2**	**8065**	**1686**
工业	**661163.2**	**654905.4**	**6257.8**	**33297.3**	**8196**	**1725**
采掘业	38787.5	38258.7	528.8	4000.0	6497	1758
制造业	527726.3	522970.9	4755.4	27918.5	7887	1789
电力、煤气及水的生产和供应业	94649.4	93675.8	973.6	1378.7	11609	4137
建筑业	99483.6	95125.4	4358.2	2943.0	7368	1268
第三产业	**1399267.7**	**1361885.3**	**37382.4**	**17766.0**	**7673**	**1251**
农林牧渔服务业	25340.2	25170.9	169.3	241.1	6343	1727
地质勘查业、水利管理业	17873.4	17749.2	124.2	967.6	6671	2942
交通运输、仓储及邮电通信业	188632.8	178433.5	10199.3	3562.4	10582	1882
邮电通信业	36865.9	35333.4	1532.5	825.5	12451	6599
批发和零售贸易、餐饮业	138913.9	136010.8	2903.1	7350.2	5478	811
餐饮业	5710.9	5643.3	67.6	180.9	4986	730
金融保险业	86210.6	83343.0	2867.6	558.8	10365	731
金融业	80860.1	78547.5	2312.6	485.5	10322	644
保险业	5350.5	4795.5	555.0	73.3	11126	7186
房地产业	15712.6	14864.8	847.8	278.8	8332	1580
房地产管理业	5479.8	5436.6	43.2	107.0	8455	1149
房地产开发与经营业	9573.9	8769.6	804.3	169.3	8261	2070
社会服务业	86977.0	85190.2	1786.8	1035.1	7806	1642
卫生、体育、社会福利业	132546.0	131306.8	1239.2	290.3	9255	2690
教育、文化艺术和广播电影电视业	377478.0	362621.4	14856.6	1846.9	6643	3441
科学研究和综合技术服务业	33910.2	33334.4	575.8	173.2	9772	1695
国家机关、党政机关和社会团体	276380.9	274748.6	1632.3	1032.4	8111	4323
其他行业	19292.1	19111.7	180.4	429.3	7730	2629

4—7 主要年份国有单位分行业职工平均工资

单位:元

行　　业	1990 年	1995 年	1999 年	2000 年
农、林、牧、渔业	1629	3694	4101	4606
采掘业	2483	5259	4704	5092
制造业	2161	5453	5343	6093
电力、煤气及水的生产和供应业	2453	7197	10012	11041
建筑业	2485	6804	7277	7570
地质勘查业、水利管理业	2198	4852	6052	6268
交通运输、仓储及邮电通信业	2640	7036	9335	9984
批发和零售贸易、餐饮业	2054	4801	4213	4581
金融、保险业	2069	6333	9551	11030
房地产业	1913	5859	7386	7980
社会服务业	1935	5106	6797	7436
卫生、体育和社会福利业	2212	5567	8129	9219
教育、文化艺术和广播电影电视业	1953	4209	5992	6626
科学研究和综合技术服务业	2131	5848	8376	9552
国家机关、政党机关和社会团体	2106	4931	7170	8089
其他行业		5542	7571	7746

4—8 主要年份城镇失业与就业人员情况

指　　标	1990 年	1995 年	1999 年	2000 年
城镇失业人数(万人)	13.9	10.1	11.6	11.3
失业率(%)	3.9	2.4	3.3	3.2
就业人员主要来源(万人)	22.3	31.6	24.9	26.3
城镇劳动力	12.6	17.4	15.9	16.4
农村劳动力	3.2	4.4	2.2	2.9
大学、中专、技校毕业生	4.0	6.1	4.6	4.0
其他	2.5	3.7	2.2	3.0
就业人员安置去向(万人)				
国有单位	13.7	20.6	10.9	12.0
城镇集体单位	6.4	5.7	2.8	2.7
其他经济单位		1.7	5.2	5.2
从事个体和私营企业人员	2.2	3.6	6.0	6.4

4—9 单位从业人员变动情况

(2000年) 单位:人

	本年增加人数							
	合计	从农村招收	从城镇招收	录用的复员转业军人	录用的大、中专、技工学校毕业生	调入	由外省、自治区、直辖市调入	其他
总计	**152205**	**29208**	**15790**	**5369**	**39872**	**38199**	**714**	**23767**
一、国有经济单位	117856	16446	9067	4551	34131	35233	487	18429
按企业、事业、机关分组								
1.企业	60435	12442	6981	2255	9850	17361	189	11546
#地方	38689	8427	5911	1800	6956	5093	119	10502
2.事业	43675	3648	1781	1373	20846	10597	227	5430
#地方	43069	3616	1756	1356	20618	10390	184	5333
3.机关	13746	356	305	923	3435	7274	71	1453
#地方	13291	304	279	904	3274	7156	69	1374
二、城镇集体经济单位	11059	4156	1957	197	1425	983	18	2341
三、其他各种经济类型单位	23290	8606	4766	621	4316	1984	209	2997

4—9 续表 (2000年) 单位:人

	本年减少人数						
	合计	离休退休退职	开除除名辞职	终止解除合同	调出	调到外省、自治区、直辖市	其他
总计	**270446**	**51593**	**25153**	**46898**	**37635**	**641**	**23803**
一、国有经济单位	194805	40761	14305	30434	34155	602	14845
按企业、事业、机关分组							
1.企业	138778	21435	6383	25714	18508	219	9564
#地方	110244	19600	5722	20337	6246	139	8044
2.事业	44526	15686	7304	4427	9967	323	4294
#地方	42802	15330	7271	4384	9688	279	3651
3.机关	11501	3640	618	293	5680	60	987
#地方	11071	3525	593	269	5518	57	883
二、城镇集体经济单位	35174	5193	4663	5243	1458	13	3025
三、其他各种经济类弄单位	40467	5639	6185	11221	2022	26	5933

4—10 主要年份离休、退休、退职人员和保险福利费用情况

项　　目	1990 年	1995 年	1999 年	2000 年
一、截止年末离休、退休、退职人员数总计(人)	**436300**	**664944**	**743194**	**765324**
国有单位	342188	554229	604156	624622
#离、退休人员	331765	537933	594918	614285
城镇集体单位	93966	101500	96303	98322
#离、退休人员	90464	97601	94752	96723
其他单位	146	9215	42735	42380
#离、退休人员	140	9051	41898	41383
二、保险福利费用总计(万元)	**85214.5**	**302428.1**	**456939.1**	**528944.6**
国有单位	**73329.1**	**268907.8**	**390932.3**	**454581.4**
退休金	41704.2	190003.6	310986.3	356908.4
退职生活费	924.8	2629.2	3091.4	4059.0
医疗卫生费	8825.0	30372.8	35924.0	45512.8
护理费	380.5	–	–	–
生活补贴费	5307.9	–	–	–
交通费补贴	447.5	991.9	–	–
丧葬抚恤救济费	956.5	2830.5	–	–
物价补贴费	–	–	–	–
其　他	9416.1	24928.9	23954.1	27117.6
城镇集体单位	**11851.4**	**28452.9**	**42790.5**	**49298.3**
离休金	459.6	919.0	914.9	1334.2
退休金	6918.4	21875.3	33753.2	39674.8
退职生活费	184.3	661.4	524.9	748.1
医疗卫生费	1668.2	3293.0	3460.5	3708.8
护理费	31.4	–	–	–
生活补贴费	831.7	–	–	–
交通费补贴	60.9	153.5	–	–
丧葬抚恤救济费	124.3	234.8	–	–
物价补贴费	–	–	–	–
其　他	1572.6	1315.9	4137.0	3832.4
其他单位	**33.4**	**5067.4**	**23216.3**	**25064.9**
离休金	1.1	138.4	712.0	612.2
退休金	21.3	3568.3	17878.0	19886.9
退职生活费	0.4	54.8	2493.7	220.5
医疗卫生费	7.4	964.9	2617.4	2961.2
护理费	–	–	–	–
生活补贴费	1.0	–	–	–
交通费补贴	–	24.8	–	–
丧葬抚恤救济费	–	30.6	–	–
物价补贴费	–	–	–	–
其　他	2.2	285.6	1759.2	1384.1

4—11 主要年份职工保险福利费用情况

项　　目	1990 年	1995 年	1999 年	2000 年
总　　计	**91234.4**	**173599.0**	**125621.0**	**109045.0**
国有单位	**82354.7**	**153041.1**	**101906.8**	**83660.7**
医疗卫生费	31940.1	65499.6	53880.4	39416.6
丧葬抚恤救济费	1101.6	2949.5	–	–
生活困难补助费	2514.2	3702.0	–	–
文体宣传费	2290.8	6411.7	5030.5	4212.6
集体福利事业补贴费	6902.2	35280.3	23495.9	22630.0
集体福利设施费	6116.5	–	–	–
计划生育补贴费	2107.5	2937.1	–	–
上下班交通补贴费	3313.2	–	–	–
洗理卫生费	13491.6	–	–	–
其　他	12577.0	36260.9	19500.2	17401.5
城镇集体单位	**8383.0**	**13741.3**	**8536.8**	**10159.3**
医疗卫生费	3250.6	4535.7	4186.4	4780.1
丧葬抚恤救济费	94.3	177.8	–	–
生活困难补助费	168.9	227.6	–	–
文体宣传费	206.7	391.0	404.0	660.1
集体福利事业补贴费	384.4	5874.9	2180.1	2844.2
集体福利设施费	361.2	–	–	–
计划生育补贴费	257.4	271.5	–	–
上下班交通补贴费	487.5	–	–	–
洗理卫生费	1603.6	–	–	–
其　他	1568.4	2262.8	1766.3	1874.9
其他单位	**496.7**	**6816.6**	**15177.4**	**15225.0**
医疗卫生费	173.3	2408.8	5172.0	5347.5
丧葬抚恤救济费	1.8	42.0	–	–
生活困难补助费	3.7	69.1	–	–
文体宣传费	8.2	230.7	1602.8	378.1
集体福利事业补贴费	19.4	2436	4139.5	5628.1
集体福利设施费	23.6	–	–	–
计划生育补贴费	11.3	104.0	–	–
上下班交通补贴费	62.6	–	–	–
洗理卫生费	71.3	–	–	–
其　他	121.5	1526.0	4263.1	3871.3

注:1、1995 年后的集体福利事业补贴费包括集体福利设施费。2、1999 年以后只统计企业在岗职工。

五、固定资产投资

5—1 主要年份全社会固定资产投资

单位:亿元

指　　标	1990 年	1995 年	1999 年	2000 年
总　　计	68.57	423.37	620.20	660.01
基本建设投资	21.29	157.10	263.00	281.54
按经济类型分				
国有经济	21.29	137.15	227.00	249.95
联营经济	--	0.86	0.74	0.45
其他经济	--	19.09	35.26	31.14
按隶属关系分				
中　　央	6.23	43.58	43.70	71.48
地　　方	15.06	113.52	219.30	210.06
更新改造投资	16.96	68.56	70.10	80.16
按经济类型分				
国有经济	16.96	55.24	61.59	64.41
联营经济	--	0.07	0.06	0.08
其他经济	--	13.25	8.45	15.67
按隶属关系分				
中　　央	2.39	18.81	24.87	38.51
地　　方	14.57	49.75	45.23	41.65
其他固定资产投资	3.58	16.27	39.40	59.26
按经济类型分				
国有经济	0.72	5.41	5.50	2.96
集体经济	2.86	8.10	7.42	6.92
其他经济	--	2.76	26.48	49.38
按隶属关系分				
中　　央	0.03	0.17	0.43	0.15
地　　方	3.55	16.10	38.97	59.11
房地产开发投资	2.20	51.51	32.97	38.67
按经济类型分				
国有经济	2.20	18.28	9.38	11.45
集体经济	--	9.23	2.72	3.25
其他经济	--	23.80	20.87	23.97
农村集体固定资产投资	2.61	39.67	50.40	50.32
私人固定资产投资	21.93	90.28	164.33	150.06
城镇和工矿区私人建房	3.11	27.23	60.42	64.47
农村私人投资	18.82	63.05	103.91	85.59

注:1999 年以后其他固定资产投资包括城镇私营个体投资和计划总投资 5～50 万元的基建、更改、国有其他及城镇集体等投资。

5—2 固定资产投资及增长速度

（1978－2000年）

年　份	投资总额	按管理渠道分				投资总额中住　宅
		基本建设投　资	更新改造投　资	其他固定资产投资	房地产开发投　资	
投资总额(万元)						
1978	96055	96055	－－	1000	－－	6745
1979	98051	95990	2061	1600	－－	12584
1980	121815	103067	18748	3751	－－	23185
1981	101875	68323	33552	3281	－－	22342
1982	187197	85971	49415	4827	－－	63527
1983	213856	88547	47852	4125	－－	86218
1984	281675	108042	45670	7673	－－	82299
1985	422191	167327	71218	17599	－－	142092
1986	552131	190872	108364	24112	－－	185644
1987	645119	176743	204019	48957	－－	181153
1988	774656	223532	273915	59226	－－	173644
1989	718914	207675	195285	53813	－－	189869
1990	685666	212880	169619	35800	21933	221077
1991	896479	288923	220662	42900	23310	285398
1992	1410395	522135	341696	76855	45413	378228
1993	2780754	1099415	527724	210325	316451	680317
1994	3825871	1407722	658346	146333	328408	1102233
1995	4233742	1570988	685572	162654	515050	1208881
1996	4764200	1744608	713293	105148	432305	1537400
1997	4798023	1829651	591029	145175	335374	1664245
1998	5717025	2405296	697162	250963	326838	1851688
1999	6202035	2630000	700972	394008	329735	1918970
2000	6600146	2815412	801593	592572	386747	1644650
增长速度(上年＝100)						
1978	22.14	22.14				17.24
1979	2.08	－0.07		60.00		86.57
1980	24.24	7.37	809.66	134.44		84.24
1981	－16.37	－33.71	78.96	－12.53		－3.64
1982	83.75	25.83	47.28	47.12		184.34
1983	14.24	3.00	－3.16	－14.54		35.72
1984	31.71	22.02	－4.56	86.01		－4.55
1985	49.89	54.87	55.94	129.36		72.65
1986	30.78	14.07	52.16	37.01		30.65
1987	16.84	－7.40	88.27	103.04		－2.42
1988	20.08	26.47	34.26	20.98		－4.15
1989	－7.20	－7.09	－28.71	－9.14		9.34
1990	－4.62	2.51	－13.14	－33.47		16.44
1991	30.75	35.72	30.09	19.83	6.28	29.09
1992	57.33	80.72	54.85	79.15	94.82	32.53
1993	97.16	110.56	54.44	173.66	596.83	79.87
1994	37.58	28.04	24.75	－30.43	3.78	62.02
1995	10.66	11.60	4.14	11.15	56.83	9.68
1996	12.53	11.05	4.04	－35.35	－16.07	27.18
1997	0.71	4.87	－17.14	38.07	－22.42	8.25
1998	19.15	31.46	17.96	72.87	－2.55	11.26
1999	8.48	9.34	0.55	57.00	0.89	3.63
2000	6.42	7.05	14.35	50.40	17.29	－14.30

注:1978年～1981年为全民投资总额,1982年以后为全社会投资总额。

5—3 国有单位固定资产投资及增长速度

(1978－2000年)

年　份	投资总额	中央项目	地方项目	地方投资占总额比重%	新　增固定资产
投资总额(万元)					
1978	96055	15710	80345	83.64	54677
1979	98051	29392	68659	70.02	78800
1980	121815	28129	93686	76.91	89031
1981	101875	19235	82640	81.12	79108
1982	135386	28497	106889	78.95	93929
1983	143837	38961	104876	72.91	102287
1984	164288	56104	108184	65.85	136440
1985	247349	88319	159030	64.29	163230
1986	303692	8811	215581	70.99	220737
1987	408328	77092	331236	81.12	274119
1988	529426	81478	447948	84.61	335963
1989	414199	96347	317852	76.74	365487
1990	411663	88657	323006	78.46	374779
1991	542295	128015	414280	76.39	419072
1992	926799	229885	696914	75.20	609629
1993	1693664	393855	1299809	76.75	960428
1994	1939743	518424	1421319	73.27	1089639
1995	2162880	623052	1539828	71.19	1917553
1996	2361406	550378	1811028	76.69	1753595
1997	2228299	467362	1760937	79.03	1946615
1998	2765781	581435	2184346	78.98	2141607
1999	3034692	689587	2345105	77.28	2112000
2000	3287710	994743	2292967	69.74	3140709
增长速度(上年＝100)					
1978	20.86	32.34	18.84		－8.45
1979	2.08	87.09	－14.54		44.12
1980	24.24	－4.30	36.45		12.98
1981	－16.37	－31.62	－11.79		－11.15
1982	32.89	48.15	29.34		18.74
1983	6.24	36.72	－1.88		8.90
1984	14.22	44.00	3.15		33.39
1985	50.56	57.42	47.00		19.64
1986	22.78	－90.02	35.56		35.23
1987	34.45	774.95	53.65		24.18
1988	29.66	5.69	35.24		22.56
1989	－21.76	18.25	－29.04		8.79
1990	－0.61	－7.98	1.62		2.54
1991	31.73	44.39	28.26		11.82
1992	70.90	79.58	68.22		45.47
1993	82.74	71.33	86.51		57.54
1994	14.53	31.63	9.35		13.45
1995	11.50	20.18	8.34		75.98
1996	9.18	－11.66	17.61		－8.55
1997	－5.64	－15.08	－2.77		11.01
1998	24.12	24.41	24.04		10.02
1999	9.72	18.60	7.36		－1.38
2000	8.34	44.25	－2.22		48.71

5—4 主要年份固定资产投资资金来源

单位:万元

指　　标	1990年	1995年	1999年	2000年
资金来源总计	421509	2939513	3929388	4198133
#地　方	323006	2331578	3207713	3066097
#国家预算内	53806	78769	356067	378744
#地　方	25434	57511	243030	280640
国内贷款	140117	854107	726208	1029012
#地　方	111604	611133	613400	617914
利用外资	22642	220117	293712	154224
#地　方	21917	177239	293212	154224
自筹投资	176221	1264132	1821584	1901390
#地　方	135069	1012207	1423039	1330788
在资金来源总计中:				
基本建设资金来源	217702	1540377	2628121	2714050
#地　方	150572	1117568	2167298	1966652
#国家预算内	50472	69741	338530	369687
#地　方	20065	48550	229941	272429
国内贷款	50079	435347	492868	738631
#地　方	36147	216517	409149	357399
利用外资	9008	139004	259066	126656
#地　方	8298	103334	258566	126656
自筹投资	92117	653431	1043212	1084562
#地　方	71626	547660	863372	863847
更新改造资金来源	169675	669422	699148	790952
#地　方	145652	490525	447413	410096
#国家预算内	3087	3511	11127	3881
#地　方	3022	3444	6679	3035
国内贷款	82847	204597	125513	172464
#地　方	69552	180841	97784	143345
利用外资	13634	16959	14967	7076
#地　方	13619	9751	14967	7076
自筹投资	65042	401512	528827	579146
#地　方	48608	257846	313699	231174

注:资金来源为财务拨款数。

5—5 国有单位分行业固定资产投资

（2000 年）

单位:万元

指　　标	投资总额	按隶属关系分		新增固定资产
		中　　央	地　　方	
总　计	3287710	994743	2292967	3140709
按农、轻、重分				
农业	82278	670	81608	36152
轻工业	149415	13598	135817	271847
重工业	885018	526168	358850	720792
按三次产业分				
第一产业	82278	670	81608	36152
第二产业	1031494	546260	485234	1013183
第三产业	2173938	447813	1726125	2091374
按国民经济行业分				
农、林、牧、渔业	82278	670	81608	36152
农业	28877		28877	8768
林业	22677	670	22007	12366
工业	1014433	539766	474667	992639
建筑业	17061	6494	10567	20544
地质勘查业、水利管理业	151045	653	150392	98739
#水利管理业	149738		149738	97698
交通运输、仓储及邮电通讯业	1111112	400331	710781	1441369
交通运输业	762760	77645	685115	1128807
仓储业	14039	5333	8706	15359
邮电通讯业	334313	317353	16960	297203
批发和零售贸易、餐饮业	91804	6832	84972	43362
批发业	33311	2881	30430	9272
零售业	36493	3951	32542	33591
餐饮业	22000		22000	499
金融、保险业	22497	21030	1467	14713
#金融业	20354	18887	1467	12110
房地产业	121753	1824	119929	69166
社会服务业	322599		322599	153639
卫生、体育和社会福利业	44840	1019	43821	28715
#卫生事业	33969	1019	32950	23008
教育、文化艺术及广播电影电视业	139445	1830	137615	93252
#教育事业	117849	1330	116519	86043
文化艺术事业	9648	500	9148	5076
科学研究和综合技术服务业	12976	3773	9203	6079
国家机关、政党机关和社会团体	148361	10521	137840	134442
其他行业	7506		7506	7898

5—6 国有单位工业分行业固定资产投资

(2000 年)

单位:万元

指标	投资总额	按隶属关系分		新增固定资产
		中央	地方	
总计	1014433	539766	474667	992639
煤炭采选业	5187		5187	5424
石油和天然气开采业				
黑色金属矿采选业	865		865	832
有色金属矿采选业	9881	687	9194	7138
非金属矿采选业	2090		2090	530
其他矿采选业				
木材及竹材采运业				
食品加工业	12611		12611	15976
#制糖	10442		10442	12471
食品制造业	1701	450	1251	844
饮料制造业	5333		5333	2603
烟草加工业	13148	13148		11463
纺织业	6083		6083	5527
服装及其他纤维制品制造业	434		434	490
皮革、毛皮、羽绒及其制品业	404		404	197
木材加工及竹、藤、棕、草制品业	2903		2903	2594
家具制造业				
造纸及纸制品业	38859		38859	169885
印刷业、记录媒介的复制	5456		5456	4920
文教体育用品制造业				
石油加工及炼焦业	1036		1036	1080
化学原料及化学制品制造业	45085		45085	81181
医药制造业	5721		5721	3164
化学纤维制造业	1684		1684	3073
橡胶制品业	237	50	187	187
塑料制品业	1692		1692	1692
非金属矿物制品业	6114		6114	5822
#水泥制造业	2158		2158	2271
黑色金属冶炼及压延加工业	18706		18706	34292
有色金属冶炼及压延加工业	35113	19604	15509	34256
金属制品业	812		812	1980
普通机械制造业	4506		4506	10899
专用设备制造业	4737		4737	5753
交通运输设备制造业	20436	3197	17239	17857
电气机械及器材制造业	2195	496	1699	2095
电子及通信设备制造业	3054	1633	1421	2197
仪器仪表及文化、办公用机械制造业	124		124	120
其他制造业	163		163	123
电力、蒸汽、热水生产和供应业	689594	500501	189093	504002
#电力生产业	119063	8491	110572	169583
#火电	73636	2548	71088	134044
水电	45427	5943	39484	35539
煤气生产和供应业	14407		14407	4473
自来水的生产和供应业	54062		54062	49970

5—7 国有单位分行业投资项目和新增固定资产

(2000 年)

指　　标	施工项目(个)	全部建成投产项目(个)	项目建成投产率(%)	投　资总　额(万元)	新　增固定资产(万元)	固定资产交付使用率(%)
总　　计	**4750**	**2854**	**60.08**	**3287710**	**3140709**	**95.53**
按农、轻、重分						
农 业	147	95	64.63	82278	36152	43.94
轻工业	294	178	60.54	149415	271847	181.94
重工业	818	482	58.92	885018	720792	81.44
按三次产业分						
第一产业	147	95	64.63	82278	36152	43.94
第二产业	1150	682	59.30	1031494	1013183	98.22
第三产业	3453	2077	60.15	2173938	2091374	96.20
按国民经济行业分						
农、林、牧、渔业	147	95	64.63	82278	36152	43.94
农业	40	29	72.50	28877	8768	30.36
林业	56	33	58.93	22677	12366	54.53
工　业	1111	660	59.41	1014433	992639	97.85
建筑业	40	22	55.00	17061	20544	120.41
地质勘查业、水利管理业	171	92	53.80	151045	98739	65.37
水利管理业	159	86	54.09	149738	97698	65.25
交通运输、仓储及邮电通讯业	1118	614	54.92	1111112	1441369	129.72
交通运输业	464	221	47.63	762760	1128807	147.99
仓储业	35	15	42.86	14039	15359	109.40
邮电通讯业	619	378	61.07	334313	297203	88.90
批发和零售贸易、餐饮业	177	120	67.80	91804	43362	47.23
批发业	65	44	67.69	33311	9272	27.83
零售业	103	72	69.90	36493	33591	92.05
餐饮业	9	4	44.44	22000	499	2.27
金融、保险业	56	45	80.36	22497	14713	65.40
金融业	46	36	78.26	20354	12110	59.50
房地产业	22	11	50.00	121753	69166	56.81
社会服务业	338	195	57.69	322599	153639	47.63
卫生、体育和社会福利业	175	100	57.14	44840	28715	64.04
卫生事业	145	86	59.31	33969	23008	67.73
教育、文化艺术及广播电影电视业	663	439	66.21	139445	93252	66.87
教育事业	603	408	67.66	117849	86043	73.01
文化艺术事业	40	19	47.50	9648	5076	52.61
科学研究和综合技术服务业	41	20	48.78	12976	6079	46.85
国家机关、政党机关和社会团体	674	427	63.35	148361	134442	90.62
其他行业	17	14	82.35	7506	7898	105.22

5—8 固定资产投资主要新增生产能力

(2000年)

能力名称	计量单位	总　计	#基本建设	#更新改造
原煤开采	万吨/年	1	1	
铁矿选矿处理量	万吨/年	4.5	4.5	
热轧钢材	万吨/年	35		35
铅锌选矿:(1)处理原矿	万吨/年	3	3	
铅冶炼	吨/年	10100	5000	5100
其中:电解铅	吨/年	1800		1800
锌冶炼	吨/年	115800	25000	26800
其中:电解锌	吨/年	65600		18600
锡采矿(原矿)	万吨/年	1		1
电解铝	吨/年	25000		25000
金采矿(原矿)	万吨/年	1	1	
水力发电	万千瓦	6.42	4.99	1.36
火力发电	万千瓦	99.3	72	27.3
输电线路长度(11万伏及以上)	公里	783.73	715.73	68
变电设备能力(11万伏及以上)	万千伏安	124.8	121.65	3.15
水泥	万吨/年	34		22
家具	万件/年	0.06		
硫　酸	吨/年	70000	50000	
烧碱	吨/年	13000		13000
纯碱	吨/年	500		500
合成氨	吨/年	72460	70000	2460
氮肥	吨/年	63460		63460
化学农药原药	吨/年	2000		2000
化学药制剂:粉针剂	万瓶/年	500		500
片剂	万片/年	11438		10
胶囊剂	万粒/年	300		300
医药中间体	吨/年	350		
中成药	吨/年	600		600
光纤通讯电缆	芯公里	696	626	70
全塑市话电缆	万对公里	16.8		16.8
小型拖拉机制造	台/年	1000		1000
建筑机械制造	台/年	500		500
其中:挖掘机	台/年	500		500
客车制造	辆/年	1000		1000
机制糖	年生产糖:吨	61660	42000	10360
	日处理原料:吨	4500	3000	800
啤　酒	万吨/年	3		3
软饮料	吨/年	1000		1000
机制纸浆	万吨/年	2.54		2.14
机制纸	万吨/年	3.25		3.25
机制纸板	万吨/年	0.5		0.2
肥　皂	万吨/年	0.6		0.6
日用陶瓷器	万件/年	4284		3984
程控交换机	万线/年	55.57		55.57
新建铁路主线正线交付运营里程	公里	96.3	96.3	

5—8 **续表** (2000年)

能力名称	计量单位	总　计	#基本建设	#更新改造
新建公路	公里	1425.96	1289.16	
其中:高速公路	公里	213	213	
一级公路	公里	54.5	54.5	
二级公路	公里	45	45	
改建公路	公里	1668.06	1351.76	44
二级公路	公里	503.67	478.67	25
新建独立公路桥梁	延长米	393.6	252.2	
	座	5	3	
新(扩)建港口码头	年吞吐量:万吨	3	3	
	泊位:个	1	1	
其中:新(扩)建沿海港口码头	年吞吐量:万吨	3	3	
	泊位:个	1	1	
改善内河航道里程	公里	169	169	
新(扩)建客、货运站	个	2	2	
	平方米	9000	9000	
民航机场跑道	条	1	1	
	米	3200	3200	
长途电缆线路长度	公里	264.95	145.95	119
耕地面积	万亩	0.88	0.88	
造林面积	万亩	15.52	5.89	
水库容量(总库容)	亿立方米	1	1	
有效灌溉面积	万亩	19.51	19.51	
除涝面积	万亩	9.73	9.73	
商业冷藏库	万吨	0.35	0.35	
粮食仓库	万公斤	15960	15960	
	平方米	43112	43112	
高等院校:学生席位	个	18098	18098	
建筑面积	平方米	31045	31045	
中等学校:学生席位	个	46559	45559	
建筑面积	平方米	124198	121798	
小 学 校:学生席位	个	62787	58875	3912
建筑面积	平方米	162917	156617	6300
其他学校:学生席位	个	1570	1570	
建筑面积	平方米	5707	5707	
文化馆	平方米	1200	1200	
医院病床	张	1365	1365	
宾馆、旅馆、招待所客房数	间	1345	757	68
	平方米	51923	32283	1360
城市自来水供水能力	万吨/日	12.5	11.5	1
城市自来水管道长度	公里	61.7	31.68	30.02
城市公共交通车辆购置	辆	297		291
城市道路扩建长度	公里	59.23	58.23	
城市道路扩建面积	万平方米	111.84	108.84	
城市排水管道铺设长度	公里	7.85	7.85	
城市污水处理能力	万吨/日	11.97	10	1.97
城市防洪堤长度	公里	19.74	18.74	1

5—9 基本建设分行业固定资产投资

（2000年）　　单位：万元

指　　标	投资总额	按隶属关系分		新增固定资产
		中　央	地　方	
总　　计	2815412	714830	2100582	3087915
按农、轻、重分				
农业	74337		74337	27835
轻工业	113303	465	112838	245224
重工业	828456	542425	286031	984917
按三次产业分				
第一产业	74337		74337	27835
第二产业	938664	549384	389280	1250405
第三产业	1802411	165446	1636965	1809675
按国民经济行业分				
农、林、牧、渔业	74337		74337	27835
农业	25741		25741	5445
林业	16524		16524	7354
工　业	921759	542890	378869	1230141
建筑业	16905	6494	10411	20264
地质勘查业、水利管理业	160733	653	160080	109079
水利管理业	159492		159492	108104
交通运输、仓储及邮电通讯业	794711	122396	672315	1149558
交通运输业	718158	57657	660501	1099498
仓储业	15992	5263	10729	15921
邮电通讯业	60561	59476	1085	34139
批发和零售贸易、餐饮业	98881	8030	90851	27423
批发业	35089	2793	32296	9247
零售业	39857	52373	−12516	16117
餐饮业	23935		23935	2059
金融、保险业	22497	21030	1467	14713
金融业	20354	18887	1467	12110
房地产业	7137		7137	7675
社会服务业	365848		365848	229429
卫生、体育和社会福利业	41892	160	41732	25955
卫生事业	31161	160	31001	20468
教育、文化艺术及广播电影电视业	138869	600	138269	92132
教育事业	117420	100	117320	84970
文化艺术事业	9728	500	9228	5256
科学研究和综合技术服务业	11259	2056	9203	5710
国家机关、政党机关和社会团体	152835	10521	142314	140068
其他行业	7749		7749	7933

5—10 工业行业基本建设投资

(2000年)　　单位:万元

指　　标	投资总额	按隶属关系分 中央	按隶属关系分 地方	新增固定资产
总　　计	**921759**	**542890**	**378869**	**1230141**
煤炭采选业	3695		3695	3248
石油和天然气开采业				
黑色金属矿采选业	55		55	25
有色金属矿采选业	5146	475	4671	2983
非金属矿采选业	1617		1617	230
其他矿采选业				
木材及竹材采运业				
食品加工业	11544		11544	21574
#制糖	4384		4384	18528
食品制造业	2384	450	1934	1516
饮料制造业	6814		6814	4173
烟草加工业	15	15	0	330
纺织业	1843		1843	3353
服装及其他纤维制品制造业	1680		1680	1446
皮革、毛皮、羽绒及其制品业	715		715	457
木材加工及竹、藤、棕、草制品业	1236		1236	820
家具制造业				
造纸及纸制品业	28707		28707	164089
印刷业、记录媒介的复制	2229		2229	1443
文教体育用品制造业				
石油加工及炼焦业	130		130	174
化学原料及化学制品制造业	43265		43265	67638
医药制造业	1402		1402	702
化学纤维制造业	1378		1378	2923
橡胶制品业	580		580	600
塑料制品业				
非金属矿物制品业	2369		2369	2853
#水泥制造业	761		761	1126
黑色金属冶炼及压延加工业	4559		4559	12869
有色金属冶炼及压延加工业	6589	897	5692	7671
金属制品业	2124		2124	2655
普通机械制造业	3326		3326	4055
专用设备制造业	2292		2292	4790
交通运输设备制造业	4479	786	3693	5604
电气机械及器材制造业	1306		1306	1053
电子及通信设备制造业	1777	374	1403	2071
仪器仪表及文化、办公用机械制造业				
其他制造业	605		605	329
电力、蒸汽、热水生产和供应业	719999	539893	180106	866792
#电力生产业	114414	15633	98781	478513
#火　电	52283	346	51937	427339
水　电	62131	15287	46844	51174
煤气生产和供应业	7226		7226	673
自来水的生产和供应业	50673		50673	41002

5—11 各个时期主要工业行业国有单位基本建设投资

(1978－2000 年)

时期(年份)	全部工业投资(万元)	# 食品工业	#制糖业	#纺织工业	#机械工业
1978	60304	5054		4237	6799
1979	46810	3131		2365	4881
1980	43624	2082		6041	4226
“六五”时期	**223261**	**29658**	**23316**	**8562**	**13781**
1981	29726	2168	993	3284	1480
1982	33961	8038	7533	1851	2176
1983	41468	12096	11317	1326	1809
1984	49309	3767	2521	866	2786
1985	68797	3589	952	1235	5530
“七五”时期	**438577**	**46539**	**38583**	**2236**	**4550**
1986	70112	2898	2482	437	1331
1987	76433	5589	4628	387	521
1988	94588	13419	10862	215	685
1989	99309	14223	12360	403	886
1990	98135	10410	8251	794	1127
“八五”时期	**1740520**	**73665**	**48647**	**14884**	**52000**
1991	134342	7348	5371	1291	1765
1992	213780	12333	7729	3367	2712
1993	410081	15374	3134	3601	14983
1994	485309	14548	11226	3891	15212
1995	497008	24062	21187	2734	17328
“九五”时期	**2322503**	**90786**	**67272**	**10792**	**59566**
1996	397004	41520	33556	2678	16786
1997	333485	26528	22983	1372	12417
1998	371059	8887	4656	1037	8424
1999	492202	8902	3658	4534	13876
2000	728753	4949	2419	1171	8063

时期(年份)	# 电力工业	# 火力发电	# 水力发电	# 有色黑色金属工业	# 建材工业
1978	14882	3560	9879	12802	2719
1979	12969	1094	10513	9716	3076
1980	9694	954	7617	7028	3555
“六五”时期	**84047**	**13128**	**54303**	**21838**	**30278**
1981	7741	684	6143	3052	3747
1982	9622	1472	6866	3292	3432
1983	13831	2388	9391	2938	3655
1984	21356	3906	14357	4931	8612
1985	31497	4678	17546	7625	10832
“七五”时期	**218556**	**55223**	**134427**	**54916**	**24420**
1986	30939	8141	19333	9253	9710
1987	32733	7578	22711	14569	3706
1988	44512	13416	26289	15146	3846
1989	55718	18516	27431	8011	1878
1990	54654	7572	38663	7937	5280
“八五”时期	**550697**	**114770**	**393636**	**458957**	**88307**
1991	65354	6491	46122	24771	2880
1992	100083	5031	65629	47920	5481
1993	116725	33736	82862	111515	23348
1994	154603	39801	114802	110566	31790
1995	113932	29711	84221	164185	24808
“九五”时期	**1227579**	**31783**	**300880**	**92957**	**31302**
1996	73955	17571	56384	30048	11009
1997	173187	5963	88038	9425	4634
1998	139867	5198	63418	11728	6014
1999	274889	2117	57712	29613	7660
2000	565681	934	35328	12143	1985

5—12 基本建设分行业投资项目和新增固定资产

（2000 年）

指　　　标	施工项目（个）	全部建成投产项目（个）	项目建成投产率（%）	投资总额（万元）	新增固定资产（万元）	固定资产交付使用率（%）
总　　计	**3440**	**2010**	**58.43**	**2815412**	**3087915**	**109.68**
按农、轻、重分						
农　业	126	80	63.49	74337	27835	37.44
轻工业	150	85	56.67	113303	245224	216.43
重工业	377	175	46.42	828456	984917	118.89
按三次产业分						
第一产业	126	80	63.49	74337	27835	37.44
第二产业	565	280	49.56	938664	1250405	133.21
第三产业	2749	1730	62.93	1802411	1809675	100.40
按国民经济行业分						
农、林、牧、渔业	126	80	63.49	74337	27835	37.44
农业	23	16	69.57	25741	5445	21.15
林业	44	26	59.09	16524	7354	44.50
工　业	526	260	49.43	921759	1230141	133.46
建筑业	39	20	51.28	16905	20264	119.87
地质勘查业、水利管理业	171	97	56.73	160733	109079	67.86
水利管理业	159	91	57.23	159492	108104	67.78
交通运输、仓储及邮电通讯业	444	226	50.90	794711	1149558	144.65
交通运输业	315	153	48.57	718158	1099498	153.10
仓储业	29	11	37.93	15992	15921	99.56
邮电通讯业	100	62	62.00	60561	34139	56.37
批发和零售贸易、餐饮业	182	116	63.74	98881	27423	27.73
批发业	64	42	65.63	35089	9247	26.35
零售业	106	70	66.04	39857	16117	40.44
餐饮业	12	4	33.33	23935	2059	8.60
金融、保险业	56	45	80.36	22497	14713	65.40
金融业	46	36	78.26	20354	12110	59.50
房地产业	22	11	50.00	7137	7675	107.54
社会服务业	323	168	52.01	365848	229429	62.71
卫生、体育和社会福利业	169	97	57.40	41892	25955	61.96
卫生事业	139	84	60.43	31161	20468	65.68
教育、文化艺术及广播电影电视业	653	433	66.31	138869	92132	66.34
教育事业	594	402	67.68	117420	84970	72.36
文化艺术事业	40	20	50.00	9728	5256	54.03
科学研究和综合技术服务业	40	20	50.00	11259	5710	50.71
国家机关、政党机关和社会团体	670	423	63.13	152835	140068	91.65
其他行业	19	14	73.68	7749	7933	102.37

5—13 主要年份基本建设投资的资金来源

单位:万元

项　　目	1990 年	1995 年	1999 年	2000 年
基本建设投资	**212880**	**1540377**	**2628121**	**2714050**
#国家预算内投资	49388	69741	338530	369687
国内贷款	47030	435347	492868	738631
利用外资	9813	139004	259066	126656
自筹投资	88258	653431	1043212	1084562
中央各部	7911	56764	100536	138162
地方各级	37610	307086	454259	458173
企事业单位	42737	289581	488417	488227
其他投资	18391	242854	494445	394514

5—14 主要年份基本建设投资分类

单位:万元

项　　目	1990 年	1995 年	1999 年	2000 年
基本建设投资额	**212880**	**1570988**	**2630000**	**2815412**
按隶属关系分				
中央项目	62308	435826	437011	714830
地方项目	150572	1135162	2192989	2100582
按构成分				
#建筑工程	140872	978884	1899413	1898677
安装工程	10937	83873	112994	160844
设备、工、器具购置	28902	291422	377497	385419
基本建设投资中:				
#住宅	36489	207414	377385	164043

5—15 主要年份更新改造投资分类

单位:万元

项　　目	1990 年	1995 年	1999 年	2000 年
更新改造投资额	**169619**	**685572**	**700972**	**801593**
按隶属关系分				
中央项目	23967	188122	248687	385052
地方项目	145652	497450	452285	416541
按资金来源分				
国家预算内投资	5194	3595	11127	3881
国家预算外投资	164425	681977	688021	787071
按构成分				
#建筑工程	55381	210431	106981	124547
安装工程	15061	101452	62061	96538
设备、工、器具购置	89460	346638	504847	537965
更新改造投资中:				
#住宅			21622	2846

注:1994 年及以后基建资金来源为当年拨款数。

5—16 基本建设大中型项目一览表

(2000年)　　　　单位:万元

项目名称	开工时间(年/月)	投产时间(年/月)	计划总投资	累计完成投资	累计新增固定资产	本年计划投资	本年完成投资	本年新增固定资产
南宁自来水公司三津一期工程			29270	221			171	
南宁造纸厂	199412		187560	181067	168379		26893	163040
柳州柳西水厂二期扩建工程	199509		20723	19484	13855		3537	
来宾铟锌冶炼工程	199411	200012	27000	45854	33649	3000	3158	3599
中央直属柳州中转库	199811	200012	5102	5141	5141	1241	1241	3090
广西融江大埔电站	199308		78794	16583	1036		291	12
藤县西江大桥	199510		7230	5940		332	332	
北海机场扩建工程	199312	200002	36000	35568	34568	4000	4000	27877
防城港九、十号泊位	199708		66384	39278	554		16549	554
钦州港五万吨级油库码头及库区	200009		10000	850		1000	850	
钦州港二期工程	199908		30824	1275		5000	1100	
鹿化24万吨/年磷铵工程	199608		219871	201846	11292	1603	29476	1051
来宾县新建二糖厂	199508	200012	13035	11805	11805	36	36	11342
来宾县电厂b厂	199709	200011	510036	488268	462922	51239	51239	426770
浮石水电站	199209		39233	44599	42055	11650	6352	16034
金秀县头排糖厂	199506	200012	3679	2796	2796	10	10	2796
百色水库			493000	26418	265	13000	14668	
河化十五万吨合成氨扩建工程	199508	200012	68000	63139	61611	6109	6109	61090
广西高峰矿体采选工程	198510		9800	14327	8730	312	312	
湘桂线黎塘－南宁段增建第二线	199912		168150	42000		40000	40000	
广西藤县变电220千伏电网工程	200006		38490	12250	2266	16884	12250	2266
来宾～玉林500千伏送变电工程	199802	200012	57770	57770	57495	17217	17217	57495
来宾～玉林220千伏配套送出工程	199808		36274	36274	32166	22772	22008	23020
广西静南变220千伏电网工程	199904		51224	19333	8764	23963	18311	8285
防城港西湾跨海大桥	200011		23729	900		1000	900	
西江航运2期	199410	200010	200838	177633	177633	26690	17745	153239
百龙滩水电站	199302		156557	155564	126558	3000	3000	3000

5—17 更新改造分行业固定资产投资

（2000 年）　　　　单位：万元

	投资总额	按隶属关系分		新增固定资产
		中央	地方	
总计	**801593**	**385052**	**416541**	**816652**
按农、轻、重分				
农业	3991		3991	3718
轻工业	122983	13133	109850	106490
重工业	261283	69816	191467	316620
按三次产业分				
第一产业	3991		3991	3718
第二产业	385281	82949	302332	423864
第三产业	416312	302103	110218	389070
按国民经济行业分				
农、林、牧、渔业	3991		3991	3718
#农业	2850		2850	2577
林业	1041		1041	1041
工业	384266	82949	301317	423110
建筑业	1015		1015	754
地质勘查业、水利管理业	1293		1293	865
水利管理业	1227		1227	799
交通运输、仓储及邮电通讯业	369053	285025	84028	333109
交通运输业	65059	24811	40248	42142
仓储业	812	70	742	333
邮电通讯业	303182	260144	43038	290634
批发和零售贸易、餐饮业	19273	13272	6001	33568
批发业	1739	93	1646	1152
零售业	16874	13179	3695	31756
餐饮业	660		660	660
金融、保险业				
金融业				
房地产业	93		93	93
社会服务业	14234		14234	14520
卫生、体育和社会福利业	2268	859	1409	2000
卫生事业	2048	859	1189	1780
教育、文化艺术及广播电影电视业	1549	1230	319	1721
教育事业	1322	1230	92	1494
文化艺术事业				
科学研究和综合技术服务业	1717	1717		369
国家机关、政党机关和社会团体	2841		2841	28250
其他行业				

5—18 更新改造工业行业固定资产投资

(2000年)

单位:万元

	投资总额	按隶属关系分		新增固定资产
		中央	地方	
总计	**384266**	**82949**	**301317**	**423110**
煤炭采选业	659		659	1343
石油和天然气开采业				
黑色金属矿采选业	890		890	887
有色金属矿采选业	6660	212	6448	426
非金属矿采选业	1780		1780	300
其他矿采选业				
木材及竹材采运业				
食品加工业	41508		41508	31454
#制糖业	41094		41094	31005
食品制造业	9749		9749	17624
饮料制造业	11385		11385	5546
烟草加工业	13133	13133		11133
纺织业	5710		5710	3051
服装及其他纤维制品制造业	165		165	165
皮革、毛皮、羽绒及其制品业	72		72	72
木材加工及竹、藤、棕、草制品业	3823		3823	2784
家具制造业	150		150	150
造纸及纸制品业	15111		15111	9655
印刷业、记录媒介的复制	4163		4163	4113
文教体育用品制造业				
石油加工及炼焦业	906		906	906
化学原料及化学制品制造业	14421		14421	21903
医药制造业	9342		9342	6357
化学纤维制造业	306		306	150
橡胶制品业	592	50	542	483
塑料制品业	2803		2803	2803
非金属矿物制品业	9820		9820	8400
#水泥制造业	3451		3451	2555
黑色金属冶炼及压延加工业	15347		15347	22703
有色金属冶炼及压延加工业	36040	21821	14219	30825
金属制品业	458		458	425
普通机械制造业	4419		4419	9874
专用设备制造业	6630		6630	8215
交通运输设备制造业	20575	2411	18164	15817
电气机械及器材制造业	2722	496	2226	2178
电子及通信设备制造业	7549	1259	6290	6398
仪器仪表及文化、办公用机械制造业	1320		1320	1200
其他制造业	123		123	123
电力、蒸汽、热水生产和供应业	121543	43567	77976	177926
#电力生产业	83346	6106	77240	140853
#火电	73227	2202	71025	134053
水电	10119	3904	6215	6800
煤气生产和供应业	9799		9799	3800
自来水的生产和供应业	4593		4593	9567

5—19 更新改造分行业投资项目和新增固定资产

(2000 年)

指　　标	施工项目(个)	全部建成投产项目(个)	项目建成投产率(%)	投资总额(万元)	新增固定资产(万元)	固定资产交付使用率(%)
总　　计	**1785**	**1122**	**62.86**	**801593**	**816652**	**101.88**
按农、轻、重分						
农　业	19	16	84.21	3991	3718	93.16
轻工业	329	227	69.00	122983	106490	86.59
重工业	630	403	63.97	261283	316620	121.18
按三次产业分						
第一产业	19	16	84.21	3991	3718	93.16
第二产业	963	633	65.73	385281	423864	110.01
第三产业	803	473	58.90	416312	389070	93.46
按国民经济行业分						
农、林、牧、渔业	19	16	84.21	3991	3718	93.16
农业	16	13	81.25	2850	2577	90.42
林业	1	1	100.00	1041	1041	100.00
工业	959	630	65.69	384266	423110	110.11
建筑业	4	3	75.00	1015	754	74.29
地质勘查业、水利管理业	7	4	57.14	1293	865	66.90
水利管理业	7	4	57.14	1227	799	65.12
交通运输、仓储及邮电通讯业	685	383	55.91	369053	333109	90.26
交通运输业	139	49	35.25	65059	42142	64.78
仓储业	7	3	42.86	812	333	41.01
邮电通讯业	539	331	61.41	303182	290634	95.86
批发和零售贸易、餐饮业	59	47	79.66	19273	33568	174.17
批发业	8	5	62.50	1739	1152	66.24
零售业	49	40	81.63	16874	31756	188.19
餐饮业	2	2	100.00	660	660	100.00
金融、保险业						
金融业						
房地产业	93	93	100.00			
社会服务业	23	21	91.30	14234	14520	102.01
卫生、体育和社会福利业	8	4	50.00	2268	2000	88.18
卫生事业	7	3	42.86	2048	1780	86.91
教育、文化艺术及广播电影电视业	12	7	58.33	1549	1721	111.10
教育事业	11	6	54.55	1322	1494	113.01
文化艺术事业						
科学研究和综合技术服务业	1		0.00	1717	369	21.49
国家机关、政党机关和社会团体	8	7	87.50	2841	2825	99.44
其他行业						

5—20　更新改造限额以上项目一览表

(2000 年)　　单位:万元

项目名称	开工时间（年/月）	投产时间（年/月）	计划总投资	累计完成投资	累计新增固定资产	本年计划投资	本年完成投资	本年新增固定资产
南宁益宾年产 10 万辆摩托车	199604		25458	14986	4935		1385	1755
南糖年产 3.4 万吨蔗浆厂	199912		19477	14330		12500	12939	
南宁赫司特公司年产 4000 吨山梨酸及山梨酸钾	199809	200009	15000	15737	15000	3761	4838	15000
南宁万泰啤酒公司罐装生产线	199610		22359	20120	22		1199	
南宁桂罗食品公司引进酿造技术厂房	199610		18860	18825			1223	
南宁易利公司增加发等设备厂房	199610		22378	20120			1221	
柳州 WZ30－25 型挖掘装载机技改	199305	200006	4419	4901	4817		23	4817
柳微引进微车车身设计制造技术	199704		3960	1508		109	109	
柳微补充冲压涂装关键设备技改	199806		19923	15102	7140	7198	2377	71
柳州中德合资生产机械传动部件	199607		27300	22516	21961	800	555	1723
柳州 LZ6460 车身改造	199806		8947	10147			1349	
柳微焊装.总装设备填平补齐技术改造	199909		16307	8969	5761	2531	2531	5745
柳钢转炉 3 号钢坯连铸机.煤气回收.炉外精炼	200004		15000	643	338	10000	643	338
柳钢中板厂技改工程	199712		19800	15564	15426	664	238	238
柳锌环境治理搬迁工程			30154	776		2500	235	9055
柳钢 650 厂连轧棒材改造	199905	200012	9900	9489	9489	800	1798	
柳江纸厂日产 100 吨漂白木浆生产系统改扩建	199212		25365	39280	75	1200	1255	500
桂林市电信局管线	199909	200002	5010	5010	5000	10	10	4235
桂林漓泉股份有限公司啤酒技改项目	199803		6907	13618	8366	2980	4380	
桂林南方橡胶国际有限公司桂林轮胎厂年产 30 万套载重胎项目	199506		16317	4429	26	59	59	
桂林市临桂庙岭娃哈哈公司生产线	200011		15000	2000		2000	2000	9279
灵川县氮肥厂尿素工程	199708	200011	8564	9279	9279	970	990	132000
永福苏桥火电厂	199711	200011	132000	132000	132000	70300	70300	800
荔浦县纸厂纸浆技改工程	199802		4800	3200	3200	800	800	5684
北海银河股份－－精密片式电阻器技术改造项目	200003	200012	5684	5684	5684	5684	5684	7554
合浦 10 万吨净化水厂	199801		10840	8380	7554	2801	1380	10235
贵港 4 万吨高级文化纸技改工程	199708	200002	19928	25237	24350	1235	1235	825
玉柴 F6105 项目	199401		81066	34448	24476	272	71	54
玉柴总图运输项目	199401		7223	2205	209	76	41	18973
平果铝 320KA 大型预焙电解槽系列规模试验	200001	200012	19604	19604	18973	19604	19604	
环江水电局下湘电站扩建工程	199802		6500	5895	3326	2760	2518	

5—21 基本建设、更新改造房屋建筑情况

指　　标	施工房屋面积（万平方米）		竣工房屋面积（万平方米）		竣工房屋造价（元/平方米）	
	1999年	2000年	1999年	2000年	1999年	2000年
基本建设本年房屋合计	**1493.52**	**1032.40**	**926.81**	**541.94**	**686**	**785**
#住宅	811.44	417.85	598.67	286.75	633	609
更新改造本年房屋合计	**87.43**	**81.67**	**63.04**	**31.93**	**824**	**1106**
#住宅	40.16	52.16	35.51	5.94	840	629

5—22 主要年份房地产开发投资主要指标

项　　目	1990年	1995年	1999年	2000年
投资总额(万元)	21933	515050	329735	386747
按资金来源分				
国家预算内投资		2580		2260
国内贷款	5304	168706	94154	92998
利用外资		53886	13711	12916
自筹资金	14546	138927	140287	131654
其他投资	7264	207368	190320	262211
按构成分				
建筑安装工程	18975	344918	204323	261000
设备、工器具购置	20	6555	3566	2441
其他费用	2938	163577	121846	123306
按工程用途分				
#住宅	18221	260541	160586	207861
第三产业	21933	515050	329735	386747
新增固定资产(万元)	18091	226874	185348	183837
房屋建筑面积(万平方米)				
施工面积	114.29	867.27	582.29	766.19
#住宅	86.54	625.77	436.49	595.24
竣工面积	57.31	276.09	200.05	226.74
#住宅	42.72	231.99	160.79	191.17
土地开发投资额(亿元)		12.41	2.76	2.79
土地开发面积(万平方米)		1274.35	205.92	176.47
商品房销售额(亿元)	2.04	15.84	24.5	27.74
商品房销售建筑面积(万平方米)	40.93	156.84	161.49	191.36

5—23 房地产开发投资及资金来源

(2000 年)　　　　单位:万元

指　标	合　计	按隶属关系分		按资质等级分		
		中　央	地　方	一　级	二级	三级及以下
本年完成投资	386747	1824	384923	13901	80573	292273
#商品房建设投资额	314337	1824	312513	12618	66683	235036
按经济类型分						
国有经济	114504	1824	112680	13399	19001	82104
集体经济	32527		32527			32527
其他经济	239716		239716	502	61572	177642
按构成分:						
建筑工程	254948	1438	253510	10593	61207	183148
安装工程	6052	136	5916	140	1032	4880
设备工器具购置	2441	200	2241	156	304	1981
其他费用	123306	50	123256	3012	18030	102264
按工程用途分:						
住宅	207861	1574	206287	9655	49535	148671
#别墅、高档公寓	12331		12331	28	8637	3666
安居工程	32545	810	31735	1558	5271	25716
办公楼	11944		11944	1146	4503	6295
商业营业用房	36306	100	36206	1161	6261	28884
其他	130636	150	130486	1939	20274	108423
本年新增固定资产	183837	1703	182134	10988	28544	144305
本年资金来源合计	602796	4597	598199	30818	137127	434851
上年末结余资金	100757	2307	98450	3340	19948	77469
本年资金来源小计	502039	2290	499749	27478	117179	357382
国家预算内资金	2260		2260		1000	1260
国内贷款	92998		92998	3269	29150	60579
债券						
利用外资	12916		12916		640	12276
自筹资金	131654	1170	130484	3560	21500	106594
其他资金来源	262211	1120	261091	20649	64889	176673

5—24 房地产开发房屋建筑情况

指　标	施工房屋面积(万平方米)		竣工房屋面积(万平方米)		竣工房屋价值(万元)	
	1999 年	2000 年	1999 年	2000 年	1999 年	2000 年
房屋建筑面积合计	582.29	766.19	200.05	226.74	150539	164650
住宅	436.49	595.24	160.79	191.17	101920	131042
#别墅、公寓	11.51	29.81	5.79	14.65	4967	13791
安居工程	94.82	112.59	41.55	50.39	23326	31137
办公楼	37.28	40.67	9.73	4.11	12433	4375
商业营业用房	80.48	90.51	23.94	17.39	31204	19326
其他	28.04	39.76	5.60	14.07	4982	9902

5—25 城镇集体分行业投资项目和新增固定资产

(2000 年)

指　　标	施工项目(个)	全部建成投产项目(个)	项目建成投产率(%)	投资总额(万元)	新增固定资产(万元)	固定资产交付使用率(%)
总　　计	**259**	**191**	**73.75**	**69172**	**64868**	**93.78**
按农、轻、重分						
农　业	7	5	71.43	912	464	50.88
轻工业	58	46	79.31	12171	10420	85.61
重工业	64	50	78.13	23390	22517	96.27
按三次产业分						
第一产业	7	5	71.43	912	464	50.88
第二产业	131	100	76.34	36022	33450	92.86
第三产业	121	86	71.07	32238	30954	96.02
按国民经济行业分						
农、林、牧、渔业	7	5	71.43	912	464	50.88
农业						
林业	1	1	100.00	50	50	100.00
工　业	122	96	78.69	35561	32937	92.62
建筑业	9	4	44.44	461	513	111.28
地质勘查业、水利管理业						
水利管理业						
交通运输、仓储及邮电通讯业	20	13	65.00	5838	5205	89.16
交通运输业	19	13	68.42	5588	5205	93.15
仓储业	1			250		
邮电通讯业						
批发和零售贸易、餐饮业	58	42	72.41	13891	11931	85.89
批发业	24	18	75.00	4937	4591	92.99
零售业	30	22	73.33	7887	6758	85.69
餐饮业	4	2	50.00	1067	582	54.55
金融、保险业	7	4	57.14	1132	433	38.25
金融业	7	4	57.14	1132	433	38.25
房地产业						
社会服务业	11	8	72.73	3004	2782	92.61
卫生、体育和社会福利业	1	1	100.00	10	2	20.00
卫生事业						
教育、文化艺术及广播电影电视业	2	2	100.00	83	253	304.82
教育事业	2	2	100.00	83	253	304.82
文化艺术事业						
科学研究和综合技术服务业						
国家机关、政党机关和社会团体	17	13	76.47	6746	8873	131.53
其他行业	5	3	60.00	1534	1475	96.15

5—26 农村集体分行业投资项目和新增固定资产

(2000年)

指　　标	施　工 项目个数 (个)	投　产 项目个数 (个)	项目建成 投产率 (%)	投　资 完成额 (万元)	新　增 固定资产 (万元)	固定资产 交付使用 率(%)
总　　计	**15192**	**13848**	**91.15**	**503235**	**454254**	**90.27**
按建设性质分						
新　建	8947	7980	89.19	275506	263026	95.47
扩　建	3920	3724	95	129837	119056	91.7
改　建	1372	1262	91.98	64647	52816	81.7
其　他	953	882	92.55	33247	19356	58.22
按三次产业分						
第一产业	3119	2982	95.61	76685	68836	89.76
第二产业	3341	3022	90.45	273910	237945	86.87
第三产业	8732	7844	89.83	152642	147473	96.61
按国民经济行业分						
农、林、牧、渔业	3119	2982	95.61	76685	68836	89.76
工业	3154	2841	90.08	263880	228140	86.46
采掘业	834	757	90.77	55929	41193	73.65
制造业	2047	1828	89.3	189382	170075	89.81
电力煤气及水的生产和供应业	273	256	93.77	18569	16872	90.86
建筑业	187	181	96.79	10030	9805	97.76
地质勘查业、水利管理业	2410	2044	84.81	47768	49400	103.42
交通运输、仓储及邮电通信业	2988	2717	90.93	42123	39229	93.13
批发和零售贸易、餐饮业	697	671	96.27	17443	15115	86.65
金融、保险业	1	1	100	105	60	57.14
房地产业						
社会服务业	92	89	96.74	5286	5186	98.11
卫生、体育和社会福利业	83	82	98.8	1424	1394	97.89
教育、文化艺术及广播电影电视业	285	268	94.04	3963	3756	94.78
科学研究和综合技术服务业						
国家机关、政党机关和社会团体	426	370	86.85	5666	5488	96.86
其他行业	1750	1602	91.54	28864	27845	96.47

5—27 分地市固定资产投资主要指标

（2000 年）

指　　标	总　计	南宁市	柳州市	桂林市	梧州市	北海市	防城港市	钦州市
项目个数(个)								
施工项目	5893	1020	542	787	217	83	132	332
投产项目	3649	564	324	456	143	34	70	251
完成投资(万元)	**3806977**	**643205**	**220435**	**489003**	**129759**	**158173**	**76096**	**99660**
按隶属关系分								
中央	1101374	146588	44033	108009	37723	20574	21187	26524
地方	2705603	496617	176402	380994	92036	137599	54909	73136
按登记注册类型分								
国有	3173206	462741	187909	393794	119052	140742	70557	85034
集体	69172	18149	13473	15553	975	316	3530	2500
其他	564599	162315	19053	79656	9732	17115	2009	12126
资金来源小计(万元)	**3696094**	**638915**	**225594**	**508817**	**114069**	**142482**	**72224**	**91386**
国家预算内资金	376484	54669	24915	68919	23375	7111	8182	11224
国内贷款	936014	163334	55602	190265	33470	36384	16527	10896
利用外资	141308	7710	4995	22778	610	486	9875	2221
自筹资金	1769736	314762	116502	182320	45595	91401	29377	53716
中央各部门自筹	184143	16667	1357	10728	694			
省自筹	301589	21567	2487	30885	5690	46603	4130	3535
地（市）自筹	213663	47204	17466	39488	2826	20227	2784	9558
县自筹	128616	11152	1211	13968	3273	3547	4896	5653
企事业单位自有资金	941725	218172	93981	87251	33112	21024	17567	34970
其他资金来源	472552	98440	23580	44535	11019	7100	8263	13329
本年新增固定资产(万元)	**4064691**	**720815**	**207738**	**433735**	**95312**	**257280**	**37085**	**87720**

指　　标	贵港市	玉林市	南宁地区	柳州地区	贺州地区	百色地区	河池地区	柳　铁
项目个数(个)								
施工项目	213	328	458	324	232	326	529	132
投产项目	161	247	317	226	150	205	378	53
完成投资(万元)	**86926**	**138288**	**156630**	**205483**	**71095**	**162374**	**266171**	**80098**
按隶属关系分								
中央	26062	57370	67206	40568	18500	55937	60599	80098
地方	60864	80918	89424	164915	52595	106437	205572	
按登记注册类型分								
国有	62739	114863	139284	123563	56867	154755	235483	80098
集体	2276	3910	540	3776	2880	502	792	
其他	21911	19515	16806	78144	11348	7117	29896	
资金来源小计(万元)	**87277**	**131315**	**152560**	**208504**	**71504**	**151805**	**287673**	**80099**
国家预算内资金	7442	3035	27870	37957	2798	13177	36023	
国内贷款	8599	32031	29474	24067	21498	50581	78487	30000
利用外资	3915	6382	8184	67711	356	979	1534	
自筹资金	57251	71544	63023	53155	34732	75740	123113	50099
中央各部门自筹		252	5886	2008	87	2998	34781	50099
省自筹	1181	17932	11698	21144	9205	17690	27387	
地(市)自筹	21687	3419	3363	1076	4932	5686	1740	
县自筹	4608	4673	17834	6536	4373	10800	21486	
企事业单位自有资金	29775	45268	24242	22391	16135	38566	37719	
其他资金来源	10070	18323	24009	25614	12120	11328	48516	
本年新增固定资产(万元)	**68306**	**119244**	**98614**	**547068**	**64162**	**114336**	**230930**	**1807**

5—28 分地市基本建设投资完成情况

(2000年)

单位:万元

地 市	投资合计	按隶属关系分		按经济结构分	
		中 央	地 方	国 有	其 他
南宁市	440562	104202	336360	391176	49386
柳州市	117506	19038	98468	113115	4391
桂林市	324833	90384	234449	278990	45843
梧州市	104884	25913	78971	100735	4149
北海市	123596	6166	117430	118237	5359
防城港市	60960	18093	42867	60021	939
钦州市	65009	24221	40788	59478	5531
贵港市	55285	15374	39911	49908	5377
玉林市	92918	45938	46980	86204	6714
南宁地区	129633	57797	71836	122456	7177
柳州地区	186817	38612	148205	116312	70505
贺州地区	53300	11908	41392	45659	7641
百色地区	122088	29333	92755	119115	2973
河池地区	228474	48967	179507	206397	22077
柳 铁	52568	52568		52568	

5—29 分地市更新改造投资完成情况

(2000年)

单位:万元

地 市	投资合计	按隶属关系分		按经济结构分	
		中 央	地 方	国 有	其 他
南宁市	146301	42386	103915	65121	81180
柳州市	87301	24920	62381	74719	12582
桂林市	138108	17625	120483	113293	24815
梧州市	21255	11810	9445	17300	3955
北海市	32266	14408	17858	20510	11756
防城港市	8407	3094	5313	8407	
钦州市	23871	2303	21568	23190	681
贵港市	16924	10688	6236	12311	4613
玉林市	30578	11432	19146	26158	4420
南宁地区	15506	8739	6767	13585	1921
柳州地区	12456	1956	10500	7190	5266
贺州地区	10785	5845	4940	9202	1583
百色地区	38033	26604	11429	34807	3226
河池地区	25670	11632	14038	24145	1525
柳 铁	27530	27530		27530	

5—30 分地市基本建设投资资金来源情况

(2000年)　　单位:万元

地　市	合　计	#国家预算内拨款	#国内贷款	#利用外资	#自筹资金	#自治区	#地　市	#企事业单位
南宁市	446980	53447	127040	3895	192820	21375	45530	112634
柳州市	120575	24905	32564	3365	37309	867	16939	17325
桂林市	346806	67804	104919	19417	118503	23508	39420	33452
梧州市	87645	23226	30875	375	24895	5666	2786	12697
北海市	107572	5771	31794	486	64057	46305	6396	7892
防城港市	57845	7892	13479	9875	19984	3771	2204	9844
钦州市	56888	10438	10431	1223	29083	2258	7744	13817
贵港市	55526	7442	8314	302	33320	1153	21330	7029
玉林市	85945	3035	30560	6352	37692	17791	3419	11835
南宁地区	126749	27720	26302	8184	44012	8412	2178	13387
柳州地区	186752	37814	17397	67004	42238	20942	1076	11750
贺州地区	53117	2786	18785	93	21556	8945	2924	6063
百色地区	110350	12690	45552	979	40633	15950	2332	8678
河池地区	249664	34930	66000	1534	101108	26842	1005	17144
柳　铁	52568		30000		22568			

5—31 分地市更新改造投资资金来源情况

(2000年)　　单位:万元

地　市	合　计	#国家预算内拨款	#国内贷款	#利用外资	#自筹资金	#自治区	#地　市	#企事业单位
南宁市	134922	200	30018	1838	91604		451	78758
柳州市	89256	10	22412	1630	65204	1445	527	63232
桂林市	136176	920	81567	2871	47701	7377	66	38046
梧州市	22834		2160		18711	24	10	18657
北海市	32556	1340	4590		26626	298	13694	12634
防城港市	7450				6670	359	580	5681
钦州市	23606	466	20		19588	446	1425	17717
贵港市	17027				17027	28	285	16714
玉林市	30578		210	30	24391	32		24260
南宁地区	14758		763		13877	3286	652	6400
柳州地区	15098	143	6670	707	6599	171		6354
贺州地区	11333		1966		9140	110	1591	7411
百色地区	39108	487	4839		33562	1740	3354	28343
河池地区	25917	315	7069		18293	545	300	17298
柳　铁	27531				27531			

5—32 各地市房屋和住宅竣工面积及造价

(2000年)

地　市	房屋竣工面积(万平方米)	#基本建设	#更新改造	住宅竣工面积(万平方米)	房屋造价(元/平方米)	#基本建设	#更新改造	住宅造价(元/平方米)
南宁市	162.99	138.91	4.14	82.18	933	945	839	709
柳州市	88.90	74.66	7.21	54.93	776	688	1858	581
桂林市	84.60	61.63	6.59	34.51	793	888	847	538
梧州市	633	20.49	19.56	0.20	6.42	654	653	950
北海市	6.71	6.03		3.84	833	812		614
防城港市	9.24	8.06		4.49	698	665		528
钦州市	21.39	18.31	0.35	9.00	661	670	1017	566
贵港市	28.59	22.97	0.08	10.52	787	787	2875	634
玉林市	22.85	15.28	0.21	8.01	731	777	1452	506
南宁地区	40.10	35.21	0.66	15.82	698	709	692	522
柳州地区	30.88	28.01	1.56	19.43	578	595	403	458
贺州地区	27.11	24.05	1.56	13.80	690	706	519	463
百色地区	31.34	28.88	1.93	17.06	890	829	1875	678
河池地区	64.19	57.56	5.08	29.68	674	657	871	615
柳　铁	4.55	2.18	2.37	3.13	777	776	778	780

5—33 城镇和工矿区私人建房情况

(2000年)

指　标	城镇、工矿区(个)	竣工房屋面积(万平方米)		竣工房屋价值(万元)		建房户数(户)
		合　计	#住　宅	合　计	#住　宅	
总　计	**793**	**1884.70**	**1776.31**	**644685**	**608949**	**108443**
其中:农业户建房		1054.97	999.17	327166	311852	76924
1、市	19	226.04	213.92	95450	92084	10298
其中:农业户建房		63.45	57.57	21718	20031	3118
2、县城	71	603.14	564.46	220910	205669	25009
其中:农业户建房		195.11	184.39	60742	57614	10762
3、镇	691	1048.29	991.60	325566	308790	72564
其中:农业户建房		793.12	754.52	243683	233458	62769
4、工矿区	12	7.23	6.33	2759	2406	572
其中:农业户建房		3.29	2.69	1023	749	275

六、能源生产与消费

6—1 能源生产、消费总量及构成

（1978—2000年）

年份	能源生产总量（万吨）	占能源生产总量%			能源消费总量（万吨）	占能源消费总量%		
		原煤	原油	水电		煤炭	石油	水电
1978	508.59	75.2		24.8	781.00	61.4	22.4	16.2
1979	475.57	71.8		28.2	765.00	57.2	25.3	17.5
1980	415.21	69.3		30.7	730.00	56.7	25.9	17.5
1981	440.82	65.5		34.5	717.00	54.6	24.2	21.2
1982	481.92	63.7		36.3	769.00	57.2	20.0	22.8
1983	524.21	63.7	0.5	35.8	810.00	56.9	19.9	23.1
1984	526.19	61.7	0.8	37.5	854.00	57.1	19.8	23.1
1985	638.52	51.7	0.8	47.5	1008.21	52.6	12.4	30.1
1986	571.19	45.4	0.9	53.7	1022.77	53.0	12.3	30.0
1987	628.55	50.1	0.9	49.0	1135.66	57.1	11.8	27.1
1988	684.25	61.0	0.8	38.2	1160.21	62.8	10.5	22.5
1989	706.28	66.0	0.6	33.4	1200.28	64.7	10.6	19.6
1990	704.63	59.1	2.4	38.5	1308.21	62.7	11.6	20.7
1991	693.59	61.6	0.6	37.8	1386.88	65.1	11.2	18.9
1992	783.88	62.9	0.6	36.5	1549.30	66.8	10.1	18.5
1993	958.47	52.4	0.5	47.1	1809.21	59.1	9.9	25.0
1994	1064.73	54.1	0.4	45.5	2047.95	60.2	9.5	23.6
1995	1103.39	50.9	1.3	47.8	2256.52	55.9	10.1	23.4
1996	1035.50	51.3	0.5	48.2	2301.11	56.6	10.6	21.7
1997	1065.84	44.4	0.5	55.1	2327.74	51.1	10.6	25.2
1998	975.93	44.1	0.5	55.4	2417.68	50.4	13.2	22.4
1999	855.47	40.5	0.6	58.9	2472.73	52.5	13.6	20.4
2000	833.28	36.0	0.6	63.4	2669.34	49.3	15.2	20.5

注：(1)本表指标均为常规能源的折合标准燃料煤。

(2)从1988年起电力折标系数调整。

(3)表6－1至6－10的统计范围为全社会。

6—2 主要年份分行业能源消费量及构成

行 业 名 称	1990 年		1995 年		1999 年		2000 年	
	消费总量（万吨）	构成（%）	消费总量（万吨）	构成（%）	消费总量（万吨）	构成（%）	消费总量（万吨）	构成（%）
能源消费总量	**1308.21**	**100.0**	**2256.52**	**100.0**	**2472.73**	**100.0**	**2669.34**	**100.0**
物质生产部门	**1188.87**	**90.9**	**2035.77**	**90.2**	**2184.15**	**88.3**	**2364.09**	**88.6**
工 业	**1001.86**	**76.6**	**1848.13**	**81.9**	**1927.59**	**78.0**	**2032.08**	**76.1**
#煤炭采选业	20.45	1.6	34.62	1.5	30.79	1.2	27.71	1.0
食品、饮料和烟草制造业	128.04	9.8	257.62	11.4	263.88	10.7	305.77	11.5
纺织业	31.57	2.4	34.56	1.5	17.74	0.7	17.46	0.7
电力工业	65.18	5.0	186.17	8.2	141.54	5.7	127.61	4.8
非金属矿物制品业	205.80	15.7	448.6	19.9	511.86	20.7	528.99	19.8
化学工业	183.97	14.1	225.29	9.9	200.56	8.1	237.81	8.9
冶金工业	185.87	14.2	333.6	14.8	502.57	20.3	538.3	20.2
机械工业	24.36	1.9	57.69	2.6	35.39	1.4	42.33	1.6
农、林、牧、渔业	**35.16**	**2.7**	**45.37**	**2.0**	**56.25**	**2.3**	**56.52**	**2.1**
建 筑 业	**6.80**	**0.5**	**12.34**	**0.5**	**8.29**	**0.3**	**8.14**	**0.3**
交通运输、邮电通讯业	**128.18**	**9.8**	**106.17**	**4.7**	**153.37**	**6.2**	**229.41**	**8.6**
批发零售贸易、餐饮业	**16.87**	**1.3**	**23.76**	**1.1**	**38.63**	**1.5**	**37.94**	**1.4**
非物质生产部门	**12.51**	**1.0**	**46.06**	**2.0**	**50.60**	**2.1**	**50.15**	**1.9**
生活消费	**106.83**	**8.1**	**174.69**	**7.8**	**238.00**	**9.6**	**255.07**	**9.6**

注：能源消费总量为折合标准燃料煤。

6—3 主要年份电力消费量

单位:亿千瓦时

指　　标	1990 年	1995 年	1999 年	2000 年
消费总计	**125.62**	**228.08**	**289.06**	**322.02**
工业	**82.13**	**174.53**	**214.53**	**238.24**
#煤炭采选业	3.62	5.86	4.91	4.30
食品、饮料和烟草制造业	8.89	18.31	17.30	17.52
纺织业	3.43	3.96	3.17	3.58
电力工业	5.95	18.61	14.75	13.45
非金属矿物制品业	8.54	20.01	21.31	24.27
化学工业	16.32	18.46	23.12	26.18
冶金工业	16.62	35.17	69.57	82.17
机械工业	2.28	7.91	5.94	8.95
农、林、牧、渔业	**6.47**	**8.68**	**11.75**	**13.17**
建　筑　业	**0.94**	**2.04**	**1.09**	**1.00**
交通运输、邮电通讯业	**1.15**	**2.09**	**3.68**	**4.39**
批发零售贸易、餐饮业	**0.88**	**3.49**	**5.95**	**5.97**
城乡居民生活	**19.85**	**31.19**	**43.27**	**49.58**
其他	**14.20**	**6.06**	**8.79**	**9.67**

6—4 主要年份石油及燃料消费量

品　　名	单　位	1990 年	1995 年	1999 年	2000 年
原　　油	万吨	5.88	42.44	57.45	61.41
汽　　油	万吨	33.19	41.32	64.59	65.87
煤　　油	万吨	6.14	5.60	3.75	3.79
柴　　油	万吨	55.45	72.43	100.69	146.82
燃　料　油	万吨	8.08	13.57	7.32	7.67
液化石油气	万吨	0.10	15.89	34.76	35.27
煤　　气	亿立方米	1.62	1.16	5.89	5.83

6—5　能源利用效益主要指标

(1985—2000年)

年　份	每万元国内生产总值消费能源(吨标燃煤)	每万元工农业总产值消费能源(吨标燃煤)	每万元工业总产值消费能源(吨标燃煤)	每吨能源消费实现的国内生产总值(元)	每吨能源消费实现的工农业总产值(元)	每吨能源消费实现的工业总产值(元)
1985	5.57	3.31	5.25	1795	3018	1905
1986	4.78	2.89	4.59	2092	3461	2179
1987	4.45	2.69	4.20	2247	3715	2383
1988	3.69	2.14	3.35	2710	4666	2981
1989	3.15	1.82	2.89	3175	5487	3456
1990	2.91	1.71	2.84	3431	5837	3526
1991	2.67	1.61	2.57	3739	6219	3891
1992	2.40	1.42	2.16	4173	7061	4640
1993	2.08	1.16	1.59	4818	8609	6276
1994	1.71	0.93	1.26	5851	10759	7912
1995	1.51	0.88	1.26	6637	11415	7917
1996	1.36	0.79	1.16	7379	12653	8597
1997	1.28	0.75	1.12	7807	13305	8928
1998	1.27	0.75	1.09	7871	13366	9161
1999	1.27	0.79	1.16	7899	12663	8649
2000	1.30	0.76	1.13	7680	13127	8859

注:价值指标按当年价格计算。因产值作调整,故本表资料相应变化。

6—6　能源消费弹性系数

(1985—2000年)

年　份	能源消费比上年增长(%)	电力消费比上年增长(%)	国内生产总值比上年增长(%)	能源消费弹性系数	电力消费弹性系数
1985	6.4	15.1	11.0	0.58	1.37
1986	1.4	8.7	6.4	0.22	1.36
1987	11.0	13.2	9.2	1.20	1.44
1988	2.2	1.7	4.5	0.49	0.37
1989	3.5	6.7	3.6	0.96	1.86
1990	8.2	11.8	7.0	1.17	1.69
1991	6.0	7.8	12.7	0.47	0.61
1992	11.7	13.1	18.3	0.64	0.72
1993	16.8	10.1	18.3	0.92	0.55
1994	13.2	13.0	15.2	0.87	0.86
1995	10.2	19.8	11.4	0.89	1.74
1996	2.0	7.5	8.3	0.24	0.90
1997	1.2	3.3	8.0	0.15	0.41
1998	3.9	7.9	9.1	0.43	0.87
1999	2.3	5.7	7.7	0.30	0.74
2000	8.0	11.4	7.3	1.10	1.56

6—7　能 源 消 费 水 平

(1985—2000年)

年　份	每人每年平均用能(千克标准煤)	每人每年平均用电(千瓦小时)	每人每年平均生活用能(千克标准煤)	每人每年生活用电(千瓦小时)
1985	251	197	25	27
1986	248	208	24	29
1987	270	232	23	30
1988	274	232	21	27
1989	280	244	22	31
1990	299	275	25	41
1991	313	293	31	48
1992	345	327	31	51
1993	408	379	38	59
1994	456	424	36	64
1995	497	502	38	69
1996	501	535	42	73
1997	502	547	48	78
1998	517	585	49	84
1999	525	613	51	92
2000	562	678	54	104

6—8　能 源 主 要 产 品 生 活 消 费 量

(1985－2000年)

年　份	生活用能合计(万吨标准煤)	原煤(万吨)	液化石油气(万吨)	煤气(亿立方米)	电力(亿千瓦小时)
1985	76.12	66.71	0.07		10.56
1986	95.81	65.20	0.12		11.41
1987	89.20	55.14	0.19		11.91
1988	86.71	67.95			11.19
1989	89.63	61.71			12.79
1990	106.83	60.31	0.09	0.09	17.45
1991	133.21	59.07	6.03	0.12	20.59
1992	135.10	55.18	6.06	0.15	22.14
1993	169.27	57.57	7.89	0.21	25.97
1994	161.79	28.40	8.46	0.53	28.66
1995	174.69	27.65	15.66	0.60	31.19
1996	193.14	29.52	22.42	0.22	33.31
1997	221.23	26.16	24.40	0.37	36.30
1998	228.79	12.89	27.81	0.34	39.50
1999	238.00	10.64	32.26	0.30	43.27
2000	255.07	13.09	32.24	0.37	49.58

6—9 主要年份每万元工业总产值电力消费量

单位:千瓦小时

指　　标	1990 年	1995 年	1999 年	2000 年
总　　计	**2214**	**1710**	**1992**	**1961**
按轻重工业分				
#轻工业	1156	972	777	802
重工业	3833	2345	2997	2793
按工业主要行业分				
#煤炭采选业	11346	9331	14657	13282
黑色金属矿采选业	4465	2704	1342	1242
有色金属矿采选业	4494	2238	1624	1405
食品、饮料、烟草业	989	1009	886	887
纺织业	1213	1126	1622	1652
造纸及纸制品业	2209	1796	2316	1954
化学工业	6113	3089	3310	3385
医药制造业	1151	390	174	183
非金属矿物制品业	4158	2028	3888	3863
黑色金属冶炼及压延加工业	6923	5883	5568	6114
有色金属冶炼及压延加工业	6631	3573	6502	6076
金属制品业	1092	990	397	377
机械、电子、电气制造业	1071	374	304	305
电力工业	4584	4736	5211	5439
自来水生产和供应业	12151	11370	11227	10728

注:从 1998 年起产值按全部国有及年产品销售收入 500 万元及以上的非国有工业企业 1990 年不变价,电力消费口径也为规模以上工业企业。

6—10 能　源　可　供　量

(2000 年)

品　　名	单　　位	可供量	生产量	调入量	进口量	调出量	年初年末库存差额
综合能源	万吨标准煤	2669.34	833.28	1701.12	16.71	-36.41	8.55
煤　　炭	万吨	2142.49	707.67	1383.66		2.99	54.15
原　　油	万吨	61.41	3.29	58.77			-0.65
电　　力	亿千瓦时	322.02	289.08	35.16		-2.22	

注:电力生产量包含火电生产量以前年份不含火电生产量。

七、财政、金融和保险

7—1 地方财政收支总额及指数

（1978－2000年）

单位:万元

年　份	总　收　入	总　支　出	收　支　差　额	指数(以上年为100)	
				总　收　入	总　支　出
1978	143231	207838	－64607	118.6	143.2
1979	120539	205987	－85448	84.2	99.1
1980	125791	174440	－48649	104.4	84.7
1981	127250	160412	－33162	101.2	92.0
1982	130313	174423	－44110	102.4	108.7
1983	135830	188416	－52586	104.2	108.0
1984	134699	230559	－95860	99.2	122.4
1985	201774	297486	－95712	149.8	129.0
1986	252306	422199	－169893	125.0	141.9
1987	305368	476958	－171590	121.0	113.0
1988	338871	532723	－193852	111.0	111.7
1989	414130	577433	－163303	122.2	108.4
1990	468305	650005	－181700	113.1	112.6
1991	559225	716089	－156864	119.4	110.2
1992	611953	784754	－172801	109.4	109.6
1993	959269	1074853	－115584	156.8	137.0
1994	622617	1249283	－626666	64.9	116.2
1995	794422	1405892	－611470	127.6	112.5
1996	905102	1570121	－665019	113.9	111.7
1997	991568	1708345	－716777	109.6	108.8
1998	1196720	1983609	－786889	120.7	116.1
1999	1335647	2249775	－914128	111.6	113.4
2000	1470539	2584866	－1114327	110.1	114.9

7—2 主要年份财政分项目收入

单位:万元

指　　标	1990 年	1995 年	1999 年	2000 年
财政总收入	**468304**	**1332946**	**2010963**	**2200090**
#上划中央两税收入		538524	675316	729551
地方财政收入	468304	794422	1335647	1470539
工商税收	400378	463297	696093	743349
#增值税	100088	149203	188185	206622
营业税	116658	192075	266099	284979
个人所得税	1910	21468	83612	101497
农牧业税类	32805	124307	143463	134737
#农牧业税	20805	57653	52755	42808
农业特产税	9747	47205	67565	64394
耕地占用税	1841	15825	14021	13406
企业所得税	57493	88361	128260	147960
国有企业调节税	6009			
国有企业上缴利润	13191	13254	48525	51579
国有企业计划亏损补贴	-77309	-22236	-12937	-9420
国家能源交通重点建设基金收入	7736	817		
基本建设贷款归还收入		1500		
其他收入	10504	22599	88417	226370
国家预算调节基金	8657	1545		
所得税退税	-13359	-9013	-4529	-322
专项收入	5536	29874	47839	62290
#教育费附加	2916	21362	24937	30822
罚没收入、行政性收费收入	16664	80117	200516	113996

7—3 主要年份财政分项目支出

单位:万元

指　　标	1990 年	1995 年	1999 年	2000 年
地方财政支出	650005	1405892	2249775	2584866
基本建设支出	36558	85162	190734	252679
企业挖潜改造资金	16005	85516	103232	71491
简易建筑费	1760	2926		
地质勘探费	104	134	118	11910
科技三项费用	2930	7669	15812	15229
流动资金	188			
支援农村生产支出	45298	70448	75743	83874
农林水利气象等部门事业费	27955	56147	75791	86498
工业交通等部门事业费	7353	13284	12667	16167
商业部门事业费	1107	3112	4937	2502
城市维护费	18136	46005	70382	81372
文教卫生事业费	176621	378285	569088	645354
科学事业费	5043	10325	18150	21344
其他部门事业费	26375	76597	138132	174081
抚恤和社会福利救济费	11514	32028	35966	39947
国防支出类	881	1953	3577	4027
行政管理费	67941	189004	248650	282021
公检法支出	29482	85979	189404	215983
价格补贴支出	100291	61148	129344	70576
支援不发达地区支出	6599	12946	65077	72148
其他支出	63139	148464	155008	255542
专项支出	4725	27108	40049	59205
#教育费附加	2916	20104		
农业综合开发支出		11652	23443	27562
行政事业离退休经费			84471	95354

7—4 主要年份地方财政用于农业的支出

单位:万元

指标	1990 年	1995 年	1999 年	2000 年
农业支出	86756	155273	220877	278946
支援农业生产支出	45298	70448	75743	83874
农林水气部门事业费	27955	56147	75791	86498
基本建设支出	9565	8713	26819	58386
挖潜改造资金	25	447	1108	1755
科技三项费用	110	1090	2413	3621
支援不发达地区资金中用于农业支出	3773	6678	15560	17250
其他	30	11750	23443	27562
农业支出占财政支出比重(%)	13.3	11.0	9.8	10.8

7—5 主要年份地方财政用于教育的支出

单位:万元

指标	1990 年	1995 年	1999 年	2000 年
预算内教育支出	135275	302823	408711	461516
教育事业费	115761	251807	392672	447127
教育基建投资	6217	9467	12146	10227
部门事业费中教育支出	10381	21264	1186	1161
教育费附加支出	2916	20104		
支援不发达地区资金中教育支出		181	2707	3001
教育支出占财政支出比重(%)	20.8	21.5	18.2	17.9

7—6 主要年份全社会金融机构信贷收支平衡表

单位:万元

资金来源项目	1990年	1995年	1999年	2000年
一.各项存款合计	271.17	1152.32	2010.14	2269.07
(一)企业存款	83.59	335.68	564.81	665.74
工业企业存款	19.48	52.02	83.26	95.89
商业企业存款	17.24	33.50	41.86	51.11
建筑企业存款	11.42	26.45	27.81	28.98
集体企业存款	7.44	28.56	18.92	21.44
乡镇企业存款	4.03	5.00	3.72	4.25
单位定期存款	5.54	53.90	147.63	168.24
其他企业存款	18.44	136.25	241.61	295.83
(二)财政性存款	19.64	35.99	113.45	133.65
财政存款	6.32	21.77	56.99	64.91
机关团体部队存款	13.32	14.22	56.46	68.74
(三)城乡居民储蓄存款	152.29	735.50	1257.26	1374.42
#定期存款	110.22	496.73	783.69	800.77
(四)农业存款	1.58	7.24	27.78	32.26
(五)信托类存款	2.03	27.90	4.08	2.70
(六)其他类存款	12.04	10.01	42.76	60.29
二.金融债券	2.45	0.37	0.01	...
三.国家投资债券	0.02	...	...	
四.同业往来	21.80	116.60		
五.联行往来		-105.91		
六.汇出汇款		23.81		
七.所有者权益	35.78	65.06	-44.37	-66.73
八.当年结益	3.43	-1.49		
九.其　他	193.23	513.59	-161.25	-505.29
负　债　总　计	527.88	1764.35	1804.53	1697.06

注:2000年数据统计口径与以往年份不可比。

7—6 **续表** （期末余额） 单位:亿元

资金运用项目	1990年	1995年	1999年	2000年
一.各项贷款合计	326.29	1055.67	1719.19	1613.25
(一)短期贷款	245.84	707.23	1106.38	942.60
工业贷款	83.74	212.51	321.95	251.38
商业贷款	98.97	226.15	329.00	252.33
#商业企业贷款	27.37	95.24		
粮食企业贷款	18.64	54.90		
外贸企业贷款	19.71	40.22		
建筑业贷款	6.77	18.78	44.90	19.00
农业贷款	41.32	66.10	110.33	107.85
乡镇企业贷款	13.49	59.49	82.10	65.04
私营及个体工商企业贷款	1.55	5.29	12.80	10.23
三资企业贷款		13.30	30.24	29.33
其他短期贷款		105.61	175.06	207.45
(二)中期流动资金贷款			47.40	68.94
(三)中长期贷款	57.17	246.83	485.69	514.12
#技术改造贷款	21.11	58.67	66.25	51.07
基本建设贷款	26.61	96.36	317.24	333.18
其他中长期贷款	9.45	91.80	102.21	129.87
(四)信托类贷款	10.41	26.75	2.71	2.58
(五)其他类贷款	12.87	74.86	77.01	84.98
二.有价证券及投资	4.82	68.76	38.90	36.94
三.国家投资债券贷款		0.34	0.04	0.04
四.同业往来	28.52	77.22		
五.金银占款	0.62	2.84	2.17	3.00
六.外汇占款	2.55	4.71	0.51	0.41
七.库存现金	6.11	41.89	40.67	38.11
八.其　　他	158.97	512.92	3.05	5.31
资　产　总　计	527.88	1764.35	1804.53	1697.06

7—7 主要年份银行现金收支、货币投放及回笼

单位:亿元

	1990 年	1995 年	1999 年	2000 年
收　入　合　计	**444.93**	**3229.05**	**5826.35**	**6518.35**
商品销售收入	154.18	531.33	516.00	568.95
服务事业收入	29.16	133.31	279.20	300.93
税款收入	6.24	22.24	34.28	38.36
农村信用社收入	17.57	66.24		
乡镇企事业收入	4.85	34.66		
#商品销售收入	1.69	5.96		
服务事业收入	0.63	2.05		
城乡个体经营收入	3.23	34.97	123.24	139.10
储蓄存款收入	194.43	2005.30	4263.72	4735.57
其他金融机构收入	6.59	94.34	26.09	39.66
汇兑收入	5.85	31.86	129.90	153.36
其他收入	22.83	264.47	445.23	529.26
债券收入		10.33	8.69	13.16
支　出　合　计	**428.48**	**3193.66**	**5728.03**	**6371.76**
工资性支出	93.65	283.46	308.00	329.15
国家单位	78.72	236.95	254.02	265.68
#职工工资	45.54	126.43	152.60	163.35
奖金	7.77	30.91		
对个人其他	25.41	79.61	101.42	102.33
部队存款	3.15	6.60	12.22	15.20
城镇集体单位	11.78	39.91	41.76	48.27
农副产品采购支出	48.29	124.55	153.50	169.82
工矿产品收购支出	11.87	65.86	103.04	119.59
行政企业管理费	28.62	134.17	217.17	241.10
农村信用社支出	19.05	64.79		
乡镇企事业支出	7.53	35.85		
城乡个体经营支出	4.64	45.57	139.90	145.91
储蓄存款支出	173.18	2006.50	4211.24	4673.15
其他金融机构支出	6.34	75.25	24.69	26.97
汇兑支出	8.67	54.88	118.84	134.24
其他支出	26.64	295.46	446.08	524.88
债券支出		7.32	5.57	6.95
净投放				
净回笼	**16.45**	**35.39**	**98.32**	**146.59**

7—8 主要年份保险业务

项目	单位	1990年	1995年	1999年	2000年
财产保险业务					
承保额	亿元	519	1419	2477.32	1876.44
#企业财产	亿元	250	641	323.11	1198.40
家庭财产	亿元	37	101	127.77	149.37
运输工具	亿元	43	217	175.05	302.63
货物险	亿元	126	261	261.75	253.06
保费收入	万元	24317	99793	118588	121554
企业财产险	万元	5973	18155	29620	29131
家庭财产险	万元	862	2598	1658	2045
运输工具及责任险	万元	8479	54208	70454	74670
#汽车	万元	7269	44379	62720	62755
船舶	万元	482	1510	959	902
货物运输险	万元	5421	10680	7706	7324
#铁路	万元	2136	3522	3250	2507
进出口	万元	2586	5666	1136	1373
农业险	万元	613	1626	1519	1564
其他财产险	万元	2969	12526	7631	6820
保险储金收入	万元	1723	7648	19452	11867
财产险	万元	1441	6702	18677	11445
农业险	万元	282	946	775	422
赔案件数	件	109725	151647	125979	121453
已决	件	106850	140249	114408	109504
未决	件	2875	11398	11571	11949
已决赔款	万元	10735	56692	56144	56084
企业财产险	万元	2115	7894	10477	10036
家庭财产险	万元	976	1612	490	332
运输工具及责任险	万元	5027	32766	37367	39053
#汽车	万元	4334	28993	36704	36241
船舶	万元	322	895	663	456
货物运输险	万元	1894	6638	4210	3243
#铁路	万元	893	2546	1933	1551
进出口	万元	936	2805	1285	664
农业险	万元	524	6355	2580	1027
其他财产险	万元	199	1427	1020	2393
人寿保险业务					
个人代理人员数	人			6014	9055
承保人数合计	万人	809.24	1499.69	958.00	1001.55
短期险	万人	611.17	1188.70	858.00	863.25
寿险业务	万人	198.07	310.99	100.00	138.30
承保金额合计	亿元	136	1684	1640.29	2412.76
短期险	亿元	113	1585	1536.44	1795.34
寿险业务	亿元	23	99	103.85	617.42
保费收入合计	万元	13607	52782	154128	188196
短期险	万元	3007	18421	22682	27484
寿险业务	万元	10600	34361	131446	160712
储金收入	万元	2172	10469	930	
赔款及给付合计	万元	2026	14490	50551	56697
短期险	万元	1316	9630	10583	11447
寿险业务	万元	710	4860	39968	45250

八、物　价

8—1 居民消费及商品零售价格总指数

(以上年价格为 100)　　　　(1978—2000 年)

年 份	居民消费价格总指数			商品零售价格总指数		
	全 区	城 市	农 村	全 区	城 市	农 村
1978	100.0	99.8	100.0	100.0	99.8	100.1
1979	102.6	102.8	101.1	102.3	102.9	101.7
1980	110.6	112.6	106.0	109.2	113.1	106.1
1981	101.6	102.7	100.1	101.7	103.0	100.5
1982	103.3	104.1	102.4	103.1	104.4	102.4
1983	102.7	103.0	102.7	102.8	103.0	102.7
1984	103.3	104.6	102.4	104.2	104.5	104.1
1985	113.0	114.7	111.8	111.2	114.2	109.3
1986	106.2	106.2	106.2	105.1	106.0	104.4
1987	108.2	110.2	105.8	108.0	110.5	105.5
1988	120.8	123.3	118.4	121.0	123.5	119.4
1989	121.1	119.7	123.3	121.3	119.1	123.5
1990	101.1	98.3	104.4	100.1	97.4	102.4
1991	102.8	102.7	103.0	102.5	102.5	102.5
1992	105.9	107.0	105.4	104.6	106.2	103.9
1993	122.0	123.3	119.1	118.9	121.9	114.8
1994	126.0	125.4	126.5	124.4	122.7	125.6
1995	118.4	118.0	118.6	116.4	115.0	117.7
1996	106.5	105.5	107.4	104.5	104.1	104.9
1997	100.8	100.7	100.8	99.6	99.9	99.4
1998	97.0	97.1	96.8	96.3	96.7	95.9
1999	97.7	97.2	98.2	97.2	96.8	97.6
2000	99.7	100.0	99.5	98.6	98.4	98.8

注:1994 年起商品零售价格总指数不包含农资。

8—2 工农业商品综合比价指数

（以上年价格为 100）　　（1978—2000 年）

年　份	农产品收购价格总指数	农村工业品零售价格总指数	工农业商品综合比价指数	
			以农产品收购价格总指数为 100	以农村工业品零售价格总指数为 100
1978	103.5	99.9	96.5	103.6
1979	117.8	100.0	84.9	117.8
1980	102.7	101.6	98.9	101.1
1981	101.0	101.1	100.1	99.9
1982	105.5	102.4	96.5	103.6
1983	101.8	101.5	99.7	100.3
1984	106.9	103.5	96.8	103.3
1985	118.2	103.1	87.2	114.6
1986	105.4	103.2	97.9	102.1
1987	115.7	105.7	91.4	109.5
1988	124.4	125.8	101.1	98.9
1989	103.7	123.4	119.0	84.0
1990	88.6	103.2	116.5	85.9
1991	106.5	102.9	96.6	103.5
1992	106.3	102.5	98.9	101.1
1993	110.6	113.2	102.4	97.7
1994	120.0	117.2	97.7	102.4
1995	119.0	115.8	97.3	102.8
1996	108.4	104.7	96.6	103.5
1997	96.3	100.7	104.6	95.6
1998	86.6			
1999	87.6			
2000	92.8			

8—3 主要年份城市农贸市场农产品成交价格指数

(以上年价格为100)

商品类别	1990年	1995年	1999年	2000年
总指数	93.5	122.8	92.8	93.8
粮食类	78.0	128.1	94.7	92.7
油脂类	92.8	112.8	91.1	97.6
鲜菜类	99.7	124.1	92.8	93.3
干菜类	92.4	115.4	101.5	95.5
肉禽蛋类	91.6	124.6	93.0	95.9
水产品类	95.3	111.7	96.1	96.5
鲜果类	96.4	122.3	93.2	87.0
干果类	103.9	124.6	84.6	90.3

8—4 主要年份农产品收购价格分类指数

(以上年价格为100)

商品类别	1990年	1995年	1999年	2000年
总指数	88.6	119.0	87.6	92.8
粮食类	90.6	123.4	90.3	83.9
经济作物类	105.2	130.8	79.6	92.5
竹木材类	70.6	108.1	81.5	88.5
工业用油漆类	102.8	108.8	100.3	92.9
禽畜产品类	74.7	116.7	93.5	94.7
蚕虫蚕丝类	70.3	66.5	81.2	163.2
干鲜果类	101.7	137.1	85.0	111.2
干鲜菜及调味品类	77.9	92.4	93.2	93.9
药材类	76.8	112.1	101.7	97.7
土副产品类	82.5	127.9	97.9	120.8
水产品类	91.5	114.2	89.8	90.3

8—5　各地区商品零售和农业生产资料价格指数

（以上年价格为 100）　　　　　　　　　　　　　　　　（2000 年）

地　　区	总指数	一、食品类	粮　食	油脂类	肉禽蛋	水产品	鲜　菜
全区平均	**98.6**	**96.4**	**91.7**	**95.8**	**94.5**	**94.9**	**99.8**
城市平均	**98.4**	**96.7**	**93.0**	**96.2**	**94.8**	**98.0**	**100.8**
南宁市	98.3	96.3	92.0	96.3	93.2	98.2	105.1
柳州市	97.5	96.1	93.6	98.1	94.7	95.3	97.8
桂林市	99.2	98.4	92.5	91.4	98.9	90.7	98.9
北海市	97.9	96.2	91.2	93.7	91.5	103.2	96.9
梧州市	99.2	97.2	96.2	100.1	97.0	103.5	100.5
钦州市	99.5	97.6	99.4	99.9	96.7	95.5	97.4
农村平均	**98.8**	**96.2**	**91.0**	**95.5**	**94.2**	**91.4**	**98.7**
贵港市	99.0	95.9	92.5	94.9	93.8	97.1	97.6
百色市	97.7	92.7	89.6	99.6	89.1	87.3	88.9
贺州市	99.0	97.8	90.7	94.9	96.2	96.4	105.8
宜州市	99.1	96.8	92.3	89.2	97.8	87.8	93.4
融安县	98.9	98.1	92.4	97.2	94.4	92.7	105.9
兴安县	99.6	96.3	88.3	96.9	93.9	87.0	108.1
崇左县	98.2	95.5	94.2	93.6	92.9	91.5	91.2

8—5　**续表 1**　　　　　　　　　　　　（以上年价格为 100）

地　　区	干　菜	鲜　果	干　果	其他食品	饮食业	二、饮料烟酒类	饮　料	烟　酒
全区平均	**95.6**	**100.6**	**96.6**	**10.3.4**	**99.4**	**99.7**	**98.1**	**100.1**
城市平均	**94.7**	**96.9**	**95.3**	**101.3**	**98.8**	**100.0**	**97.9**	**100.6**
南宁市	94.9	94.3	98.5	101.4	99.1	103.8	98.9	104.9
柳州市	99.3	96.1	96.8	100.3	96.8	96.8	98.1	96.4
桂林市	88.4	108.1	95.9	103.5	98.5	100.8	99.4	101.1
北海市	96.0	99.7	97.6	100.5	100.5	96.7	90.0	99.8
梧州市	90.0	86.3	88.4	99.6	100.2	96.0	99.1	94.6
钦州市	97.0	95.7	100.5	101.1	100.0	98.1	100.0	97.5
农村平均	**96.0**	**105.0**	**98.0**	**105.2**	**100.1**	**99.6**	**98.2**	**99.8**
贵港市	96.4	109.8	97.8	100.4	100.3	99.0	100.4	98.7
百色市	96.9	93.3	89.2	106.6	99.5	99.2	96.7	99.7
贺州市	94.4	110.4	97.1	105.3	100.4	99.3	97.9	99.6
宜州市	98.0	100.1	98.6	105.6	99.1	99.6	99.1	99.7
融安县	100.0	107.0	104.3	107.0	101.4	100.7	100.7	100.7
兴安县	91.9	112.2	94.5	104.6	100.0	99.9	99.2	100.0
崇左县	91.3	104.3	104.7	106.5	100.0	100.4	97.0	100.9

8—5　续表 2　　　　　　　　　　　　　　　(以上年价格为 100)

地　区	三、服装鞋帽类	服　装	鞋	其他衣着	四、纺织品类	棉　布	棉花化纤混纺布	化纤布
全区平均	**100.0**	**100.7**	**98.9**	**99.1**	**98.8**	**99.0**	**98.8**	**99.0**
城市平均	**102.0**	**102.9**	**100.4**	**100.7**	**99.7**	**98.1**	**98.7**	**100.9**
南宁市	105.4	107.9	99.4	100.3	100.9	97.5	100.0	100.0
柳州市	99.0	97.6	100.2	101.9	98.3	99.0	97.0	104.3
桂林市	98.6	96.7	103.0	100.0	98.1	99.8	95.8	100.0
北海市	101.2	101.8	100.0	100.6	99.9	100.0	100.0	100.0
梧州市	100.0	99.6	100.9	100.1	100.6	98.1	102.0	100.0
钦州市	100.0	100.0	100.0	99.8	100.0	100.3	99.2	100.6
农村平均	**97.9**	**98.1**	**97.3**	**97.9**	**98.1**	**99.4**	**98.9**	**97.3**
贵港市	98.6	98.0	98.5	101.9	97.3	97.7	100.0	91.1
百色市	103.6	106.2	100.0	99.2	100.5	101.3	100.0	100.0
贺州市	91.7	92.4	92.6	85.8	92.1	96.7	94.8	91.1
宜州市	97.4	97.3	98.0	96.6	99.5	99.4	100.0	100.0
融安县	96.4	95.1	97.6	100.6	98.3	98.4	100.7	96.5
兴安县	100.0	101.5	97.1	100.1	99.9	101.4	97.8	100.0
崇左县	98.4	98.1	98.8	99.0	98.6	101.8	98.2	100.0

8—5　续表 3　　　　　　　　　　　　　　　(以上年价格为 100)

地　区	呢　绒	绸　缎	其他纺织品	五、中、西药品类	中　药	西　药	医疗用品	六、化妆品类
全区平均	**98.3**	**99.5**	**98.5**	**96.6**	**97.2**	**95.8**	**96.8**	**98.1**
城市平均	**97.0**	**99.6**	**101.0**	**93.1**	**91.9**	**94.2**	**95.9**	**100.3**
南宁市	100.0	100.0	103.5	90.7	87.3	94.3	96.2	101.3
柳州市	92.3	99.8	97.3	93.0	91.8	94.6	92.7	97.8
桂林市	88.3	99.7	101.7	92.5	92.1	93.5	85.0	100.1
北海市	100.0	98.5	100.0	103.8	110.2	96.2	100.0	100.3
梧州市	103.2	97.4	102.1	94.8	93.9	94.1	102.3	103.6
钦州市	99.7	99.6	100.0	102.0	102.6	101.5	99.6	100.0
农村平均	**99.3**	**99.4**	**95.6**	**99.6**	**102.8**	**97.1**	**97.3**	**95.4**
贵港市	100.0	100.0	97.3	91.6	96.8	94.7	98.8	96.0
百色市	100.0	100.0	100.7	96.8	100.5	92.5	100.0	84.5
贺州市	100.0	99.1	83.2	98.6	98.2	99.2	96.9	100.8
宜州市	100.0	100.0	98.3	98.7	108.6	90.8	99.6	94.0
融安县	94.3	97.5	98.8	98.6	101.2	98.1	91.4	99.8
兴安县	100.0	99.7	99.9	106.9	110.5	106.0	92.3	96.6
崇左县	100.0	100.0	91.6	99.5	101.1	97.7	99.6	98.6

8—5 续表 4 (以上年价格为 100)

地　区	七、书报杂志类	八、文化体育用品类	文化用品	体育用品	九、日用品类	一般日用品	家具类	日用杂品
全区平均	**105.6**	**100.1**	**100.1**	**100.0**	**99.1**	**99.2**	**99.5**	**98.4**
城市平均	**102.8**	**100.2**	**100.1**	**100.4**	**99.8**	**99.8**	**100.1**	**99.5**
南宁市	103.0	99.9	100.3	99.4	101.0	101.3	100.7	100.5
柳州市	102.2	99.5	99.5	99.4	96.9	96.2	98.6	97.1
桂林市	100.2	101.1	101.8	100.3	99.9	100.9	99.2	99.3
北海市	102.7	100.3	98.8	102.3	98.9	98.8	99.7	98.1
梧州市	104.1	101.8	100.1	105.5	100.5	99.8	100.5	101.8
钦州市	101.0	100.0	100.0	100.0	99.9	100.2	99.5	100.0
农村平均	**108.1**	**99.9**	**100.0**	**99.5**	**98.6**	**98.7**	**99.0**	**97.2**
贵港市	109.4	98.1	100.6	93.9	99.5	99.6	103.2	94.3
百色市	111.5	99.7	99.0	100.7	98.7	97.8	100.0	100.6
贺州市	106.0	98.1	99.0	96.3	94.2	96.1	90.1	93.4
宜州市	106.7	96.5	95.6	97.8	99.0	98.1	100.4	100.0
融安县	100.0	100.6	99.8	101.9	100.7	101.3	100.0	98.4
兴安县	110.9	99.4	98.9	100.1	98.8	99.0	98.0	99.0
崇左县	109.9	105.0	105.2	104.7	97.3	97.4	98.3	94.6

8—5 续表 5 (以上年价格为 100)

地　区	十、家用电器类	十一、首饰类	十二、燃料类	十三、建筑装璜材料类	十四、机电产品类	农业生产资料价格指数	小农具	饲料
全区平均	**94.7**	**98.0**	**126.1**	**98.2**	**91.1**	**99.9**	**97.1**	**94.5**
城市平均	**94.0**	**96.9**	**124.6**	**97.9**	**92.6**			
南宁市	91.7	94.2	125.6	98.6	91.4			
柳州市	93.3	99.6	123.7	96.4	94.7			
桂林市	98.6	98.5	121.6	97.8	94.7			
北海市	96.4	95.4	118.5	95.7	86.0			
梧州市	95.2	104.5	129.0	97.7	99.9			
钦州市	96.8	97.0	129.0	100.6	98.7			
农村平均	**95.2**	**99.6**	**127.4**	**98.1**	**89.8**	**99.9**	**97.1**	**94.5**
贵港市	93.3	100.3	132.6	103.7	99.7	100.7	97.1	91.8
百色市	95.7	100.9	126.9	97.1	92.7	101.1	99.4	94.0
贺州市	98.5	101.0	129.3	100.7	82.1	102.8	90.2	94.1
宜州市	95.8	99.4	124.6	95.5	87.9	98.0	100.0	91.3
融安县	93.9	98.9	124.1	94.3	90.8	93.1	91.3	96.5
兴安县	95.1	98.8	128.1	99.4	91.8	106.3	101.0	101.0
崇左县	94.4	97.0	125.6	96.7	85.2	99.7	99.3	89.7

8—5 续表 6 (以上年价格为 100)

地 区	幼禽家畜	大牲畜	半机械化农具	机械化农具	化学肥料	农药及农药械	农机用油	其 他
全区平均	**117.1**	**100.5**	**98.0**	**97.3**	**91.8**	**94.6**	**128.7**	**95.5**
贵港市	112.4	104.1	96.3	90.7	94.3	95.2	130.9	94.2
百色市	109.8	100.2	100.0	97.1	93.7	100.3	131.1	92.6
贺州市	138.5		95.4	92.7	94.3	96.3	131.0	89.3
宜州市	100.5	96.3	100.0	100.0	92.9	100.0	126.9	95.6
融安县	96.5	100.0	89.4	97.4	85.3	86.8	130.0	94.8
兴安县	169.9	101.2	100.6	99.8	88.8	96.6	123.7	101.1
崇左县	98.2	101.3	96.7	99.9	95.9	86.0	127.4	101.5

8—6 各地区居民消费价格指数

(以上年价格为 100) (2000 年)

地 区	总指数	一、食品	粮 食	淀粉及薯类	干豆类及豆制品	油脂类	肉禽及其制品	蛋 类
全区平均	**99.7**	**96.6**	**91.6**	**96.2**	**101.7**	**96.0**	**95.5**	**84.8**
城市平均	**100.0**	**96.8**	**92.4**	**95.5**	**102.6**	**96.7**	**95.3**	**87.0**
南宁市	100.0	96.6	91.3	97.2	97.4	96.3	94.0	85.8
柳州市	98.9	96.0	94.3	98.6	102.9	98.6	94.9	85.5
桂林市	99.5	98.2	91.4	93.2	106.6	91.4	99.3	90.0
北海市	100.4	97.4	90.6	93.5	98.6	93.8	92.1	83.7
梧州市	100.5	97.2	91.0	87.6	115.5	100.1	97.4	86.1
钦州市	101.1	97.4	99.2	93.6	97.3	99.9	96.4	98.2
农村平均	**99.5**	**96.5**	**90.6**	**97.3**	**100.7**	**95.3**	**95.8**	**81.9**
贵港市	98.9	97.1	91.9	102.0	101.9	94.8	96.7	83.2
百色市	100.0	93.1	90.1	93.3	101.4	99.6	90.2	71.7
贺州市	99.2	98.1	91.5	92.8	104.0	96.3	100.0	78.4
宜州市	99.6	97.7	92.0	97.5	96.0	88.3	100.2	92.4
融安县	98.6	97.6	89.2	101.5	103.5	97.3	95.4	85.4
兴安县	99.7	96.7	87.7	96.6	102.2	93.7	95.0	84.1
崇左县	100.3	94.4	92.3	95.6	97.8	94.8	93.2	78.1

8—6　续表1　　　　　　　　　　　　　　　(以上年价格为100)

地　　区	水产品类	菜　类	鲜菜	干菜	菜制品	调味品类	糖　类	烟　类
全区平均	**96.3**	**89.9**	**100.0**	**96.5**	**93.0**	**103.1**	**105.7**	**98.4**
城市平均	**99.3**	**99.9**	**100.7**	**94.4**	**94.4**	**101.5**	**102.6**	**97.5**
南宁市	98.2	104.1	105.2	97.9	94.6	102.0	102.2	100.0
柳州市	95.1	97.8	97.6	99.1	98.1	101.3	104.6	92.3
桂林市	90.5	96.7	98.9	79.3	77.0	103.3	101.6	101.5
北海市	107.5	97.0	96.9	98.8	96.6	102.3	103.6	100.0
梧州市	105.7	99.9	100.7	89.1	98.8	99.1	98.5	92.1
钦州市	95.3	97.7	97.8	95.4	100.0	100.0	101.9	95.5
农村平均	**91.7**	**97.6**	**98.7**	**97.6**	**91.8**	**104.7**	**109.4**	**99.3**
贵港市	97.1	97.0	97.8	100.9	88.9	100.1	102.2	98.5
百色市	87.6	90.3	88.9	101.2	85.1	107.2	111.7	99.0
贺州市	96.6	96.5	105.8	95.2	77.6	105.8	114.8	100.0
宜州市	86.9	94.0	93.3	97.0	98.8	103.5	111.0	100.0
融安县	92.8	104.3	105.9	102.4	91.4	109.6	103.1	97.0
兴安县	86.6	105.5	108.1	90.6	106.3	99.6	108.8	100.0
崇左县	91.2	92.0	91.3	92.3	95.6	106.4	108.7	100.0

8—6　续表2　　　　　　　　　　　　　　　(以上年价格为100)

地　　区	酒和饮料	干鲜瓜果类	#鲜果	糕点类	奶及奶制品	其他食品	饮食业	二、衣着类
全区平均	**100.8**	**98.4**	**98.8**	**100.0**	**101.4**	**99.3**	**99.3**	**99.6**
城市平均	**101.3**	**96.2**	**96.3**	**99.7**	**101.1**	**99.3**	**98.8**	**101.4**
南宁市	104.5	95.4	95.1	100.0	100.8	100.0	99.1	105.4
柳州市	100.2	95.8	95.6	93.5	102.3	94.6	97.1	98.7
桂林市	100.8	103.5	104.9	108.6	100.7	102.0	98.5	98.5
北海市	96.9	99.4	99.6	100.0	97.1	101.7	100.1	101.0
梧州市	98.8	86.9	86.0	100.0	101.9	94.5	99.8	99.6
钦州市	99.0	96.5	95.8	100.0	100.0	100.0	100.0	100.0
农村平均	**100.3**	**102.6**	**103.5**	**100.6**	**100.7**	**99.0**	**100.1**	**97.9**
贵港市	98.7	106.6	108.7	103.3	95.2	93.6	100.3	97.4
百色市	99.9	92.2	92.9	100.0	100.0	100.0	99.5	104.6
贺州市	98.7	101.8	102.7	100.0	88.8	91.2	100.3	91.3
宜州市	99.7	99.9	100.0	101.4	100.0	99.4	99.5	97.8
融安县	104.9	107.5	107.8	100.0	122.5	100.1	101.5	96.1
兴安县	99.7	106.3	108.4	101.2	100.1	103.0	100.0	101.2
崇左县	100.5	104.6	104.5	97.1	100.0	100.0	100.0	98.0

8—6 **续表 3** (以上年价格为 100)

地　区	1.服　装	2.衣着材料	3.鞋帽袜及其他衣着	三、家庭设备及用品	耐用消费品	室内装饰品	床上用品	家庭日用杂品
全区平均	**100.1**	**98.1**	**99.1**	**98.5**	**98.1**	**98.9**	**97.6**	**99.3**
城市平均	**101.9**	**99.8**	**100.6**	**98.7**	**97.6**	**99.3**	**99.9**	**100.2**
南宁市	108.0	100.1	98.7	98.4	96.8	100.0	102.3	101.4
柳州市	97.5	99.9	101.6	97.8	96.6	98.6	96.9	99.3
桂林市	96.6	99.0	103.1	99.6	99.3	98.9	99.7	100.3
北海市	101.4	100.0	99.9	97.5	96.9	100.0	96.6	97.8
梧州市	99.1	99.2	101.1	100.2	97.5	99.5	106.1	100.7
钦州市	100.0	100.4	100.0	99.5	99.3	100.0	100.0	99.9
农村平均	**98.1**	**97.4**	**97.8**	**98.3**	**98.7**	**98.1**	**96.3**	**98.6**
贵港市	96.9	95.7	99.5	98.5	100.6	100.4	94.0	96.4
百色市	108.0	100.1	100.0	98.6	98.8	100.0	97.4	100.0
贺州市	91.7	90.4	90.5	94.6	94.3	99.3	87.5	97.3
宜州市	97.4	99.6	97.7	99.7	99.6	99.2	100.0	99.8
融安县	94.9	97.6	97.6	98.3	98.1	100.0	95.9	98.9
兴安县	101.4	99.8	101.8	99.5	99.7	97.5	100.4	99.1
崇左县	97.7	97.2	99.1	98.2	98.2	96.0	98.2	98.0

8—6 **续表 4** (以上年价格为 100)

地　区	其他日用品	医疗保健	四、医疗器具及保健用品	中　药	西　药	五、交通及通讯工具	交通工具	通讯工具
全区平均	**99.0**	**97.5**	**99.4**	**98.4**	**96.4**	**91.3**	**95.0**	**84.4**
城市平均	**99.6**	**94.3**	**100.2**	**93.4**	**94.7**	**90.8**	**95.7**	**84.7**
南宁市	98.3	90.8	96.7	87.3	94.3	86.4	96.6	71.5
柳州市	99.4	93.2	96.5	91.4	95.0	94.5	92.7	98.3
桂林市	99.3	93.5	117.1	92.1	93.6	90.7	96.6	86.7
北海市	98.3	103.5	101.8	110.2	95.4	84.6	86.9	81.9
梧州市	103.3	93.6	100.0	93.0	93.5	100.0	100.0	100.0
钦州市	99.3	101.6	99.9	101.5	101.9	98.9	99.0	98.9
农村平均	**98.2**	**99.8**	**98.7**	**102.8**	**97.3**	**91.6**	**94.2**	**83.5**
贵港市	98.7	95.7	96.2	96.5	94.8	100.1	100.9	97.1
百色市	95.2	97.3	99.3	101.3	92.8	91.3	94.9	82.8
贺州市	97.4	99.4	97.8	99.8	99.2	82.2	87.3	60.5
宜州市	99.3	97.7	99.4	108.6	90.8	88.9	90.1	86.8
融安县	100.0	99.7	97.3	101.4	98.8	94.8	97.6	87.0
兴安县	99.2	107.9	100.0	110.5	106.8	93.0	94.1	89.3
崇左县	99.4	99.7	99.7	101.1	98.3	92.9	94.8	82.3

8—6 续表 5 （以上年价格为 100）

地 区	六、娱乐教育文化用品	文娱用耐用费品	教材及参考书	文化娱乐用品	七、居住	住 房	水、电、燃 料	八、服务项目
全区平均	**98.6**	**92.8**	**108.7**	**100.1**	**105.9**	**100.2**	**111.9**	**113.6**
城市平均	**97.4**	**92.6**	**105.3**	**100.5**	**106.8**	**99.1**	**113.5**	**115.9**
南宁市	95.5	89.4	105.9	100.2	107.9	98.9	116.1	119.5
柳州市	96.4	90.5	104.1	100.4	106.6	98.2	112.4	124.7
桂林市	99.4	98.6	100.4	100.5	106.8	99.9	114.0	103.4
北海市	100.3	98.2	104.1	101.4	104.1	98.5	106.9	117.0
梧州市	100.2	95.2	108.4	101.0	106.3	99.6	113.5	111.2
钦州市	97.3	94.7	101.8	100.0	107.7	100.0	117.7	119.7
农村平均	**100.1**	**93.0**	**111.4**	**99.8**	**105.1**	**101.1**	**110.2**	**110.2**
贵港市	99.5	91.8	117.2	96.2	105.2	99.6	112.5	100.9
百色市	100.1	92.1	116.6	100.0	105.0	100.9	109.7	124.5
贺州市	101.5	99.1	107.5	99.7	105.7	102.6	109.6	109.6
宜州市	99.7	89.1	112.5	99.0	106.6	105.3	109.0	103.8
融安县	97.2	93.9	100.0	100.5	106.1	102.3	110.4	99.8
兴安县	100.2	91.7	115.1	100.1	102.7	97.9	109.4	105.9
崇左县	103.0	92.8	113.8	102.0	105.0	100.0	111.0	122.2

8—6 续表 6 （以上年价格为 100）

地 区	电讯费	邮 费	交通费	洗理美容费	文娱费	学杂保育费	修理及其他服务费	医疗保健服务
全区平均	**100.2**	**107.1**	**101.0**	**104.7**	**103.5**	**125.4**	**99.8**	**103.5**
城市平均	**100.3**	**108.2**	**101.3**	**100.4**	**105.0**	**136.7**	**100.0**	**100.5**
南宁市	100.0	107.9	99.6	100.0	98.0	149.1	100.0	100.0
柳州市	99.9	109.0	103.0	99.6	100.0	153.5	99.2	100.9
桂林市	101.3	111.4	99.8	99.6	108.6	106.1	100.4	100.0
北海市	100.0	106.3	95.4	105.3	106.9	138.2	102.0	104.6
梧州市	99.9	106.6	113.3	99.0	128.6	120.6	98.9	100.0
钦州市	100.0	104.1	100.7	100.0	100.0	145.8	100.0	100.0
农村平均	**100.0**	**106.6**	**100.7**	**110.8**	**102.0**	**115.1**	**99.3**	**106.4**
贵港市	100.0	108.5	100.9	100.7	95.0	101.1	100.5	100.0
百色市	100.0	106.7	100.0	160.4	100.0	136.2	100.3	101.5
贺州市	100.0	106.4	97.4	96.5	118.0	112.0	92.7	134.4
宜州市	100.1	105.4	101.6	100.0	100.0	105.0	99.1	101.3
融安县	100.0	104.9	98.6	100.0	90.5	100.8	98.7	100.0
兴安县	100.0	106.3	104.5	100.0	104.0	108.2	100.0	105.0
崇左县	100.0	108.0	101.6	115.7	101.3	138.8	100.2	105.2

8—7 主要年份分行业工业品出厂价格分类指数

(以上年价格为 100)

指　　标	1990 年	1995 年	1999 年	2000 年
总指标	101.5	117.2	95.60	105.49
按轻重工业分				
轻工业	101	123.8	94.10	109.01
以农产品为原料	102.6	126.6	92.90	109.92
以非农产品为原料	97.4	113.1	98.30	100.4
重工业	102	111.2	96.6	103.07
采掘工业	90.1	126.6	96.7	106.14
原料工业	97	105.3	97.4	106.07
加工工业	108.6	115.8	95.3	95.96
按两大部类分				
生产资料	102	114.2	96.5	103.22
生活资料	100.8	121.4	93.9	110.36
按工业部门分				
冶金工业	97.4	111	97.4	108.45
电力工业	90.2	107.9	100.5	112.55
煤炭及炼焦工业	98.7	100.9	96	104.11
石油工业	105.8	--	--	
化学工业	100.2	129.2	95.2	95.57
机械工业	106.8	106.2	94.4	95.67
建筑材料工业	97.2	95.2	96.4	100.6
森林工业	89	99.8	96	101.42
食品工业	99.3	124.4	92.7	111.12
纺织工业	104.6	126.1	103.4	115.54
缝纫工业	92.6	92.5	--	--
皮革工业	101.5	131.6	--	121.56
造纸工业	105.8	146.6	90.8	111.21
文教艺术用品工业	121.5	121.8	102.7	97.92
其他工业	102.4	126.1	100.6	98.37

8—7 **续表** （以上年价格为100）

指 标	1990年	1995年	1999年	2000年
按工业行业分				
煤炭采选业	98.5	109.4	95.97	104.1
黑色金属矿采选业	98.4	96.9	82.77	110.97
有色金属矿采选业	94.9	143.4	96.82	107.35
建筑材料及其他非金属矿采选业	80	114.7	96.4	109.72
采盐业	130.7	--	100	99.9
木材及竹材采选业	70.7	104.6	100.14	100.74
自来水生产和供应业	105.6	116.9	122.47	106.65
食品制造业	97.1	132.6	90.8	116.82
饮料制造业	104.9	121.2	97.8	100.42
烟草加工业	99.3	112.9	97.48	100.01
饲料工业	95.3	126.7	90.38	92.71
纺织业	104.7	123.6	94.29	118.03
缝纫业	92.6	131.5	123.3	121.56
皮革、皮毛及其制品业	101.5	131.6	100.52	102.67
木材加工及竹、藤、棕草制品业	100	93.5	91.42	100.7
家具制造业	106.2	139.2	99.11	111.21
造纸及纸制品业	105.8	146.6	90.79	97.92
文教体育用品制造业	121.5	127.1	103.71	112.55
电力、蒸气、热水生产和供应业	90.2	107.9	100.51	102.28
化学工业	101.5	117	96.94	96.38
医药工业	93.9	137.7	95.18	96.62
化学纤维工业	99.8	118.8	108.81	110.54
橡胶制品业	109.8	127.7	80.79	90.86
塑料制品业	98.2	95.2	95.82	100.67
建筑材料及其他非金属矿物制品业	97.2	92	96.41	100.53
黑色金属冶炼及压延加工业	100	116.8	91.22	103.06
有色金属冶炼及压延加工业	90.9	95.7	104.42	112.38
金属制品业	99.3	106.6	90.41	101.51
机械工业	104.8	104.4	96.13	97.8
交通、运输设备制造业	95.2	108.5	86.11	92.61
电气机械及器材制造业	138.2	107.2	96.34	94.13
电子及通信设备制造业	88.1	103.7	93.76	--
仪器、仪表及其他计量器具制造业	100	98.2	94.94	100.18

8—8 主要年份主要原材料、燃料、动力购进价格指数

(以上年价格为 100)

指　　标	1990 年	1995 年	1999 年	2000 年
总指标	102.2	112.9	93.6	100.9
燃料、动力类	107.9	107.8	93.1	98.9
黑色金属材料类	99.9	94.7	96.2	103
＃钢材	--	94.4	96.3	105
有色金属材料类	90.3	137.6	99.8	123.8
化工原料类	101.3	125.2	95.9	104.5
木材及纸浆类	102.1	108.9	93.7	99.8
建筑材料类	97.7	88.1	95.6	92.5
非金属矿类	--	91.7	90.7	104.7
农副产品类	100.4	148.2	92.5	90.3
纺织原料类	105.8	150.5	102	106.3

8—9 主要年份固定资产投资价格指数

(以上年价格为 100)

指　　标	1990 年	1995 年	1999 年	2000 年
总指数	103.8	103.4	96.1	101.4
建筑安装工程投资价格	103.2	101.8	96.6	102.4
建筑业产值价格	103	101.8	96.6	102.4
直接费用	103.6	101.6	98.3	102.2
材料费	102.9	97.9	97.9	101.5
＃钢材	102.4	91.5	95.1	100.6
木材	98.5	104.2	98.4	99.6
水泥	101.7	96.6	97.2	98.9
人工费	105.6	121.6	102.8	104.1
间接费用	100.9	102.5	88.3	104.2
设备、工器具购置价格	102.4	106.2	94.5	95.7
其他费用投资价格	112.5	105.5	95.9	104.5

九、人民生活

9—1 主要年份城镇居民家庭人均年收入

单位:元

项　　目	1990年	1995年	1999年	2000年
现金收入	1814.21	6043.62	7224.96	7834.04
实际收入	1601.97	4809.43	5648.46	5881.65
可支配收入	1448.06	4791.87	5619.54	5834.43
国有经济单位职工收入	1175.75	3517.24	3764.87	3813.90
工资性收入	1057.77	3364.27	3560.25	3593.03
#奖金	203.38	721.08	561.09	552.30
非工资性收入	117.98	152.97	204.62	220.87
集体经济单位职工收入	117.59	213.33	188.76	132.75
工资性收入	105.79	204.05	177.28	128.68
#奖金	12.97	31.22	24.74	10.23
非工资性收入	11.80	9.28	11.48	4.07
个体经营者收入	27.76	120.39	257.82	260.14
财产性收入	19.68	210.62	289.45	305.85
转移性收入	137.45	565.44	866.50	1027.72
#离、退休金	70.11	277.09	570.22	693.31

9—2 主要年份城镇居民家庭人均年支出

单位:元

项　　目	1990年	1995年	1999年	2000年
现金支出	1767.04	5990.40	7061.97	7589.88
实际支出	1466.31	4879.15	5889.05	6097.68
消费性支出	1338.10	4045.83	4587.22	4852.31
非消费性支出	46.01	816.33	1296.93	1228.37
贷款利息	0.10	0.69	1.02	3.50
个人所得税	0.78	0.57	4.13	7.19
各种税金	1.03	1.27	1.07	4.65
非储蓄性保险支出	0.93	2.11	12.30	10.14
赡养支出	41.80	161.40	247.32	218.38
赠送支出	71.61	257.94	354.11	411.37
购房与建房支出	2.06	349.01	633.63	517.21
其他非消费性支出	1.36	43.29	43.35	55.92
借贷支出	300.73	1111.25	1172.92	1492.21
存入储蓄款	218.97	824.48	948.75	1015.89
存入储金会款	21.66	17.96	3.35	2.07
归还借款	18.27	64.77	62.43	167.46
借出款	21.77	53.28	33.17	44.77
储蓄性保险支出	6.24	25.85	42.49	62.12
购买有价证券	6.91	56.89	19.46	42.24
预　　购	0.13	0.46	2.79	0.08
归还购房贷款	2.20	2.67	6.06	52.50
其他借贷支出	4.57	64.89	54.42	105.10
期末手存现金	131.96	266.58	486.84	429.78

9—3 主要年份城镇居民家庭情况

项　　目	单位	1990年	1995年	1999年	2000年
调查户数	**户**	**940**	**1000**	**1150**	**1150**
平均每户家庭人口	人	3.62	3.30	3.15	3.19
平均每户就业人口	人	2.01	1.80	1.83	1.77
平均每户就业面	%	55.52	57.27	58.10	55.49
平均每一就业者负担人数	人	1.80	1.75	1.72	1.80
平均每人全年可支配收入	**元**	**1448.06**	**4791.87**	**5619.54**	**5834.43**
平均每人全年实际收入	**元**	**1601.97**	**4809.43**	**5648.46**	**5881.65**
按每人每月可支配收入分					
分组户数占总户数比重	%	100.0	100.0	100.0	100.0
100元以下	%	29.6	0.2	0.2	0.3
100－－－200元	%	70.4	10.9	3.5	4.6
200－－－300元	%		26.3	15.3	14.4
300－－－400元	%		29.0	21.0	20.0
400－－－500元	%		17.2	21.4	17.5
500－－－600元	%		9.0	15.7	16.8
600－－－700元	%		2.9	8.8	8.5
700－－－800元	%		2.3	5.0	5.8
800－－－900元	%		2.2	3.3	4.6
900－－1000元	%			2.9	2.9
1000－－1100元	%			0.9	2.1
1100－－1200元	%			0.5	0.9
1200－－1300元	%			0.8	0.6
1300－－1400元	%			0.2	0.2
1400－－1500元	%			0.2	0.2
1500元以上	%			0.3	0.6
平均每人全年实际支出	**元**	**1466.31**	**4879.15**	**5889.05**	**6097.68**
#消费性支出	**元**	**1338.10**	**4045.83**	**4587.22**	**4852.31**
年末平均每人居住面积	**平方米**	**10.90**	**14.51**	**17.13**	**18.91**

注:1990年消费性支出为生活费支出,可支配收入为生活费收入(下同)。

9—4 主要年份城镇居民家庭人均年收支

单位:元

项　　目	1990年	1995年	1999年	2000年
现金收入	**1814.21**	**6043.62**	**7224.96**	**7834.04**
实际收入	**1601.97**	**4809.43**	**5648.46**	**5881.65**
可支配收入	**1448.06**	**4791.87**	**5619.54**	**5834.43**
国有经济单位职工收入	1175.75	3517.24	3764.87	3813.90
工资性收入	1057.77	3364.27	3560.25	3593.03
# 奖金	203.38	721.08	561.09	552.30
非工资性收入	117.98	152.97	204.62	220.87
集体经济单位职工收入	117.59	213.33	188.76	132.75
工资性收入	105.79	204.05	177.28	128.68
# 奖金	12.97	31.22	24.74	10.23
非工资性收入	11.80	9.28	11.48	4.07
个体经营者收入	27.76	140.81	257.82	260.14
财产性收入	19.68	210.62	289.45	305.85
转移性收入	137.45	565.44	866.50	1027.72
# 离、退休金	70.11	277.09	570.22	693.31
借贷收入	**212.24**	**1234.19**	**1576.49**	**1952.39**
# 提取储蓄存款	161.15	909.03	1179.25	1295.14
提取储金会款	18.43	28.75	17.85	9.25
现金支出	**1767.04**	**5990.40**	**7061.97**	**7589.88**
实际支出	**1466.31**	**4879.15**	**5889.05**	**6097.68**
消费性支出	1338.10	4045.83	4587.22	4852.31
非消费性支出	46.01	816.33	1296.93	1228.38
借贷支出	**300.73**	**1111.25**	**1172.92**	**1492.21**
存入储蓄款	218.97	824.48	948.75	1015.89
存入储金会款	21.66	17.96	3.35	2.07
归还购房贷款	2.20	2.67	6.06	52.50
其他借贷支出	4.57	64.89	54.42	105.10
期末手存现金	**131.96**	**266.58**	**486.84**	**429.78**

9—5 主要年份城镇居民家庭人均年消费性支出和构成

项　　目	1990 年	1995 年	1999 年	2000 年
实际支出(元)	**1466.3**	**4879.15**	**5889.05**	**6097.68**
一、消费性支出	**1338.1**	**4045.83**	**4587.22**	**4852.31**
食品	784.6	2061.47	2033.87	1936.10
衣着	117.2	355.00	300.82	313.43
家庭设备用品及服务	122.6	384.18	338.65	436.89
#日用耐用消费品	70.6	250.31	194.98	259.50
医疗保健	25.2	99.02	157.78	228.01
交通和通讯	24.7	211.41	329.07	372.78
娱乐教育文化服务	144.5	452.25	621.74	585.68
#文娱用耐用消费品	70.6	122.15	147.27	133.43
教　育		253.90	380.19	348.93
学杂费	43.0	191.58	284.06	273.24
书报杂志	16.5	23.88	32.29	32.56
居住	73.8	325.52	587.02	752.54
#房租	7.8	69.40	212.21	242.24
水	6.2	25.00	43.33	43.57
电	25.4	74.90	127.54	131.83
燃料	18.0	75.47	115.05	155.87
杂项商品和服务	45.5	156.98	218.27	226.97
二、家庭副业生产支出		**16.99**	**4.90**	**16.99**
消费性支出构成(%)	**100.0**	**100.00**	**100.00**	**100.00**
食品	58.7	50.95	44.34	39.90
衣着	8.7	8.77	6.56	6.46
家庭设备用品及服务	9.2	9.49	7.38	9.00
#日用耐用消费品	5.3	6.19	4.25	5.35
医疗保健	1.9	2.45	3.44	4.70
交通和通讯	1.8	5.23	7.17	7.68
娱乐教育文化服务	10.8	11.18	13.55	12.07
#文娱用耐用消费品	5.3	3.02	3.21	2.75
教　育		6.28	8.29	7.19
学杂费	3.2	4.74	6.19	5.63
书报杂志	1.2	0.59	0.70	0.67
居住	5.5	8.05	12.80	15.51
#房租	0.6	1.72	4.63	4.99
水	0.5	0.62	0.94	0.90
电	1.9	1.85	2.78	2.72
燃料	1.4	1.87	2.51	3.21
杂项商品和服务	3.4	3.88	4.76	4.68

9—6 主要年份城镇居民家庭人均购买主要商品数量

品　　名	单　位	1990年	1995年	1999年	2000年
粮食	千克	124.76	92.96	76.20	70.42
鲜菜	千克	100.04	104.92	104.62	99.42
油脂类	千克	4.80	7.32	7.10	7.59
猪肉	千克	25.94	23.57	21.10	21.19
牛羊肉	千克	2.75	2.67	2.72	2.73
家禽	千克	7.82	13.97	15.31	16.22
鲜蛋	千克	3.92	6.54	6.72	6.47
鱼	千克	9.84	11.09	10.66	10.31
食糖	千克	2.70	2.25	2.28	2.02
卷烟	盒	21.26	15.73	13.89	19.23
酒	千克	5.20	5.90	6.06	7.29
棉布	米	0.75	0.17	0.13	0.16
化纤布	米	1.62	1.67	0.74	0.44
呢绒	米	0.03	0.05	0.01	0.01
绸缎	米	0.05	0.03	0	0.01
服装	米	3.91	6.12	6.32	6.69
皮鞋	双	0.34	0.43	0.44	0.41
肥皂	块	5.31	3.61	2.86	2.35
煤炭	千克	89.79	19.10	15.30	18.33

9—7 主要年份城镇居民家庭平均每百户年末耐用品拥有量

项　　目	单　位	1990年	1995年	1999年	2000年
自行车	辆	237.85	245.24	231.31	183.98
摩托车	辆	0.79	10.01	31.01	38.32
缝纫机	架	90.39	85.20	80.74	65.30
电风扇	台	251.08	315.34	316.53	309.18
洗衣机	台	81.22	88.52	92.49	88.33
电冰箱	台	34.82	63.94	79.05	80.17
大衣柜	个	123.38	103.96	95.35	93.02
沙发	个	127.41	153.81	198.36	202.95
写字台	张	96.32	98.12	96.79	86.32
影碟机	台			33.65	57.31
彩色电视机	台	38.61	78.17	109.71	114.76
录放像机	台	1.70	14.51	19.71	14.90
组合音响	套	0.93	11.96	23.63	28.91
收录机	台	70.81	73.80	58.71	40.25
照相机	架	16.04	22.95	35.50	33.55
空调器	台		5.71	14.02	24.33

9—8 主要年份城镇居民家庭居住构成

单位：%

项　　目	1990 年	1995 年	1999 年	2000 年
总　　计	**100.0**	**100.0**	**100.0**	**100.0**
按人均居住面积分				
4 平方米以下	1.3	0.5	0.1	0.2
4－6 平方米	10.0	2.5	1.2	1.4
6－8 平方米	16.8	8.9	4.7	4.5
8 平方米以上	71.9	88.1	94.0	93.9
按自来水使用情况分组				
无自来水	0.8	－	－	－
独用自来水	93.8	98.5	99.3	99.0
公用自来水	5.4	1.5	0.7	1.0
按卫生设备拥有情况分组				
无卫生设备	15.7	7.0	3.1	4.5
有浴室厕所	64.3	85.0	92.2	87.4
有厕所无浴室	4.8	0.5	0.4	2.9
公用卫生设备	15.2	7.5	4.3	5.2
按厨房使用情况分				
无厨房	1.6	0.4	0.2	0.6
独用厨房	94.0	97.9	98.9	98.8
公用厨房	4.4	1.7	0.9	0.6
按房屋产权分组				
公房	86.2	40.7	24.6	19.7
租赁私房		1.6	0.8	0.6
自有房	13.8	57.7	74.6	79.7
按燃料使用情况分				
管道煤气	0.5	2.7	1.9	2.5
液化石油气	23.1	78.5	88.9	90.4
煤	47.0	6.2	3.2	2.8
其它	29.4	12.6	6.0	4.3
按电话拥有情况分				
无电话		67.0	33.1	15.4
公费电话		15.0	6.5	1.5
自费电话		18.0	60.4	83.0
公用电话			－	0.1
按住宅建筑式样分				
家庭单栋配套房		4.4	6.1	7.2
单元式配套住宅		78.7	84.1	78.4
一居室		8.2	5.4	7.0
二居室		46.9	49.8	38.9
三居室		19.3	26.4	29.6
四居室以上		4.3	2.5	2.9
普通楼房		6.9	3.6	6.3
其它住宅		10.0	6.2	8.1

9—9 城镇居民家庭生活基本情况

(2000 年)

项　　目	单位	总平均	按收入等级分组		
			最低收入户	低收入户	中等偏下户
调查户数	**户**	**1150.00**	**115.00**	**115.00**	**230.00**
各组户数占总户数比重	%	100.00	10.00	10.00	20.00
平均每户家庭人口数	人	3.19	3.67	3.49	3.44
平均每户就业人口数	人	1.77	1.61	1.79	1.87
平均每户就业面	%	55.49	43.87	51.29	54.36
平均每一就业者负担人数	人	1.80	2.28	1.95	1.84
平均每人全年实际收入	**元**	**5881.65**	**2432.14**	**3411.75**	**4317.20**
平均每人全年可支配收入	**元**	**5834.43**	**2405.35**	**3382.34**	**4289.60**
平均每人全年实际支出	**元**	**6097.68**	**3123.60**	**3445.99**	**4801.61**
消费性支出	**元**	**4852.11**	**2392.92**	**2998.77**	**3840.43**
食　品	元	1936.07	1281.53	1486.62	1725.05
#粮食	元	159.31	143.73	154.65	155.15
油脂类	元	72.94	57.32	70.50	72.23
肉禽及其制品	元	656.57	490.07	541.11	637.90
蛋类	元	39.45	31.42	31.54	36.24
水产品类	元	119.39	87.82	90.33	96.33
菜类	元	168.13	140.12	145.79	154.49
烟草类	元	57.74	24.55	38.50	48.04
酒和饮料	元	63.00	29.78	43.92	51.24
干鲜瓜果类	元	122.90	49.01	70.43	98.13
奶及奶制品	元	46.11	10.22	19.39	34.18
衣　着	元	313.42	108.61	139.19	233.40
#服装	元	219.26	74.84	88.86	155.75
家庭设备用品及服务	元	436.88	108.32	152.03	266.58
#耐用消费品	元	259.50	42.99	61.04	137.83
医疗保健	元	228.01	95.83	121.77	154.58
交通和通讯	元	372.78	114.43	142.65	225.29
#交通	元	195.56	43.27	65.60	95.54
通讯	元	177.22	71.16	77.05	129.75
娱乐、教育、文化服务	元	585.67	207.49	398.67	464.95
#文娱用耐用消费品	元	133.43	23.33	29.64	68.08
教　育	元	348.93	150.43	320.53	326.74
学杂费	元	273.24	125.84	267.28	268.46
书报杂志	元	32.56	6.49	15.45	22.84
文娱费	元	39.03	18.11	22.44	29.06
居　住	元	752.52	412.48	476.24	631.09
#房　租	元	242.24	126.89	152.53	223.32
水　费	元	43.57	36.61	36.95	39.32
电　费	元	131.83	85.09	96.58	117.35
杂项商品和服务	元	226.96	64.24	81.61	139.49
#旅　游	元	73.24	3.81	12.35	31.34

9—9 **续表** (2000年)

项目	单位	按收入等级分组			
		中等收入户	中等偏上户	高收入户	最高收入户
调查户数	**户**	**230.00**	**230.00**	**115.00**	**115.00**
各组户数占总户数比重	%	20.00	20.00	10.00	10.00
平均每户家庭人口数	人	3.13	3.01	2.81	2.72
平均每户就业人口数	人	1.72	1.76	1.80	1.81
平均每户就业面	%	54.95	58.47	64.06	66.54
平均每一就业者负担人数	人	1.82	1.71	1.56	1.50
平均每人全年实际收入	**元**	**5597.81**	**7129.54**	**8832.57**	**12500.86**
平均每人全年可支配收入	**元**	**5536.03**	**7092.58**	**8776.68**	**12373.44**
平均每人全年实际支出	**元**	**6149.40**	**7164.25**	**8337.92**	**11992.36**
消费性支出	**元**	**4928.70**	**5855.81**	**6653.04**	**8848.27**
食品	元	2018.96	2213.05	2335.23	2712.69
#粮食	元	167.05	157.76	168.77	172.64
油脂类	元	79.39	75.66	76.43	74.50
肉禽及其制品	元	686.47	692.24	753.41	828.43
蛋类	元	39.70	46.03	46.10	46.58
水产品类	元	120.46	139.25	149.37	180.24
菜类	元	178.35	174.68	189.88	208.55
烟草类	元	65.42	77.37	61.84	86.37
酒和饮料	元	63.78	84.32	82.94	92.44
干鲜瓜果类	元	135.72	156.85	179.54	189.42
奶及奶制品	元	47.31	69.38	72.42	77.53
衣着	元	321.52	416.51	487.61	588.88
#服装	元	218.83	293.29	353.44	440.48
家庭设备用品及服务	元	485.90	474.57	734.03	1172.58
#耐用消费品	元	293.84	286.91	474.68	751.62
医疗保健	元	215.62	278.46	455.77	410.09
交通和通讯	元	378.42	526.72	604.03	797.02
#交通	元	214.52	292.35	325.04	429.16
通讯	元	163.90	234.37	278.99	367.86
娱乐、教育、文化服务	元	509.71	689.70	925.14	1234.59
#文娱用耐用消费品	元	94.39	120.48	273.86	553.59
教育	元	308.52	428.35	480.35	490.60
学杂费	元	232.95	320.94	367.76	381.22
书报杂志	元	32.87	46.41	48.83	66.07
文娱费	元	41.81	46.19	56.61	73.38
居住	元	777.26	947.86	760.11	1375.09
#房租	元	255.51	296.14	283.41	368.22
水费	元	45.46	47.98	47.34	54.25
电费	元	134.83	153.82	161.79	190.23
杂项商品和服务	元	221.32	308.96	351.11	557.33
#旅游	元	60.54	99.98	150.51	241.13

9—10 城镇居民家庭人均年现金收入和支出

(2000 年)　　单位:元

项　目	总平均	按收入等级分组		
		最低收入户	低收入户	中等偏下户
现金收入	**7834.04**	**3600.54**	**4164.14**	**5826.34**
可支配收入	**5834.43**	**2405.35**	**3382.34**	**4289.60**
实际收入	**5881.65**	**2432.14**	**3411.75**	**4317.20**
国有经济单位职工收入	3813.90	975.68	1895.10	2567.47
工资性收入	3593.03	958.70	1836.42	2461.08
#奖金	552.30	61.89	101.53	239.56
非工资性收入	220.87	16.98	58.68	106.39
集体经济单位职工收入	132.75	153.67	160.79	116.74
工资性收入	128.68	151.18	158.32	114.30
#奖金	10.23	7.83	4.07	6.92
非工资性收入	4.07	2.49	2.47	2.44
其他所有制职工全部收入	26.36	9.77	-	24.24
#奖金	7.25	-	-	2.54
个体经营者的净收益	260.14	285.27	260.27	395.19
个体被雇者收入	89.84	126.44	190.37	86.60
其他劳动收入	129.09	154.65	132.78	134.27
财产性收入	305.85	126.89	141.04	233.71
#利息	23.22	0.74	7.88	6.74
红利	32.18	4.21	0.17	16.41
转移收入	1027.72	448.93	574.30	719.62
#离退休金	693.31	342.80	401.49	510.54
赡养收入	47.38	8.06	21.42	38.15
借贷收入	**1952.39**	**1168.40**	**752.39**	**1509.13**
#提取储蓄存款	1295.14	628.26	331.94	890.07
兑售有价证券	20.25	100.15	6.30	10.19
现金支出	**7589.88**	**3455.87**	**3987.32**	**5613.67**
实际支出	**6097.68**	**3123.60**	**3445.99**	**4801.61**
消费性支出	4852.31	2392.92	2998.77	3840.43
非消费性支出	1228.38	723.87	438.76	955.34
#贷款利息	3.50	-	1.30	-
赡养支出	218.38	33.88	103.79	151.02
购房与建房支出	517.21	539.54	108.44	446.65
家庭副业生产支出	16.99	6.81	8.46	5.84
借贷支出	**1492.21**	**332.27**	**541.33**	**812.06**
#存入储蓄款	1015.89	185.55	303.28	405.36
购买有价证券	42.24	-	3.98	53.91

9—10 **续表** (2000年) 单位:元

项　　　目	按收入等级分组			
	中　等 收入户	中　等 偏上户	高　收 入　户	最　高 收入户
现金收入	**7575.09**	**8882.98**	**11751.62**	**17553.28**
可支配收入	**5536.03**	**7092.58**	**8776.68**	**12373.44**
实际收入	**5597.81**	**7129.54**	**8832.57**	**12500.86**
国有经济单位职工收入	3630.10	5022.24	6663.89	8061.10
工资性收入	3433.22	4735.50	6305.24	7300.79
#奖金	401.99	824.80	1131.28	1727.99
非工资性收入	196.88	286.74	358.65	760.31
集体经济单位职工收入	132.55	79.17	195.86	162.88
工资性收入	124.09	76.72	189.30	159.62
#奖金	8.15	9.47	11.43	34.95
非工资性收入	8.46	2.45	6.56	3.26
其他所有制职工全部收入	17.75	74.03	10.24	18.90
#奖金	3.70	29.89	1.03	2.77
个体经营者的净收益	216.88	225.81	137.41	186.49
个体被雇者收入	50.06	122.32	12.87	19.01
其他劳动收入	82.50	94.89	119.78	269.11
财产性收入	273.44	375.63	378.06	786.29
#利　息	18.35	20.46	45.23	109.43
红　利	9.24	15.31	34.02	238.87
转移收入	1121.88	1106.63	1296.45	2499.11
#离退休金	801.40	814.92	822.65	1350.70
赡养收入	57.94	32.66	54.55	157.69
借贷收入	**1977.28**	**1753.44**	**2919.05**	**5052.42**
#提取储蓄存款	1283.28	1431.03	1833.88	3623.31
兑售有价证券	0.66	–	49.94	15.22
现金支出	**7303.93**	**8609.28**	**11424.90**	**17221.75**
实际支出	**6149.40**	**7164.25**	**8337.92**	**11992.36**
消费性支出	4928.70	5855.81	6653.04	8848.27
非消费性支出	1186.68	1304.45	1677.27	3075.00
#贷款利息	0.94	1.47	21.91	11.23
赡养支出	183.38	252.48	466.95	532.94
购房与建房支出	586.53	416.55	342.82	1432.20
家庭副业生产支出	34.02	3.99	7.61	69.09
借贷支出	**1154.53**	**1445.03**	**3086.98**	**5229.39**
#存入储蓄款	877.05	1085.65	1684.94	4066.38
购买有价证券	63.52	47.96	79.31	18.81

9—11 城镇居民家庭消费性支出构成

(2000 年)

单位%

商品名称	总平均	按收入等级分组						
		最低收入户	低收入户	中等偏下户	中等收入户	中等偏上户	高收入户	最高收入户
消费性支出	**100.00**	**100.00**	**100.00**	**100.00**	**100.00**	**100.00**	**100.00**	**100.00**
食　品	**39.90**	**53.56**	**49.57**	**44.92**	**40.96**	**37.79**	**35.10**	**30.66**
#粮食	3.28	6.01	5.16	4.04	3.39	2.69	2.54	1.95
油脂类	1.50	2.40	2.35	1.88	1.61	1.29	1.15	0.84
肉禽及其制品	13.53	20.48	18.04	16.61	13.93	11.82	11.32	9.36
蛋类	0.81	1.31	1.05	0.94	0.81	0.79	0.69	0.53
水产品类	2.46	3.67	3.01	2.51	2.44	2.38	2.25	2.04
菜类	3.47	5.86	4.86	4.02	3.62	2.98	2.85	2.36
烟草类	1.19	1.03	1.28	1.25	1.33	1.32	0.93	0.98
酒和饮料	1.30	1.24	1.46	1.33	1.29	1.44	1.25	1.04
干鲜瓜果类	2.53	2.05	2.35	2.56	2.75	2.68	2.70	2.14
奶及奶制品	0.95	0.43	0.65	0.89	0.96	1.18	1.09	0.88
衣　着	**6.46**	**4.54**	**4.64**	**6.08**	**6.52**	**7.11**	**7.33**	**6.66**
#服装	4.52	3.13	2.96	4.06	4.44	5.01	5.31	4.98
家庭设备用品及服务	**9.00**	**4.53**	**5.07**	**6.94**	**9.86**	**8.10**	**11.03**	**13.25**
#耐用消费品	5.35	1.80	2.04	3.59	5.96	4.90	7.13	8.49
医疗保健	**4.70**	**4.00**	**4.06**	**4.03**	**4.37**	**4.76**	**6.85**	**4.63**
交通和通讯	**7.68**	**4.78**	**4.76**	**5.87**	**7.68**	**8.99**	**9.08**	**9.01**
#交通	4.03	1.81	2.19	2.49	4.35	4.99	4.89	4.85
通讯	3.65	2.97	2.57	3.38	3.33	4.00	4.19	4.16
娱乐教育文化服务	**12.07**	**8.67**	**13.29**	**12.11**	**10.34**	**11.78**	**13.91**	**13.95**
#文娱用耐用消费品	2.75	0.97	0.99	1.77	1.92	2.06	4.12	6.26
教　育	7.19	6.29	10.69	8.51	6.26	7.31	7.22	5.54
学杂费	5.63	5.26	8.91	6.99	4.73	5.48	5.53	4.31
书报杂志	0.67	0.27	0.52	0.59	0.67	0.79	0.73	0.75
文娱费	0.80	0.76	0.75	0.76	0.85	0.79	0.85	0.83
居　住	**15.51**	**17.24**	**15.88**	**16.43**	**15.78**	**16.19**	**11.42**	**15.54**
#房　租	4.99	5.30	5.09	5.81	5.18	5.06	4.26	4.16
水　费	0.90	1.53	1.23	1.02	0.92	0.82	0.71	0.61
电　费	2.72	3.56	3.22	3.06	2.74	2.63	2.43	2.15
杂项商品和服务	**4.68**	**2.68**	**2.73**	**3.62**	**4.49**	**5.28**	**5.28**	**6.30**
#旅　游	1.51	0.16	0.41	0.82	1.23	1.71	2.26	2.73

9—12 城镇居民家庭人均购买的主要商品数量

(2000年)

商品名称	单位	总平均	按收入等级分组						
			最低收入户	低收入户	中等偏下户	中等收入户	中等偏上户	高收入户	最高收入户
粮食	千克	70.42	69.92	73.58	71.04	73.21	65.77	69.05	70.79
油脂类	千克	7.59	6.21	7.37	7.63	8.17	7.80	7.76	7.61
猪肉	千克	21.19	18.26	19.56	22.00	22.04	20.30	22.60	23.78
牛肉	千克	2.43	2.15	2.45	2.40	2.40	2.67	2.14	2.73
羊肉	千克	0.30	0.18	0.13	0.21	0.32	0.38	0.39	0.60
蛋类	千克	6.47	5.26	5.42	5.97	6.45	7.52	7.39	7.54
鱼类	千克	10.31	9.85	9.65	9.30	10.31	10.58	11.36	12.61
鲜菜	千克	99.42	90.98	92.79	91.97	104.70	98.83	107.39	119.09
食糖	千克	2.02	1.68	1.74	1.99	2.14	2.11	1.95	2.59
卷烟	盒	19.23	10.74	15.33	19.79	21.57	22.33	18.38	22.91
白酒	千克	4.52	4.23	4.74	5.56	4.50	3.82	3.77	4.33
啤酒	千克	2.52	1.15	1.55	2.49	2.18	3.93	3.29	2.54
鲜乳品	千克	3.88	0.75	0.98	2.96	3.85	5.61	7.02	7.10
呢大衣	件	0.01	–	–	–	0.02	0.01	0.01	0.02
风雨衣	件	0.03	0.01	0.03	0.02	0.03	0.05	0.04	0.04
西 服	件	0.06	0.03	0.04	0.04	0.06	0.09	0.12	0.07
茄克衫	件	0.05	0.04	0.01	0.04	0.05	0.06	0.04	0.09
毛线衣	件	0.17	0.06	0.08	0.09	0.19	0.23	0.22	0.40
衬衫	件	0.41	0.21	0.26	0.34	0.41	0.48	0.59	0.70
棉布	米	0.16	0.06	0.09	0.24	0.09	0.15	0.25	0.30
化纤布	米	0.44	0.14	0.36	0.32	0.49	0.51	0.75	0.62
呢绒	米	0.01	–	–	0.01	–	0.01	0.01	0.03
绸缎	米	0.01	–	–	–	0.01	–	0.06	–
毛线	千克	0.12	0.03	0.12	0.11	0.12	0.15	0.19	0.07
皮鞋	双	0.41	0.21	0.23	0.39	0.46	0.51	0.48	0.54
凉鞋	双	0.40	0.24	0.32	0.39	0.47	0.39	0.46	0.52
肥皂	块	2.35	1.07	2.10	2.44	2.71	2.10	2.95	3.28
洗衣粉	千克	2.02	1.77	2.09	2.14	1.86	2.28	2.17	1.63
煤炭	千克	18.33	41.30	30.09	15.72	16.60	8.55	13.36	9.63
液化石油气	千克	38.09	29.68	35.13	37.03	41.02	38.80	42.53	43.00

9—13 城镇居民家庭平均每百户年末主要消费品拥有量

(2000 年)

项　　目	单位	总平均	按收入等级分组		
			最　低 收入户	低　收 入　户	中　等 偏下户
毛皮大衣	件	24.23	12.33	15.02	15.79
呢大衣	件	81.60	47.63	38.77	63.46
毛毯	条	119.38	70.25	85.87	113.82
地毯	平方米	19.94	1.81	16.20	1.22
组合家具	套	69.27	41.38	53.16	64.27
沙发床	个	55.25	30.83	42.34	47.99
沙发	个	202.95	162.44	167.57	166.30
大衣柜	个	93.02	78.66	82.36	90.25
写字台	张	86.32	66.99	69.63	89.77
摩托车	辆	38.32	20.00	21.40	28.50
自行车	辆	183.98	196.19	199.96	189.47
家用汽车	辆	0.21	1.76	–	–
缝纫机	架	65.30	61.63	66.52	70.85
洗衣机	台	88.33	57.54	78.82	84.63
电风扇	台	309.18	261.96	281.73	321.22
电冰箱	台	80.17	47.03	63.01	78.60
冰柜	台	2.44	2.06	2.69	6.16
彩色电视机	台	114.76	95.28	95.46	108.17
影碟机	台	57.31	31.13	42.50	56.12
录放像机	台	14.90	7.70	6.70	9.05
家用电脑	台	9.36	2.04	3.35	7.93
组合音响	套	28.91	12.22	14.02	19.97
收录机	台	40.25	31.88	36.16	36.46
摄像机	台	0.38	0.63	0.63	–
照相机	架	33.55	13.19	12.23	19.63
钢琴	架	0.76	–	1.76	0.34
其他中高档乐器	件	3.06	–	–	4.35
微波炉	台	14.66	1.36	2.07	8.27
空调器	台	24.33	5.22	3.87	10.49
电炊具	台	112.14	91.66	82.17	98.91
淋浴热水器	台	83.63	53.72	65.29	80.41
排油烟机	台	53.52	27.64	38.71	45.96
吸尘器	台	3.23	0.68	2.14	1.10

9—13 续表　　(2000年)

项目	单位	按收入等级分组			
		中等收入户	中等偏上户	高收入户	最高收入户
毛皮大衣	件	27.97	29.57	14.06	54.23
呢大衣	件	86.04	107.09	107.52	108.87
毛毯	条	120.20	133.80	144.03	157.97
地毯	平方米	38.08	26.07	23.97	26.70
组合家具	套	78.55	77.90	72.55	84.16
沙发床	个	60.62	61.92	70.15	68.16
沙发	个	222.27	228.13	195.01	271.08
大衣柜	个	96.39	95.58	106.25	98.46
写字台	张	85.61	94.52	89.17	97.57
摩托车	辆	34.60	50.22	57.40	57.73
自行车	辆	186.19	176.70	165.92	173.03
家用汽车	辆	-	-	-	0.30
缝纫机	架	60.27	59.69	72.68	70.57
洗衣机	台	90.94	92.87	103.70	106.36
电风扇	台	313.10	322.98	304.17	329.34
电冰箱	台	81.52	90.10	91.63	99.56
冰柜	台	1.68	0.88	1.61	0.63
彩色电视机	台	115.60	116.46	133.74	142.63
影碟机	台	59.59	61.78	69.58	74.93
录放像机	台	15.93	15.26	24.23	29.90
家用电脑	台	8.59	8.48	12.71	25.47
组合音响	套	30.06	36.06	41.58	49.07
收录机	台	40.10	52.20	34.57	42.43
摄像机	台	0.34	-	-	1.87
照相机	架	32.23	47.32	48.84	62.87
钢琴	架	0.34	0.53	1.53	1.91
其他中高档乐器	件	2.20	4.06	4.75	4.65
微波炉	台	10.52	24.16	30.16	27.10
空调器	台	22.93	31.40	41.84	62.78
电炊具	台	109.78	128.18	140.61	133.25
淋浴热水器	台	89.82	91.61	95.90	97.75
排油烟机	台	60.57	64.59	64.19	62.45
吸尘器	台	2.82	2.93	3.91	11.88

9—14 六城市居民家庭人均年现金收入和支出

（2000 年）

单位:元

项　　目	总平均	南宁市	柳州市	桂林市	北海市	梧州市	钦州市
现金收入	**8204.52**	**9778.68**	**6996.60**	**9062.55**	**7018.51**	**6181.20**	**7594.32**
可支配收入	**6463.33**	**7447.78**	**5740.07**	**6996.93**	**6167.29**	**5221.07**	**5691.62**
实际收入	**6507.40**	**7501.62**	**5769.83**	**7037.64**	**6215.88**	**5293.45**	**5722.05**
国有经济单位职工收入	3766.85	4910.97	2541.84	3368.43	3749.08	2839.55	4821.35
工资性收入	3531.07	4473.20	2415.72	3261.33	3643.79	2621.95	4630.90
#奖金	550.20	690.40	351.72	648.44	527.97	335.44	678.68
非工资性收入	235.78	437.77	126.12	107.10	105.29	217.60	190.45
集体经济单位职工收入	209.80	256.18	91.68	288.96	291.03	357.62	82.95
工资性收入	199.94	236.31	91.08	282.30	278.01	340.40	82.95
#奖金	22.72	13.16	6.36	71.06	27.92	45.54	-
非工资性收入	9.86	19.87	0.60	6.66	13.02	17.22	-
其他所有制职工全部收入	69.57	62.65	-	304.93	27.58	-	-
#奖金	19.13	34.45	-	47.79	9.47	-	-
个体经营者的净收益	372.72	340.86	519.96	507.93	376.48	107.78	88.35
个体被雇者收入	109.20	46.15	156.12	111.53	160.52	285.82	-
其他劳动收入	111.31	137.76	85.44	121.20	75.93	80.18	130.43
财产性收入	298.72	226.73	305.16	438.96	150.39	355.75	341.96
#利息	29.29	21.39	17.28	60.96	10.45	36.74	43.45
红利	28.21	3.84	5.52	72.10	20.10	1.98	124.82
转移收入	1452.13	1386.99	1918.92	1800.06	1290.03	1180.07	197.25
#离退休金	1045.47	1046.52	1502.88	1116.77	844.41	735.39	88.85
赡养收入	67.18	33.83	66.72	170.60	16.65	123.09	1.25
借贷收入	**1697.12**	**2276.82**	**1226.88**	**2024.91**	**802.83**	**887.75**	**1872.28**
#提取储蓄存款	1265.55	1896.86	748.32	1302.78	682.72	785.42	1376.39
兑售有价证券	47.62	51.43	112.68	3.54	-	-	-
现金支出	**7765.26**	**9417.15**	**6017.52**	**9071.24**	**6756.38**	**5735.80**	**7551.77**
实际支出	**6435.84**	**7750.86**	**5247.49**	**6937.25**	**6019.42**	**5173.49**	**6008.62**
消费性支出	**5511.60**	**6705.27**	**4457.64**	**5893.48**	**5092.22**	**4604.35**	**5000.95**
非消费性支出	**918.64**	**1044.88**	**789.24**	**1042.92**	**908.57**	**530.91**	**1001.64**
#贷款利息	0.16	-	-	-	-	-	1.62
赡养支出	213.10	222.75	187.32	191.32	454.03	104.57	217.51
购房与建房支出	331.78	378.36	352.92	336.23	42.59	131.63	474.79
家庭副业生产支出	**5.60**	**0.71**	**0.61**	**0.85**	**18.59**	**38.24**	**6.03**
借贷支出	**1329.42**	**1666.05**	**770.16**	**2133.99**	**737.16**	**562.30**	**1543.15**
#存入储蓄款	872.60	1052.97	572.52	1267.97	580.90	413.56	1065.69
购买有价证券	51.79	56.12	10.32	185.67	19.40	8.49	-

9—15 六城市居民家庭人均年消费性支出

(2000 年)

单位:元

项目	总平均	南宁市	柳州市	桂林市	北海市	梧州市	钦州市
消费性支出	**5511.60**	**6705.27**	**4457.64**	**5893.48**	**5092.22**	**4604.35**	**5000.95**
食　品	**2187.18**	**2447.14**	**1950.72**	**2278.42**	**2399.48**	**2046.32**	**1837.98**
#粮　食	178.22	196.66	165.60	169.92	187.43	165.25	171.32
油脂类	79.58	88.73	87.36	67.33	86.55	70.35	51.84
肉禽及其制品	691.76	768.10	671.28	601.89	730.70	676.41	631.65
蛋类	42.58	42.45	45.48	44.11	47.24	36.06	35.21
水产品类	176.90	172.15	118.80	119.31	522.83	112.69	262.84
菜类	190.61	204.11	196.80	188.00	199.83	158.30	156.22
烟草类	45.23	42.10	46.80	83.77	29.68	30.65	13.96
酒和饮料	65.13	76.24	56.64	94.78	52.86	38.31	37.46
干鲜瓜果类	136.37	154.51	121.92	141.65	121.70	113.25	138.30
奶及奶制品	71.74	102.75	60.12	78.97	45.94	43.33	34.28
衣　着	**345.65**	**427.73**	**272.16**	**403.48**	**301.24**	**232.80**	**316.48**
#服装	244.28	303.43	192.36	276.09	222.85	157.44	233.18
家庭设备用品及服务	**548.76**	**859.96**	**299.64**	**636.35**	**360.80**	**338.14**	**395.34**
#耐用消费品	318.57	479.65	183.24	390.98	186.80	163.52	275.09
医疗保健	**242.67**	**310.09**	**146.04**	**291.16**	**234.62**	**247.62**	**214.90**
交通和通讯	**439.69**	**640.66**	**287.76**	**366.01**	**508.58**	**314.24**	**384.40**
#交通	221.39	365.26	148.68	119.21	245.28	143.06	168.74
通讯	218.30	275.40	139.08	246.80	263.30	171.18	215.66
娱乐、教育、文化服务	**677.41**	**816.35**	**520.68**	**788.69**	**446.85**	**431.98**	**839.28**
#文娱用耐用消费品	188.94	229.59	151.44	260.77	73.82	118.70	183.56
教　育	355.90	402.31	273.84	394.45	277.81	224.63	528.24
学杂费	278.05	288.13	222.36	339.92	184.44	140.52	473.94
书报杂志	42.49	66.12	27.00	32.17	31.75	20.37	50.52
文娱费	49.88	66.76	36.12	55.94	29.75	40.59	44.80
居　住	**798.46**	**789.75**	**775.56**	**862.37**	**640.92**	**840.88**	**856.36**
#房　租	248.00	205.78	275.64	316.49	139.36	332.92	202.81
水　费	46.94	49.36	41.16	50.43	75.80	34.20	41.19
电　费	146.08	141.64	133.68	167.44	191.56	153.29	124.83
杂项商品和服务	**271.78**	**413.80**	**204.84**	**266.99**	**199.56**	**152.39**	**156.21**
#旅　游	100.87	157.12	87.24	96.88	51.84	50.46	39.76

9—16 七县城居民家庭人均年现金收入和支出

（2000 年）

单位：元

项　　目	总平均	贵港市	百色市	贺州市
现金收入	**7608.05**	**6478.52**	**7735.67**	**7070.83**
可支配收入	**5450.80**	**5468.40**	**5747.21**	**5549.37**
实际收入	**5499.94**	**5508.96**	**5780.82**	**5582.12**
国有经济单位职工收入	3842.60	3966.26	4110.09	3193.05
工资性收入	3630.83	3691.96	3898.44	3057.89
#奖金	553.59	810.65	682.61	469.74
非工资性收入	211.77	274.30	211.65	135.16
集体经济单位职工收入	85.74	130.78	149.96	51.81
工资性收入	85.20	128.87	149.17	51.21
#奖金	2.61	0.40	7.91	4.36
非工资性收入	0.54	1.91	0.79	0.60
其他所有制职工全部收入	–	–	–	–
#奖金	–	–	–	–
个体经营者的净收益	191.47	187.36	224.15	319.63
个体被雇者收入	78.03	–	31.62	225.18
其他劳动收入	139.93	257.81	216.43	279.02
财产性收入	310.20	242.32	370.07	458.01
#利　息	19.52	18.61	18.74	12.14
红　利	34.60	9.17	26.15	173.83
转移收入	768.83	720.66	676.62	1011.09
#离退休金	478.49	362.65	450.46	417.01
赡养收入	35.29	25.10	33.45	66.50
借贷收入	**2108.11**	**969.55**	**1955.21**	**1488.71**
#提取储蓄存款	1313.18	791.15	1690.49	1167.79
兑售有价证券	3.55	–	24.33	–
现金支出	**7482.91**	**6271.25**	**7673.76**	**6995.95**
实际支出	**5891.40**	**5066.67**	**6285.03**	**5774.07**
消费性支出	4450.13	4133.53	5409.27	4075.96
非消费性支出	1417.31	922.89	869.34	1695.71
#贷款利息	5.53	–	–	–
赡养支出	221.61	213.34	115.50	395.00
购房与建房支出	630.33	267.62	390.95	744.59
家庭副业生产支出	23.96	10.25	6.42	2.40
借贷支出	**1591.51**	**1204.58**	**1389.11**	**1221.88**
#存入储蓄款	1103.29	949.39	919.62	769.26
购买有价证券	36.41	–	110.14	114.99

9—16 **续表** (2000年) 单位:元

项 目	宜州市	融安县	兴安县	崇左县
现金收入	**9236.32**	**7163.25**	**8072.52**	**7323.55**
可支配收入	**5232.44**	**5706.09**	**5551.11**	**4960.37**
实际收入	**5258.93**	**5726.10**	**5577.21**	**5117.73**
国有经济单位职工收入	3687.00	4519.30	4418.04	3085.85
工资性收入	3519.45	4197.91	4230.12	2888.69
#奖金	357.29	370.18	844.80	344.30
非工资性收入	167.55	321.39	188.02	197.16
集体经济单位职工收入	114.42	45.28	–	101.53
工资性收入	114.42	44.73	–	101.53
#奖金	4.10	1.36	–	–
非工资性收入	–	0.55	–	–
其他所有制职工全部收入	–	–	–	–
#奖金	–	–	–	–
个体经营者的净收益	197.88	–	46.92	343.65
个体被雇者收入	34.24	163.88	65.04	42.14
其他劳动收入	95.12	64.10	–	73.87
财产性收入	266.89	253.88	302.76	278.48
#利 息	33.82	4.06	31.92	14.98
红 利	18.61	0.06	18.12	–
转移收入	850.80	679.66	743.16	699.18
#离退休金	594.97	430.48	662.52	416.96
赡养收入	12.29	8.59	4.20	93.89
借贷收入	**3977.39**	**1437.15**	**2495.28**	**2205.82**
#提取储蓄存款	850.80	714.94	1615.80	991.57
兑售有价证券	–	–	–	–
现金支出	9093.25	7043.27	7895.16	7230.59
实际支出	**6659.97**	**5748.84**	**6298.29**	**5340.57**
消费性支出	**4648.87**	**4376.01**	**4707.66**	**3775.21**
非消费性支出	2010.80	1372.03	2265.84	1428.43
#贷款利息	20.52	4.42	12.72	–
赡养支出	170.69	316.12	183.72	178.61
购房与建房支出	1433.30	324.51	1129.08	721.69
家庭副业生产支出	0.30	0.80	3.49	136.93
借贷支出	**2433.29**	**1294.43**	**1596.84**	**1890.03**
#存入储蓄款	1608.05	850.49	1196.76	1351.59
购买有价证券	–	–	–	29.47

9—17 七县城居民家庭人均年消费性支出

（2000年） 单位:元

项　　目	总平均	贵港市	百色市	贺州县	宜州市	融安县	兴安县	崇左县
消费性支出	**4450.13**	**4133.53**	**5409.27**	**4075.96**	**4648.87**	**4376.01**	**4707.66**	**3775.21**
食　品	**1782.88**	**1735.11**	**1970.90**	**1906.53**	**1761.97**	**1774.09**	**1706.88**	**1633.00**
#粮食	147.78	126.82	141.51	183.62	149.88	141.27	146.88	144.66
油脂类	68.90	108.16	72.53	79.95	47.39	71.13	37.68	68.60
肉禽及其制品	635.10	591.03	718.57	661.54	622.14	563.30	551.88	725.77
蛋类	37.55	34.99	37.74	46.62	38.46	38.81	40.56	26.44
水产品类	84.32	92.42	81.31	99.94	75.62	84.52	68.76	88.95
菜类	154.42	160.13	158.62	173.38	156.47	189.68	108.12	139.54
烟草类	65.37	37.16	76.04	52.45	81.01	61.47	96.48	50.77
酒和饮料	61.70	32.59	87.81	36.90	56.17	47.71	84.00	82.40
干鲜瓜果类	114.69	93.82	122.31	131.78	120.23	134.91	106.08	96.13
奶及奶制品	30.47	34.91	29.65	34.02	24.65	29.04	36.60	25.07
衣　着	**293.77**	**276.45**	**358.40**	**304.87**	**267.12**	**276.60**	**369.00**	**206.41**
#服装	144.60	203.99	199.13	246.83	194.76	183.31	190.43	270.00
家庭设备用品及服务	**368.63**	**260.37**	**615.27**	**255.19**	**650.87**	**291.07**	**265.44**	**216.24**
#耐用消费品	223.47	135.41	390.81	134.32	460.73	148.30	135.12	135.81
医疗保健	**219.07**	**201.77**	**196.86**	**225.57**	**305.03**	**192.89**	**189.36**	**215.23**
交通和通讯	**331.96**	**416.35**	**526.77**	**267.57**	**219.51**	**263.69**	**181.56**	**441.10**
#交通	179.80	284.38	302.36	136.10	120.19	90.08	70.08	247.49
通讯	152.16	131.97	224.41	131.47	99.32	173.61	111.48	193.61
娱乐教育文化服务	529.70	494.45	800.08	353.85	540.04	536.44	629.88	349.65
#文娱用耐用消费品	99.57	86.98	234.22	20.52	63.90	98.34	142.92	48.80
教　育	344.68	332.10	461.36	265.61	387.91	318.17	408.72	233.87
学杂费	270.30	257.20	344.75	211.62	344.89	186.09	350.64	184.75
书报杂	26.50	19.20	34.93	24.11	30.51	31.44	24.24	21.12
文　娱	32.42	34.64	36.15	26.19	28.94	61.37	25.56	17.49
居　住	**724.50**	**617.96**	**640.52**	**588.70**	**670.91**	**835.69**	**540.84**	**511.71**
#房　租	238.72	250.65	332.49	222.78	217.17	267.52	206.64	179.17
水　费	41.52	39.94	40.17	45.26	40.36	49.01	36.60	40.30
电　费	123.15	124.12	138.75	142.93	126.38	117.81	115.56	97.62
杂项商品和服务	**199.63**	**131.06**	**300.15**	**173.67**	**233.42**	**205.55**	**146.04**	**201.87**
#旅　游	56.38	23.24	110.89	38.98	37.12	43.02	28.20	108.21

9—18 市、县城镇居民家庭基本情况

(2000 年)

单位:元

地　　区	平均每户家庭人口(人)	平均每户就业人口(人)	平均每一就业者负担人数(人)	人均全年可支配收入(元)	平均每人全年实际收入(元)	平均每人全年实际支出(元)	平均每人消费性支出(元)	平均每人年末居住面积(平方米)
全区合计	3.19	1.77	1.80	5834.43	5881.65	6097.68	4852.31	18.91
城市合计	3.13	1.65	1.90	6463.33	6507.37	6435.81	5511.6	16.69
南宁市	3.08	1.72	1.79	7447.78	7501.62	7750.86	6705.27	18.33
柳州市	3.21	1.47	2.18	5740.07	5769.83	5247.49	4457.64	14.94
桂林市	3.13	1.56	2.01	6996.93	7037.64	6937.25	5893.48	13.21
北海市	3.09	1.72	1.80	6167.29	6215.88	6019.42	5092.22	24.70
梧州市	3.04	1.69	1.80	5221.07	5293.45	5173.49	4604.35	13.24
钦州市	3.20	1.98	1.62	5691.62	5722.05	6008.62	5000.95	19.02
县城合计	3.22	1.85	1.74	5450.80	5500.09	5891.55	4450.13	20.26
贵港市	3.14	1.78	1.76	5468.40	5508.96	5066.67	4133.53	22.70
百色市	3.29	1.98	1.66	5747.21	5780.82	6285.03	5409.27	16.26
贺州市	3.12	1.84	1.70	5549.37	5582.12	5774.07	4075.96	19.36
宜州市	3.42	2.01	1.70	5232.44	5258.93	6659.97	4648.87	21.56
融安县	2.93	1.74	1.68	5706.09	5726.10	5748.84	4376.01	20.74
兴安县	3.26	1.80	1.81	5551.11	5577.21	6298.29	4707.66	21.65
崇左县	3.39	1.80	1.88	4960.37	5117.73	5340.57	3775.21	19.57

9—19 主要年份市、县人均可支配收入

单位:元

地　　区	1990 年	1995 年	1999 年	2000 年
南宁市	1454.33	5544.09	6846.50	7447.78
柳州市	1515.36	4884.13	5327.65	5740.07
桂林市	1500.60	5505.97	6493.73	6996.93
北海市	1591.48	6365.05	6483.25	6167.29
梧州市	1545.49	4909.01	5414.77	5221.07
钦州市	1500.94	4635.39	5672.47	5691.62
贵港市	1421.39	5258.11	5590.27	5468.40
百色市	1410.37	5035.19	5607.05	5747.21
贺州市	1589.91	4354.75	5199.48	5549.37
宜州市	1214.53	3741.44	4726.28	5232.44
融安县	1359.33	4189.83	5222.41	5706.09
兴安县	1327.71	4882.20	5574.60	5551.11
崇左县		3848.54	5312.37	4960.37

注:1990 年为生活费收入。

9—20 主要年份市、县人均消费性支出

单位:元

地　　区	1990年	1995年	1999年	2000年
南宁市	1359.98	5055.27	6320.57	6705.27
柳州市	1461.95	4385.07	4351.30	4457.64
桂林市	1444.90	4531.36	5786.07	5893.48
北海市	1448.55	5014.40	5692.78	5092.22
梧州市	1417.87	4404.64	4474.75	4604.35
钦州市	1394.03	4454.63	4622.71	5000.95
贵港市	1344.30	4091.63	4739.04	4133.53
百色市	1333.66	4396.21	4785.37	5409.27
贺州市	1335.65	3562.32	3971.22	4075.96
宜州市	1099.98	3367.77	3939.14	4648.87
融安县	1271.32	3413.11	3879.20	4376.01
兴安县	1195.27	3862.91	3788.05	4707.66
崇左县		3083.74	3741.76	3775.21

注:1.1990年为生活费支出。
2.可支配收入指居民家庭在支付个人所得税后,所余下的实际收入。计算公式为:
可支配收入=实际收入-个人所得税-家庭副业生产支出-记帐补贴。

9—21 主要年份农民家庭基本情况

项　　目	单位	1990年	1995年	1999年	2000年
调查户数	户	2320	2240	2310	2310
平均每户常住人口	人	5.62	5.32	4.87	4.82
平均每户整半劳动力	人	3.14	3.06	3.02	3.09
整劳动力	人	2.61	2.62	2.32	2.29
半劳动力	人	0.53	0.44	0.70	0.80
平均每个劳动力负担人口	人	1.79	1.74	1.61	1.56
平均每百个劳动力中文盲或半文盲人数	人	13.12	8.31	5.98	5.43
小学程度人数	人	48.31	44.28	36.60	35.97
初中程度人数	人	31.02	38.52	46.00	47.38
高中程度人数	人	7.12	8.21	9.79	8.94
中专程度人数	人	0.40	0.63	1.44	2.10
大专程度人数	人	0.03	0.06	0.20	0.02
乡村企业从业人数	人	0.39	0.76	1.39	0.95
在外从事其他劳动人数	人	0.99	11.88	32.03	46.37

9—22 主要年份农民人均纯收入及构成

项　　目	1990年	1995年	1999年	2000年
平均每人纯收入(按来源分)(元)	**639.45**	**1446.14**	**2048.33**	**1864.51**
工资性收入	59.94	202.10	395.75	483.75
家庭经营纯收入	552.96	1158.07	1522.66	1297.16
财产性收入	26.55	11.43	12.59	7.47
转移性收入		74.54	117.33	76.13
平均每人纯收入(按来源分)构成(%)	**100.00**	**100.00**	**100.00**	**100.00**
工资性收入	9.37	13.98	19.32	25.95
家庭经营纯收入	86.47	80.08	74.34	69.57
财产性收入	4.22	0.79	0.61	0.40
转移性收入		5.15	5.73	4.08
平均每人纯收入(按性质分)(元)	**639.45**	**1446.14**	**2048.33**	**1864.51**
生产性收入	608.44	1347.15	1891.45	1764.20
农业(种植)收入	328.75	593.49	866.82	674.00
非农业生产收入	279.69	753.66	1024.63	1090.20
非生产性收入	31.01	98.99	156.88	100.31
平均每人纯收入(按性质分)构成(%)	**100.00**	**100.00**	**100.00**	**100.00**
生产性收入	95.15	93.15	92.34	94.62
农业(种植)收入	51.41	41.04	42.32	36.14
非农业生产收入	43.74	52.11	50.02	58.47
非生产性收入	4.85	6.85	7.66	5.38
平均每人纯收入(按收入分)(%)	**100.00**	**100.00**	**100.00**	**100.00**
2000元及以上的户	0.73	20.67	44.11	36.58
1500－－－2000元的户	1.42	18.53	25.45	24.72
1000－－－1500元的户	9.87	30.53	24.11	23.51
800－－－1000元的户	13.32	13.39	4.07	6.58
500－－－800元的户	40.26	13.62	2.16	6.88
300－－－500元的户	28.97	2.28	0.09	1.47
300元以下的户	5.43	0.44	——	0.26

9—23 主要年份农户平均每人经济收支情况

单位:元

<table>
<tr><th>项　　目</th><th>1990 年</th><th>1995 年</th><th>1999 年</th><th>2000 年</th></tr>
<tr><td>全年总收入</td><td>898.53</td><td>2101.41</td><td>2751.31</td><td>2649.18</td></tr>
<tr><td>工资性收入</td><td>59.94</td><td>202.10</td><td>395.75</td><td>483.75</td></tr>
<tr><td>家庭经营收入</td><td>803.51</td><td>1802.88</td><td>2213.27</td><td>2042.38</td></tr>
<tr><td>财产性收入</td><td rowspan="2">35.08</td><td>11.43</td><td>12.59</td><td>7.47</td></tr>
<tr><td>转移性收入</td><td>84.99</td><td>12.70</td><td>115.58</td></tr>
<tr><td>平均每人纯收入(按来源分)</td><td>639.45</td><td>1446.14</td><td>2048.33</td><td>1864.51</td></tr>
<tr><td>工资性收入</td><td>59.94</td><td>202.10</td><td>395.75</td><td>483.75</td></tr>
<tr><td>家庭经营纯收入</td><td>552.96</td><td>1158.07</td><td>1522.66</td><td>1297.16</td></tr>
<tr><td>财产性收入</td><td rowspan="2">26.55</td><td>11.43</td><td>12.59</td><td>7.47</td></tr>
<tr><td>转移性收入</td><td>74.54</td><td>117.33</td><td>76.13</td></tr>
<tr><td>平均每人纯收入(按性质分)</td><td>639.45</td><td>1446.14</td><td>2048.33</td><td>1864.51</td></tr>
<tr><td>生产性收入</td><td>608.44</td><td>1347.15</td><td>1891.45</td><td>1764.20</td></tr>
<tr><td>农业生产收入</td><td>328.75</td><td>593.49</td><td>866.82</td><td>674.00</td></tr>
<tr><td>非农业生产收入</td><td>279.69</td><td>753.66</td><td>1024.63</td><td>1090.20</td></tr>
<tr><td>非生产性收入</td><td>31.01</td><td>98.99</td><td>156.88</td><td>100.31</td></tr>
<tr><td>全 年 总 支 出</td><td>803.08</td><td>1830.12</td><td>2191.52</td><td>2317.08</td></tr>
<tr><td>家庭经营费用支出</td><td>226.92</td><td>589.84</td><td>616.03</td><td>662.18</td></tr>
<tr><td>税费支出</td><td>10.84</td><td>29.88</td><td>35.50</td><td>41.47</td></tr>
<tr><td>购置生产性固定资产</td><td>18.07</td><td>43.74</td><td>53.53</td><td>50.87</td></tr>
<tr><td>生活消费支出</td><td>536.97</td><td>1143.04</td><td>1457.43</td><td>1487.96</td></tr>
</table>

9—24 主要年份农户平均每人家庭经营总收入

单位:元

项目	1990年	1995年	1999年	2000年
家庭经营总收入	803.51	1802.88	2213.27	2042.38
农业收入	469.28	860.56	1158.70	943.57
林业收入	12.23	27.52	37.47	49.94
牧业收入	220.41	623.80	601.34	701.66
渔业收入	10.56	27.16	42.61	49.59
工业收入	38.10	62.38	77.27	57.66
建筑业收入	9.41	50.01	85.39	47.53
交通、运输和邮电业收入	15.62	47.01	68.89	43.91
批发零售贸易、餐饮业收入	17.76	51.86	88.96	94.10
社会服务业收入	3.96	15.01	29.44	17.92
文教卫生业收入	——	——	——	6.44
其他家庭经营收入	6.18	37.57	23.19	30.06

9—25 主要年份农户平均每人生活消费支出和构成

项目	1990年	1995年	1999年	2000年
平均每人生活消费支出(元)	**536.97**	**1143.04**	**1457.43**	**1487.96**
食品消费	349.96	700.40	849.38	824.97
衣着消费	26.64	49.17	52.46	51.58
居住消费	81.05	139.48	199.95	201.12
家庭设备、用品及服务	24.54	51.98	66.94	62.95
医疗保健	11.95	29.04	41.53	52.38
交通通讯	7.11	27.33	46.29	64.83
文教娱乐用品及服务	31.81	127.69	172.71	186.76
其他商品和服务	3.91	17.95	28.17	43.37
构　　成(%)	**100.00**	**100.00**	**100.00**	**100.00**
食品消费	65.17	61.28	58.28	55.44
衣着消费	4.96	4.30	3.60	3.47
居住消费	15.09	12.20	13.72	13.52
家庭设备、用品及服务	4.57	4.55	4.59	4.23
医疗保健	2.23	2.54	2.85	3.52
交通通讯	1.33	2.39	3.18	4.36
文教娱乐用品及服务	5.92	11.17	11.85	12.55
其他商品和服务	0.73	1.57	1.93	2.91

9—26 主要年份农户平均每人全年现金收支情况

单位:元

<table>
<tr><th>项　　目</th><th>1990 年</th><th>1995 年</th><th>1999 年</th><th>2000 年</th></tr>
<tr><td>期内现金收入合计</td><td>569.46</td><td>1522.44</td><td>2097.42</td><td>1975.68</td></tr>
<tr><td>工资性收入</td><td>59.92</td><td>201.92</td><td>395.73</td><td>483.75</td></tr>
<tr><td>出售产品的现金收入</td><td>400.23</td><td>1005.40</td><td>1200.00</td><td>1101.88</td></tr>
<tr><td>工业加工业的现金收入</td><td>6.95</td><td>10.84</td><td>24.83</td><td>31.11</td></tr>
<tr><td>建筑业的现金收入</td><td>9.41</td><td>50.01</td><td>85.39</td><td>47.53</td></tr>
<tr><td>交通运输业的现金收入</td><td>15.62</td><td>47.01</td><td>68.89</td><td>43.91</td></tr>
<tr><td>批发和零售贸易、餐饮业</td><td>17.76</td><td>51.86</td><td>88.96</td><td>94.10</td></tr>
<tr><td>社会服务业的现金收入</td><td>3.96</td><td>15.01</td><td>29.44</td><td>17.92</td></tr>
<tr><td>文教卫生业的现金收入</td><td>–</td><td>–</td><td>–</td><td>6.44</td></tr>
<tr><td>其他家庭经营收入的现金收入</td><td>5.62</td><td>33.52</td><td>42.37</td><td>26.11</td></tr>
<tr><td>财产性收入</td><td rowspan="2">49.99</td><td>16.11</td><td>13.87</td><td>7.42</td></tr>
<tr><td>转移性收入</td><td>90.76</td><td>147.94</td><td>115.51</td></tr>
<tr><td>期内现金支出合计</td><td>507.05</td><td>1389.54</td><td>1683.16</td><td>1809.36</td></tr>
<tr><td>生产费用支出的现金</td><td>176.73</td><td>534.08</td><td>564.95</td><td>618.20</td></tr>
<tr><td>家庭经营费用支出</td><td>158.66</td><td>490.34</td><td>511.42</td><td>567.34</td></tr>
<tr><td>购置生产性固定资产支出</td><td>18.07</td><td>43.74</td><td>53.53</td><td>50.87</td></tr>
<tr><td>税费支出</td><td>10.42</td><td>19.25</td><td>22.98</td><td>30.31</td></tr>
<tr><td>生活消费支出</td><td>290.33</td><td>784.17</td><td>1012.72</td><td>1087.20</td></tr>
<tr><td>食　　品</td><td>130.59</td><td>369.14</td><td>424.03</td><td>437.01</td></tr>
<tr><td>衣　　着</td><td>26.17</td><td>49.17</td><td>52.46</td><td>51.56</td></tr>
<tr><td>居　　住</td><td>67.40</td><td>112.21</td><td>180.71</td><td>188.35</td></tr>
<tr><td>家庭设备、用品及服务</td><td>12.04</td><td>51.65</td><td>66.83</td><td>62.95</td></tr>
<tr><td>医疗保健</td><td>11.95</td><td>29.04</td><td>41.53</td><td>52.38</td></tr>
<tr><td>交通和通讯</td><td>7.07</td><td>27.33</td><td>46.29</td><td>64.83</td></tr>
<tr><td>文化教育、娱乐用品及服务</td><td>30.62</td><td>127.69</td><td>172.71</td><td>186.76</td></tr>
<tr><td>其他商品及服务</td><td>4.49</td><td>17.93</td><td>28.17</td><td>43.37</td></tr>
<tr><td>财产性支出</td><td rowspan="2">29.57</td><td rowspan="2">52.04</td><td rowspan="2">82.51</td><td>6.44</td></tr>
<tr><td>转移性支出</td><td>67.21</td></tr>
</table>

9—27 主要年份农户农副产品人均生产量和商品率情况

产品名称	1990年			1995年		
	生产量（千克）	出售量（千克）	商品率（%）	生产量（千克）	出售量（千克）	商品率（%）
粮 食	414.25	74.46	17.97	453.97	59.82	13.18
油 料	10.99	2.55	23.20	12.50	2.44	19.52
麻 类	1.46	0.99	67.81	0.37	0.34	91.89
糖 料	366.45	357.29	97.50	456.93	450.75	98.65
烟 叶	0.62	0.55	88.71	0.39	0.34	87.18
蔬 菜	154.67	34.96	22.60	166.01	50.66	30.52
果用瓜	15.48	14.38	92.86	14.13	12.98	91.86
水 果	24.16	20.51	84.89	39.02	32.56	83.44
茶 叶	0.09	0.08	88.89	0.34	0.31	91.18
猪 肉	28.97	26.33	90.89	40.70	36.45	89.56
羊 肉	0.18	0.16	88.89	0.17	0.14	82.35
家 禽	2.70	1.42	52.59	3.56	2.04	57.30
鱼 虾	2.19	1.78	81.28	3.89	3.14	80.72
蛋 类	1.16	0.35	30.17	0.52	0.20	38.46
蜂 蜜	…	…	…	0.01	0.01	100.00
蚕 茧	0.43	0.43	100.00	0.88	0.87	98.86

产品名称	1999年			2000年		
	生产量（千克）	出售量（千克）	商品率（%）	生产量（千克）	出售量（千克）	商品率（%）
粮 食	457.82	74.38	16.25	452.67	72.24	15.96
油 料	11.25	2.38	21.16	13.05	3.84	29.43
麻 类	0.23	0.23	100.00	0.94	0.86	91.49
糖 料	1146.32	1098.21	95.80	866.89	854.89	98.62
烟 叶	0.16	0.12	75.00	0.97	0.95	97.94
蔬 菜	212.96	90.23	42.37	208.31	90.54	43.46
果用瓜	18.16	15.68	86.34	30.55	29.09	95.22
水 果	81.26	70.21	86.40	40.61	35.07	86.36
茶 叶	0.49	0.48	97.96	0.30	0.20	66.67
猪 肉	49.97	45.99	92.04	55.32	51.62	93.31
羊 肉	0.64	0.57	89.06	0.58	0.53	91.38
家 禽	5.34	2.86	53.56	5.27	2.91	55.22
鱼 虾	7.00	6.08	86.86	6.45	4.90	75.97
蛋 类	0.67	0.12	17.91	0.79	0.25	31.64
蜂 蜜	0.04	0.02	50.00	0.10	0.04	40.00
蚕 茧	0.92	0.92	100.00	0.81	0.81	100.00

9—28 主要年份农户平均每人粮食收支情况

单位:千克

项目	1990 年	1995 年	1999 年	2000 年
年初粮食结存(原粮)	229.78	263.66	285.76	200.41
年内粮食收入	460.78	491.37	491.02	499.41
家庭经营生产的	414.25	453.97	457.82	452.67
购　入	32.24	33.21	31.01	46.26
借　入	3.29	1.65	0.62	0.15
收回借出粮	5.11	2.18	1.16	0.27
其他粮食收入	5.85	0.35	0.39	0.06
年内粮食支出	435.83	426.69	437.62	440.53
主食用粮	22.34	243.72	240.75	233.75
其他生活用粮	3.59	2.51	1.8	0.22
出　售	74.46	59.82	74.38	72.24
种　籽	8.74	5.17	4.35	5.22
饲　料	82.21	96.03	97.14	115.87
借　出	4.97	4.64	3.34	1.11
归还借粮	3.34	2.37	1.39	0.16
其他粮食支出	15.41	11.11	11.43	11.95
年末粮食结存	254.73	328.34	339.17	254.19
#口　粮	167.09	188.81	194.37	159.61
饲　料	41.9	71.58	75.3	52.22
种　籽	6.69	3.65	3.93	2.56

注:2000 年末粮食结存等于口粮结存+饲料结存+种子结存+其他粮食结存。

9—29 主要年份农户平均每人主要消费品消费量

项目	单位	1990 年	1995 年	1999 年	2000 年
粮　食(原粮)	千克	245.93	243.73	240.75	231.80
蔬　菜	千克	126.35	117.69	125.00	118.64
食用油	千克	4.57	4.49	4.24	6.20
植物油	千克	1.97	2.40	2.00	3.98
动物油	千克	2.60	2.09	2.23	2.22
肉　类	千克	10.74	11.07	13.59	14.07
猪肉	千克	10.41	10.82	13.23	13.86
牛羊肉	千克	0.33	0.25	0.36	0.21
家　禽	千克	2.89	3.68	6.16	6.29
蛋　类	千克	0.74	0.88	1.01	1.28
鱼　虾	千克	1.45	1.94	2.83	3.08
食　糖	千克	1.37	1.04	1.40	1.27
卷　烟	盒	13.66	12.03	10.54	11.07
酒	千克	6.46	5.99	6.13	5.53
糖果、糕点	千克	0.41	1.38	0.84	0.59
水　果	千克	3.70	7.23	13.21	10.05
棉　布	米	0.46	0.19	0.09	0.05
#棉布服装	件	0.14	0.07	0.02	0.03
化纤布	米	1.53	1.37	1.36	0.08
#化纤布服装	件	0.67	0.99	1.08	1.16

9—30 主要年份农户平均每百户耐用消费品年末拥有量

（平均每百户）

品　　名	单位	1990 年	1995 年	1999 年	2000 年
大型家具	件	102.16	148.88	167.88	140.43
洗衣机	台	1.16	1.29	2.99	3.25
电风扇	台	52.28	124.02	166.75	180.82
电冰箱	台			2.16	2.94
空调机	台				0.17
抽油烟机	台			0.09	0.30
中高挡乐器	件				0.17
微波炉	台				0.13
热水器	台				2.60
自行车	辆	136.85	159.60	156.15	124.98
摩托车	台	0.17	2.28	9.87	18.01
汽车(生活用)	台				0.09
电话机	部				8.14
移动电话	部				0.69
寻呼机	台				5.54
彩色电视机	台	0.65	5.04	18.18	30.04
黑白电视机	台	24.70	59.38	65.93	60.78
录放像机	台			0.87	1.69
摄像机	台				0.13
影碟机	台				11.90
组合音响	台				6.23
收录机	台	13.97	23.57	26.15	14.24
照相机	架			0.65	0.87

注：大型家具按 2000 年指标口径调整。

9—31 主要年份农户房屋情况

项　　目	单位	1990 年	1995 年	1999 年	2000 年
平均每人年末住房面积	平方米	15.80	18.21	22.68	23.40
#钢筋混凝土结构面积	平方米	1.04	3.24	8.25	9.40
砖木结构面积	平方米	6.14	7.81	8.27	8.71
年内新建(购)住房面积	平方米	0.49	0.51	1.01	1.11
#钢筋混凝土结构面积	平方米	0.24	0.43	0.86	0.94
砖木结构面积	平方米	0.15	0.05	0.09	0.17
平均每平方米新建(购)住房价值	元	76.78	195.47	201.48	224.64

9—32　农户生活基本情况

（2000年，按人均纯收入分组）

项　　目	低收入户	中低收入户	中等收入户	中高收入户	高收入户
调查户数（户）	462	462	462	462	462
常住人口（人）	2439	2269	2252	2157	2020
#整半劳动力	1452	1388	1461	1433	1413
人均新建房屋面积（平方米）	0.60	0.54	1.00	1.31	2.29
人均年末住房面积（平方米）	19.26	20.88	24.19	24.27	29.43
人均经营耕地面积（亩）	0.93	1.16	1.27	1.46	1.46
#自留地面积（亩）	0.06	0.08	0.12	0.09	0.10
平均每人全年总收入（元）	1417.56	1914.12	2452.53	3027.40	4777.32
工资性收入	206.29	298.84	461.29	554.52	975.97
家庭经营收入	1154.78	1544.30	1903.48	2337.73	3513.04
#农业收入	572.77	787.88	940.08	1146.87	1352.95
林业收入	24.56	39.40	42.81	48.03	102.42
牧业收入	427.05	533.65	657.23	759.80	1209.37
渔业收入	14.52	21.80	32.49	45.60	146.80
财产性收入	4.40	8.15	9.97	7.51	7.56
转移性收入	52.09	62.83	77.78	127.65	280.76
平均每人全年纯收入（元）	839.41	1309.19	1719.53	2186.52	3543.80
平均每人全年总支出（元）	1596.36	1797.41	2207.04	2536.38	3659.54
家庭经营费用支出	493.97	503.96	624.17	715.35	1028.62
购置生产性固定资产支出	37.61	23.01	52.88	56.24	90.18
税费支出	30.07	41.08	41.90	44.79	51.65
生活消费支出	953.79	1176.10	1426.07	1654.00	2374.92
食　品	585.35	708.10	810.21	917.40	1163.35
衣　着	30.81	41.01	52.72	60.81	77.41
居　住	109.71	109.89	175.81	201.87	441.40
家庭设备、用品及服务	44.60	50.35	59.36	67.86	98.01
医疗保健用品及服务	34.01	51.49	52.55	51.50	76.31
交通和通讯用品及服务	26.96	34.11	62.13	80.28	131.56
文化娱乐用品及服务	101.17	154.87	172.07	222.39	304.23
其他商品和服务	21.17	26.28	41.22	51.89	82.65
财产性支出	2.78	6.15	4.39	7.18	12.68
转移性支出	78.14	47.11	57.62	58.82	101.49

十、环境保护及城市公用设施

10—1 主要年份企事业单位污染治理情况

指　　标	单　位	1990 年	1995 年	1999 年	2000 年
污染治理资金来源总计	万元	10469	33191	36746	
基本建设资金	万元	4493	9715	3114	
更新改造资金	万元	1699	5587	7362	
综合利用利润留成	万元	126	1401	3087	
环保补助资金	万元	2730	4334	2191	
环保贷款	万元			1446	
其他	万元	501	12153	19542	
污染治理资金使用总计	万元	10469	33191	36746	73659.1
治理废水	万元	6058	17867	15837	40019.8
治理废气	万元	2987	10184	13535	26894.7
治理固体废物	万元	1015	3771	1351	2715.5
治理噪声	万元	99	389	73	101.8
其他	万元	310	980	5948	3927.3
污染治理概况					
当年安排施工项目	个	781	1002	596	1270
当年竣工项目	个	696	844	454	1060
#治理废水	个	261	292	232	443
治理废气	个	278	355	174	553
治理固体废物	个	76	100	27	32
治理噪声	个	31	62	8	4
其他	个			13	28
排污费收支情况					
交纳排污费单位	个	1607	5101	17836	
交纳排污费收入	万元	4073	14483	16917	24762
污染情况					
污染事故	次	234	296	280	242
污染赔款总额	万元	180	529	293	567.9
污染罚款总额	万元	16	54	22	28.7

10—2 主要年份“三废”排放、处理及综合利用情况

指　　标	单位	1990 年	1995 年	1999 年	2000 年
全社会废水排放总量	万吨	138889	160135	165852	164024
#工业废水	万吨	105248	96563	87542	81571
#经过处理达标的	万吨	33235	42227	42536	30303
全社会废气排放总量	亿标立方米	1429	2914		4607
#工业废气	亿标立方米			4397	4607
#燃料燃烧过程中废气排放量	亿标立方米	861	1699	1651	1787
生产工艺过程中工业废气排放量	亿标立方米	568	1098	2746	2820
二氧化硫	万吨	62	76	55	83
烟尘	万吨	31	50	32	59
工业粉尘排放量	万吨	21	28	46	57
工业粉尘回收量	万吨	86	135	228	267
工业固体废物产生、排放及处理利用情况					
工业固体废物产生量	万吨	1211	1588	2068	2108
工业固体废物处置量	万吨	638	238	296	227
工业固体废物综合利用量	万吨	310	727	1173	1058
#冶炼废渣	万吨	52	85	113	131
煤粉灰	万吨	63	131	388	171
炉渣	万吨	71	126	131	125
煤矸石	万吨	3	99	49	55
工业固体废物排放量	万吨	118	99	82	127
#排入江河湖海的	万吨	51	30		
工业固体废物累计贮存量	万吨	10474	8459	8531	8609
工业固体废物占地面积	万平方米	830	901	925	963
“三废”综合利用产品产值	万元	17398	110322	102100	84856
“三废”综合利用产品利润	万元	4526	13990	9775	14441

10—3 工业废水排放及治理情况

(2000年)

行业	汇总工业企业数(个)	工业废水排放总量(万吨)	工业废水排放达标量(万吨)	废水治理设施数(套)	工业废水处理量(万吨)	#工业废水处理回用量(万吨)	工业废水处理排放达标量(万吨)
总计	1906	81571	51287	2251	102954	62002	30303
#重点调查企业	1906	73191	51287	2251	102954	62002	30303
采掘业	134	3672	3162	285	9461	6048	3024
食品烟草加工及食品饮料制造业	339	26617	15387	582	30590	15976	10624
纺织业	60	1034	494	48	323	84	148
皮革、毛皮、羽绒及其制品业	24	336	52	25	111	26	46
造纸及纸制品业	129	17451	5283	217	11654	4326	3572
印刷业、记录媒介的复制	7	16	16	4	0.4	0.2	0.2
石油加工及炼焦业	5	96	85	29	100	6	83
化工原料及化学制品制造业	153	14450	10724	256	19026	13798	3594
医药制造业	56	549	442	64	324	134	187
化学纤维制造业	4	3296	3296	5	1180	512	667
橡胶制品业	10	306	284	20	571	336	218
塑料制品业	8	53	45	3	42	13	29
非金属矿物制造业	604	2114	1932	256	1206	502	592
#水泥制造业	209	1672	1581	98	714	323	347
黑色金属冶炼及压延工业	74	5830	5421	103	21075	15976	4702
有色金属冶炼及压延工业	81	1656	1206	106	2091	1303	702
金属制品业	27	46	40	25	30	0.6	23
机械、电气、电子设备制造业	128	2117	1569	141	633	153	433
电力、煤气及水的生产和供应业	18	1524	1480	38	4196	2696	1457
其他行业	45	410	369	44	342	111	204

10—4 工业废气排放及处理情况

(2000年)

行业	汇总工业企业数（个）	废气治理设施数（套）	工业废气排放总量（万标立方米）	燃料燃烧过程中排放的	#经过消烟除尘的	生产工艺过程中排放的
总计	1906	5112	46068177	17871582	16623220	28196595
#重点调查企业	1906	5112	46068177	17871582	16623220	28196595
采掘业	134	77	532826	282134	249609	250692
食品烟草加工及食品制造业	339	562	5449179	5327947	5173503	121232
纺织业	60	61	111232	111232	108966	0
皮革、毛皮、羽绒及其制品业	24	19	8029	8029	7558	0
造纸及纸制品业	129	157	1036558	807097	780558	229461
印刷业、记录媒介的复制	7	3	3519	63	63	3456
石油加工及炼焦业	5	1	90978	42345	12155	48633
化工原料及化学制品制造业	153	355	1693172	804755	761114	888417
医药制造业	56	58	154438	154438	151097	0
化学纤维制造业	4	11	781581	781581	781581	0
橡胶制造业	10	21	79095	79044	78406	51
塑料制品业	8	5	6164	6164	5871	0
非金属矿物制造业	604	2922	10214408	2574120	1815316	7640288
#水泥制造业	209	2628	8636288	1411253	1246143	7225035
黑色金属冶炼及压延工业	74	169	3195795	655680	636715	2540115
有色金属冶炼及压延工业	81	282	17447090	1188721	1057487	16258369
金属制品业	27	12	32668	19186	5979	13482
机械、电气、电子设备制造业	128	323	245078	70548	54248	174530
电力、煤气及水的生产和供应业	18	38	4845492	4834993	4829869	10499
其他行业	45	36	140875	123505	113125	17370

#经过净化处理的	工业二氧化硫去除量（吨）	工业二氧化硫排放量（吨）	工业烟尘去除量（吨）	工业烟尘排放量（吨）	工业粉尘回收量（吨）	工业粉尘排放量（吨）
25668793	309499000	800485496	2435335014	590999196	2668408198	567716645
25668793	309499000	587745496	2435335014	376096196	2668408198	468843645
212741	81573	7415807	2390819	733972	10277769	993918
114288	11742413	52560080	249512629	60601799	10615575	6379366
0	388370	1858329	7939076	1564087	28604	216783
0	66366	708485	598656	554640	0	0
220782	3338988	25513972	128137257	31202555	8400000	161447
3456	0	4800	5400	3600	0	0
5154	1368476	1298366	0	145970	0	8860
518578	17922260	42544739	86241033	20009693	15842997	9215925
0	692848	3990044	9902149	2463902	0	5600
0	10860970	7504586	50390623	4879647	615264	186970
0	970746	5831629	27321478	217194	10330	1112
0	45426	686985	2593687	803449	0	0
7222399	21745000	174076696	207996667	191361212	2374696235	521883589
6932167	19463750	83183601	192260244	64373920	2338006130	458867805
1771517	842162	8600447	14482271	10357590	147988596	18251071
15416180	197478922	63069125	169038616	12931518	79790137	5998451
12287	20	1023742	7935	619841	2135	1396726
143936	1418491	1858295	4010950	1104438	1372599	281391
10499	40181916	254867567	1469300581	109931359	0	0
16976	354053	147071802	5465187	141512730	18767957	2735436

10—5 工业固体废物产生及利用情况

(2000 年)

行　　业	汇总工业企业数（个）	工业固体废物产生量（万吨）	#危险废物产生量（吨）	工业固体废物综合利用量（万吨）	工业固体废物贮存量（万吨）
总　　计	1906	2108	418208	1058	682
#重点调查企业	1906	1907	418208	1058	682
采掘业	134	816	20000	144	455
食品烟草加工及食品饮料制造业	339	468		438	6
纺织业	60	2.3		2	
皮革、毛皮、羽绒及其制品业	24	0.4		0.3	
造纸及纸制品业	129	30	636	20	3
印刷业、记录媒介的复制	7				
石油加工及炼焦业	5	0.1	334	0.1	
化工原料及化学制品制造业	153	96	115349	74	19
医药制造业	56	3.8	562	3	0.06
化学纤维制造业	4	13.2		16	
橡胶制品业	10	4.8		4.8	
塑料制品业	8	0.3		0.3	
非金属矿物制造业	604	52.8	420	45	0.3
#水泥制造业	209	33		30	
黑色金属冶炼及压延工业	74	127	1274	112	14
有色金属冶炼及压延工业	81	212	272829	59	132
金属制品业	27	0.2	2.5	0.1	
机械、电气、电子设备制造业	128	9.8	6801.44	5	0.9
电力、煤气及水的生产和供应业	18	185		128	51
其他行业	45	86		5	0.2

工业固体废物处置量（万吨）	工业固体废物排放量（万吨）	#危险废物排放量（万吨）	工业固体废物历年贮存量（万吨）	工业固体废物占地面　积（万平方米）	“三废”综合利用产品产值（万元）	“三废”综合利用产品利润（万元）
227	127	0.5	8609	963	84856.4	14440.5
227	100	0.5	8609	963	84856.4	14440.5
171	84	0.5	5767	487	3656.4	964.5
8	15		0.5	3	26164.1	3858.1
0.1				0.1	91.3	41.9
0.1						
2	6		26	5	5514.7	1193
					64.6	27.4
3	5		255	71	7695.7	711.2
0.2			0.08	0.1	18.4	9
			23	4	3	−183
					26.5	6.5
6	1.6		5.4	0.2	23611.6	5560.1
3	0.7				21077	5393
2	4		323	8	6872.1	1716.2
24	1		599	176	9346.6	264.4
					66.6	66.2
2	2		8.2	1.6	1009.1	199.2
5	1		1599.8	207	465.7	−3.2
2	7		0.2	0.15	250	9

10—6 主要年份城市公用事业基本情况

指　　标	单位	1990 年	1995 年	1999 年	2000 年
自来水全年供水总量	万吨	132334	166175	138248	135826
#生活用水量	万吨	30939	51154	58640	57442
人均日生活用水量	升	292	298	304	294
自来水用水普及率	%	95.0	96.2	98.7	98.4
年末实有公共汽车营运车辆	辆	722	1395	2362	2718
平均每万人拥有公共汽车	辆	2.7	3.6	5.6	6.4
铺装道路长度	公里	1386	3026	3600	3722
平均每万人拥有道路长度	公里	5.3	7.7	8.6	8.7
铺装道路面积	万平方米	1342	3039	4133	4362
平均每万人拥有道路面积	平方米	5.1	7.8	9.9	10.2
下水道总长度	公里	782	2142	2789	2885
平均每万人拥有下水道长度	公里	3.0	5.5	6.6	6.7
液化石油气供气总量	吨	23340	118924	186693	204904
#家庭用量	吨	22766	114761	174863	190552
用气普及率	%	28.3	70.6	89.7	90.8
园林绿地面积	公顷	6313	37350	41669	44149
公共绿地面积	公顷	1135	2275	3119	3407
平均每人公共绿地面积	平方米	4.3	5.8	7.4	8.0
建成区绿化覆盖率	%	26.2	25.2	30.2	31.9
公园个数	个	36	69	90	86
公园面积	公顷	984	2100	2623	2766
实际清扫面积	万平方米	1164	1941	3280	3550
生活垃圾及粪便清运量	万吨	78	196	193	196
平均每天清运垃圾及粪便量	吨	2137	5370	5288	5370
公共厕所数	座	655	1158	1170	1422
平均每万人拥有公共厕所	座	2.5	3.0	2.8	3.3

注:本资料由自治区建设厅提供,人均指标按城市中的非农业人口计算。

10—7　城 市 设 施 水 平

（2000 年）

城　市 名　称	城市人口 密　　度 （人/平方公里）	人均住宅 使用面积 （平方米）	人均住宅 居住面积 （平方米）	人均日生活 用水量 （升）	用　水 普及率 （%）	用　气 普及率 （%）	每万人拥有 公共汽车 （标台）
全区城市	**470**	**15.94**	**10.08**	**293.60**	**98.38**	**90.75**	**6.06**
南宁市	739	14.54	9.03	409.58	100.00	94.49	6.59
柳州市	1377	15.71	6.54	364.39	100.00	78.83	7.84
桂林市	1138	15.24	9.53	328.60	97.93	93.57	7.64
梧州市	1090	14.60	9.30	300.23	100.00	100.00	4.12
北海市	536	18.84	10.06	148.14	99.95	99.14	7.43
钦州市	251	16.05	11.23	219.91	94.17	97.22	1.44
防城港市	2420	28.73	19.14	247.83	100.00	99.11	5.20
贵港市	469	10.85	7.75	194.90	98.84	97.92	1.76
玉林市	1874	19.43	12.10	163.09	96.88	100.00	4.21
凭祥市	155	18.07	10.94	309.80	98.28	98.28	38.62
合山市	389	13.02	7.96	324.74	100.00	81.00	3.00
桂平市	731	14.05	8.25	134.59	81.10	69.24	2.28
北流市	6560	17.36	11.64	180.42	100.00	100.00	4.03
贺州市	2290	28.59	18.01	219.98	95.24	98.12	7.79
岑溪市	4023	11.86	9.73	138.61	99.76	96.05	1.44
百色市	89	10.29	6.16	223.65	94.52	64.94	4.69
河池市	1960	18.20	10.70	600.19	100.00	81.88	7.16
宜州市	2536	23.66	15.79	143.10	100.00	95.71	8.71
东兴市	2692	20.56	13.70	150.03	94.48	100.00	5.52

10—7　**续表**　（2000 年）

	排水管道 密　　度 （公里/平方公里）	人均拥有 道路面积 （平方米）	人均公共 绿地面积 （平方米）	建成区 绿地率 （%）	建成区绿 化覆盖率 （%）	污　水 处理率 （%）	垃圾粪便无 害化处理率 （%）
全区城市	**4.92**	**10.20**	**7.97**	**27.37**	**31.94**	**45.30**	**75.72**
南宁市	4.83	7.82	8.35	30.82	37.47	49.50	100.00
柳州市	5.00	7.23	6.48	32.86	33.93	65.80	100.00
桂林市	5.60	7.76	7.79	35.54	38.89	40.88	82.58
梧州市	3.42	5.41	8.58	40.52	43.35	21.15	98.20
北海市	6.01	19.32	6.66	31.09	54.39	40.95	100.00
钦州市	5.16	24.58	6.29	8.40	14.49	8.93	8.41
防城港市	5.47	18.00	5.53	10.11	12.70		99.63
贵港市	2.75	11.75	4.61	18.69	21.50	36.27	63.91
玉林市	4.66	11.62	24.01	29.75	30.82		90.00
凭祥市	3.50	20.01	8.03	27.17	28.85		
合山市	9.25	7.33	4.12	30.38	34.15		
桂平市	5.28	6.04	6.90	29.43	32.68	13.10	98.65
北流市	8.96	10.78	8.50	24.87	29.20	39.19	
贺州市	9.65	30.38	11.88	36.31	40.12		
岑溪市	1.94	16.40	3.42	10.47	10.84	16.49	
百色市	1.05	6.14	6.33	30.18	30.91		100.00
河池市	7.34	8.36	6.47	29.45	31.70	92.61	
宜州市	5.15	9.56	10.56	26.82	30.28	35.05	
东兴市	7.21	39.31	12.28	5.88	15.88		

10—8 城市市政设施情况

(2000年)

城市名称	城市道路长度(公里)	城市道路面积(万平方米)	路灯盏数(盏)	排水管道长度(公里)	污水年排放量(万吨)	污水处理能力(万吨/日)	污水处理量(万吨)
全区城市	**3722**	**4362.23**	**128551**	**2885.46**	**109321**	**131.53**	**49524**
南宁市	730	772.60	23844	532.46	20157	18.39	9978
柳州市	653	573.03	23903	454.82	33198	52.40	21844
桂林市	409	378.97	16872	314.00	12134	10.47	4960
梧州市	134	138.93	5699	78.75	3717	3.00	786
北海市	265	429.17	9560	187.48	3260	4.46	1335
钦州市	316	442.46	3868	286.48	3358	0.70	300
防城港市	86	162.56	3123	95.20	1158		
贵港市	256	293.21	5485	109.00	9939	4.50	3605
玉林市	151	212.36	6787	152.00	2396		
凭祥市	53	58.04	633	25.00	488		
合山市	52	43.98	3282	49.00	1046		
桂平市	84	90.06	2892	64.95	2976	1.12	390
北流市	110	128.32	3875	134.34	2090	2.64	819
贺州市	99	210.54	3954	146.94	1024		
岑溪市	78	136.91	2337	31.16	643	1.45	106
百色市	56	77.20	3365	30.28	3650		
河池市	85	89.96	4409	104.61	4666	27.40	4321
宜州市	51	66.93	3654	52.22	3081	5.00	1080
东兴市	54	57.00	1009	36.77	340		

10—9 城市供水情况

(2000年)

城市名称	供水综合生产能力(万立方米/日)	供水管道长度(公里)	供水总量(万立方米)	#生活用量	#家庭用量	用水人口(万人)	#非农业用水人口
全区城市	**618.59**	**4985**	**135826**	**57442**	**44331**	**536.02**	**420.83**
南宁市	88.97	734	25196	17382	11537	116.27	98.74
柳州市	149.10	1293	41498	11425	10355	85.90	79.25
桂林市	65.34	539	15368	5925	4200	49.40	47.80
梧州市	38.50	244	4647	3019	1692	27.55	25.70
北海市	34.60	233	4075	1860	1830	34.40	22.20
钦州市	24.20	101	4198	2233	2033	27.82	16.95
防城港市	11.50	147	1448	891	842	9.85	9.03
贵港市	60.83	304	12423	3165	2643	44.49	24.66
玉林市	19.10	264	2995	1887	1797	31.70	17.70
凭祥市	5.80	101	602	588	536	5.20	2.85
合山市	5.00	90	1307	1209	879	10.20	6.00
桂平市	11.30	53	2800	730	553	14.86	12.10
北流市	9.50	108	2612	1080	1028	16.40	11.90
贺州市	6.50	247	1180	546	483	6.80	6.60
岑溪市	5.25	69	804	598	569	11.82	8.33
百色市	15.20	112	4564	1031	480	12.63	11.89
河池市	43.00	182	5832	2964	1984	13.53	10.76
宜州市	21.10	124	3852	679	669	13.00	7.00
东兴市	3.80	40	425	230	221	4.20	1.37

10—10 城市园林绿化情况

(2000年)

城市名称	绿化覆盖面积(公顷)	#建成区	园林绿地面积(公顷)	#建成区	公共绿地面积(公顷)	公园面积(公顷)	苗圃面积(公顷)
全区城市	**47718**	**18716**	**44149**	**16037**	**3407.31**	**2765.77**	**535.84**
南宁市	5345	4129	4611	3396	824.40	774.37	109.33
柳州市	24954	3085	24788	2988	513.58	442.58	122.23
桂林市	2182	2182	1994	1994	380.00	326.35	99.46
梧州市	1827	997	1763	932	220.60	203.20	25.00
北海市	3786	1697	3472	970	148.00	76.00	20.00
钦州市	1401	804	626	466	113.20	17.30	6.30
防城港市	275	221	218	176	49.96	31.00	4.50
贵港市	1491	851	740	740	115.00	110.00	29.00
玉林市	1269	1006	1218	971	438.60	408.00	13.20
凭祥市	399	206	388	194	23.28	19.95	9.87
合山市	336	181	312	161	24.75	15.02	9.00
桂平市	402	402	362	362	103.00	10.60	3.50
北流市	857	438	807	373	101.18	81.41	22.90
贺州市	611	611	553	553	82.30	80.77	11.40
岑溪市	455	174	449	168	28.54		4.00
百色市	1087	892	1078	871	79.58	59.36	26.70
河池市	482	452	451	420	69.60	66.78	4.46
宜州市	307	307	272	272	73.94	29.20	14.00
东兴市	252	81	47	30	17.80	13.88	0.99

10—11 城市公共交通和供气情况

(2000年)

城市名称	年末实有公共汽车营运车辆(辆)	营运线路网长度(公里)	客运总量(万人次)	出租汽车(辆)	液化气供气总量(吨)	#家庭用量	液化气用气人口(万人)
全区城市	2718	1766	51821	9135	204904	190552	373.57
南宁市	628	220	14917	3741	40335	40335	9.30
柳州市	491	197	17025	1074	27072	27072	48.48
桂林市	383	175	9541	2135	18097	13567	45.67
梧州市	115	103	1809	376	22404	22404	25.70
北海市	194	145	1477	580	17000	16400	21.90
钦州市	36	91	222		13800	9500	17.50
防城港市	59	111	554	36	4999	4828	8.95
贵港市	63	66	650	81	10628	9910	24.43
玉林市	77	83	863	326	11400	10000	18.27
凭祥市	156	36	226	240	1883	1883	2.85
合山市	26	34	255	140	1614	1430	4.86
桂平市	44	53	282		5180	4880	10.33
北流市	69	40	340	13	6887	5647	11.90
贺州市	77	70	828		5070	4583	6.80
岑溪市	17	34	152	10	4502	4441	8.02
百色市	80	47	903	174	6210	6175	8.17
河池市	104	83	1235	194	3210	2889	8.29
宜州市	87	138	512	15	3960	3960	6.70
东兴市	12	40	30		653	648	1.45

10—12 城市人口和建成区面积

(2000年)

城市名称	城市人口(万人)	#非农业人口	城市面积(公里)²	建成区面积(公里)²	#居住用地	公共设施用地	工业用地
全区城市	**842.10**	**427.75**	**17902**	**585.93**	**168.86**	**66.92**	**118.15**
南宁市	135.64	98.74	1834	110.20	30.33	13.80	19.64
柳州市	90.68	79.25	658	90.92	19.62	9.72	31.12
桂林市	64.30	48.81	565	56.11	15.77	4.83	13.90
梧州市	33.49	25.70	307	23.00	6.98	1.11	5.96
北海市	51.37	22.21	957	31.20	5.40	6.40	5.62
钦州市	117.06	18.00	4657	55.49	17.55	6.11	5.54
防城港市	9.85	9.03	41	17.40	6.31	1.75	1.67
贵港市	165.80	24.95	3533	39.59	12.80	3.52	6.79
玉林市	33.74	18.27	180	32.64	13.06	5.22	4.38
凭祥市	10.13	2.90	650	7.14	1.94	0.61	0.30
合山市	14.03	6.00	360	5.30	1.41	0.11	0.66
桂平市	16.17	14.92	221	12.30	3.26	0.89	1.35
北流市	16.40	11.90	25	15.00	5.94	1.13	2.16
贺州市	8.27	6.93	36	15.23	3.00	2.23	3.40
岑溪市	12.07	8.35	30	16.05	8.05	1.70	3.36
百色市	33.25	12.58	3713	28.86	10.39	2.07	6.32
河池市	15.68	10.76	80	14.26	3.86	1.73	3.31
宜州市	10.40	7.00	41	10.14	1.63	2.22	2.31
东兴市	3.77	1.45	14	5.10	1.56	1.77	0.36

10—13 城市清洁卫生情况

(2000年)

城市名称	实际清扫面积(万平方米)	生活垃圾清运量(万吨)	粪便清运量(万吨)	垃圾粪便无害化(万吨)	公共厕所座数(座)	环卫机械总数(台)	年末职工人数(人)
全区城市	**3549.85**	**175.11**	**21.17**	**148.63**	**1422**	**739**	**10073**
南宁市	754.80	27.22	4.17	31.39	252	154	3031
柳州市	440.00	23.16	2.79	25.95	255	130	1681
桂林市	668.00	18.90	0.50	16.02	397	112	1800
梧州市	143.30	13.06	0.24	13.06	71	37	494
北海市	352.34	15.65	0.45	16.10	120	78	475
钦州市	108.00	7.65	1.27	0.75	110	21	287
防城港市	101.84	5.45	0.08	5.45	16	17	235
贵港市	145.26	10.85	2.40	14.22	30	35	314
玉林市	271.00	9.00	1.00	9.00	33	25	682
凭祥市	31.00	1.26			4	5	42
合山市	25.50	7.50	8.20		17	12	24
桂平市	46.63	2.20	0.03		17	12	24
北流市	86.00	3.40		3.40	21	10	250
贺州市	115.28	5.00			15	11	58
岑溪市	45.00	2.25		1.85	4	5	107
百色市	63.00	3.95	0.10	4.05	13	15	209
河池市	63.90	3.80		3.80	27	23	95
宜州市	58.00	3.47		1.39	8	7	110
东兴市	31.00	2.34			8	14	19

10—14　城市房屋建筑及住房情况

(2000年)

城市名称	实有房屋建筑面积(万平方米)	实有住宅建筑面积(万平方米)	实有住宅使用面积(万平方米)	实有住宅居住面积(万平方米)	居住人口(万人)	缺房户(户)	解决缺房户(户)
全区城市	**18380**	**10590**	**7523.05**	**4758.32**	**471.88**	**30151**	**11319**
南宁市	3796	2074	1435.55	891.57	98.74		
柳州市	2917	1574	1136.32	690.29	72.32	5423	2119
桂林市	2103	1057	739.00	462.00	48.50	6600	3500
梧州市	1060	545	377.38	240.20	25.84	10831	1325
北海市	980	636	397.53	212.36	21.10	1500	220
钦州市	1247	718	516.77	361.74	32.20		500
防城港市	508	355	266.30	177.42	9.27		
贵港市	782	601	355.35	253.94	32.75	1933	88
玉林市	1484	904	655.68	408.28	33.74	2314	1824
凭祥市	101	65	47.52	28.78	2.63		
合山市	177	104	78.11	47.73	6.00		
桂平市	605	320	224.01	131.48	15.94		
北流市	606	394	284.63	190.92	16.40		
贺州市	453	310	236.47	148.98	8.27		
岑溪市	177	159	139.04	114.07	11.72		
百色市	394	194	123.35	73.90	11.99	631	525
河池市	494	255	191.13	112.36	10.50	230	565
宜州市	366	322	241.38	161.04	10.20	689	467
东兴市	130	103	77.53	51.66	3.77		

十一、城市概况

11—1 自治区辖市社会经济主要指标

(2000 年)

城市名称	年末总人口(万人)	#非农业人口	年平均人口(万人)	暂住人口(万人)	年出生人口(人)
南宁市	135.64	98.74	133.50	18.36	22262
柳州市	90.68	79.25	90.04	10.20	11665
桂林市	64.30	48.81	63.29	4.66	7016
梧州市	33.49	25.70	33.26		6360
北海市	51.37	22.21	50.94	1.81	6263
防城港市	45.92	12.31	46.30	0.57	7138
钦州市	117.06	18.17	116.01	0.72	16660
贵港市	166.00	21.25	165.41	0.70	23185
玉林市	88.45	19.59	87.68	3.13	16786

11—1 **续表 1** (2000 年)

城市名称	年死亡人口(人)	年末总户数(万户)	单位从业人员(万人)	第一产业	第二产业
南宁市	5439	39.13	36.39	1.02	13.47
柳州市	4380	26.50	33.31	0.59	18.19
桂林市	2986	17.16	16.63	0.14	7.06
梧州市	1824	10.66	8.41	0.03	4.27
北海市	2049	14.96	6.26	0.42	1.63
防城港市	1549	12.63	3.94	0.44	0.52
钦州市	4966	27.62	7.01	0.25	2.20
贵港市	6122	39.35	6.69	0.32	2.03
玉林市	4962	23.03	6.77	0.13	2.16

注:(1)本表价值指标除注明外,均按当年价格计算。

(2)本表指标数据除农业、交通运输、能源消费、国际旅游为全市数外,其余均为市区数。

11—1 续表 2 (2000 年) 单位:万人

城市名称	采掘业	制造业	电煤水的生产和供应业	建筑业	第三产业
南宁市	0.59	8.49	0.46	3.94	21.89
柳州市	0.01	15.36	0.42	2.40	14.53
桂林市	-	6.02	0.15	0.89	9.43
梧州市	0.01	3.56	0.15	0.55	4.11
北海市	0.13	1.35	0.10	0.05	4.21
防城港市	0.08	0.19	0.13	0.12	2.98
钦州市	0.21	1.37	0.15	0.48	4.55
贵港市	0.02	1.56	0.13	0.32	4.34
玉林市	0.02	1.57	0.22	0.35	4.48

11—1 续表 3 (2000 年) 单位:万人

城市名称	地质勘查和水利业	交通运输仓储及邮电通信业	批发和零售贸易餐饮业	金融保险业	房地产业
南宁市	0.24	3.12	3.46	1.14	0.54
柳州市	0.15	3.98	3.38	0.63	0.20
桂林市	0.10	0.70	1.20	0.50	0.23
梧州市	0.04	0.63	0.67	0.26	0.14
北海市	0.03	0.55	0.57	0.31	0.09
防城港市	-	0.74	0.38	0.20	0.02
钦州市	0.10	0.41	0.93	0.15	0.03
贵港市	0.16	0.34	0.80	0.13	0.01
玉林市	0.06	0.26	0.72	0.35	0.03

11—1 续表 4 (2000 年) 单位:万人

城市名称	社会服务业	卫生体育和社会福利业	教育文化和广播电影电视业	科研和综合技术服务业	国家政党机关和社会团体
南宁市	2.55	2.04	4.16	1.47	2.86
柳州市	1.68	0.97	1.88	0.23	1.42
桂林市	2.22	0.76	1.49	0.52	1.20
梧州市	0.48	0.44	0.59	0.09	0.76
北海市	0.76	0.35	0.71	0.07	0.71
防城港市	0.15	0.17	0.63	0.01	0.62
钦州市	0.11	0.31	1.51	0.06	0.94
贵港市	0.13	0.29	1.67	0.02	0.79
玉林市	0.29	0.49	1.24	0.06	0.90

11—1 续表 5 (2000 年)

城市名称	其他行业(万人)	城镇个体从业人员(人)	年末城镇登记失业人员(人)	土地面积(平方公里)	#建成区面积
南宁市	0.31	56000	10076	1834	100
柳州市	0.01	34911	8281	658	91
桂林市	0.51	31852	5458	565	56
梧州市	0.01	9183	3019	307	23
北海市	0.06	13184	2289	957	31
防城港市	0.06	12768	1486	2822	17
钦州市	0.01	18406	2639	4657	55
贵港市	–	24766	1466	3533	40
玉林市	0.09	52170	3980	1251	33

11—1 **续表 6** (2000 年) 单位:万元

城市名称	国内生产总值(当年价)	第一产业	第二产业	#工业	第三产业
南宁市	2152169	104958	647310	465052	1399901
柳州市	1430071	35139	786930	730289	608002
桂林市	998389	50001	454416	388787	493972
梧州市	500707	10692	182752	157778	307263
北海市	453668	197758	123744	110330	132166
防城港市	373233	119632	99135	72027	154466
钦州市	634564	327455	94975	68089	212134
贵港市	392113	132894	102920	87790	156299
玉林市	433744	111242	178052	165143	144450

11—1 **续表 7** (2000 年) 单位:万元

城市名称	国内生产总值(90 年不变价)	中央财政预算内收入	地方财政预算内收入	地方财政预算内支出	#科学事业费支出
南宁市	1365634	115282	136741	167451	997
柳州市	1052292	148190	122070	125859	614
桂林市	671514	54917	82106	105503	2164
梧州市	298823	19649	33793	49750	95
北海市	401640	27838	48133	63512	149
防城港市	232467	5166	19645	30319	54
钦州市	347653	7272	30903	44649	88
贵港市	235259	14162	31014	42285	36
玉林市	276658	22047	46011	58983	107

11—1　**续表 8**　　(2000 年)　　单位:万元

城市名称	教育事业费支　出	金融机构存款余额	#城乡居民储　蓄	金融机构贷款余额	承保额
南 宁 市	12990	5802625	2119895	4230492	9929258
柳 州 市	13370	2381946	1309544	1409734	5798438
桂 林 市	12129	1833624	1037098	958542	3333543
梧 州 市	4083	614324	402907	593605	1614390
北 海 市	8029	739232	489898	892037	1371601
防城港市	4969	301859	215830	197121	357669
钦 州 市	6695	374378	289969	299058	657343
贵 港 市	9453	503022	347566	308182	1125873
玉 林 市	8510	826322	522034	628334	1893732

11—1　**续表 9**　　(2000 年)

城市名称	保　费(万元)	已决赔款(万元)	年末实有耕地面积(千公顷)	蔬菜产量(吨)	水果产量(吨)
南 宁 市	60509	16011	170	1274943	425880
柳 州 市	37041	11031	106	589140	50516
桂 林 市	17512	4877	279	2675526	865576
梧 州 市	11430	3712	94	1008924	72272
北 海 市	9479	2032	80	399831	43853
防城港市	4226	1949	47	197716	46266
钦 州 市	5171	2802	147	846474	835358
贵 港 市	11930	2116	195	1137493	78632
玉 林 市	10186	2432	192	1796430	238577

11—1　**续表 10**　（2000 年）

城市名称	肉　类 总产量 （吨）	奶　类 产　量 （吨）	水产品 产　量 （吨）	工　业 企业数 （个）	#内　资 企　业
南宁市	176861	6244	68449	255	226
柳州市	77252	4566	24261	280	266
桂林市	346283	2512	71689	192	163
梧州市	198709	480	39666	101	87
北海市	51583	440	851514	91	81
防城港市	31183	38	397330	45	40
钦州市	165368	156	525656	68	65
贵港市	215261	1022	90028	55	52
玉林市	367218	656	86984	74	68

11—1　**续表 11**　（2000 年）

城市名称	港澳台商 投资企业 （个）	外商投资 企　业 （个）	工业总产值 （万元，当年价）	#内　资 企　业	港澳台商 投资企业
南宁市	18	11	1044938	917637	65339
柳州市	7	7	2294376	2234691	25187
桂林市	16	13	939434	821230	24731
梧州市	8	6	353449	294282	18539
北海市	3	7	310868	287016	8732
防城港市	–	5	82880	25516	–
钦州市	2	1	95116	84110	3562
贵港市	2	1	282348	267693	13259
玉林市	2	4	283650	141013	3434

11—1 **续表 12** (2000 年)

城市名称	外商投资企业（万元）	从业人员平均人数（万人）	流动资产年平均余额（万元）	固定资产净值年平均余额（万元）	产品销售收入（万元）
南宁市	61962	8.62	680541	1028084	1084560
柳州市	34498	15.80	1696589	1593610	2303656
桂林市	93473	6.98	804313	507618	883777
梧州市	40627	3.80	259097	317009	352072
北海市	15120	1.83	184375	204934	289360
防城港市	57364	0.55	44032	61002	61888
钦州市	7445	1.08	61755	163046	82879
贵港市	1696	2.09	174780	340757	278355
玉林市	139203	2.05	261972	295159	296408

11—1 **续表 13** (2000 年)

城市名称	产品销售税金及附加（万元）	应交增值税（万元）	利润总额（万元）	（限额以下）工业企业数（个）	限额以下工业总产值（万元）
南宁市	39232	58026	10942	4422	327965
柳州市	59312	143315	85868	3444	326992
桂林市	14249	45771	29953	5963	276413
梧州市	1976	19994	16	1289	120207
北海市	10312	20916	-3600	5104	245398
防城港市	631	1983	-818	2047	154761
钦州市	1264	4660	456	4031	125391
贵港市	1733	14893	3658	3497	68163
玉林市	1008	20282	15877	4863	364726

11—1 续表 14 (2000 年)

城市名称	铁路客运量(万人)	铁路货运量(万吨)	境内铁路里程(公里)	民用汽车拥有量(辆)	#私人汽车
南宁市	361	184		40815	11557
柳州市	402	437		37024	12338
桂林市	398	397	371	37291	26691
梧州市	–	–	–	16064	6686
北海市	40	168	100	16531	4208
防城港市	8	769	30	5527	2551
钦州市	14	50	173	13067	4152
贵港市	51	119	85	8716	6820
玉林市	164	132	141	23575	17609

11—1 续表 15 (2000 年)

城市名称	公路客运量(万人)	公路货运量(万吨)	境内公路里程(公里)	水运客运量(万人)	水运货运量(万吨)
南宁市	4730	2982	3747	19	124
柳州市	2709	2955	974	75	112
桂林市	3721	1362	6285	172	9
梧州市	1760	880	2040	64	278
北海市	2841	1811	1396	30	67
防城港市	2196	1012	1279	–	37
钦州市	1381	766	1965	8	18
贵港市	1854	1032	2191	23	663
玉林市	4094	2623	4306	–	650

11—1 **续表 16** (2000 年)

城市名称	民用航空货邮运量(吨)	民用航空客运量(人)	年末邮电局(所)数(处)	邮电业务总量(90 年不变价)(万元)	本地电话用户数(万户)
南宁市	8500	389500	86	173664	50.73
柳州市	456	63146	54	105065	27.12
桂林市	15433	1160234	5	100081	20.00
梧州市	–	–	13	30990	10.86
北海市	3483	377607	21	41080	10.48
防城港市	–	–	25	18106	4.12
钦州市	–	–	39	24456	7.97
贵港市	–	–	68	22123	8.72
玉林市	–	–	37	34118	10.01

11—1 **续表 17** (2000 年)

城市名称	年末移动电话用户(户)	国际互联网用户数(户)	能源消费量(万吨)	全年用电量(万千瓦时)	#工业用电
南宁市	263428	57476	170	240718	148954
柳州市	169685	30734	539	327046	266393
桂林市	135900	27200	249	133053	81621
梧州市	43529	3935	55	62272	42767
北海市	55989	10495	56	47622	22867
防城港市	31614	8206	13	17631	8220
钦州市	32964	11837	154	25956	11084
贵港市	31264	3441	161	75697	46150
玉林市	70557	6426	221	69052	57423

11—1 **续表 18** (2000 年)

城市名称	城乡居民生活用电(万千瓦时)	批发零售贸易业商品销售总额(万 元)	限额以上批发零售贸易企业(个)	#零售业连锁商店(个)	#零售业非连锁商店(个)
南 宁 市	43180	2502286	162	7	53
柳 州 市	48639	1370444	72	2	11
桂 林 市	38913	291218	18	–	13
梧 州 市	8181	450849	28	–	5
北 海 市	12425	507934	23	–	10
防城港市	4910	182712	10	–	3
钦 州 市	12045	272351	35	–	35
贵 港 市	21571	339431	25	–	11
玉 林 市	8629	519744	21	1	3

11—1 **续表 19** (2000 年)

城市名称	#零售业百货商店(个)	#零售业超级市场(个)	限额以上餐饮企业(个)	当年新签项目(合同)数(个)	当年合同外资金额(万美元)
南 宁 市	12	6	23	29	10443
柳 州 市	2	1	6	6	3380
桂 林 市	5	–	5	–	4987
梧 州 市	0	–	1	32	2797
北 海 市	4	1	13	–	–
防城港市	1	1	5	21	34473
钦 州 市	1	2	5	–	–
贵 港 市	5	1	2	7	542
玉 林 市	1	–	3	8	1860

11—1 **续表 20** （2000 年）

城市名称	当年实际使用外资（万美元）	已投产（开业）企业数（个）	从业人员（个）	国际旅游者人数（人）	#外国人
南宁市	8147	328	15534	45586	23746
柳州市	1017	170	7886	20268	4148
桂林市				950200	403500
梧州市	4138	371	14407	49858	3110
北海市				38087	4523
防城港市	2423	113	1213	28665	26045
钦州市				606	350
贵港市	539	10	1308	3366	407
玉林市	4043	41	18998	9908	1565

11—1 **续表 21** （2000 年）

城市名称	华侨（人）	港澳台胞（人）	国际旅游收入（万美元）	固定资产投资完成额（万元）	#住宅
南宁市	84	21756	691	560795	46943
柳州市	16	16104	126	203473	38399
桂林市	3100	543600	22791	228633	12131
梧州市	–	46748	366	70269	1541
北海市	–	33564	704	116313	4723
防城港市	–	2620	688	67048	11290
钦州市	–	256	18	96308	39568
贵港市	–	2959	52	90838	23041
玉林市	62	8281	180	75957	19065

注：固定资产投资仅为国有及其他、城镇工矿区个人投资，不含农村投资。

11—1　**续表 22**　(2000 年)

城市名称	房地产开发投资完成额(万元)	#住宅	全年新增固定资产(万元)	本年施工住宅面积(万平方米)	本年竣工住宅面积(万平方米)
南宁市	154740	82957	580201	351.91	123.93
柳州市	48129	36199	199548	95.54	78.26
桂林市	71254	39046	148646	147.00	55.09
梧州市	35482	23214	66948	2.29	1.75
北海市	10125	2827	54617	55.31	36.96
防城港市	1625	797	41964	31.39	29.02
钦州市	2192	582	82688	94.66	113.09
贵港市	5005	3568	68915	83.61	74.98
玉林市	4540	3207	64761	94.82	60.46

11—1　**续表 23**　(2000 年)

城市名称	商品房屋销售面积(万平方米)	#销售给个人	商品房屋空置面积(万平方米)	商品房屋销售额(万元)	#销售给个人
南宁市	45.71	41.81	53.51	87249	79050
柳州市	39.74	38.45	24.05	54195	52322
桂林市	40.02	36.50	13.22	66717	59407
梧州市	23.56	21.05	8.18	34007	29178
北海市	2.69	1.64	1.16	2433	1371
防城港市	1.02	0.94	0.93	914	874
钦州市	2.99	2.99	2.37	2193	2193
贵港市	9.89	9.89	1.22	7346	7346
玉林市	3.09	3.09		3464	3464

11—1 **续表** 24 (2000 年)

城市名称	高等学校（所）	中等专业学校（所）	普通中学（所）	小 学（所）	高等学校专任教师（人）
南宁市	11	44	85	283	4164
柳州市	3	18	72	221	877
桂林市	7	20	27	88	2451
梧州市	1	5	17	47	110
北海市	–	1	37	132	–
防城港市	–	–	33	202	–
钦州市	1	5	57	355	130
贵港市	–	1	108	456	–
玉林市	1	5	55	218	365

11—1 **续表** 25 (2000 年)

城市名称	中等专业学校专任教师（人）	普通中学专任教师（人）	小 学专任教师（人）	高等学校在校学生（人）	中等专业学校在校学生（人）
南宁市	3370	4614	5689	51091	64703
柳州市	1231	3587	4952	9138	32682
桂林市	886	2166	3054	31579	18240
梧州市	260	1087	1686	1498	6947
北海市	64	2064	2804	–	670
防城港	–	1515	3255	–	–
钦州市	266	2553	4566	1945	4981
贵港市	104	4834	6690	–	717
玉林市	468	3198	3169	5306	7936

11—1　**续表 26**　(2000 年)

城市名称	普通中学在校学生（万人）	小学在校学生（万人）	成人高校在校学生（人）	各类专业技术人员（万人）	#中级职称以上
南宁市	9.15	13.21	31942	3.66	1.59
柳州市	6.35	9.28	9608	10.59	3.65
桂林市	3.66	4.72	5840	3.36	1.04
梧州市	1.98	2.78	6714	1.66	0.61
北海市	3.79	6.92	2471	1.79	0.85
防城港市	2.69	5.04	1087	0.92	0.31
钦州市	6.03	12.13	133	1.67	0.65
贵港市	11.47	23.79	906	1.88	0.70
玉林市	6.32	9.79	9134	2.00	0.77

11—1　**续表 27**　(2000 年)

城市名称	从事科技活动人员（人）	剧场影剧院数（个）	公共图书馆藏书（千册、件）	医院卫生院（个）	医院卫生院床位（张）
南宁市	4199	7	2146	50	9359
柳州市		5	573	57	7033
桂林市	2104	5	1843	35	5514
梧州市	1655	4	434	16	2765
北海市	1366	2	183	14	1286
防城港市	355	3	123	27	869
钦州市	236	3	182	33	1937
贵港市	655	15	125	37	1772
玉林市	396	12	347	27	3113

11—1 **续表 28** (2000 年)

城市名称	医生数 (人)	住 宅 建筑面积 (万平方米)	住 宅 使用面积 (万平方米)	居住人口 (万人)	在岗职工 平均人数 (万人)
南宁市	6995	2074	1435.55	98.74	37.06
柳州市	4460	1574	1136.32	72.32	29.24
桂林市	2963	1057	739.00	48.50	16.52
梧州市	1696	545	377.38	25.84	8.6
北海市	1256	536	397.53	21.10	5.98
防城港市	719	355	266.30	9.27	3.79
钦州市	904	706	516.77	32.20	5.16
贵港市	1029	601	355.00	32.75	6.43
玉林市	1861	904	655.68	33.74	6.43

11—1 **续表 29** (2000 年)

城市名称	在岗职工 工资总额 (万元)	居民人均 可支配收入 (元)	居民人均 消费支出 (元)		
				# 食品	衣着用品
南宁市	344874	7448	6705	2447	428
柳州市	310693	5740	4458	1951	272
桂林市	150767	6997	5893	2278	403
梧州市	60988	5221	4604	2046	233
北海市	54661	6167	5092	2399	301
防城港市	29176	6200	4758	1970	264
钦州市	33436	5692	5001	1838	316
贵港市	40859	5468	4134	1735	276
玉林市	54436				

11—1　续表 30　　(2000 年)　　单位:元

城市名称	家庭设备用品及服务	医疗保健	交通通讯	娱乐教育文化服务	居住
南宁市	860	310	641	817	790
柳州市	300	146	288	521	776
桂林市	636	291	366	789	862
梧州市	338	248	314	432	841
北海市	361	235	509	447	641
防城港市	310	127	377	756	769
钦州市	395	215	384	839	856
贵港市	260	202	416	494	618
玉林市					

11—1　续表 31　　(2000 年)

城市名称	每百户拥有空调机(台)	每百户拥有电冰箱(台)	每百户拥有家用电脑(台)	居民消费价格指数(上年=100)	商品零售价格指数(上年=100)
南宁市	56	94	19	100.0	98.3
柳州市	31	84	18	99.8	97.5
桂林市	44	91	16	99.5	99.2
梧州市	20	66	12	100.5	99.2
北海市	27	89	4	100.4	97.9
防城港市	38	90	10	100.2	99.5
钦州市	12	80	8	101.1	99.5
贵港市	18	76	6	98.9	99.0
玉林市					

11—1 **续表 32** (2000 年)

城市名称	职工保险福利费用（万元）	年末离退休退职人员（万人）	离退休退职人员保险福利费(万元)	社会福利院（个）	社会福利院床位数（张）
南宁市	26031	6.30	48608	13	964
柳州市	25435	12.47	92982	24	1716
桂林市	18491	6.33	35611	7	794
梧州市	14059	2.80	15594	20	1016
北海市	3934	1.63	10569	22	399
防城港市	2721	0.65	5863	13	216
钦州市	3102	1.28	7935	15	279
贵港市	3993	1.70	10733	17	622
玉林市	4180	1.43	13726	7	290

11—1 **续表 33** (2000 年)

城市名称	设区服务设施数（个）	居民最低生活保障人数(人)	交通事故件数件）	刑事案件立案数（件）	犯罪人数（人）
南宁市	318	30369	349	10154	2287
柳州市	464	13307	914	13474	2794
桂林市	118	6664	412	9696	1706
梧州市	21	6868	51	4994	26
北海市	43	892	264	3637	1269
防城港市		2607	445	1810	457
钦州市	31	470	206	2776	683
贵港市	1	6232	394	3704	885
玉林市	5	1528	269	6285	1184

11—1　续表 34　　(2000年)

城市名称	实有铺装道路面积（万平方米）	排水管道总长度（公里）	供水综合生产能力（万吨/日）	全年供水总量（万吨）	#生活用水量
南宁市	772	532	89	25196	17382
柳州市	573	455	149	41498	11425
桂林市	187	314	36	15368	5925
梧州市	139	79	39	4647	3019
北海市	429	233	35	4075	1860
防城港市	163	95	12	1448	891
钦州市	442	286	29	4198	2233
贵港市	293	109	61	12423	3165
玉林市	212	152	19	2995	1887

11—1　续表 35　　(2000年)

城市名称	用水人口（万人）	#非农业用水人口	煤气供气总量（万立方米）	#家庭用量	用煤气人口（人）
南宁市	116.27	98.74	–	–	–
柳州市	85.90	79.25	2620	1580	139900
桂林市	49.40	46.30	–	–	–
梧州市	27.55	25.70	–	–	–
北海市	34.40	22.20	–	–	–
防城港市	9.85	9.03	–	–	–
钦州市	27.82	16.70	–	–	–
贵港市	44.49	24.66	–	–	–
玉林市	31.70	17.70	–	–	–

11—1　**续表 36**　　(2000 年)

城市名称	液化石油气供气总量(吨)	#家庭用量	用液化气人口(人)	公共汽车营运车辆(辆)	公共汽车客运总量(万人次)
南宁市	40335	40335	933000	628	14917
柳州市	27072	27072	484800	491	17025
桂林市	18097	13567	445900	383	9541
梧州市	22404	22404	257000	115	1809
北海市	17000	16400	219000	194	1477
防城港市	4999	4828	89500	59	554
钦州市	45000	13800	175000	36	222
贵港市	10628	9910	244300	63	650
玉林市	11400	10000	182700	77	863

11—1　**续表 37**　　(2000 年)

城市名称	年末实有出租汽车(辆)	园林绿地面积(公顷)	#公共绿地	建成区绿化覆盖面积(公顷)	环境污染治理投资额(万元)
南宁市	3741	4611	824	4129	8845
柳州市	1074	24788	514	3085	9589
桂林市	2135	2149	380	1980	3682
梧州市	376	1763	221	1827	987
北海市	580	3472	148	1697	1050
防城港市	36	218	50	221	79
钦州市	85	626	113	804	1353
贵港市	81	740	115	851	6673
玉林市	326	1218	439	971	1634

11—1 **续表 38** (2000 年) 单位:万吨

城市名称	工业废水排放总量	工业废水处理排放达标量	工业废水处理量	工业废水处理回用量	工业废水排放达标量
南宁市	4032	1478	2826	985	2979
柳州市	15338	4411	21355	16531	12030
桂林市	1499	1367	2014	1314	654
梧州市	1103	542	786	167	931
北海市	707	606	960	271	621
防城港市	456	176	287	112	217
钦州市	1633	1219	1524	167	1413
贵港市	4615	2441	5278	2519	3816
玉林市	274	16	511	332	32

11—1 **续表 39** (2000 年)

城市名称	工业二氧化硫去除量(吨)	工业二氧化硫排放量(吨)	环境噪声达标面积(平方公里)	生活垃圾粪便清运量(万吨)	生活垃圾粪便无害化处理量(万吨)
南宁市	6386	18496	78	27	27
柳州市	159989	28470	50	26	26
桂林市	–	1	34	19	19
梧州市	1425	4838	12	13	13
北海市	1966	1596	20	16	16
防城港市	483	3268	13	5	5
钦州市	1496	8721	–	9	1
贵港市	8171	27800	12	22	12
玉林市	291	4240	–	10	9

十二、农　业

12—1 主要年份农村基本情况及从业人员构成

指　　标	单　位	1990 年	1995 年	1999 年	2000 年
乡镇个数	个	1359	1362	1360	1360
#镇个数	个	357	618	718	745
村委会个数	个	14769	14803	14837	14849
通汽车村数	个	-	12072	14028	14182
通电话村数	个	-	4842	11054	11812
自来水受益村数	个	-	5617	7771	7832
乡镇户数、人口、劳动力					
乡镇户数	万户	756.50	827.88	894.08	913.95
乡镇人口	万人	3710.63	3881.89	3982.53	4026.44
乡镇从业人员	万人	1767.79	1964.60	2080.34	2145.35
按性别分					
男劳动力	万人	919.64	1030.85	1093.57	1129.86
女劳动力	万人	848.15	933.75	986.77	1015.49
按产业分					
第一产业劳动力	万人	1589.12	1562.88	1603.40	1556.84
第二产业劳动力	万人	70.51	125.97	140.29	148.57
第三产业劳动力	万人	108.16	275.75	336.65	439.94

注:1990 年、1995 年乡镇从业人员为“乡镇实有劳动力”。

12—2 农林牧渔业总产值

(按当年价格计算)　　(1978—2000 年)　　单位:亿元

年　份	农林牧渔业总产值	农业产值	林业产值	牧业产值	渔业产值
1978	46.17	36.99	2.28	6.37	0.53
1979	55.57	45.08	2.88	7.09	0.52
1980	63.31	44.41	4.39	13.64	0.87
1981	74.41	50.49	5.07	17.64	1.21
1982	88.23	59.17	5.20	22.35	1.51
1983	89.50	58.76	5.33	23.29	2.12
1984	95.02	60.53	7.03	24.51	2.95
1985	108.02	66.34	8.09	30.43	3.16
1986	118.69	71.08	10.34	33.39	3.88
1987	137.92	83.74	9.54	39.69	4.95
1988	168.94	93.69	12.26	56.41	6.58
1989	212.17	114.60	13.53	75.86	8.18
1990	252.22	149.69	18.05	75.50	8.98
1991	278.15	164.73	20.87	81.99	10.56
1992	333.12	188.65	26.77	100.71	16.99
1993	378.62	214.24	27.47	114.15	22.76
1994	516.46	283.71	31.78	164.02	36.95
1995	698.28	384.17	32.56	225.57	55.98
1996	821.55	450.52	38.14	263.80	69.09
1997	882.60	482.48	38.64	280.67	80.81
1998	865.90	476.24	37.75	263.96	87.95
1999	844.78	454.85	37.48	261.87	90.58
2000	828.97	418.83	38.76	275.33	96.05

12—3 农林牧渔业总产值指数

(上年＝100)　　(1978—2000年)　　单位:%

年份	农林牧渔业总产值	农业产值	林业产值	牧业产值	渔业产值
1978	101.81	101.93	100.76	105.02	72.75
1979	104.75	106.08	109.69	96.88	85.20
1980	104.18	105.24	98.92	98.96	112.80
1981	105.99	104.14	122.72	111.69	106.36
1982	116.20	115.38	104.59	123.48	126.34
1983	100.67	100.61	92.52	102.73	111.97
1984	99.71	96.95	113.68	105.59	104.19
1985	102.11	99.61	110.51	107.19	112.53
1986	103.43	103.09	104.15	103.31	114.45
1987	104.91	106.59	93.12	102.68	112.53
1988	98.05	96.65	102.65	100.36	106.95
1989	110.28	111.39	94.48	111.78	109.43
1990	108.01	105.38	125.07	111.26	113.93
1991	108.06	105.25	113.01	112.85	112.24
1992	114.94	115.26	106.72	116.05	122.93
1993	104.70	101.31	104.19	108.93	126.60
1994	107.27	102.41	107.98	111.53	135.97
1995	114.86	114.03	96.18	117.23	135.87
1996	105.02	99.63	100.26	112.50	120.42
1997	109.85	110.69	97.41	107.70	120.39
1998	105.19	106.50	95.52	102.93	110.14
1999	107.90	111.38	99.77	103.56	106.20
2000	100.20	94.65	101.92	109.37	105.31

12—4 耕地面积

(1978—2000年)　　单位:千公顷

年份	年末实有耕地面积			占耕地面积%	
		水田	旱地	水田	旱地
1978	2624.8	1670.3	954.5	63.6	36.4
1979	2627.5	1668.1	959.4	63.5	36.5
1980	2636.9	1653.9	983.0	62.7	37.3
1981	2634.5	1656.2	978.3	62.9	37.1
1982	2630.9	1649.3	981.6	62.7	37.3
1983	2620.1	1641.6	978.5	62.7	37.3
1984	2573.7	1633.5	940.2	63.5	36.5
1985	2572.2	1616.3	955.9	62.8	37.2
1986	2563.8	1605.2	958.6	62.6	37.4
1987	2564.9	1597.9	967.0	62.3	37.7
1988	2569.4	1590.4	979.0	61.9	38.1
1989	2578.5	1587.2	991.3	61.6	38.4
1990	2595.9	1584.9	1011.0	61.1	38.9
1991	2612.9	1583.1	1029.8	60.6	39.4
1992	2610.7	1573.0	1037.7	60.3	39.7
1993	2606.6	1566.5	1040.1	60.1	39.9
1994	2601.8	1555.1	1046.7	59.8	40.2
1995	2614.2	1540.3	1073.9	58.9	41.1
1996	2632.3	1532.6	1099.7	58.2	41.8
1997	2648.6	1519.3	1129.3	57.4	42.6
1998	2655.2	1515.0	1140.2	57.1	42.9
1999	2658.3	1509.0	1149.3	56.8	43.2
2000	2652.6	1498.6	1154.0	56.5	43.5

注:1公顷＝15亩。

12—5 主要年份主要农作物播种面积

单位：千公顷

指　　标	1990年	1995年	1999年	2000年
农作物总播种面积	**5141.3**	**5745.7**	**6289.4**	**6258.6**
粮食作物	3639.9	3662.7	3725.5	3653.8
占总播种面积比重(%)	78.8	63.7	59.2	58.4
#稻　谷	2543.7	2433.0	2388.7	2301.6
#早　稻	1190.3	1150.8	1116.4	1078.0
晚　稻	1187.5	1137.7	1122.0	1068.7
玉　米	536.9	550.1	594.0	608.7
大　豆	213.4	252.5	275.9	281.4
薯　类	248.4	312.6	344.0	341.1
花　生	167.3	208.4	226.7	240.6
油菜籽	14.3	61.5	106.9	89.2
芝　麻	11.2	9.4	6.9	7.3
黄红麻	10.0	6.7	6.8	5.8
苎　麻	2.0	1.2	1.1	0.9
甘　蔗	319.9	454.3	552.9	508.7
烤　烟	21.3	10.1	9.5	11.4
木　薯	219.4	272.9	264.7	264.3

12—6 主要年份主要农作物产品产量

单位：万吨

指　　标	1990年	1995年	1999年	2000年
粮食作物	1402.57	1553.31	1722.49	1667.24
#稻　谷	1239.02	1307.66	1427.43	1360.77
#早　稻	655.71	699.25	729.77	706.82
晚　稻	516.70	536.72	618.91	570.25
玉　米	118.75	155.47	178.79	188.44
大　豆	13.56	28.97	35.09	36.43
薯　类	24.88	49.68	67.36	67.61
油　料	25.19	45.35	54.73	58.61
#花　生	24.20	39.17	44.88	49.55
油菜籽	0.52	5.34	8.86	8.16
芝　麻	0.35	0.52	0.50	0.57
黄红麻	2.08	1.29	1.38	1.15
苎　麻	0.18	0.18	0.20	0.17
甘　蔗	1501.84	2555.73	3220.64	2937.89
烤　烟	2.97	1.24	1.35	1.69
木　薯	64.59	124.51	128.22	132.56
茶　叶	1.64	1.94	1.82	1.79
水　果	91.61	266.60	405.19	360.14
#蕉　类	21.38	96.35	112.67	127.32
沙田柚	1.85	8.77	18.61	18.36
柑桔橙	34.09	72.58	106.18	87.99
菠　萝	12.93	12.22	10.13	8.00
龙　眼	3.44	11.86	31.16	15.67
荔　枝	5.89	14.85	31.05	14.55

12—7 主要年份主要农作物单位面积产量

单位:公斤/公顷

指　　标	1990 年	1995 年	1999 年	2000 年
粮食作物	3853	4241	4624	4563
#稻　谷	4871	5375	5976	5912
#早　稻	5509	6076	6537	6557
晚　稻	4351	4718	5516	5336
玉　米	2212	2826	3010	3095
大　豆	635	1147	1272	1295
薯　类	1002	1589	1958	1982
花　生	1447	1879	1980	2059
烤　烟	1394	1231	1431	1475
甘　蔗	46947	56254	58247	57756

12—8 主要年份农业生产条件基本情况

指　　标	单　位	1990 年	1995 年	1999 年	2000 年
机耕面积	千公顷	679.3	791.04	953.33	971.1
农村用电量	亿千瓦小时	12.60	23.61	28.60	29.58
化肥施用量(折纯量)	万吨	86.24	122.86	153.75	157.76
氮　肥	万吨	45.03	53.95	55.24	56.86
磷　肥	万吨	14.74	21.21	22.37	22.53
钾　肥	万吨	16.33	25.05	35.30	36.10
复合肥	万吨	10.14	22.65	40.84	42.27
农田有效灌溉面积	千公顷	1490.43	1472.1	1477.97	1501.6
水　　库	座	4536	4444	4376	4386
#大型水库	座	25	25	26	26
中型水库	座	166	172	176	178
水库库容量	亿立方米	220.22	222.7	227.52	228.79
#大型水库	亿立方米	130.64	130.13	132.36	132.95
中型水库	亿立方米	48.28	49.42	51.16	51.42
水库有效库容量	亿立方米	106.69	107.35	110.40	137.84
#大型水库	亿立方米	47.95	46.42	47.72	47.84
中型水库	亿立方米	29.45	30.44	31.81	31.95
水库有效灌溉面积	千公顷	696.9	659.9	669.2	666.1
#大型水库	千公顷	209.5	171.8	184.9	181.0
中型水库	千公顷	236.2	239.4	238.9	239.4

12—9 主要年份主要农业机械拥有量

指　　标	单　位	1990年	1995年	1999年	2000年
农业机械总动力	亿瓦特	78.42	107.54	137.52	146.79
农用大中型拖拉机	万台	1.64	1.18	1.07	6.41
	亿瓦特	4.91	4.02	3.97	12.31
农用小型及手扶拖拉机	万台	23.00	27.04	30.52	26.10
	亿瓦特	20.34	24.81	32.41	26.60
机引农具	万部	19.00	26.22	36.60	40.11
农用排灌动力机械	亿瓦特	7.23	10.12	14.94	16.05
农用水泵	台	76839	130684	196930	228198
农用载重汽车	辆	15448	24423	27613	27501
渔业机动船	艘	9394	11123	12844	13294
	亿瓦特	1.91	3.48	4.36	4.46

12—10 主要年份畜牧业生产情况

指　　标	单　位	1990年	1995年	1999年	2000年
牲畜年底头(只)数					
大牲畜	万头	730.85	771.95	808.82	814.51
#从事农事劳役的	万头	490.98	522.60	552.21	560.45
牛	万头	703.90	738.77	770.74	775.25
#能繁殖的母牛	万头	287.06	299.16	315.88	315.18
水　牛	万头	371.26	411.43	433.66	437.78
黄　牛	万头	332.11	326.84	336.29	336.46
良种及改良种奶牛	万头	0.53	0.50	0.79	1.01
马	万匹	26.11	31.59	35.73	36.82
驴	万头	0.05	0.05	0.05	0.06
骡	万头	0.79	1.54	2.30	2.38
猪	万头	1742.49	2075.65	2309.55	2415.56
#能繁殖的母猪	万头	132.15	186.13	209.49	224.34
羊	万只	80.56	131.51	241.07	241.80
#山　羊	万只	80.56	131.51	241.07	241.80
畜产品产量					
肉猪出栏头数	万头	1063.86	1905.84	2546.95	2756.91
肉类总产量	万吨	104.15	195.61	262.94	287.26
#猪　肉	万吨	87.19	153.63	202.49	217.87
牛　肉	万吨	3.04	6.54	8.94	9.79
羊　肉	万吨	0.29	0.77	2.29	2.47
其他畜产品					
牛　奶	吨	8589	9006	13372	16816
蜂　蜜	吨	2528	4016	4840	5563

12—11 主要年份林业生产情况

指 标	单 位	1990年	1995年	1999年	2000年
造林面积(年末成活率达85%以上)	千公顷	424.6	130.2	64.0	57
#飞机播种	千公顷	114.3	–	0.6	–
用材林	千公顷	375.6	63.8	33.9	30.5
#毛竹林	千公顷	0.7	2.2	0.9	1.1
经济林	千公顷	45.5	64.2	20.7	19.5
#油 茶	千公顷	8.6	6.7	1.4	1.4
油 桐	千公顷	5.4	9.8	2.0	1.1
八 角	千公顷	6.6	9.9	4.1	6.9
玉 桂	千公顷	6.5	7.6	0.6	0.6
防护林	千公顷	1.5	1.7	3.7	6.0
其他林(风景林、薪炭林)	千公顷	2.0	0.5	5.7	1.0
当年迹地更新面积	千公顷	35.2	69.6	89.4	100.7
育苗面积	千公顷	3.1	2.1	1.6	1.4
当年四旁零星植树(按实际成活计)	万株	3051.6	3518.8	3936.17	3355.31
当年幼林抚育作业面积	千公顷次	378.2	623.3	427.4	390.5
当年幼林抚育实际面积	千公顷	304.1	472.0	324.7	299.1
成林抚育实际面积	千公顷	150.6	310.2	290.9	280.3
现有封山育林面积	千公顷	1658.7	4339.2	4253	4251.2
林木种籽采集量	吨	681	100	166	154
林产品产量					
油茶籽	吨	58645	86098	108410	118620
油桐籽	吨	30789	50854	58972	63002
松 脂	吨	154595	247202	226256	216015
八 角	吨	8484	18382	31205	30966
桂 皮	吨	4191	16716	17876	16605
板 栗	吨	3955	11162	21927	22008
核 桃	吨	153	478	331	262
白 果	吨	1625	2217	3548	3629
茴 油	吨	402	1186	1627	1601
桂 油	吨	107	642	844	779
竹笋干	吨	1838	7453	17086	16208
橡 胶	吨	3181	2672	1493	1403
村及村以下竹木采伐					
木材采伐量	万立方米	329.23	372.9	269.86	270.27
毛 竹	万根	838.00	2679.71	4145.22	4655.48

12—12 主要年份渔业生产情况

指　　标	1990年	1995年	1999年	2000年
养殖面积(千公顷)	132.4	191.2	235.3	239.6
淡水养殖面积	126.9	150.2	176.7	178.2
#山塘水库	85.2	85.2	93.2	93.2
池　塘	37.4	58.1	73.0	74.7
海水养殖面积	5.5	41.0	58.6	61.4
水产品产量(吨)	323493	1032871	2309345	2398592
1.海水产品产量	202672	645706	1554260	1594505
按生产性质分				
天然生产	199324	498192	888557	888417
人工养殖	3348	147514	665703	706088
按类别分				
#鱼　类	165645	396294	602609	586269
虾蟹类	25584	69871	153068	171003
贝　类	10882	172984	757226	790393
藻　类	7	110		15
2.淡水产品产量	120821	387165	755085	804087
按生产性质分				
天然生产	10549	45818	89214	91538
人工养殖	110272	341347	665871	712549
按类别分				
#鱼　类	119116	375464	722681	772067
虾蟹类	992	5809	9218	9357
贝　类	686	4771	19141	19516

注:1996年以前水产品产量按旧标准统计即贝类5斤按1斤计量。1997年起按新标准统计即海蜇按三矾后的成品、海藻按干品计量,其余所有的水产品均按捕捞起水时的鲜活实际重量计量。

12—13 主要年份农民家庭生产性固定资产原值

(平均每户)　　单位:元

指　　标	1990年	1995年	1999年	2000年
合　　计	1082.59	2004.32	2851.66	3000.05
役畜产品畜	512.61	791.08	855.39	773.52
大中型铁木农具	47.36	110.73	152.89	165.83
农林牧渔业工具	139.02	284.39	465.02	489.48
工业机械	54.90	98.62	142.31	236.37
运输机械	97.70	295.08	464.55	463.53
生产用房	195.90	386.43	664.97	678.50
其他	35.10	37.99	106.54	198.82

12—14 主要年份农民家庭拥有主要生产性固定资产

(平均每百户)

指　　标	单　位	1990年	1995年	1999年	2000年
汽　　车	辆	0.16	0.36	0.69	0.30
大中型拖拉机	台	0.22	0.13	0.61	0.26
小型和手扶拖拉机	台	4.14	6.37	6.58	7.98
机动脱粒机	台	0.43	4.64	6.78	10.00
役畜	头	81.69	76.54	66.19	63.72
胶轮手推车	辆	11.04	18.28	15.74	3.49
农用动力机械	台	1.20	4.14	7.34	9.74
水泵	台	0.95	4.44	7.03	10.35

12—15 主要年份农民家庭经营耕地面积

(平均每人)

指　　标	单　位	1990年	1995年	1999年	2000年
经营耕地面积	亩	1.16	1.20	1.29	1.25
#承包耕地面积	亩	0.97	1.00	1.02	1.16
所占比重	%	83.62	83.33	79.07	92.8
自留地面积	亩	0.10	0.10	0.09	0.09
所占比重	%	8.62	8.33	6.98	7.2
经营山地面积	亩	0.49	0.45	0.57	0.51
经营水面面积	亩	0.01	0.02	0.01	0.03

广西南宁市新城区人民政府

新城区党委、政府领导深入新兴苑社区居民家中，了解居民对社区建设的看法。图左二为城区党委书记赖贵寿，右二为城区政府副区长黄菊如。

壮乡首府南宁市新城区地处青山脚畔、邕江之滨。面积24平方公里。现辖3个街道办事处、23个居委会，人口30万。是南宁政治、经济、文化、金融、旅游的中心城区。

新城区党委、政府在市委、市政府的领导下，坚持以邓小平理论和党的基本路线为指导，深入贯彻党的十五大和十五届三中、四中全会精神，解放思想，开拓创新，团结进取，争创一流，各项事业都取得了迅猛发展。新城区党委、政府坚持以经济建设为中心，根据本城区的实际，提出了以增强城区综合实力为目标、市场为导向、改革为动力、科技为先导、服务为手段、税源经济为龙头，大力发展个体、私营经济，重点发展商业服务业，积极发展外向型经济的工作思路。1995年以来，城区国内生产总值每年都以20%左右的速度增长，2000年达到4.1亿元;财政收入以年均27%的速度增长，2000年达到1.4亿元，名列全市五城区之首;引进外资和外贸出口创汇居全市五城区前列。城区区域竞争能力及综合实力也不断增强，将发展成为开放型、花园式、多功能的城区。

新城区召开“南珠杯”迎查动员大会，会后城区领导与群众一道清理卫生死角。

▶ 新城区政府区长汪厦明深入城区民主小学与校领导共同研究校园建设。图左二为汪厦明区长。

发挥中心城区优势　开创兴宁崭新局面

广西南宁市兴宁区

兴宁区是广西壮族自治区首府南宁市的中心城区，中共南宁市委所在地。总面积7.2平方公里，常住人口13万，下设民生、朝阳两个办事处和28个居委会。兴宁区是南宁城区的起源地，更是首府商业、服务、交通、金融、信息和文化娱乐等行业的中心。朝阳路、新华路、人民路、兴宁路、民生路等街道是南宁市的主要商业街区。辖区内的南宁百货大楼、万隆百货公司、广西商业大厦、广西电子商场、南宁交易场、和平商场、民族商场等大型批零商场在大西南几省区都有较大影响。中华路摩托车一条街是全市最早形成规模的摩托车销售专业街，年销售摩托车2万余辆。民生路、朝阳路电讯产品专业市场是南宁规模最大的电讯市场。新华街夜市更是南宁市繁华的旅游产品专业市场。

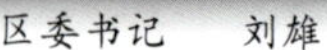

区委书记　刘雄

区长　李勤

辖区内有火车站、汽车总站、客运中心、民航售票处和水路客运码头等交通枢纽，有南宁饭店、南方大酒店、凤凰宾馆、金都大酒店和麦当劳餐厅等著名宾馆、酒楼，以及人民公园、狮山公园、民族影城、中华电影院等休闲娱乐场所。日客流量近20万人。便利的交通条件，优越的生活环境，使兴宁区成为南宁市的主要的人流、物流、信息交流和购物中心，同时也为城区带来了无限的商机和活力。可谓是不到兴宁，枉来南宁。

"九五"以来，兴宁区委、区政府认真贯彻广西壮族自治区党委"三大战略，六大突破"的决策，提出了"借西部大开发东风，以东沟岭新区开发为契机，突出发展第三产业，积极开发工业基地"的工作思路。在实施过程中，以三产为重点，以发展个体私营经济为突破口，敞开城门迎接四方宾客。至2000年底，全区注册个体工商户达11908户，比1995年增加了3726户，增长了45.5%，个体户数占全市（市区）总数的43.2%。个体商业网点星罗棋布，从业人员数万人。非公有制经济为城区经济的发展做出了积极的贡献。与1990年相比，2000年全区国内生产总值增长了5.6倍，达到4.32亿元；财政总收入增长了3.9倍，达到1.43亿元；社会消费品零售总数增长43倍，达到3亿元。经济总量年均增长速度高出全国平均水平7.67个百分点。

在抓好物质文明建设的同时，城区党委、政府始终把精神文明建设摆到突出位置。近年来，开展了创建朝阳路文明一条街活动，认真组织开展群众性广场和小区文化活动，做到月月有主题，周周有活动。科普一条街宣传活动搞得有声有色。配合朝阳溪整治工程，对朝阳溪两岸进行规范管理，还碧水蓝天于市民，城区的精神文明创建活动做到了有规划有成效。几年中，城区先后荣获全国科技工作先进城区、自治区"双文明"先进城区、"双拥"模范区、社会治安综合治理先进单位、创建国家园林城市先进单位、自治区统计工作先进单位等荣誉称号，城市管理、计划生育、文化、教育和科学等各项事业全面健康发展。

南宁百货大楼

朝阳花园

回顾过去展望未来，兴宁人豪情满怀，正进一步发扬"团结务实，开拓争先"的兴宁精神，以崭新的姿态迎接美好的明天。

中国银行广西区分行

2000年中国银行广西区分行致力于积极推进良好公司治理机制建设，通过明晰发展战略，逐步建立科学的决策程序，按照审慎会计原则处理业务，建立严格的目标责任制以及服务于这一制度的激励约束机制等政策、措施，进一步加快向现代化商业银行转变的进程。该行立足于“中国银行，服务全球”的经营理念，通过服务创新、产品创新，加强对区内社会公众的金融服务，在保持外汇存、贷款业务、国际结算业务、人民币远期结售汇等传统业务优势的同时，大力推出外汇宝、银券一户通、B股资金清算、教育储蓄等零售业务产品以及通知、协定存款、集团公司资金汇划公司业务产品等。

新落成的广西分行办公大楼

图为该行领导在外汇宝业务开业典礼上剪彩

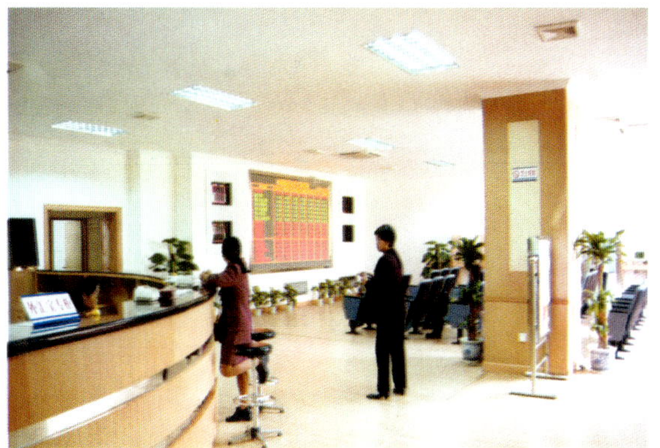

图为该行金融大厦外汇室交易中心

图为该行2001年全辖工作会议，领导班子在会议上制订各项业务发展策略。

广西南宁市永新区人民政府

［概况］永新区位于南宁市区的中西部，辖2个街道办事处、30个居民委员会、1个村民委员会，行政区域面积5.55平方公里。2000年末常住人口105550人。年内实现国内生产总会2.73亿元，第三产业增加值1.75亿元；城区财政收入完成5828万元，其中地方财政收入3461万元，地方财政支出3663万元。城镇居民人均可支配收入7448元。［财税工作］城区领导把财税工作摆在政府工作的首要位置，将税收任务作为一项主要指标来衡量有关职能部门的工作，每月定期召开税收协调会，城区领导，带头深入辖区企业调查研究，为企业生产经营协调解决问题，通过采取聘用一批代 征员，加强个体税及房产税的征收力度，堵塞税收漏洞，理顺税收关系等有力措施，加强税收征管。城区财政提前46天完成全年任务，比1999年增加1015万元，增长21.1%。

［开发钢化玻璃新产品］9月1日城区私营企业——南宁市松林镜业发展公司的大规格特厚建筑用平钢化玻璃生产线投产，并分别获得自治区、市10万元科技经费。该项目第一期投资542万元，填补了广西平钢化玻璃生产的空白，产品不公符合国家标准，还达到美国建筑安全玻璃标准和欧洲汽车玻璃安全标准。

［招商引资与发展非公经济］城区党委、政府强化区域经济意识，加强对各种所有制企业的服务。将辖区企业的面积、闲置车间、设备、合作意向等制成表册，建立招商引资项目库，落实项目责任制。年内先后引进泰克农药有限责任公司等18家市场前景看好的企业。制订并落实《永新区发展经济的暂行规定》等文件，为非公经济发展提供政策支持。强化政府的引导、协调、规划和服务功能，成立城区非公经济发展协调办公室，将为企业服务落到实处，为非公经济营造宽松环境。年底，城区个体、私营企业达3156户，上交税金2262万元。

［教育事业］重点抓好以提高教学质量为目标的教育工作，对所属8所小学、2所幼儿园进行行风评议活动，提高教师职业道德水平。开展师德教育月活动，教师参加市教育局举办的优质课比赛获12个一等奖、15个二等奖、20个三等奖。全面推进素质教育，组织6644名学生参加《走向新世纪》读书教育活动。开展社区雏鹰站活动，发挥青少年创建文明城市活动的积极性和创造性。年内投入资金376.8万元，用于各校改善学校设施，经费投入同比增加26.1% 。4月通过自治区检查验收，获“普及实施教学达标县（区）称号”。

［为民办十件实事］ 年内完成年初计划为民办的十件实事：1、安排下岗、失业职工 560人次就业；2、开办2个生殖健康咨询服务室 ；3、卫国一小综合楼竣工和维修华强小学教学楼；4、组建除“四害”专业 队；5、协助市环保局回收和处理工业废机油近百吨；6、维修改造小街巷17条，清理排水沟2842米、沉沙井274座（次）；7、城区人武部独立营院办公楼落成使用；8、成立朝阳小区居委会；9、协助开辟永新广场和利客隆广场为群众健身活动场所；10、协助建设南宁市木业夹板装饰材料批零等3个综合、专业市场。

［完成农村合作基金会整顿兑付 ］永新区雅里村农村合作基金会原有会员750户，股金580万元。1999年清理整顿后，做好兑付前期准备工作，追回欠款240万元，如实公布兑付方案，稳定会员情绪。城区财政垫付7.3万元。12月28日止，已分两期兑付705户，兑付股金578.2万元。提前4 年基本完成基金会的兑付工作。

［建城城区人民 武装部独立营院］城区人民武装部原在城区机关里办公。年内由城区政府出资140多万元，市财政支持100万元，在市保健饮料厂原址建成独立营院，8月1日投入使用。营院占地4000平方米，建筑面积1040平方米。率先在南宁市五城区建成武装部独立营院。

［开展群众性的精神文明创建活动］城区广泛组织开展群众性文体活动，共举办广场文化、社区文化、企业文化活动65场次，参演人数9900多人次，观众10余万人次。聘请60名广西大学学生任居委会主任助理，协助开展精神文明活动。在街道办事处成立社会区家长学校、街道青少年工作委员会和居

在广西商贸会展上，自治区副主席张文学（右三）对永新区政府肖志钢区长（左一）说："你们的产品很有特色"！

委会"雏鹰站"。建立社区精神文明示范点，创建文明小区达90%以上。年初对荣获南宁市"树立广西新形象，创建全国文明城"的56个先进单位（集体）和140名先进个人进行表彰，命名1 1个单位为城区级文明单位和军警民共建先进单位。

［扫黄打非］年内先后组织开展4次较大规模的联合清查行动，依法取缔27家无证经营的特种行业店铺，收缴非法出版物881本，盗版光碟4057张，清理非法经营的电子游戏室、书报摊131处，查处卖淫嫖娼人员302人。对北大路立交桥的贩黄点连续16次出动1036人（次）强化整治，抓获贩黄违法人员27人，收缴黄 碟3483张。

［华强街道办事处］位于永新区东半部，辖13个居委会，辖区面积2.2平方公里，年内常住人口31276人。该街区的华强路、华西路和中华路为 南宁市最为集中的小商品、副食品批发零售街。人民西路一带为建筑装饰材料一条街。此街区还有4个大型的粮油、食品、副食品、日用品、旅游用品综合批发市场。南宁市4家市属商业机构均设在该街区。

［新阳街道办事处］位于永新区西部半，辖17个居委会、1个村民委员会。面积3.3平方公里，2000年末常住人口79274人。街区为南宁市水陆路交通要冲，邕江上的南宁港、上尧码头，以及中兴大桥、铁路桥和拟建的永和大桥的北端均在街区内。该街区为南宁市的轻工业中心之一，有工业企业28家。

作者：肖志钢、闭百宁、张增清、陈用培

在永新广场上举办的永新区青少年爱科学月活动作品展评，深受青少年和群众的欢迎。

2000年12月30日，以全通木业为龙头的南宁市北际夹板装饰市场成立，标志着永新区向构建装饰材料批零中心的目标迈出了坚实的一步。

柳州柳新汽车冲压件有限公司

柳州柳新汽车冲压件有限公司（以下简称公司）是由东风柳州汽车有限公司、柳江汽车配件厂、新加坡淡申汽车私人有限公司三方合资兴建的一家中外合作企业，设立于1992年12月，1995年7月投产。公司位于柳汽二基地南侧，南环路北侧。99年底公司占地面积6万平方米，资产总额达2.5亿元（其中权益总额为2.0亿元），员工260人。公司具有较强的经济、技术实力和成熟的车身生产经验，生产的平头驾驶室、轻客车身外观质量达到国内领先水平，是东风柳州汽车有限公司优秀定点配套企业。

公司现拥有26台下料、冲压设备以及5条焊装生产线，其中16台500T以上先进大型冲压设备和开卷滚平下料生产线分别从台湾、俄罗斯、美国引进，几种车型的车身冲压模具及焊装夹具由台湾引进。现有冲压、焊装生产线完全能够满足车身大批量生产的需要，目前已具备了年产3万台载重车驾驶室，2万台轻客车身的生产能力。

公司经营范围：设计、生产和销售汽车车身及其配件，产品技术维修服务。目前的主要产品有：中、重吨位载重车平头驾驶室系列；具有九十年代国际先进水平的短头流线型轻客车身系列。

公司正式投产以来，凭着可靠的产品质量和优质的售后服务赢得了广大用户的青睐和好评，取得良好的经济效益和社会效益。1998年取得了国家机械局工业综合经济效益指数排名前500家企业第32名，在汽车行业居第7名；1999年利润突破5000万元，荣获广西机械工业“振兴明星奖”（全区唯一）；1998年、1999年获得中国农行广西分行“企业信用等级AAA级”；2000年获得市“技术创新工作先进集体”称号，2001年7月已通过ISO9002质量体系认证。

公司董事长肖子凯先生、总经理王伯宁先生向各界朋友致以诚挚的问候！热忱欢迎新老朋友们光临指导！

地址：广西柳州市屏山大道286号　　邮编：545005

电话：(0772) 3250451（销售）3251548（公司办）

传真：(0772) 3252564

E-mail：Lxco@public.lzptt.gx.cn

柳州市市委书记沈北海亲临公司指导工作

先进的大型冲压生产设备

花园式厂容厂貌

先进的焊装生产线

柳州市旧城改造服务处

柳州市旧城改造服务处是副处级事业单位，归口市建设局管理。该处成立于1989年6月，其前身是1986年2月成立的柳州市房屋拆迁安置办公室，后经柳州市编制委员会批准更名。单位现有在职职工42名，其中有22名党员，有22人具有大专以上文化程度，34人具有初、中级以上技术职称。单位的机构设置为“三科一室”，另下辖两个独立核算的公司：柳州市旧城改造服务公司和柳州市鑫城物业管理有限责任公司，办公地点在柳州市中山西路12号“鑫城大厦”。

柳州市旧城改造服务处主要受托从事城市建设的房屋拆迁安置工作，业务上接受柳州市房屋拆迁办的指导，年拆迁户在300户以上，年拆除房屋面积3万平方米，完成年拆迁工作总量5000万元左右，占全市年拆迁安置工作总量的三成，是柳州市最具拆迁竞争实力的单位。该处除搞好拆迁主业外，还投资兴建了一批拆迁安置房，先后建成西环小苑、狮子山小区、蝴蝶山西路4、6、8号安置楼等28栋，建筑面积5万多平方米，为柳州市市政公用事业拆迁工程提供了大量房源。此外，该处自筹资金在市中山西路(市中心区)，兴建了一座办公综合楼——鑫城大厦。该楼高17层，建筑面积17080平方米，总投资4600万元，是集办公室、商贸、餐饮、娱乐等功能为一体的综合性大楼。大楼于2000年末基本竣工，投入使用后，将为该处经济快速发展奠定坚实的基础。

由于柳州市旧城改造服务处在两个文明建设中的显著成绩和柳州市旧城改造、城市建设的突出贡献，先后在1992年度和1995年度被评为柳州市先进集体，1996年被柳州市人民政府评为抗洪救灾先进集体，1998年被评为柳州市城中区精神文明单位。该处决心在“十五”期间努力实践江泽民“三个代表”的重要思想，再接再励，勇往直前，为柳州市城市建设和经济发展，创造出更加辉煌的业绩。

自筹资金兴建的办公综合楼——鑫城大厦

“学雷锋活动月”在市喷泉广场开展拆迁咨询和电器维修等活动

新华书店拆迁工程折房现场

广 西 柳 州 发 电

公司董事长兼党委书记：王水其

广西柳州发电有限责任公司1996年12月由原柳州电厂改制而成(原老厂1958年建设，装有3台12MW燃煤机组)。公司注册资金13150万元，由广西开发投资有限责任公司和广西电力有限公司分别出资73%和27%。公司固定资产原值13.39亿元，净值8.82亿元，年发电能力20-24亿千瓦时，是国家大型二类火电生产企业。公司下设九部二室，四大分场、一个工业编组站和七大三产公司，现有员工1242人，员工中高级技术职称10人，中级职称129人，技师26人。高中级职称人数占13.3%，大中专以上学历385人，占总数31%。

公司改制后，按照“产权明晰，权责明确，政企分开，管理科学”的原则，逐步建立和完善现代企业制度，

地　　址：柳州市前锋路4号
电　　话：(0772) 2512325
电　　挂：0697
邮　　编：545002

2台200瓦发电机组

有限责任公司

公司总经理：肖新国

形成了股东会、董事会、监事会和经理层组成的公司法人治理结构。近年来，公司加大技改投入，进行了DCS、DEH改造，提高了设备管理水平，消缺做到了"危急缺陷不过夜，一般缺陷不超过12小时 "安全工作达到了"班组控制异常，分场控制障碍，公司控制事故"的管理要求，公司连续三年实现了安全生产目标，发电量、上网电量、上缴税费、实现利润保持了高速增长，连续三年被评为自治区安全生产先进企业和自治区"经济效益杯"劳动竞赛金杯奖。2000年，公司抓住西部大开发，国家经济结构调整以及电力体制改革深入发展的大好时机，提出了"迎接挑战，锐意改革，精干主业，争创一流"的工作方针，依靠科技进步，不断降低成本，抢抓机遇多发电，发电量2062409.58兆瓦时、上网电量 1909883.04兆瓦时、上缴税费10470万元、实现利润9480万元，四项指标均创历史最好成绩，实现了跨越式发展。

DCS 改造后机组自动化水平大大提高，图为计算机控制的集控室

公司是国家电力系统安全文明生产"双达标"企业，是自治区安全生产先进企业和文明单位，2000年又通过了IS09002质量认证，是西南地区首家通过该项认证的火力发电企业，并再次荣获自治区"经济效益杯"劳动竞赛金杯奖。

柳州市中小企业信用担保有限公司

担保公司领导作工作指示

担保公司对被担保企业柳整公司进行业务回访并听取企业领导介绍生产经营情况

二000年是世纪之交的一年，在这一年中，我公司在市委市政府的直接领导下，积极而慎重地开展担保业务工作，取得一定的成绩和经验，为扶持柳州市中小企业，发展柳州经济作出应有的贡献。

年内，公司共受理中小企业担保申请85户(次)，经审查符合担保条件并为45户(次)企业提供了贷款担保，累计担保贷款总额为11965万元。所担保总额是市政府投入的担保资金3000万元的3.99倍。是所投入货币现金1000万元基金的11.97倍。担保业务量已经超额完成公司全年计划目标。同时，担保贷款的投放，给企业在紧缺流动资金情况下注入活力。年内，共给45个企业提供担保贷款，通过这担保资金的投放和企业的努力，这些企业共实现销售64559.3万元，利税4555.8万元，利润2633.5万元，出口创汇3128万元。

之所以取得以上成绩，主要是公司领导高瞻远瞩，具有预见性地抓了以下几个方面的工作：

1、努力扶持中小企业

柳州是广西工业的重镇。目前共有中小企业1200多户，占全市企业总数的92%。中小企业的兴衰直接关系到全市经济发展和稳定。而这些企业普遍存在着流动资金缺乏等问题。可见，为市内中小企业融资担保工作是极为重要的。为此，公司全体职员尽职尽责，积极努力开展担保业务工作，努力扶持柳州中小企业。

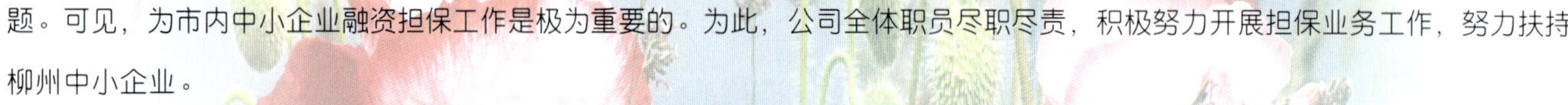

2、搞活担保业务，结合企业的特点，积极寻找多种的担保方式方法，做到一户一策。

3、健全公司的各种管理制度，先后制订了业务开展制度和行政工作制度30多种，由公司各部门监督执行，使公司工作无论在业务上或行政上样样有规可循，用制度来管理公司工作，达到工作制度化。

担保公司领导和全体员工坚持每星期进行一次业务学习.

担保业务部门到柳整公司变压器车间了解农网改造合同产品生产情况。

4、狠抓担保职工队伍的建设。首先，打破终身制和铁饭碗，实行全员聘用制，使职员工作有紧迫感和危机，大大提高职员工作积极性；其次，抓好职员的业务学习和政治思想学习，坚持每星期二下午开展一次业务学习制度。在学习时间里作业务知识专题讲座，案例分析和业务考试等，通过专题学习，使老同志增加了新知识，年青职员业务水平也得到了明显提高。同时还经常开展结合党的中心工作进行各种内容的政治思想学习，提高职员的思想政治水平.

5、积极开展各项有意义的文体活动，增强职员的凝聚力。在紧张工作之余，工会注意职员的文体生活。如举办了职员运动会，进行乒乓球、飞镖、扑克、麻将比赛等，健康了职员身心，增强了团结，使公司成为一支业务一流、作风正派、团结协作的坚强集体。

柳州市环境保护局

柳州市环境保护局创建于1974年。27年来，该局在市委、市政府的领导下，认真学习和贯彻党的路线和方针，严格执行国家的环保法律和法规，坚持实施可持续发展战略，有力地促进了柳州市经济的快速发展。荣获93年度全国环境保护先进集体，94年至97年度全区环境保护先进单位，95年至96年度市社会综合治理先进单位等各种称号。

到98年底，柳州市环保局职工总人数100人，内设5个职能科室，下辖科研所、监测站、监理所三个二层机构，有各类专业技术人员80人，长期以来，柳州市环保局致力于改善市区的环境质量，对保护全市环境及资源，防止污染损害，保护生态平衡，促进社会各项事业的发展，起到了重要的、积极的作用。尤其是进入90年代以后，该局以抓好治理酸雨为核心，全面推进整个柳州环保工作，酸雨的治理工作得到了有效控制，并摘掉了全国四大酸雨区的帽子，全市的空气质量明显改善，天空变干净了，昔日的白鹭，燕子又飞回了龙城，全体市民无不为降服了酸雨而感到欢欣鼓舞，“十五”期间，我市将采取更为严格的措施，进一步消除酸雨污染，全面巩固和提高“九五”环境污染控制取得的成果，为把柳州建成清洁、文明、健康的现代化城市而努力奋斗。

上级领导亲自到环境保护局检查指导

局领导检查环境保护监测设备

柳州機場建設開發總公司

民航营区、指挥塔台及军航营区

经柳州市人民政府批准，于1992年成立柳州机场建设开发总公司。受市政府委托，主要承担筹措资金并具体组织实施新机场建设和旧机场开发区的开发建设。

新机场建设，自1992年11月26日破土动工，经两年零一个月的努力，于1994年12月28日竣工通航。完成工程投资4.82亿元。移交新机场，接收旧机场也于1997年12月与空军办理了交接手续。

柳州市旧机场开发区位于柳州市中心区鱼峰山西面700米。该区占地9793亩，除保留给空军和民航生活、教学用地外，属柳州市政府的开发用地8800多亩。根据柳州市城市总体规划，该区将建成以高新技术、高效益、开放型产业为主，融各类加工业、商贸、服务业、金融业、仓储业、房地产业为一体的综合经济开发区和现代化城市住宅区。

市政府把旧机场开发区列为“重中之重”的开发建设项目，我们严格按城市总体规划的要求，几年来，已投资1.3亿，对这里的土地，统一进行规划和开发，目前这里的基础配套设施建设，已形成相当规模，规划兴建的16条36米宽以上的主干道已全部建成通车；供水、供电、排水、邮电通信、有线电视、路灯等基础设施和幼儿园、小学、中学、医院、福利院、公交车线路站、场等生活服务设施有相当部份已按规划相继建成投入使用；广西最大的农副产品批发市场等十多个专业市场已建成并投入营业；到目前为止，已有100多个单位，近千户居民在这里投资购地兴业、安居。已建成居民住宅区15个，建筑面积达100多万平方米，常住和流动人口几万人，一个人丁兴旺，经济繁荣，充满现代都市气息的新城区已从这里崛起。

热诚欢迎国内外客商前来投资建设开发。

办公地址：柳州市柳南区旧机场开发区航生路
电话：0772-3210220
传真：0772-3210204
邮编：545005
法人代表：李春华

跑道

东苑私人住宅小区全景

广西柳州威奇化工有限责任公司

公司董事长：赵国强

威奇化工的前身是广西壮族自治区柳州第二化工厂。工厂始建于1958年，1999年经改制并于1999年9月28日成立了广西柳州威奇化工有限责任公司。威奇化工历经四十多年的发展，已成为国家定点生产民用爆破器材的骨干企业，是中国500家最大化学工业企业之一和广西工业经济效益百强企业、广西区经济效益先进企业、银行AAA级信誉企业，并已成为广西民爆行业品种最全、实力最强的行业龙头。

公司现有员工近900人，其中各类专业技术人员200多人，技术力量雄厚。公司拥有固定资产1.3亿元，具有年生产粉状炸药14000吨，乳化炸药5000吨，工业雷管3000万发，工业导火索3000万米的能力和民用爆破器材专用设备的制造能力。

公司依靠精良的设备、严格的管理、先进的检测手段和完善的质量保证体系，使产品性能保持优良、质量保持稳定。公司生产的2#岩石粉状铵梯炸药、乳化炸药和普通导火索获区优产品称号，煤矿许用乳化炸药被国家经贸委审定为国家级新产品并获广西煤炭工业科技进步二等奖。

历经四十多年的努力，威奇化工已发展成为集生产经营、科研开发、工程爆破技术服务为一体的民用爆破器材专业企业。

2000年各项主要经济指标迈上了新的台阶：

一、产品产量：炸药16740吨，比上年增长2.7%
雷管2796.85发，比上年增长1.91%
导火索3198.5米，比上年增长17.6%

二、工业总产值：5721.6万元，比上年增长3.96%

三、工业增加值：3884万元，比上年增长0.55%

四、销售收入：10474万元，比上年增长14.36%

五、税利：2376.4万元，比上年增长44.1%
其中利润1041.6万元，比上年增长43.8%

全年没有发生任何生产死亡、工伤事故。

正如公司董事长赵国强所说的：“卓越的品质永远是我们不懈的追求。在新的发展历程中，我们将和您一道，为企业的腾飞，为中国民爆行业的发展和进步携手迈进。”

服务承诺

产品有严密的售后服务和技术咨询服务体系，并信守服务承诺：

1．用户反映的产品质量信息及要求，保证24小时内传递至质量副总或营销副总；

2．用户反映的产品质量问题，保证72小时内答复；

3．我方运送途中损坏、丢失，保证包退、换、补齐；

原材料分析测试评价系统

高品质的生产用原材料（炸药用乳化剂）

原材料分析测试评价系统

柳州市数控

国家级专家许祥泰同志

设计中心一角

产品方案论证

数控装配车间一角

柳州市数控机床研究所位于广西壮族自治区柳州市，隶属于市科委领导，创建于1993年，是一所从事于数控机床、加工中心等机电一体化高新技术产品研究、开发的事业所。所址位于柳州市高新开发区内，环境优美。现全所共有36人，科技、开发人员22人，其中国家级专家1人，高级工程师5人，工程师15人。全所占地6.64亩，有建筑面积1880平方米。其中：生产厂房1080平方米，综合楼800平方米。建所之初，在三无（一无厂房、二无加工设备、三无办公设施）的条件下，靠发挥人的创造力，租赁厂房，坚持开展数控机床、加工中心的研发工作，积极探索“两头在内，中间在外”的生产组织形式，现通过XH716、XH714、XH713、XH7125四种产品的开发、试制，摸索出一套按虚拟制造企业方式组织高技术产品加工中心的生产办法。七年来先后设计出全

研究所全景

地址：广西柳州市高新开发区高新二路　总机：(0772)2625127,2625601　直拨：(0772)261

机床研究所

XH713 立式加工中心

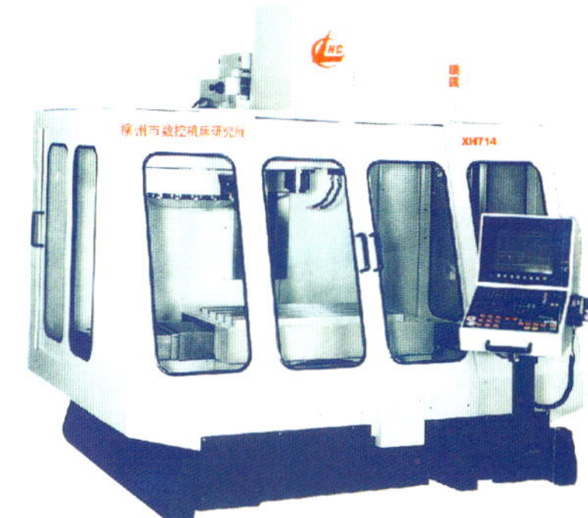

XH714 立式加工中心

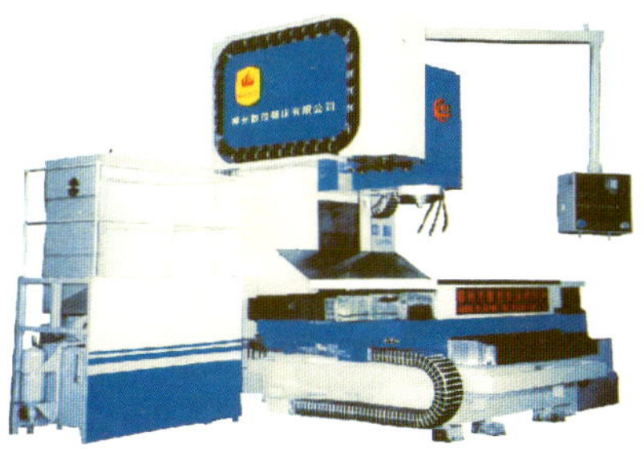
XH716 立式加工中心

功能的XH716、XH714立式加工中心和高性能、低价位的XH715、XH713普及型立式加工中心及XHJ7125经济型立式加工中心等系列产品，同时还设计开发出CK0626、CK0630两种数控车床产品，完成了CK0630数控车床的试制工作。该所现已具备了数控机床、加工中心批量生产能力。

- 目前主要涵盖的技术领域
- 数控技术与加工中心研究开发
- CAD/CAM技术的应用与推广
- 信息技术与工厂技术创新
- 人才培训与进口设备的维修
- 机电一体化技术与传统设备的改造

多年来我所以优异的质量，可靠的技术保证，良好的信誉及最佳的服务，受到各界用户的好评。欢迎各界朋友前来洽谈，敬侯您的光临。

话:(0772)2617125　　邮编：545006　　E-mail:lzsk@public.lzptt.gx.cn

柳州利达化工有限公司

公司大门

该公司始建于1993年，是由新加坡利达(远东)私人有限公司投资(计划总投资5000万美元)的外资企业。1999年末，注册资金1380万美元，固定资产原值1.93亿元，净值1.45亿元，占地面积10万平方米，建筑面积1.86万平方米，其中生产用建筑面积1.63万平方米；职工225人，其中管理人员48人，工程技术人员26人，销售人员8人，主要生产山梨醇及淀粉增值产品。全年生产山梨醇2.50万吨，超出年生产2.4万吨的的设计能力，实现产值1.2亿元（1990年不变价），工业增加值1435万元；在销售价格比上年下降8%的情况下，销售收入增长16%，首次实现扭亏为盈，上交税金775万元。

该公司第一阶段完成投资2100万美元，工厂内已建成山梨醇主车间生产线及为其提供全方位支持的锅炉房，配电房、水处理及废水处理站、办公大楼和员工食堂等各种附属设施。在硬件投入上，通过引进欧美生产工艺技术和成套设备，并结合新加坡利达(远东)私人有限公司海外集团的生产技术和经验，整个生产线设计科学、合理、控制采用Occ中央微机监控系统，工艺水平先进，设备精良，自动化程度高。在经营管理上，采用科学的组织管理制度及现代化的管理技术手段，以激发员工的团队精神作为企业文化，培养和造就了一批高素质的管理和技术人才。在质量管理上，该公司立足于“高起点、高要求”，以美国医药管理和质量食品保证标准（该标准高于ISO9000标准）的质量管理体系作为自己的企业标准。该公司产品与国际同类产品比较，具有纯度高、外观好、抗冻性强等优点，已通过日本国家食品研究所、客户美国公司总部、客户英国公司总部及国内著名牙膏厂、维C生产厂家等国际国内著名企业的验证通过。经过几年发展，该公司已形成年生产纯度70%山梨醇2.5万吨的生产规模和市场份额，产品质量均保持国际水平，特别是淀粉增值产品有着广大的全球市场。

该公司上年被自治区对外经济贸易合作厅评为外商投资先进技术企业。

车间一角

化验室一角

法定代表人：黄桃荣
地址：柳州市西江路静兰经济开发区　邮编：545006
电话：(0772) 3122901　传真：(0772) 3121724
电子信箱：lida@public.lzptt.gx.cn

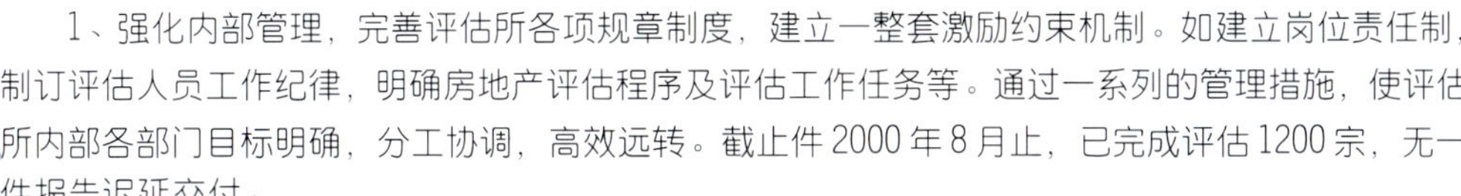

前进中的柳州市房地产评估事务所

该所工作人员实地勘查房地产

柳州市房地产评估事务所成立于1992年，是柳州市唯一具有国家二级房地产估价资格的专业评估机构。几年来，该所始终遵循“公正、公平、公开、客观”的原则，以求实、创新、敬业、奉献的行业道德精神，以科学的评估方法、准确的评估价格，赢得了良好的社会信誉。

该所成立八年来，没有受整个经济宏观经济走势的影响，其发展轨迹是直线上升的，每年都上一个新的台阶，1006年全年完成评估宗数272宗，评估总额2.34亿元，而1999年完成评估宗数则达到1006宗，评估总建筑面积72.95万平方米，评估总额10.9亿元，评估足迹已遍及龙城的各个角落，从位于市中心的五星商业大厦、工贸大厦、华侨大厦、中交大厦、东风商场、银都大世界等高楼大厦到市郊低矮民宅，从两面针、柳机、制药厂、造纸厂等大中型企业的工业用房到广大市民的房改私产房，都留下了评估所员工踏实的足印。评估所有如此大的发展除了柳州市宏观经济发展规模等客观因素之外，与有关领导及评估所全体员工的不懈努力是分不开的。特别是在一九九九年六月，评估所从柳州市房产交易所分出来之后，新上任的所长真抓实干，对评估所进行了大刀阔斧的改革，工作成效尤为显著，具体来说，主要采取了以下几方面的措施：

1、强化内部管理，完善评估所各项规章制度，建立一整套激励约束机制。如建立岗位责任制，制订评估人员工作纪律，明确房地产评估程序及评估工作任务等。通过一系列的管理措施，使评估所内部各部门目标明确，分工协调，高效远转。截止件2000年8月止，已完成评估1200宗，无一件报告迟延交付。

2、优化对外服务，提高评估报告质量，实行对客户服务承诺制度。小宗房地产评估业务，自受理评估之日起五个工作日内完成评估报告，大宗房地产评估业务，自受理评估之日起十个工作日内完成评估报告。为了完成服务承诺，不惜牺牲业余时间，加班加点，有些客户急需评估报告向银行贷款以供孩子读书，有些客户急需评估报告向银行贷款从外地进货，评估工作人员都能够以最快时间将评估报告交付给客户。为及时完成房改房评估任务，评估人员都能利用每个周末放假时间至少做好三宗评估报告。

3、加强横向业务联系，不断扩展评估业务，及时掌握市场动态，改善服务，以适应不断变化的房地产市场需要。如与拍卖行、金融机构、信息公司联系，了解他们的需要及对本所评估报告的反应，不断改进服务，提高评估报告质量。并与柳城、柳江、柳州地区乃至全区、区外的房地产评估机构保持工作、信息等多方面联系，从而对抓好本所的各项工作起到不可估量的作用。

4、增加硬件及交通工具的投入，为评估业务工作提供坚实的基础保证。评估事务所属服务性企业，服务水平及服务效率的高低，直接关系着其生存与发展，评估报告的质量是体现评估所服务水平的最主要标志。为使评估报告有一个质的提高，评估所在场地有限的情况下，配置了多台电脑，结束了评估所手写报告的历史，并逐步建立自己的房地产评估数据库。为了提高工作效率和减轻评估人员艰辛，新增了三辆汽车及摩托车，极大的促进了业务的发展。

所领导与业务人员共同讨论工作问题，中为所长蒋别林。

紧张有序的计算机室

5、增加感情投入，提高单位职工凝聚力。所领导重视人才，以人为本，以情感人，对员工视为兄弟姐妹，在力所能及的条件下，尽量办好职工福利，解决后顾之忧，经常与有关单位搞些有益活动，对员工的生日、进新房等喜事，所里员工都到场祝贺，使员工们愉快轻松的享受每一天。

柳州市房地产评估事务所发展到今天，从发展速度和取得的成绩来看是可喜的，但还应该看到其存在的问题和不足，急待解决和克服，如机构体制、业务拓展，信息积累等问题。实践已经证明，与政府部门绑在一起，行政干预多，企业缺乏自主权，员工缺乏危机感，很难在今后更为激烈的市场竞争中保持优势地位，政企真正分开已是大势所趋。另外，柳州市目前除房改房之外的所有房地产继承，赠与及买卖等房地产转让收取税费均未进行评估，这与房地产法规的精神不太相符，也是房地产评估的重要不足。相信只要我们高举邓小平理论的伟大旗帜，以“三个代表”重要思想为指导，坚持党的路线，求真务实，开拓进取，有新一届市党委的强市富民政策，有房产局的关心支持，我们就一定能够克服前进中的问题和不足，大踏步迈进更辉煌的明天。

柳州地区计划局

◁ 局领导班子正在研究"十五"规划项目。局长苏建荣（中）、副局长潘永锋（右）、李维文（左）。

柳州地区计划局现有编制人员23人，其中大专以上18人；取得高级职称的专业技术人员13人，是一个具有较高素质的战斗集体。

在局领导班子的带领下，全局同志团结协作，开拓进取，自1995年以来，连续五年获柳州地区"双文明"建设目标管理特等奖，自1988年以来，连续十二年荣获柳州地区地直机关先进党支部称号，还荣获1998年扶贫、支教及"推公"先进单位，2000年为地直创建文明示范单位。

柳州地区计划局是地区行署管理国民经济和社会发展的综合经济部门，其主要职责是：负责柳州地区国民经济和社会发展年度计划及中、长期规划的编制工作；抓好全地区重点项目前期工作及其项目建议书、可行性研究报告、初步设计审查、批复和上报，并参与和组织项目的评估论证及固定资产投资计划管理，以及柳州地区招商引资和西部开发项目的实施；对全地区经济运行情况进行分析和预测；"农转非"计划管理；收集、整理、发布经济、社会发展信息，为各级领导和部门提供决策参考服务。

近年来编辑出版了《柳州地区计划志》、完成编制《柳州地区农业产业化规划》、协助自治区计委、经贸委等单位完成了《桂中经济区发展规划纲要》等有关专题规划，为指导柳州地区经济建设和促进社会进步作出了应有的贡献。

柳州地区浮石水电站，位于融安县浮石镇柳江河融江河段上，是柳州地区"九五"期计划的重点项目之一，电站总装机5.4KW（3×1.8万KW），总投资3.92亿元人民币，水库库容4.5亿m³.该工程于1992年9月正式动工，1999年12月与外商正式签订合作协议，1#机组和2#机组分别于2000年4月和10月正式发电并网投产，预计2001年底整个工程全部竣工验收。

坚持司法公正，为柳州市改革发展提供有力司法保障

周福光副院长带领办案人员到企业了解情况

柳州市中级人民法院成立于1980年3月4日，下辖柳江县、柳城县、鱼峰区、城中区、柳南区、柳北区和郊区法院等七个基层人民法院，22个人民法庭，全市法院共有工作人员610人，其中高级法官86名，1--5级法官455名，其他工作人员69名；市中级人民法院现职人员163人，设有16个庭、科、室、处、队。全市两级法院在党委的领导下，在人大的监督下，充分发挥审判机关的职能作用，积极开展“严打”斗争，依法调节经济关系和其他社会关系，2000年共受理各类案件15158件，办结14889件，结案率为98.23%。近年来，全市法院坚持严肃执法，确保司法公正，积极推进法院管理、审判方式和人事制度改革，全面加强基俭建设和干部队伍建设，取得了较好的成绩，为维护社会稳定，促进改革开放和经济发展提供了有力的司法保障。

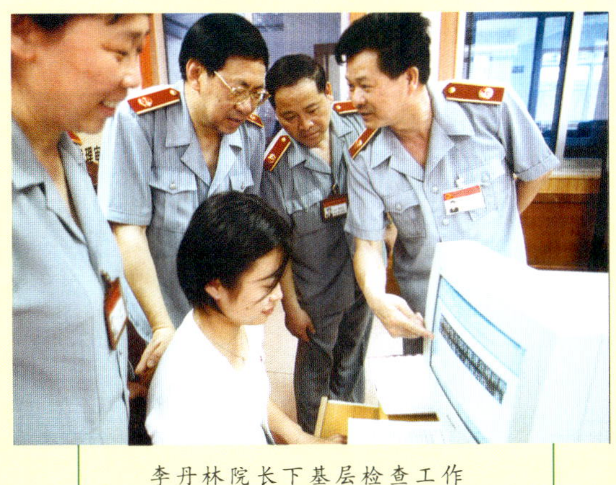
李丹林院长下基层检查工作

院党组会

中院领导在审核新办公大楼图纸

执行庭在执行中向农民宣传法律

柳州地质探矿机械厂

科特迪瓦政府代表团在该厂考察

柳州地质探矿机械厂始建于1957年，隶属于国土资源部，现有职工1100余人，其中各类专业技术人员175人（高级专业人才15人），拥有商业和工业两大基地，总占地面积28万平米，固定资产8500万元。

商业基地位于柳州市黄金地段，占地面积55625m²。目前已建成占地40000m²、集商贸、储运、餐饮、娱乐为一体的飞鹅商城，除本地业户外，江苏、浙江、广东、湖南等地的众多商家慕名前来经营，集各地时装、鞋帽之精品，年实现营业额4亿元；该商城管理、服务良好，被广西壮族自治区政府授予“文明市场”称号。工业基地位于柳州市城郊结合部，占地面积223398m²，是原地质矿产部定点生产选矿设备和人造金刚石分选设备的企业，可为社会提供日处理量20-1000吨的成套选矿设备。该厂生产的顶击式振筛机和拍击式振筛机分别荣获国家银质奖和部优产品称号，人造金刚石选形机获国家专利。

人气旺盛的飞鹅商城

该厂还从事观赏石开发与经营，所开发的国画石和矿物晶体作品量之多，为全国首位，令专家们赞叹不已。作品精美独特，一些精品曾分别获广西奇石大奖赛金、银、铜质奖牌和'99昆明世博会银奖；国画石作品远销南韩和加拿大。

厂长：陶江

总厂电话：（0772）3836320

传真：（0772）3823294

白莲工业基地　地址：柳州市柳石路470号

电话：（0772）3350402

网址：WWW.LZTK.COM

飞鹅商城　地址：柳州市飞鹅路55号

电话：（0772）3820430

网址：WWW.FE.COM.CN

观赏石开发基地　地址：柳州市柳石路470号

电话：（0772）3350165

网址：WWW.LZSTONE.COM

商城内顾客盈门

XX-2000金刚石选形机

颚式破碎机系列

柳州市鄉鎮企業管理局

自治区党委书记曹伯纯（左二）视察柳州市汽车齿轮总厂

2000年，柳州市乡镇企业共有1.75万家，从业人员11.12万人，固定资产原值19.59亿元；全年完成营业收入100.08亿元，比上年增长10.37%；增加值19.66亿元，增长13.76%；总产值77.12亿元，增长8.36%；乡办工业产值33.62亿元，增长6.78%；利润总额4.12亿元，增长18.55%；实交税金2.31亿元，增长24.05%。人均主要经济指标均高于全区乡镇企业平均水平，实现人均创营业收入8.99万元，实交税金2079元，税利5404元，工资总额6013元。全市乡镇企业总收入占农村社会总收入的74.71%。全年支付职工工资6.69亿元，比上年增长2.5%。精锡、金属、化工、服装、食品等产品分别出口欧美、新加坡、港台等国家和地区，出口交货额1.77亿元，比上年增长3.41%。总的形势是发展速度平稳增长，企业效益明显好转，盈利企业1.71万个，占全市乡镇企业总数的98.02%，乡办工业产品产销率达93.4%。柳州市乡镇企业管理局获自治区乡镇企业主管部门目标管理责任状一等奖，继续保持市委、市政府授予的文明机关称号。

【调整产业结构】2000年，柳州市乡镇企业局按照市委巩固和加强第一产业，调整提高第二产业，大力发展第三产业的思路，会同两县一郊企业局分成三个组深入所辖37个乡镇调研，重新审视全市乡镇企业的优势产业、重点企业、重点产品，进行重新排队，调整和收缩。(1) 引导县效乡村选择那些能够适应农村经济发展和消费需求变化要求，具有较高产业关联度、较好经济效益、市场前景广阔、较强的控制力、带动和影响力的优势产业、重点企业、重点产品以重点扶持和倾斜，加快用高新技术改造传统产业、产品。(2) 引导乡村大力发展为城市大工业配套的服务企业，围绕我市五大支柱产业，努力提高产品质量，协调有关部门关系，提高产品配套率，使企业走出困境，走向市场。(3) 继续抓好原有建材、矿冶、食品饮料、化工、丝绸等有地方特色的优势产业和出口商品生产基地，大力发展资源型和资源加工企业，使其在结构调整中上规模、上水平。(4) 帮助乡村筛选项目，鼓励和支持发展集约型的农副产品加工业，有效带动农民增收致富，推进农业产业化发展经营。(5) 指导各级乡镇企业主管部门摆正位置，鼓励个体私营企业兼并、租赁、承包乡村集体企业，鼓励农民吸纳更多的闲散资金办私营、股份合作企业，加快发展为乡村服务、为城市服务的第三产业，引导乡村在政治上给地位，政策上给指导，法律上给保护，努力为个体私营企业发展创造宽松环境。(6) 结合调研情况，向市委、市政府及有关部门上报《加速发展乡镇企业，促进财政农民增收》的柳州市乡镇企业经济结构调整调查报告，针对存在问题，提出建议和对策，并登载《广西工作》、《改革与发展》、《柳州工运》、《柳州日报》等刊物。

【坚持对企业改革整顿】坚持以质量效益为中心，以市场需求为导向，加大企业改革整顿力度，推动企业有效增长。一是引导乡村集体企业特别是营业收入500万元以上的集体企业为重点开展产权制度改革，通过股份制、公司制改造重组以及租赁、承包、出售、托管等形式搞活企业，结合企业年检，开展乡村集体企业户数的清理及骨干企业改制情况、经营情况的摸底调查。二是鼓励和提倡符合条件的乡镇企业组建责任有限公司或各类集团。三是引导企业苦练内功，开展以产品及产品质量为中心的企业全面整顿，切实抓好产品质量、营销、财务、技术、材料、成本、人才等七个方面的管理。四是组织企业贯彻落实国务院《质量振兴纲要》，引导企业实施名牌战略。五是抓好经济运行分析，抓好任务目标实现。

【继续推进科技与经济结合】一是抓好"十百千万"星火工程的建设实施计划。二是抓好技改新建项目和新的经济增长点，建立项目库，引进先进适用的新技术、新设备，开发新产品。全年全市乡村集体企业完成技改投资1.23亿元，新建、扩建、改建项目94个，本年新开工项目85个，投产项目92个，新增固定资产1.03亿元。三是加强与市科技信息网的合作，新发展了一批企业加入科技信息网。四是引导企业从原来的分散布局向相对集中、连片开发转变，推进乡镇企业发展与小城镇建设的有机结合。重点抓好现有的一个全国东西合作示范区和一个自治区级示范区，协助有关部门抓好规划管理和基础建设，筑巢引凤，营造宽松环境。五是加强科技培训和人才引进，建设高素质的科技队伍。全市乡村集体企业大中专以上文化程度的职工有3503人，技校高中以上文化程度的职工有1.08万人，受训上岗的5066人，工程技术人员2239人。全年各级乡镇企业培训经营管理、科技人员、生产骨干2950人，14家500万元以上的集体企业建立了党组织。

团结拼搏的柳州市乡镇企业局领导班子正在研究全市乡镇企业发展规划

柳州高新区浦发汽车空调有限公司简介

大　门

●柳州高新区浦发汽车空调有限公司始建于1996年，以汽车空调系统和汽车发电机的开发、生产为主业。几年来公司开发、生产了三大系列十五个品种和微型汽车空调系统，其产量和质量均处于国内同行领先水平。采用稀土永磁材料开发生产的自激式无刷汽车交流发电机荣获国家专利，系国际领先技术产品。

●柳州高新区浦发汽车空调有限公司现有员工40人，其中高级工程师3人，工程师5人，助理工程师10人，技师、技术员10人。

●柳州高新区浦发汽车空调有限公司地处柳州高新技术开发区，占地6700m²,建设有现代化的生产车间及办公楼，配套、辅助设施齐全，产品的开发、生产及管理全方位采用计算机管理系统。

●柳州高新区浦发汽车空调有限公司2000年销售收入3500万元，拥有资产800万元。

●柳州高新区浦发汽车空调有限公司通过ISO 9002国际质量体系认证。

●公司企业方针：

以人为本，质量第一，循序渐进、规模发展

●公司质量方针：

创造一流的工作质量

生产一流的浦发产品

构筑一流的服务体系

公司法人代表：　虞惠雄

公 司 地 址：　广西柳州高新区高新二路

电　　话：0772-2615108

传　　真：0772-2615178

E - m a i l:　yhx4623@sina.com

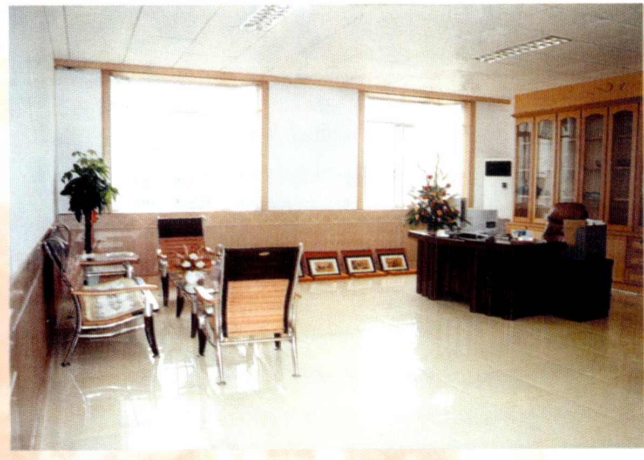
总经理工作室

设计办公楼

商务会议室

桂林市国家税务局

桂林市国家税务局认真贯彻落实党的十五大精神和江泽民总书记“三个代表”的重要思想，按照国务院“加强征管、堵塞漏洞、惩治腐败、清缴欠税‘的税收工作方针，紧密围绕组织税收收入中心工作，严格依法治税，强化税收征管，建立健全防疏堵漏机制，税收均衡入库成绩显著。2000年共组织税收入库126890万元，比上年增收10942万元，增长9.44%，完成年度计划的110.53%，其中增值税、消费税入库114157万元，比上年增收5856万元，增长5.41%，完成年度计划的106.69%。在积极组织税收收入的同时，认真落实好税收各项优惠政策，全年为企业办理减免税、出口退税、期初存货已征税款抵扣等共11714万元，促进了桂林地方经济的发展。桂林市国家税务局认真贯彻落实中共中央《关于加强和改进思想政治工作若干意见》的通知精神，严格落实党风廉政建设责任制，深入开展以“讲学习、讲政治、讲正气”为主要内容的党性、党风、党纪教育和警示教育，提高全局税务干部素质，向新时期“政治过硬、业务熟练、作风优良”的国税队伍建设总目标迈进。桂林市国税系统26个单位被评为市局文明单位；5个单位被广西区国税局评为全区国税系统先进单位；10个办税大厅被广西区国税局评为“最佳办税大厅”；4个单位获自治区级先进单位称号；桂林市国税北区分局办税大厅、涉外税收分局办税大厅分别荣获1999年度、2000年度全国税务系统“巾帼文明示范岗”称号。

国家税务总局局长金人庆到桂林市国家税务局视察工作

地　址：桂林市安新小区901栋
邮　编：541002
电　话：0773-3840174
党组书记、局长：唐玉甫

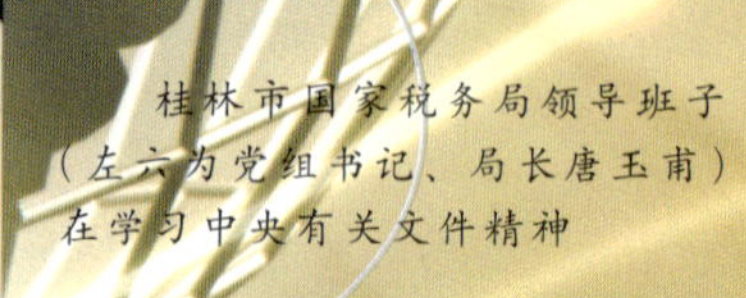
桂林市国家税务局领导班子（左六为党组书记、局长唐玉甫）在学习中央有关文件精神

局长唐玉甫为桂林市“税收与未来”小学生故事大王电视大奖赛一等奖获得者颁奖。

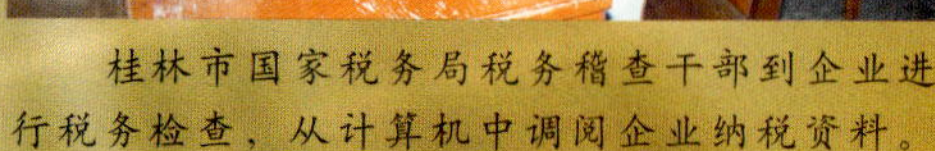
桂林市国家税务局税务稽查干部到企业进行税务检查，从计算机中调阅企业纳税资料。

广西师范大学座落在山水秀丽的桂林市，是一所综合性的省属重点师范大学。

目前，学校占地面积72公顷，校舍建筑面积30多万平方米。设有11个二级学院，18个系，19个校属研究所，2所附属中学，1所自治区示范幼儿园。现有60多个本专科专业，33个硕士点。图书馆藏书170多万册。共有在职教职工2100多人，各类学生30000多人，其中全日制本专科生11000多人，硕士研究生680多人，函授生7500多人，留学生130多人，各类长短期培训生10000多人。中国语言文学系是"国家文科基础学科人才培养和科学研究基地"，学校被国家教育部确定为中小学骨干教师国家级培训基地，该校也是广西中小学师资队伍建设"21世纪园丁工程"的技术支撑单位。国家教科网华南地区桂林中心、广西高校政工干部培训中心、广西高校师资培训中心也设在该校。

国家教育部部长陈至立（中），广西区人民政府副主席吴恒（右）等领导在广西师大党委书记兼校长黄介山（左）的陪同下视察该校。

学校十分重视师资队伍建设，注重学科带头人和拔尖人才的培养。在700多名专任教师中，有教授105人，副教授258人。教师平均年龄36.9岁。教师中具有博士学位的70人，在读博士56人，硕士276人，具有硕士以上学历的教师占教师总数的45.1%，高于全国普通高校的平均水平。整个教师队伍的年龄、专业、职称、学缘结构趋于合理，出现了高学历、高职称、年轻人多、后劲足的可喜局面。

教学区一角（左为田家炳教育书院）。

学校的教学和科研成果显著。自1995年以来，学校共立项建设100多项教改项目，其中获得国家教育部"高等教育面向21世纪教学内容和课程体系改革计划"等各类教改项目40项。到目前为止，在广西已进行的三届优秀教学成果评奖中，获自治区级奖34项，其中一等奖8项，占自治区一等奖总数的32%；获国家级奖4项，占广西获国家级奖总数的29%。在最近广西第四届优秀教学成果奖评选中，获奖总数以及获得一、二等奖的数量均为广西高校第一。"九五"期间，学校取得各类科研成果4200多项，其中出版各类著作426部，在省级以上刊物发表论文2880多篇，获厅局级以上奖励206项次。多项科研成果中试后进行产业化生产，成为该校科技企业的拳头产品。由于教学、科研成果显著，教务处连续两次被国家教育部授予"全国普通高等学校先进教务处"，科研处被评为全国高校科技管理先进单位，成人教育学院在全国成人高等教育评估中誉为优秀学校，高校师资培训中心被国家教育部评为"全国高等学校师资培训中心良好单位。"

学校拥有涉及出版、印刷、化工、电子、药业、旅游等行业的校办文化产业和科技产业共7家。多年来，该校的校办产业均取得较好的社会效益和经济效益。2000年校办产业总产值为2亿多元，销售收入1.8亿多元，在全国高校产业中排名第34位。其中拥有上亿元资产的出版社，1999年销售码洋名列全国高校十强出版社第四名，2000年发行码洋2.3亿，发行图书5000万册，人均创利30多万元。

新建的田径塑胶跑道。

广西师范大学是国家教育部确定为招收外国留学生和港澳台学生的院校之一。自80年代以来，学校积极开展国际文化教育交流，先后与美、日、俄、韩、英、法、德、澳、越、泰、新西兰等国50多所大学建立了校际交流关系，接纳长短期留学生近1000名，举办过多次国际学术交流会议。与香港、澳门、台湾等地高校也有密切的文化和学术交流。

跨进新世纪的广西师范大学，正全面实施"十五"计划和2015年远景规划，为把广西师范大学建设成为广西教育师资培养训练和培养各类专门人才的重要基地，建设成为广西教育科学研究中心和现代化教育技术中心，争创自治区内一流办学水平、力争进入全国省属重点师范院校先进行列而奋斗。

桂林市轻工总会

桂林市轻工总会是桂林市一轻工业的主管部门，负责桂林市一轻工业生产的指导、协调、管理和服务工作。2000年，该系统深入贯彻落实党的十五大、十五届三中、四中全会，自治区改革整顿工作会议精神，继续深化国有企业改革整顿；依靠科技进步，加快技术创新步伐；加大结构调整力度，壮大发展骨干企业；加强企业管理，狠抓扭亏增盈；切实为企业服务，努力提高经济运行质量，取得了一定的成绩。总会直属16家企业，全年完成工业总产值106500万元，同比增长4.17%；实现销售收入122400万元，同比增长12.40%；实现利税总额19900万元，同比增长27.10%；全年完成技改投资5676万元，开发新产品10项，完成新产品产值39300万元，新产品产值率达31.96%。全市一轻工业企业59家，完成工业总产值145300万元，实现销售收入154600万元。其主要经济指标在桂林市和广西轻工行业中名列前茅。

中共桂林市轻工总会第一次代表大会于2000年3月30日召开。图为当选的委员合影。

桂林市2001年轻工工作会议于2001年1月17日召开。图为市领导、经贸委领导、总会主要领导在主席台就座。

图为先进企业上台领奖

桂林市计划委员会

桂林市计划委员会是市人民政府负责全市国民经济和社会发展的综合管理部门，内设办公室、人事教育科、综合科、社会发展科、固定资产投资科、重大项目管理科、工交能源科、农村经济科、财政金融科、外资科、国民经济动员科、高新技术产业科、长远规划办公室、机关党委、西部开发筹备组；下属的二层组织机构有桂林市信息中心、桂林市投资咨询中心，并受市人民政府委托，对桂林市经济建设投资公司进行管理和指导。

2000年，在桂林市市委、市政府的正确领导下，桂林市计划委员会紧紧围绕中共桂林市委一届二次全会所确定发展思路和奋斗目标，认真贯彻落实自治区党委、政府“三大战略、六大突破”重大决策，勤政务实，开拓创新，各项工作取得显著成效。编制完成了全市“十五”规划，对全市经济运行进行监测和分析预测，积极筹措建设资金，加强对重点项目及国债项目的管理、协调和服务，全年共争取国家和自治区投入资金突破5亿元，协调银行为企业贷款6亿元，与有关部门一道实际利用外资1.15亿元，为桂林市经济建设和社会发展做出了卓越贡献。

2001年是“十五”计划的开局之年，桂林市计划委员会将坚定不移地按照桂林市委、市政府的统一部署，抓住西部大开发的机遇，突出抓好“十五”规划实施方案和西部大开发规划的编制和落实，进一步加强项目前期工作和投资建设工作，加大结构调整力度，加强全市经济运行的监测分析和预测，当好市委、政府的参谋和助手。同时继续深入学习邓小平理论，努力实践“三个代表”，勤政廉政，提高依法行政水平，努力开创桂林计划工作新局面。

研讨“十五”规划

市计委领导在研究项目工作

常务副市长王德中与市计委科以上干部研究2001工作计划

桂林市计划系统举办2001年春节联欢晚会

桂林市乡镇企业管理局

桂林市乡镇企业始创于七十年代初期，当时称为社队企业。为管理全市的社队企业。1974桂林市设立了农业办公室社队企业科。1979年3月1日成立了桂林市公社企业局。1985年5月2日，桂林市将公社企业局改为乡镇企业管理局，作为市人民政府管理、指导、协调全市乡镇企业发展的行政管理部门。1998年9月，桂林地、市企业管理局合并为新的桂林市乡镇企业管理局。

"九五"期间，桂林市乡镇企业管理局指导、协调全市乡镇企业继续保持发展的势头，取得显著成绩。"九五"期末，乡镇企业完成增加值38亿元，占全市GDP比重从"八五"期末的5.6%上升到12.5%；实交国家税金4.2亿元，占县乡财政收入的比重从"八五"期末的21%上升到34%；安排劳动力36.6万人；年营业收入500万元以上的企业达到150家，比"八五"期末增加56家；建成工业小区16个。

"十五"期间，桂林市乡镇企业增加值在2005年要达到58.74亿元，上缴税金达到6.23亿元，培育年产值500万元以上的企业300家，安排劳动力43.74万人，成为国民经济发展的一支重要力量。

自治区乡镇企业局局长岑鸿平，桂林市付市长陈露旺视察乡镇企业。

桂林实力天然食品有限公司是专门从事研究，开发和生产天然植物制品的科、工、贸一体化科技企业，是我国最大的罗汉果甜甙，甜茶甙生产企业。

全区乡镇企业现场交流会在桂林市召开。区、市、县领导到桂林市乡镇企业参观指导。

桂林播磨化成有限公司

办公大楼

产品样本

桂林播磨化成有限公司在政府各部门大力支持下，于1994年12月成立，是由中国桂林化工厂、中国金龙松香集团公司、日本播磨化成株式会社、日本兵库县贸易株式会社等四家投资兴办，共投资320万美元，分成第一期、第二期、第三期工程，第三期工程于2000年底顺利完工。公司1996年7月正式投入生产，现在年松香树脂生产能力为4千吨。

本公司使用桂林化工厂生产优质松香、聚合松香，采用日本播磨化成株式会社先进工艺和生产技术，生产各类松香和聚合松香系列树脂，酚醛树脂，产品主要应用于油墨、粘接剂、热溶胶、油漆、涂料和造纸施胶剂，产品除了返销日本和国内销售外还远销韩国、台湾、美国等地区。

这几年在各部门领导支持和关心下，经过中日双方的坦诚合作，以及公司员工的共同努力，不断开发新品种，由原来五个品种发展到二十多个品种，98年自治区科委认定为高新企业。公司引进日方先进的技术和管理方法，不断提高产品质量，产品供给稳定，提供客户技术咨询，建立了一批国内国外的稳定客户。因此销售数量大幅增加，每年按70%增长，由于加强企业管理，企业经济效益不断提高，99年及2000年获得外贸出口先进单位和先进外商投资企业称号。

总经理：林福民　　副总经理：原纪一　　片冈良平

地　址：中国广西桂林市凯风路18号

电　话：(0773) 3607845、3605755

邮　编：541003

传　真：(0773) 3601420

桂林南方橡胶（集团）公司乳胶厂

（高邦乳胶制业）

该企业是我国重点乳胶制品和国家计生委定点生产厂，广西唯一生产医用乳胶产品的医疗器械生产厂。历经三十多年的发展，现有职工1000多人。工程技术人员占职工人数的30%，生产区占地面积12万平方米，年消耗乳胶2000吨。产值超亿元。桂花牌（高邦牌）注册商标产品有避孕套，橡胶手套、家用手套、玩具气球和各种胶管，劳保手套系列产品等。

该厂自1998年以来，相继取得了ISO9001质量保证体系证书，欧盟CE质量认证书，美国FOA510K证书，南非SABS证书。其中避孕套产品质量连续多年被国家计生委评为优级产品。

近年来企业的改革整顿不断深化发展，特别是三项制度改革工作得到巩固和完善。去年，企业不惜投入巨资，大规模更新了生产设备和厂区基础设施，从硬件和软件建设全方位配套，增强了企业综合竞争实力使工厂在国内同行业质量和管理中保持了领先地位。

电话：2552259　　传真号：2554234　　地址：桂林市巫山路6号

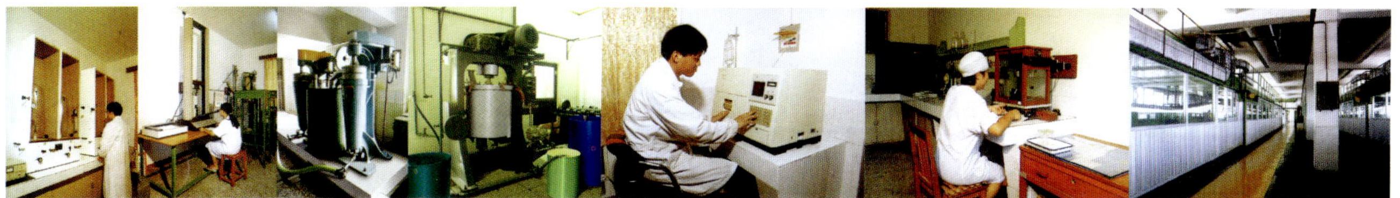

桂林市房屋拆迁管理办公室发展概况

桂林市房屋拆迁管理办公室隶属市政府直接领导，是桂林市房屋拆迁主管部门，人员编制20人，内设一个行政科室和三个业务科室。其主要职责是：宣传和执行城市房屋拆迁管理的法律、法规和政策，制定本市房屋拆迁的规范性文件；负责对拆迁单位进行资质审查和拆迁工作人员上岗培训；受理拆迁申请，审核拆迁计划和方案，核发《拆迁许可证》和发布拆迁公告；对拆迁活动进行管理、监督和检查；裁决拆迁纠纷；查处违法、违章拆迁；组织实施统一拆迁。

自1991年国务院颁布《城市房屋拆迁管理条例》以来，桂林市在全区率先制定了《桂林市贯彻国务院城市房屋拆迁管理条例实施办法》。1992年成立了桂林市房屋拆迁服务部，实行统一组织、统一管理，有计划地开展统一拆迁工作。

“九五”计划期间，桂林市区拆迁房屋面积862，353M²，相当于“七五”、“八五”两个五年计划时期之和，创历史最高水平。

桂林地市合并以来，按照市委、市政府的要求，坚持“廉洁自律、工作细致、依法行政、决不手软”的方针，积极做好拆迁工作，两年完成拆迁项目128项，7652户，拆迁面积591，240平方米，保障了重点工程建设的顺利进行，保护了拆迁当事人的合法权益，为桂林市的城市建设和经济发展作出了重大贡献。

中一为尹天顺主任、左一为郑萱萱副主任、右一为秦明霞副主任。

右一为尹天顺主任挨家挨户做搬迁户的思想工作，宣传搬迁政策。

右一为尹天顺主任召集被搬迁户座谈，听取意见。

热烈庆祝桂林工学院建校45周年

桂林工学院位于世界风景名城桂林市区内，西依蜿蜒如带的漓江，南邻美丽如画的七星公园。院内塔柏参天，桂树成林，四季鸟语花香，环境十分幽雅，是学习和工作的理想场所。

学院创建于1956年，原为国家部委院校，1998年改制为中央和地方共建，日常管理以地方为主。建校45年来，学院为国家和地方培养了近3万名各类中、高级工程技术人才。先后完成国家级、省部级科研项目170项，并获得国家科技进步奖等多种奖励，取得了良好的社会效益和经济效益，为社会主义现代建设作出了重要贡献。

1997年11月，学院顺利地通过了原国家教委本科教学工作合格评价和国务院学位委员会硕士授予点的合格评估，标志学院的办学质量和办学水平迈上了新的台阶。

学院在大力加强学科建设与专业调整的同时，努力发挥自身优势，突出办学特色。现设有资源与环境工程、土木工程、材料与化学工程、电子与计算机四个系和旅游学院、高等职业技术学院、成人教育学院三个二级学院，并设有基础学科部，社会科学部，两个教学部。共有23个本科专业、10个硕士点。形成了多科学、多层次的办学框架。学院面向全国招生，以招收本科生为主，同时招收硕士研究生、高职生、函授生和夜大生，并与其他院校合招博士生。经国家批准，1998年面向港澳台地区招生，现有在校生7800余名。

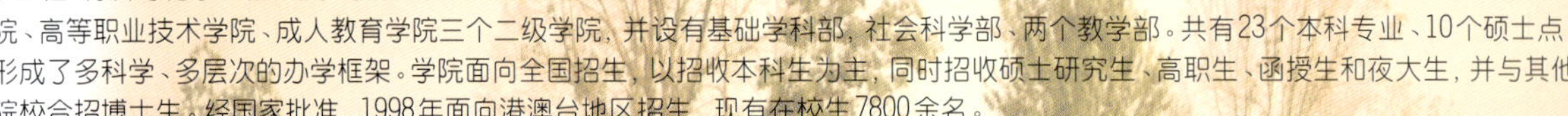

学院有着良好的教学条件，共有教研室50个，实验室34个，建有Internet校园网。有广西A类重点学科3个（地质工程、勘查技术与工程、材料学）B类1个（环境工程）；广西A类重点实验室5个（材料工程实验室、地质工程中心实验室、建筑工程检测试验中心、环境工程中心实验室、旅游中心实验室），B类1个（国土基础信息工程实验室）。学院图书馆是广西高校先进图书馆，藏书50万册，是CNKI知识网络服务中心（一级中心）和中国期刊网开放式定向站点，设有计算机文献检索系统和多媒体阅览室等。学院还设有无线电发射台，多媒体语音室等。为学生学习英语提供了便利条件。经过师生的共同努力，在国家四、六级英语考试中连续多年取得优异成绩。其中，获全国英语竞赛特等奖3项。学院师资力量雄厚，有专任教师370多名，其中具有高级专业技术职称150多名，聘请国内外兼职教授40多名，还聘有多名外籍教师。

学院积极开展对外科技学术交流活动，与近20多个国家和地区建立了学术交流及友好往来关系。目前，学院有30多人分别在美国、日本、澳大利亚、加拿大、德国、英国等国家学习或进修。与美国科罗拉多大学、英国明多萨克斯大学每年相互交换留学生。1995年起学院与英国皇家宝石协会联合办学，并在我院设立FGA教育培训中心和国家珠宝鉴定师资格考试考点。由我院负责教育培训的学员考试通过率连续5年为100%，为世界宝石教育培训通过率之最，受到国际珠宝界的高度评价。学院《学报》是CA收录期刊，BIG固定刊源，中国科学引文数据库来源期刊。1989年、1995年，1999年连续三届获全国高校优秀自然科学学报一等奖。

学院十分注重学生综合素质的培养，大力加强素质教育，1998年以来，先后获省级以上各类科技竞赛奖50项。在第五、第六届全国大学生"挑战杯"竞赛中取得优异成绩，积分排名分别是进入终审高校的第32位和第18位。精神文明建设成果丰硕。1989年以来，连续被中宣部、教育部、共青团中央授予"社会实践先进集体"称号，有国家级"花园式单位"、自治区级"文明单位"之美誉。

新的世纪，新的机遇和挑战。"十五"期间，学院的工作思路是：以育人为中心，突出教学、科研两个重点，实施学科建设，队伍建设、形象建设三大工程深化四项改革（以劳动人事分配制度改革为龙头，全面推进教学、管理和后勤社会化改革）。全院师生思想认识高度统一，决心进一步弘扬"桂工精神"，为国家西部大开发和地方经济建设作出新的贡献。

地　址：广西桂林市建干路12号　Add:12#Jian Gan Rd.Guilin Guangxi
邮　编：541004　Post code:541004　P.P.China
电　话：0773-5896079　Tel:86-733-5896079
　　　　0773-5896048　86-773-5896048
图文传真：0773-5892796　Fax:86-733-5892796
网　址：http://www.glite.edu.cn　web site:http://www.glite.edu.cn

桂林工学院党委书记陈大克教授

桂林工学院院长钟夏平教授

桂林市农业局

桂林市农业局认真贯彻区党委提出的“1234610”工作思路，在抓好精神文明建设的同时，狠抓了农业产业结构调整工作，引资金，上项目，大力推广农业新技术、新品种，使桂林市的农业得到了突飞猛进的发展，粮、果、菜生产全面丰收。2000年全市粮食作物面积42.58万公顷，经济作物及其蔬菜种植面积23.26万公顷，水果18万公顷、粮经面积比例发生了明显变化、由1995年的63：37变成2000年的54：46、水果、蔬菜面积分别比1995年增加71%和52%。全年粮食总产217.8万吨、水果86.56万吨、蔬菜总产268万吨；分别比1995年增加8.44%、66.39%、21.93%；实现农业总产值155.2亿元（当年价），比1995年增长58.3%；实现农民人均纯收入2878元，高于广西人均水平30%。

桂林是全国12个农科教结合示范区之一，农民科技培训遍及村村寨寨，图为市农业局技术干部深入偏远山村为农民群众上技术辅导课。

桂林素有“桂北粮仓”之称，近年引进高产优质“两系”杂交稻，2000年种植面积85万亩。

近两年来，桂林市农业局被区党委、区人民政府授予“冬季农业开发”先进单位，区农业厅授予“农业系统”先进单位等荣誉称号。

地址：桂林市螺丝山14号　　电话：0773 2823286　　邮编：541001　　局长：刘克新

漓江河畔的一颗绿色明珠

----广西国营良丰农场简介

广西国营良丰农场位于山水甲天下的桂林市雁山区，农场场部毗邻雁山区政府，距桂林市区中心19千米，至铁路货运站15千米，国道321线桂林至阳朔段二级公路贯穿农场。良丰农场所在地气候温暖湿润，降雨充沛，水资源丰富，地势平坦，土壤肥沃，地理气候条件优越，交通通讯便利快捷。

良丰农场建于1954年，现已发展成为农工商牧渔旅游综合经营的中型企业。农场下属9个农业分场，1个万头瘦肉型猪场，2个工业企业，1个汽车运输队，2个商业公司，1个旅游度假村。还在桂林市区中心设有产品展销门市部和合资经营的桂垦饭店。良丰农场从1992年起连续7年被农业银行银行评定为“特级信用企业”或“AAA”级企业信誉。

良丰农场是桂林市最大的柑桔生产国营企业，现有国有土地面积17000亩；职工1300多人，其中高、中、初级专业技术人员130多人。农业生产已形成集约化、规模化新格局，柑橙种植面积达436公顷，主要品种有温州蜜柑、碰柑、甜橙等。农场生产的良种蜜柑、甜橙，果形标准，品质优良，味道甜美。年产量在1万2千吨以上，产品销往东北、华北各大城市，出口到加拿大、俄罗斯和东南亚、港澳等国家和地区，深受客户欢迎。良丰农场曾荣获全国柑桔大面积高产综合栽培研制推广奖，生产的碰柑被评为第二届中国农业博览会银奖，1996年农场被国家农业部农垦局、农业部发展亚热带作物办公室命名为南亚热带作物名优基地和温州蜜柑、碰柑生产基地。农业生产险、重作业基本普及机械化。90%的果园配备了喷灌设施，拥有较先进的柑桔出口加工生产设备5套。

2000年8月，农业部农垦局魏克佳局长，广西农垦局蒋济雄局长在良丰农场场长何维克陪同下对良丰农场进行调研。

加拿大水果商到良丰农场柑桔园考察。

农场的万头瘦肉型养猪场，是采用先进技术指导设计建造的，具有设计合理、使用方便、利用率高、采光通风条件好等特点。同时配备了一个年产仔猪万只的种猪场。该瘦肉型养猪场产出的肉猪形好品优，在深圳、珠海、广州等大中城市有广阔的市场。

良丰农场内的桂林五环体育度假村，建于1996年4月，是全国第一家以体育命名，集餐饮、客房、会议、休闲及多种体育娱乐项目为一体的园林市式综合旅游度假村。村内环境幽美，空气清新，景色秀美宜人。游人进村，各取所乐：或湖边垂钓，或尝试惊心动魄的皮特博枪战，或到游泳池中嬉戏……入夜可到湖边千人烧烤场烤品野味，也可进茁楼休闲。金秋十月游果园，累累金黄可口的蜜柑甜橙，会给你甜心底的快慰。这里是人们春天郊游，夏日避暑，秋天尝果，冬季娱乐的好地方。

良丰农场场部小城镇建设初具规模。学校、医院、俱乐部、卫星电视接收站应有俱有，幢幢楼房拔地而起，中心大道笔直宽敞。绿树成荫，假山喷泉、六角亭子、街心花园形成合理的布局。青青绿草地，悠悠良丰河，秀丽的乌崽岭，好一块充满希望的田野----漓江河畔的一颗绿色明珠。

良丰农场天时地利人和同俱，势必随着大桂林市的蓬勃发展而步入辉煌灿烂的明天。竭诚欢迎国内外有识之士前来共同利用良丰优势，共图发展。

桂林市防震工作办公室

桂林市防震工作办公室系按桂编办（1996）25号文和市编（1997）95号文，于1997年7月23日将桂林市地震办公室（成立于1977年6月）更名为桂林市防震工作办公室。1998年11月，桂林地市合并。12月10日，按市编（1998）200号文与桂林地区防震工作办公室合并。

作为桂林市人民政府赋予行使防震减灾工作行政管理和社会管理职能的部门，其主要职能是贯彻、执行国务院和自治区有关防震减灾工作的方针、政策和法规；制订本行政区域防震减灾事业中的长期发展规划，编制防震减灾工作年度计划并组织实施；管理本行政区域内的地震监测预报工作，制订适用于本地区的地震应急反应预案；承担市防震减灾工作领导小组的日常工作，负责本行政区域内的震情通报、震灾速报、震后趋势、震害评估，参与制订地震灾区的重建规划；依法管理本行政区域内地震烈度区划成果的应用和工程建设场地的地震安全性评价工作；监督重大工程建设设施的抗震设防工作，参与查处地质灾害；开展防震减灾知识的宣传教育，指导各县、区的防震减灾工作，以及进行国内外地震科技合作与交流。

二十三年来，我办组建的宏微观地震群测群防点，经多次调整整顿，由原来的12个（不含各县）现仅保留5个。在查处阳朔县白沙镇岩门村、雁山区柘木村等6处有感破坏性陷落地震，以及临桂县宛田地裂、罗城江村山体滑坡、灌阳县黄关镇龙岭村鸭子塘屯地陷等10余次地质灾害中起到了安定民心、稳定社会，使群众的生产生活能以正常进行的作用。同时，对桂林市解放桥重建工程、思安江江补给水工程及桂林城北水厂工程等项目，依法进行了地震安全性评价工作。为有震情时救灾的需要还制订了桂林市地震应急预案。再则，利用电影、电视、广播、录像、板报、橱窗、讲座、参观、知识竞赛、发放地震科普书籍、资料和赠订报刊、杂志并投稿等多种形式宣传普及防震减灾知识。另外，平息地震谣传和误传20余起，为消除群众的恐震心理做了大量的工作。因此，曾六次被自治区评为先进单位。在开展地震科技合作与交流的外事活动中，接待了来自17个国家50批230余人次的地震地质专家学者，并举办学术交流讲座6次，从1989年至1996年，连续八次获中国地震局奖励（其中二等奖7次，三等奖1次）。

再有，桂林市防震减灾工作领导小组副组长、桂林市防震工作办公室主任李耀寰高级工程师，二十三年来，在公开发行的报刊杂志上共发表了87篇论文、译文、科普文、通讯，其中省级以上报刊、杂志刊登的有39篇，编入书籍出版的有11篇。其翻译的《地震——怎样保护你的生命和财产》一书，由广西科技出版社出版，全国发行壹万册，获广西全区优秀科普作品二等奖。在地震科技合作与交流工作中，获中国地震局科技外事工作成果二等奖，并曾获自治区地方地震先进个人、自治区科普之夏选进工作者、自治区地震先进工作者、市农村科普先进工作者。

1992年，中美地震科技合作协调人会议在桂林市桂山大酒店召开。

桂林市防震办主任李耀寰高级工程师在桂林市科普一条街向群众发送并讲解地震科普知识。

桂林市防震办组织中学生参加全区地震知识竞赛的桂林中学考场。

桂林电力电容器总厂

厂长：王锋

该厂始建于1967年，是我国电力电容器行业两大科研、生产基地之一，全国500家大型电工制造企业。连续十年荣获《产品质量国家监督抽查合格证书》。工厂现有职工1266人，其中各类专业技术人员300多人，高级专业人才33人，全厂共拥有先进的科研和生产设备及仪器近1000台套。从1970年试生产到2000年止，累计完成工业总产值16、3亿元，共生产了各类电力电容器139万台套、7075万千乏，为我国电力工业的发展和国民经济建设起到了一定的作用。

工厂原设计规模为年生产电力电容器100万千乏，经过30多年的发展，现能设计制造高电压并联电容器、滤波电容器、电容式电压互感器、断路器电容器、自愈式无油高压并联电容器、集合式并联电容器等26个系列400多个品种上千个规格的产品，年生产能力已达700万千乏。在国内同行业中，该厂的技术力量较强，研究开发能力和水平较高。从介质材料到成套设备技术，从设计到工艺都能够进行研究开发。工厂的主导产品电容式电压互感、并联电容器技术性能优异，质量可靠，在用户中有良好的声誉，尤其是企业最近开发的自愈式高压并联电容器，为国内首创、达国际先进水平。

2000年，工厂继续把以分配制度改革为核心的三项制度改革和以产品质量为中心的企业改革整顿工作作为全年的工作重点来抓，深化三项制度改革和全面整顿，使工厂的生产经营稳步向前发展，克服了资金短缺，原材料不足，市场产品供大于求等困难，工业总产值首次突破2亿元大关，达20218万元，比上年增长12.23%，产量完成534、4万千乏，比上年增长11.3%。该厂坚持科学技术是第一生产力的原则，重视科技进步，开发新产品，提高产品技术含量及附加值高的产品，增强企业的竞争能力。2000年共开发新产品8种，其中两个不同电压等级、大容量集合式电容器产品及空芯电抗器通过了部级及厂内的鉴定，产品达90年代初世界先进水平。同时根据市场需求，及时调整产品结构，扩大电容式电压互感器的生产规模，制定激励政策，调动职工的积极性，互感器产量由99年的1574台增加到2000年的1703台。

自愈式无油高压并联电容器装置

电容式电压互感器

5400KV冲击电压发生器

斗封闭式高压并联电容器装置

详细地址：广西桂林市建干路16号　　邮政编码：541004

电话号码：(0773)-5892643　　传真号码：(0773)-5894993

党委书记：扈益国　　法人代表：王锋

桂林运输集团乘势驶上快车道

广西桂林运输集团有限责任公司是桂林市规模最大的综合性运输企业，在职员工3000多人，拥有30多个生产经营建制单位。已形成以公路客货运输为龙头，集交通工业、汽车装修、汽车整车及配件材料销售、汽车出租、商业贸易、旅游车船服务、饭店、房地产开发为一体的跨行业生产经营格局。

客运：每日有空调卧铺、高中档等各类大中小型客车发往广东、湖南、湖北、浙江、福建、河南、云南、贵州及广西区内各地；货运：可承接整车和大型货物装运及土石方工程项目以及全国范围内的零担直达、中转运输业务，开通了南宁、柳州、广州、长沙等零担快班业务，同时承接市内货物出租车、限时快件和特快专运等运输业务；旅游：美景旅行社以及观光、泰和船队拥有各类豪华、普通旅游车船300多辆（艘），泰和、国泰、天门宾馆等高中级饭店，为中外游客提供食、住、行、游一条龙服务；汽车装修：4个甲类修理厂承接各类进口、国产汽车装配、大修、保养等项目，并做到质量保证、交货迅速；汽车材料及配件销售；下属的材料公司、东风汽车技术服务公司和一汽服务站，经营整车及各类汽车配件、材料销售业务。

桂林运输集团乘改革开放之东风，勇于开拓，大胆创新，发扬“团结奋进、科学管理、安全优质、文明服务”的企业精神，客运生产及多种经营保持迅猛发展的势头。2000年全公司工业产值919万元，营业收入1.43亿元。

桂林运输集团在抓好物质文明建设的同时，精神文明建设也获得了长足发展。2000年，荔浦汽车客运服务站等4个基层单位被评为自治区运管局“道路运输系统文明单位”，集团公司被评为市交通系统“双文明”先进单位。

二十一世纪，桂林运输集团将抓住西部大开发的有利时机，以经济建设为中心，深化改革，扩大规模，占领市场，优质高效发展生产，谱写新的篇章。

集团公司领导班子是一支团结协作、开拓进取、勤奋敬业、勇于拼搏的先进集体，图为班子成员引吭高歌《团结就是力量》，满怀豪情迎接新世纪。

“九五”期间，桂林运输集团投入资金5400多万元，购置“大宇”GL6900A等型号豪华大客车36辆；“佳利安”6750等型号豪华中巴57辆。同时，努力塑造企业形象，实施“品牌”经营战略，先后推出“运泰”、“直达”等高速客运精品。

广西桂林运输集团有限责任公司重视科技含量，共投入资金60万元，购置了电脑设备50台，实现了微机售票。到2000年底，桂林市区内有3个点实行联网售票，全州、兴安两个汽车总站相继用微机售票取代了手工售票。

多种经营与客运主业齐头并进。2000年7月，运输集团投资的有50间客房、120个床位的二星级资源天门宾馆投入营业，其“软”件、“硬”件在该县堪称一流。

运输集团始终把企业文化作为思想政治工作的重要载体，经常开展丰富多采的职工文艺汇演等文娱活动。图为基层单位表演舞蹈《走进新时代》。

桂林天和药业有限公司

2000年，桂林天和药业有限公司依靠深化企业改革整顿，给企业灌注了市场竞争活力，完成工业总产值1.909亿元，增幅12.24%，实现销售收入1.714亿元，增幅15.88%，利税3772万元，增幅11.62%，在全国同行业中处于领先地位，创造了企业历史最好水平。

（一）改革整顿增活力

2000年，企业针对市场环境和企业内部的深层次的问题，全面开展以产品和产品质量为中心的整顿工作，推动企业经济工作的进步，被评为全区改革整顿优秀企业。

“天和”牌骨通贴膏和“天和”追风膏被评为或保持广西名牌产品；天和药业有限公司被评为全区用户满意企业；2000年产品市场抽检合格率100%，质量稳定提高率100%，质量计划完成率100%，优质产品产值率98%。质量损失率下降15%。针对原辅材料质量问题，公司有关部门对原辅材料供应厂商和包装材料印制厂商进行全面质量考察，建立供应方档案，择优签约。

（二）转变观念拓展市场

在企业生产经营活动中，坚持转变观念，工作重心从过去的产品“生产一线”转移到产品的开发和销售“一线”，强调公司职能部门必须为开发和销售一线服务。销售公司根据市场变化，调整内部机构，运用电脑网络等现代技术强化销售业务管理，由定性管理过渡到定量管理。

2000年国家开展打击假、冒、伪、劣的专项斗争，公司抓住这个机会，全力与有关部门配合处理了几起较大的制假案件，打击了制假者的气焰，维护了天和品牌形象。同时采用了全新的激光电码防伪技术，提高了产品的识伪和防伪能力。

（三）技术进步添后劲

2000年，在产学研三结全的基础上，立足于本专业优势，建立了自治区级贴膏类技术中心，通过自主开发和技术引进实现技术创新已成为企业发展的根本战略。企业从根本上保证技术创新的资金，科技投入逐年加大，开展技术攻关，研究新技术、新材料、新工艺的运用，开发特色产品。目前，公司已拥有3个国家级新药和一个国家中药保护品种，在国内同行中是仅有的。主导产品“天和”骨通贴膏、“天和”追风膏分别比上年增长12.78%、63.9%，产品结构进入企业历史的最好状态。

（四）加强管理增效益

2000年，公司坚持学邯钢，抓管理，降成本，挖潜增效，个个有指标，严格考核，责任到位。坚持成分析和内部审计制度，定期提出成本分析报告，资本运营进入良好状态。2000年成本在上年降低2.35%的基础上再降低2%。

详细地址：桂林市伏和巷1号

邮　　编：541001

联系电话：2826462

法定代表人兼党委书记：谭桂发

Tianhe
天和
透释层
止痛层
活血层
行气层
Tianhe
天和骨通贴膏
国家基本医疗保险药品
(98)卫药准字Z-082号
The new medicine protected by China
Effective during 12 hours
10贴装
桂林天和药业有限公司
Tianhe
天和
消痔软膏
推注式
Xiao Zhi Ointment
桂林天和药业有限公司
狗皮膏
GOUPI GAO GOUPI GAO
Tianhe
Tianhe
天和追风膏
国家中药保护品种
Tianhe Rheumatism Expelling Plasters
追風膏
10
桂林天和药业有限公司

中国农科院广西水牛研究所

中国农科院广西水牛研究所是全国唯一专门从事水牛科学研究的机构，地处广西首府南宁市北郊，拥有"国家级重点种畜场"----水牛种畜场。

水牛所从事水牛科学研究自1958年开始，至今取得二十多项科研成果，其中有两项获国家级奖励，七项获省部级奖励，十五项获地厅级奖励。

江泽民、李瑞环、温家宝等党和国家领导人曾亲临该所视察，并给予高度评价。

至目前为止该所共向全国各地供应良种水牛1800多头，为我国水牛事业发展作出了应有贡献。

法人代表：杨炳壮（书记、所长）

电话：0771--3320589　　3320821　　传真：0771--3313814

前进发展中的水牛研究所

水牛所培育成功的三元杂奶水牛

江总书记视察该所研究基地

南宁肉类联合加工厂

南宁肉类联合加工厂于1958年2月建成投产，为国家大型二档企业，广西最早最大的肉类加工冷藏企业，全国22个重点冷藏加工企业之一，广西外经贸出口商品生产基地企业，1997年经国家批准获自营进出口经营权。

本厂占地面积40万平方米，注册资金4899万元，高低温冷库总容量为1.2万吨，有4.2公里的铁路专用线以及1.5万平方米的仓库，对外代储代藏肉类、果菜、速冻食品等各类物资，代办车皮，承办货物储运。

本厂技术力量雄厚，现有在职职工746人，其中中专以上文化程度的占27%，有高、中、初专业技术人员170多人。

多年来，本厂借中国改革开放之春风，利用先进的技术设备和雄厚的资金优势，转轨换型，改革整顿，开拓经营，现已发展成为集产供销、农工贸一体化的综合性生产经营行企业，下属有：肉食购销部、屠宰分厂、冷冻分厂、南宁广联肉类冷冻食品批发市场、储运经营部、南宁生物化学制药厂、南宁东亚食品饮料厂、南宁羽绒厂、南宁羽绒服装制品厂、南宁海绵制品厂、南宁制冷工程公司、汽车维修厂、糖烟批发部、等13个经营实体。

本厂交通条件优越，地域广阔，恪守信誉。热诚欢迎国内外工商界朋友和有识之士光临洽谈业务，开展经贸与科技合作，携手共创美好的明天。

团结、拼搏、向上的南宁肉类联合加工厂

厂领导班子正在研究今后的发展方向

地　　址：中国广西南宁市鲁班路1号
电　　话：(0771)3832061
　　　　　3823511
传　　真：(0771)3832519
网　　址：//www.nnmupf.com.cn
电子邮件：caiwu@nnmupf.com.cn
邮　　编：530003　　电挂：5131

南宁糖业股份有限公司

南宁糖业股份有限公司（简称：南宁糖业），1999年5月27日“南宁糖业”5600万股流通股票在深圳证券交易所挂牌上市，2000年11月向股东分红派现“每10股派息1.5元（含税）”。公司所在地位于中国大西南的广西壮族自治区首府南宁市，是广西外贸商品进出口基地，西南出海大通道，陆运、空运、江河运输便捷。公司是由南宁市六家大中型制糖、造纸企业组成的大型集团企业，国家扶持的512家国有重点企业之一，为国家认定的大型一档企业，具有对外进出口经营权。公司现拥有5000多员工，各类专业技术人员1100多人，注册资产6.22亿元，占地面积518000平方米。主要产品有：机制糖、机制纸、食用酒精及各类综合利用产品共8大类15个品种。公司产糖量占广西食糖总量的10%，全国食糖总量的4%，年销售额超10亿元，年创利税1.5亿元。2000年2月全公司通过了ISO9002质量体系认证。公司拥有稳定的客户和广大的营销网络，产品远销欧洲、中东、东南亚等国家和地区，并被国内外著名的百事可乐、可口可乐、健力宝等厂商列为原料定点厂。

目前，公司正在将生产规模和资源优势通过生产布局、产业结构的科学、合理调整，达到规模经营、专业化生产、资源配置最优化及股东利益最大化的目的。投资1.9亿元的3.4万吨蔗渣造纸制浆项目将于2001年3月试机投产；投资5000万元的污染源治理各项工程项目于2000年12月31日全部通过达标排放。2000年10月公司成功参股广西南蒲纸业公司的32%份额，今后公司还将通过资本市场运营采取收购、兼并、控股、合资、联合等方式扩大经营和实力，形成以蔗糖生产为主业、多元化综合经营的跨行业、跨地域、跨所有制的现代化企业集团。

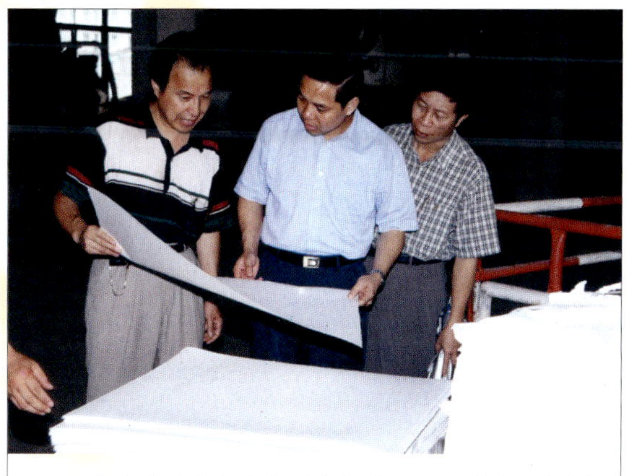

南宁市委书记李克（中）在熊可模董事长（左）公司党委书记李文智（右）的陪同下视察公司的工作。

董 事 长：熊可模（总经理）
公司网址：http://www.nnsugar.com/
办公室电话：0771-4911323 传真：0771-4912771
经营部电话：0771-4911863 0771-4915366 传真：0771-4915693、4912822
E-mail:nntygs@public.nn.gx.cn nnty@nnsugar.com

白砂糖、赤砂糖产品

广西鑫叶彩印包装有限公司

GUANGXI XINYE COLOUR PRINTING & PACKING CO.LID

广西鑫叶彩印包装有限公司创建于1995年7月，是一家从事纸制品包装印刷及防伪商标制作的中港合资企业。公司总投资4960万元，固定资产原值5140万元，拥有世界先进的海德堡五色胶印机1台，罗兰四色胶印机3台，罗兰双色胶印机3台，罗兰胶印单色机1台；国内先进的780自动烫金机3台，1050自动模切机3台，920电脑裁切机3台，1300电脑切纸机2台以及1条先进的激光全息防伪商标生产线，是广西装璜实力最雄厚的大型彩印公司，也是广西具有较强防伪商标生产能力的印刷企业。

公司先后被自治区、南宁市授予“广西优秀科技型企业”、“南宁市先进外商投资企业”、“广西先进技术企业”、“广西百家模范纳税户”、“广西经济效益先进企业”等称号。

公司热诚欢迎广大客户来函、来电、来人洽谈业务，我们将热情为您提供精美的印品和高质量的服务！

经营部经理：郑海波 地 址：南宁市明秀西路162-1号
电 话：(0771) 3171291 传 真：(0771) 3172783
邮 编：530003

廣西貴港石油分公司

广西壮族自治区石油总公司刘雄华总经理（左三）、黎林清书记（右三），在分公司经理袁耀权（左一）、副书记刘永光（左四）、副经理吕建设（左二）、经理助理朱志安（右一）陪同下，到贵港中转油库考察扩建工程情况。

广西壮族自治区贵港石油分公司1998年6月上划中石化集团公司，2000年6月重组改制后一分为二，正式分开上市公司中国石油股份有限公司广西贵港石油分公司和存续公司广西贵港石油分公司运作，隶属中国石油股份有限公司广西石油分公司和广西壮族自治区石油总公司领导，下属有中国石油化工股份有限公司广西桂平、平南、横县、灵山、浦北石油分公司。本届行政领导班子于2000年4月接任，在管理上，公司领导主要从以下几个方面下功夫：1、贯彻执行集团公司策略，抓好销售工作；2、严格规章，强化内部管理；3、抓住机遇，抓好网点建设；4、把2000年定为公司的“管理年”，并布署到各分公司。同时，本届班子在工作上互相支持，组织上团结互助，作风上雷厉风行，务实创新，开拓进取，讲实话，办实事，做到自重、自省、自警、自励、克己奉公，乐于奉献。使企业上下形成了一股强大的凝聚力和向心力，干部职工精神面貌焕然一新，职工的文化素质和业务素质不断提高，形成了以司为家、司兴我荣、团结奋斗、遵纪守法、服从安排的一支作风过硬的职工干部队伍。

2000年，在新班子的领导下，公司各项工作取得了显著的成效。全年累计实现毛利6045万元，比去年增加1109万元；累计吨油毛利295元，比去年增加49元，增长20%；完成利润1350万元，完成年度1300万元的104%，超年度目标4%；新增加油站（网点）48座，其中收购33座，完成全年任务22座的150%；改造加油站33座，新建4座，在建3座；增设农村网点13个。

贵港畜牧业蓬勃发展

贵港市畜牧水产局

建市五年来，畜牧水产部门采取有效措施，坚持把发展畜牧水产业作为经济新增长点和增加农民收入的支柱产业来抓，促进畜牧水产业蓬勃发展。一是以龙头企业带动效益，加快产业化进程。全市兴建了以港旺养殖公司、贵港食品公司种猪场、平南大新新桂图有限公司瘦肉型猪场、桂平凤岭猪场等一批养种猪达千头的龙头企业，带动全市瘦肉型猪的发展。二是狠抓优良品种发展，建立一批畜牧水产业基地。五年来，形成了港北区、桂平市、平南县瘦肉型猪基地；贵港市、桂平市、平南县三个城郊的养禽基地；港南桥圩、平悦肉鸽基地；港北区根竹、大圩、桂平市石笼、蒙圩、南木养牛养羊基地；桂平市养殖七星鱼、土塘角鱼；平南县养殖甲鱼、鳗鱼；三区养殖土塘角鱼等各种名、优、特、新水产品养殖基地。三是实施“万水工程”，带动全市水产品养殖结构向优质产品转变。全市二000年实施“万水工程”面积达20083亩，总产量达12850.46吨，亩均产量640公斤，亩均产值11180元。四是坚持可持续性发展战略。为了使畜牧水产业稳定、健康、持续的发展，畜牧水产部门根据实际情况，提出了畜牧水产业可持续性发展的思路。从1996年开始大搞江河人工放流工作，每年向郁江投放大量鱼苗，维持郁江渔业生态平衡。5年共投放渔苗220万尾。

五年来，贵港畜牧水产业平均以4.5%的速度增长。二000年肉猪出栏206.65万头，羊出栏1.36万头，家禽出栏2410.6万羽，肉类总产量208719吨，禽蛋产量10823吨，水产品产量92403吨。畜牧水产总产值达35.9亿元。

贵港市自然资源十分丰富，宜牧宜渔条件具备，欢迎各界人士到贵港投资，共创贵港市畜牧水产业的明天。

港北区三黄鸡

桂平市三黄鸡

港北区瘦肉型猪

平南县奶牛群

覃塘管理区羊群

平南狮头鹅

港南区北京鸭

广西汽车拖拉机研究所 广西汽车内燃机质量监督检验站 简介

内燃机台架试验微机测控室一角

计算机室

广西汽车拖拉机研究所与广西汽车内燃机质量监督检验站是一套人马两块牌子的自治区级专业科研和产品质量监督检验单位，是广西首家获得中国实验室国家认可委员会认可的实验室，是广西首批自治区级技术中心。所（站）内设有综合管理室、整车室、内燃机室和财务室等职能部门。现有职工38人（其中高级工程师12人、工程师17人），固定资产918万元，拥有国内先进的仪器设备、计算机管理网络、汽车动态模拟分析研究系统及与国标接轨的《质量手册》，具备了比较完善的科技开发、质量监督检验、行政管理软件，承检能力达100%。主要从事汽车、内燃机、拖拉机、农用运输车、工程机械、摩托车、柴油发电机组及其零部件等产品的研究、开发、技术服务、技术咨询、新产品鉴定、定型试验及质量监督检验、产品质量技术仲裁，还承担国家商检局指定的内燃机进出口商品检验职能，和国家机械工业局内燃机生产许可证检验职能(范围包括广东、广西、云南、贵州、四川等省)。

办公楼一角

大门

所（站）成立以来，在行业产品研究开发、技术服务、技术咨询、产品质量管理、质量监督检验等方面积累了丰富的经验。为企业做了大量卓有成效的工作，社会效益、经济效益以及知名度均有较大提高。在独立完成和与工厂合作完成的纵横向课题中有许多项目获奖。曾荣获柳州市“八五”期计量、标准化、质检先进集体称号，多次荣获广西机械工业厅（局）先进集体、推广应用计算机技术先进单位称号，还荣获广西技术监督局技术监督先进单位称号和1998年广西科技厅振兴科技先进单位称号。是国家工商行政管理局、国家质量技术监督局、国家出入境检验检疫局、国家国内贸易局、国家轻工业局指定的受理有关消费争议的商品检验机构。

法定代表：侯刚（高级工程师、研究生）
地　　址：广西柳州市河西路18号
邮　　编：545007
电　　话：0772-3750108
传　　真：0772-3712180

柳州市司法局于1982年组建，辖柳江、柳诚两县和城中、柳南、柳北、鱼峰、郊区司法局，两个公正处和17个律师事务所、市法援中心。是市人民政府主管全市司法行政工作的职能部门，担负全市的法制宣传教育、依法治理、法律服务、人民调解，以及“两劳”释放（解教）人员教育管理等司法行政任务。多年来该局以弘扬法治、服务大局、开拓进取、争创一流的精神，扎实工作，创造了司法行政工作的一流业绩。先后荣获“全国司法行政系统先进集体”、“全国司法行政系统先进政治工作机关”、“全国先进普法办公室”、司法部授予集体一等功荣誉，荣获自治区司法厅授予“全区司法行政系统先进单位”、“全区司法行政系统先进执法单位”，荣获“自治区文明单位”、“全区政法系统‘双十佳’单位”、“全区人民满意的政法单位”，连续12年荣获“柳州市文明单位”。今后，柳州市司法局将继续致力于提高市民的法律教育和推进依法治市进程，在营造遵纪守法的良好社会风气中作出重大贡献。

喜迎局党组书记、局长赵建华（左一）载誉归来

加拿大国际发展署到柳州市考察法律援助工作，受到市领导的接见。（右三为市委书记沈北海，左二为市人大副主任、市委政法委书记黄桂清）

自治区人大副主任韦家能（左四）率队到柳州市考核验收“三五”普法依法治理工作，经综合评定，该市以优异的成绩一次性通过考核验收。

市依法治市办公室、市妇联组织《婚姻法（修正草案）》大讨论。

柳州市质量技术监督局

局长：钟显魁

2000年柳州市技术监督局是实行省以下质量技术监督系统垂直管理的第一年，在自治区质量技术监督局的直接领导下，紧紧依靠地方党委和政府的支持和领导，坚持为地方经济发展服务的宗旨，以“质量为中心，标准化、计量为基础”的工作方针，认真履行了综合管理和行政法两大职能。加大流通领域的质量监督，开展“百城万店无假货”活动，以龙城路为龙头，全面带动全市“百城万店无假货”、“购物放心一条街”活动深入开展。积极开展“创建文明优秀旅游城市”活动，促进全市旅游游业的发展。加大质量监督管理力度，全年定期监督抽查190个企业的316批次产品，合格305次批，批次合格率96.5%。日常监督检查904个商业销售的1162批次商品，合格696批次，批次合格率59.9%。全年办理临时生产许可证433个，年审换证率99.23%。全年依法备案企业产品标准155个，备案食品标签81个，备案饲料标签272个，2000年市属两县（柳江、柳城县）顺利通过了消灭无标准生产县的验收。全年完成计量标准考核复查17个，单位35项，计量检定员考核（复查）发证179人次。全年办理代码证7871户，努力了实现“引导消费，服务企业”的宗旨。严厉打击假冒伪劣违法行为，维护社会主义市场经济秩序，全年办理打假案件266件，查处假冒伪劣商品标值总额344.12万元，严厉打击了违法行为，为“规范市场，扶优治劣”作出了新贡献，促进柳州市经济发展。2000年继续荣获柳州市“文明机关”光荣称号。

柳州市质量技术监督局开展2001年“3.15”宣传咨询活动

柳州人事

2000年，柳州市人事局以邓小平建设有中国特色社会主义理论为指导，围绕经济建设中心和社会稳定大局，把握人事工作与经济建设的结合点，继续深化人事制度改革，加快整体性人才资源开发，不断开拓创新，拓宽人事工作渠道，使人事工作更好地为人民群众、为基层、为经济建设服务。2000年荣获国家教育部授予的“全国普通高等学校毕业生分配工作珍惜人才奖”、市委市政府授予“市直优秀文明机关”荣誉称号、军队转业干部安置工作受到自治区的表彰。

一、引进国内外智力和人才。柳州市人事局坚持实施“双百人才工程”，全市获国家外专局批准资助和完成引进项目22项，外国专家来柳工作25人次，共获国家外专局资助人民币50万元，组办出国培训3个团共29人次。到2000年，共有56名国内外知名学者和高级专家被聘为我市政府科技、经济顾问。如聘请德国铸造专家迪贝勒尔博士，德国生物遗传专家施密特先生，德国啤酒酿造专家汉斯先生。同时，还邀请中科院杨叔子院士、工程院林宗虎院士等30多名高级专家学者来柳，分别到工程厂、微汽厂、柳钢、锅炉厂、开关厂、柳江造纸厂、食品总厂等19家企事业单位开展项目合作洽谈和高新技术指导，不仅使企业的技术水平得到了显著的提高，也创造了极佳的经济效益。

二、整体性人才资源开发成绩显著。一是大力引进人才。2000年，柳州市共落实就业单位的毕业生人数为2648人，其中高校毕业生1447人，中专毕业生1201人。还先后出台了系列引进人才的优惠政策，对引进的人才在住房、子女上学、家属就业等方面作出详细规定，实现了引进人才政策上的突破；二是搞好人才资源配置。组织全市260家用人单位参加柳州市大中专毕业生“双选会”，提供就业信息；三是加强人才市场建设。全年共举办人才交流洽谈会122场次，共有800多家企事业单位到市场招聘人才，并提供4000多个就业机会。人才市场还建立了独立的IP网站，加入互联网，并与国内其它规模较大的人才市场联合举办网上人才交流会。

三、加强对公务员、专业技术人员的管理。(一)坚持考试录用制度。年内，共有125人报名参加区人事厅统一组织的公务员资格考试、面试，最后95人被录用为国家公务员；(二)加强管理。严格审查党政群科级领导和非领导职务的职数；(三)全面推选年度考核微机综合管理。年内，考核机关公务员9432人，占应考核人数的99.74%；(四)办理政府系列领导干部任免25批55人次，办理企业股份、集团公司领导班子成员任免通知书18批95人次，呈报市人大常委任免7批13人次；(五)年内共办理一大批如机关事业单位正常退休、病退、退职、因公出境离职、提前退休、高级专家延长退休时间等审批手续；(六)协助市委组织部完成了市专业技术拔尖人才的调整，推荐“农村优秀人才”、“享受政府特殊津贴专家”、“国家有突出贡献科技人员”、“自治区有突出贡献科技人员”等人选；并评出“柳州市重奖有突出贡献的科技人员”。

四、把职工的工资福利、养老保险当成一项大事来抓。局领导对这项工作极为重视，2000年度，要求本局在全区率先运用微机审批工资，并对机关事业单位工资管理人员的业务素质和操作技能进行培训，有的还亲自上门辅导。同时，为了职工的利益，动员各单位的职工参加养老保险。年内，共有407个单位的1.46万人参保，比去年增加了18.5%。

五、重视干部安置、培训和职称考试评审工作。由于局领导的重视，全市共安置177名军转 干部，安置随军家属49人。开办各类干部培训班25期，培训人数2566人。职称评审方面共评审中级专业技术职务资格1006人，初级技术职务资格618人。由于宣传工作做得好，激发了全市干部职工学科学、爱科学的热情。

六、编制机构严加管控。为了响应中央加强机构改革力度的号召，2000年，柳州市人事局对全市事业单位的编制和人员现状进行了全面系统的调查，并配合市财政完成两批委托银行统一发放机关事业单位工资的核编工作；继续严格控制编制、机构、人员增长，全市行政编制空编率11%，有效地保证了全市机构改革顺利进行。

柳州市文化局

［概况］2000年，柳州市文化局所管辖的单位22个，在职干部、职工933人，其中具有本科学历59人，大专学历179人，高级职称94人，中级职称246人，初级职称229人，有专业艺术表演团体4个，全年创作剧（节）目8个，首演剧（节）目8个，演出总场次640场，观众150万人次，取得了可喜的成绩。

［实施精品战略，频传捷报］2000年，大型民族音乐剧《白莲》喜获国家文化部第九届“文化新剧目奖”，成为广西唯一、全国少有连续两届荣获国家文化部“文华奖”的城市，并在本届“文华奖”评选中还荣获优秀编导、优秀舞台美术两个单项奖。在上海国际艺术节，演出2场，均座无虚席。同时，在参加广西第五届剧展中全面获奖，分别为“桂花奖”第一名，优秀导演、优秀音乐设计、优秀灯光设计、优秀服装设计、优秀道具设计、优秀舞蹈编导、优秀表演编剧奖等所有项奖的第一名。与此同时，大型桂剧《李向群》荣获广西第五届总展剧目一等奖第一名，荣获优秀编剧、导演、音乐设计、表演等5个单项奖。小品《征婚》、《双戒烟》分别荣获广西第五届剧展总演小品类二等奖、三等奖，同时荣获广西第五届剧展总演小品类二等奖、三等奖，同时荣获一名优秀表演奖。在参加广西第五届剧展总展演活动中，我市有两台大戏、两个小品入围，清品创作成绩突出，荣获优秀组织奖第一名。

［文艺演出活动有质有量］2000年，各专业剧团业务演出活动较上年有递增。全年4个专业剧团共演出600场次，其中文化下乡演出141场。年内，举办了多场全市性大型活动，在庆祝党的“七一”活动中，文化系统代表队在参加“全区共产党员‘正气’”歌咏活动中高歌一曲《正气浩荡江山美》荣获全市一等奖。这首歌的词作者和曲作者系市文化局党委书记、局长刘沛盛、市群众艺术馆馆长亓丰源。

［社会文化如火如荼］在第十届全国“九星奖”文艺汇演活动中，我市的舞蹈《满江红》、《刘三姐情画》荣获全国银奖。在参加广西“八桂群星奖”农村文艺汇演中，荣获一等奖2个，二等奖2个，为丰富龙城人民的文化生活，红盾艺术团、百花艺术学校及8家专业的艺术团分别在广场世纪之门，江滨公园舞台为龙城人民表演了迎新春、庆“五一”的节目及“山歌会”，吸引了10万多人驻足观看。

［公共图书创奇效］柳州市有市级图书馆1个，县级图书馆2个，乡镇图书馆37个，全年新增图书6826种/13687册，藏书量总计60万册，接待读者420585人次，外借书刊165400万册，给新增读者发借书证11732本。为了使“知识工程向纵深发展，市财政局、城中区、市直机关为其结对子乡镇图书馆捐赠了一批款项及图书。积极组织人员参加自治区”知识工程举行的“下岗职工再就业演讲比赛”及农民读书演讲比赛，配合全区“农民读书展示周”及“科普十月大行动”，在福塘、太平、百朋等乡镇举办“全区农民读书成果图片”展览吸引了近3000群众观看。市图书馆充分发挥文化阵地的教育职能，年内，利用“六一”儿童节和图书馆服务宣传周，开展了“传播科学知识，宣传科学思想，介导科学方法，弘扬科学精神”的服务宣传活动，和市委宣传部联合在五一路宣传橱窗展示《传播科学知识，弘扬科学精神》及在人民广场开展读书知识有奖竞答活动，吸引市民踊跃观看，收到了很好的宣传效果。

［名城建设］2000年，柳州市博物馆共征集各类文物55件，对藏品档案实行电脑化管理，顺利通过自治区文物检查组对库房以及一、二级藏品的检查工作。同时，利用馆藏文物自办和引进展览23个，全年共接待观众20万人次，柳侯祠接待国家级省市领导200余人次，旅游团2万人次。同时，开发和正在开发胡志明旧居、马鞍山碑刻、清代台湾巡府杨廷理及家庭墓、清真礼拜大殿、大韩国临时政府旧址、抗日旧飞机场等，力争让它们以全新的面貌尽快与游客见面。

［文化市场繁荣有序］文化市场管理坚持依法行政，规范管理，积极开展导向性活动，举办文化经营业主法规培训，实行考核持证上岗。我局与公安、工商局联手开展加强娱乐服务场所管理专项活动，对歌舞、娱乐场所、电子游戏机、游艺机娱乐场所、录像放映场所按规定的条件进行重新审核、登记。使我市娱乐场在总量、布局和规模上更趋合理性。2000年，柳州市电影公司发行放映电影3883场次，观众约238149人次。市电影大胆改革电影放映工作，对上座率叫响的影片一改常规，将传统的排片法改为穿插法，充分利用空间，调动拷贝，提高拷贝的产出效益。电影公司为进一步激活电影市场，与赞助企业、广告公司三家利用新闻媒体展开宣传攻势，炒作中影大片《完美风暴》，仅放映20天，票房效益又突破全区该片放映的新记录，市人民电影院创票房收入13万元。

广西壮族自治区桂林市老年大学

桂林市老年大学创建于1984年。16年来，每学期在校人数已由开办时的一个班26人发展到现在的44个班1043人。已有近5000人结业。老年人通过参加学习，增长了知识，陶冶了情操，增进了健康，提高了素质，还培养一批大器晚成的人才。不少学员的书画诗词作品常在《桂林日报》《广西日报》《老年知音》《中国老年书画报》等报纸杂志上发表，或入编书画诗词集。学员参加校外各级举办的书画诗词展赛，获得了不同等级的奖励。15年来，获全国性书画诗词比赛一等奖16人、23人次，二等奖22人、31人次，三等奖37人、47人次，优秀、纪念奖108人、162人次；获省、市级比赛各项奖的有277人、298人次。合计获奖475人、561人次，入编全国性书画诗词集有52人、87人次。学员的书画作品已有2000多件进入书画市场，有的被送到国外展出，有的被选作礼品送给国际友人，有的被国内外游客购买收藏。为弘扬祖国的传统文化作出了贡献。拳剑专业共培养出二级拳师34人，三级拳师52人，他（她）们有的在校任教或在各个公园辅导人们练习拳剑。校拳剑队参加全国性比赛获四等奖，其中三人获3-8名奖励。声乐专业为我市老年文艺团体输送大批骨干力量，合唱团参加市级比赛多次获奖，女声小组获全国性比赛一等奖。这是学校贯彻“学乐为教”相结合的办学宗旨，重视提高教学质量的结果。因此荣获全市老干部工作先进单位称号。

兰育生校长

兰育生小传

兰育生，男，壮族，1936年11月出生，职称副研究员。（中共党员），曾先后任中共桂林市委宣传部副部长，市经济研究中心副主任，市老龄工作委员会常务副主任兼办公室主任，《桂林经济研究》，《桂林老年报》主编。

从1958年参加工作以来，坚持理论联系实际，先后撰写涉及政治思想及经济社会发展方面论文30多篇，在各级报刊杂志发表，并有5篇获省、市级奖励。主编《桂林市国土资源》、《桂林旅游发展前景研究》，参编《桂林市发展总体规划》等5部书，获市级壹等奖1项，获省级奖2项。被评为桂林市（1985-1995）有突出贡献的社会科学工作者。

1997年3月退休，1997年5月受聘桂林市老年大学校长。致力献身老年教育事业。

原自治区人民政府副主席王祝光，原中共桂林市委顾问赵顺先在观看校艺术团演出后与艺术团演员合影。

桂林市老年大学拳剑队演练太极拳

桂林市老年大学师生员工欢庆自己的节日——校庆

日本东京都高龄者访华团来桂林市老年大学访问

广西第五建筑工程有限责任公司

广西第五建筑工程有限责任公司是国家一级资质施工企业，有独立的科研设计机构及中心试验室，下设土建公司和地区公司、机械化施工公司、工业设备安装分公司、路桥工程公司、装饰装璜公司以及模板工程公司等专业配套分公司，还有大型混凝土预制构件厂、建筑防水材料厂、金属结构厂、铝板厂、汽车修理厂等工业产品生产厂，是一个门类齐全的综合性大型施工生产企业，年产值能力十五亿元以上。公司还具有对外承包工程施工资质，在索马里、乍得、纳米比亚、美国塞班岛等国均设有分支机构。

公司承担工业与民用建筑施工及安装，基础工程，路侨、市政工程、水电水利工程，高级装饰装璜及幕墙工程；对外（国外）工程承包，房地产开发。涉及范围包括：化工、冶金、机械、电子、轻纺、能源、交通、建材、体育、文教卫生、军工、金融等广大领域。

公司一贯奉行百年大计，质量第一，用户至上的宗旨，坚持“精心施工，科学管理，创一流精品，让顾客满意”的质量方针，40多年来累计完成单项工程8000余个，竣工面积达1000余万平方米，一大批工程获国家级，省、市级优质工程奖，在社会上享有良好信誉。

公司多年被评为广西先进建筑施工企业，设备管理特级企业。柳州市文明单位。一九九0年起连续十年被广西工商局评为“重合同、守信用”企业。

公司是广西质量承诺单位。一九九九年通过了ISO9002质量体系认证，获北京中质协质量保证中心颁发的《质量体系认证证书》和中国质量管理协会质量保证中心颁发的《质量体系注册证书》。

建设部部长俞正声（右）在’98中国建筑工程鲁班奖颁奖大会期间，接见公司董事长、总经理李晓平（左）时合影。

鲁班奖工程

公司总包承建的柳州华侨大厦，建筑面积23000平方米。一九九八年评为广西优质工程，同年获中国建筑工程“鲁班奖”。

公司董事长、总经理：李晓平
地址：广西柳州市友谊路4号
电话：0772-2825371
邮编：545001
传真：0772-2821472

柳江大桥

我国第一座跨箱梁悬臂结构大桥，主跨120米，采用三向预应力钢筋混凝土技术施工。1978年获全国科学大会奖。

桂林市经济贸易委员会

（1）

（2）

（3）

（4）

桂林市经济贸易委员会是桂林市政府管理和协调全市工业经济及其运行的综合职能部门，主要职责是：宏观调控、政策引导、监督检查和协调服务。

桂林市工业以建立高新技术为特点的现代工业作为发展的方向，通过不断地新建、扩建和改革整顿，已形成由电子与机电仪一体化、客车与汽车配件（含轮胎）、医药生化、食品饮料等支柱产业和35个工业行业类别、200多个主导产品组成的具有鲜明特色的工业体系，其中客车、医药、电子、机床、橡胶、酒类和高新技术产业等具有明显优势和广阔发展前景。

目前，桂林市工业正处于加快结构调整的重要时期，国家级高新技术产业开发区快速发展壮大，电子信息城、生物医药城、客车生产基地、酒业生产基地、苏桥工业新区、西城工业开发区、桂黄公路和桂阳荔工业走廊以及一批重点技术改造项目正在加紧建设和筹划，其中具有众多可供合作和开发的项目和机会，我们热忱欢迎海内外客商参与桂林工业的合作与发展，并竭诚提供优质、高效的服务，创造优良的投资和发展环境。随着“十五”计划的逐步实施，桂林市工业必将迈上一个新台阶。

部门负责人：市政府副秘书长、经贸委主任、党组书记张晓武

地址：桂林市叠彩路6号

电话：0773--2821680

图片说明：

（1）自治区党委书记曹伯纯（左二）、政府主席李兆焯（左三）、党委副书记刘奇葆（右一）参观桂林市工业产品展厅

（2）桂林市高度重视发展以电子信息为主的高新技术产业，2000年列为全国信息化建设试点城市。图为市委书记姜兴和（左二）考察桂林漓江信息产业集团。

（3）工业是桂林市国民经济的支柱产业，市政府十分重视对工业发展的支持与扶持。图为市长李金早（中左）、副市长孙中文（中右）在市经贸委调查研究、指导工作。

（4）桂林电子信息城已列入广西“十五”发展规划重点建设项目，近期规划建设面积为1平方公里，远期为5平方公里，分商贸园区、产业制造园区、软件开发园区和电子信息广场四大功能区。图为建设中的电子信息城商贸园区效果图一角。

灵川县计划生育委员会

近几年来，灵川县计划生育工作在县委、县政府的领导和上级有关部门的指导下，认真贯彻落实党的各项方针、政策，紧紧围绕县委、政府提出的“争创计划生育工作一流水平”的目标，逐层建立人口与计划生育工作岗位目标管理责任制，坚持推行计划生育工作“三为主”、“三结合”，实现计划生育两个转变，达到控制好人口目标。并在实际工作中，大力开展计划生育“三好一满意”和计划生育要民自治工作，计划生育工作取提了良好的成绩。计划生育率连续六年达97％以上，人口出生率连续5年为10‰以下，自然增长率连续5年在1-3‰以内；1995年被评为区计生协会先进集体，1996年被评为全国计生协会先进集体，1995-2000年连续六年被评为全区计划生育优秀达标县，1999年被评为全区计划生育统计求实一等奖，1995-2000年连续六年被评为桂林市计生工作先进县、计生“三结合”模范县、计生工作一等奖；1994年5月迎接了中国计生协会18个省市生协会会长座谈会，1995年6月自治区计生委在灵川举办“三结合”培训班，1997年10月灵川县为中国欠发达地区计生“三结合”研讨会提供现场会，1999年11月灵川县为自治区提供“婚育新风进万家，千村万户树新风”现场会，2000年8月桂林市在灵川县召开计划生育村民自治工作会议。国家领导人宋平、彭佩云，自治区党委书记曹伯纯、自治区人民政府副主席吴恒、自治区计生委主任何劳等领导到灵川县视察计生工作。

98年6月，自治区党委书记曹伯纯在灵川县灵川镇视察、指导计生工作。

99年11月，自治区计生委主任何劳（左四），在灵川县县长苏建中（左二）的陪同下，参观指导灵川县“婚育新风进万家，千村万户树新风”活动。

97年10月，国务委员、国家计生委主任彭佩云到灵川县视察计生工作。

灵川县计生局局长苏思 琨，深入乡镇指导计划生育工作。

澳洲办厂　走向世界

——桂林国际电线电缆集团公司

一九九二年八月我集团公司经国家外经贸部批准，投资54万美元，在澳大利亚悉尼收购了一家生产、销售电线电缆产品的公司，注册名为“澳大利亚电线电缆股份有限公司”。公司一九九八年被国家外经贸部批准为境外带料加工企业。

澳洲公司以桂林集团公司为依托，依靠桂林的资金、技术、产品及人才优势的支持，获得迅速地发展。产品的销售收入由购厂当年的258万澳元增加到2000年的1924万澳元，销售额增长了645.73%，产品销售已遍及澳洲，并销售到新西兰等周边国家。澳洲公司以悉尼为基地，先后在墨尔本，布里斯班设立了分公司，并购买了厂房、仓库、住房共五座。澳洲公司的资产由购买初期的54万美元投入发展到现在的600多万美元，其中厂房、设备等固定资产280多万美元。澳洲公司已经成为澳洲有名的中资企业，生产、经营规模已进入了澳洲同行业的前四名。

桂林集团公司依靠澳洲公司扩大了产品出口，从1992年到2000年底累计出口产品4660多万美元，其中澳洲公司为3924万美元。2000年出口创汇987万美元。集团公司赢得了国内外两个市场。企业获得很好的经济效益，其中50％应该归功于澳洲公司。

公司一角

发展中的广西老龄事业

----区老龄工作委员会办公室

随着社会经济的发展，文化科学技术和医疗保健水平的提高，人均寿命不断延长，人口老龄化迅速发展。目前，我区60岁以上老年人口达460多万，占全区总人口的10.03%。到2020年，60岁以上老年人口将达890万，占总人口的17.49%。从1990年至今，我区老年人口增加了约118万，80岁以上高龄老人约70万，百岁老人达1050人。老龄问题已成为一个不容忽视的社会问题。

1986年4月20日，经自治区人民政府批准，成立了广西壮族自治区老龄问题委员会，1989年2月更名为老龄工作委员会。在各级党委和政府的领导下，认真贯彻江泽民总书记关于"重视老龄工作 发展老龄事业"的批示精神，全心全意为老年人服务，落实"老有所养、老有所医、老有所为、老有所学、老有所乐、老有所教"的工作目标，综合治理老龄问题。全区各地、市、县及90%的乡镇和80%的村委会都建立了老龄组织和老年人协会，形成工作网络。1996年10月1日《中华人民共和国老年人权益保障法》颁布实施，1998年自治区人民政府明确区老龄委为《老年法》执法机构，标志着老龄工作进入法制化轨道。各地结合实际制定政策，切实为老年人办实事做好事。为70岁以上老年人发放优待证，实行"优惠、优质、优先"的三优服务。看病优先，乘公车进公园免费、免除农村老年人村提留乡统筹等负担，全区已享受"三优"服务的老年人达19万多人。城乡逐步建立健全养老保障体系和服务体系，参加社会养老保险，农村投保人数达187.47万人；积累养老保险基金4.59亿元；城镇离退休参保人员54.4万人。各种老年福利设施不断曾加，城镇社会福利机构94所，总床位6895张，共收养孤老残幼人员4000多人。全区有敬老院571所，拥有床位9084张，平均每14人拥有一张床位，收养老人约8千多人。老年门诊、老年公寓、老年康复院38所，老年病床1500多张。老年体育协会组织遍布城乡，已达4834个，活动室、站等2310个，参加体育锻炼的老年人达60多万。全区已有老年大学（学校）208所，在校学员19581人，历届毕业25707人。老年人通过再教育，学到了知识，更新了观念，陶冶了情操。老年科学研究和普及工作广泛开展，发表各类专著和论文等200多篇，获各级科研成果奖40多项。老年群众组织积极发挥作用，广西老年基金会多渠道筹措资金发展老年事业，目前已有资金240多万，开展扶贫助老工程，慰问特困老人4273人，百岁老人316人，发放慰问助养金25万多元。广西老年科技工作者协会有5千多老科技人员，为广西经济发展科技进步老有所为积极发挥作用。开展科技扶贫和教学育人工程，举办了"西江联合大学"，立项和申报科技项目30多项，其中较大的科技开发项目10项，被评为自治区老有所为先进集体。

南宁市新城区社会福利院的医务人员上街为老年人义诊

老年人开展健身活动

广西畜牧研究所

广西畜牧研究所是集科研、生产及推广为一体的省级农业型科研所，位于自治区首府南宁市北郊，距市区约10公里，东南面和邕宾二级公路相接，西北面与邕武公路相通。全所占地近万亩，缓坡矮岭，万木葱茏，绿树成荫，空气清新，环境优雅。现正按园林城市的要求建设花园式单位，是人们活动度假的好去处。

建所已有40年的历史。下设养猪、养禽、黄牛、牧草等四大科研室及相应的试验场、一个中心实验室，一直从事禽畜繁殖改良和饲料牧草的科研和生产。现有在职职工350人，其中畜牧、兽医、牧草等科技人员135人（享受国务院政府特殊津贴、优秀专家2人、高级职称23人，中级职称64人），技术力量雄厚。

目前，已初步形成畜、禽、鱼、虾、果、林等综合配套立体种养体系。畜禽品种有从国外引进的体形小、产奶量高的沃新黑白花奶牛及澳洲荷斯坦奶牛，耐热、抗病力强的沙希瓦黄牛及美国短角肉牛，驰名世界的瘦肉型猪大约克、长白、杜洛克等，还有本所培育出来的优质快大型银香麻鸡，以及新开发项目非洲纯种鸵鸟，罗氏沼虾及乳品加工等，同时还筛选出一批优良牧草，如美国矮象草、桂牧1号杂交象草、狼尾草、美国合萌、青饲类玉米、新银合欢、柱花草等。这些畜禽品种及优良牧草都是本所将科研成果应用于生产实际的典范并已形成规模，不仅使本所获得良好的经济效益，而且在区内及毗邻省份大面积推广。建所以来，共获科研成果近百项，其中国家级5项，省部级30多项。科研成果的推广产生了良好的经济效益，为振兴广西畜牧业作出了贡献。

近几年来，党和国家领导人江泽民、李瑞环、温家宝、宋平、谢非、陶爱英以及自治区党政领导先后到所视察。此外，还有美国、瑞士、澳大利亚、日本、韩国、印席、泰国等国家的专家教授来所参观考察，本所在国内外享有较高的知名度。

所内设有传真、程控电话，可直拨国内、国际大中城市。水、电力能满足科研生产需要，交通便利。为适应市场经济发展的步伐，充分开发利用本所土地及水资源，以科技为先导，推广准确真实、成功的实用技术，发展城乡经济，振兴中华为己任，立足广西，面向全国，并以开放城市特许的优惠条件给予招商，拟招商的项目有以小型水库、果园为中心的观赏农业项目，以林地为依托的小型别墅群、度假村，开发矮马场、休闲垂钓等。热诚欢国内外有识之士来所参观指导和洽谈业务。

近期部分科研成果及产品

矮象草　由广西畜牧研究所从美国引进。其特点适口性好，适应性强。平均年亩产鲜草15000公斤以上，叶产量比普通象草提高1倍，粗蛋白质含量12%。该品种已登记为中国牧草品种。“矮象草的研究”项目获1993年度广西科技进步二等奖，1997年获广西区党委、区人民政府科技重奖三等奖。

桂牧1号杂交象草　该品种是广西畜牧研究所用杂交狼尾草为母本，矮象草为为父本进行有性杂交选育成功的新品种。平均年亩产鲜草20000公斤以上，粗蛋白质含量为12%——14%，适口性好，适宜饲喂各种草食动物。该品种已登记为广西牧草品种，项目的研究2000年获广西农牧渔业科技进步一等奖。

907柱花草　是广西畜牧研究所选育出的抗炭疽病的新品种。该产品适应性强，适口性好，产量高，亩产3000公斤以上，粗蛋白质含量15%左右。该品种已登记为中国牧草品种，项目研究获科技进步三等奖。

所　长：黄敏瑞
书　记：潘促团
地　址：南宁市邕武路24号
邮　编：530001
电　话：(0771)3313099　3327968
传　真：(0771)3313026

广西壮族自治区图书馆

广西图书馆是我区最大的省级综合性图书馆，馆藏丰富，门类齐全，截至2000年底已有藏书225万册，中外文期刊1万多种，包括汉、英、日、俄、法、越等10余个文种。太平天国革命、桂系军阀史料及广西地方志为馆藏特色。还拥有相当数量的视听、缩微、电子文献可供读者利用。

广西图书馆拥有计算机管理系统、缩微拍摄、阅读系统以及功能齐全的视听室等现代化设备。目前，图书馆的所有业务环节全部实现了自动化管理，已构建了较为完善的计算机网络体系，整个图书馆网已纳入国际互联网中，并且与县级以上图书馆通过互联网或PPP拨号系统进行联网。广西图书馆已建立起具有一定规模的书目数据库和多个全文型数据库，截至2000年网上书目数据达56万多条；全文数据库的建设正处于起步阶段，收录信息150万字，形成了一定的网络基础和数据支持；采编中心已承接全区20多个图书馆的采编业务，年加工能力达72000余条书目数据。

广西图书馆设有9个外借处，15个阅览室，1个总目录厅，1个公共查询站。阅览座位1000多个，书库可藏书300多万册。接待读者69余万人次，借阅书刊78万多册次，每周开放97小时。开办了10个汽车图书馆流动服务点。

广西图书馆全貌

电子阅览室

桂林市工业合作联社

桂林市工业合作联社是五十年代合作化基础上发展起来的城镇集体企业联合经济组织，是桂林市人民政府授权行使行政职能的直属事业单位。

桂林市工业合作联社（含各县联社）下属企业132家，均属小型企业，其中各县企业99家，市区企业33家。2000年工业总产值为5.34亿元。全行业包括服装缝纫、皮革制品、家具制造、文教用品、工艺美术品、塑料制品、照明灯具、轻工机械、印刷和食品等十大类。主要生产广西名牌产品："山美牌"服装，"811牌"和"芦笛牌"家具涂料，"星牌"高级墙纸。同时，还生产"南溪牌"服装，"山水牌"挂锁，"桂林牌"墨水，"叠彩牌"镀锌铁丝，"桂农牌"喷雾器，"象鼻山牌"灭火器。"G牌"高压架空线路金具，"通泉牌"塑料管材，"桂二牌"阀门，"莲花牌"过滤器，"桂锻牌"压力机以及"山水牌"皮鞋。计有近200种主要产品。重点企业为桂林阀门总厂，桂林第三塑料厂、桂林制革厂、桂林皮件厂、桂林德隆公司、桂林建设印刷厂、桂林东风被服厂、资源县化工厂以及荔浦桂鸿食品厂。

桂林市城镇集体工业企业已成为桂林市工业经济的一支重要力量。联社干部职工发扬自力更生，艰苦奋斗，自强不息，互助合作的二轻精神，坚持在市场上找机遇，在竞争中求发展。在促进集体经济发展上，实施"五个一批"工作思路。即："改革改组搞活一批，异地搬迁改造一批，产业转移发展一批，创建名牌壮大一批，对外合作带动一批"。同时，从五个方面推动集体经济的发展，即：市场推动、改革推动、管理推动、开放推动、科技推动。

联社本着互惠互利的原则，真诚希望与国内外厂家合作，求得共同发展。

地址：桂林市中山中路93号　　电话：2825400　2822428
邮编：541002　电挂：2097　　传真：0773-2823523

桂林市德隆股份有限公司是广西最大的涂料生产企业，"811"聚氨脂品牌产品在广西有很好的声誉。

桂林市建设印刷引进全电脑控制七色印刷机组，可生产中、高档软色袋产品及各类镀铝膜材料。

座落在桂林市中山中路的联社机关大楼。

柳州大公工程建设监理有限责任公司简介

柳州大公工程建设监理有限责任公司成立于1995年7月，1998年1月通过广西自治区建设厅审查正式核定为乙级监理资质单位。公司注册资金100万元，下设经理部、工程技术部、经营开发部、信息资料室、材料试验室、财务统计室等职能部门，分别管理公司的有关业务，并组织实施各工程项目的建设监理。本公司现有专业人员65人，其中注册监理工程师17人，具有高级职称的专业人员25人，中级职称的专业人员33人，高中级职称人员占全公司人员80%以上。公司各类专业齐全，人员配套，在工业及民用建筑、交通、市政、设备制作安装等项目建设全过程或分阶段监理方面具有坚强的技术管理力量。

公司以“守法、诚信、公正、科学”为宗旨，强化内部管理，重视监理人员的培训和素质的提高，恪守职责，坚持在工程现场实行旁站监理，以项目监理规划为纲，实现监理工作的程序化、规范化、科学化。

自从公司成立以来，主要监理的工程项目有：中外合资柳州采埃孚工业厂房（获自治区优质工程奖，申报鲁班奖）、柳州国税局办公大楼（25层）、广西电力检修公司住宅小区（共39栋，优良率达80%）、柳州汽运公司住宅小区（无通病示范小区）、柳工机械有限公司住宅小区（全优工程）、柳南区政府办公大楼（龙城杯金奖）、柳州市人大办公楼、柳州两面针公司综合车间、柳州欧阳岭垃圾场扩建工程、柳州市光亮工程等。

公司兼管中心试验室（甲级资质）一个，配备的试验仪器能完全满足建筑工程、市政工程试验检验的需要。

由于公司制度严谨，作风踏实，监理到位，收费合理，监理的工程优良品率高，在社会上创立了良好的信誉。公司热忱期望与各界建设方合作，为客户提供诚挚服务。

地　　址：柳州市柳太路11号

电　　话：(0772) 3710124

传　　真：(0772) 3719656

邮　　编：545007

公司法人：谭　杰（高级工程师、监理工程师）

公司经理：魏天峰（高级工程师、监理工程师）

柳州市缝纫机台板家具总厂

柳州市缝纫机台板家具总厂是国家轻工部定点生产家用缝纫机台板的专业厂家，是国内同行业50家最大工业企业之一。工厂位于广西柳州市雅儒路362号占地面积有五百多平方米；建有四栋五层楼的厂房，建筑面积为23000平方米。现有职工三百多人，其中各类专业人员七十三人。工厂拥有两条具有相当规模的生产线：一是以烘干机、热压机为主，年产五十万块台板的生产线；二是以金属薄板成型，焊接为主的金属桶生产线。工厂属中型二档企业。

柳州市缝纫机台板家具总厂下辖一个分厂，一个贸易公司。分厂主要是对外承接各种包装金属桶的加工；贸易公司经营木材五金百货，总厂主要产品经营生产的有：飞人牌、蝴蝶牌、蜜蜂牌等缝纫机台板系列和滑雪板。该厂坚持信誉至上，质量第一的宗旨，竭诚欢迎中外客商光临洽谈、合作。

柳州市缝纫机台板家具总厂

法人代表：黄继平

通信地址：广西柳州市雅儒路362号

邮政编码：545001

电　　话：0772-2823093

传　　真：0772-2829510

电子信箱：Lifric@public.Lzptt.gx.cn

经济类型：集体

固定资产：1398万元

年销售额：1759万元

产品名称：家用缝纫机二斗台板和滑板

年 产 量：60多万块

产品用途：家用缝纫机台板和滑雪板台主板

产品名称：金属桶

年 产 量：3000个

产品用途：包装

加强计划生育管理工作，为实现人口与经济、社会、资源、环境协调发展而奋斗

———— 柳州市计划生育委员会主任王福林、党组书记王俊英

党的十一届三中全会以后，我市的计划生育工作在市委、市政府的正确领导下，以及各部门、各单位的大力支持下，得到了全面的发展，正在沿着国家计划生育委员会制定的坚持“三不变”落实“三为主”，推行“三结合”实现“两个转变”，达到“一个目标”的工作思路健康发展。

一、领导重视是关键。20年前，柳州市的计划生育没有独立健全的机构，人员也不落实，计生工作无法正常开展，人口增长率居高不下，年出生率最高时达43.29‰。改革开放后，历届柳州市领导高度重视，决心把抓好计划生育这一项功在当代、利在千秋的社会工程，采取了一系列的措施。首先，从机构抓起。1984年，成立从事计划生育工作的专门机构柳州市计划生育委员会。1986年、1987年又相继成立了柳州市计划生育指导所和计划生育避孕药具管理站，所辖县区也相应成立了计划生育委员会和计划生育服务站，并形成了党政一把手亲自抓负总责，坚持实行一票否决的考核机制，保证了投入到位，责任到位，措施到位的落实，同时在人员、职责上也得到了不断的充实和完善。柳州市计生委成立时编制12人，市属五区的计生局总共也只有20人，1998年，我市共有乡镇以上计生管理人员563人，其中市级47人，县级104人，乡（镇、街道办事处）级412人，村（居）民小组人口管理员4716人，建立起了计划生育行政管理、技术服务、群众工作三支队伍；另外，市委、市政府领导对计生工作极为重视，经常和计生干部一起深入基层，实地考察工作，研究解决计划生育工作的问题和困难。调动计划生育干部积极性。1998年，柳州市的人口出生率为8.24‰。连续多年完成了自治区下达的各项指标及工作任务，1998年柳州市计划生育委员会被评为全国计划生育工作先进集体。

二、健全网络是基础。计生工作的重点在基层，难点在基层，具体工作在基层。多年来，柳州市计划生育委员会在人力、物力、财力上加强基层网络建设。目前，柳州市已经在行政管理，宣传教育，技术服务方面形成了市、县、乡、村四级计划生育工作网络。全市105名技术人员中，有主治医师15人，医师12人，医士33人，主管护师6人，护师8人，护士6人。特别是最近几年来，工作重点放到了乡、村两级。两县及郊区37个乡（镇）100%建成了服务所，90%村建成了服务室，乡（镇）服务所均配备了B型超声波检测仪、妇检床、妇科治疗仪等开展服务所需的器械和设备，100%的村建起了计生宣传栏，有人口学校在计划生育村务公开，为群众提供生育、节育、生殖保健服务和知识方面扮演着越来越重要的角色，为开展计划生育“三为主”打下了坚实的基础。

三、落实“三为主”实现“两个转变”是主旋律。计划生育工作是一项社会系统工程，具有长期性、艰巨性、复杂性等特点。实践证明，靠行政手段，突击清理，孕后补救开展计划生育，单纯就计划生育开展计划生育已不再适合时代的发展和社会的要求。为此，柳州市计划生育委员会积极组织干部群众认真学习外地先进经验，开展“两个转变”大讨论及创建计划生育“三为主”合格村（居）委会、乡（镇、街道办事处）、县（区）活动，通过互相学习、互相帮助、互相交流达到共同提高、不断进步、不断完善的目的。

四、加强干部队伍建设是保证。1、建立科学的管理机制，组织学习邓小平理论和党中央三代领导关于人口与计划生育工作的重要论述，树立正确健康的人生观、世界观、职业道德观；2、大力支持干部在工作中学习，在学习中工作，制定干部教育培训计划，鼓励参加各类院校学习，提高自身素质；3、引进优秀人才，充实干部队伍；4、提高干部待遇，帮助解决干部职工困难，稳定干部队伍，取得了较好的效果。干部的文化水平、政治素质、业务素质、工作能力和工作质量都得到较大的提高。“八五”以后就有130人参加各种学习获得了大专毕业证书，县级服务站能承担妇检、生育调节等90%的手术量，市计划生育服务中心及柳江服务站还能开展复通手术。

五、“三结合”是计划生育工作贴近群众的桥梁。柳州市积极开展计划生育“三结合”，主要是筹集“三生”（生产、生活、生育）资金，实施下岗计生户千人再就业活动，帮助计生户劳动致富，经常下基层，配合进行孕前型管理及生殖健康服务活动。1998年又使3000多人重新就业，许多农户实现了脱贫致富，在阻断贫困地区越穷越生，越生越穷的恶性循环，推动农村商品经济的发展，促进农村的社会主义精神文明建设，少生优生，家庭和睦，改变计划生育工作形象，改善党群、干群关系方面起到了重要作用，深受群众的拥护和欢迎，大大提高广大群众自觉自愿参与计划生育工作的积极性和主动性。

六、依法管理，不断探索计划生育工作新方法是适应新时期工作特点的需要。随着我国法制化工作的进程，柳州市的计划生育工作的法制化、规范化正在不断地向前迈进。结合《广西壮族自治区计划生育条例》、《广西壮族自治区计划生育条例实施细则》等计划生育法规，学习《行政处罚法》、《行政诉讼法》等相关法律法规，提高了依法行政，文明执法水平。

随着经济的发展和社会改革的深化，下岗职工、人户分离，外来人员等流动人口大量增加，给城市的计生工作增加了困难，提出了新的课题。对此，柳州市及时研究制定对策，设置了流动人口管理机构，并积极开展工作。动员全社会力量，特别是公安、工商、建设、劳动、房产等部门密切配合，实行综合治理。还组织流动人口协会，引导他们自我管理、自我教育、自我服务，取得了较好的效果，得到了市委、市政府和自治区计划生育委员会的充分肯定。

七、开展系列化优质服务是努力方向。近年来，柳州市以人的全面发展为中心，将政府的决策与群众的利益有机地结合起来，从过去以政府的计划和决策者的要求为中心开展计划生育工作，逐步转变到以群众的利益和需求为重点，围绕生育、节育、不育，开展为育龄群众提供生产、生活、生育的系列化优质服务活动。倡导避孕节育措施的知情选择，深化孕前管理和服务，由管理型向服务型转变，已经取得了一定的成绩和经验，得到了自治区计生委的好评。

桂林市文化局

桂林市文化局下属30个基层单位，在职干部职工1212人，在党的十五大精神和邓小平理论指导下，坚持“二为”方向和“双百”方针，弘扬主旋律，提倡多样化，努力建设社会主义的先进文化，各项文化事业取得了可喜的成绩。

文艺创作和生产精品迭出，好戏连台，频频获得国家和自治区级文华新剧目奖、“五个一工程”奖等众多奖项，其中桂剧《瑶妃传奇》、《风采壮妹》、彩调剧《罗汉坡》、儿童音乐剧《太阳童谣》、彩调小戏《陶铸放牛》等在思想性、艺术性、观赏性等方面都有新的突破，展示了专业艺术多资多采的魅力。

《风采壮妹》97年获中宣部“五个一工程奖”。图为《风采壮妹》演出剧照。

社会文化工作成绩显著，生机勃勃，县、区文化馆、乡镇文化站、乡村街道文化室三级文化网络的建设得到巩固：“漓江之声”、“农村新春文化活动月”广场文化等系列群众文化活动蓬勃开展；影剧院、图书馆、展览馆等文化基础设施逐渐完善，日益丰富着人民群众文化生活。

文物古迹底蕴深厚，保护和利用工作成绩斐然。全市现有文物古迹552处，文物保护单位355，其中全国重点文物保护单位4处6点，自治区级文物保护单位70处，市(县)级文物保护单位279处，极富历史、艺术及科学价值，各类博物馆（纪念馆）充分利用这些丰富的文物资源，开展卓有成效的社会教育和服务活动。

文化市场稳中求进，健康发展。我市对文化娱乐场所的布局、结构、数量等方面进行宏观调控和管理，积极发展健康向上的大众娱乐场所，努力培育农村文化市场；扶持、倡导合法、有益的娱乐活动，不断提高娱乐场所的文化品位，大力开展创文明行业活动；加强文化市场法制建设和宣传，规范文化娱乐行业的经营活动；针对文化市场中非法音像制品存在和色情陪侍等问题，加大“扫黄打非”的力度，充分净化文化市场。

2000年3月30日，中共桂林市委书记姜兴和（右四）、市委宣传部长肖建刚（右二）、在市文化局长冼培芳陪同下（右三），到桂林博物馆视察。图为市委书记姜兴和同志就利用好馆藏明代梅瓶作指示。

2000年11月28日，桂林博物馆举办了全国首次推出的唯一明代梅瓶专题展《靖江藩王遗粹》。图为广西壮族自治区副主席吴恒同志（右四）、文化厅长容小宁同志（右三）、桂林市政府副市长汤杰同志（右一）、全国著名古陶瓷研究专家耿宝昌先生（右二）新加坡国家文物委员会委员林亦秋先生等国内外专家在开展式上。

桂林矿产地质研究院

该院前身为重工业部地质局矿物原料检验所，1955年创建于北京，1970年搬迁至桂林，更名为桂林冶金地质研究所、冶金部地质研究所。1983年经国务院批准，划归中国有色金属工业总公司领导，次年经国家科委批准更名为中国有色金属工业总公司矿产地质研究院。1999年经国务院批准，划归中国铜铅锌集团公司。作为国家经贸委所属10个国家局管理的242个转制科研院所之一，于1999年7月起由事业转制为科技型企业，于2000年5月30日在广西区工商局正式登记注册为企业法人，注册名称为“桂林矿产地质研究院”。2000年6月国务院撤销中国有色金属三大集团，该院下放广西区政府管理。

该院2000年末全院在册职工总数481人，其中高级职称（含教授级17人）人员106人，中级职称人员123人。各级政府津贴获得者12人。拥有固定资产2235万元。2000年全院共创产值6600万元，实现综合收入6225万元，分别比1999年增长10.23%和9%.

该院是有色金属行业大型科研院所之一，主要从事地质找矿综合研究及开发与应用、特种矿物材料研究与开发、环境污染治理及产品开发是“国家特种矿物材料工程技术研究中心”的依托单位。主要产品有人造金刚石及其制品系列产品、人工晶体材料等。具有自营进出口经营权。

单位详细地址：广西桂林市七星区辅星路2号

邮政编码：541004

电话号码：(0773) 5813316　5839305　　传　　真：(0773) 5813531

法人代表：(院长)：吕　智

党 委 副 书 记：刘增有

桂林市有色金属加工厂

桂林市有色金属加工厂创建于1976年，企业总资产1.5亿元，为广西区国有中型企业，是广西唯一的有色金属加工基地。

工厂设备先进，关键设备均从国外进口，从美国、英国引进的铜盘管拉伸设备处于国内先进水平；从日本引进的2200吨铜管挤压机和从德国引进的光亮退火炉处于国际90年代先进水平。

工厂年生产各类铜管、棒、排产品6000余吨。主要产品为纯铜产品、磷脱氧铜产品、普通黄铜产品、铅黄铜产品和锡黄铜产品。产品品质优良，广泛应用于制冷、电子、机械、汽车、建筑、装饰等行业。工厂已通过ISO9002质量体系认证。

工厂产品70%出口到美国、英国、澳大利亚及东南亚等地，国内主要销往广东、广西、海南等省。产品在国际市场的占有率日益扩大，深受国内外用户的好评。2000年出口创汇达738万美元，名列桂林市出口创汇大户。

工厂（公司）的管理阶层皆是工商管理方面经验丰富的人才，具有大专以上学历，熟悉先进管理技巧。

从德国引进的先进设备

桂林市人民政府经济协作办公室

2000年度，桂林市认真贯彻中央关于西部大开发的战略决策，结合本市“以农、林、高新技术、基础设施、旅游为重点”的投资导向，进一步加大对外开放的力度，广泛深入地开展横向经济联合，取得了实出的成绩。全年正在实施的内联项目（含结转项目）341个，当年引进资金231280万元，其中本年新实施内联项目92个，引进资金118065万元，比上年度增长15.9%。已实施的内联项目新增产值53067.4万元，新增利税5588.68万元，分别为上年同期的92.6%和123.9%。“九五”期间全市累计新实施内联项目546个，引进资金649833.65万元，内联项目累计新增产值312208.14万元，新增利税28490.29万元。均超额完成了“九五”规划中制定的目标任务。

努力改善投资软环境，增加招商引资力度。根据党中央提出的关于西部大开发的战略决策，以及国务院《关于实施西部大开发若干政策措施》，市经协办、开放办等有关部门结合桂林市内联工作的实际情况，提出了《关于落实国务院西部大开发若干政策的实施工作方案》，编印了《桂林市对外开放手册》，为国内客商到桂林投资提供了政策服务依据。市经协办还根据桂林市的投资导向，搜集、整理、筛选了市属城区及企业上报的内联项目120多个，编印成《桂林市经济技术协作项目册》，纳入自治区内联项目库，在全国进行招商，年内已有十多家外省企业就项目册中的项目到桂考察，落实投资意向。

认真做好服务工作，对重点项目进行全方位跟踪服务。2000年度市属有关企业先后在广西投资贸易洽谈会及广州博览会上与北海云雀公司、江苏信诺公司、湖北汉灵房地产公司、深圳富辉仓码储运公司等企业签定了合作意向8个，投资总额达2.7亿元人民币。对于这类重点项目，市经协办采取全方位跟踪服务的方法，积极帮助市属联营企业协调各方面的关系，努力促成项目的尽早实施。广东深圳富辉仓码储运有限公司与市园艺场联营“桂林绿野国际休闲俱乐部”，外方总投资额达1亿元。在市经协办、计委、旅游局、建规局等政府有关部门的积极配合协调下，使项目得以顺利实施，2000年度项目第一期投资已达2950万元。

高等院校科研成果向生产型转化。市属企业充分利用北京航空航天大学与广西互结友好的关系，不断扩大合作领域。在原有与北航合作开发的桂林旅游信息系统；环保油漆开发等项目正在实施的基础上，又与北航签定了桂林长海机器厂电子对抗设备雷达罩研制，与高新区共建虚拟大学科技园等项目。市内桂林电子工业学院、桂林工学院及广西师大等大专院校也充分利用高校的科研优势与灵川、兴安等地的企业就科研项目的开发生产达成了意向协议十余项，其中部分项目正在实施之中。

对口帮扶项目逐渐产生效益。根据国务院关于广东对口帮扶广西的有关要求，自1996年以来广东省部分企业陆续在桂林市投资联营项目20多项，这些项目已逐渐产生经济效益。1997年广东温氏集团进入临桂，合资兴办股份公司，采用温氏集团生产模式发展养鸡业，凭借资金、技术、人才优势为农户提供鸡苗、饲料、药物、技术，并保价收购肉鸡，目前已形成了统一化、专业化、社会化的生产规模，使1000多户农户因此走上富裕的道路。

市经协办作为政府主管横向经济联合的综合职能部门，认真履行工作职责，积极帮助市属企业开拓市场。2000年度先后组织机床股份公司、客车发展公司、三金药业集团、联合收割机厂、日用化工厂等20多家企业参加了广州博览会，中越边境商品交易会、西安西部商品交易会等经贸洽谈、产品展销会，取得了较好的效益，机床股份公司的“零号”洗床系列产品在广州博览会上签下了大额订单。客车发展公司的“桂林”牌客车和日用化工厂的“雪肤莲”系列产品，通过中越边贸商品交易会开拓了越南市场。

（俞宜耕）

广西壮族自治区国营三门江林场

三门江林场地跨柳州市东郊及鹿寨、象州两县，是广西壮族自治区林业厅直属的大型国有林场。林场1951年成立，现下设7个分场，3个多种经营单位，职工1600人。其中工种技术人员248人。主要产品生产能力：松、杉木商品木材4万立方米/年；松香3千吨/年；刨花板10000立方米/年；红砖1800万块/年，优质水果5000吨。林场1991年被林业部评为全国国有林场先进单位，是全国国有林场500强之一，1993年经林业部批准建立了三门江国家森林公园。

建场49年来，特别是从党的十一届三中全会以来，三门江林场始终坚持贯彻"以林为主，多种经营，综合利用，以短养长"的林业生产经营方针，不断扩大森林资源面积，大力提倡科技兴林，通过抚育、改造、利用等措施，提高了林分质量，使森林的生态、社会、经济效益得到了充分发挥。林场经营面积由2699公顷发展到14218公顷；有林面积由606公顷发展到9472公顷；森林蓄积由4820立方米提高到70万立方米；森林覆盖率由22.5%，提高到72.8%，累计实现利润4162万元，上交税金2560万元，是国家投资的九倍多；1999实现工业总产值1921万元，是1962年的106倍。

近年来，三门江林场根据林业发展特点，全面推进改革，快速发展经济，全场各产业呈现出良好的发展势头，当前，三门江林场又紧紧抓住国家关于加强生态环境建设和实施天然林保护工程的机遇，加快自身的发展，一是加快实施分类经营，科学划分生态公益林和商品效益林基地，促进森林资源的培育；二是继续调整产品结构，加强自营经济果木林的管理与发展，逐步扩大其在林场收入结构中的比例，重点发展优质龙眼、柚子、柿子、大果枇杷和脐橙五大品种；三是巩固和发展工业项目，抓管理，要效益、实现工业快速增长，同时逐步实行企业的股份制改造；四是加快林场产业结构的调整，推进国家森林公园的建设，早日把一个融森林景观、地貌景观、水域景观、溶洞景观和人文景观、集吃、住、行、游、购、娱等于一体的森林公园，奉献给八方来客。林场、公园法人代表：秦崇彪。

三门江国家森林公园招商引资一览表

单位：公顷、万元

功能区名称	景区名称	主要景点	面积	投资总额
管理接待服务区		广场、宾馆、餐饮、休闲度假购物等服务设施	40.0	2800
森林游览区	罗汉肚休闲保健区	生态保健区、森林浴场、吊脚楼群等	189.2	280
	云峰游憩活动区	烧烤场、林中遛马等	31.0	80
	园岭林中探幽区	三林泳池、竹篁幽径、树木园揽胜阁等	192.0	680
	岩尾山溶洞游览区	望江亭、木屋村、商贸街等	15.4	200
	古亭山登高揽胜区	古亭山寨、听涛亭、浅石滩等	322.7	280
园艺观光区	水冲园艺观光区	柚子园、黄皮园、龙眼园、柑桔园等	320.4	300
	十二湾园艺观光区	桃花园、沁香园、桂花园、杜鹃园等	223.5	200
柳江观光区		水上乐园、沿江观光等		1000
合计				5820

场长（法人代表）：秦崇彪

三门江国家森林公园全体员工热忱欢迎社会各界人士前来考察、旅游、投资以及洽谈业务。我们相信，在不久的将来，一个集旅游、度假、会议培训、休闲于一体的空气清新，环境优美的城市生态型公园必将呈现在大家眼前。

①

三门江国家森林公园（①、②、③）

②

③

广泰律师事务所

广泰律师事务所现有执业律师16人，律师助理、行政人员6人，该所在柳州市中心地段拥有300平方米的办公场所，并配备较为现代化的办公设备及交通、通迅设施，是一家较具规模的律师事务所。

广泰律师事务的宗旨是“维护当事人的合法权益，维护法律的正确实施，树立良好的律师形象”。该所律师均系具有高等学历的法律专业人士，具有较为坚实的法律理论功底和丰富的法律实践经验。该所倡导严谨、务实、高效的工作作风，并注重强化内部管理，使该所律师能提供优质、高效的法律服务，并赢得了社会各界的好评。目前，该所除办理刑事、经济、民事、行政诉讼案件及担任企、事业单位法律顾问等传统法律业务外，还积极地向企业的兼并、重组、招标投标、招商引资、大型项目的谈判及合同审定等领域拓展，并取得较好业绩。1999年、2000年度，该所被柳州市司法局评为“先进律师事务所”。八名律师被柳州市司法局评为“先进工作者”。

该所主任黄钢，二级律师，经济法研究生，从事律师工作十一年，擅长刑事辩护和企业改制、购并、资产重组等方面的法律事务。1999年参加全国证券律师资格考试，取得证券律师资格。1999年度，黄钢律师获区司法厅的“广西司法行政机关重建二十周年先进工作者”、“人民满意的律师”及被柳州市委政法委授予“人民满意的政法干警”称号，同年，当选为柳州市第九届政协常务委员和市政协社会法制委员会委员，2000年度被广西司法厅评为“十佳律师”。

电话：(0772) 2830017

(0772) 2833017

传真：(0772) 2839891

精神焕发的全体职员

柳州市水利电力局

柳州市水利电力局是主管全市水行政的职能部门，统一管理全市水资源，对水资源保护实施监督管理，负责城市地表水供水资源建设和与水利工作相结合的城市供水及水环境保护，对全市河道、水库、河口滩涂、防洪堤等的水域及其岸线进行管理，并负责综合治理和开发；主管全市防汛搞旱、水土保持、农田水利基本建设、人畜饮水；主管城市防洪工程建设。

已列入全区重点工程的柳州的市防洪工程包括防洪提、护岸、排洪闸、排涝泵站、防洪抢险道路、堤防绿化美化等，防洪标准为50年一遇洪水，排涝标准为二十年一遇内涝。

正在建设中的柳州市大埔水电站核定总投资7.8亿元，装机容量9万千瓦，建成后年发电量4.6亿千瓦时，年平均利用小时5111小时。

“3.22”世界水日、中国水周的水法规宣传

桂林中心血站

桂林中心血站成立于1988年，现有职工44人，固定资产约450多万元。供血范围辐盖桂林市12县5城区近60家医疗机构，年采供血量近7吨。全市成份血使用率76.7%，红细胞使用率61.8%。输血科研项目“用丈夫淋巴细胞治疗不明原因习惯性流产”、“合成血小板制作及应用研究”、“血浆低温保存对检测抗-IICV结果的影响”被桂林市科委立项，其中“用丈夫淋巴细胞治疗不明原因习惯性流产”已获成功。严格按照国家规定和标准进行血液质量检验，确保献血者和受血者身体健康，有效的防止和杜绝了经血液传播疾病的发生。在卫生部2000年两次对全国血站血液检验室间质量评比中均获得满分，连续两年获得全国临床免疫学检验室间质量评比优秀奖。将国际公认的ISO9002质量管理模式用于血站的质量管理，并于2000年12月通过了8.1质量体系认证中心现场审核认证获得登记注册，是广西乃至西南地区血站系统第一家通过ISO质量体系认证的血站，标志着桂林中心血站的质量管理水平跃上了一个新的台阶，同时也更好的推动桂林市输血事业的发展。

桂林市新桂旅行社

总经理

新桂旅行社是全民企业，建社已达十年，在桂林市属老牌企业。地处桂林火车站和汽车站之间的美食城。商业繁华，交通便捷，是最热闹城区。本旅行社承蒙各界同仁的支持和厚爱，使我社经济收入逐年上增。社设有各职能部门八个和旅游车队、散客接待中心。旅游管理骨干和业务素质良好的专业导游人员达二十多人。与新桂大酒店同属一个受辖单位，形成了完整的“食、住、行、游、购、娱”一条龙配套服务职能和硬件条件。我们的宗旨是“宾客至上，信誉第一，质量保证，收费合理，竭诚服务”。

导游人员

咨询电话：0773-3838714、3810612、13807736671　**传真：**0773-3832762、3844970
Http（网址）：//www.xinguihotel.com　E-mail（电子邮件）：xinguihotel@gl.gx.cninfo
联系人：黄六金、阳桂芳、莫资华、文琛萌　**地　址：**桂林市中山南路229号
邮编：541002　**许可证编号：**L--GX--GN00089

广西德意数码股份有限公司

法人代表　李业荣

广西德意数码股份公司的前身“广西德意高技术有限公司”是“南宁高新技术开发区”属下，由广西区科委认定的高新技术企业，从2000年11月8日起，经区人民政府批准，由有限责任公司整体改制为股份有限公司，是以电子商务为先导，软件研发及商品化软件销售、服务为主，网络等综合技术为辅的软件技术公司。公司总人数152人。员工平均年龄约24.6岁，是一个朝气蓬勃的企业。公司管理团队由富有工作经验的研究生和高级工程师所组成。公司现有教授、高工、工程师数十人，技术骨干毕业于中国科技大学、清华大学、武汉大学、上海交大等十多家名牌大学。公司总部位于南宁电脑街---星湖路14号电子科技广场。

“德意科技，尽握先机”是公司生存发展的诀窍。回顾公司历史：广西最早的财务软件公司、最早经营正版软件连锁业务……公司就是从一次又一次的锐意创新中成长壮大起来的。2000年元旦，互联网经济方兴未艾之际，公司又于国内率先推出凝聚了德意网络及商务管理技术精华的网上超市前后台管理软件----《网市2000 V1.0》。该软件在北京2000年4月份国际电子商务展、6月份世界电子商务展上均获与会专家及风险投资公司好评。该项目已由区信息产业局作为重点项目推荐上报信息产业部，并上报国家科技型中小企业技术创新基金。利用“网市2000”电子商务软件平台已创建了一批电子商务网站。如：中国酒网（全国性的酒类产品网上交易平台）、梧州网上邮政、南宁园湖购物城网上超市等十多家电子商务网站。同时该软件还通过8848网站、搜狐网站及连邦连锁、赛乐氏连锁等全国八大软件连锁组织面向全国销售，并和联想、长城、浪潮服务器厂商签定了战略合作协议。除此之外，公司推出了国内首创的电子商务门户站点----“中国万商汇”网站（http://wsh.com.cn），该网站在全国电子商务领域的知名度日益提高。同时，广西德意公司已经将ASP（应用服务提供）作为公司发展的方向，并开始提供网上软件出租服务。在此基础上，德意数码逐渐研发出“德意”电子商务系列软件，共包括10多种软件产品，协助社会各界开展电子商务业务。

公司还从事计算机新技术的研究开发及实施，计算机系统集成、智能大厦技术，计算机网络系统综合设计及安装维护、软件开发、用友软件、连邦软件、自控系统、安防系统等到技术研究开发实施。并在相应领域取得骄人成绩。据不完全统计，包括海关、烟草、农垦、国税……在内的全省性的行业用户就有50多家，在计算机应用技术上已取得丰硕成果，其中“Internet应用研究”、“会计电算化技术的推广”科技攻关项目，同时获得自治区、市的科技进步奖。公司的营业额、利税每年分别以2倍多和1倍多的增长率高速增长，用户遍及国民经济大部分行业。

公司以其综合的技术实力、良好的商业信誉已得了业界的认可。现在是Microsoft、Cisco　、Intel、IBM、HP、Nortel Networks、IBDN、Alcatel、CA、用友、连邦、联想、七喜等国内外一批知名厂商授权的代理或经销商。同时又是微软公司、用友公司指定的培训中心及区人事厅指定的培训单位。

公司注重“以人为本”的企业文化建设，结成员工与公司的利益、命运共同体，落实各种保险及劳保福利措施，实现员工与公司的同步成长，充分发挥员工的聪明才智和潜能，营造员工的工作满意度和成就感，最终实现全员持股，是公司长远的战略举措。公司专门设立了面积达30亩的户外活动基地----“德意那马科技苑”，有公司内部刊物，开展各种丰富多彩的业余活动，充满着朝气的德意数码公司，吸引了大批高水平的人才。

跨进21世纪，公司大大加强了企业管理工作。企业管理水平与国际接轨，公司在2000年11月22日成功通过了著名的英国皇家UKAS的ISO9002质量体系认证。

公司在科学预测的基础上制定了远大的发展战略，目标是建成国内知名电子商务软件企业，我们追求可持续发展，展开资本运营，以超常的胆识打造现代化企业的巨舰，乘风破浪，以“科技兴业，产业报国”的信念，为中华民族信息产业的高速崛起，奉献全部能量。

办公现场一角

赞助单位

柳州市农业生产资料有限责任公司

地址：柳州市跃进路71号　　邮编：545001

电话：(0772) 2532139　　法人代表（负责人）：罗敏

广西广播电视器材总公司

地址：南宁市七星路123号　　邮编：530022　　电话：(0771) 2835947

上海春秋旅行社桂林分社

地址：桂林市中山路5号　　邮编：541002

电话：(0773) 2805596　　法人代表（负责人）杜克荣

柳州铁路局桂林医院

地址：桂林市叠彩区胜利路1--1号　邮编：541001

电话：(0773) 2611610

十三、工　业

13—1 主要年份全部工业总产值

（当年价格）

单位:亿元

指　　　标	1990 年	1995 年	1999 年	2000 年
总　　计	**353.43**	**1463.17**	**1667.33**	**1800.24**
在总计中:				
轻工业	195.32	695.59	813.01	862.00
重工业	158.11	767.58	854.32	938.24
在总计中:				
国有经济	255.09	582.59	436.88	410.56
#地方企业	220.14	494.47	350.17	323.56
集体经济	58.69	256.59	334.22	276.96
股份合作企业			24.44	29.65
股份有限公司			84.16	115.92
有限责任公司			98.16	149.95
联营企业	7.60	53.42	34.68	9.02
私营企业		39.88	144.92	194.44
个体企业	20.23	350.36	400.47	488.00
其它企业	9.95	180.33	109.38	125.33
#外商及港澳台投资企业	1.87	122.12	105.09	120.47

注:1、各年份数据取消村及村以下工业分组,改按企业注册登记类型分组。

2、1999 年、2000 年均不包括附营工业

13—2 全部工业总产值

（1978—2000 年）

单位:万元

年　　份	全部工业总产值（当年价）	按登记注册类型分			按轻、重工业分	
		国　有	集　体	其　他	轻工业	重工业
1978	699727	551690	116121	31916	382292	317435
1979	744724	589477	118404	36843	415147	329577
1980	786344	612702	136125	37517	468411	317933
1981	850658	675014	139610	36034	536296	314362
1982	927337	740084	145939	41314	577302	350035
1983	985078	789293	151902	43883	585160	389918
1984	1094868	848923	190996	54949	629959	464909
1985	1393949	1084159	228070	81720	753461	640488
1986	1647864	1247422	271647	128795	896267	751597
1987	2074562	1545869	344279	184414	1119620	954942
1988	2720028	1972737	486579	260712	1492776	1227252
1989	3269926	2391455	552706	325765	1782317	1487609
1990	3534331	2550882	586910	396539	1953243	1581088
1991	4214681	3000710	696019	517952	2270524	1944157
1992	5828107	3824655	955270	1048182	3041305	2786803
1993	9029300	5013602	1548821	2466877	4223400	4805900
1994	13216300	5921631	2246881	5047788	6492200	6724100
1995	14631700	5825904	2569475	6236321	6955900	7675800
1996	15984500	5798228	3014812	7171460	7951900	8032600
1997	16710300	5693497	3347962	7668841	8464900	8245400
1998	17276800	4980222	3601904	8694674	9103500	8173300
1999	16673250	4368813	3342196	8962241	8130100	8543200
2000	18002396	4105570	2769606	11127220	8620042	9382354

注:本表从 1995 年起工业总产值按新规定计算

13—3 全部工业总产值指数

(上年=100)　　(1978—2000年)　　(按可比价格计算)

年份	全部工业总产值	按登记注册类型分			按轻、重工业分	
		国有	集体	其他	轻工业	重工业
1978	109.67	109.65	109.24	117.12	107.55	112.33
1979	103.82	103.77	101.14	154.37	105.98	101.22
1980	107.12	106.46	111.66	101.83	114.46	97.90
1981	104.66	105.61	102.73	96.05	114.73	89.84
1982	108.87	108.97	107.01	146.53	108.70	109.18
1983	106.64	106.99	105.12	106.22	104.58	110.36
1984	109.60	105.00	127.44	125.22	105.73	116.24
1985	120.75	121.08	112.21	148.32	116.74	128.03
1986	111.87	109.54	113.77	137.54	112.60	110.84
1987	118.31	115.69	118.66	140.41	118.14	118.56
1988	115.82	111.56	126.10	129.03	116.74	114.49
1989	106.71	104.86	107.56	112.46	104.34	108.85
1990	108.32	106.71	106.85	120.61	109.96	105.80
1991	115.32	111.85	119.14	190.75	117.07	113.15
1992	135.37	125.50	132.67	195.75	135.73	134.93
1993	135.17	109.14	146.73	220.29	125.74	146.30
1994	130.80	104.27	140.20	193.59	130.95	131.54
1995	115.10	105.17	113.49	110.73	103.22	121.90
1996	110.80	100.74	116.26	128.78	115.22	106.60
1997	107.20	100.46	113.66	99.77	109.72	98.21
1998	106.50	97.68	106.17	106.95	110.74	108.59
1999	106.46	97.75	85.35	117.99	100.17	102.55
2000	107.40	88.80	82.98	125.79	89.20	116.30

13—4 主要工业产品产量

(1978－2000年)

年份	钢(吨)	生铁(吨)	钢材(吨)	锰矿石(万吨)	铁矿石(万吨)	十种有色金属(吨)	木材(万立方米)	麻袋(万条)
1978	190164	320926	162664	111.50	75.83	17712	186.87	1717.00
1979	211647	343509	188417	110.11	82.86	17391	194.64	1880.00
1980	208163	180372	218150	84.97	47.19	17643	178.52	2429.21
1981	227608	267488	205571	52.08	37.70	28580	159.70	2782.00
1982	245043	222331	233831	52.66	43.55	28873	179.85	3738.90
1983	224425	209421	212223	69.44	54.35	32223	178.40	4098.49
1984	291994	259922	237843	88.17	58.21	40237	204.00	4095.00
1985	390520	419289	301530	78.65	77.55	47272	182.10	4563.00
1986	386000	393900	369400	74.21	78.37	51400	192.23	5059.00
1987	417300	418800	450300	83.62	76.05	61500	217.10	5679.59
1988	382880	409590	409830	102.07	67.53	63792	234.10	5878.73
1989	416746	444037	420716	108.99	72.80	66248	192.11	5144.00
1990	524118	579773	454780	138.39	86.43	86755	234.63	2927.00
1991	591400	648800	544900	148.80	91.62	97900	237.96	2517.06
1992	686000	696100	637300	113.49	108.40	113091	288.51	3592.04
1993	816800	809200	731600	223.40	118.04	160940	321.85	2574.00
1994	765524	872663	835450	125.34	134.88	207422	372.20	1783.46
1995	887800	967600	805000	265.40	272.32	272700	420.71	1535.00
1996	872600	887400	773400	129.01	114.35	328700	388.42	1166.70
1997	955614	1118610	786328	98.93	99.50	395371	365.86	1459.20
1998	1128244	1270657	944839	96.22	90.81	439738	350.16	1419.41
1999	1188483	1320138	1082726	81.54	77.49	523087	318.61	875.43
2000	1047326	1253211	1026255	118.65	68.61	605902	315.17	217.26

13—4 **续表1**

年份	发电量(亿千瓦时)	#水电(亿千瓦时)	原煤(万吨)	硫酸(万吨)	烧碱(吨)	农用化肥(折100%)(万吨)	水泥(万吨)	化学纤维(吨)
1978	49.47	31.27	828.54	17.64	37962	23.75	224.38	525.30
1979	52.30	33.20	722.38	17.25	33348	23.80	229.82	560.25
1980	53.64	31.54	589.66	17.58	33705	27.42	225.00	993.00
1981	58.82	37.68	560.87	18.41	32470	30.51	245.91	4044.00
1982	60.23	43.32	643.34	19.69	35368	28.91	274.49	5174.00
1983	65.62	46.38	756.58	20.35	31135	29.56	307.91	4122.00
1984	70.60	48.81	729.24	15.16	32662	29.65	337.88	5091.00
1985	81.82	59.46	598.90	17.28	36665	29.74	416.34	12439.00
1986	90.97	61.31	639.18	21.04	40200	38.17	457.67	6560.00
1987	102.62	63.40	797.97	27.71	44500	37.51	555.20	7581.00
1988	102.43	60.56	1035.37	32.42	49707	35.65	572.76	7463.00
1989	109.29	58.64	1140.45	32.37	52738	36.03	639.07	10349.00
1990	125.62	68.90	979.45	40.53	61232	41.35	765.28	13717.00
1991	135.55	63.72	992.91	41.07	63200	44.34	961.52	16060.00
1992	153.06	73.90	1093.40	41.97	70600	45.88	1167.10	19900.00
1993	174.50	100.83	1196.08	37.41	71700	41.58	1426.49	18800.00
1994	186.69	115.30	1174.85	39.49	78070	38.20	1712.34	27100.00
1995	217.29	136.54	1391.42	57.43	101700	43.12	1980.47	21800.00
1996	226.14	138.79	1252.26	53.08	101200	44.35	1933.52	17782.00
1997	237.26	156.58	1114.33	56.44	91100	47.04	1893.00	21792.00
1998	245.00	146.80	1015.10	61.92	96519	48.69	2008.47	18804.00
1999	253.42	153.95	816.06	63.01	96968	46.14	2062.55	26836.00
2000	289.09	168.87	706.67	86.04	140719	53.30	2198.35	26165.00

13—4 **续表 2**

年 份	汽 车 (辆)	小 型 拖拉机 (台)	内燃机 (万千瓦)	纱 (万吨)	布 (万米)	针棉织品 折用纱 (吨)	丝织品 (万米)	机制纸 及纸板 (万吨)
1978	1050	20000	59.09	1.41	9173	7185	1898.00	11.91
1979	1215	20150	65.22	1.90	10529	8165	1728.00	11.80
1980	869	17050	46.59	2.50	13636	8201	1608.35	11.55
1981	300	2387	26.78	3.44	14700	9100	1832.00	12.79
1982	790	5026	35.19	3.92	17600	10900	407.30	13.53
1983	966	8920	38.57	3.66	16000	10600	1190.98	13.78
1984	4075	15759	71.88	3.63	13300	10100	1148.45	15.06
1985	7086	19124	116.91	4.56	15200	10700	1404.00	19.01
1986	5587	25002	59.35	5.23	17900	12400	1399.09	21.24
1987	12712	38388	65.24	5.90	18700	13800	1457.11	25.46
1988	14409	45826	157.68	5.95	19331	15045	1116.63	26.27
1989	13680	33608	202.74	6.12	18906	17162	1115.97	31.02
1990	14492	29057	246.14	6.48	17711	18409	1392.04	33.50
1991	23753	55847	292.07	6.96	18000	18287	1194.70	42.21
1992	37210	58100	449.00	7.48	19971	17900	998.14	53.91
1993	52158	45200	744.60	7.66	20752	16300	884.00	75.10
1994	71611	64064	1048.43	7.09	18964	12250	781.39	73.66
1995	73824	100900	1096.00	7.70	16800	11700	622.00	95.02
1996	84579	102856	722.63	7.23	12748	11518	826.21	86.24
1997	102737	107799	832.00	7.20	12318	11546	1155.61	80.12
1998	116703	102824	875.32	7.97	9655	8238	1016.82	73.83
1999	102248	112334	976.41	8.45	8315	8529	826.87	71.80
2000	131238	90966	1035.30	9.22	8714	8328	742.48	82.55

13—4 **续表 3**

年 份	机制糖 (万吨)	发酵酒精 (万吨	化学原料药 (吨)	手 表 (万只)	原 盐 (万吨)	卷 烟 (万箱	罐 头 (吨)	饮料酒 (混合量) (万吨)
1978	25.10	0.54	999.78	5.62	12.35	29.77	40954	9.88
1979	35.01	0.51	753.06	7.81	12.97	37.08	39064	13.80
1980	39.25	0.77	1254.40	10.08	14.70	50.62	56548	15.05
1981	44.46	0.97	1282.11	13.05	12.47	58.39	78343	12.81
1982	48.68	1.61	1344.59	16.29	7.93	58.75	76563	12.14
1983	58.18	2.45	1578.61	20.20	14.85	50.76	59448	15.80
1984	56.75	2.54	2032.88	36.20	9.88	58.00	89396	13.37
1985	62.21	3.01	1907.69	50.01	9.70	65.57	125797	12.40
1986	95.16	4.79	2022.63	173.16	8.15	74.67	174000	13.70
1987	103.45	5.59	2486.81	95.13	9.45	93.71	146500	17.58
1988	101.00	5.56	4197.00	70.65	11.91	98.09	161888	21.15
1989	116.35	5.93	3316.00	79.07	14.65	105.74	190529	23.72
1990	136.64	7.70	3719.00	82.98	10.42	108.45	144400	26.14
1991	137.45	7.08	2265.00	65.03	19.55	100.65	200600	26.80
1992	214.78	12.00	1974.00	86.30	15.52	104.04	272400	35.14
1993	232.19	12.24	2171.24	777.81	11.78	104.45	257500	29.05
1994	219.28	15.38	2437.01	546.60	11.27	101.12	260070	32.86
1995	178.12	13.93	2804.00	86.90	9.69	98.35	234700	37.97
1996	236.55	20.26	1328.00	848.37	10.63	93.81	182700	34.98
1997	241.59	17.30	1776.00	1145.44	7.19	90.68	172483	37.48
1998	344.60	20.93	2376.62	1073.29	12.50	87.35	148640	39.56
1999	374.30	24.30	2233.10	922.57	15.30	82.75	141811	44.31
2000	325.76	21.46	2482.00	1016.88	15.62	72.33	135747	65.94

13—5 主要年份工业企业主要指标

指　　标	企业单位数(个)				工业总产值(当年价,万元)			
	1990年	1995年	1999年	2000年	1990年	1995年	1999年	2000年
总　计	**8981**	**12603**	**3142**	**3155**	**2989212**	**9642783**	**9109992**	**10032391**
国有企业	2510	2685	1952	1821	2395878	5549655	4368813	4105570
中央企业	64	82	70	63	342421	863028	867139	869987
地方企业	2446	2603	1882	1758	2053457	4686627	3501674	3235583
集体企业	6323	8878	600	548	541426	2434225	1391433	1326206
其他企业	148	1040	590	786	51908	1658903	3349746	4600615
#外商及港澳台商投资企业	36	700	183	207	17797	974770	993767	1145340
在总计中:								
国有及国有控股企业			2143	2027			6367732	6643575
在总计中:								
轻工业	5097	5931	1419	1426	1617118	4377100	3862408	3995063
以农产品为原料	3229	4009	1040	1028	1244342	3493288	3104062	3209535
以非农产品为原料	1868	1922	379	398	372777	883813	758346	785528
重工业	3884	6672	1723	1729	1372094	5268683	5247584	6037329
采掘工业	630	923	296	284	163349	565835	592406	647158
原料工业	1243	2021	689	718	559860	2124634	2396990	2872261
加工工业	2011	3728	738	727	648886	2575214	2258189	2517910
在总计中:大型企业	109	136	187	198	808801	3007222	4182537	4679394
中型企业	219	439	416	400	749283	2402327	1956697	2024944
小型企业	8653	11713	2539	2557	1431129	4233234	2970758	3328053

指　　标	工业总产值(1990年不变价,万元)				全部从业人员年平均人数(人)			
	1990年	1995年	1999年	2000年	1990年	1995年	1999年	2000年
总　计	**3165726**	**7591618**	**8028269**	**8797425**	**1230439**	**1530034**	**974245**	**912488**
国有企业	2542041	4247999	3810430	3384536	863437	913240	594612	499646
中央企业	359930	713125	615749	540252	79592	84269	55282	47509
地方企业	2182111	3534875	3194680	2844284	783845	828971	539330	452137
集体企业	565592	2078593	1229838	1192431	350841	463188	131427	113488
其他企业	58093	1265026	2988001	4220458	16161	153606	248206	299354
#外商及港澳台商投资企业	1812	730966	907921	1031116	7251	83026	56284	59924
在总计中:								
国有及国有控股企业			5541012	5676201			743830	653007
在总计中:								
轻工业	1806829	3499214	3634249	3677997	571595	643944	393364	367066
以农产品为原料	1407861	2667926	2884356	2873561	402414	458482	284546	261415
以非农产品为原料	398969	831288	749892	804436	169181	185462	108818	105651
重工业	1358897	4092404	4394020	5119427	658844	886090	580881	545422
采掘工业	151813	441389	477598	518415	146733	163596	92186	77958
原料工业	532549	1424270	1696037	1997330	187196	300389	232531	240368
加工工业	674534	2226747	2220386	2603682	324915	422105	256164	227096
在总计中:大型企业	3908718	2349915	3334065	4147029	190520	339762	347397	310704
中型企业	800715	1857031	1856676	1858645	237949	346902	226895	201162
小型企业	1456293	3384672	2446133	2791751	801970	833857	399953	400622

注:本表1999年、2000年的统计范围为全部国有工业及产品销售收入500万元以上非国有工业企业。

13—5 **续表** 单位:万元

指标	固定资产原价				全部资金			
	1990年	1995年	1999年	2000年	1990年	1995年	1999年	2000年
总　计	**2284895**	**8332719**	**11474608**	**12964147**	**2590553**	**10475831**	**14412413**	**15839704**
国有经济	1953004	6263717	7563804	7418098	2168549	6962757	8858808	8470914
中央企业	356699	1559733	2025279	2197845	348211	1597799	1851564	4817306
地方企业	1596305	4703984	5538525	5220253	1820338	4764958	7007244	6397076
集体企业	287707	1070458	703857	672445	372349	1835563	1172552	1047471
其他企业	44184	998544	3206947	4873604	49655	1677511	4381053	6321319
#外商及港澳台商投资企业	22032	584367	972538	1539810	24901	972726	1394782	1945832
在总计中:								
国有及国有控股企业			9773593	10419967			11829798	12325318
在总计中:								
轻工业	847571	2779697	3766006	4006214	1078300	3977965	5171349	5355062
以农产品为原料	645673	2146839	2923608	3201899	808728	3042191	3971478	4199603
以非农产品为原料	201898	632858	842399	804315	269572	935774	1199871	1133549
重工业	1437324	5553022	7708602	8957933	1512253	6497866	9234603	10506552
采掘工业	231275	468196	588762	633246	191598	499515	695519	756342
原料工业	729743	3337714	4903013	5894232	695759	3384968	5141969	6115606
加工工业	476307	1747113	2216826	2430455	624896	2613384	3397115	3634604
在总计中:大型企业	678922	3330509	5663100	6799517	724667	3855573	6801983	8075312
中型企业	579135	2205546	2703186	2878663	671115	2686844	1563264	34745228
小型企业	1026838	2196664	3108322	3285967	1194771	3933414	4194538	4289800

指标	利税总额				产品销售收入			
	1990年	1995年	1999年	2000年	1990年	1995年	1999年	2000年
总　计	**416829**	**850130**	**749107**	**1170124**	**2828963**	**9031304**	**8714716**	**9875056**
国有经济	374828	556946	314182	476799	2309993	5344734	4256587	4085024
中央企业	108084	205268	181446	225470	353924	876828	792804	832871
地方企业	266744	351678	132736	251328	1956070	4467905	3463783	3252152
集体企业	41668	131174	777810	96542	475743	2209092	1301160	1273077
其他企业	333	162008	77781	596783	43227	1477478	3156969	4516955
#外商及港澳台商投资企业	960	88652	70430	112840	14036	862860	904418	1092364
在总计中:								
国有及国有控股企业			554803	866662			6165060	6650384
在总计中:								
轻工业	247874	378526	320563	462188	1524726	3984614	3577702	3763708
以农产品为原料	206683	321633	242941	390766	1191393	3157551	2886420	3013287
以非农产品为原料	41191	56893	77622	71422	333333	827063	691282	750421
重工业	168955	471603	428544	707935	1304237	5046670	5137014	6111348
采掘工业	13941	80787	64185	71825	143279	530024	565522	621697
原料工业	96106	214004	247227	469609	574350	2139682	2467916	3038313
加工工业	58908	176813	117132	166502	586608	2376984	2103576	2451338
在总计中:大型企业	185505	393116	487008	737433	807812	2821346	3637992	4587387
中型企业	104221	242289	88496	204874	693822	2255388	1874132	1972244
小型企业	127103	214725	173603	227817	1327328	3954570	2824292	3315425

注:本表1999年、2000年的统计范围为全部国有工业及产品销售收入500万元以上非国有工业企业

13—6 按经济类型分工业企业主要指标

(2000年)　　　　单位:万元

指　　标	企　业 单位数 (个)	工　业 总产值 (当年价)	工业总产 值(1990年 不变价)	工　业 增加值 (生产法)	全部从业人 员年平均人 数(人)	固定资产 原　价
工业企业	**3155**	**10032391**	**8797425**	**3238780**	**912488**	**12964147**
煤炭采掘业	31	69311	35272	29674	28617	171507
黑色金属矿采选业	44	51936	42182	15439	7005	48250
有色金属矿采选业	132	450171	375900	185430	38200	364365
非金属矿采选业	51	63274	48960	23707	10719	78234
其他矿采选业	6	12784	5586	3618	1082	3501
木材及竹材采运业	20	8027	6831	2603	2765	12657
食品加工业	289	1539459	1345503	424652	92677	1551806
#制糖业	102	971712	942392	305558	73744	1302251
食品制造业	138	215008	187148	59264	22408	241646
#罐头食品制造业	29	29817	24624	7965	5621	72943
饮料制造业	92	182617	144272	56771	12796	243831
#酒精及饮料酒制造业	52	120530	83634	40368	8039	191207
烟草加工业	13	209089	168040	129977	6039	158852
#卷烟制造业	10	204189	166934	128563	5669	155592
纺织业	86	232122	213938	70348	42310	219126
服装及其他纤维制造制造业	19	17229	16670	6277	3977	22432
皮革、毛皮、羽绒及其制品业	32	66524	64135	13352	5544	32021
木材加工及竹、藤、棕、草制造业	53	117486	114960	35155	9794	139603
家具制造业	11	7596	7202	2294	1365	5773
造纸业及纸制品业	98	303560	253642	77661	26762	482177
#造纸业	62	209499	173844	46411	20009	209969
印刷业	108	59500	52570	21582	11402	89684
文教体育用品制造业	3	1278	1506	448	398	1609
石油加工及炼焦业	9	150138	35733	36484	2209	61704
化学原料及化学制品制造业	234	785236	708766	218634	66426	886661
医药制造业	107	333841	392758	138045	23885	166906
化学纤维制造业	7	38488	56341	5973	2867	67517
橡胶制品业	15	82451	105851	23130	10433	73117
塑料制品业	61	74675	88518	19219	8779	70408
非金属矿物制品业	372	656252	576836	193245	117346	1121183
#水泥制造业	203	404128	327465	116611	66211	857193
黑色金属冶炼及压延加工业	69	415280	333981	103350	37738	566172
有色金属冶炼及压延加工业	83	820048	623804	290415	42278	790868
金属制品业	62	118383	116316	30108	15080	69776
普通机械制造业	111	481466	440734	143254	48288	511505
专用设备制造业	101	162131	174341	38852	25097	173964
交通运输设备制造业	157	937661	993378	197488	47537	470125
#汽车制造业	79	830931	904804	167589	29699	324404
电气机械及器材制造业	75	281436	312853	74256	25712	190296
电子及通信设备制造业	36	143193	222020	45534	10850	100129
仪器仪表及文化、办公用机械制造业	14	29884	47717	10762	5538	37840
其他制造业	64	149073	142267	40240	20604	33370
电力、蒸汽、热水的生产和供应业	250	686908	311042	430731	63208	3406559
#电力生产业	166	474186	210157	288487	30253	2258987
#水力发电业	152	254254	140583	193656	22698	1468297
煤气生产和供应业	2	1399	686	693	408	8142
自来水的生产和供应业	99	68320	22368	38462	13551	276431

注:工业企业主要经济指标统计范围为全部国有工业及产品销售收入500万元以上非国有工业

13—6 **续表** （2000年） 单位:万元

指标	固定资产净值	流动资产年平均余额	固定资产净值年平均余额	利润总额	利税总额	产品销售收入
工业企业	**9346627**	**6638402**	**9201302**	**359400**	**1170124**	**9875056**
煤炭采掘业	113595	60797	123664	-3101	2649	63854
黑色金属矿采选业	35428	37605	34990	689	4449	49226
有色金属矿采选业	253322	182366	242339	24222	57364	430908
非金属矿采选业	53744	34056	51261	307	6010	60282
其他矿采选业	2231	6644	2110	333	1873	15124
木材及竹材采运业	10610	7596	10382	-528	863	9531
食品加工业	1094169	784203	1092153	58849	158319	1453837
#制糖业	910605	574463	903161	62313	156331	913096
食品制造业	184137	147771	163939	-1371	9996	197665
#罐头食品制造业	58273	41990	59270	-1672	-744	27768
饮料制造业	184375	95596	182439	752	26748	174368
#酒精及饮料酒制造业	151154	56594	148677	186	22522	115861
烟草加工业	119094	183695	118566	6285	103506	206293
#卷烟制造业	116241	179842	116104	6229	103167	198635
纺织业	145487	161269	149585	-1748	10987	209328
服装及其他纤维制造制造业	17320	22558	17124	-215	530	15309
皮革、毛皮、羽绒及其制品业	24707	36021	24656	-2214	-992	57167
木材加工及竹、藤、棕、草制造业	101108	52242	95122	2193	10659	108796
家具制造业	4389	3087	5624	203	493	7329
造纸业及纸制品业	401836	163489	405305	3587	22972	286337
#造纸业	158790	113018	153977	757	13955	206234
印刷业	61490	54766	59704	-322	3340	55556
文教体育用品制造业	1009	1699	1214	-91	4	1256
石油加工及炼焦业	40528	31537	34495	3560	28122	149177
化学原料及化学制品制造业	650539	475427	553556	21468	65301	718045
医药制造业	118145	258402	123696	33514	63286	301494
化学纤维制造业	47033	41755	49306	-1172	-238	43387
橡胶制品业	44532	71408	45553	-4609	2316	73423
塑料制品业	48433	54078	49934	123	3093	69142
非金属矿物制品业	803565	419621	855772	-21347	28992	635345
#水泥制造业	616218	271687	662077	-19722	13820	384728
黑色金属冶炼及压延加工业	400509	327116	399615	10877	44823	432890
有色金属冶炼及压延加工业	576223	327861	565582	75114	132755	769874
金属制品业	51771	84851	49046	2247	7600	109412
普通机械制造业	327786	513741	347760	7090	35108	486718
专用设备制造业	114422	201857	118258	-3303	2515	155944
交通运输设备制造业	311772	514370	306560	28573	74988	917112
#汽车制造业	207563	402039	207157	33101	74361	823367
电气机械及器材制造业	128369	207790	133931	3452	15064	323597
电子及通信设备制造业	70156	174086	73095	4579	9110	119028
仪器仪表及文化、办公用机械制造业	17574	44731	18675	-198	1474	24473
其他制造业	24484	58709	24620	1356	12379	134855
电力、蒸汽、热水的生产和供应业	2542203	732530	2462450	107224	215025	929420
#电力生产业	1657592	274350	1638896	81981	141893	508833
#水力发电业	1053745	140200	1023976	63985	103327	275769
煤气生产和供应业	5349	4454	5556	-93	78	3960
自来水的生产和供应业	204020	53437	193124	3010	7984	66691

13—7　国有及国有控股工业企业主要指标

（2000 年）　　　　　　　　　　单位：万元

指　　标	企　业 单位数 （个）	工　业 总产值 （当年价）	工业总产 值（1990 年 不变价）	工　业 增加值 （生产法）	全部从业人 员平均人数 （人）	固定资产 原　价
国有及国有控股工业企业	**2027**	**6643575**	**5676201**	**2261439**	**653007**	**10419967**
在总计中：轻工业	909	2291812	2099984	766160	229825	3017940
重工业	1118	4351762	3576217	1495279	423182	7402026
在总计中：特大型企业	4	547333	403868	290844	29157	1163202
大一型企业	39	1637142	1497540	449029	111686	2355124
大二型企业	116	1768721	1543063	651212	140261	2258061
中一型企业	114	746677	668289	244780	64646	1302470
中二型企业	196	766008	703183	238920	92740	1122393
小型企业	1558	1177694	860258	386654	214517	2218717
煤炭采掘业	30	68750	34519	29509	28481	171412
黑色金属矿采选业	25	30927	23294	10163	4990	38483
有色金属矿采选业	49	249956	221486	125845	26516	286608
非金属矿采选业	35	35352	29427	16156	7295	70188
其他矿采选业	2	2006	863	413	286	1896
木材及竹材采运业	20	8027	6831	2603	2765	12657
食品加工业	190	931874	843028	265297	69804	1176533
#制糖业	77	733103	711128	233671	57964	1010186
食品制造业	101	91708	84170	23619	13883	188243
#罐头食品制造业	23	15851	13021	4584	3904	66587
饮料制造业	65	48500	42556	13958	6918	73969
#酒精及饮料酒制造业	39	22263	16184	7707	3992	37784
烟草加工业	12	207784	167192	129393	5864	158763
#卷烟制造业	10	204189	166934	128563	5669	155592
纺织业	52	180093	165297	54893	33512	183141
服装及其他纤维制造制造业	9	6442	5717	2628	1652	16739
皮革、毛皮、羽绒及其制品业	14	35663	37400	6394	2426	20843
木材加工及竹、藤、棕、草制造业	29	61635	64825	18759	4827	88518
家具制造业	6	997	960	466	543	3046
造纸业及纸制品业	49	205561	175770	56417	16726	437148
#造纸业	36	143646	125914	33302	13762	180532
印刷业	99	44784	39963	15848	10500	78497
文教体育用品制造业	2	766	994	281	341	1099
石油加工及炼焦业	4	132162	30078	31322	1816	55640
化学原料及化学制品制造业	128	467859	385920	136000	50679	720592
医药制造业	77	187966	224907	74517	15437	106858
化学纤维制造业	5	24870	36524	4510	2034	46199
橡胶制品业	10	76654	100270	21115	9832	71630
塑料制品业	31	26546	34310	6867	3168	32604
非金属矿物制品业	229	347775	299784	104779	64030	709902
#水泥制造业	114	244089	192352	72530	41193	539005
黑色金属冶炼及压延加工业	36	353326	281830	89291	32313	542341
有色金属冶炼及压延加工业	32	559328	389557	207424	25470	675071
金属制品业	18	23596	24257	5946	5026	23977
普通机械制造业	78	387855	353272	114907	41074	469344
专用设备制造业	79	140169	151322	31395	22454	159045
交通运输设备制造业	93	772295	806074	153775	35075	381478
#汽车制造业	24	682866	738630	129082	18311	247716
电气机械及器材制造业	40	137940	154610	33454	17134	139229
电子及通信设备制造业	22	81869	112200	26959	8794	82962
仪器仪表及文化、办公用机械制造业	8	20376	25550	5914	3900	29569
其他制造业	7	2582	2560	899	1028	5958
电力、蒸汽、热水的生产和供应业	240	611285	289166	399175	61747	2863613
#电力生产业	156	398563	188280	256932	28792	1716041
#水力发电业	146	239365	133759	186270	21880	1370012
煤气生产和供应业	2	1399	686	693	408	8142
自来水的生产和供应业	98	67738	22238	38204	13465	273627

13—7 **续表** (2000年) 单位:万元

指　　标	固定资产净　值	流动资产年平均余　额	固定资产净值年平均余额	利　润总　额	利　税总　额	产品销售收　入
国有及国有控股工业企业	**7377249**	**5016849**	**7308469**	**248305**	**866662**	**6650384**
在总计中:轻工业	2203436	1672578	2183865	54702	306843	2199436
重工业	5173813	3344272	5124604	193603	559819	4450948
在总计中:特大型企业	827432	199805	833714	85329	148859	509796
大一型企业	1751513	1169503	1617036	67480	194076	1643854
大二型企业	1503157	1415875	1542296	78774	283755	1734617
中一型企业	940944	545224	929290	29127	88409	697906
中二型企业	745750	659156	749098	12161	69646	790786
小型企业	1608453	1027285	1637035	-24566	81917	1273425
煤炭采掘业	113534	60772	123604	-3191	2521	63354
黑色金属矿采选业	27056	26093	27693	128	2081	26872
有色金属矿采选业	200374	141160	196555	16966	40938	230698
非金属矿采选业	48325	25479	47177	-1009	2996	33230
其他矿采选业	1304	1784	1320	7	71	1716
木材及竹材采运业	10610	7596	10382	-528	863	9531
食品加工业	829552	578498	828279	36204	112768	919549
#制糖业	704960	450384	699831	43509	116820	697734
食品制造业	143179	98878	125442	-3099	2020	84631
#罐头食品制造业	52303	37382	53399	-1752	-1132	13604
饮料制造业	51516	44201	51493	-2489	3099	41181
#酒精及饮料酒制造业	28911	27197	28590	-1696	1967	17702
烟草加工业	119006	182617	118404	6279	103319	202205
#卷烟制造业	116241	179842	116104	6229	103167	198635
纺织业	123720	130767	128341	-762	9050	158037
服装及其他纤维制造制造业	13230	14714	12899	-107	126	5148
皮革、毛皮、羽绒及其制品业	15499	19254	15447	-714	-505	28741
木材加工及竹、藤、棕、草制造业	63052	33470	64180	911	5382	58400
家具制造业	2190	1094	2851	-9	73	1112
造纸业及纸制品业	370789	118344	373682	2271	17541	191916
#造纸业	138066	83687	132008	-144	10306	141822
印刷业	53171	46906	51275	-457	2636	43506
文教体育用品制造业	712	1382	897	-93	-28	750
石油加工及炼焦业	35004	26133	29413.	1039	24446	130453
化学原料及化学制品制造业	535628	297585	443263	10342	36509	431113
医药制造业	77776	135435	76668	12220	29427	178334
化学纤维制造业	32279	36602	34273	-386	309	30228
橡胶制品业	43504	70732	44548	-4672	1812	68629
塑料制品业	21802	21998	23453	574	1708	25318
非金属矿物制品业	488158	260834	555146	-16487	11702	329371
#水泥制造业	370910	169728	429776	-10897	9234	233803
黑色金属冶炼及压延加工业	381206	298061	383469	11152	42139	373557
有色金属冶炼及压延加工业	499605	202484	499438	67865	112040	524156
金属制品业	16439	28891	15098	-875	234	22320
普通机械制造业	295891	477339	315444	5264	28216	397451
专用设备制造业	105068	180748	108744	-3410	1097	137856
交通运输设备制造业	250415	413980	248325	17906	56420	755752
#汽车制造业	156683	314973	155728	22883	56954	678159
电气机械及器材制造业	94986	131681	100866	-2148	5070	127399
电子及通信设备制造业	57438	115392	60635	118	3103	68290
仪器仪表及文化、办公用机械制造业	14039	36203	14075	-386	670	16490
其他制造业	4467	4453	4681	-524	-199	2250
电力、蒸汽、热水的生产和供应业	2018572	682421	1963817	97411	198469	851832
#电力生产业	1133961	224241	1140262	72168	125337	431246
#水力发电业	963981	129864	961200	60403	97329	258646
煤气生产和供应业	5349	4454	5556	-93	78	3960
自来水的生产和供应业	201642	53232	191098	2978	7885	66143

13—8 国有工业企业主要指标

(2000年)　　单位:万元

指　　标	企　业 单位数 (个)	工　业 总产值 (当年价)	工业总产 值(1990年 不变价)	工　业 增加值 (生产法)	全部从业人 员平均人数 (人)	固定资产 原　价
国有工业企业	**1821**	**4105570**	**3384536**	**1406531**	**499646**	**7418098**
在总计中:轻工业	824	1298691	1203887	382686	171801	1993759
重工业	997	2806879	2180650	1023845	327845	5424339
在总计中:特大型企业	2	309988	180635	183123	8339	887320
大一型企业	19	557014	468803	186800	64688	1237172
大二型企业	77	1044018	945694	338958	99289	1435181
中一型企业	93	560408	494580	179680	54793	958127
中二型企业	166	610688	564074	177251	80397	979859
小型企业	1464	1023455	730750	340720	192140	1920440
煤炭采掘业	30	68750	34519	29509	28481	171412
黑色金属矿采选业	22	19035	13952	6584	4340	29740
有色金属矿采选业	42	58318	46270	19365	10289	67573
非金属矿采选业	33	31819	26875	14183	5946	41290
其他矿采选业	1	1466	754	223	231	1086
木材及竹材采运业	19	7272	6334	1978	2586	11853
食品加工业	167	539469	485010	136292	47422	788336
#制糖业	63	389046	381649	111507	37118	648008
食品制造业	93	52011	46588	14234	9275	113076
#罐头食品制造业	22	11979	9419	3027	2804	43394
饮料制造业	60	24850	22676	8050	4944	41896
#酒精及饮料酒制造业	38	20393	14981	7145	3819	36668
烟草加工业	9	27005	23820	11927	2711	45955
#卷烟制造业	7	23410	23561	11097	2516	42784
纺织业	45	140143	128021	43160	27171	161970
服装及其他纤维制造制造业	9	6442	5717	2628	1652	16739
皮革、毛皮、羽绒及其制品业	11	4878	5286	1098	1702	12222
木材加工及竹、藤、棕、草制造业	27	57130	59148	18226	4458	81476
家具制造业	6	997	960	466	543	3046
造纸业及纸制品业	40	136490	119635	39144	12515	220907
#造纸业	28	104013	93508	24255	10345	132671
印刷业	97	38289	31584	13893	9869	69731
文教体育用品制造业	1	24	24	5	55	107
石油加工及炼焦业	4	132162	30078	31322	1816	55640
化学原料及化学制品制造业	103	204244	168770	52665	28201	220317
医药制造业	68	102637	125955	35104	10850	71596
化学纤维制造业	5	24870	36524	4510	2034	46199
橡胶制品业	8	73232	96825	20018	8891	64157
塑料制品业	26	16791	20370	3949	2313	20183
非金属矿物制品业	203	251068	222287	74724	52338	504515
#水泥制造业	93	155303	124672	45279	31242	350417
黑色金属冶炼及压延加工业	29	288837	214452	79764	27989	486043
有色金属冶炼及压延加工业	25	460669	302324	179509	20900	625637
金属制品业	17	12900	12233	3494	3606	17842
普通机械制造业	63	136071	159370	34384	23047	173034
专用设备制造业	70	114243	122659	25407	19466	140100
交通运输设备制造业	88	285323	277204	73554	26883	212276
#汽车制造业	21	203818	217406	50306	10571	83159
电气机械及器材制造业	37	110506	127482	26886	13571	117851
电子及通信设备制造业	21	67351	94846	20686	8566	79063
仪器仪表及文化、办公用机械制造业	8	20376	25550	5914	3900	29569
其他制造业	7	2582	2560	899	1028	5958
电力、蒸汽、热水的生产和供应业	229	519140	261327	338615	56399	2423661
#电力生产业	148	308646	161186	197323	25825	1314573
#水力发电业	142	206411	123067	158707	20866	1130278
煤气生产和供应业	1	766	621	721	378	7851
自来水的生产和供应业	96	58256	19129	31791	12486	223792

13—8 **续表** （2000 年） 单位:万元

指　　标	固定资产净　值	流动资产年平均余　额	固定资产净值年平均余额	利　润总　额	利　税总　额	产品销售收　入
国有工业企业	**5207488**	**3293473**	**5177441**	**127266**	**476799**	**4085024**
在总计中:轻工业	1436649	1037916	1425039	－6624	89809	1195291
重工业	3770840	2255558	3752402	133891	386990	2889732
在总计中:特大型企业	642706	71545	656392	74008	112156	277834
大一型企业	913210	568827	882268	18637	75872	570556
大二型企业	942157	816191	973977	41459	109493	976807
中一型企业	661265	449526	646770	17010	62139	526082
中二型企业	653656	521406	651991	－2400	44304	633928
小型企业	1394494	865979	1366042	－21449	72834	1099817
煤炭采掘业	113534	60772	123604	－3191	2521	63354
黑色金属矿采选业	20049	21833	20125	－341	917	16171
有色金属矿采选业	41172	30772	42209	456	4559	46031
非金属矿采选业	26308	19123	24697	923	4225	29834
其他矿采选业	787	1078	795	2	31	1103
木材及竹材采运业	9806	7429	9579	－650	118	5990
食品加工业	572146	346217	578596	4298	44476	502822
#制糖业	466133	244869	468951	10406	47832	359699
食品制造业	85783	60678	75878	－2605	518	47029
#罐头食品制造业	35235	28803	35714	－655	－170	10296
饮料制造业	31732	29973	31372	－1950	1717	21283
#酒精及饮料酒制造业	28192	26606	27812	－1663	1683	16692
烟草加工业	32868	60308	32746	－1422	5665	26463
#卷烟制造业	30102	57533	30447	－1472	5513	22893
纺织业	111578	107867	116782	－2004	5298	120611
服装及其他纤维制造制造业	13230	14714	12899	－107	126	5148
皮革、毛皮、羽绒及其制品业	8414	7012	8257	－590	－473	4663
木材加工及竹、藤、棕、草制造业	56352	32415	57480	1100	5257	54220
家具制造业	2190	1094	2851	－9	73	1112
造纸业及纸制品业	164222	77966	157695	2258	12598	130009
#造纸业	99881	58307	92841	－216	7475	102982
印刷业	47050	38517	44873	－1151	1438	36344
文教体育用品制造业	48	338	87	－34	－30	43
石油加工及炼焦业	35004	26133	29413	1039	24446	130453
化学原料及化学制品制造业	144087	119868	151184	－5565	1869	158046
医药制造业	52170	76000	52206	2325	9556	84618
化学纤维制造业	32279	36602	34273	－386	309	30228
橡胶制品业	38898	66096	39821	－4091	2152	65197
塑料制品业	13321	14900	14974	－148	468	15569
非金属矿物制品业	356005	191910	368223	－14165	5625	236632
#水泥制造业	252009	111746	256295	－8950	3450	148057
黑色金属冶炼及压延加工业	346669	257429	351402	10466	38293	311131
有色金属冶炼及压延加工业	469997	146610	468300	65482	102224	420640
金属制品业	11997	18153	10794	－938	－211	12870
普通机械制造业	110374	159976	119594	－5188	146	129774
专用设备制造业	92858	151592	96126	－2752	752	112837
交通运输设备制造业	146459	229501	147456	5412	20665	278038
#汽车制造业	56774	136859	56967	10424	21501	209239
电气机械及器材制造业	80044	108726	83957	－1982	3685	99965
电子及通信设备制造业	53876	110300	57119	－284	2329	53658
仪器仪表及文化、办公用机械制造业	14039	36203	14075	－386	670	16490
其他制造业	4467	4453	4681	－524	－199	2250
电力、蒸汽、热水的生产和供应业	1687251	561687	1622684	81278	167408	745562
#电力生产业	823665	145267	824443	58568	98410	344175
#水力发电业	754239	93900	750717	55972	87486	229183
煤气生产和供应业	5184	4238	5381	2	155	3269
自来水的生产和供应业	164079	49807	154713	2580	6844	56660

13—9 集体工业企业主要指标

（2000 年）　　单位:万元

	企　业 单位数 (个)	工　业 总产值 (当年价)	工业总产 值(1990 年 不变价)	工　业 增加值 (生产法)	全部从业人 员平均人数 (人)	固定资产 原　价
集体工业企业	**548**	**1326206**	**1192431**	**366782**	**113488**	**672445**
在总计中:轻工业	197	408611	365262	107335	43400	175734
重工业	351	917595	827169	259447	70088	496711
在总计中:特大型企业						
大一型企业	1	45858	42503	23910	4365	30891
大二型企业	4	77821	70112	13399	3274	48810
中一型企业	12	70895	74769	16422	6919	52986
中二型企业	23	128509	123224	33324	7727	65055
小型企业	508	1003123	881824	279728	91203	474703
煤炭采掘业	1	561	753	165	136	95
黑色金属矿采选业	18	20080	18175	5016	1945	9115
有色金属矿采选业	47	120354	93019	36964	6626	44725
非金属矿采选业	13	17987	14243	5348	2733	2634
其他矿采选业	3	9829	4221	2553	546	712
食品加工业	29	87439	65705	22893	2965	29876
#制糖业	3	13545	11854	4775	1133	17628
食品制造业	18	27823	24312	8556	2884	14803
#罐头食品制造业	2	1716	1149	451	291	228
饮料制造业	5	5922	5372	1516	491	2699
#酒精及饮料酒制造业	1	1343	1343	566	98	1001
烟草加工业	1	1306	848	585	175	88
纺织业	11	12331	10790	4121	2552	9455
服装及其他纤维制造制造业	5	4981	5652	1755	1181	3516
皮革、毛皮、羽绒及其制品业	5	9058	8571	1360	889	3783
木材加工及竹、藤、棕、草制造业	10	9975	8986	2715	1739	4013
家具制造业	2	3249	3069	1002	552	1888
造纸业及纸制品业	30	57564	44199	12089	4959	21353
#造纸业	16	39521	27689	7707	3177	13925
印刷业	4	5085	4549	1550	363	4073
化学原料及化学制品制造业	52	121865	105215	31669	6767	62671
医药制造业	4	14969	16464	5514	861	3787
化学纤维制造业	1	587	587	246	81	100
橡胶制品业	3	2733	2517	823	439	1096
塑料制品业	20	29469	32259	7723	3574	18872
非金属矿物制品业	77	141926	130901	35959	24281	181603
#水泥制造业	51	67876	59873	17004	11235	147751
黑色金属冶炼及压延加工业	22	33751	28596	8653	2726	9286
有色金属冶炼及压延加工业	28	203661	179443	67341	12195	89967
金属制品业	21	47975	43280	11375	3112	18620
普通机械制造业	15	44681	40311	13540	2980	15068
专用设备制造业	9	5743	5829	1915	1024	5967
交通运输设备制造业	38	89818	104738	22737	7618	46268
#汽车制造业	33	75352	89281	18787	6943	40818
电气机械及器材制造业	24	98033	95425	24515	5594	37224
电子及通信设备制造业	4	4738	6679	1662	354	1599
仪器仪表及文化、办公用机械制造业	3	4570	7425	2442	1059	6272
其他制造业	23	81343	77665	19276	9785	19384
电力、蒸汽、热水的生产和供应业	2	6801	2631	3207	302	1831
#电力生产业	2	6801	2631	3207	302	1831
#水力发电业	1	487	469	189	55	1600

13—9 续表 (2000年) 单位:万元

指标	固定资产净值	流动资产年平均余额	固定资产净值年平均余额	利润总额	利税总额	产品销售收入
集体工业企业	**468787**	**610234**	**437237**	**26869**	**96542**	**1273077**
在总计中:轻工业	116073	195429	118034	3304	24916	379103
重工业	352714	414805	319203	23566	71626	893974
在总计中:特大型企业						
大一型企业	14426	37514	14932	3113	7508	55847
大二型企业	25045	86873	26136	2328	6518	81756
中一型企业	32239	50757	30819	1412	5153	68922
中二型企业	41987	65018	43496	1378	6720	113364
小型企业	355089	370073	321854	18638	70644	953187
煤炭采掘业	61	25	60	90	128	500
黑色金属矿采选业	8053	10691	6955	571	2246	21490
有色金属矿采选业	31945	16731	24956	4221	9113	122730
非金属矿采选业	1553	4178	1432	808	1893	18098
其他矿采选业	543	3585	361	222	1570	12459
食品加工业	20838	21292	22504	338	2782	79230
#制糖业	11545	10517	12193	-34	550	11237
食品制造业	11649	9267	9933	721	2522	23354
#罐头食品制造业	194	502	196	9	83	1661
饮料制造业	1743	6624	1842	171	349	4694
#酒精及饮料酒制造业	833	2035	933	64	98	1124
烟草加工业	88	1077	162	6	187	4088
纺织业	6436	8882	6742	-628	460	13783
服装及其他纤维制造制造业	2225	5579	2343	-120	150	4337
皮革、毛皮、羽绒及其制品业	2880	3821	2877	54	513	8650
木材加工及竹、藤、棕、草制造业	3092	2120	2672	188	641	8227
家具制造业	1435	731	1216	43	124	2905
造纸业及纸制品业	13889	23188	14172	642	2784	56937
#造纸业	9519	13699	10188	379	1855	40399
印刷业	2961	3307	3211	214	402	4760
化学原料及化学制品制造业	37839	83106	37429	5926	13961	124547
医药制造业	1834	6691	2607	1269	2145	10348
化学纤维制造业	40	113	42	3	49	539
橡胶制品业	640	675	621	-7	129	2094
塑料制品业	11029	21314	12439	-415	959	28343
非金属矿物制品业	137502	65423	124245	-3645	5494	136466
#水泥制造业	113133	45053	100800	-5724	597	65281
黑色金属冶炼及压延加工业	7507	13102	7603	23	1380	31763
有色金属冶炼及压延加工业	55605	95336	47701	4977	15952	195866
金属制品业	13750	20049	13690	803	3030	41215
普通机械制造业	13488	7524	12426	1196	2308	41095
专用设备制造业	4429	6661	4677	-216	203	5767
交通运输设备制造业	32608	58992	29065	6393	10827	89850
#汽车制造业	27932	48678	25810	4864	8595	74753
电气机械及器材制造业	24040	51650	24539	1824	4621	91123
电子及通信设备制造业	1239	2602	909	347	612	3793
仪器仪表及文化、办公用机械制造业	2431	4433	3269	-81	301	4099
其他制造业	13894	45329	13561	186	7416	73901
电力、蒸汽、热水的生产和供应业	1520	6139	979	744	1292	6027
#电力生产业	1520	6139	979	744	1292	6027
#水力发电业	1361	350	910	90	125	550

13—10 工业企业主要经济效益指标

（2000年）

单位：%

行业	企业亏损面	产值利税率	销售利税率	工业增加值率	资金利税率
总　计	**40.44**	**11.67**	**11.86**	**28.07**	**7.39**
在总计中：国有经济	48.33	11.62	11.67	29.60	5.63
中央企业	30.16	25.92	27.07	41.64	10.87
地方企业	48.98	7.77	7.73	26.36	3.93
集体经济	27.37	7.29	7.59	24.81	9.23
其他经济	31.30	12.98	13.22	27.60	9.45
外商及港澳台投资企业	39.61	9.87	10.35	25.59	5.81
在总计中：轻工业	40.95	11.58	12.29	27.83	8.67
以农产品为原料	43.39	12.18	12.98	27.52	9.31
以非农产品为原料	34.67	9.10	9.53	29.08	6.31
重工业	40.02	11.73	11.59	28.23	6.74
采掘工业	28.17	11.10	11.55	33.70	9.50
原料工业	43.04	16.36	15.46	31.68	7.68
加工工业	41.68	6.62	6.80	22.73	4.59
在总计中：大型企业	32.83	15.76	16.08	29.45	9.13
中型企业	38.25	10.14	10.41	27.54	5.91
小型企业	41.38	6.85	6.88	26.35	5.32
煤炭采掘业	51.61	3.82	4.15	37.76	1.44
黑色金属矿采选业	29.55	8.57	9.04	26.87	6.13
有色金属矿采选业	17.42	12.74	13.31	34.90	13.51
非金属矿采选业	27.45	9.50	9.97	33.75	7.04
其他矿采选业	16.67	14.65	12.38	26.12	21.39
木材及竹材采运业	60.00	10.76	9.06	31.57	4.8
食品加工业	42.91	10.30	10.9	24.74	8.45
#制糖业	32.35	16.09	17.12	27.06	10.58
食品制造业	47.83	4.65	5.06	24.57	3.21
#罐头食品制造业	41.38	-2.46	-2.64	24.41	-0.72
饮料制造业	43.48	14.65	15.34	26.86	9.62
#酒精及饮料酒制造业	50.00	18.69	19.44	28.90	10.97
烟草加工业	53.85	49.5	50.17	53.16	34.24
#卷烟制造业	60.00	50.53	51.94	53.82	34.86
纺织业	50.00	4.73	5.25	26.40	3.53
服装及其他纤维制造制造业	42.11	3.07	3.46	32.03	1.34
皮革、毛皮、羽绒及其制品业	56.25	-1.49	-1.74	18.83	-1.64
木材加工及竹、藤、棕、草制造业	33.96	9.07	9.8	26.02	7.23
家具制造业	18.18	6.49	6.73	27.38	5.66
造纸业及纸制品业	28.57	7.57	8.02	22.23	4.04
#造纸业	32.26	6.66	6.77	19.22	5.23
印刷业	52.78	5.61	6.01	31.28	2.92
文教体育用品制造业	66.67	0.28	0.29	30.52	0.12
石油加工及炼焦业	11.11	18.74	18.86	20.83	42.61
化学原料及化学制品制造业	40.17	8.32	9.09	24.67	6.35
医药制造业	36.45	18.96	20.99	36.02	16.56
化学纤维制造业	28.57	-0.62	-0.55	12.95	-0.26
橡胶制品业	46.67	2.81	3.15	24.66	1.98
塑料制品业	37.70	4.14	4.47	22.63	2.97
非金属矿物制品业	52.15	4.43	4.58	26.44	2.28
#水泥制造业	59.61	3.43	3.60	26.01	1.48
黑色金属冶炼及压延加工业	44.93	10.79	10.35	21.30	6.17
有色金属冶炼及压延加工业	30.12	16.21	17.26	29.97	14.87
金属制品业	33.87	6.42	6.95	22.21	5.68
普通机械制造业	44.14	7.35	7.27	25.62	4.11
专用设备制造业	56.44	1.55	1.61	20.85	0.79
交通运输设备制造业	40.13	8.00	8.18	18.08	9.13
#汽车制造业	21.52	8.95	9.03	17.24	12.21
电气机械及器材制造业	36.00	5.35	4.66	22.80	4.41
电子及通信设备制造业	36.11	6.36	7.65	28.28	3.69
仪器仪表及文化、办公用机械制造业	28.57	4.93	6.02	31.52	2.32
其他制造业	25.00	8.30	9.18	24.68	14.86
电力、蒸汽、热水的生产和供应业	36.40	31.30	23.14	50.74	6.73
#电力生产业	45.18	29.92	27.89	52.73	7.42
#水力发电业	46.71	40.64	37.47	65.33	8.88
煤气生产和供应业	50.00	5.57	1.97	35.93	0.78
自来水的生产和供应业	26.26	11.69	11.97	53.18	3.24

13—10 **续表** (2000 年)

行业	百元固定资产原价实现利税(元)	百元销售收入实现利润(元)	成本费用利润率 %	流动资产周转次数(次/年)	全员劳动生产率(元/人)
总计	**9.03**	**3.64**	**3.86**	**1.49**	**35486**
在总计中:国有经济	6.43	3.12	3.23	1.24	28148
中央企业	10.26	13.78	16.44	1.51	88372
地方企业	4.82	0.38	0.38	1.19	21820
集体经济	14.38	2.11	2.23	2.09	32307
其他经济	12.26	4.54	4.94	1.65	48938
外商及港澳台投资企业	7.34	4.23	4.46	1.49	55662
在总计中:轻工业	11.54	2.89	3.06	1.54	34292
以农产品为原料	12.21	2.92	3.11	1.62	38167
以非农产品为原料	8.89	2.75	2.85	1.29	24705
重工业	7.91	4.10	4.36	1.46	36289
采掘工业	11.34	3.54	3.66	1.97	32463
原料工业	7.97	6.21	6.67	1.59	44613
加工工业	6.86	1.63	1.72	1.25	28792
在总计中:大型企业	10.85	6.19	6.73	1.42	52138
中型企业	7.13	2.82	2.91	1.32	31762
小型企业	6.94	0.60	0.63	1.74	24441
煤炭采掘业	1.54	-4.86	-4.36	1.05	10369
黑色金属矿采选业	9.22	1.40	1.44	1.31	22040
有色金属矿采选业	15.74	5.62	5.94	2.36	48542
非金属矿采选业	7.68	0.51	0.52	1.77	22117
其他矿采选业	53.5	2.20	2.31	2.28	33437
木材及竹材采运业	6.82	-5.54	-5.78	1.25	9412
食品加工业	10.22	4.05	4.24	1.85	45799
#制糖业	12	6.82	7.37	1.59	41435
食品制造业	4.14	-0.69	-0.69	1.34	26443
#罐头食品制造业	-1	-6.02	-5.52	0.66	14150
饮料制造业	10.97	0.43	0.47	1.82	44366
#酒精及饮料酒制造业	11.78	0.16	0.18	2.05	50216
烟草加工业	65.16	3.05	5.22	1.12	215230
#卷烟制造业	66.31	3.14	5.47	1.10	226782
纺织业	5.01	-0.84	-0.83	1.30	16627
服装及其他纤维制造制造业	2.36	-1.40	-1.35	0.68	15782
皮革、毛皮、羽绒及其制品业	-3.1	-3.87	-3.69	1.59	24083
木材加工及竹、藤、棕、草制造业	7.64	2.02	2.02	2.08	35894
家具制造业	8.54	2.77	2.82	2.37	16808
造纸业及纸制品业	4.76	1.25	1.24	1.75	29019
#造纸业	6.65	0.37	0.37	1.82	23195
印刷业	3.72	-0.58	-0.58	1.01	18928
文教体育用品制造业	0.22	-7.24	-6.74	0.74	11256
石油加工及炼焦业	45.6	2.39	2.62	4.73	165105
化学原料及化学制品制造业	7.37	2.99	3.09	1.51	32913
医药制造业	37.92	11.12	12.38	1.17	57796
化学纤维制造业	-0.35	-2.70	-2.61	1.04	20834
橡胶制品业	3.17	-6.28	-6.00	1.03	22170
塑料制品业	4.39	0.18	0.18	1.28	21892
非金属矿物制品业	2.59	-3.36	-3.36	1.51	16460
#水泥制造业	1.62	-5.13	-4.88	1.42	17608
黑色金属冶炼及压延加工业	7.92	2.51	2.60	1.32	27386
有色金属冶炼及压延加工业	16.8	9.76	10.85	2.35	68659
金属制品业	10.89	2.05	2.14	1.29	19965
普通机械制造业	6.92	1.46	1.48	0.95	29606
专用设备制造业	1.45	-2.12	-2.04	0.77	15481
交通运输设备制造业	15.95	3.12	3.23	1.78	41544
#汽车制造业	22.92	4.02	4.21	2.05	56429
电气机械及器材制造业	7.92	1.07	1.35	1.56	28880
电子及通信设备制造业	9.1	3.85	4.00	0.68	41967
仪器仪表及文化、办公用机械制造业	3.89	-0.81	-0.78	0.55	19433
其他制造业	37.1	1.01	1.12	2.30	19530
电力、蒸汽、热水的生产和供应业	6.31	11.54	13.06	1.27	68145
#电力生产业	6.28	16.11	19.26	1.85	95358
#水力发电业	7.04	23.20	30.52	1.97	85318
煤气生产和供应业	0.96	-2.35	-2.30	0.89	16993
自来水的生产和供应业	2.89	4.51	4.79	1.25	28383

13—11 国有及国有控股工业企业主要经济效益指标

（2000年）

单位：%

行业	企业亏损面	产值利税率	销售利税率	工业增加值率	资金利税率
总计	**46.92**	**13.05**	**13.04**	**29.16**	**7.03**
在总计中：中央企业	28.57	25.40	26.32	38.21	13.64
地方企业	47.57	9.67	9.56	26.61	5.22
在总计中：轻工业	45.98	13.39	13.95	29.15	7.96
以农产品为原料	49.17	14.27	14.97	28.75	8.74
以非农产品为原料	37.30	8.81	8.85	31.23	4.52
重工业	47.67	12.87	12.58	29.16	6.61
采掘工业	41.56	12.65	13.64	37.63	7.67
原料工业	44.00	19.33	17.48	33.92	8.33
加工工业	53.17	5.92	6.22	22.01	3.70
在总计中：大型企业	32.70	15.85	16.12	29.80	9.25
中型企业	41.29	10.47	10.64	27.95	5.50
发小型企业	49.49	6.96	6.44	28.49	3.08
煤炭采掘业	53.33	3.67	3.98	37.82	1.37
黑色金属矿采选业	36.00	6.73	7.74	29.68	3.87
有色金属矿采选业	26.53	16.38	17.75	39.28	12.12
非金属矿采选业	40.00	8.47	9.01	40.14	4.12
其他矿采选业	0	3.56	4.16	18.42	2.30
木材及竹材采运业	60.00	10.76	9.06	31.57	4.80
食品加工业	43.16	12.10	12.27	24.95	8.02
#制糖业	28.57	15.94	16.74	27.42	10.16
食品制造业	54.46	2.20	2.39	23.06	0.90
#罐头食品制造业	43.48	-7.14	-8.32	26.26	-1.25
饮料制造业	50.77	6.39	7.53	25.26	3.24
#酒精及饮料酒制造业	56.41	8.83	11.11	30.68	3.53
烟草加工业	58.33	49.72	51.10	53.27	34.32
#卷烟制造业	60.00	50.53	51.94	53.82	34.86
纺织业	51.92	5.03	5.73	26.57	3.49
服装及其他纤维制造制造业	55.56	1.95	2.45	36.27	0.46
皮革、毛皮、羽绒及其制品业	71.43	-1.42	-1.76	17.66	-1.45
木材加工及竹、藤、棕、草制造业	41.38	8.73	9.21	25.75	5.51
家具制造业	16.67	7.36	6.60	46.68	1.86
造纸业及纸制品业	36.73	8.53	9.14	23.63	3.57
#造纸业	36.11	7.17	7.27	19.82	4.78
印刷业	56.57	5.89	6.06	30.32	2.69
文教体育用品制造业	100.00	-3.70	-3.77	31.41	-1.24
石油加工及炼焦业	0	18.5	18.74	20.33	44.01
化学原料及化学制品制造业	52.34	7.80	8.47	25.61	4.93
医药制造业	42.86	15.66	16.5	34.28	13.87
化学纤维制造业	20.00	1.24	1.02	14.95	0.44
橡胶制品业	60.00	2.36	2.64	24.20	1.57
塑料制品业	41.94	6.43	6.75	22.40	3.76
非金属矿物制品业	51.97	3.39	3.58	26.71	1.45
#水泥制造业	52.63	3.80	3.96	26.52	1.55
黑色金属冶炼及压延加工业	61.11	11.93	11.28	21.44	6.18
有色金属冶炼及压延加工业	31.25	20.03	21.38	31.20	15.96
金属制品业	44.44	0.99	1.05	21.71	0.53
普通机械制造业	57.69	7.35	7.17	25.10	3.60
专用设备制造业	63.29	0.78	0.80	19.43	0.38
交通运输设备制造业	54.84	7.31	7.47	17.07	8.52
#汽车制造业	37.50	8.34	8.40	16.13	12.10
电气机械及器材制造业	55.00	3.68	3.98	21.01	2.18
电子及通信设备制造业	36.36	3.79	4.54	29.53	1.76
仪器仪表及文化、办公用机械制造业	37.50	3.29	4.06	25.32	1.33
其他制造业	57.14	-7.72	-8.86	30.85	-2.18
电力、蒸汽、热水的生产和供应业	37.50	32.47	23.30	52.49	7.50
#电力生产业	47.44	31.45	29.06	56.02	9.19
#水力发电业	48.63	40.66	37.63	66.75	8.92
煤气生产和供应业	50.00	5.57	1.97	35.93	0.78
自来水的生产和供应业	26.53	11.64	11.92	53.27	3.23

13—11　**续表**　　　　　　　　　　　　　　(2000年)

行　　业	百元固定资产原价实现利税(元)	百元销售收入实现利润(元)	成本费用利润率%	流动资产周转次数(次/年)	全员劳动生产率(元/人)
总　计	**8.32**	**3.73**	**3.92**	**1.33**	**34625**
在总计中:中央企业	13.9	9.72	11.58	1.64	92441
地方企业	6.46	2.17	2.21	1.26	27628
在总计中:轻工业	10.17	2.49	2.64	1.31	33333
以农产品为原料	11.26	2.54	2.72	1.35	35926
以非农产品为原料	5.59	2.24	2.29	1.15	24793
重工业	7.57	4.35	4.55	1.33	35326
采掘工业	8.94	3.63	3.70	1.43	29723
原料工业	8.4	7.36	7.96	1.54	45627
加工工业	5.33	0.70	0.71	1.13	26731
在总计中:大型企业	10.85	5.96	6.45	1.40	49486
中型企业	6.53	2.77	2.86	1.24	30711
小型企业	3.69	-1.93	-1.89	1.24	18022
煤炭采掘业	1.47	-5.04	-4.51	1.04	10361
黑色金属矿采选业	5.41	0.48	0.49	1.03	20366
有色金属矿采选业	14.28	7.35	7.78	1.63	47460
非金属矿采选业	4.27	-3.04	-3.02	1.30	22147
其他矿采选业	3.77	0.41	0.39	0.96	14441
木材及竹材采运业	6.82	-5.54	-5.78	1.25	9412
食品加工业	9.59	3.94	4.11	1.59	38003
#制糖业	11.56	6.24	6.69	1.55	40313
食品制造业	1.07	-3.66	-3.52	0.86	17013
#罐头食品制造业	-1.7	-12.88	-11.05	0.36	11741
饮料制造业	4.19	-6.04	-5.98	0.93	20176
#酒精及饮料酒制造业	5.2	-9.58	-9.77	0.65	19307
烟草加工业	65.08	3.11	5.35	1.11	220656
#卷烟制造业	66.31	3.14	5.47	1.10	226782
纺织业	4.94	-0.48	-0.48	1.21	16380
服装及其他纤维制造制造业	0.75	-2.07	-1.91	0.35	15905
皮革、毛皮、羽绒及其制品业	-2.42	-2.48	-2.38	1.49	26354
木材加工及竹、藤、棕、草制造业	6.08	1.56	1.52	1.74	38862
家具制造业	2.41	-0.81	-0.79	1.02	8578
造纸业及纸制品业	4.01	1.18	1.16	1.62	33730
#造纸业	5.71	-0.10	-0.10	1.69	24199
印刷业	3.36	-1.05	-1.03	0.93	15093
文教体育用品制造业	-2.58	-12.39	-11.09	0.54	8226
石油加工及炼焦业	43.94	0.80	0.87	4.99	172476
化学原料及化学制品制造业	5.07	2.40	2.43	1.45	26835
医药制造业	27.54	6.85	7.36	1.32	48272
化学纤维制造业	0.67	-1.28	-1.25	0.83	22174
橡胶制品业	2.53	-6.81	-6.47	0.97	21475
塑料制品业	5.24	2.27	2.25	1.15	21676
非金属矿物制品业	1.66	-5.01	-4.79	1.26	16349
#水泥制造业	1.72	-4.66	-4.45	1.38	17600
黑色金属冶炼及压延加工业	7.77	2.99	3.11	1.25	27633
有色金属冶炼及压延加工业	16.6	12.95	14.81	2.59	81438
金属制品业	0.98	-3.92	-3.80	0.77	11829
普通机械制造业	6.07	1.32	1.33	0.83	27905
专用设备制造业	0.69	-2.47	-2.38	0.76	13982
交通运输设备制造业	14.79	2.37	2.44	1.83	43842
#汽车制造业	22.99	3.37	3.51	2.15	70494
电气机械及器材制造业	3.64	-1.69	-1.64	0.97	19525
电子及通信设备制造业	3.74	0.17	0.17	0.59	30656
仪器仪表及文化、办公用机械制造业	2.27	-2.34	-2.23	0.46	15165
其他制造业	-3.35	-23.3	-19.67	0.51	8742
电力、蒸汽、热水的生产和供应业	6.93	11.44	12.91	1.25	64647
#电力生产业	7.3	16.73	20.11	1.92	89237
#水力发电业	7.1	23.35	30.79	1.99	85132
煤气生产和供应业	0.96	-2.35	-2.30	0.89	16993
自来水的生产和供应业	2.88	4.50	4.77	1.24	28372

13—12 大中型工业企业主要经济效益指标

（2000年）

单位：%

行业	企业亏损面	产值利税率	销售利税率	工业增加值率	资金利税率
总计	**36.45**	**14.06**	**14.37**	**28.88**	**8.16**
在总计中：国有经济	41.74	13.11	13.53	29.84	6.48
中央企业	32.35	29.17	30.63	46.60	10.24
地方企业	42.72	8.47	8.70	24.96	4.74
集体经济	35.00	8.02	8.10	23.17	7.28
其他经济	27.36	15.55	15.76	28.56	10.35
外商及港澳台投资企业	32.76	11.94	12.00	25.71	5.82
在总计中：国有及国有控股企业	38.38	14.36	14.60	29.30	8.13
在总计中：轻工业	34.89	15.10	15.56	28.88	10.33
以农产品为原料	35.02	15.92	16.57	28.68	11.15
以非农产品为原料	34.43	10.76	10.52	29.93	6.54
重工业	37.81	13.38	13.60	28.89	7.07
采掘工业	33.33	14.62	15.36	38.52	9.50
原料工业	31.36	19.54	19.25	33.84	8.59
加工工业	42.54	6.80	7.11	21.9	4.37
在总计中：大型企业	32.83	15.76	16.08	29.45	9.13
中型企业	38.25	10.14	10.41	27.54	5.91
煤炭采掘业	71.43	3.83	4.19	38.31	1.51
黑色金属矿采选业	0	6.83	8.01	27.56	3.15
有色金属矿采选业	30.00	17.22	17.98	39.8	12.64
非金属矿采选业	0	14.96	15.03	32.3	17.11
其他矿采选业	0	0	0	0	0
木材及竹材采运业	0	0	0	0	0
食品加工业	32.04	13.1	13.58	25.47	9.50
#制糖业	25.68	16.74	17.65	27.18	11.19
食品制造业	47.62	5.38	5.74	23.67	3.94
#罐头食品制造业	75.00	−5.26	−6.07	20.08	−0.95
饮料制造业	38.46	17.35	17.29	27.44	11.64
#酒精及饮料酒制造业	25.00	20.69	20.53	29.13	13.16
烟草加工业	66.67	51.09	52.39	54.15	37.71
#卷烟制造业	66.67	51.09	52.39	54.15	37.71
纺织业	52.38	6.75	7.13	26.04	4.90
服装及其他纤维制造制造业	100.00	−3.61	−5.38	32.37	−0.61
皮革、毛皮、羽绒及其制品业	25.00	1.48	1.83	17.46	3.12
木材加工及竹、藤、棕、草制造业	28.57	9.42	10.21	26.1	6.15
家具制造业	0	7.3	6.64	48.45	1.75
造纸业及纸制品业	30.43	9.2	9.88	23.69	3.88
#造纸业	30.00	7.89	8.08	19.89	5.54
印刷业	12.50	10.28	10.38	30.23	5.38
文教体育用品制造业	0	0	0	0	0
石油加工及炼焦业	0	14.27	14.52	30.29	11.66
化学原料及化学制品制造业	38.00	9.48	10.08	24.89	5.90
医药制造业	5.00	22.73	23.68	37.02	21.43
化学纤维制造业	33.33	1.19	0.98	14.75	0.42
橡胶制品业	100.00	2.03	2.26	23.62	1.34
塑料制品业	12.50	7.02	7.27	22.32	4.20
非金属矿物制品业	50.00	6.27	6.31	28.1	3.27
#水泥制造业	48.78	6.28	6.53	27.47	2.99
黑色金属冶炼及压延加工业	50.00	13.42	12.53	21.33	6.52
有色金属冶炼及压延加工业	16.67	19.09	20.15	31.40	16.55
金属制品业	27.27	10.22	10.32	22.14	5.66
普通机械制造业	43.24	7.68	7.51	25.07	3.83
专用设备制造业	56.52	0.93	0.94	18.13	0.43
交通运输设备制造业	37.14	8.07	8.23	17.35	9.88
#汽车制造业	26.92	8.90	8.95	16.66	12.81
电气机械及器材制造业	40.00	2.84	3.12	20.10	1.83
电子及通信设备制造业	35.71	8.76	10.03	31.23	4.42
仪器仪表及文化、办公用机械制造业	28.57	4.06	4.95	29.45	1.72
其他制造业	50.00	−0.73	−0.61	5.40	−0.57
电力、蒸汽、热水的生产和供应业	11.54	35.78	32.41	56.92	7.33
#电力生产业	11.76	33.76	32.12	56.26	8.48
#水力发电业	0	50.75	46.86	75.05	11.69
煤气生产和供应业	0	20.29	4.75	59.94	1.62
自来水的生产和供应业	20.00	14.62	14.99	59.37	4.12

13—12 续表 (2000年)

行　　业	百元固定资产原价实现利税(元)	百元销售收入实现利润(元)	成本费用利润率%	流动资产周转次数(次/年)	全员劳动生产率(元/人)
总　计	**9.74**	**5.17**	**5.54**	**1.39**	**44130**
在总计中:国有经济	7.35	4.98	5.26	1.23	34658
中央企业	9.52	17.53	21.70	1.33	90730
地方企业	5.99	1.43	1.45	1.20	25942
集体经济	13.10	2.57	2.70	1.33	39064
其他经济	12.88	5.61	6.08	1.58	60749
外商及港澳台投资企业	7.03	5.31	5.60	1.52	76029
在总计中:国有及国有控股企业	9.57	5.07	5.42	1.35	42747
在总计中:轻工业	13.32	4.30	4.66	1.49	44576
以农产品为原料	14.04	4.31	4.71	1.59	49023
以非农产品为原料	9.51	4.25	4.43	1.15	30542
重工业	8.13	5.74	6.09	1.33	43849
采掘工业	10.99	5.61	5.84	1.56	36014
原料工业	8.60	9.54	10.59	1.53	60985
加工工业	6.47	1.58	1.60	1.13	31534
在总计中:大型企业	10.85	6.19	6.73	1.42	52138
中型企业	7.13	2.82	2.91	1.32	31762
煤炭采掘业	1.65	-4.83	-4.34	1.17	11853
黑色金属矿采选业	4.01	0.61	0.62	0.83	14229
有色金属矿采选业	14.69	7.75	8.28	1.71	52427
非金属矿采选业	19.36	6.77	7.38	1.98	43313
其他矿采选业	0				
木材及竹材采运业	0				
食品加工业	11.14	5.34	5.66	1.71	45767
#制糖业	12.63	7.24	7.85	1.63	44334
食品制造业	5.28	-0.07	-0.07	1.44	34595
#罐头食品制造业	-1.28	-10.16	-8.83	0.43	9239
饮料制造业	11.95	0.89	0.98	2.42	64991
#酒精及饮料酒制造业	13.02	0.77	0.88	2.88	75554
烟草加工业	72.06	3.24	5.74	1.18	264769
#卷烟制造业	72.06	3.24	5.74	1.18	264769
纺织业	7.08	0.65	0.65	1.25	17947
服装及其他纤维制造制造业	-1.09	-8.52	-7.52	0.20	19205
皮革、毛皮、羽绒及其制品业	4.70	1.30	1.30	3.41	49382
木材加工及竹、藤、棕、草制造业	6.11	3.01	3.03	1.81	105067
家具制造业	2.50	0.01	0.01	0.87	9282
造纸业及纸制品业	4.43	2.00	1.97	1.59	37440
#造纸业	6.82	0.74	0.75	1.64	26089
印刷业	6.83	3.05	3.10	1.01	26936
文教体育用品制造业	0				
石油加工及炼焦业	7.23	4.94	5.68	2.37	39796
化学原料及化学制品制造业	6.30	3.60	3.69	1.36	31752
医药制造业	51.38	12.98	14.61	1.28	79425
化学纤维制造业	0.64	-1.30	-1.27	0.83	22845
橡胶制品业	2.17	-7.23	-6.86	0.96	21049
塑料制品业	6.43	2.76	2.77	1.01	26096
非金属矿物制品业	3.61	-2.49	-2.43	1.36	20582
#水泥制造业	3.08	-2.80	-2.69	1.30	22369
黑色金属冶炼及压延加工业	8.07	3.56	3.73	1.20	27367
有色金属冶炼及压延加工业	17.64	11.95	13.64	2.53	79269
金属制品业	10.9	4.38	4.56	0.87	19726
普通机械制造业	6.53	1.78	1.81	0.84	31460
专用设备制造业	0.83	-2.24	-2.15	0.71	14282
交通运输设备制造业	17.59	3.13	3.25	1.87	52614
#汽车制造业	24.6	3.90	4.08	2.11	74058
电气机械及器材制造业	3.26	-1.48	-1.45	0.98	22477
电子及通信设备制造业	9.23	4.94	5.25	0.68	39050
仪器仪表及文化、办公用机械制造业	2.81	-2.10	-2.01	0.50	17033
其他制造业	-3.13	-1.53	-1.79	1.09	20021
电力、蒸汽、热水的生产和供应业	6.66	18.54	23.12	1.24	179158
#电力生产业	7.29	20.03	25.31	2.18	231124
#水力发电业	9.39	31.34	46.28	2.42	310756
煤气生产和供应业	1.98	0.06	0.06	0.77	19063
自来水的生产和供应业	3.42	7.99	8.94	1.52	59827

13—13 大中型工业企业主要指标一览表

(2000年)

单位名称	全部从业人员年平均人数(人)	工业总产值(万元)	资金总额(万元)	产品销售收入(万元)
广西金牛股份有限公司	432	938	9365	502
南宁重型机器厂	2480	3183	21565	4307
南宁市齿轮厂	128	191	3788	105
南宁发电设备总厂	1623	4454	15865	2745
广西壮族自治区南宁铝厂	1418	29215	30137	26143
南宁市冶炼厂	681	10093	6862	9343
南宁市通用机械厂	440	1647	3814	1640
广西壮族自治区南宁机械厂	2923	13104	27677	9540
南宁市木器厂	432	828	3449	910
广西南宁平板玻璃厂	966	16047	30156	15701
南宁手扶拖拉机厂	1711	28548	25255	28174
广西南宁电线电缆厂	627	22589	12384	21630
南宁化工集团有限公司	4409	50038	85314	51473
南宁糖业股份有限公司	6812	92886	94918	93805
南宁市自来水公司	1329	14349	39219	14349
南宁胜利科技股份有限公司	228	14518	8608	14632
广西民族印刷厂	1044	5559	10944	5373
广西南宁烟草(集团)有限责任公司	1428	82114	95236	78920
广西建工集团建筑机械有限责任公司	992	7002	9712	5675
广西金光实业总公司制糖化工厂	896	19353	15960	16513
广西中医学院制药厂	270	3100	5198	2178
广西南宁农垦玻璃厂	909	1409	555	948
广西那龙矿务局	993	1799	8063	1811
广西华桂畜牧饲料有限公司	236	12637	6489	10623
广西南宁百会药业集团有限公司	1710	9564	12590	9173
广西高峰人造板有限公司	186	13313	17615	13583
广西南宁凤凰纸业有限公司	794	29438	191818	23068
南宁赫司特食品添加剂有限公司	328	2908	6858	2698
南宁鸿基水泥制品有限责任公司	665	5784	7687	5021
南宁梦雪日化有限责任公司	185	923	1418	927
南宁正大畜牧有限公司	502	33302	12501	30525
南宁华侨投资区糖厂	499	6841	4704	6345
南宁市港鸣建陶发展有限公司	300	1458	6531	1333
广西柳州钢铁(集团)公司	20722	206269	472036	235097
柳州锌品股份有限公司	2719	56306	49132	48944
柳州有色冶炼股份有限公司	1074	19675	26217	27972
柳州市柳锌劳动服务公司	880	13555	8795	12690
柳州市化学冶炼工业公司	1357	22933	15536	22204
柳州市综合冶炼工业有限责任公司	387	15895	6871	18013
柳州佳力电机公司	969	9598	23850	7193
柳州市钢圈厂	811	7369	11056	8493
柳州市仪表总厂	617	9426	7975	8593
柳州市链条总厂	274	699	3500	811
柳州市滤清器厂	446	4440	4547	4129
柳州市磁电机厂	313	283	2039	265
柳州发发动力机械有限公司	1160	10362	22487	11688
柳州市锅炉总厂	568	3410	7747	2673
柳州市微电机总厂	395	3255	5209	3311

注:本表未包括全部大中型工业企业。

13—13 **续表 1**

单 位 名 称	全部从业人员年平均人数(人)	工 业 总产值 (万元)	资 金 总 额 (万元)	产品销售收入 (万元)
广西柳发股份有限公司	202	604	21394	601
柳州开关电器有限责任公司	1113	7061	18506	7088
柳州市通用机械总厂	394	2602	5293	2127
柳州市铸造总厂	851	3726	7118	4249
柳州市电子管厂	347	1887	7466	1742
柳州市标准件总厂	159	347	2248	363
柳州市威乐斯电梯厂	420	633	3638	619
广西柳工机械股份有限公司	2532	64438	78797	68255
柳州柳工铸造有限公司	706	4353	13464	5135
柳州工程机械齿轮有限公司	268	2766	4353	3222
柳州康达工程机械有限公司	210	7148	10761	5702
柳州特种汽车厂	492	37401	18731	39450
东风柳州汽车有限公司	2960	169401	100135	174318
柳州五菱汽车股份有限公司	4373	307908	173738	293060
柳州五菱汽车冲压件厂	919	13996	9068	14260
柳州五菱实业公司	487	9452	9470	9913
柳州五菱第一汽车配件厂	771	9238	7091	8488
柳州五菱汽车有限责任公司柳州机械厂	2215	54498	55080	55517
柳州市力风塑料成型机厂	162	825	2595	597
柳州联压机械股份有限责任公司	2595	12014	46173	13750
柳州市建筑机械总厂	559	13037	16469	11935
柳州欧维姆建筑机械有限公司	425	8405	12322	9347
柳州富达机械有限公司	147	6908	5471	6208
柳州市棉纺厂	2100	17794	21184	16428
柳州市双合袜业有限责任公司	364	1154	4959	687
柳州市第二棉纺织厂	3262	17557	21249	17124
柳州纺织机械股份有限公司	321	1797	6191	1347
柳州灯花有限责任公司	497	4664	8940	4946
柳州市针织总厂	688	3658	21648	2451
柳州柳怡毛巾有限公司	59	1137	3599	780
柳州市化学纤维厂	597	7218	15602	6792
柳州华侨化纤纺织厂	2039	15439	15628	13582
柳州金凤毛巾品业有限公司	1025	4627	6807	4290
柳州市经编针织厂	177	101	6174	109
柳州市第三棉纺织厂	1835	7227	16979	6554
柳州两面针股份有限公司	1192	51888	64270	63730
广西汉斯啤酒饮料有限责任公司	650	6181	4678	5847
柳州市灯泡厂	991	2101	4208	1852
柳州柳冠有限责任公司	1420	10696	15042	9450
柳州市日用化工厂	286	1182	3533	1280
广西金嗓子有限责任公司	982	47100	31699	45273
广西柳江造纸厂	2292	24436	46167	26542
广西甲天下烟草集团有限责任公司	1441	97329	108456	95751
柳州市印刷有限责任公司	422	2026	6590	2833

13—13 续表 2

单位名称	全部从业人员年平均人数(人)	工业总产值(万元)	资金总额(万元)	产品销售收入(万元)
柳州市机械刀片厂	420	1265	5755	1370
广西柳州市玻璃厂	547	3478	5418	3392
柳州市造纸厂	439	2121	16707	2422
柳州彩色印刷包装总厂	489	4810	11629	4774
柳州市冷柜厂	465	1111	11623	1652
柳州市塑料编织水泥袋厂	382	3138	4444	3002
柳州市双马电器集团公司	510	2096	10127	2077
柳州市皮革有限责任公司	386	619	6842	786
柳州塑料机械总厂	940	9459	27419	6299
柳州市塑料制品总厂	360	2811	9589	2171
柳州化学工业集团有限公司	3469	38405	56197	38971
柳州东风化工有限责任公司	1163	10956	20764	10069
柳州市造漆厂	203	3775	3300	3610
柳州市跃进化工厂	206	2801	6135	2704
广西柳州威奇化工有限责任公司	844	8596	15762	8323
广西柳州制药有限责任公司	403	2529	6335	2608
广西花红药业厂	372	8814	5948	7009
柳州中一橡胶有限责任公司	596	2175	7063	2114
广西鱼峰水泥股份有限公司	1807	42858	68657	42943
柳州市如一建筑材料有限责任公司	666	2869	11967	2107
柳州市第二水泥厂	480	1716	3822	1652
柳州大昌新型建材有限公司	475	3144	8373	3030
广西柳州肉类联合加工厂	339	2770	6190	2004
柳州市自来水有限责任公司	891	8863	35174	8863
柳州市煤气公司	378	766	9619	3269
柳州市柳新饲料厂	133	13123	4373	12948
柳州市油脂厂	194	1348	3397	1784
柳州市粮油厂	66	1264	1593	1495
柳州市冷冻总厂	247	386	3068	297
柳晶面粉有限公司	87	855	3934	871
广西柳州面粉实业公司	298	5636	18784	5499
柳州市华力实业总公司	628	10169	12957	9780
柳州市汽车改制厂	401	8098	6680	8005
柳州市联运总公司	332	2034	9825	1898
柳州市雅乐饼干总厂	157	676	4082	600
柳州市汽车配件四厂	154	1280	1933	1491
柳州市无线电五厂	198	1077	3788	1207
柳州市水轮机厂	210	523	3057	512
柳州市高压电器厂	191	938	2874	886
柳州市食品总厂	398	862	3876	778
柳州商业机械厂	319	1531	3383	1357
柳州达美实业有限责任公司	520	10704	6762	10563
柳州市重型车轮厂	168	1386	1503	1355
柳州市白云冶炼厂	123	12402	3741	10613

13—13 续表 3

单 位 名 称	全部从业人员年平均人数(人)	工 业 总产值 (万元)	资 金 总 额 (万元)	产品销售收入 (万元)
柳州市建筑器具厂	350	3000	2285	1525
柳州柳工机械附件制造有限公司	545	2330	4940	2603
柳州市车架厂	203	2699	2994	2808
柳州木材防腐厂	390	7147	17235	6989
国营西江造船厂	1358	5930	28225	5561
柳州机车车辆厂	5039	27843	48477	27165
柳州长虹机器制造公司	2191	10327	24971	10816
广西柳州发电有限责任公司	1342	50960	122436	50960
柳州木材厂	321	700	4125	753
柳州林业机械厂	414	843	4469	724
柳州地质探矿机械厂	699	1116	5207	1016
柳州特种变压器厂	391	7399	11213	7008
柳州农用运输车总厂	509	951	10709	939
柳州电缆厂	392	542	7066	488
柳州华锡集团有限责任公司	14006	144458	210665	138157
柳州鱼峰 PVC 型门窗厂	120	2327	6400	1688
柳州市龙城化工总厂	1680	51710	71390	50267
柳州金元宝生物有限公司	304	1588	4141	1461
柳州钢化玻璃厂	152	1702	1659	1636
柳州展南预拌混凝土有限公司	86	1436	1856	1084
柳江县拉堡糖厂	511	8779	10263	9610
广西柳兴实业开发总公司	3455	27215	43907	32337
柳州市汽车钢板弹簧厂	160	2583	2011	2109
广西区露塘糖厂	487	12069	11657	13505
柳州市百朋水泥厂	220	1163	2967	934
柳江金美有色金属工业公司	440	22394	7488	16780
柳州市柳新汽车冲压件有限公司	262	9854	11090	9729
柳州富鑫化工有限公司	112	3733	1355	3594
柳州市方盛改装车有限公司	244	2580	2109	2958
柳江县锻压厂	173	1790	2451	1783
广西三柳化工有限责任公司	1250	5174	13741	5227
柳州凤山糖业集团有限责任公司	1570	42030	48705	43997
柳州市柳城鹏鑫源茧丝绸有限公司	580	2001	1279	1857
广西柳城县六塘糖厂	463	4948	10434	3510
广西柳州市四塘水泥厂	188	2439	3991	2128
桂林桂北磨床厂	495	3245	5357	3543
桂林市天和药业有限公司	453	16521	9537	14556
桂林市第一电机厂	212	345	2995	433
桂林市金元珠宝企业集团公司	619	22905	19869	27760
桂林包装机械厂	508	1088	5189	970
桂林冶金机械总厂	1338	7390	20971	7038

13—13 **续表 4**

单位名称	全部从业人员年平均人数(人)	工业总产值(万元)	资金总额(万元)	产品销售收入(万元)
桂林第二造纸厂	343	712	3703	0
桂林市医疗电子仪器厂	289	2517	3906	2307
桂林肉类联合加工厂	168	1200	3009	1148
桂林内燃机配件厂(桂林有色属金钢带厂)	1199	3822	8937	3631
桂林市水泵厂	612	2137	5475	1423
桂林市大米厂	382	33920	9625	33229
国营长海机器厂	1054	2153	23179	2677
桂林机床股份有限公司	1974	6522	22580	7711
桂林博达食品总厂	99	98	3035	71
桂林长海电子有限公司	289	2518	2503	2384
桂林威达仪器仪表办公设备集团公司	1327	4923	26427	2768
桂林三花股份有限公司	519	9144	11878	9520
桂林市乳品厂	76	339	1498	345
广西桂林轻工机械厂	495	824	7117	1164
桂林量具刃具厂	1118	3422	9104	2598
桂林市空调机厂	313	2419	6554	2312
桂林市玻璃厂	1197	9527	9829	10025
桂林橡胶机械厂	1750	9751	21139	9502
桂林市面粉厂	149	4842	9934	4516
桂林市自来水公司	482	5054	18418	5002
桂林普天通信设备厂	219	4198	6936	1777
桂林漓泉股份有限公司	1455	54431	39229	57053
国营长虹机械厂	944	1099	5176	1464
桂林市第三塑料厂	337	3710	8255	2872
桂林齿轮厂	1253	1414	8179	1309
广西桂林化工厂	439	4052	1801	3604
桂林市皮件厂	489	2835	3508	2809
桂林日用化工厂	215	5234	4271	4825
桂林市汽车配件总厂	743	6341	9320	6247
桂林航天电器公司	735	5212	8918	4720
桂林市造纸厂	935	14442	18526	13918
桂林第二机床厂	555	2355	6739	1842
桂林机床电器股份有限公司	521	3687	5089	3124
广西壮族自治区桂林市制药厂	992	11117	15194	11374
桂林化工机械厂	443	405	3953	382
桂林市电焊条厂	355	3802	5523	2678
桂林市宏伟集团公司	991	12462	49062	18080
桂林客车集团公司	2698	113326	82928	118036
桂林市银海纺织集团公司	3651	31151	41901	30090
桂林汉高洗涤剂有限公司	741	11755	13499	11630
桂林集琦包装有限公司	168	4563	4680	4750
桂林集琦药业股份有限公司	504	10728	47057	3511
桂林市酱料厂	213	3568	3252	2951

13—13 **续表 5**

单位名称	全部从业人员年平均人数(人)	工业总产值(万元)	资金总额(万元)	产品销售收入(万元)
广西桂林电缆厂	460	541	9772	30
桂林市第二制药厂	667	3939	3773	4125
广西第一机床厂	302	798	12669	586
桂林市无线电二厂	614	5620	4041	5019
桂林有色金属加工厂	398	8292	14512	7831
国营漓江无线电厂	890	20998	59200	19114
桂林市印刷厂	323	2599	2443	2597
桂林市制革厂	66	499	2991	780
桂林市先资彩印包装有限公司	283	3352	2497	2742
桂林市建设印刷厂	207	1599	3155	1491
桂林无线电一厂	580	3836	8242	3117
广西英山柴油机总厂	826	5218	9434	6603
桂林市无线电三厂	665	3798	9502	1250
桂林电力电容器总厂	1314	13866	23487	13205
桂林光通电子工程公司	478	7597	4308	3014
桂林南方橡胶(集团)公司	5968	51744	75900	48450
桂林蓝宇航空轮胎发展公司	680	7064	8915	5097
桂林三金药业集团公司	855	50218	38281	50766
桂林国际电线电缆集团公司	709	38546	18869	34373
桂林嘉盛科技发展有限公司	86	4477	2447	4884
桂林集琦香料有限公司	115	592	1595	395
桂林百事可乐饮料有限公司	114	1573	2403	1453
桂林味全食品有限公司	300	5946	10709	4853
桂林皮尔金顿安全玻璃有限公司	257	4728	13245	4617
桂林普天电信设备厂	1621	6665	15133	4067
桂林市无线电五厂	161	1312	3230	1229
桂林桂风机械总厂	376	1506	5683	1198
桂林市鲁山建材联合有限责任公司	583	3600	5090	3645
广西滑石工业公司	912	9848	8977	10453
广西壮族自区桂林铁合金总厂	2034	20307	45293	15546
灵川县氮肥厂	815	1184	4456	1036
桂林联合收割机总厂	570	5005	11504	4666
灵川县化肥厂	10	0	5781	0
桂林矿山机械厂	797	2287	3812	2056
桂林独秀水泥总厂	536	3104	5108	2848
全州县纸业股份合作总公司	405	1496	1164	1150
广西全州县湘山酒厂	359	6244	5931	5297
桂林市飞来石水泥厂	656	3810	6819	2293
广西桂林永福制药厂	273	4026	4345	4133
龙胜各族自治县滑石矿	948	8650	9045	8447
广西龙胜华美滑石开发有限公司	398	7887	5045	7350
平乐县野牛集团有限责任公司	456	6333	6298	4568
广西华兴苎麻纺织有限公司	461	1961	4027	1334
广西林业荔浦纸业有限公司	685	12048	10665	12337

13—13 **续表 6**

单位名称	全部从业人员年平均人数(人)	工业总产值(万元)	资金总额(万元)	产品销售收入(万元)
荔浦县罐头食品厂	354	3422	8414	2379
荔浦县万鹏集团有限公司印铁制罐厂	166	3892	2515	4379
栗木有色金属公司	1489	7157	11882	6209
广西梧州锅炉(集团)股份有限公司	862	3883	14125	3444
梧州市船用机械厂	346	972	2265	327
梧州市光学仪器厂	507	1416	3089	1397
梧州市蓄电池厂	442	3592	7429	3376
广西梧州起重机器(集团)股份有限公司	696	995	16831	786
广西梧州电机制造有限公司	349	2245	2226	1507
梧州市锻压机床厂	435	2751	4084	2701
梧州市合成纤维厂	342	4931	5481	5198
梧州市苎麻纺织印染厂	253	2084	9398	2297
梧州市棉纺织厂	1426	7373	8602	6642
梧州市西华毛巾厂	626	577	2441	683
梧州涤尼织染厂	252	1556	2873	1241
梧州市龙山动植物酒总厂	539	3762	5893	3082
广西壮族自治区梧州木材厂	600	33472	46659	31861
梧州市橡胶厂	345	1248	2300	1318
梧州市玻璃厂	478	4398	3581	4088
梧州市印刷包装企业总公司	483	1552	4097	1561
广西梧州制药(集团)股份有限公司	2152	16077	27590	33963
广西梧州奥奇丽集团股份有限公司	884	17255	10822	11008
广西梧州市新华电池(集团)股份有限公司	2220	19572	19284	19439
广西梧州冰泉实业股份有限公司	971	13622	11902	14451
梧州市电筒工业公司	770	3326	2908	3484
梧州市塑料厂	361	2604	4767	2154
梧州市五一塑料制品厂	465	5163	4059	5454
市太和并盖工业公司	81	821	1804	889
国营广西壮族自治区梧州造船厂	584	1673	3026	1012
梧州市自来水公司	496	3332	13670	3143
梧州蛋白肠衣厂	440	4376	8410	3399
梧州面粉厂	53	613	11761	380
梧州乐农股份有限公司	64	508	3527	501
国营华南船舶机械厂	969	6353	12600	5934
广西桂江造船厂	1185	15751	33751	9867
广西壮族自治区梧州松脂厂	986	12007	23421	14767
广西梧州市第二化工厂	432	3795	7693	4846
广西壮族自治区佛子冲铅锌矿	1255	4117	6597	4355
苍梧县钛白粉制造有限公司	585	7093	5520	8180
梧州日成林产化工有限公司	284	5943	6632	8386
岑溪市石材开发公司	64	188	2570	168
广西北海海洋渔业总公司	532	1196	2083	1252
北海市供电局	515	4568	24581	17090
北海德峰饲料厂	77	10864	3866	9448

13—13 **续表 7**

单位名称	全部从业人员年平均人数(人)	工业总产值(万元)	资金总额(万元)	产品销售收入(万元)
北海通海集装箱有限公司	85	186	18160	2500
广西北海喷施宝有限责任公司	117	5368	8600	4398
广西农垦国营星星糖厂	415	5333	9600	4486
北海市铁山港南康糖厂	759	3732	15752	2978
赤江华侨陶瓷厂	1223	2007	3144	1566
市群鹰集团股份有限公司	291	3187	2953	3125
北海市蓄电池厂	143	106	5095	146
北海化肥厂	653	9053	11662	4436
北海银河电子有限公司	143	8339	13745	10470
北海鼓风机实业公司	246	1239	3737	928
北海市水产供销总公司	948	4110	8659	3213
健力宝北海有限公司	200	4575	11792	1294
北海方舟基因药业有限公司	60	3000	3040	1562
北海市面粉厂	32	771	4175	182
北海市北新饲料厂	130	7391	3268	6599
北海市烟花炮竹总厂	106	2851	13124	2900
北海市自来水公司	484	3502	17981	2869
攀钢集团北海金属制品工贸公司	70	450	2813	616
攀钢集团北海钢管有限公司	109	8111	22772	8628
合浦县汽车齿轮厂	453	3175	7046	1997
合浦县白沙糖厂	495	3122	8635	4023
广西国营钦廉林场纤维板厂	175	2124	1789	1704
合浦县麻纺织厂	697	168	6504	1842
广西饲料企业集团合浦饲料厂	153	8012	4223	7687
广西合浦万田饲料厂	109	3910	2903	4080
合浦糖厂	987	12667	31177	12221
北海科荣制革有限公司	260	29666	2604	22783
防城港市新海油脂工业有限公司	136	47541	20518	26058
防城天睦化工有限公司	112	4876	3728	4912
防城区罐头厂	15	11	4735	9
防城区糖厂	182	855	6360	1005
广西昌菱实业发展公司甘化公司	668	11836	16743	11023
上思糖业有限公司	1120	20098	25139	14675
钦州市缫丝厂	637	3505	2763	3492
广西钦州矿务局	1401	3635	7904	3417
广西半宙制药集团公司	410	13367	10989	7054
钦州市钦江糖厂	496	3084	11323	2179
广西那彭欧亚糖业有限公司	454	7445	3371	7378
钦州市大寺糖厂	413	3064	3511	2685
钦州市平吉糖厂	558	1449	22080	1368
灵山县化肥有限责任公司	285	2130	5050	2267
灵山县武利糖厂	431	4211	5695	4707

13—13 **续表 8**

单 位 名 称	全部从业人员年平均人数(人)	工 业 总产值(万元)	资 金 总 额(万元)	产品销售收入(万元)
广西陆屋欧亚糖业有限公司	329	2873	6276	3124
浦北县绿宝石水泥有限公司	987	4732	12276	3948
浦北县制药厂	455	7993	9150	5143
浦北县万力造纸厂	485	4354	2400	4654
浦北县神蜉酒业公司	150	60	4576	124
贵港市甘化股份有限公司	1334	15771	16136	15296
贵港市水泥厂	1360	3174	16241	3015
广西贵糖(集团)股份有限公司	3627	71131	99971	64717
广西西江氮肥厂	690	3341	7511	4205
广西贵港市机械厂	337	964	4228	1070
广西贵港钢铁总公司	1582	13025	28280	13195
广西贵港肉类联合加工厂	351	3860	1136	3857
贵港市西江纸厂	141	4626	1589	4394
广西贵港市丰宝化工总厂	539	7191	6632	7876
广西西江化工有限责任公司	957	5753	12562	5958
贵港市独山水泥厂	583	4321	5913	4568
广西西江糖厂	340	4260	4430	4211
广西贵港商包有限责任公司	180	2918	2786	2910
广西贵港动力机器有限责任公司	367	2711	7774	3443
广西西江航运建设发展有限责任公司	490	20778	183425	18772
广西贵港红旗纸业有限公司	508	6183	8805	5526
广西桂花水暖器材股份有限公司	1022	3872	10876	3941
广西平南县卷烟厂	289	1771	7923	2272
平南县水泥厂	439	0	1299	0
平南县糖厂	321	2585	10832	2585
平南县燕峰水泥厂	280	2169	6543	2169
桂平市水泥总厂	705	4760	14755	4141
广西木圭锰矿	769	1959	9860	1701
广西壮族自治区桂平糖厂	1802	6228	36147	4770
玉林市长城机械厂	370	2235	6244	1744
广西玉林制药厂	739	19464	11960	17865
广西玉林秀峰机电总厂	145	680	3466	601
广西玉林罐头食品总厂	820	1430	8703	1659
广西壮族自治区玉林化肥厂	700	2705	9587	2946
广西玉柴机器股份有限公司	5113	130961	253776	139934
广西玉林市玉莲面粉厂	86	255	7802	283
广西壮族自治区容县瓷厂	700	1365	1847	1188
广西黑五类食品集团有限责任公司	2325	54125	27258	52449

13—13 **续表 9**

单 位 名 称	全部从业人员年平均人数(人)	工 业 总产值(万元)	资 金 总 额(万元)	产品销售收入(万元)
广西博白糖厂	755	614	4904	310
广西绿珠股份有限公司	619	1786	3030	1709
博白龙潭糖厂	319	3458	9430	2176
博白卷烟厂	387	1862	9294	1983
广西博白自行车厂	182	930	4254	902
玉林市糖厂	505	2274	4824	2229
玉林市环江水泥厂	532	3462	7963	3675
玉林市葵山水泥厂	465	1899	2074	1740
玉林市北流水泥厂	660	6435	4928	6372
北流市大风门水泥厂	210	1551	5174	1564
北流市第六瓷厂	1520	4325	3591	4119
广西三环企业集团股份有限公司	4008	26771	16178	38852
广西北流市第二水泥厂	482	3196	4578	3798
北流市虎威水泥有限责任公司	744	4390	4909	5277
广西北流市氮肥厂	250	2880	455	2884
广西北流精通兽药企业集团有限公司	820	3250	939	2820
北流市罐头厂	579	2621	19447	2441
广西宝华集团有限公司	480	1625	6010	1652
广西三骏糖业有限责任公司	2304	17521	34675	19295
广西海棠建材有限责任公司	537	3102	2062	548
广西农恳良圻实业总公司	645	7457	12794	7834
横县特种水泥有限公司	694	5212	11236	4909
广西宾阳县大桥糖厂	1100	8690	18948	9453
广西宾阳县黎塘糖厂	546	4020	11907	4319
广西电力线路器材厂	841	8181	6234	6367
广西宾阳县黎塘工业瓷厂	756	2240	7383	2103
广西黎塘农垦氮肥厂	910	0	4202	0
广西红水河水泥股份有限公司	2360	14961	36932	15405
广西宾阳县廖平农场水泥厂	584	1461	3675	1419
广西宾阳县廖平农场糖厂	408	6283	5453	7291
上林县糖厂	554	8587	8710	8395
广西糖业有限公司那桐糖厂	638	12498	12586	4263
广西糖业有限责任公司南圩糖厂	742	9901	10824	2412
马山县桂贸制糖有限责任公司	350	4235	7897	3668
广西百龙滩电厂	74	26954	50722	26954
广西扶绥县东门糖厂	1199	16268	32924	13765
广西扶南东亚糖业有限公司	1234	26282	33362	23836
广西驮卢东亚糖业有限公司	1027	25835	26759	26868
广西崇左东亚糖业有限公司	1118	26743	29935	26774
广西壮族自治区大新锰矿	1417	8332	12447	7065

13—13 **续表 10**

单 位 名 称	全部从业人员年平均人数(人)	工 业总产值(万元)	资 金总 额(万元)	产品销售收入(万元)
广西大新铅锌矿	508	2498	2094	2083
大新县德天糖业有限公司	737	3816	9316	1466
大新县雷平永鑫糖业有限公司	758	12997	31578	14295
广西壮族自治区大新县化工厂	571	1043	8295	977
天等县胜利糖厂	382	4282	8260	3820
宁明县水泥厂	355	890	2787	843
宁明县东亚糖业有限公司	897	19544	22148	21688
广西海棠东亚糖业有限公司	744	14499	23505	15206
龙州县第二糖厂	728	9382	8883	10581
龙州糖厂	814	12130	21746	10516
龙州霞秀糖厂	698	9164	10309	9859
广西合山矿务局	4833	21947	50480	24004
广西壮族自治区鹿寨县英山铸锻厂	651	1810	4674	2244
广西柳州桂良实业有限公司	261	4145	15720	4062
广西鹿寨县鹿寨糖厂	667	7431	12988	5622
广西鹿寨县雒容糖厂	544	7352	8696	6740
广西鹿寨县制药厂	183	1015	823	613
广西壮族自治区鹿寨化肥总厂	2360	13266	22631	12732
广西壮族自治区柳州地区造纸厂	138	1818	2535	1480
广西壮族自治区鹿寨交通水泥厂	300	1556	8404	1459
广西国发林业造纸有限责任公司	812	21160	31654	20950
广西鹿寨化肥有限责任公司	1533	3972	102891	1301
广西桂中糖厂	347	4101	7781	5321
广西桂柳化工有限责任公司	899	7832	14670	7929
广西象州县石龙糖业有限责任公司	552	11920	11482	7469
广西武宣县锰锌矿	256	1300	4217	1249
武宣县糖厂	978	13048	26632	14624
广西黔江实业总公司	2172	8527	17317	12231
广西来宾造纸有限责任公司	445	3439	3940	3291
广西来宾桂宝糖业有限责任公司	625	10312	11757	10172
广西壮族自治区来宾迁江糖业有限责任公司	1475	34790	26665	32508
广西八一凤凰糖业有限责任公司	515	11652	16525	11715
广西八一铁合金(集团)有限责任公司	3701	51008	45648	48253
广西红河实业总公司制糖化工总厂	568	7405	12269	7746
广西来宾县二糖有限责任公司	551	6437	10837	6676
广西康密劳铁合金有限公司	905	16629	18407	16855
泗顶铅锌矿	2429	13225	13605	11334
柳州地区化工冶炼厂	402	10760	9444	9909
广西融江美亚水电有限责任公司	90	2593	23357	2593
广西三江纸业有限责任公司	318	2024	3144	1810

13—13　**续表 11**

单 位 名 称	全部从业人员年平均人数(人)	工 业总产值(万元)	资 金总 额(万元)	产品销售收入(万元)
广西麻石水力发电厂	331	3326	6180	3750
广西忻城县制糖有限责任公司	14	2227	8562	2394
广西壮族自治区恶滩水力发电厂	208	3912	10773	3912
贺州地区电业公司	1575	19587	51602	40014
广西贺州市瓷厂	1243	2096	1628	2016
广西贺纸有限责任公司	1174	26549	76921	22563
广西光明化工有限责任公司	634	3669	4045	3730
富川瑶族自治县卷烟厂	616	6498	22647	6955
百色市东笋造纸厂	1042	6710	9398	6456
百色市林化总厂	271	1662	2503	1080
百色电力有限责任公司	864	15644	21140	15950
广西壮族自治区百色电机厂	527	3183	4892	3238
广西壮族自治区百色地区通用机械厂	329	743	5263	675
广西大华化工厂	1384	9055	29609	8831
百色甘化股份有限公司	906	21869	21815	13252
广西百矿股份有限公司	723	2472	10270	2542
广西建华机械厂	1246	4703	5762	4919
百色市电化厂	529	3218	6071	2804
广西桂西制药有限公司	300	3365	2959	2012
百林水泥厂	330	2980	6267	2712
田阳县造纸厂	739	7685	9359	6423
田阳县糖厂	929	14527	21758	6527
广西壮族自治区右江矿务局	5873	9585	20523	8404
广西田东石油化工总厂	1159	13086	16018	12866
广西东泥股份有限公司	713	6757	12261	6712
田东县制糖有限责任公司	1106	14629	20873	14451
平果县糖厂	752	9403	12262	10041
平果县酒厂	245	3475	8313	3438
平果县水泥厂	776	4950	6586	4713
平果铝业公司	7888	264805	417902	235996
平果县氟化盐厂	300	5453	4253	4502
广西磨料厂	278	1116	3546	1026
广西壮族自治区德保铜矿	664	3438	5683	3387
田林县造纸厂	502	7433	8485	5435
广西高龙金矿有限责任公司	424	8625	7927	6938
隆林县有色金属公司	1043	18657	20774	18353

13—13　续表 12

单位名称	全部从业人员年平均人数(人)	工业总产值(万元)	资金总额(万元)	产品销售收入(万元)
广西河池化学工业集团公司	3415	29273	80017	28232
广西东江棉纺织厂	1098	4030	5497	3823
广西人民机械厂	794	9161	15723	8906
河池地区水泥厂	801	2607	3828	2825
河池运输车辆有限责任公司	693	15086	17830	18379
广西龙头焊剂厂	242	504	5019	643
广西维尼纶集团有限责任公司	2772	32356	35375	32954
广西德胜铝厂	1396	49118	31090	47821
广西宜州市怀远糖厂	746	12055	23725	13254
广西轴承厂	1754	7636	23182	5481
广西宜山氮肥厂	707	3002	4493	2998
广西玻璃钢厂	271	409	2929	328
广西博庆食品有限公司	785	21493	28519	22987
广西南乐水泥发展有限公司	491	2253	3040	2260
广西壮族自治区罗城矿务局	2695	6136	17113	6315
罗城仫佬族自治县糖厂	365	6954	12107	6518
广西壮族自治区北山矿业有限责任公司	602	9356	10878	9219
广西雅脉钢铁厂	504	2052	3614	1092
广西壮族自治区都川水泥厂	561	4800	5158	4872
环江毛南族自治县糖厂	341	2603	7085	2070
广西壮族自治区红茂矿务局	2736	9950	19198	4401
广西拉么锌矿	802	2481	3436	2585
南丹县龙泉矿冶总厂	4365	45858	52445	55847
广西高峰矿业有限责任公司	1079	32679	37479	33429
广西大化水力发电总厂	747	40903	97170	40866

十四、建筑业

14—1 主要年份全社会建筑业主要指标

指　　标	单　位	1990年	1995年	1999年	2000年
全社会建筑业总产值	万元	334800	2742600	3021695	2870491
#国有企业	万元	181903	638361	919932	888224
城镇集体企业	万元	54523	300307	471013	466152
农村集体企业	万元	78175	794335	318092	203604
农村个体	万元	20270	1009577	1212218	1157729
全社会房屋建筑竣工面积	万平方米	957.00	3517.19	3957.73	3813.65
#国有企业	万平方米	193.50	321.73	501.40	464.90
城镇集体企业	万平方米	181.50	394.41	614.50	590.20
农村集体企业	万平方米	582.00	2801.05	2745.26	2624.95
农村个体	万平方米				
全社会建筑企业个数	个	17693	55584	21551	22700
#国有企业	个	65	105	264	260
城镇集体企业	个	152	267	625	623
农村集体企业	个	766	1157	802	563
农村个体	个	16710	54055	19728	21059
全社会建筑企业年末从业人员	万人	42.28	101.92	67.18	64.86
#国有企业	万人	13.07	15.84	17.70	16.10
城镇集体企业	万人	6.08	10.22	14.80	13.50
农村集体企业	万人	12.28	19.46	9.02	6.59
农村个体	万人	10.85	56.40	23.96	24.97

14—2 主要年份国有建筑企业主要指标

（中央、地方）

指　　标	单　位	1990 年	1995 年	1999 年	2000 年
企业个数	个	65	105	264	260
计算建筑业劳动生产率的平均人数	万人	12.70	12.25	17.50	15.60
建筑业总产值	万元	181903	638361	919932	888224
建筑业增加值	万元		211924	228124	222954
竣工产值	万元	118555	399873	734698	824396
房屋建筑施工面积	万平方米	416.80	1043.30	1118.70	1050.10
#本年新开工	万平方米	159.80	342.41	478.60	416.60
房屋建筑竣工面积	万平方米	193.50	321.70	501.40	464.90
#住　宅	万平方米	78.40	159.17	341.00	281.60
年末自有机械设备总台数	台	32202	29468	44924	42514
年末自有机械设备净值	万元	51864	74058	122133	125314
年末自有机械设备总功率	万千瓦	86.60	73.96	107.10	98.20
年末固定资产原值	万元	111558	216148	435541	751637
年末固定资产净值	万元	81499	149329	285252	597232
本年固定资产折旧	万元	5233	16645	22961	20662
利润总额	万元	6457	4463	5664	440
利税总额	万元	13277	22432	32829	30485
按建筑业总产值计算的劳动生产率	元/人	14323	41860	52568	56937
按建筑业增加值计算的劳动生产率	元/人		13897	13036	14292
按竣工面积计算的劳动生产率	平方米/人	15	21	29	30
产值利润率	%	3.6	0.7	0.6	0.05
产值利税率	%	7.3	3.5	3.6	3.4
房屋建筑面积竣工率	%	46.4	30.8	44.8	44.3
工程质量优良品率	%	34.1	31.9	40.8	31.3
技术装备率	元/人	3968	4675	6900	7784
动力装备率	千瓦/人	7	5	6	6

14—3 主要年份地方国有建筑企业主要指标

指　　标	单　位	1990年	1995年	1999年	2000年
企业个数	个	56	96	243	238
计算建筑业劳动生产率的平均人数	万人	8.53	12.43	15.20	13.30
建筑业总产值	万元	109687	503151	716634	691699
建筑业增加值	万元		151590	176950	174825
竣工产值	万元	92161	317650	567391	601947
房屋建筑施工面积	万平方米	368.70	991.40	1045.40	1004.70
#本年新开工	万平方米	151.50	331.29	454.90	400.30
房屋建筑竣工面积	万平方米	181.00	305.37	460.10	444.30
#住　宅	万平方米	76.00	158.86	315.00	273.17
年末自有机械设备总台数	台	20314	20762	35085	34428
年末自有机械设备净值	万元	20736	47265	81002	93670
年末自有机械设备总功率	万千瓦	37.70	44.84	75.30	74.90
年末固定资产原值	万元	54911	146374	313638	647397
年末固定资产净值	万元	38970	100386	210257	532899
本年固定资产折旧	万元	2508	11493	14939	14028
利润总额	万元	4507	3812	6272	3789
利税总额	万元	7627	17083	26878	25426
按建筑业总产值计算的劳动生产率	元/人	13719	40479	47147	52007
按建筑业增加值计算的劳动生产率	元/人		12195	11641	13145
按竣工面积计算的劳动生产率	平方米/人	21	25	30	33
产值利润率	%	3.9	0.8	0.9	0.5
产值利税率	%	6.5	3.4	3.8	3.7
房屋建筑面积竣工率	%	49.1	30.8	44.0	44.2
工程质量优良品率	%	20.6	12.7	31.0	22.7
技术装备率	元/人	2333	3781	5294	6788
动力装备率	千瓦/人	4	4	5	5

14—4 建筑企业生产情况

（2000年）

指　　标	单　位	总　计	#国有经济	中央企业	地方企业	#城　镇集体经济
企业个数	个	1078	260	22	238	623
#亏损企业个数	个	247	81	5	76	93
建筑业总产值	万元	1509158	888224	196525	691699	466152
建筑工程	万元	1321161	787307	143265	644042	412523
安装工程	万元	157836	84136	44818	39318	43061
房屋构筑物修理	万元	16574	5715	51	5664	9003
非标准设备制造	万元	13587	11066	8391	2675	1565
建筑业增加值	万元	378286	222954	48129	174825	121794
竣工产值	万元	1306531	824396	222449	601947	356651
单位工程施工个数	个	17479	7530	1658	5872	7492
#本年新开工	个	9713	3473	609	2864	4710
#投标承包	个	6715	3688	554	3134	6715
单位工程竣工个数	个	11219	4579	893	3686	4971
#优良工程	个	2758	1434	596	838	1058
房屋建筑施工面积	万平方米	2327.50	1050.10	45.40	1004.70	1033.50
#本年新开工	万平方米	1021.90	416.60	16.30	400.30	506.30
#投标承包	万平方米	1325.20	690.50	16.90	673.60	522.00
房屋建筑竣工面积	万平方米	1188.70	464.90	20.60	444.30	590.20
#优良工程	万平方米	415.80	223.00	12.50	210.50	151.40
#住宅面积	万平方米	706.50	281.60	8.43	273.17	325.50
年末自有机械设备总台数	台	145627	42514	8086	34428	88863
年末自有机械设备总功率	万千瓦	200.70	98.20	23.30	74.90	82.30
#施工机械功率	万千瓦	145.10	69.90	21.70	48.20	60.20
年末自有机械设备净值	万元	226517	125314	31645	93670	72260
计算建筑业劳动生产率的平均人数	万人	32.30	15.60	2.20	13.30	13.20

注：本篇资料凡末位小数点后各项相加不等于总计者，均由于四舍五入的缘故，以后各表同。

14—5 按主要行业分组的建筑企业生产情况

(2000 年)

指　　标	单 位	总 计	土木工程建筑业	房屋建筑业	线路管道设备安装业	建筑物装修装饰业
企业个数	个	1078	904	711	102	72
#亏损企业个数	个	247	193	151	25	29
建筑业总产值	万元	1509158	1319983	869522	162663	26512
建筑工程	万元	1321161	1244766	822252	54085	22311
安装工程	万元	157836	53798	28600	100457	3581
房屋构筑物修理	万元	16574	15766	13871	222	585
非标准设备制造	万元	13587	5653	4799	7899	35
建筑业增加值	万元	378286	330842	210572	41274	6170
竣工产值	万元	1306531	1143089	676558	141862	21579
单位工程施工个数	个	17479	13191	9416	4288	
#本年新开工	个	9713	7135	5053	2578	
#投标承包	个	6715	5604	4467	1111	
单位工程竣工个数	个	11219	7971	5408	3248	
#优良工程	个	2758	2206	1337	552	
房屋建筑施工面积	万平方米	2327.50	2308.90	2164.70	18.50	
#本年新开工	万平方米	1021.90	1013.60	939.00	8.30	
#投标承包	万平方米	1325.20	1321.30	1246.80	4.00	
房屋建筑竣工面积	万平方米	1188.70	1176.30	1087.30	12.50	
#优良工程	万平方米	415.80	410.50	388.20	5.20	
#住宅面积	万平方米	706.50	700.20	663.10	6.30	
年末自有机械设备总台数	台	145627	136609	104125	6425	2593
年末自有机械设备总功率	万千瓦	200.70	186.30	99.70	13.00	1.40
#施工机械功率	万千瓦	145.10	133.20	71.50	10.90	0.90
年末自有机械设备净值	万元	226517	209044	91097	15742	1732
计算建筑业劳动生产率的平均人数	万人	32.30	29.20	21.30	2.60	0.60

14—6 建筑企业主要财务状况

(2000年)　　单位:万元

指　标	总　计	#国有经济	中央企业	地方企业	#城镇集体经济
实收资本合计	1118279	809855	44542	765313	191359
流动资产合计	2031261	1344712	178437	1166275	366806
固定资产合计	858625	608436	66576	541860	164653
固定资产原价	1058134	751637	104240	647397	201911
#生产经营用	842209	632474	87352	545122	143141
累计折旧	227741	154405	39907	114498	47003
#本年折旧	31954	20662	6634	14028	7609
资产总计	3302364	2308180	265229	2042951	562174
流动负债合计	1858956	1286220	182026	1104194	284649
长期负债合计	146056	95147	19849	75298	31881
所有者权益合计	1297351	926814	63355	863459	245645
工程结算收入	1409287	891368	195789	695579	393953
工程结算成本	1224566	778052	160223	617829	340418
工程结算税金及附加	49198	26512	6498	20014	18222
工程结算利润	135523	86804	29068	57736	35313
其他业务收入	77887	50085	17328	32757	6286
其他业务利润	12661	6271	207	6064	3230
管理费用	116186	77709	26107	51602	23199
财务费用	13242	7398	1609	5789	2827
利润总额	9147	440	-3349	3789	11263
利税总额	64151	30485	5059	25426	31294

14—7 按主要行业分组的建筑企业财务状况

(2000年)　　单位:万元

指　标	总　计	土木工程建筑业	房屋建筑业	线路管道设备安装业	建筑物装修装饰业
实收资本合计	1118279	1032877	280247	71959	13443
流动资产合计	2031261	1763877	1191769	233198	34186
固定资产合计	858625	790414	256082	61976	6235
固定资产原价合计	1058134	968007	335552	81996	8131
#生产经营用	842209	782098	217372	57080	3031
累计折旧	227741	198114	95040	27274	2353
#本年折旧	31954	27366	12525	4160	428
资产总计	3302364	2950065	1513423	310057	42242
流动负债合计	1858956	1628312	1109718	203518	27126
长期负债合计	146056	136894	55688	8207	955
所有者权益合计	1297351	1184857	348023	98333	14161
工程结算收入	1409287	1268879	796440	119668	20740
工程结算成本	1224566	1112187	710052	94920	17459
工程结算税金及附加	49198	44512	30855	3750	936
工程结算利润	135523	112180	55534	20998	2345
其他业务收入	77887	58931	41333	17344	1612
其他业务利润	12661	11580	9286	606	475
管理费用	116186	97651	52992	16207	2328
财务费用	13242	12353	8812	674	215
利润总额	9147	4355	-2822	4448	344
利税总额	64151	52556	30691	10217	1378

14—8 各种分组的建筑企业主要经济效益指标

(2000 年)

指　　标	劳动生产率(元/人)			工程质量优良品率(%)	
	按总产值计　算	按增加值计　算	按房屋竣工面积计算(M²/人)	按单位工程个数计算	按房屋竣工面积计算
总　　计	46667	11698	37	24.6	35.0
按经济类型分					
#国有经济	56937	14292	30	31.3	48.0
中央企业	89330	21877	9	66.7	60.7
地方企业	52007	13145	33	22.7	47.4
集体经济	35315	9227	45	21.3	25.7
按企业资质等级分					
一、二级	56483	13653	33	46.4	48.2
三、四级	34283	9237	42	12.8	21.9
按行业分					
木工程建筑业	45252	11342	40	27.7	34.9
#房屋建筑业	40830	9888	51	24.7	35.7
矿山建筑业	38319	9372	49	40.8	3.4
铁路公路遂道桥梁建筑业	62630	15895	6	44.3	30.8
堤坝电站码头建筑业	60559	18432	9	31.0	37.7
线路管道设备安装业	62843	15946	5	17.0	42.0
建筑物装修装饰业	45648	10624			

指　　标	房屋建筑面积竣工率(%)	资　产利润率%	资　产利税率%	产　值利润率%	产　值利税率%
总　　计	51.1	0.3	1.9	0.6	4.3
按经济类型分					
#国有经济	44.3	0.0	1.3	0.0	3.4
中央企业	45.4	-1.3	1.9	-1.7	2.6
地方企业	44.2	0.2	1.2	0.5	3.7
集体经济	57.1	2.0	5.2	2.4	6.3
按企业资质等级分					
一、二级	45.0	0.0	2.1	0.0	5.4
三、四级	58.9	1.3	4.1	1.9	6.3
按行业分					
土木工程建筑业	50.9	0.1	1.8	0.3	4.0
#房屋建筑业	50.2	-0.2	2.0	-0.3	3.5
矿山建筑业	57.0	-4.2	-2.6	-9.6	-5.9
铁路公路遂道桥梁建筑业	61.3	0.5	1.2	1.7	4.7
堤坝电站码头建筑业	46.0	0.3	2.4	0.6	4.4
线路管道设备安装业	67.2	1.4	3.3	2.7	6.3
建筑物装修装饰业		0.8	3.3	1.3	5.2

14—9 一级建筑企业生产情况一览表

(2000年)

企 业 名 称	登记注册类 型	建筑业总产值(万元)	企业总收入(万元)	劳动生产率(元/人)
广西建工集团第三建筑工程有限责任公司	国有	20451	20265	46353
桂林市建筑安装工程公司	国有	15890	15123	55852
广西壮族自治区水电工程局	国有	29719	51031	101361
广西壮族自治区送变电建设公司	国有	37068	34869	153300
广西建工集团第一建筑工程有限责任公司	国有	39325	50701	50064
广西建工集团第二建筑工程有限责任公司	国有	30151	31515	60678
广西建工集团第一安装有限公司	国有	11801	9651	64415
广西壮族自治区邮电工程建设局	国有	3980	3980	30617
广西中建工程公司	国有	6405	4005	168553
中国水利电力对外广西公司	国有	4801	4801	66221
广西区公路桥梁总公司	国有	117270	136974	78060
广西地矿建设工程发展中心	国有	3208	3717	78828
广西建工集团有限责任公司	国有	11755	8334	61255
南宁市基础工程总公司	国有	7448	6999	71687
南宁市市政工程总公司	国有	5816	5526	60394
南宁市建筑安装工程公司	国有	21143	50620	52452
南宁市市政发展有限责任公司	其他有限责任公司	1367	953	49158
广西建林装饰水电工程有限公司	其他有限责任公司	5338	1671	78966
广西建工集团桂港建筑装饰有限公司	股份有限公司	1560	3334	83871
广西建工集团第五建筑工程有限责任公司	国有	26476	23065	79198
柳州市市政工程有限责任公司	国有	3844	8152	57036
广西火电建筑公司	国有	12159	10408	81879
广西矿业建设公司	国有	1444	2134	59905
中国有色金属工业第十一冶金建设公司	国有	21656	20675	41132
柳州市建筑工程集团有限责任公司	其他有限责任公司	10208	12824	41698
广西火电安装公司	国有	12207	10953	84302
广西建工集团第二建筑设备安装工程有限责任公司	其他有限责任公司	5544	5311	33723
广西冶金建设公司	国有	21694	12317	48937
桂林市第九建筑安装工程总公司	国有	5545	4416	39806
广西建工集团第四建筑工程有限责任公司	国有独资公司	22441	20729	65292
桂林公路管理局	国有	4640	4663	19174
中国石油天然气第六建设公司	国有	33388	22091	142501
梧州市第一建筑安装工程总公司	国有	9358	8253	51502
北流市建筑工程总公司	集体	10070	9386	54432
柳州铁路局工程处	国有	46238	49531	117683

十五、运输和邮电通信业

15—1 主要年份民用汽车车拥有量

指　　标	计量单位	1990年		1995年		1999年		2000年	
		全区总计	#私人	全区总计	#私人	全区总计	#私人	全区总计	#私人
民用汽车	辆	124223	25614	248960	65128	281264	119321	291315	132719
载客汽车	辆	39365	6335	107181	18886	144340	49373	152285	60347
载客量	客位	612230	104102	1111582	215546	1815287	666308	1925688	789610
#大型	辆			12994	3082	15403	4316	16962	5277
载客量	客位			480165	80518	642901	170213	686011	198149
普通载货汽车	辆	77931	19168	130721	45860	129162	68087	131570	71508
载重量	吨位	331898	78618	487644	176157	549999	246054	581998	277830
#大型	辆			89295	32406	73550	38351	73786	39841
载重量	吨位			443300	164057	380143	188956	397026	215351
专用载货汽车	辆	1034		1537	101	2980	565	2601	505
载重量	吨位			7519	545	14387	2720	13158	2481
其他专用汽车	辆	2038		2097	166	2187	253	2703	279
特种汽车	辆	3855	2	7424	115	2595	43	2156	80
轮胎式拖拉机	辆	194209	171641	235159	226099	280083	255225	291680	283670
#手扶拖拉机	辆	176080		191617	185954	242218	224562	212073	208964
摩托车	辆	89048	58760	456925	375517	1205922	1038445	1601483	1455698
#两轮摩托车	辆	54240		374510	333386	1114092	982514	1454993	1370940
其他机动车	辆	3137	1777	10913	8565	36514	9396	33959	19346
载货挂车	辆	8167	2343	9145	3881	4810	2427	4509	2190

15—2 主要年份民用运输船舶拥有量

指标	计量单位	1990年		1995年		1999年		2000年	
		全区总计	#私人	全区总计	#私人	全区总计	#私人	全区总计	#私人
一、机动船	艘	10782	5084	12360	6457	8438	3924	8472	3978
载客量	客位	87932	46242	93152	61130	75656	43723	83676	50947
净载重量	吨位	462937	124189	917539	262394	816237	171825	849281	183964
总功率	千瓦	314741		491044	179528	409401	95358	411586	97394
1、客船	艘	1364	1069	1379	998	1705	1297	1872	1456
载客量	客位	51540	34539	59758	35715	66629	39723	74087	45799
2、客货船	艘	887	466	1150	1084	132	108	166	143
载客量	客位	36392	11703	33394	25415	9027	4000	9589	5148
净载重量	吨位	4047	2778	11912	10373	2947	852	2420	1015
3、货船	艘	8323	3549	9638	4367	6560	2490	6403	2379
净载重量	吨位	451148	121411	905627	252021	813290	170973	846861	182949
4、拖船	艘	166	–	193	8	41	29	31	–
二、驳船	艘	791	–	597	96	130	–	110	–
载客量	客位	38	–	1688	738	–	–	–	–
净载重量	吨位	143575	–	106289	363	38654	–	32725	–

15—3 内河、沿海主要港口基本情况

(2000年)

指标	码头长度(米)	生产泊位(个)	货物综合通过能力(万吨)
内河			
梧州港	6376	116	602
贵港港	5150	97	891
南宁港	2197	65	281
柳州港	1150	27	109
百色港	569	16	100
桂平港	618	18	135
沿海			
北海港	1900	16	304
防城港	3211	23	940
钦州港	1730	19	260

15—4 主要年份运输线路里程

单位:公里

	1990年	1995年	1999年	2000年
中央铁路正线延展里程	3139	3248	4255	4268
#广西	1809	1861	2432	2432
中央铁路营业里程	1893	1893	2385	2385
#广西	1666	1670	2012	2012
地方铁路延展里程	418	760	800	917
地方铁路正线里程	309	579	615	723
地方铁路营业里程	293	566	595	703
公路里程	36214	40904	51378	52910
内河航道里程	4521	4521	5582	5618
航空里程	47292	85091	136696	205474

注:航空里程含重复计算。

15—5 主要年份主要港口货物吞吐量

单位:万吨

港口名称	1990年	1995年	1999年	2000年
港口货物吞吐量	1101	1717	2505	2917
#内河港口	781	998	980	1149
梧州港	261	160	82	85
贵港港	244	362	385	468
南宁港	63	82	56	58
柳州港	52	74	31	36
百色港	23	28	20	29
桂平港	20	22	27	31
沿海港口	320	719	1525	1768
北海港	82	201	252	265
防城港	220	464	808	919
钦州港		9	130	140

15—6 全社会客运量及旅客周转量

(1978－2000 年)

年　　份	总计	铁路	公路	水运	民航
客运量(万人)					
1978	6389	1368	4628	383	10
1979	7688	1653	5621	400	14
1980	9369	1869	7054	429	17
1981	10639	1994	8160	463	22
1982	12357	2116	9686	526	29
1983	14208	2205	11410	586	25
1984	17869	2358	14960	516	35
1985	20018	2456	16993	526	43
1986	24307	2219	21271	704	58
1987	29577	2415	26213	879	71
1988	30620	3271	25710	1566	73
1989	28574	3099	24527	900	48
1990	26272	2391	22826	984	69
1991	24685	2346	21175	1089	75
1992	27262	2703	23189	1273	95
1993	39398	2980	33968	2344	106
1994	34274	3030	29954	1177	113
1995	34317	2819	30024	1192	282
1996	36066	2385	32582	805	294
1997	38343	2495	34752	802	294
1998	39670	2576	36006	786	302
1999	41009	2496	37412	779	322
2000	42952	2508	39321	766	357
旅客周转量(亿人公里)					
1978	41.20	21.64	16.89	2.67	
1979	52.37	29.02	19.91	3.44	
1980	60.25	31.11	25.05	4.09	
1981	67.07	32.98	29.77	4.32	
1982	74.57	34.83	34.89	4.85	
1983	86.84	39.16	42.44	5.24	
1984	103.84	44.86	54.05	4.93	
1985	127.77	55.72	66.50	5.55	
1986	144.01	57.61	80.55	5.85	
1987	170.20	66.94	96.31	7.94	
1988	196.24	87.11	101.99	7.14	
1989	198.56	82.16	110.12	6.28	
1990	174.79	66.79	101.21	6.76	
1991	183.70	71.33	105.18	7.19	
1992	223.94	83.19	133.39	7.31	
1993	283.77	112.00	164.04	7.72	
1994	289.39	118.59	165.32	5.48	
1995	298.41	112.14	180.78	5.49	
1996	323.69	93.79	225.97	3.93	
1997	378.18	94.40	280.32	3.46	
1998	386.97	91.77	292.63	2.57	
1999	440.19	105.36	332.30	2.52	
2000	464.96	114.48	347.94	2.54	

15—7 全社会货运量及货物周转量

(1978－2000年)

年份	总计	铁路	公路	水运	民航
货运量(万吨)					
1978	5885	2118	2697	1070	
1979	5100	2034	2143	923	0.10
1980	4496	1833	1772	891	0.10
1981	4091	1806	1483	802	0.10
1982	4479	1911	1611	957	0.20
1983	4572	1922	1632	948	0.30
1984	4397	2109	1440	848	0.30
1985	12909	2224	9898	787	0.58
1986	12352	2301	8919	1132	0.40
1987	17876	1933	14647	1296	0.40
1988	22316	3152	17515	1649	0.20
1989	22162	3749	17122	1291	0.30
1990	19888	3798	14711	1338	0.50
1991	22469	3920	17146	1403	0.70
1992	23457	4167	17567	1666	0.90
1993	35509	4434	27723	3352	1.00
1994	28132	4920	20391	2820	1.00
1995	28622	5072	20686	2862	1.60
1996	29441	5166	22386	1887	1.70
1997	31473	5315	24349	1808	1.00
1998	32671	5364	25482	1823	1.80
1999	30862	5293	23720	1846	3.20
2000	31270	5843	23514	1910	3.38
货物周转量(亿吨公里)					
1978	183.78	153.93	7.54	22.31	
1979	170.42	142.42	6.57	21.43	
1980	160.46	132.52	5.77	22.17	
1981	165.16	136.60	5.95	22.61	
1982	178.16	144.38	7.29	26.49	
1983	188.85	153.10	7.80	27.96	
1984	201.38	168.03	6.72	26.64	
1985	276.26	200.52	47.30	28.44	
1986	323.86	214.09	74.11	35.66	
1987	348.78	221.98	90.16	36.65	
1988	388.96	262.73	85.22	41.00	
1989	408.58	266.59	104.54	37.44	
1990	428.02	268.17	116.95	42.82	
1991	429.61	286.31	91.62	51.68	
1992	487.27	310.98	102.72	64.42	
1993	511.96	335.21	103.23	73.51	
1994	588.98	348.14	140.36	100.48	
1995	592.93	351.61	143.39	97.93	
1996	606.12	346.30	170.58	89.23	
1997	642.30	366.73	183.48	92.08	
1998	695.35	413.46	190.48	91.41	
1999	698.20	414.60	202.10	81.50	
2000	770.61	485.14	209.44	76.03	

15—8 公路里程按等级分类

单位:公里

年份	公路里程总计	等级公路合计	高速	一级	二级	三级	四级	等外	公路等级里程占总里程(%)
1978	29773							14996	
1979	30692	13771			83	1341	12347	16921	44.87
1980	31624	14703			83	1348	13272	16921	46.49
1981	31823	14902			83	1373	13446	16921	46.83
1982	32156	15264			83	1465	13716	16892	47.47
1983	32529	15740			84	1531	14125	16789	48.39
1984	32757	16061			84	1531	14446	16696	49.03
1985	32972	16329			104	1633	14592	16643	49.52
1986	33222	16703			105	1670	14928	16519	50.28
1987	33928	17604			139	1763	15702	16324	51.89
1988	35400	19193			202	1803	17188	16207	54.22
1989	35945	19829			214	1875	17740	16116	55.16
1990	36214	20098		8	358	2031	17701	16116	55.50
1991	36660	20711		11	428	1919	18353	15949	56.49
1992	37291	21488		11	682	1917	18878	15803	57.62
1993	38495	22754		11	1035	1910	19798	15741	59.11
1994	39550	23890		48	1074	2017	20751	15660	60.40
1995	40904	25509		66	1330	2163	21950	15395	62.36
1996	42696	27375		66	1448	2222	23639	15321	64.12
1997	45378	30283	193	189	1670	2208	26023	15095	66.73
1998	51073	43319	439	389	2107	16741	23643	7754	84.82
1999	51378	43671	575	389	2319	16721	23667	7707	85.00
2000	52910	45430	812	442	2628	16620	24928	7480	85.86

15—9 主要年份邮电通信水平

指　　标	单　位	1990 年	1995 年	1999 年	2000 年
平均每人每年发函件数	件	3.41	4.59	3.3	3.6
平均每人每年订报刊数	件	10.01	13.06	10.8	9.5
平均每万人拥有电话机数	部	47.79	233.64	614.0	1102.3
设有邮电局、所乡(镇)比重	%	81.91	85.4	90.0	90.3
邮政储蓄市场占有率	%	–	4.04	6.3	7.1
开办邮政业务的乡(镇)比重	%	–	45.85	48.3	47.8
通电话的乡(镇)比重	%	97.66	96.78	100.0	100.0
按固定班期投递邮件的乡(镇)比重	%	–	98.24	99.9	99.9
通电话的行政村比重	%	–	–	89.5	91.5

注:1995 年以来的“平均每万人拥有电话机数”含移动电话。

15—10 主要年份邮政和电信主要指标

指　　标	单　位	1990 年	1995 年	1999 年	2000 年
邮电局、所总数	个	1416	1503	1671	1674
邮路总长度(含农村投递线路)	万公里	16.52	16.33	17.4	17.7
邮运汽车	辆	328	683	1043	1084
长途业务电路总数	路	2079	21905	64625	84027
市内电话机	部	157727	829896	1919259	2695758
农村电话机	部	45913	120709	466016	873095
邮电业务总量	万元	14235	205600	654364	963559
函件	万件	14547	20833	15672	16695
报刊期发数	万份	562.6	720.0	631.1	667.4
公众电报	万份	810	458	136	159
长途电话	万次	1459	24369	45455	44848
市内电话年末户数	户	89108	656469	1649271	2334789
农村电话年末户数	户	34979	110368	454161	856379
订销报纸累计数	万份	39062	54392	47689	40934
订销杂志累计数	万份	3626	4284	3311	3324
计算机互联网用户	户	–	10	35056	237646
无线寻呼用户	户	5438	552927	1921788	2604794
移动电话用户合计	户	–	99156	747519	1668574
公用电话	部	383	22554	82336	99242

十六、国内贸易

16—1 限额以上批发零售贸易、餐饮业基本情况

(2000年)

项　　　目	法人企业(个)	活动单位(个)	从业人数(人)
总　　　计	766	839	121678
一、批发业	407	415	46371
内资企业	406	414	46299
国有企业	275	282	31930
集体企业	89	89	8309
股份合作企业	5	5	314
联营企业	1	1	7
国有联营企业	1	1	7
集体联营企业			
国有与集体联营企业			
其他联营企业			
有限责任公司	18	19	2169
国有独资企业	5	6	1053
其他有限责任公司	13	13	1116
股份有限公司	16	16	3477
私营企业	2	2	93
私营独资企业			
私营合伙企业			
私营有限责任公司	2	2	93
私营股份责任公司			
其他企业			
港、澳、台商投资企业	1	1	72
合资经营企业(港、澳、台资)			
合作经营企业(港、澳、台资)			
港、澳、台商独资经营企业	1	1	72
港、澳、台商投资股份有限公司			
外商投资企业			
中外合资经营企业			
中外合作经营企业			
外资企业			
外商投资股份有限公司			
二、零售业	274	280	53686
内资企业	272	277	52420
国有企业	171	175	30176
集体企业	44	44	4867
股份合作企业	13	13	3189
联营企业	2	2	68
国有联营企业	1	1	58
集体联营企业			
国有与集体联营企业	1	1	10
其他联营企业			
有限责任公司	16	17	4847
国有独资企业	5	6	1053
其他有限责任公司	16	17	4847

16—1 **续表** (2000年)

项　　目	法人企业(个)	活动单位(个)	从业人数(人)
股份有限公司	11	11	7341
私营企业	15	15	1932
私营独资企业	3	3	303
私营合伙企业			
私营有限责任公司	11	11	1623
私营股份有限公司	1	1	6
其他企业			
港、澳、台商投资企业	1	2	105
合资经营企业(港或澳、台资)			
合作经营企业(港或澳、台资)		1	95
港、澳、台商独资经营企业	1	1	10
港、澳、台商投资股份有限公司			
外商投资企业	1	1	1161
中外合资经营企业	1	1	1161
中外合作经营企业			
外资企业			
外商投资股份有限公司			
三、餐饮业	85	144	21621
内资企业	76	126	18616
国有企业	31	57	10683
集体企业	24	37	3861
股份合作企业	5	6	832
联营企业			
国有联营企业			
集体联营企业			
国有与集体联营企业			
其他联营企业			
有限责任公司	4	8	1904
国有独资企业			
其他有限责任公司	4	8	1904
股份有限公司		3	404
私营企业	12	15	932
私营独资企业	10	12	769
私营合伙企业			
私营有限责任公司	2	3	163
私营股份有限公司			
其他企业			
港、澳、台商投资企业	5	11	2154
合资经营企业(港或澳、台资)	4	6	1366
合作经营企业(港或澳、台资)	0	3	493
港、澳、台商独资经营企业	1	2	295
港、澳、台商投资股份有限公司			
外商投资企业	4	7	851
中外合资经营企业	2	5	624
中外合作经营企业	1	1	27
外资企业	1	1	200
外商投资股份有限公司			

16—2 限额以上餐饮企业主要财务指标

(2000年)　　单位:万元

项　　目	营业收入	营业成本	营业费用	营业税金及附加	经营利润
总　　计	58808	29334	18344	2887	8244
其中:国有及国有控股	40241	20209	12131	1943	5959
一、按登记注册类型分组					
内资企业	54115	27878	16263	2644	7330
国有企业	37581	18280	11423	1861	6017
集体企业	7399	4630	2078	302	389
股份合作企业	2536	1478	672	124	263
联营企业					
国有联营企业					
集体联营企业					
国有与集体联营企业					
其他联营企业					
有限责任公司	2087	967	805	112	204
国有独资企业					
其他有限责任公司	2087	967	805	112	204
股份有限公司					
私营企业	4512	2523	1286	246	457
私营独资企业	3949	2244	913	224	568
私营合伙企业					
私营有限责任公司	563	279	372	22	－111
私营股份有限公司					
其他企业					
港、澳、台商投资企业	3579	944	1668	188	779
合资经营企业(港或澳、台资)	3369	853	1574	174	768
合作经营企业(港或澳、台资)					
港、澳、台商独资经营企业	210	92	93	15	11
港、澳、台商投资股份有限公司					
外商投资企业	1115	512	413	55	135
中外合资经营企业	394	216	206	19	－47
中外合作经营企业	250	95	30	13	113
外资企业	470	201	177	24	68
外商投资股份有限公司					
二、按国民经济行业分组					
正餐	56816	28628	17727	2801	7660
快餐	1742	611	587	74	470
其他餐饮业	250	95	30	13	113

16—3 社会消费品零售总额及增长速度

（1978－2000年）

年　　份	合　　计	市	县	县以下
绝对数(万元)				
1978	335918	64621	116439	154858
1979	387884	87955	138135	161794
1980	457228	116797	151543	188888
1981	499169	130246	169255	199668
1982	545790	143799	183492	218499
1983	597838	154671	195734	247433
1984	686450	230828	188435	267187
1985	886005	299701	249384	336920
1986	1002375	342582	270976	388817
1987	1178528	417690	320273	440565
1988	1569833	559633	436725	573475
1989	1699354	649233	439430	610691
1990	1754369	701925	449653	602791
1991	2002276	806073	523474	672729
1992	2436189	1009302	629186	797701
1993	3224031	1452179	861952	909900
1994	4165108	1815716	1109003	1240389
1995	5324847	2357849	1357684	1609314
1996	6113439	2854382	1252349	2006708
1997	6737174	3204852	1369897	2162425
1998	7340151	3523272	1468030	2348849
1999	7912683	3813562	1578592	2520529
2000	8591591	4163337	1764012	2664242
增长速度(上年＝100)				
1978	－	－	－	－
1979	15.5	36.1	18.6	4.5
1980	17.9	32.8	9.7	16.7
1981	9.2	11.5	11.7	5.7
1982	9.3	10.4	8.4	9.4
1983	9.5	7.6	6.7	13.2
1984	14.8	49.2	－3.7	8
1985	29.1	29.8	32.3	26.1
1986	13.1	14.3	8.7	15.4
1987	17.6	21.9	18.2	13.3
1988	33.2	34	36.4	30.2
1989	8.3	16	0.6	6.5
1990	3.2	8.1	2.3	－1.3
1991	14.1	14.8	16.4	11.6
1992	21.7	25.2	20.2	18.6
1993	32.3	43.9	37	14.1
1994	29.2	25	28.7	36.3
1995	27.8	29.9	22.4	29.7
1996	14.8	21.1	－7.8	24.7
1997	10.2	12.3	9.4	7.8
1998	9	9.9	7.2	8.6
1999	7.8	8.2	7.5	7.3
2000	8.6	9.2	11.8	5.7

16—4 主要年份各种分组社会消费品零售总额

单位:万元

项　　目	1990年	1995年	1999年	2000年
社会消费品零售总额	1754369	5324847	7912683	8591591
(一)按销售地区分				
市的零售额	701925	2357849	3813562	4163337
县的零售额	449653	1357684	1578592	1764012
县以下的零售额	602791	1609314	2520529	2664242
(二)按经济类型分				
国有经济		1447013	1209742	1370104
集体经济		796383	1029251	1045452
私营经济		107903	218696	291328
个体经济		1948752	3995597	4414084
联营经济		6790	6660	6602
股份制经济		177614	191416	238910
外商投资经济		16510	31216	37388
港澳台投资经济		38594	14748	17912
其他经济		785288	1215357	1169811
(三)按行业分				
批发零售贸易业		3497771	5269481	5908822
餐饮业		438832	885188	963030
制造业		427331	417232	441420
其他		960913	1340782	1278319
#农民对城镇居民零售	209286	670192	1096118	1089577

16—5 主要年份限额以上批发零售贸易业商品购进、销售和库存总额

单位:万元

项　　目	1990年	1995年	1999年	2000年
一、商品购进总额		5009775	3190534	3890602
#进口		214441	81759	66953
二、商品销售总额		5637665	3631008	4181138
1.批发总额		4654163	2689380	3071302
#出口		690372	350824	371065
2.零　售		983502	941628	1109836
三、年末库存总额		720914	403687	394164

16—6 限额以上批发零售贸易业商品购进、销售、库存总额

（2000年）　　　　单位：万元

项目	购进总额	进口	销售总额	批发	零售	年末库存
总计	3890602	66953	4181138	3071303	1109836	394164
其中：国有及国有控股	3081551	27413	3277956	2483062	794894	297747
一、按登记注册类型分组						
内资企业	3850606	52283	4135127	3057076	1078051	392892
国有企业	2574933	30709	2755754	2119665	636089	271652
集体企业	337826	17897	392160	286148	106012	33522
股份合作企业	54336	2960	65456	28412	37044	7037
联营企业	1567		1488	170	1318	999
国有联营企业	717		677	170	507	387
集体联营企业						
国有与集体联营企业	850		811		811	611
其他联营企业						
有限责任公司	370414	658	392807	312035	80772	26289
国有独资企业	236809	658	232649	232455	194	4864
其他有限责任公司	133606		160158	79580	80578	21426
股份有限公司	433587	58	453008	290470	162538	46921
私营企业	77942		74454	20176	54278	6471
私营独资企业	10531		14047		14047	1024
私营合伙企业						
私营有限责任公司	67219		60156	20176	39980	5431
私营股份有限公司	192		251		251	17
其他企业						
港、澳、台商投资企业	16514	14671	16420	14226	2194	1272
合资经营企业(港或澳、台资)						
合作经营企业(港或澳、台资)	1036		1516		1516	571
港、澳、台商独资经营企业	15478	14671	14905	14226	678	702
港、澳、台投资股份有限公司						
外商投资企业	23483		29591		29591	
中外合资经营企业	23483		29591		29591	
中外合作经营企业						
外资企业						
外商投资股份有限公司						
二、按国民经济行业分组						
食品、饮料、烟草批发业	789449	4686	888977	842886	46091	53248
#粮食、食用油批发业	43433	2003	51773	49776	1997	12778
烟草及其制品批发业	481628	348	540019	536571	3448	31879
棉、麻、土畜产品批发业	64831	4537	62107	60181	1926	9510
纺织品、服装和鞋帽批发业	85011	1281	83796	81469	2327	8784
日用百货批发业	25123		28236	12768	15468	6406
日用杂品批发业	23064		25664	19298	6366	1213

16—6 **续表** (2000年) 单位:万元

项目	购进总额	进口	销售总额	批发	零售	年末库存
五金、交电、化工批发业	46152	2622	50743	40334	10409	14196
药品及医疗器械批发业	133705		142150	79221	62929	27287
能源批发业	1006537	14671	1023984	808399	215585	67473
#石油及制品批发业	996667	14671	1011069	797284	213785	66950
煤炭及制品批发业	9870		12915	11115	1800	523
化工材料批发业	46042	12021	42413	41949	463	4353
木材批发业	2073		3913	3913		908
建筑材料批发业	29099		30722	27526	3196	1837
矿产品批发业	66027	4811	75588	75588		5605
金属材料批发业	185356	241	189091	188097	994	5600
机械、电子设备批发业	61576	464	67514	66693	821	5655
汽车、摩托车及零配件批发业	149823	707	156296	121176	35120	11520
#汽车批发业	140015	707	146089	110969	35120	11131
再生物资回收批发业	7566		7955	6578	1377	257
工艺美术批发业	20657		21840	21840		521
图书报刊批发业	95323		95546	91422	4124	14865
农业生产资料批发业	282686	16627	309060	286770	22290	23631
其他类未包括的批发业	39851		41199	41199		6753
食品、饮料和烟草零售业	93410		89884	23124	66760	9930
#粮油食品零售业	3725		4326	898	3428	1324
副食品零售业	27183		32382	12355	20027	3091
日用百货零售业	253652	1328	296077	31004	265072	51463
#百货零售业	242363	58	284700	28208	256492	48414
文化体育用品零售业	1160		1219	145	1074	598
纺织品、服装和鞋帽零售业	46108	2960	49742	8631	41111	14710
日用杂品零售业	4622		5327	1646	3681	293
五金、交电、化工零售业	65788		80462	23175	57288	11528
药品及医疗器械零售业	58515		70774	18029	52745	14403
图书报刊零售业	48156		39012	8051	30961	7950
其他零售业	160401		203068	40336	162732	14268
#家具零售业	452		393	90	303	59
汽车、摩托车及其零配件零售业	63721		92065	10181	81885	7173
计算机及软件、办公设备零售业	3378		6044	1253	4791	162

16—7 限额以上批发零售贸易业商品销售类值

（2000 年）

单位:万元

项目	合计	批发	零售
合计	4188131	3100890	1087241
食品、饮料、烟酒类	1007847	864488	143359
#肉禽蛋类	222297	162005	60292
饮料类	15190	2290	12900
烟酒类	571796	549648	22148
服装鞋帽、针纺织	135372	40598	94774
#服装类	69150	21340	47810
鞋帽类	23336	3403	19933
针、纺织类	42885	15855	27030
化妆品类	25117	4938	20179
金银珠宝类	14267	691	13576
日用品类	120415	54633	65782
#洗涤用品类	32103	12188	19915
五金、电料类	24779	9143	15636
体育、娱乐用品类	6428	403	6025
书报杂志类	138801	98496	40305
电子出版物及音像制品类	1394	45	1349
家用电器和音响器材类	164226	43413	120813
中西药品类	224044	98031	126013
文化办公用品类	19907	2858	17049
家具类	1139	204	935
通讯器材类	31095	19513	11582
煤炭及制品类	16008	13006	3002
木材及制品类	5977	5331	646
石油及制品类	1080074	821957	258117
化工材料及制品类	328869	317261	11608
金属材料类	238496	235188	3308
建筑及装潢材料类	24839	23684	1155
机电产品及设备类	338487	230164	108323
#农机类	45976	37712	8264
种子饲料类	20741	20196	545
棉麻土畜类	27065	26781	284
其他类	192744	169868	22876

16—8 限额以上批发零售贸易业主要商品销售数量

(2000 年)

项目	计量单位	销售	批发	零售
粮食	吨	56152	43384	12768
食用植物油	吨	6883	2180	4703
食糖	吨	372146	369617	2529
棉花	吨	19	8	11
鞋	百双	45104	6160	38944
布	百米	49748	23602	26146
电视机	台	241491	54063	187428
组合音响	台	4062	508	3554
摄像机	台	502		502
录像机	台	269		269
影碟机	台	93331	42552	50779
家用电冰箱	台	104874	27729	77145
家用洗衣机	台	114496	32855	81641
房间空调器	台	64994	25927	39067
微波炉	台	46317	4458	41859
微型计算机	台	17109	1475	15634
普通电话机	部	118096	31950	86146
移动电话机	部	43331	16894	26437
寻呼机	部	107702	72610	35092
化学肥料	吨	2008603	2008603	
化学农药	吨	28862	28862	
农用薄膜	吨	1950	1950	
煤炭	吨	729837	622011	107826
木材	立方米	119088	118845	243
汽油	吨	870396	630153	240243
煤油	吨	141560	131641	9919
柴油	吨	2142842	1568262	574580
钢材	吨	80494	78761	1733
铜	吨	4	4	
铝	吨	7959	7959	
水泥	吨	850127	849243	884
汽车	辆	15810	10866	4944
#轿车	辆	1865	1004	861
摩托车	辆	106013	30354	75659
拖拉机	台	12946	12946	

16—9 限额以上批发零售贸易企业主要财务指标

项　　目	实收资本	流动资产 小　计	#存　货	固定资产 小　计
总　　计	393452	1465531	346511	776399
一、批发企业	227098	1081532	237328	416767
其中:国有及国有控股	161414	877147	193150	326847
(一)按登记注册类型分组				
内资企业	224098	1081325	237259	413040
国有企业	124983	760919	171341	294093
集体企业	58145	137998	22583	54420
股份合作企业	930	1885	161	650
联营企业	300	677	336	
国有联营企业	300	677	336	
集体联营企业				
国有与集体联营企业				
其他联营企业				
有限责任公司	15267	75907	12805	25090
国有独资企业	9623	53299	5099	13591
其他有限责任公司	5644	22608	7707	11500
股份有限公司	23671	92447	29492	38734
私营企业	802	11493	542	53
私营独资企业				
私营合伙企业				
私营有限责任公司	802	11493	542	53
私营股份有限公司				
其他企业				
港、澳、台商投资企业	3000	207	69	3727
合资经营企业(港或澳、台资)				
合作经营企业(港或澳、台资)				
港、澳、台商独资经营企业	3000	207	69	3727
港、澳、台商投资股份有限公司				
外商投资企业				
中外合资经营企业				
中外合作经营企业				
外资企业				
外商投资股份有限公司				
(二)按国民经济行业分组				
食品、饮料、烟草批发业	65929	285939	39079	140190
#粮食、食用油批发业	12291	48510	3114	18103
烟草及其制品批发业	16043	134327	21663	53597
棉、麻、土畜产品批发业	12306	48116	9898	10893
纺织品、服装和鞋帽批发业	13968	69397	9202	16046
日用百货批发业	11677	11774	3892	12561
日用杂品批发业	4949	11051	930	1645
五金、交电、化工批发业	5821	26280	10957	18009
药品及医疗器械批发业	7584	64386	24630	19485
能源批发业	21505	141187	58197	86428
#石油及制品批发业	15614	127225	56290	71965
煤炭及制品批发业	5891	13962	1907	14463
化工材料批发业	3734	26205	4346	6000
木材批发业	2062	5548	628	1350
建筑材料批发业	715	5910	1106	847
矿产品批发业	5759	57372	5620	6057
金属材料批发业	6723	43433	5981	7573
机械、电子设备批发业	2891	32841	4695	5613
汽车、摩托车及零配件批发业	10702	41783	11452	19413
#汽车批发业	10003	39749	10979	16562
再生物资回收批发业	780	804	258	1407

(2000年)　　　　单位：万元

累计折旧	本年折旧	资产总计	流动负债小计	长期负债小计	负债合计
189578	26590	2500986	1731123	166655	2004216
115556	16013	1680119	1250243	90326	1432067
88523	12505	1346347	988315	85999	1152790
114567	15922	1675074	1248527	90326	1430351
79711	12057	1178256	905696	47224	1028026
13314	1225	222038	158632	3286	168085
336	12	2551	1382	17	1417
21		677	327		327
21		677	327		327
8320	666	105604	63341	21365	84707
3909	332	70090	33577	20072	53649
4411	334	35514	29765	1293	31058
12844	1956	154403	108399	18434	137039
22	6	11546	10750		10750
22	6	11546	10750		10750
988	91	5046	1716		1716
988	91	5046	1716		1716
38364	5456	461177	276710	33906	322522
5558	490	76833	34810	18575	53386
14875	2457	202913	121940	308	128932
4522	382	83905	78103	473	78576
4694	375	91071	78362	9504	87875
1226	47	27481	15593	56	15649
547	46	16347	12957	28	13053
5281	1324	46574	35988	3669	43748
7413	765	86790	77333	2379	79806
26231	4125	291444	167767	26613	254890
23321	3771	262213	150723	26836	238068
2909	354	29231	17044	−222	16822
1623	153	34719	30266	983	31427
976	334	7136	5024	22	5046
211	31	7611	4912	1798	6776
2112	650	71303	100475	890	104618
1316	161	53010	45595	2553	51130
1555	100	40530	54388	1209	55597
2819	268	67340	46517	582	49025
2472	261	62319	45452	551	46408
434		2284	1928	18	1946

16—9 **续表 1**

项　　目	实收资本	流动资产 小　计	#存　货	固定资产 小　计
工艺美术批发业	1145	21967	3422	781
图书报刊批发业	2047	40189	15646	13136
农业生产资料批发业	43003	129777	21311	45368
其他类未包括的批发业	3799	17575	6080	3967
二、零售企业	166354	383999	109183	359632
#国有及国有控股	91817	262307	86832	305841
(一)按登记注册类型分组				
内资企业	164027	375844	106165	339061
国有企业	53552	159295	60541	200081
集体企业	19284	24863	6581	16563
股份合作企业	28724	45425	5431	18096
联营企业	170	565	380	40
国有联营企业	20	431	247	28
集体联营企业				
国有与集体联营企业	150	134	134	12
其他联营企业				
有限责任公司	31186	69529	11070	32517
国有独资企业				
其他有限责任公司	31186	69529	11070	32517
股份有限公司	27898	64561	16149	69161
私营企业	3213	11606	6013	2603
私营独资企业	300	2355	1068	275
私营合伙企业				
私营有限责任公司	2900	9228	4928	2329
私营股份有限公司	13	24	17	
其他企业				
港、澳、台商投资企业	26	405	15	36
合资经营企业(港或澳、台资)				
合作经营企业(港或澳、台资)				
港、澳、台商独资经营企业	26	405	15	36
港、澳、台商投资股份有限公司				
外商投资企业	2301	7750	3003	20535
中外合资经营企业	2301	7750	3003	20535
中外合作经营企业				
外资企业				
外商投资股份有限公司				
(二)按国民经济行业分组				
食品、饮料和烟草零售业	18860	38345	9814	36835
#粮油食品零售业	3918	9550	1448	7733
副食品零售业	6831	13022	2766	19284
日用百货零售业	81977	152227	45888	171052
#百货零售业	58216	133073	43871	164627
文化体育用品零售业	138	1054	380	313
纺织品、服装和鞋帽零售业	7879	32742	10639	10469
日用杂品零售业	2242	5830	376	1975
五金、交电、化工零售业	12081	53415	10193	48577
药品及医疗器械零售业	8598	29793	11909	17494
图书报刊零售业	6919	20105	5504	34040
其他零售业	24682	46866	14694	37449
#家具零售业	15	379	59	116
汽车、摩托车及其零配件零售业	2625	13944	7208	2794
计算机及软件、办公设备零售业	1156	2126	292	1343
连锁商店	18166	53306	20164	37694
非连锁商店	144506	323616	87303	317194
1、百货商店	87942	158256	41317	144612
2、超级市场	13432	41512	17650	31964
3、专业(专卖)商店	41700	134573	37124	112685
4、其他	19397	42275	11361	65095

（2000年） 单位:万元

累计折旧	本年折旧	资产总计	流动负债小计	长期负债小计	负债合计
464	46	23259	29883		29883
2342	398	55808	41812	1594	43407
12132	1241	190549	132390	3527	142329
1297	114	21781	14242	523	14765
74023	10577	820866	480880	76329	572149
61195	8410	613356	390209	68484	466488
69983	9400	791462	470527	54280	539747
40420	4753	379879	241072	30675	278633
3690	525	45842	24455	378	29348
3189	382	65912	39294	2959	42253
40	15	616	384		388
10	10	470	250		250
30	5	146	134		138
8169	1392	123823	52223	5281	60399
8169	1392	123823	52223	5281	60399
13586	2039	152809	103966	14760	118725
890	293	22581	9134	227	10001
210	53	2636	2149	134	2283
680	241	19922	6973	93	7706
		24	12		12
25	25	441	53		53
25	25	441	53		53
4016	1153	28964	10299	22049	32349
4016	1153	28964	10299	22049	32349
8173	874	88966	48765	5815	56303
1974	147	20115	16776	2850	19626
4390	351	34316	14576	2546	18522
32643	4675	356793	220548	45740	273198
31597	4646	330394	215029	45451	266795
118	10	1367	788	228	1015
2197	478	44948	41995	802	42797
581	35	7922	5799	1854	7653
7104	1188	111602	64805	9462	75663
4966	592	48476	28454	1312	31393
8778	1369	55022	16335	3460	20112
9359	1366	99242	50397	7862	61057
57	11	495	359		359
870	179	17012	13450	257	13733
334	69	3476	2123	171	2294
8774	1330	103860	53281	3238	57207
64270	9130	703343	421423	72729	508235
27967	3939	339300	208841	41812	257240
4857	727	84376	50190	4029	54642
28712	4124	265913	131103	14930	151297
11391	1672	116759	83264	15108	101139

16—9 **续表 2**

项 目	商品销售收入	商品销售净额	商品销售成本	经营费用
总 计	3501034	3474511	3172717	142805
一、批发企业	2794646	2771109	2560779	101147
其中:国有及国有控股	2316523	2293988	2117531	82797
(一)按登记注册类型分组				
内资企业	2780258	2756720	2546865	100712
国有企业	2035215	2012834	1850525	79139
集体企业	263371	262368	243732	9346
股份合作企业	3460	3460	3224	141
联营企业	242	242	242	16
国有联营企业	242	242	242	16
集体联营企业				
国有与集体联营企业				
其他联营企业				
有限责任公司	136873	136720	127967	4176
国有独资企业	73826	73826	69160	1997
其他有限责任公司	63047	62893	58807	2179
股份有限公司	327624	327624	308624	7230
私营企业	13473	13473	12551	665
私营独资企业				
私营合伙企业				
私营有限责任公司	13473	13473	12551	665
私营股份有限公司				
其他企业				
港、澳、台商投资企业	14389	14389	13914	435
合资经营企业(港或澳、台资)				
合作经营企业(港或澳、台资)				
港、澳、台商独资经营企业	14389	14389	13914	435
港、澳、台商投资股份有限公司				
外商投资企业				
中外合资经营企业				
中外合作经营企业				
外资企业				
外商投资股份有限公司				
(二)按国民经济行业分组				
食品、饮料、烟草批发业	722747	722257	655821	29753
#粮食、食用油批发业	50802	50802	49048	1752
烟草及其制品批发业	473645	473215	425789	19487
棉、麻、土畜产品批发业	53196	53173	46391	3558
纺织品、服装和鞋帽批发业	83610	83610	77133	2094
日用百货批发业	18732	18731	16992	874
日用杂品批发业	15137	15137	14494	323
五金、交电、化工批发业	39066	38702	35577	2082
药品及医疗器械批发业	146205	145479	129844	6862
能源批发业	898301	897933	846755	22394
#石油及制品批发业	886159	885791	836076	21923
煤炭及制品批发业	12142	12142	10679	471
化工材料批发业	43771	43771	41113	1601
木材批发业	3984	3984	3352	158
建筑材料批发业	16924	16922	16110	364
矿产品批发业	69470	69470	61482	6235
金属材料批发业	34517	34517	32351	1321
机械、电子设备批发业	54128	54128	50546	2411
汽车、摩托车及零配件批发业	168470	168470	160154	4221
#汽车批发业	159249	159249	151371	4029
再生物资回收批发业	4671	4670	4256	274

（2000年） 单位:万元

商品销售利润	主营业务利润	管理费用	财务费用	营业利润	利润总额
151780	153370	139894	58910	-10061	-29274
104978	106495	89781	42568	-11319	-19618
90049	91477	75708	35200	-10797	-20156
104939	106456	89638	42517	-11086	-19447
79664	80892	68028	33858	-9793	-22916
9011	9064	8665	4475	-2482	-437
74	74	163	31	-80	-54
-16	-16	36		-52	-52
-16	-16	36		-52	-52
4469	4552	4675	2750	-2351	824
2656	2739	2854	2189	-2176	1017
1813	1813	1820	561	-175	-193
11480	11633	7906	1408	3578	3084
257	257	165	-3	95	104
257	257	165	-3	95	104
39	39	143	52	-233	-170
39	39	143	52	-233	-170
34824	34907	31145	9467	1183	3845
-44	-44	3875	2162	-5683	-2155
26983	27047	15738	3475	9494	7901
3163	3313	2631	2908	-1686	-2039
4341	4617	3290	3700	-1772	-1953
781	781	1082	846	-849	-906
308	320	490	210	-225	-225
996	997	2459	1231	-1991	-2603
8494	8495	8671	2463	-2116	-2136
28035	28035	16051	2123	11662	11177
27091	27091	14882	1772	11980	11268
944	944	1169	351	-318	-90
964	970	1140	662	-540	-483
303	303	543	76	-224	-217
430	430	445	53	-3	-15
1590	2252	3745	9149	-10455	-23056
819	832	1277	941	-1285	-1327
1162	1316	1460	2404	-2215	-2182
3982	3982	3137	1409	-516	536
3748	3748	2832	1314	-739	548
135	135	361	64	-132	-24

16—9　**续表 3**

项　　　目	商品销售收　　入	商品销售净　　额	商品销售成　　本	经营费用
工艺美术批发业	25010	25010	22710	1928
图书报刊批发业	88263	67819	58559	3997
农业生产资料批发业	271193	270083	252736	9584
其他类未包括的批发业	37253	37245	34403	1116
二、零售企业	706388	703403	611938	41658
#国有及国有控股	502182	499911	430016	31312
(一)按登记注册类型分组				
内资企业	680593	677607	591453	40049
国有企业	336018	333596	290074	21458
集体企业	42202	41927	38173	1925
股份合作企业	58368	58367	52295	2994
联营企业	1476	1476	1353	102
国有联营企业	665	665	536	72
集体联营企业				
国有与集体联营企业	811	811	818	31
其他联营企业				
有限责任公司	87944	87777	75027	5163
国有独资企业				
其他有限责任公司	87944	87777	75027	5163
股份有限公司	103906	103906	88587	6176
私营企业	50679	50559	45944	2231
私营独资企业	10237	10176	9250	695
私营合伙企业				
私营有限责任公司	40192	40133	36464	1517
私营股份有限公司	251	250	230	19
其他企业				
港、澳、台商投资企业	594	594	520	43
合资经营企业(港或澳、台资)				
合作经营企业(港或澳、台资)				
港、澳、台商独资经营企业	594	594	520	43
港、澳、台商投资股份有限公司				
外商投资企业	25201	25201	19965	1566
中外合资经营企业	25201	25201	19965	1566
中外合作经营企业				
外资企业				
外商投资股份有限公司				
(二)按国民经济行业分组				
食品、饮料和烟草零售业	83680	83589	76174	4039
#粮油食品零售业	2596	2596	2340	528
副食品零售业	28042	28042	25518	1330
日用百货零售业	237623	236958	202054	16122
#百货零售业	230068	229699	195441	15860
文化体育用品零售业	1084	1034	789	112
纺织品、服装和鞋帽零售业	42918	42341	35161	2610
日用杂品零售业	937	937	805	152
五金、交电、化工零售业	64746	64713	55023	3921
药品及医疗器械零售业	69844	69582	59512	4221
图书报刊零售业	36245	35319	26705	3101
其他零售业	168981	168550	155213	7470
#家具零售业	393	381	304	62
汽车、摩托车及其零配件零售业	67411	67372	63532	1981
计算机及软件、办公设备零售业	3721	3721	3444	205
连锁商店	133616	133113	119360	6907
非连锁商店	562868	560443	484867	33698
1、百货商店	193043	191951	159402	13288
2、超级市场	115177	114991	104670	5804
3、专业(专卖)商店	299705	298155	260898	16304
4、其他	89562	89462	79990	5193

（2000 年）　　　　　　　　　　　　　　　　　　　　　　　　　　　单位：万元

商品销售利　润	主营业务利　润	管理费用	财务费用	营业利润	利润总额
373	383	617	1097	-1433	-1506
4965	4965	2557	101	2447	2963
7651	7800	7379	3566	-1728	160
1662	1662	1301	102	557	373
46803	46875	50113	16342	1258	-9656
36252	36324	39363	13622	-4105	-15083
43118	43190	47393	14478	1774	-9909
20299	20357	26363	6134	-6142	-5901
1694	1694	2525	1352	-589	-1819
2928	2933	2318	964	297	-3006
18	18	83	9	-52	-52
56	56	69	10		
-38	-38	14		-52	-52
7190	7196	6529	1325	10054	6373
7190	7196	6529	1325	10054	6373
8709	8712	7482	4656	-2240	-5881
2279	2279	2092	39	444	376
214	214	209	9	-6	-3
2066	2066	1884	31	450	379
-1	-1			-1	-1
32	32	39		-7	-7
32	32	39		-7	-7
3653	3653	2681	1864	-509	259
3653	3653	2681	1864	-509	259
3083	3087	6158	1521	2734	-354
-302	-302	1128	550	-1407	-120
1088	1092	2789	534	3656	-649
17667	17683	18999	9806	-5996	-10367
17327	17343	18485	9690	-5763	-10206
129	129	126	24	1	1
4392	4394	3300	866	749	-2954
-26	-26	347	179	-335	-452
5484	5486	5124	1408	3024	1373
5617	5664	5295	964	-266	-749
4962	4962	5625	-26	796	1007
5524	5525	5086	1608	530	2631
13	13	42		-209	-175
1743	1743	1493	205	182	87
65	65	239	17	-10	-228
6506	6558	7795	1178	-590	336
39236	39257	41575	15127	1445	-10305
18237	18248	17823	9073	-4157	-6336
4218	4222	4952	1077	-312	-538
19673	19727	20204	3769	3724	4762
3902	3905	6378	2397	1850	-7857

16—10 年商品销售收入亿元以上批发零售贸易企业主要指标一览表

(2000 年)

单 位 名 称	商品销售收入	商品销售成本	经营费用	财务费用	实收资本
广西壮族自治区食品公司	10923	9566	692	264	1939
广西壮族自治区邮电器材公司	12301	11679	326	-56	957
广西农垦企业总公司	61213	59546	1200	67	1917
广西石油化学工业供销总公司	12134	11306	421	127	798
广西壮族自治区农业生产资料总公司	78867	72108	3404	524	3294
广西区机电设备总公司	33661	32115	999	222	1061
广西区糖酒副食总公司	35347	32942	721	449	2528
广西区交通物资总公司	15568	14944	269	11	385
广西壮族自治区南宁医药批发站	11198	9336	688	228	877
南宁药材批发站	17104	15089	1054	137	483
广西壮族自治区新华书店	73483	46882	2484	68	1116
广西石油销售公司	11517	9908	745	631	127
中国有色金属进出品广西公司	10471	9893	313	4831	1517
广西五金矿产进出口集团公司	30581	24575	4986	1914	3109
中国冶金进出口广西公司	20911	19896	690	121	11
广西正宇股份有限公司	13273	9710	1064	498	6173
广西南宁烟草(集团)有限责任公司	105348	98436	3666	1394	1106
广西烟草集团桂林烟草有限责任公司	16950	14422	759	-13	1214
广西广达进出品集团有限公司	67487	61963	1429	984	4636
南宁市食品企业总公司	11979	11265	460	166	1580
南宁百货大楼股份有限公司	46789	39573	2230	1304	9042
广西区医疗器械工业公司冷气工程部	12668	12166	221	64	50
广西区机电设备南宁公司	18860	18085	337	223	896
南宁市机电设备股份有限公司	12060	11461	190	201	2058
广西壮族自治区农业机械南宁公司	18779	18114	313	159	277
广西壮族自治区南宁石油分公司	128160	121628	3133	11	1429
广西南宁燕兴公司	10231	9780	277	-1	65
广西南宁梦之岛购物中心	17741	13291	1065	116	2102
广西南宁通信发展有限责任公司	17764	12112	1129	-72	3000
南宁市宏广石油公司	19264	17398	905	36	1092
南宁市农资公司	15287	14490	532	99	605
邕宁县供销社农业生产资料公司	10317	9833	320	55	883
广西壮族自治区桂林医药批发站	10469	9390	465	197	383
中国燕兴桂林公司	31160	29277	894	193	684
广西粮油食品进出口梧公司	15033	13631	419	202	952
中国石油化工股份公司北海石油分公司	46949	43855	2019	-23	608
宾阳县石油公司	15363	14330	709	63	192

(2000 年) 单位:万元

#国家资本	流动资产 小　计	固定资产 小　计	资产合计	负债合计
1939	7615	2004	12242	8109
	9003	1526	10536	8066
1917	17947	1915	20118	15652
798	3961	1232	5223	3398
	32093	7655	40154	29519
	5355	2785	9401	7032
2528	11853	1870	15619	10663
	2870	143	3715	2379
877	7547	1390	8938	7698
483	6609	3248	9930	7881
1116	32095	9877	43535	34300
127	5285	1442	6726	6599
1517	2815	423	3668	22878
3109	33048	2281	41014	39314
11	7664	414	8374	7750
1854	11321	8781	21094	13461
1106	27413	5767	36561	29948
	3567	2803	6454	548
4636	30437	5426	37388	30611
1580	3707	3093	6853	4021
2226	29632	28452	62799	34549
50	1767	152	1988	1749
	6520	2647	9373	6356
720	4744	2664	7500	5050
	1955	1451	3406	2436
	24686	14288	39866	38437
	1284	224	1614	1519
2102	10839	1074	13216	11253
	23690	1827	31812	6780
	2090	1433	3829	2210
	3642	316	3970	3135
	2693	602	3295	2108
383	4847	1545	6395	5769
684	7392	1341	8858	7704
	5443	2600	8045	6661
608	12538	4062	17673	17065
192	619	2531	4631	4439

16—10 续表 1

单位名称	商品销售收入	商品销售成本	经营费用	财务费用	实收资本
广西区石油总公司来宾石油批发部	11852	11247	330	-1	243
玉柴机器集团机电公司	34578	34729	1910	393	1500
广西桂玉医药有限责任公司	61105	57533	1729	13	0
玉林市玉州区食品总公司	12951	12585	159	115	1569
广西桂玉医药有限责任公司	10722	9840	290	82	159
中石化股份公司广西贵港石油分公司	57762	53897	1818	93	582
广西烟草公司百色分公司	12098	11081	422	3	739
广西壮族自治区百色石油分公司	42207	40423	898	99	3661
金城江石油分公司	43280	41148	984	60	1051
浦北县食品公司	18341	17696	296	8	532
广西壮族自治区出版印刷公司	19804	18148	446	81	1552
防城港桂华石油液化气有限公司	14389	13914	435	52	3000
桂林微笑堂实业发展有限公司	25201	19965	1566	1864	2301
南宁医药有限责任公司	20948	18418	846	172	2603
广西华联综合超市有限公司	20001	18434	808	94	3000
华南蓝天航空油料公司	25362	20686	835	1002	
北海强盛进出口贸易有限公司	12776	11870	665	-3	300
滇黔桂石油勘探局北海石油天然气销售公司	91022	89341	656	78	
柳州市百货股份有限公司	23616	19758	1856	888	1929
柳州五金交化集团有限公司	14773	13634	1020	343	1848
柳州工贸大厦股份有限公司	24442	21200	1473	734	4696
柳州市甲天下烟草集团	120026	110031	5479	1212	1130
柳州石油分公司	83154	79339	26	-14	709
柳州市医药总公司	21402	19169	760	141	771
柳州医药站	11230	9733	424	67	714
柳州市佳用实业有限责任公司	26599	23999	1053	18	1532
广西机电设备柳州公司	10352	10006	212	118	792
柳江县农业生产资料公司	19033	18336	373	71	490
柳江县对外经济贸易公司	10285	9353	472	294	600
梧州烟草分公司	11112	10329	199	79	478
梧州石油分公司	43457	40925	1427	79	
广西土产进出口梧州公司	15514	12640	1725	493	2572
南宁康迈商业有限责任公司	39859	36045	2199	646	5154
广西土产进出口公司	14169	12148	865	1181	1530

（2000 年）　　单位:万元

#国家资本	流动资产 小　计	固定资产 小　计	资产合计	负债合计
	424	619	2067	912
1500	10243	502	14389	12452
	6366	4305	14731	14071
1569	1510	3056	4620	2411
159	3253	1185	4513	4163
	6882	5973	17502	16920
739	4931	3786	8740	4268
3661	9365	3379	14871	11210
1051	4718	2203	12253	11202
532	642	733	1387	720
1552	5201	1063	6310	3192
	207	3727	5046	1716
1173	7750	20535	28964	32349
2039	9407	3656	13153	7310
	5500	2877	8935	5906
	7026	105	31920	33273
	11108	25	11133	10757
	4747	860	5607	5607
1371	8063	13658	26010	28746
1848	7098	29066	36323	32083
2536	21373	8372	30032	28921
1130	46467	2677	49478	38052
	14395	3357	18022	17313
771	6036	2893	8984	5984
714	7102	347	7832	6908
	6252	1705	16230	5454
	2946	1351	4409	2493
	2484	131	2653	2097
	24915	817	26049	25694
478	757	2443	7634	4838
	7781	4312	13499	12872
2565	10687	2168	14608	9921
5154	17360	17025	36055	22324
1530	13149	2435	22758	23070

16—10 **续表 2**

单 位 名 称	流动负债	所有者权益	管理费用	税金	利润总额	应付工资
广西壮族自治区食品公司	7708	4133	808	8	50	357
广西壮族自治区邮电器材公司	7964	2470	558	19	－106	175
广西农垦企业总公司	15400	4466	240		66	143
广西石油化学工业供销总公司	3198	1825	269	94	5	112
广西壮族自治区农业生产资料总公司	29519	10635	1102	77	2328	278
广西区机电设备总公司	7032	2369	558	24	60	227
广西区糖酒副食总公司	10809	4956	1399	43	193	143
广西区交通物资总公司	724	1336	286	6	112	99
广西壮族自治区南宁医药批发站	7120	1240	910		11	540
南宁药材批发站	7397	2049	778	25	21	556
广西壮族自治区新华书店	33702	9236	1672	131	2773	863
广西石油销售公司	4829	127	219		156	138
中国有色金属进出品广西公司	22878	－19210	2206		－19527	145
广西五金矿产进出口集团公司	38481	1700	873	23	－1042	441
中国冶金进出口广西公司	7732	624	247	2	30	52
广西正宇股份有限公司	11520	7633	1898	561	531	86
广西南宁烟草(集团)有限责任公司	30003	6613	2969	26	－1519	332
广西烟草集团桂林烟草有限责任公司	1438	5906	701		929	375
广西广达进出品集团有限公司	25921	6777	1664	68	1209	696
南宁市食品企业总公司	4021	2832	507	21	－37	326
南宁百货大楼股份有限公司	34549	28250	2856	83	2003	21562
广西区医疗器械工业公司冷气工程部	1749	239	206	9	39	94
广西区机电设备南宁公司	6356	3016	389	11	31	96
南宁市机电设备股份有限公司	5100	2450	350	10	10	105
广西壮族自治区农业机械南宁公司	2436	970	233		－31	122
广西壮族自治区南宁石油分公司	18473	1429	1171	33	2014	1545
广西南宁燕兴公司	1519	95	122	4	13	52
广西南宁梦之岛购物中心	11253	1963	1582		1005	532
广西南宁通信发展有限责任公司	6780	25032	1671	124	4923	895
南宁市宏广石油公司	2210	1619	473		614	437
南宁市农资公司	3135	835	228		－48	71
邕宁县供销社农业生产资料公司	2036	1187	103		5	44
广西壮族自治区桂林医药批发站	5975	626	635	14	－268	343
中国燕兴桂林公司	7540	1154	761	9	32	316
广西粮油食品进出口梧公司	6346	1384	778		50	285
中国石油化工股份公司北海石油分公司	17065	608	767	5	262	441
宾阳县石油公司	2872	192	13	13	209	178

16—10 **续表 3** (2000 年) 单位:万元

单位名称	流动负债	所有者权益	管理费用	税金	利润总额	应付工资
广西区石油总公司来宾石油批发部	54	1155	6	2	255	91
玉柴机器集团机电公司	12452	1937	1205	170	746	170
玉林石油分公司	4670	660	697	8	1069	453
玉林市玉州区食品总公司	2411	2209	258	15	3	62
广西桂玉医药有限责任公司	4163	350	499	14	1	307
中石化股份公司广西贵港石油分公司	7123	582	450	31	854	390
广西烟草公司百色分公司	4134	4473	285	6	257	167
广西壮族自治区百色石油分公司	11210	3661	425	22	256	118
金城江石油分公司	3736	1051	450	22	594	305
浦北县食品公司	639	667	337	6	－11	226
广西壮族自治区出版印刷公司	3192	3118	625	10	526	370
防城港桂华石油液化气有限公司	1716	3329	143	2	－170	89
桂林微笑堂实业发展有限公司	10299	－3385	2681	84	259	851
南宁医药有限责任公司	6286	5842	1231	24	196	721
广西华联综合超市有限公司	5906	3029	479		270	513
华南蓝天航空油料公司	28517	－1353	3465		－331	726
北海强盛进出口贸易有限公司	10757	377	147	15	106	70
滇黔桂石油勘探局北海石油天然气销售公司	1090	0	1025		1272	87
柳州市百货股份有限公司	24571	－2736	1765	139	－4274	1600
柳州五金交化集团有限公司	25962	4239	1317	8	－3411	745
柳州工贸大厦股份有限公司	28210	1110	1123	27	－3370	760
柳州市甲天下烟草集团	37825	11426	1258	13	1774	769
柳州石油分公司	17313	709	1914	7	1847	578
柳州市医药总公司	5984	2999	1121	18	22	592
柳州医药站	6658	924	913	16		417
柳州市佳用实业有限责任公司	5131	10775	1330	0	372	450
广西机电设备柳州公司	2493	1916	253	7	15	121
柳江县农业生产资料公司	2080	557	251		6	58
柳江县对外经济贸易公司	25690	355	200	2	－154	84
梧州烟草分公司	4808	2796	438	26	124	100
梧州石油分公司	9032	627	615	14	397	441
广西土产进出口梧州公司	9921	4687	814	28	5	45
南宁康迈商业有限责任公司	22228	13731	2158	98	－603	1188
广西土产进出口公司	23038	－312	530	29	－1006	155

16—11 主要年份城乡集市贸易情况

指　　标	单　位	1990 年	1995 年	1999 年	2000 年
集市贸易市场	个	2208	2826	3264	3268
城　市	个	151	245	439	459
乡　村	个	2057	2581	2825	2809
集市贸易成交总额	万元	884875	3552826	5901680	6715267
城　市	万元	149050	954598	2042248	2333068
乡　村	万元	735825	2598228	3859432	4382199
在城乡集市贸易成交额中					
粮食类	万元	49982	196348	388166	403745
# 粮食	吨	355114	708105	1730393	2086227
油脂油料类	万元	22861	97973	214222	218652
棉烟麻类	万元	19792	22920	26608	23386
肉禽蛋类	万元	427686	1233980	1719474	1920860
# 猪肉	吨	470413	613259	874615	972006
牛肉	吨	44937	72955	90714	97775
羊肉	吨	861	2246	14588	20437
鸡鸭鹅	吨	87552	128965		
水产品类	万元	43601	142642	277669	400116
蔬菜类	万元	54574	199105	402816	477462
干鲜果类	万元	57504	242302	452007	553158
大牲畜类	万元	18284	56520	56353	58332
家畜幼禽类	万元	66962	292069	297969	313813
工业品类	万元	71152	337499	1096338	1215654
其他类	万元	52477	731468	970058	1130089

注:集市贸易市场和集市贸易成交总额的“城市”系指南宁市、柳州市、桂林市、梧州市和北海市。

16—12 主要年份个体工商业发展情况

指　　标	1990年	1995年	1999年	2000年
一、户数(户)	560518	923679	1148139	967512
按城乡分				
城　镇	192518	362450	520034	451020
农　村	368000	561229	628105	516492
按行业分				
农林牧渔业		2432	45961	12888
采掘业	778	3562	2808	1972
制造业	43831	76662	88743	85900
建筑业	374	762	1256	1164
交通运输、仓储业	44717	82886	102171	85435
批发零售贸易业	336167	546260	620823	529569
餐饮业	60802	97128	146659	137143
社会服务业	54684	102206	122355	104507
其他行业	19165	11781	17363	8934
二、从业人员(人)	775589	1307050	1638101	1394187
按城乡分				
城　镇	267690	529941	762767	678565
农　村	507899	777109	875334	715622
按行业分				
农林牧渔业		3515	61319	23066
采掘业	2855	7960	7207	5702
制造业	69537	139534	144271	146868
建筑业	1144	1759	3433	3627
交通运输、仓储业	53373	104559	129636	117835
批发零售贸易业	445771	732757	849247	726665
餐饮业	97464	159363	244430	199147
社会服务业	71466	142052	176309	157557
其他行业	33979	15551	22249	13720
三、销售总额或营业收入(万元)	549833	2207961	3975652	3780945
按城乡分				
城　镇	245437	1079079	2345823	2289149
农　村	304396	1128882	1629829	1491796
按行业分				
农林牧渔业		1802	41786	26672
采掘业				
制造业				
建筑业				
交通运输、仓储业		446543	641319	554342
批发零售贸易业	435960	1314567	2408817	2163885
餐饮业	65699	243321	507315	690281
社会服务业	41307	181030	328153	323732
其他行业	6867	20698	48262	22033

十七、对外经济贸易和旅游

17—1 主要年份外贸进出口总额(按贸易方式分)

单位:万美元

项　　目	1990年	1995年	1999年	2000年
合计	**89797**	**321111**	**175322**	**203789**
一般贸易	86859	261645	114216	149839
国家间、国际组织无偿援助和赠送的物资	–	–	8	2
华侨、港澳台同胞、外籍华人捐赠物资	–	–	–	3
补偿贸易	1646	3706	–	–
来料加工装配贸易	1292	25112	14715	16317
进料加工贸易	–	–	20860	21221
寄售、代销贸易	–	–	9	8
边境小额贸易	–	24652	16075	15013
来料加工装配进口的设备	–	–	28	7
对外承包工程出口货物	–	–	127	18
租赁贸易	–	–	–	–
外商投资企业作为投资进口的设备物资	–	–	8944	1134
出料加工贸易	–	–	–	1
易货贸易	–	5996	–	5
免税外汇商品	–	–	125	6
保税仓库进出境货物	–	–	159	156
保税区仓储转口货物	–	–	–	–
其它			56	59

注:外贸进出口数字自1999年起(含1999年)一律采用海关 提供的数据。

17—2 主要年份外贸出口总额(按贸易方式分)

单位:万美元

项　　目	1990年	1995年	1999年	2000年
合计	**72944**	**224585**	**124701**	**149319**
一般贸易	70147	188402	91129	118392
国家间、国际组织无偿援助和赠送的物资	–	–	–	–
补偿贸易	1508	3429		
来料加工装配贸易	1289	16037	8363	7976
进料加工贸易	–	–	12995	14509
寄售、代销贸易	–	–	9	8
边境小额贸易	–	11369	11991	8351
对外承包工程出口货物	–	–	127	18
租赁贸易	–	–	–	–
出料加工贸易	–	–	–	1
易货贸易	–	5348	–	2
免税外汇商品	–	–	–	–
保税仓库进出境货物	–	–	58	59
保税区仓储转口货物	–	–	–	
其它	–	–	29	3

17—3 主要年份外贸进口总额(按贸易方式分)

单位:万美元

项　　目	1990 年	1995 年	1999 年	2000 年
合计	**16853**	**96526**	**50621**	**54470**
一般贸易	16712	73243	23087	31447
国家间、国际组织无偿	–	–	–	
援助和赠送的物资	–	–	8	2
华侨、港澳台同胞、外				
籍华人捐赠物资	–	–	–	3
补偿贸易	138	277	–	–
来料加工装配贸易	3	9075	6352	8341
进料加工贸易	–	–	7865	6712
寄售、代销贸易	–	–	–	–
边境小额贸易	–	13283	4084	6662
来料加工装配进口的设备	–	–	28	7
租赁贸易	–	–	–	–
外商投资企业作为投	–	–	–	–
资进口的设备物资	–	–	8944	1134
出料加工贸易	–	–	–	–
易货贸易	–	648	–	3
免税外汇商品	–	–	125	6
保税仓库进出境货物	–	–	101	97
其它	–	–	27	56

17—4 外贸进出口总额

(1978—2000 年)

年　份	按人民币计算(万元)				按美元计算(万美元)			
	进出口总　额	出口总额	进口总额	差　额 顺差＋ 逆差－	进出口总　额	出口总额	进口总额	差　额 顺差＋ 逆差－
1978	45783	42305	3478	38827	26931	24885	2046	22839
1979	50202	46719	3483	43236	30799	28662	2137	26525
1980	57112	55234	1878	53356	37823	36579	1244	35335
1981	64955	59691	5264	54427	39949	36620	3329	33291
1982	68458	62339	6119	56220	37621	34259	3362	30897
1983	78494	67167	11327	55840	40048	34269	5779	28490
1984	115884	90205	25679	64526	41387	32216	9171	23045
1985	153619	109260	44359	64901	52310	37205	15105	22100
1986	188274	148595	39679	108916	54528	43036	11492	31544
1987	294608	202225	92383	109842	79151	54331	24820	29511
1988	300772	202583	98189	104394	80807	54427	26380	28047
1989	280777	217482	63295	154187	75435	58430	17005	41425
1990	429517	348906	80611	268295	89797	72944	16853	56091
1991	544732	443062	101670	341392	102351	83248	19103	64145
1992	903567	611189	292378	318811	163850	110831	53019	57812
1993	1197113	763413	433700	329713	207760	132491	75269	57222
1994	2119857	1380777	739080	641697	245983	160222	85761	74461
1995	2689369	1880944	808425	1072519	321111	224585	96526	128059
1996	2349656	1590216	759440	830776	283132	191620	91512	100108
1997	2543484	1975177	568307	1406870	306821	238266	68555	169711
1998	2469994	2001785	468209	1533576	298377	241817	56560	185257
1999	1451332	1032287	419045	613242	175322	124701	50621	74080
2000	1686986	1236078	450908	785170	203789	149319	54470	94849

注:1998 年以前(含 1998 年)为外贸部门数。

17—5 外贸进出口总额(按运输方式分)

(2000 年)　　单位:万美元

项　　目	进　出　口	出　　口	进　　口
全区总值	**203789**	**149319**	**54470**
江、海运输	142431	105526	36905
铁路运输	5350	4927	423
汽车运输	41921	34885	7036
空　　运	13921	3866	10055
邮　　运	165	114	51
其　　它	1	1	

17—6 外贸进出口总额(按贸易方式及企业性质分)

(2000 年)　　单位:万美元

项　　目	合　计	国有企业	外商投资企业				集体企业	其　他
			小计	中外合作	中外合资	外商独资		
进口总值	**54470**	**32464**	**21218**	**3838**	**12735**	**4645**	**739**	**49**
一般贸易	31447	21122	10189	3536	4296	2357	136	
国家间、国际组织无偿援助和赠送的物资	2	–	–	–	–	–	–	2
华侨、港澳台同胞、外籍华人捐赠物资	3	2	–	–	–	–	–	1
补偿贸易								
来料加工装配贸易	8341	705	7630	206	5814	1610		6
进料加工贸易	6712	4446	2204	1	2032	171	62	
边境小额贸易	6662	6112	–	–	–	–	541	9
来料加工装配进口的设备	7		7		7			
对外承包工程出口货物	–	–	–	–	–	–	–	–
租赁贸易	–	–	–	–	–	–	–	–
外商投资企业作为投资进口的设备物资	1134	–	1134	95	560	479	–	–
出料加工贸易	–	–	–	–	–	–	–	–
易货贸易	3	3	–	–	–	–	–	–
免税外汇商品	6	6	–	–	–	–	–	–
保税仓库进出境货物	97	46	51		24	27	–	–
保税区仓储转口货物	–	–	–	–	–	–	–	–
其它	56	22	3	–	2	1		31
出口总值	**149319**	**105137**	**34117**	**1290**	**27419**	**5408**	**9854**	**211**
一般贸易	118392	86328	22347	719	18857	2771	9515	202
国家间、国际组织无偿援助和赠送的物资	–	–	–	–	–	–	–	–
补偿贸易	–	–	–	–	–	–	–	–
来料加工装配贸易	7976	911	7059	519	4396	2144	–	6
进料加工贸易	14509	9592	4709	52	4164	493	208	–
寄售代销贸易	8	8	–	–	–	–	–	–
边境小额贸易	8351	8219	–	–	–	–	131	1
来料加工装配进口的设备	–	–	–	–	–	–	–	–
对外承包工程出口货物	18	18	–	–	–	–	–	–
租赁贸易	–	–	–	–	–	–	–	–
出料加工贸易	1	–	1	–	1	–	–	–
易货贸易	2	2		–	–	–	–	–
免税外汇商品				–	–	–	–	–
保税仓库进出境货物	59	58	1		1	–	–	–
保税区仓储转口货物	–	–	–	–	–	–	–	–
其它	3	1	–	–	–	–	–	2

17—7 广西同主要国家(地区)进出口商品总值

(2000年)　　单位:万美元

进口原产国(地) 出口最终目的国(地)	进出口	出　口	进　口	2000年比1999年±%		
				进出口	出　口	进　口
总　值	**203789**	**149319**	**54470**	**16.2**	**19.7**	**7.6**
亚　洲	**112963**	**80625**	**32338**	**17.3**	**9.7**	**41.9**
香港	23676	21978	1698	-6.4	-8	20
印度	1720	1217	503	0.2	55.8	-46.2
印度尼西亚	2358	1800		41.9	42.4	40.2
日本	16712	12855	3857	26.5	40.9	-5.5
马来西亚	3634	1812	1822	87.5	36.4	199
沙特阿拉伯	382	375	7	-7.1	13.7	-91.4
新加坡	2981	2018	963	88.9	47.9	351
韩国	7559	3276	4283	50.7	29.2	72.7
泰国	4483	2272	2211	2	-2.8	7.5
越南	29162	22214	6948	10.3	1.8	50.4
台湾省	13675	5616	8059	46.5	29.7	61.1
非　洲	**8286**	**3245**	**5041**	**11**	**-2.5**	**22**
加蓬	1344	1	1343	-10.5	-35.6	-10.4
南非	4271	826	3445	44.5	81.4	37.8
欧　洲	**46335**	**35755**	**10580**	**4.7**	**25.7**	**-32.9**
比利时	1773	988	785	10.4	-10.5	56.5
英国	4809	3585	1224	-14	20.7	-53.4
德国	6238	4626	1612	-13.8	-7.3	-28.3
法国	2802	2157	645	-62.9	-9.8	-87.5
意大利	3724	3250	474	14	60.4	-61.7
荷兰	14262	14163	99	30.4	31.8	-47.4
西班牙	4634	4461	173	124.4	144.1	-27.1
芬兰	4662	77	4585	60.9	-33	64.8
瑞典	462	375	87	0.7	16.4	-36
俄罗斯联邦	340	80	260	47.6	79	40.1
拉丁美洲	**4224**	**3158**	**1066**	**34.9**	**55.3**	**-2.8**
北美洲	**28319**	**24206**	**4113**	**34.8**	**55.4**	**-24.2**
加拿大	1353	867	486	-12.5	14.8	-38.5
美国	26966	23339	3627	38.6	57.5	-21.7
大洋洲	**3662**	**2330**	**1332**	**12.8**	**25.8**	**-4.3**
澳大利亚	3398	2097	1301	12	24.5	-3.5
东南亚国家联盟	**43950**	**31011**	**12939**	**19.1**	**7.4**	**61.5**
欧洲联盟	**44433**	**34669**	**9764**	**4.3**	**26.6**	**-35.8**
亚太经济合作组织	**110339**	**79736**	**30603**	**24.5**	**23.4**	**27.4**

注:东南亚国家联盟包括:文莱、印度尼西亚、马来西亚、菲律宾、新加坡、泰国、越南

欧洲联盟包括:比利时、丹麦、英国、德国、法国、爱尔兰、意大利、卢森堡、荷兰、希腊、葡萄牙、西班牙、奥地利、芬兰、瑞典

亚太经济合作组织包括:文莱、香港、印度尼西亚、日本、马来西亚、菲律宾、新加坡、韩国、泰国、中华人民共和国、台湾省、智利、墨西哥、加拿大、美国、澳大利亚、新西兰、巴布亚新几内亚。

17—8 主要出口商品数量和金额

金额单位:万美元

商品名称	数量单位	数量	金额
活猪(种猪除外)	万头	10	1299
活家禽	万只	227	754.3
鲜、冻猪肉	万吨	–	89.2
水海产品	万吨	–	256.4
鲜蛋	百万个	7	17.5
谷物及谷物粉	万吨	1	180.8
蔬菜	万吨	4	1584.7
干豆	万吨	1	336.6
鲜、干水果及坚果	万吨	4	1587.9
食用植物油(包括棕榈油)	吨	3799	138.4
茶叶	吨	2439	378.7
蘑菇罐头	吨	3141	234.1
植物榨油后的剩余物	万吨	1	98.8
填充用羽毛、羽绒	吨	1475	551.2
药材	吨	9992	933.3
生丝	吨	164	348.4
黏土及其他耐火矿物	万吨	24	275.5
重晶石	万吨	111	3117.4
滑石	万吨	26	2251.9
氧化锌及过氧化锌	吨	79182	5879
锌钡白(立德粉)	吨	7819	224.2
医药品	吨	979	541.1
烟花、爆竹	吨	25228	3788
松香及树脂酸	吨	75267	3736.6
轮胎	万条	22	468.5
家用或装饰用木制品	吨	8227	876
纸及纸板(未切成形的)	万吨	1	573.6
纺织纱线、织物及制品	–	–	6946.8
水泥	万吨	50	1425
平板玻璃	万平方米	239	483.5
家用陶瓷器皿	吨	63787	4209.3
装饰用陶瓷制品	吨	512	59.4

17—8 续表 (2000年) 金额单位:万美元

商品名称	数量单位	数量	金额
珍珠、宝石及半宝石	千克	4517	810.8
生铁及镜铁	万吨	3	342.5
钢坯及粗锻件	万吨	5	974
钢材	万吨	6	1561.3
未锻造的铝及铝材	吨	994	183.2
未锻造的锌及锌合金	吨	25777	2779.6
未锻造的锡及锡合金	吨	21964	11402.2
未锻造的锑	吨	3519	363.6
餐桌、厨房及其它家用搪瓷器	吨	3751	444.2
手用或机用工具	吨	1843	209.7
金属加工机床	万台	–	105.6
轴承	万套	101	95.3
原电池	万个	28959	1207.8
录音机及收录(放)音组合机(包括整套散件)	万台	28	252.9
收音机	万台	16	42.5
电容器	吨	90	123.6
电线和电缆	吨	4407	985.2
集装箱	个	54	95
汽车零件	–	–	152.4
家具	–	–	587
床垫、寝具及类似品	–	–	301.5
灯具、照明装置及类似品	–	–	95.7
旅行用品及箱包	–	–	859.4
服装及衣着附件	–	–	10654
鞋类	–	–	1728.5
塑料制品	吨	22406	4260.2
玩具	–	–	336.8
贵金属或包贵 金属的首饰	–	–	2564.7
伞	万把	35	32.5
竹编结品	吨	6302	1184.1
藤编结品	吨	7263	1231.8
柳编结品	吨	1609	283.8
人造花	吨	152	64.1
机电产品(包括本目录已具体列名的机电产品)	–	–	23370.6

17—9　主要进口商品数量和金额

（2000 年）　　　　金额单位：万美元

商 品 名 称	数量单位	数　量	金　额
食用植物油(包括棕榈油)	万吨	1	502
其他植物油	万吨	2	957
饲料用鱼粉	吨	2711	131
天然橡胶(包括胶乳)	万吨	3	1996.2
合成橡胶(包括胶乳)	吨	399	101.4
纸浆	万吨	–	196.3
纺织用合成纤维	万吨	1	855.4
铁矿砂	万吨	84	1744.4
锰矿砂	万吨	25	2125.5
氧化铝	万吨	–	–
成品油	万吨	3	636.6
已内酰胺	吨	504	72.1
医药品	吨	1	9
肥料	万吨	–	3.1
初级形状的塑料	万吨	1	798.3
农药	吨	187	64.1
牛皮革及马皮革	吨	22102	1948.6
纸及纸板(未切成形的)	万吨	1	487.5
合成纤维纱线	吨	2570	271.4
棉机织物	万米	112	92.3
合成纤维长丝机织物	万米	585	852.6
针织或钩编织物	吨	306	89.8
钻石	千克	19	3279.5
钢材	万吨	10	6825.1
未锻造的铜及铜材	吨	779	193.1
未锻造的铝及铝材	吨	961	146.6
蒸汽及过热水锅炉的辅助设备	吨	–	–
液泵及液体提升机	台	9127	88.5
冷冻机和制冷设备	–	–	15.2
机械提升搬运装卸设备及零件	–	–	68.9
建筑及采矿机械	–	–	369.3
食品加工机械	–	–	73.6
印刷、装订机械	–	–	335.3
纺织机械	–	–	106.8
金属加工机床	台	222	213.2
橡胶或塑料加工机械	–	–	24.7
阀门	万套	2	63.5
自动数据处理设备及其部件	台	5293	337
自动数据处理设备的零件	吨	1	3.2
旋转式电力设备的零件	吨	2	5.3
有线电话电报设备的零附件	吨	120	4517.7
通断及保护电路装置及零件	万个	–	100.1
电视显像管	万只	–	–
集成电路及微电子组件	万个	8257	405.5
电线和电缆	吨	103	74.6
汽车和汽车底盘	辆	89	237.2
医疗仪器及器械	–	–	120.4
计量检测分析自控仪器及器具	–	–	273.3
机电产品(包括本目录具体列名的机电产品)	–	–	15036.6

17—10 边境贸易进出口总额

单位:万元

项目	1990年	1995年	1999年	2000年
进出口总额	–	266079	351046	378057
进口总额	–	148380	101514	118137
出口总额	–	117699	249532	259920

17—11 边境贸易主要商品进出口数量和金额

(2000年)

金额单位:万元

项目	数量单位	进口		出口	
		数量	金额	数量	金额
农副土特产品	**万元**	**–**	**45246**	**–**	**27981**
#粮食(贸易粮)	吨	950	57	3801	3603
肉禽蛋	吨	2482	2563	1990	594
水产品	吨	44706	33333	–	–
干鲜果	吨	8968	4618	7645	560
牛皮	张	–	–	3510	1541
工业品	**万元**	**–**	**24056**	**–**	**81876**
#自行车	辆	–	–	25768	622
布匹	百米	–	–	671367	66875
缝纫机	台	–	–	30584	1511
食糖	吨	–	–	427	66
啤酒	吨	–	–	5558	1162
电池	箱	–	–	287	157
橡胶	吨	28137	15893	–	–
生产资料	**万元**	**–**	**9318**	**–**	**16892**
#化肥	吨	–	–	376	52
柴油机	台	–	–	4291	606
手扶拖拉机	台	–	–	2500	502
钢材	吨	–	–	–	–
水泥	吨	–	–	28313	818
锰矿石	吨	8868	293	–	–
焦炭	吨	251021	2162	6514	202
废旧品	**万元**	**–**	**315**	**–**	**2743**
中药材	**万元**	**–**	**384**	**–**	**1619**
其他商品	**万元**	**–**	**38818**	**–**	**128809**
#木材	立方米	38952	2878	–	–

17—12 实际利用外资额

（1978－2000年） 单位：万美元

年　　份	合　　计	对外借款	外商直接投资	外商其他投资
1979－1983	4651	－	1226	3875
1984	3435	－	385	3035
1985	4493	1405	1251	1837
1986	7982	2787	3700	1495
1987	9233	4403	3774	1056
1988	18157	11513	4258	2386
1989	7425	1891	4594	940
1990	6031	1780	3025	1226
1991	6636	1624	3871	1141
1992	23741	4355	18026	1360
1993	92415	3891	87203	1321
1994	104724	22036	81506	1182
1995	96395	29042	66952	401
1996	102010	34697	66618	695
1997	126991	38412	87986	593
1998	128254	39641	88613	－
1999	92108	28378	63730	－
2000	75281	22515	52466	300

17—13 主要年份实际利用外资情况

单位：万美元

项　　　目	1990年	1995年	1999年	2000年
总　　计	**6031**	**96395**	**92108**	**75281**
对外借款	**1780**	**29042**	**28378**	**22515**
外国政府贷款	920	6943	8231	6630
国际金融组织贷款	389	5301	18042	11835
外国银行商业贷款	－	14195	2105	4050
出口信贷	471	2603	－	－
外商直接投资	**3025**	**66952**	**63730**	**52466**
按投资方式分				
独资经营	141	15163	33041	18476
合资经营	1861	41367	21634	16413
合作经营	1023	10422	7954	15477
按国民经济行业分				
1、农林牧渔业	89	2917	3212	2092
2、工业	2271	33316	39708	22697
3、建筑业	－	3517	2079	6157
4、运输、邮电业	29	4587	2267	2147
5、商业、饮食和物资供销业	－	1369	256	492
6、房地产、公用服务业	633	19997	14625	18563
7、其他行业	3	1249	1449	318
按国别、地区分				
#香港	2623	37226	26996	20204
澳门	31	2420	533	1321
日本	5	3175	522	524
新加坡	66	4039	608	1407
台湾	138	4295	4002	4750
美国	42	2004	2240	1282
泰国	－	4464	623	609
外商其他投资	**1226**	**401**	**－**	**300**
加工装配	－	92	－	－
补偿贸易	646	309	－	300
国际租赁	580	－	－	－

17—14 主要年份分地市新签外商直接投资项目和金额

单位:万美元

地　　市	1990 年	1995 年	1999 年	2000 年
新签项目个数(个)	**114**	**571**	**234**	**246**
#南宁市	13	88	51	31
柳州市	7	36	10	8
桂林市	28	116	48	45
梧州市	15	85	26	41
北海市	20	56	16	17
防城港市	–	24	7	23
钦州市	3	20	8	8
贵港市	–	–	7	9
玉林市	11	62	22	43
南宁地区	1	18	8	5
柳州地区	1	4	4	1
贺州地区	8	30	–	7
百色地区	1	2	6	3
河池地区	1	9	4	5
新签项目合同外资额(万美元)	**12523**	**104177**	**69106**	**71549**
#南宁市	934	23557	19180	10637
柳州市	208	8275	278	3380
桂林市	5751	10772	12225	6550
梧州市	170	5837	1337	3151
北海市	3584	10155	6084	821
防城港市	18	3746	4637	34536
钦州市	60	12048	2024	3057
贵港市	–	–	223	521
玉林市	1255	16465	7908	2210
南宁地区	40	947	1671	530
柳州地区	17	903	3496	840
贺州地区	324	2303	1186	559
百色地区	40	429	321	412
河池地区	14	2605	6793	4345

17—15 主要年份分地市外商实际投入金额和年末实有企业数

单位:万美元

地　　市	1990 年	1995 年	1999 年	2000 年
外商实际投入金额(万美元)	**3025**	**66952**	**63730**	**52466**
#南宁市	–	8657	9797	8105
柳州市	319	3424	2582	1018
桂林市	894	9142	11067	11563
梧州市	124	4032	4513	5860
北海市	932	21977	4340	3629
防城港市	–	1800	865	3110
钦州市	356	2948	927	646
贵港市	–	–	424	660
玉林市	70	6004	4170	7564
南宁地区	22	1527	2525	752
柳州地区	41	35	20176	6750
贺州地区	128	2303	1108	1550
百色地区	139	418	317	352
河池地区	–	1679	701	907
年末实有企业数(个)	**376**	**5175**	**4073**	**1941**
#南宁市	47	468	431	400
柳州市	38	284	205	125
桂林市	98	623	524	260
梧州市	33	537	432	374
北海市	69	1142	940	259
防城港市	1	229	137	62
钦州市	24	221	285	50
贵港市	–	–	171	50
玉林市	34	907	391	239
南宁地区	4	139	165	32
柳州地区	6	42	33	13
贺州地区	15	471	103	36
百色地区	6	48	33	18
河池地区	–	64	88	23

17—16 主要年份对外承包工程

项目	1990年	1995年	1999年	2000年
合同项目(个)	**40**	**19**	**20**	**14**
#乍得	5	1	–	–
冈比亚	18	–	–	–
布隆迪	4	–	–	–
巴基斯坦	2	3	–	–
安哥拉	6	–	–	–
越南	–	11	11	8
柬埔寨	–	–	1	–
美国	–	–	4	1
境内国际招标工程	–	–	1	2
合同金额(万美元)	**2945**	**7634**	**2034**	**2994**
#乍得	354	1	–	–
冈比亚	368	–	–	–
布隆迪	112	–	–	–
巴基斯坦	1700	930	–	–
安哥拉	56	–	–	–
越南	–	5137	1324	699
柬埔寨		–	244	–
美国	–	–	68	45
境内国际招标工程	–	–	314	1635
当年完成营业额(万美元)	**3353**	**8292**	**4235**	**5042**

17—17 旅游部门职工人数

(2000年)　　单位:人

地市	合计	其中			
		管理机构人员	旅行社员工	涉外饭店员工	其它人员
总计	**61691**	**657**	**5346**	**44633**	**11055**
南宁市	12801	43	934	10282	1542
柳州市	4644	17	285	3563	779
桂林市	17241	122	2360	9120	5639
梧州市	2711	22	99	2578	12
北海市	5497	50	715	3534	1198
防城港市	2355	25	233	2084	13
钦州市	1371	20	43	1227	81
贵港市	1823	20	61	1279	463
玉林市	4087	67	224	3431	365
南宁地区	2433	92	213	1880	248
柳州地区	587	50	89	177	271
贺州地区	1442	32	36	1041	333
百色地区	3029	48	10	2899	72
河池地区	1670	49	44	1538	39

注:(1)"管理机构人员"指各级旅游局在职人员。
(2)"其它人员"指旅游车船公司、服务公司和主要旅游风景区的在职人员。

17—18 旅游机构数

(2000年)

单位:家

地市	总计	其中										
		旅游管理部门	旅行社			旅游涉外饭店	其中					
				国际社	国内社		星级饭店	其中				
								五星	四星	三星	二星	一星
总计	**663**	**89**	**282**	**49**	**233**	**292**	**162**	**4**	**4**	**52**	**92**	**10**
南宁市	97	5	59	17	42	33	25	1	1	8	13	2
柳州市	35	1	22	2	20	12	10	—	—	4	6	—
桂林市	135	13	83	17	66	39	36	2	3	20	11	—
梧州市	37	5	11	2	9	21	12	—	—	3	7	2
北海市	80	2	48	7	41	30	21	1	—	5	14	1
防城港市	24	4	6	1	5	14	7	—	—	4	3	—
钦州市	18	3	5	—	5	10	4	—	—	2	1	1
贵港市	24	2	7	—	7	15	3	—	—	—	3	—
玉林市	40	7	11	2	9	22	14	—	—	3	11	—
南宁地区	56	13	16	1	15	27	13	—	—	—	9	4
柳州地区	22	8	8	—	8	6	—	—	—	—	—	—
贺州地区	20	5	2	—	2	13	5	—	—	—	5	—
百色地区	36	9	3	—	3	24	7	—	—	1	6	—
河池地区	39	12	1	—	1	26	5	—	—	2	3	—

注:"旅游管理部门"指各地市县旅游局

17—19 旅游部门载客汽车和游船年末实有数

(2000年)

地市	合计(辆)	其中			游船总数(艘)	游船总座位(座)
		大型客车(辆)	中型客车(辆)	小型客车(辆)		
总计	**1425**	**340**	**722**	**363**	**396**	**25631**
南宁市	101	10	33	58	4	320
柳州市	34	4	12	18	2	240
桂林市	1157	299	638	220	344	21771
梧州市	9	0	3	6	2	300
北海市	69	21	14	34	9	610
防城港市	8	0	6	2	0	0
钦州市	2	1	1	0	5	300
贵港市	2	1	0	1	1	80
玉林市	12	2	5	5	15	1200
南宁地区	12	0	6	6	11	550
柳州地区	3	0	1	2	0	0
贺州地区	4	0	3	1	0	0
百色地区	9	2	0	7	0	0
河池地区	3	0	0	3	3	260

17—20　主要年份国际旅游接待人数及收入

项　　目	1990 年	1995 年	1999 年	2000 年
接待旅游人数(人次)	**518263**	**418499**	**776812**	**1240265**
港澳和台湾同胞	340758	107672	402321	730706
华侨	24120	3399	2826	3271
外国人	153385	307428	371665	506288
#日本	50378	72706	78753	86469
菲律宾	787	1444	2011	927
新加坡	2803	7164	5280	6174
泰国	3610	5166	5439	8256
越南	–	1110	47064	66327
印度尼西亚	357	15057	10417	14351
美国	19505	34878	48994	58517
加拿大	3243	5497	6447	6376
英国	10041	12374	13914	15795
法国	8078	23241	27180	40519
德国	8070	22987	21463	27802
意大利	5036	10075	8487	8732
俄罗斯	74	550	372	530
澳大利亚	3697	5587	7910	7782
新西兰	543	1178	1341	1440
旅游收入(万元)	**36595**	**109243**	**151466**	**217841**
商品收入	7312	24331	44153	71399
商品销售收入	4457	7314	22986	46914
饮食销售收入	2855	17017	21167	24485
劳务性收入	29283	84912	107313	146442
交通费收入	18085	36502	45840	74300
旅行社收入	2998	16543	15850	12071
住宿费收入	6579	23254	26830	32655
其它收入	1621	8613	18793	27416

17—21 主要年份各地接待国际旅游人数和旅游收入

项　　目	1990年		1995年		1999年		2000年	
	合　计	外国人	合　计	外国人	合　计	外国人	合　计	外国人
接待旅游人数(人次)	**518263**	**153385**	**418499**	**307428**	**776812**	**371665**	**1240265**	**506288**
#南宁市	7937	2337	20128	9982	35063	20289	45586	23746
柳州市	3761	333	10250	2519	18823	3754	20268	4148
桂林市	484929	147748	355863	285025	605300	29880	950172	403872
梧州市	12710	2142	13692	2856	26112	1986	49858	3110
北海市	2203	667	3940	1631	21256	3660	38087	4523
旅游收入(万元)	**36595**		**109243**		**151466**		**217841**	
#南宁市	527		6895		4753		5736	
柳州市	201		811		1093		1031	
桂林市	25551		92981		122878		188712	
梧州市	226		6530		771		3004	
北海市	43		1013		3370		8367	
平均每一旅游者消费额(元)	**706**		**2610**		**1950**		**1756**	
#南宁市	664		3426		1356		1258	
柳州市	534		791		581		509	
桂林市	733		2613		2030		1986	
梧州市	178		4769		295		603	
北海市	134		2571		1585		2197	

17—22 旅游涉外饭店经营情况

(2000年)

地　　市	客房数(间)	床位数(张)	住　宿总人数(万人次)	营业总收　入(万元)	营业税及附加(万元)	利润总额(万元)
总　　计	32501	65439	774.9	171541.2	8590.9	－30408.3
南宁市	6378	11711	128.0	50157.4	2310.3	－6952.6
柳州市	2024	4065	48.5	14555.7	655.9	－1843.2
桂林市	8077	16192	145.7	48218.3	2489.2	－11711.3
梧州市	1709	3612	48.8	6546.2	282.5	－664.3
北海市	3580	7206	76.6	12756.9	749.3	－5335.7
防城港市	1180	2349	20.9	4246.2	236.7	－883.4
钦州市	876	1842	30.1	4779.3	239.7	－1153.5
贵港市	936	2067	40.2	4566.1	229.4	－397.3
玉林市	1856	3920	50.5	9177.6	534.1	－892.1
南宁地区	2063	3925	47.2	3600.7	181.8	8.4
柳州地区	173	407	28.2	0.0	0.0	0.0
贺州地区	775	1631	37.5	1633.5	92.0	－139.3
百色地区	1959	4298	52.7	6757.9	327.4	－324.7
河池地区	915	2214	20.0	4545.5	262.6	－119.3

17—23 广西与国外缔结友好城市一览表

国　别	区(市)名称	缔结日期
日　本	熊本市—桂林市	1979 年 10 月 1 日
新西兰	黑斯廷市—桂林市	1981 年 3 月 1 日
日　本	熊本县—广西壮族自治区	1982 年 5 月 20 日
意大利	西西里大区—广西壮族自治区	1982 年 6 月 14 日
美　国	奥兰多布—桂林市	1986 年 5 月 14 日
奥地利	克恩顿州—广西壮族自治区	1987 年 2 月 10 日
美　国	塔尔萨市—北海市	1987 年 3 月 6 日
英　国	新港市—梧州市	1987 年 7 月 7 日
冈比亚	班珠尔市—南宁市	1987 年 6 月 22 日
英　国	格文特郡—广西壮族自治区	1988 年 4 月 29 日
美　国	辛辛那提市—柳州市	1988 年 5 月 5 日
巴　西	北里约格朗德州—广西壮族自治区	1995 年 11 月 28 日
日　本	八代市—北海市	1996 年 3 月 5 日
乍　得	恩贾梅纳市—柳州市	1997 年 3 月 10 日
澳大利亚	黄金海岸市—北海市	1997 年 9 月 17 日
韩　国	济州市—桂林市	1997 年 10 月 29
俄罗斯	沃罗涅日州—广西壮族自治区	1997 年 12 月 16 日
斐　济	苏瓦市—北海市	1998 年 4 月 2 日
澳大利亚	班伯格市—南宁市	1998 年 5 月 12 日
美　国	蒙大那州—广西壮族自治区	1999 年 10 月 26 日
美　国	普罗沃市—南宁市	2000 年 9 月 21 日

17—24 广西风景名胜区

（2000年末）

类别	风景名胜区名称	所在地
国家级	漓江风景名胜区	桂林市、阳朔县
	桂平西山风景名胜区	桂平市
	花山风景名胜区	宁明县
自治区级	龙虎山风景名胜区	隆安县
	澄碧湖风景名胜区	百色市
	南山、东湖风景名胜区	贵港市
	水月岩、龙珠湖风景名胜区	玉林市、北流市、陆川县
	谢鲁山庄风景名胜区	陆川县
	林溪—八江风景名胜区	三江侗族自治县
	香桥岩风景名胜区	鹿寨县
	勾漏洞风景名胜区	北流市
	都峤山—真武阁风景名胜区	容县
	南沥—涠洲岛海滨风景名胜区	北海市
	古龙河—白龙洞风景名胜区	宜州市
	六峰山—三海岩风景名胜区	灵山县
	太平石山风景名胜区	滕县
	八角寨—资江风景名胜区	资源县
	青狮潭风景名胜区	灵川县
	龙胜龙脊风景名胜区	龙胜各族自治县
	元宝山—贝江风景名胜区	龙胜各族自治县、融水苗族自治县
	八仙天地—百崖槽风景名胜区	武宣县
	龙潭—都乐岩风景名胜区	柳州市
	大瑶山风景名胜区	金秀瑶族自治县
	白云山风景名胜区	梧州市
	青秀山风景名胜区	南宁市
	碧水风景名胜区	钟山县
	宴石山风景名胜区	博白县
	江山半岛风景名胜区	防城港市
	京岛风景名胜区	东兴市
	龙泉岩风景名胜区	玉林市
	浮山风景名胜区	贺州市
	黄姚风景名胜区	昭平县
	珍珠岩—金城江风景名胜区	河池市
	大化红水河—七百弄风景名胜区	大化县

17—25 广西各类对外经济开发区

类　别	开发区类型	开发区名称	规划面积（平方公里）	批准时间
国家级	边境经济合作区	凭祥边境经济合作区	7.20	1992.9.26
		东兴边境经济合作区	4.01	1992.9.26
	高新技术开发区	桂林高新技术产业开发区	12	1991.3.6
		南宁高新技术产业开发区	12	1992.12.22
	旅游度假区	北海银滩国家旅游度假区	12	1992.10.4
自治区级	经济开发区	梧州市对外加工区	0.27	1991.5.8
		容县侨乡经济开发区	0.10	1991.9.15
		柳州古亭山经济开发区	4	1991.10.31
		桂林八里街经济开发区	2	1992.10.12
		合浦平田阳塘经济开发区	1.41	1992.7.7
		柳州高新技术产业开发区	1	1992.9.10
		北部湾扶贫经济开发区	4.66	1992.10.23
		金城江民族经济开发区	0.65	1992.10.24
		南宁经济技术开发区	7.28	1992.12.08
		鹿寨城南综合经济开发区	1.20	1992.12.12
		柳江工业开发区	1.50	1992.12.21
		荔浦龙口经济开发区	0.66	1992.12.23
		宜州城西经济开发区	0.59	1992.12.29
		环江城西开发区	1.20	1993.1.14
		南宁大沙田经济开发区	6.50	1994.11.30
		柳州阳和开发区	15.73	1994.11.30
		桂林西城工业开发区	16.05	1994.11.30
		钦州港经济开发区	10	1996.6.14
		邕宁沿海走廊经济开发区	8	1998.3.22
	旅游度假区	桂林桃花江旅游度假区	11.88	1994.12.17
		龙胜温泉旅游度假区	10	1994.12.17
		灵川青狮潭旅游度假区	10	1994.12.17
		桂平西山旅游度假区	5	1994.12.17
		玉林佛子山旅游度假区	6.5	1994.12.17
		防城江山半岛旅游度假区	64	1994.12.17
		合浦南国星岛湖旅游度假区	73.5	1995.3.2
		北海涠洲岛旅游度假区	8.12	1995.12.4
		荔浦丰鱼岩田园旅游度假区	55	1996.09.10
	华侨投资区	南宁华侨投资区	34	1990.12.20
		北海华侨投资开发区	3	1991.10.31

17—26 广西开放城市和地区

沿海开放城市：

南宁市　北海市　防城港市港口区

沿海经济开发区：

梧州市(含苍梧县)　合浦县　防城港市防城区　钦州市钦南区、钦北区

玉林市

沿边开放市镇：

凭祥市　东兴市

17—27 广西对外口岸

航空口岸：	(一类)	南宁　桂林　北海
海运口岸：	(一类)	北海港　防城港　钦州港
海运边贸口岸：	(一类)	企沙港　江山港　石头埠港
内河口岸：	(一类)	南宁
	(二类)	梧州　柳州　贵港
公路边境口岸：	(一类)	友谊关　东兴　水口
	(二类)	平而　岳圩　龙邦　平孟　垌中　爱店　科甲　硕龙
铁　路：	(一类)	凭祥市

17—28 《中越两国边境事务处临时决定》中决定开放(广西段)口岸

自治区人民政府已批准的边民互市贸易点：

防城区的峒中、滩散、里火

东兴市的杨屋、东兴

宁明县的板烂、爱店、北山

凭祥市的油隘、凭祥、弄尧(含浦寨)、平而

龙州县的那花、科甲、水口

大新县的岩应、硕龙、德天

靖西县的新兴、岳圩、龙邦、孟麻

那坡县的平孟、百南、那布。

十八、教育、科技和文化

18—1 主要年份各类学校基本情况

项　　目	单　位	1990年	1995年	1999年	2000年
培养研究生单位	个	7	9	9	9
毕业生人数	个	157	228	327	444
招生人数	个	116	318	610	912
在校学生数	个	375	747	1591	2057
普通高等学校	所	24	27	29	30
毕业生人数	万人	1.07	1.78	1.93	2.02
招生人数	万人	1.08	2.04	3.26	4.72
在校学生数	万人	3.78	6	9.03	11.79
专任教师	万人	0.68	0.75	0.87	0.93
中等专业学校	所	121	123	126	127
毕业生人数	万人	2.25	3.83	3.76	4.17
招生人数	万人	2.18	4.07	4.85	4.1
在校学生数	万人	7.17	11.67	16.13	15.87
专任教师	万人	0.73	0.78	0.89	0.88
职业中学	所	210	274	271	240
毕业生人数	万人	1.46	2.68	3.96	4.08
招生人数	万人	3.16	4.57	4.34	4.73
在校学生人数	万人	7.04	11.35	12.61	12.53
专任教师	万人	0.46	0.68	0.73	0.66
技工学校	所	104	120	99	82
毕业生人数	万人	0.72	2.05	2.18	1.6
招生人数	万人	1.08	3.07	1.55	1.8
在校学生数	万人	2.81	6.39	4.31	4.14
专任教师	万人	0.26	0.38	0.37	0.34
普通中学	所	2751	3077	3012	3019
毕业生人数	万人	36.89	48.73	71.69	74.07
招生人数	万人	51.04	76.73	104.56	109.84
在校学生数	万人	140.88	194.05	267.02	285.63
专任教师	万人	8.15	9.77	12.17	12.67
普通高中	所	457	437	420	464
毕业生人数	万人	5.75	6.6	7.4	8.2
招生人数	万人	7.83	7.84	12.57	15.34
在校学生数	万人	21.26	20.93	30.95	36.93
专任教师	万人	1.49	1.43	1.67	1.89
普通初中	所	2294	2640	2592	2555
毕业生人数	万人	31.14	42.13	64.28	65.87
招生人数	万人	43.21	68.89	91.99	94.5
在校学生数	万人	119.62	173.12	236.07	248.7
专任教师	万人	6.66	8.34	10.50	10.78
普通小学	所	15789	16005	16155	16109
毕业生人数	万人	69.03	81.05	101.84	103.7
招生人数	万人	97.95	107.48	80.64	76.76
在校学生数	万人	560.55	639.92	569.46	536.8
专任教师	万人	20.47	19.48	19.90	19.90
幼儿园	所	2368	2555	3639	3846
在园儿童	万人	81.28	100.07	78.35	72.84
专任教师	万人	2.05	2.30	2.44	2.29

18—2 高等学校分科学生数

(2000年)

单位:人

项目	毕业生数		招生人数		在校学生数	
	本科	专科	本科	专科	本科	专科
总计	**8415**	**11754**	**18478**	**28683**	**59074**	**58837**
哲学	30		63		173	
经济学	448	1921	1461	4720	3636	9502
法学	211	401	531	864	1616	1813
教育学	284	1107	597	4641	2779	7406
文学	1099	2580	2916	4988	7984	12270
历史学	157	135	263	30	1017	145
理学	871	2057	2349	2840	6739	7417
工学	3409	2583	6434	8315	21104	15585
农学	811	427	749	290	3292	816
医学	1095	543	3115	1995	10734	3883

18—3 中等专业学校分科学生数

(2000年)

单位:人

项目	毕业生数	招生数			在校生数
		合计	招收高中毕业生数	招收初中毕业生数	
合计	**41688**	**40990**	**936**	**40054**	**158671**
工科	11940	12387		12387	50763
农科	3477	2840		2840	14537
林科	1378	824		824	4362
医药卫生科	3444	8293		8293	20996
财经	4287	3868	1	3867	16212
管理	3685	3928	55	3873	15132
政法	2008	1339	672	667	3445
艺术	997	1237		1237	3836
体育	250	254		254	748
师范	10222	6020	208	5812	28640

18—4 主要年份专任教师负担学生数

单位:人

指标	1990年	1995年	1999年	2000年
高等学校				
教　师	6834	7542	8651	9326
平均每个教师负担学生	5.6	8.0	10.4	12.6
中等学校				
教　师	96009	116084	141652	145397
平均每个教师负担学生	16.4	19.2	21.2	20.6
小学				
教　师	204686	194780	198950	198977
平均每个教师负担学生	27.4	32.9	28.6	27

18—5 主要年份在校学生及构成

指标	单位	1990年	1995年	1999年	2000年
各级学校在校学生占全区人口比重	%	17	19.3	18.7	18.3
平均每万人中在校学生数					
其中:大学生	人	8.9	13.3	19.2	25.02
中学生	人	372.3	496.4	639.3	666.3
小学生	人	1321.6	1421.4	1213.2	1138.97

18—6 主要年份成人教育基本情况

单位:人

指标	1990年	1995年	1999年	2000年
成人高等学校在校学生	24470	32797	75491	100992
广播电视大学	11671	12142	11722	13784
职工(农民)大学	3351	5518	2173	3180
函授(业余)大学				
管理干部学院	1494	4142	8577	10502
教育学院	7954	10995	11102	6421
成人中等学校在校学生	19579915	167144	116536	95147
中等专业学校	11459	94265	93895	79982
中学	1835	41465	3903	3347
教师进修学校	6285	31414	18738	11818
成人初等学校在校学生	2468	159579	193856	165398
职工初等学校		5244	171	225
农民初等学校	2468	154335	193685	165173
技术班	120			
小学班	989	110423	100559	85460
扫盲班	1359	43912	93126	79713

18—7 主要年份科技活动基本情况

指　　标	单　位	1995 年	1996 年	1999 年	2000 年
科技机构数	**个**	**620**	**644**	**570**	**441**
#科学研究与技术开发机构	个	210	206	207	203
政府部门	个	20	20	19	21
大中型工业企业属技术开发机构	个	262	266	220	189
大中型建筑业企业属技术开发机构	个	5	11		
全日制高等院校属科研机构	个	123	161	124	126
科技活动人员数	**万人**	**4.17**	**4.89**	**5.2**	**4.07**
#科学家、工程师	万人	2.37	3.31	3.09	2.93
科技活动经费筹集总额	**万元**	**127322**	**137486.7**	**110697.1**	**166563.95**
政府拨款	万元	18724	21796.2	30173.3	42990.39
自筹资金	万元	71775	76908.3	57099.5	107028.40
银行贷款	万元	16346	29129.4	7594.9	12177.9
其　他	万元	20477	9652.8	11118.4	4367.26
科技活动经费使用总额	**万元**	**104545**	**131460.4**	**100961.4**	**155206.9**
#内部支出	万元	102917.1	129352.3	98043.6	147862.4
#劳务费	万元	22143	23372.9	27269.7	52352.1
业务费	万元	25360	43175.6	32400	48295.8
固定资产购建支出	万元	38998	44864.8	23031.5	30024.4
其　他	万元	11953	17939	15324.2	17217.1
研究与发展经费内部支出	万元		9578	22990.6	59755.0

18—8 主要年份县及县以上政府部门所属研究与开发机构

项　　目	单　位	1995 年	1996 年	1999 年	2000 年
机构数	**个**	**230**	**226**	**226**	**224**
从事科技活动人员	**人**	**9227**	**9042**	**8290**	**7954**
#科学家、工程师	人	5048	5130	4955	4787
技术员	人	2048	1948		
经费筹集总额	**万元**	**44526**	**40368.5**	**50004.7**	**54820**
#政府拨款	万元	16910	17224.2	22668.7	31272
经费使用总额	**万元**	**39087**	**37638.5**	**45653**	**53090**
#固定资产购建支出	万元	8910	8674.7	7450.7	7818

18—9 主要年份大中型工业企业技术开发情况

指　　标	单　位	1990 年	1995 年	1999 年	2000 年
企业数	**个**	**270**	**574**	**596**	**610**
#有科技活动机构的企业数	个	127	262	263	
企业办科技活动机构数	**个**	**137**	**262**	**220**	**189**
从事科技活动的人员总计	**万人**	**0.88**	**1.82**	**2.41**	**2.16**
#工程技术人员	万人	0.5	1.11	1.39	
#有高中级职称或大学本科及以上学历人员	万人	0.25	0.62	0.98	
#科技活动机构中的人员	万人	0.35	0.57	0.56	0.67
#有高中级职称或大学本科及以上学历人员	万人	0.13	0.29	0.37	0.43
科技活动经费筹集总额	**万元**	**14044.4**	**80032.4**	**55693.4**	**102233.3**
#政府拨款	万元	807.4	802.6	3057.6	4710.0
银行贷款	万元	1923.6	9853.3	5721.1	10450.3
企业自筹	万元	10618.6	55474	43532.5	86384.4
接受外单位委托	万元	257.1	243.5		
科技活动经费支出总额	**万元**	**13627.9**	**63320.3**	**50694.4**	**92976.7**
#劳务费	万元	1945	7524.6	8184.7	26953.0
原材料费	万元	4783.2	18255.7	20824.9	23406.8
固定资产购建费	万元	3468.4	29933.3	14129.8	19288.4
开发新产品用款	万元	6615.3	30878.2	37324.2	50348.9
技术改造支出总额	**万元**	**43037.2**	**149461.3**	**133534.6**	**127063.3**
技术引进支出总额	**万元**	**9054.5**	**20408.5**	**19919.9**	**27910.3**
#引进设计、图纸、工艺、专利用款	万元	827.5	1082.6	7656.2	14459.7
用于消化吸收的经费	万元	261.1	744.7	2369.9	753.6
购买国内技术支出	万元	728.1	1778.7	2540.5	6657.2
科技活动产出					
新产品销售收入合计	万元	116421.3	420590.7	708691.7	1206962.5
新产品实现利税	万元	15514.7	43576	85466.7	
企业开发的科技成果转让收入	万元	19.9	631.2		
企业对外技术服务收入	万元	27.5	520.9		
企业科技活动成果获奖数	项		206	178	
企业专利申请数	项	23	63	171	162
企业专利获准数	项	9	35	152	

18—10 县及县以上政府部门所属研究与开发机构情况

(2000年)

项　　目	机构数(个)	从事科技活动人员合计(人)	科学家工程师	经费筹集总额(万元)	政府拨款	经费使用总额(万元)
总　　计	**224**	**7954**	**4787**	**56464**	**31272**	**53087**
一、按单位类型分						
科学研究与技术开发机构	203	7618	4541	54744	30085	51567
科技情报与文献机构	21	336	246	1720	1187	1520
二、按隶属关系分						
中央属	10	1366	818	15837	6335	12314
自治区属	71	4114	2695	32905	19765	31686
地(市)属	86	2004	1139	6793	4593	7995
县属	57	470	135	928	579	1092
三、按学科领域分						
自然科学	11	574	458	5518	3666	5368
农业科学	113	2907	1338	19823	13542	18622
医药科学	13	641	423	3211	2020	6777
工程与技术科学	53	3134	2033	24559	9497	19290
人文与社会科学	34	698	535	3353	2547	3030

18—11 县及县以上政府部门所属研究与开发机构成果情况

(1987—2000年)

年　　份	科学著作(万字)	科学论文(篇)	获奖成果(项)
1987	689	641	164
1988	1196	675	133
1989	912	488	130
1990	887	579	185
1991	1520	675	189
1992	881	945	170
1993	1027	1072	135
1994	841	1135	202
1995	583	1274	176
1996	35	1403	192
1997	23	1691	124
1998	50	1505	121
1999	79	1525	128
2000	84	1839	

注:1996年以后科学著作计量单位为:种,1988—1991年科学著作、科学论文不包含科技情报与文献机构数。

18—12 县及县以上政府部门所属研究与开发机构课题情况

(2000年)

项目	课题数(项)	投入人员(人年)	#科学家工程师	投入经费(万元)
总计	**1299**	**3111**	**2277**	**12302**
一、按单位类型分				
科学研究与技术开发机构	1266	3050	2232	12117
科技情报与文献机构	33	61	45	185
二、按活动类型分				
基础研究	31	38	33	216
应用研究	126	317	265	1438
实验发展	454	1393	1015	5867
研究与实验发展成果应用	391	825	593	3217
科技服务	297	538	371	1564

注:基础研究、应用研究和实验发展人员及经费为按比例推算数,研究与实验发展成果应用、科技服务两项活动的人员和经费为直接投入数据,不包括间接投入数据。

18—13 国有企事业单位各类专业技术人员

单位:万人

指标	1990年	1995年	1999年	2000年
各类专业技术人员总计	24.86	69.19	77.60	79.5
#工程技术人员	9.03	10.68	12.12	12.85
农业技术人员	2.29	1.99	2.28	2.36
科学研究人员	0.41	0.33	0.32	0.28
卫生技术人员	8.23	9.15	10.13	10.42
教学人员	4.91	32.96	38.84	39.82

18—14 国有企事业单位分行业各类专业技术人员

单位:万人

行业	1990年	1995年	1999年	2000年
总计	24.86	69.19	77.6	79.5
农、林、牧、渔、水利业	3.8	5.82	5.55	5.67
工业	4.27	10.20	8.46	9.35
地质普查和勘探业	0.03	0.09	1.37	1.43
建筑业	0.86	1.93	1.34	1.48
交通运输、邮电通讯业	0.48	1.56	2.42	2.41
商业、公共饮食业、物资供销和仓储业	0.54	4.30	2.82	2.40
房地产管理、公用事业、居民服务和咨询服务业	0.26	1.16	3.84	3.88
卫生、体育和社会福利事业	7.10	8.65	9.68	10.00
教育文化艺术和广播电视事业	5.36	33.70	40.40	41.35
科学研究和综合技术服务	0.76	0.88	1.49	1.33
金融保险事业	0.01	0.06	0.10	0.13
其他行业	0.03	0.83	0.13	0.12

18—15 主要年份文化事业机构和人员

指　　标	单　位	1990 年	1995 年	1999 年	2000 年
电影事业					
机构	个	5575	3530	1256	1180
人员	人	16924	12870	6572	5963
艺术表演团体					
机构	个	115	116	119	118
人员	人	4610	4386	4583	4518
图书馆					
机构	个	90	99	194	94
人员	人	1208	1335	1606	1540
群众文化事业					
机构	个	1422	1523	1540	1408
人员	人	3630	5716	3480	3387
其他文化事业					
机构	个	14	54	21	34
人员	人	321	1129	842	466

注:2000 年乡镇图书馆不列入统计范围。

18—16 艺术表演团体演出情况

(2000 年)

项　　目	国内演出场数(千场)	#到农村演出	观众人数(千人次)
总　　计	**13**	**6**	**16184**
按经济类型分			
国有剧团	13	6	15539
集体剧团			645
按剧种分			
话剧、儿童剧			69
滑稽剧团			
歌舞剧团			
歌舞团、轻音乐团	2	1	3534
文工团、文宣队	6	3	5583
戏曲剧团	4	2	5733
曲艺、木偶、杂技团	2	1	1265

18—17 主要年份电影放影情况

项　　目	单　位	1990 年	1995 年	1999 年	2000 年
放映单位	个	5455	3414	1163	1079
放映场数	万场	115.14	51.2	11.2	8.5
观众人次	万人次	52799.62	11306.09	1225.2	1046.4
放映收入	万元	8986.87	7998.35	1914.4	1897.8
发行收入	万元	3876.02	2837.2	793.48	784.5

18—18 主要年份广播事业发展情况

项　　目	单　位	1990 年	1995 年	1999 年	2000 年
基本情况					
电台	座	13	26	26	27
发射台及转播台	座	27	24	24	25
节目	套	15	31	32	33
平均每日播出时间	小时	130	322	399	434
广播人口覆盖率	%	63.2	66.3	83.5	85
制作广播节目					
新闻节目	小时	1875	6801	7917	9780
文艺节目	小时	2685	17362	18355	17983
专题节目	小时	2765	11999	14978	20712
教育节目	小时	512	3034	1647	7493
服务节目	小时	1803	7856	12347	14688

18—19 主要年份电视事业发展情况

项　　目	单　位	1990 年	1995 年	1999 年	2000 年
基本情况					
电视台	座	9	19	22	21
1 千瓦及以上发射及转播台	座	14	24	27	27
节目	套	9	20	23	23
平均每周播出时间	小时	530	818	1308	1426
电视人口覆盖率	%	77.5	79.5	88.3	90
制作电视节目					
新闻节目	小时	463	1591	1597	2452
文艺节目	小时	259	768	772	1268
电视剧	部/集			3/26	11/80
专题节目	小时	234	1387	1426	1925
服务性节目	小时	273	1884	1626	1382

18—20 主要年份图书、报纸及杂志出版情况

项　　目	计量单位	1990 年	1995 年	1999 年	2000 年
图书					
种数	种	1672	2694	2791	2727
印数	万册	13360.4	25396.7	27161	23687.6
印张	千印张	515829	1031173	1203938	1166654
报纸					
种数	种	48	66	66	76
印数	万份	33603	47475	55421	56056.3
印张	千印张	242066	451524	717949	834491
杂志					
种数	种	124	159	183	190
印数	万册	3226.4	4629.9	5053.2	5242.5
印张	千印张	76671	129001	136638	149238

十九、体育、卫生、社会福利及服务业

19—1 主要年份体育事业发展情况

项　　目	单　位	1990年	1995年	1999年	2000年
体育系统固定职工人数	**人**	**3234**	**3335**	**3746**	**3824**
#体育运动学校	人	174	180	179	178
业余体校	人	779	1028	1147	1202
训练基地	人	119	184	201	216
公共体育场、馆	人	146	272	303	289
体育场地	**个**			**40564**	**40564**
体育场	个	15	27		
体育馆	个	7	18		
游泳池	个	166	142		
灯光球场	个	614	891		
运动场	个	92	127		
各级体委举办运动会次数	**次**	**6502**	**3535**	**1186**	**1019**
国家体育锻炼标准及格人数	**万人**	**271.21**	**456.48**	**608.73**	**601**
等级运动员发展人数	人	**1216**	**2552**		**1281**
#国际级健将	人			5	1
运动健将	人		27	10	34
一级运动员	人	27	41	126	27
二级运动员	人	269	354	398	219
三级运动员	人	412	428	688	467
等级裁判员发展人数	人	**1550**	**2154**	**2441**	**2211**
#国家级裁判	人		10	12	16
打破纪录情况					
破世界纪录					
项　　数	项	1			
人　　数	人	1			
次　　数	次	1			
破全国纪录					
项　　数	项	3	2		
人　　数	人	3	3		
次　　数	次	4	3		
获奖情况					
在国际比赛中					
金　　牌	枚	42	55	32	13
银　　牌	枚	15	22	26	8
铜　　牌	枚	21	9	5	3
在全国比赛中					
金　　牌	枚	27	43	48	32
银　　牌	枚	38	23	55	43
铜　　牌	枚	34	28	59	42

19—2 主要年份各类卫生机构、病床及卫生技术人员数

项目	单位	1990年	1995年	1999年	2000年
卫生机构数	个	**5791**	**5571**	**13319**	**13707**
医院	个	1496	1709	1864	1868
疗养院、所	个	16	11	8	8
门诊部、所	个	3779	3333	3104	11361
卫生防疫站	个	57	66	66	66
专科防治所、站	个	115	132	123	136
妇幼保健所、站	个	87	81	16	12
药品检验所、室	个	85	87	87	87
医学学科研究机构	个	12	26	28	22
其他卫生机构	个	120	126	143	147
病床数	张	**74843**	**83963**	**85426**	**85422**
医院病床数	张	69005	78788	83218	82975
每千人中医院病床数	张	1.63	1.73	1.77	1.74
卫生技术人员	人	**107815**	**116547**	**125310**	**127036**
医生	人	51163	55346	60754	61465
中医师	人	10920	9485	9100	8886
西医师	人	30906	34507	37827	39205
护士、护师	人	30477	35636	39854	40331
每千人中有卫生技术人员数	人	2.54	2.56	2.67	2.67

注：1、卫生机构数从1999年起含诊所数；
2、2000年门诊部、所含个体诊所。

19—3 医院诊疗人次和入院人数

(2000年)

医院类别	诊疗人数(人次)	#门、急诊	入院人数(人次)	每百门、急诊次的入院人数(人次)
总　计	71696794	69430957	1656429	2.39
县及县以上医院	46335642	44757134	1192544	2.66
卫生部门	38472933	37414160	1075574	2.87
工业及其他部门	7625047	7120698	111206	1.56
集体所有制	222600	207215	3958	1.91
私人开业及其他	15062	15061	1806	11.99
其他医院				
卫生院	25361152	24673823	463885	1.88

19—4 主要年份县和县以上医院病床使用情况

项目	单位	1990年	1995年	1999年	2000年
病床周转次数	次	22.87	18.5	17.97	18.7
病床工作日数	日	322.04	263.7	225	218.79
病床使用率	%	88.2	72.2	61.64	59.78
出院者平均住院日数	日	13.7	13.6	11.86	11.34

19—5 城市医院住院病人前十位主要疾病死亡情况

(2000 年)

疾病名称(按系统分类)	死亡人数(人)	占死亡人数(%)
合　计	6358	100
肿瘤	1886	29.66
#恶性肿瘤	1838	28.91
循环系统疾病	1648	25.92
#心脏病	625	9.83
脑血管病	887	13.95
损伤和中毒	754	11.86
#颅内和体内损伤(包括神经)	456	7.17
消化系统疾病	444	6.98
呼吸系统疾病	538	8.46
传染病和寄生虫病	229	3.6
泌尿生殖系统疾病	183	2.88
内分泌、营养、代谢疾病系统疾病	157	2.47
起源于围产期的情况	135	2.12
神经系统和感官疾病	91	1.43

19—6 县医院住院病人前十位主要疾病死亡情况

(2000 年)

疾病名称(按系统分类)	死亡人数(人)	占死亡人数(%)
合　计	3113	100
循环系统疾病	684	21.97
#心脏病	264	8.48
脑血管病	363	11.66
损伤和中毒	611	19.63
#颅内和体内损伤(包括神经)	373	11.98
肿瘤	464	14.91
#恶性肿瘤	456	14.65
消化系统疾病	305	9.8
传染病和寄生虫病	225	7.23
呼吸系统疾病	247	7.93
起源于围产期的情况	226	7.26
泌尿生殖系统疾病	84	2.7
内分泌、营养、代谢疾病系统疾病	82	2.63
神经系统和感官疾病	56	1.8

19—7　优抚和社会福利收养性单位基本情况

(2000年)

项　　目	机　构 (个)	职工人数 (人)	床　位 (张)	年末收养人数 (人)
民政部门举办优抚、社会福利事业单位	634	3134	16072	9989
残废军人休养院	1	53	170	125
光荣院	17	117	534	238
复退军人精神病院	4	276	650	511
社会福利院	43	929	3333	2499
社会儿童福利院	5	127	222	278
社会精神病人福利院	4	393	934	802
其他收养性单位	5	125	262	171
城乡老年福利机构	555	1114	9967	5365

19—8　主要年份社会救济对象享受救济情况

项　　目	单　位	1990年	1995年	1999年	2000年
社会困难户总人数	人		5641012	3476951	3494932
乡村社会困难户得到救济人次数	人次	1734324	2248726	1746837	1902074
#得到国家定期定量救济人数*	人	13050	14122	42995	50292
城镇社会困难户得到救济人数	人次	375872	106779	71123	107090
#得到国家定量救济人数*	人	6972	1230	3796	6322
社会散居孤老残幼人数	人		199819	217785	204427
#农村得到国家定期定量救济人数*	人	30701	36691	35174	
得到集体给予供养人数*	人	74289	143613	124279	124866
#城镇得到国家定期定量救济人数	人	12246	2622	4581	
得到集体给予供养人数*	人	36961	3663		
精减退职老弱残职工得到救济人数	人	6973	6398	6199	6054
享受原工资40%的救济人数	人	4547	4273	4070	3967
享受定量救济人数	人	2426	2125	2129	2087
城乡扶贫总户数	户	83018	70498		
当年城乡新增扶贫户数	户	22516	12221		
#新增脱贫户数	户	22391	9116		

注:标有"*"号的为1991年以前的数是按行政区域划分,1993年以后是按农业与非农业人数划分。

19—9 主要年份优抚和社会福利事业单位机构和人员

项目	1990年		1995年		1999年		2000年	
	机构（个）	职工人数（人）	机构（个）	职工人数（人）	机构（个）	职工人数（个）	机构（个）	职工人数（人）
收养性事业单位合计	190	1390	423	2135	579	2854	634	3134
优抚事业单位	21	356	20	409	21	402	22	446
社会福利事业单位	169	1034	403	1704	558	2452	612	2688
民政部门举办	40	804	42	1081	49	1429		
社会举办	129	230	361	623	509	1023		
军队离退休干休所	10	78	10	93	16	122	18	141
军供站	11	297	11	388	12	410	12	395
社会福利企业单位合计	317	8198	482	12398	334	10068	325	9981
民政部门举办	205	6314	310	9043	200	6013		
社会举办	112	1884	172	3355	134	4055		
流浪乞讨收容遣送及安置单位	17	675	17	715	17	651	17	645
#收容遣送站	15	237	15	245	15	255	15	255
安置农场	2	438	2	470	2	396	2	390
殡葬事业单位	24	442	24	61	29	629	44	784

19—10 服务业主要财务指标（行政单位）

（2000年）

指标	单位数（个）	从业人员（人）	经费实际支出（万元）	预算外支出（万元）	专用基金支出（万元）	专项资金支出（万元）	年末固定资产原值（万元）
合计	14578	317313	666925	100406	13087	61511	1354091
国家机关	13118	299979	612849	99831	12766	57869	1289356
政党机关	1099	14289	44985	487	153	1949	46389
社会团体	361	3045	9091	89	168	1693	18346

19—11 服务业主要财务指标(事业单位)

(2000年)

指标	单位数(个)	从业人员(人)	收入合计(万元)	业务事业(万元)
合计	24395	831538	2030086	1057354
按国民经济类型分				
#公共设施服务业	486	33333	74378	23707
居民服务业	114	2180	13557	8027
旅馆业	32	1165	2078	1715
租赁服务业	1	30	100	100
旅游业	13	340	1235	856
娱乐服务业	4	277	1473	1402
信息服务业	132	1915	9712	3046
计算机应用服务业	8	56	293	5
其它社会服务业	243	5968	86013	82233
卫生	2354	134794	640496	543719
体育	52	2382	2949	640
社会福利保障业	257	4273	31896	10686
教育	15313	553166	616469	235525
文化艺术业	1090	14506	49852	20558
广播电影电视业	737	9074	279961	27020
科学研究业	239	13791	50662	16847
综合技术服务业	682	16225	48783	19399
国家机关	2522	36995	116373	60530
政党机关	9	84	997	92
社会团体	107	984	2809	1246

19—11 **续表** (2000年)

指标	支出合计(万元)	业务事业(万元)	专用基金支出(万元)	专项资金支出(万元)	年末固定资产原价(万元)
合计	1857116	1699140	142950	33859	2919064
按国民经济类型分					
#公共设施服务业	72115	67537	1258	2969	73736
居民服务业	12764	8905	464	36	26699
旅馆业	2136	1726	83	178	7075
租赁服务业	91	91	4		60
旅游业	1302	1161	29	36	1376
娱乐服务业	1662	1249	22	15	906
信息服务业	9010	8654	31	80	5242
计算机应用服务业	270	162		55	441
其它社会服务业	75047	24733	328	641	43180
卫生	558890	529525	126337	7939	471043
体育	3446	3264	39	264	86742
社会福利保障业	29815	27129	679	495	40928
教育	631268	601061	4460	9320	1699815
文化艺术业	46911	43363	723	1155	79191
广播电影电视业	202044	196884	1325	214	63818
科学研究业	46203	45131	3148	905	72371
综合技术服务业	49353	44762	847	4407	57133
国家机关	109787	90565	3117	5020	185042
政党机关	1010	960			295
社会团体	2992	2278	56	132	3972

19—12 服务企业和企业化管理的事业单位主要财务指标

（2000年）

指标	企业单位数（个）	从业人员（人）	资本金（万元）	资产总计（万元）	负债总计（万元）
合计	926	72020	487770	1396959	953535
按国民经济类型分					
#公共设施服务业	36	9100	35537	117873	43708
居民服务业	50	1350	9085	28830	20003
旅馆业	376	40126	302206	658588	560249
租赁服务业	1	21	7	345	140
旅游业	116	8491	70505	224056	100015
娱乐服务业	19	881	11533	34841	20001
信息服务业	78	1119	8785	25409	20819
计算机应用服务业	11	259	1352	2563	1574
其它社会服务业	16	1453	1379	19995	18777
卫生	6	523	3410	5325	1425
体育					
社会福利保障业	1	70	63	532	469
教育	1	35	296	365	116
文化艺术业	20	1375	15845	135624	72989
广播电影电视业	137	3151	8201	39052	18685
科学研究业	9	1644	6788	33239	21456
综合技术服务业	44	2271	11777	66810	50124
国家机关	5	151	1001	3512	2985
政党机关					
社会团体					

19—12 **续表**

（2000年）

指标	所有者权益（万元）	主营业务收入（万元）	利润总额（万元）	年末固定资产原价（万元）
合计	443424	561619	-4481	926963
按国民经济类型分				
#公共设施服务业	74165	20913	342	73569
居民服务业	8827	6014	-298	27208
旅馆业	98339	186436	-33230	577155
租赁服务业	206	9	-1	280
旅游业	124041	133118	8929	129221
娱乐服务业	14839	2210	-1092	19732
信息服务业	4590	7875	-269	8052
计算机应用服务业	989	1516	-151	1540
其它社会服务业	1217	2641	-509	1863
卫生	3900	2009	-142	2438
体育				
社会福利保障业	63	88		12
教育	250	133	-32	345
文化艺术业	62634	144248	21252	27384
广播电影电视业	20367	3949	-1542	31809
科学研究业	11784	9751	-92	11855
综合技术服务业	16686	40176	2275	13924
国家机关	527	533	78	576
政党机关				
社会团体				

二十、区域经济

20—1 各个经济区域主要经济指标

(2000年)

时　期	土地面积(平方公里)	年末总人口(万人)	从业人口(万人)	国内生产总值(亿元)	第一产业	第二产业	#工业	第三产业
一、五大经济区域								
桂东经济区	**47887**	**1537.48**	**793.19**	**529.15**	**205.03**	**149.25**	**133.35**	**174.88**
梧州市	12588	289.61	152.57	127.08	41.77	38.51	33.27	46.79
贵港市	10606	460.90	223.68	108.61	45.20	24.84	21.79	38.58
玉林市	12838	581.00	302.02	198.93	78.42	60.70	55.58	59.81
贺州地区	11855	205.97	114.92	94.53	39.64	25.20	22.71	29.70
桂南沿海经济区	**30390**	**839.75**	**470.86**	**597.85**	**172.56**	**160.97**	**125.88**	**264.29**
南宁市	10029	293.34	164.08	294.30	48.63	89.11	67.19	156.55
北海市	3337	141.71	82.13	113.68	35.46	31.81	26.98	46.40
防城港市	6181	77.84	41.33	57.51	19.95	15.57	12.03	21.98
钦州市	10843	326.86	183.32	132.36	68.52	24.48	19.68	39.36
桂西经济区	**99278**	**1306.13**	**697.95**	**434.64**	**165.03**	**118.69**	**96.16**	**150.92**
南宁地区	29569	561.89	318.46	168.32	73.72	32.86	26.17	61.74
百色地区	36201	364.52	189.92	120.02	47.85	34.02	27.83	38.15
河池地区	33508	379.72	189.57	146.30	43.46	51.81	42.16	51.03
桂北经济区	**27809**	**482.01**	**263.11**	**300.16**	**98.88**	**92.22**	**75.76**	**109.06**
桂林市	27809	482.01	263.11	300.16	98.88	92.22	75.76	109.06
桂中经济区	**32095**	**584.74**	**304.00**	**328.68**	**74.36**	**138.62**	**124.06**	**115.71**
柳州市	5284	183.77	94.57	191.04	19.85	97.20	90.46	74.00
柳州地区	26811	400.97	209.43	137.64	54.51	41.42	33.60	41.71
二、沿边经济区	**18354**	**244.53**	**128.97**	**108.58**	**38.94**	**21.88**	**16.17**	**47.76**
防城港市辖区	2822	46.69	25.10	37.32	11.96	9.91	7.20	15.45
东兴市	549	10.15	5.96	12.06	3.20	1.95	1.37	6.91
凭祥市	650	10.16	6.02	9.39	0.91	0.63	0.32	7.84
大新县	2755	35.36	18.06	9.52	4.33	2.90	2.44	2.30
宁明县	3698	38.81	17.86	14.77	5.16	2.18	1.72	7.43
龙州县	2318	26.90	15.11	10.38	4.84	2.08	1.54	3.46
靖西县	3331	57.37	30.51	12.20	6.97	1.87	1.34	3.36
那坡县	2231	19.09	10.35	2.94	1.57	0.36	0.24	1.01

注:本表价值指标按当年价格计算。

20—1 **续表**

时 期	固定资产投资(亿元)	财政总收入(亿元)	地方财政收入(亿元)	地方财政支出(亿元)	粮食产量(万吨)	猪牛羊肉产量(吨)	社会消费品零售总额(亿元)	城乡居民储蓄存款余额(亿元)
一、五大经济区域								
桂东经济区	**77.57**	**41.46**	**29.46**	**42.07**	**568.94**	**779637**	**212.31**	**332.52**
梧州市	20.73	10.62	7.61	10.98	109.36	131284	57.58	80.83
贵港市	17.26	8.50	5.81	8.12	146.34	181268	35.08	80.00
玉林市	28.50	16.65	12.09	16.11	231.70	274357	92.61	137.72
贺州地区	11.08	5.69	3.95	6.86	81.54	192728	27.04	33.97
桂南沿海经济区	**104.14**	**52.11**	**33.08**	**43.74**	**267.17**	**310274**	**258.42**	**405.33**
南宁市	44.06	30.30	17.34	21.59	75.47	119770	149.59	241.04
北海市	21.83	10.20	6.54	8.98	42.05	51583	34.01	75.65
防城港市	15.23	4.13	3.26	4.74	25.95	25032	20.94	33.13
钦州市	23.02	7.48	5.94	8.43	123.70	113889	53.88	55.51
桂西经济区	**102.46**	**43.13**	**29.23**	**49.45**	**420.14**	**589024**	**156.13**	**235.74**
南宁地区	32.45	15.85	11.49	18.35	183.44	216173	71.16	99.32
百色地区	29.46	12.78	8.18	14.68	116.82	162907	34.02	57.37
河池地区	40.55	14.50	9.56	16.42	119.88	209944	50.95	79.05
桂北经济区	**79.23**	**24.22**	**15.89**	**24.15**	**217.77**	**298015**	**113.52**	**193.83**
桂林市	79.23	24.22	15.89	24.15	217.77	298015	113.52	193.83
桂中经济区	**64.29**	**41.94**	**22.34**	**29.08**	**193.23**	**324269**	**99.84**	**206.01**
柳州市	33.27	29.88	14.11	15.27	44.92	61003	69.06	148.52
柳州地区	31.02	12.06	8.23	13.81	148.31	263266	30.78	57.49
二、沿边经济区	**26.72**	**9.36**	**7.14**	**11.13**	**78.83**	**93914**	**41.99**	**59.20**
防城港市辖区	10.62	2.48	1.96	3.03	13.15	16930	15.04	21.58
东兴市	3.08	0.87	0.64	0.82	3.80	3671	3.69	7.48
凭祥市	1.41	0.94	0.78	0.91	2.33	3196	8.26	7.64
大新县	2.26	1.10	0.67	1.17	12.86	16224	1.98	5.12
宁明县	2.22	1.86	1.46	1.84	12.79	17916	5.34	6.04
龙州县	2.75	1.17	0.87	1.19	8.06	8167	4.44	5.53
靖西县	2.91	0.77	0.63	1.44	20.68	23112	2.20	4.35
那坡县	1.47	0.17	0.13	0.73	5.16	4698	1.04	1.46

20—2 桂东经济区

（按人口平均） （2000年）

指　　标	国内生产总值（元）	第一产业	第二产业	#工业	第三产业	固定资产投资（元）	财政总收入（元）
梧州市	4462	1467	1352	1168	1643	728	373
梧州市辖区	14875	297	5079	4385	8340	3093	1485
苍梧县	3342	1533	1034	852	770	497	243
藤　县	2858	1833	548	474	472	416	175
蒙山县	3645	2077	639	506	916	572	256
岑溪市	2762	1268	921	878	563	508	211
贵港市	2396	997	548	481	851	381	182
贵港市辖区	2343	794	615	584	934	618	279
平南县	2106	1104	402	380	591	176	110
桂平市	1898	962	341	294	580	222	133
玉林市	3477	1371	1061	971	1045	498	291
玉林市辖区	4867	1250	2001	1856	1624	921	765
兴业县	2832	1291	622	519	715	467	141
容县	3574	1655	886	794	1033	460	254
陆川县	3142	1103	994	946	1048	397	201
博白县	3077	1468	702	636	911	318	165
北流市	3452	1350	1171	1078	932	442	253
贺州地区	4630	1941	1234	1113	1455	543	279
昭平县	3856	2136	519	458	1188	417	316
贺州市	5001	1977	1325	1185	1653	665	217
钟山县	5055	1794	1900	1770	1361	434	222
富川瑶族自治县	3985	1813	807	673	1364	509	260

指　　标	#地方财政收入	财政支出（元）	粮食产量（千克）	猪牛羊肉产量（千克）	社会消费品零售总额（元）	农民人均纯收入（元）	居民储蓄存款（元）
梧州市	267	386	384	46	2022	1681	2838
梧州市辖区	939	1383	17	24	6598	1903	11198
苍梧县	183	240	560	45	1236	1647	1649
藤县	140	204	369	50	1366	1573	1278
蒙山县	201	371	524	106	898	1479	2120
岑溪市	143	212	379	35	1533	1761	1853
贵港市	128	179	323	40	774	1868	1765
贵港市辖区	185	253	321	44	1232		2076
平南县	85	139	319	30	399	1877	1646
桂平市	102	134	327	44	587	1826	1533
玉林市	211	282	405	48	1619	1736	2407
玉林市辖区	517	663	346	33	3778	1854	5868
兴业县	114	186	404	50	1103	1644	990
容县	195	255	387	33	1838	1611	2311
陆川县	157	206	380	61	955	1677	1811
博白县	129	187	428	67	990	1604	1302
北流市	179	226	437	33	1335	2014	2385
贺州地区	193	336	399	94	1324	1566	1644
昭平县	185	293	414	109	755	1487	1256
贺州市	155	198	389	65	1477	1632	1912
钟山县	116	236	401	114	1373	1599	1587
富川瑶族自治县	139	361	376	131	1544	1418	1584

20—3 桂南经济区

(按人口平均)　　(2000年)

指　标	国内生产总值(元)	第一产业	第二产业	#工业	第三产业	固定资产投资(元)	财政总收入(元)
南宁市	10196	1678	3074	2318	5400	3306	1045
南宁市辖区	16121	781	4818	3461	10419	5690	1876
邕宁县	4539	2127	1484	1244	919	1157	319
武鸣县	5885	2908	1685	1450	1270	1375	340
北海市	8085	2522	2262	1919	3300	1552	725
北海市辖区	13745	3302	3889	3190	6551	3056	1520
合浦县	5032	2182	1365	1217	1485	723	287
防城港市	7423	2575	2010	1553	2838	1965	533
防城港市辖区	7994	2562	2123	1543	3308	2274	531
上思县	5004	2231	1799	1680	971	738	378
东兴市	11926	3164	1930	1349	6831	3043	857
钦州市	4125	1201	763	613	1227	717	233
钦州市辖区	5470	2822	819	587	1828	1076	329
灵山县	3116	1476	621	524	1019	471	173
浦北县	3759	2275	847	733	662	592	254

指　标	#地方财政收入	财政支出(元)	粮食产量(千克)	猪牛羊肉产量(千克)	社会消费品零售总额(元)	农民人均纯收入(元)	居民储蓄存款(元)
南宁市	598	745	260	41	5160	2184	8314
南宁市辖区	1018	1246	77	18	9675	2348	15778
邕宁县	220	254	372	38	1000	2042	1661
武鸣县	259	393	485	95	1625	2258	2157
北海市	465	639	299	37	2419	2155	5380
北海市辖区	963	1270	131	36	5038	2119	9800
合浦县	190	290	392	37	974	2181	2942
防城港市	421	612	335	32	2703	1844	4276
防城港市辖区	421	649	282	36	3222		4623
上思县	318	428	436	21	1067	1476	1967
东兴市	633	814	375	36	3648	2252	7390
钦州市	185	263	386	35	1679	2092	1730
钦州市辖区	266	385	410	29	2264	2031	2499
灵山县	141	164	387	37	1227	2090	1406
浦北县	200	221	348	42	1568	2189	1486

20—4 桂西经济区

（按人口平均）（2000年）

指　标	国内生产总值（元）	第一产业	第二产业	#工业	第三产业	固定资产投资（元）	财政总收入（元）
南宁地区	3018	1322	589	469	1107	582	284
凭祥市	9320	903	625	322	7774	1399	930
横　县	3014	1400	418	319	1180	471	245
宾阳县	2436	952	625	530	859	487	228
上林县	2360	1287	395	290	678	523	169
隆安县	2464	1466	453	318	545	639	277
马山县	1813	797	491	390	525	485	137
扶绥县	3867	2118	548	473	1172	508	433
崇左县	4814	1924	1386	1193	1478	933	623
大新县	2699	1227	821	692	651	639	312
天等县	2014	1089	268	128	657	699	169
宁明县	3788	1329	563	443	1914	573	480
龙州县	3871	1805	776	574	1290	1027	437
百色地区	3304	1318	937	766	1050	811	352
百色市	7465	1688	2253	1760	3787	2288	647
田阳县	4630	2217	1260	1088	1154	956	346
田东县	4412	1394	1191	1014	1824	840	343
平果县	4203	1306	1895	1721	1002	791	772
德保县	2544	1235	355	267	955	476	154
靖西县	2129	1217	327	234	586	508	134
那坡县	1542	823	190	126	531	772	91
凌云县	2195	1124	414	255	656	571	366
乐业县	1530	791	262	159	478	651	113
田林县	2585	1298	597	508	634	558	237
隆林各族自治县	1737	704	500	396	533	528	515
西林县	2594	1441	326	173	791	716	171
河池地区	3874	1151	1372	1116	1351	1074	384
河池市	8193	1132	2638	2110	4423	2528	795
宜州市	6111	1871	1561	1282	2679	1183	464
罗城仫佬族自治县	2631	1073	829	658	729	688	160
环江毛南族自治县	3571	1267	1568	1403	737	1017	296
南丹县	7915	1647	4248	3766	2020	2342	1095
天峨县	2807	1353	570	217	884	1965	190
凤山县	1640	848	352	200	440	774	111
东兰县	1643	769	293	84	580	821	148
巴马瑶族自治县	2418	1339	442	230	637	923	161
都安瑶族自治县	1586	676	291	169	619	458	108
大化瑶族自治县	3666	633	2339	2258	694	372	418

20—4　**附表**

指　　标	#地方财政收入	财政支出（元）	粮食产量（千克）	猪牛羊肉产量（千克）	社会消费品零售总额（元）	农民人均纯收入（元）	居民储蓄存款（元）
南宁地区	206	329	329	39	1276	1515	1781
凭祥市	774	905	231	32	8183	1470	7568
横　县	185	201	344	41	1286	1647	1823
宾阳县	169	222	337	31	1525	1654	1862
上林县	129	250	340	47	612	1433	1213
隆安县	204	303	366	50	1194	1423	1669
马山县	66	201	244	45	577	1360	835
扶绥县	276	445	395	34	1266	1494	2231
崇左县	518	558	267	21	1526	1609	2271
大新县	191	333	365	46	561	1394	1452
天等县	137	278	324	38	670	1408	1128
宁明县	377	473	329	46	1376	1458	1556
龙州县	326	445	301	30	1655	1385	2061
百色地区	225	404	322	45	937	1183	1580
百色市	450	505	275	35	2337	1328	5402
田阳县	234	361	375	75	1373	1342	1572
田东县	212	342	342	64	1208	1312	1823
平果县	373	399	315	72	1384	1168	1869
德保县	123	289	317	33	485	1009	314
靖西县	110	252	361	40	470	1288	759
那坡县	68	385	271	25	548	1038	768
凌云县	124	380	243	42	577	925	798
乐业县	90	397	317	27	589	919	890
田林县	190	303	360	34	639	1162	1272
隆林各族自治县	300	375	255	21	430	1106	1164
西林县	124	453	395	40	568	1223	888
河池地区	253	435	317	56	1349	1325	2093
河池市	494	573	302	75	3741	1459	7506
宜州市	364	422	508	68	2157	1794	2006
罗城仫佬族自治县	115	281	409	49	815	996	1326
环江毛南族自治县	204	310	393	49	1088	1362	1462
南丹县	679	835	313	57	1982	1699	6219
天峨县	165	423	358	53	1165	988	1181
凤山县	94	365	257	41	716	983	772
东兰县	86	308	222	44	883	1026	786
巴马瑶族自治县	112	353	284	49	1100	1203	781
都安瑶族自治县	75	233	217	60	569	1278	909
大化瑶族自治县	181	277	154	46	619	1258	953

20—5 桂北经济区

(按人口平均)　　(2000年)

指　标	国内生产总值(元)	第一产业	第二产业	#工业	第三产业	固定资产投资(元)	财政总收入(元)
桂林市	6245	2058	1919	1576	2269	1649	504
桂林市辖区	15775	790	7180	6143	7805	5095	2165
阳朔县	3293	1729	476	351	1086	609	235
临桂县	3764	1856	825	673	1075	685	244
灵川县	5769	2723	1323	1098	1715	1030	323
全州县	4957	2268	1049	834	1632	608	186
兴安县	6020	2487	1666	1232	1856	1764	307
永福县	4713	2234	1592	1217	885	3245	325
灌阳县	3316	1644	759	619	908	825	171
龙胜各族自治县	4310	1958	1090	805	1255	1480	290
资源县	3681	1506	539	376	1431	947	219
平乐县	4722	2570	985	771	1165	1298	198
荔浦县	5740	2616	1674	1455	1427	1121	352
恭城瑶族自治县	4807	2680	871	619	1237	947	249

指　标	#地方财政收入	财政支出(元)	粮食产量(千克)	猪牛羊肉产量(千克)	社会消费品零售总额(元)	农民人均纯收入(元)	居民储蓄存款(元)
桂林市	331	502	453	62	2362	1755	4033
桂林市辖区	1297	1667	64	26	8377		16386
阳朔县	200	308	424	64	1409	1553	2052
临桂县	171	264	500	76	966	1610	2071
灵川县	221	358	535	59	1745	1703	3194
全州县	133	246	577	72	1233	1875	1934
兴安县	242	365	623	95	1810	2389	2928
永福县	224	317	568	66	1383	1612	1998
灌阳县	137	366	581	52	995	1398	1822
龙胜各族自治县	197	489	369	46	847	1243	1960
资源县	174	514	392	23	805	1108	1968
平乐县	145	248	414	46	1687	1681	1717
荔浦县	247	381	484	94	2291	2290	2450
恭城瑶族自治县	183	370	482	71	1752	1403	1841

20—6 桂中经济区

（按人口平均）（2000年）

指标	国内生产总值（元）	第一产业	第二产业	#工业	第三产业	固定资产投资（元）	财政总收入（元）
柳州市	10133	1090	4979	4609	4064	1827	1641
柳州市辖区	15856	390	8725	8097	6741	3178	2997
柳江县	4611	1586	1369	1240	1741	464	291
柳城县	4306	2019	1217	1116	1051	550	356
柳州地区	3444	1364	1037	841	1044	776	302
合山市	4023	600	2109	1966	1068	684	973
鹿寨县	4393	1682	1392	1104	1345	1542	315
象州县	3628	1564	1057	908	1007	734	320
武宣县	3383	2122	435	350	826	405	200
来宾县	4509	1444	1826	1612	1239	987	427
融安县	3604	1008	749	553	1847	961	211
三江侗族自治县	1813	704	386	196	723	444	121
融水苗族自治县	1812	871	279	231	662	264	141
金秀瑶族自治县	2772	1350	429	312	992	774	191
忻城县	2287	1226	504	393	556	547	174

指标	#地方财政收入	财政支出（元）	粮食产量（千克）	猪牛羊肉产量（千克）	社会消费品零售总额（元）	农民人均纯收入（元）	居民储蓄存款（元）
柳州市	775	839	247	34	3792	1969	8156
柳州市辖区	1353	1395	38	11	6400	2281	14520
柳江县	190	290	436	52	1150	1853	2008
柳城县	237	316	470	61	1339	2027	1787
柳州地区	206	346	371	66	770	1418	1439
合山市	657	740	239	24	1502	1284	3846
鹿寨县	230	280	429	69	876	1780	2208
象州县	233	334	614	93	949	1488	1474
武宣县	140	296	390	85	803	1458	1120
来宾县	250	308	371	95	698	1658	1206
融安县	138	279	362	36	843	1407	1890
三江侗族自治县	100	266	225	32	501	1188	900
融水苗族自治县	107	240	283	28	779	1085	1175
金秀瑶族自治县	143	498	370	65	742	1191	1726
忻城县	141	269	354	61	547	1107	841

20—7 沿边经济区

（按人口平均）（2000年）

指　　标	国内生产总值（元）	第一产业	第二产业	#工业	第三产业	固定资产投资（元）	财政总收入（元）
防城港市区	7994	2562	2123	1543	3308	2274	531
东兴市	11926	3164	1930	1349	6831	3043	857
凭祥市	9320	903	625	322	7774	1399	930
大新县	2699	1227	821	692	651	639	312
宁明县	3788	1329	563	443	1914	573	480
龙州县	3871	1805	776	574	1290	1027	437
靖西县	2129	1217	327	234	586	508	134
那坡县	1542	823	190	26	531	772	91

指　　标	#地方财政收入	财政支出（元）	粮食产量（千克）	猪牛羊肉产量（千克）	社会消费品零售总额（元）	农民人均纯收入（元）	居民储蓄存款（元）
防城港市区	421	649	282	36	3222		4623
东兴市	633	814	375	36	3648	2252	7390
凭祥市	774	905	231	32	8183	1470	7568
大新县	191	333	365	46	561	1394	1452
宁明县	377	473	329	46	1376	1458	1556
龙州县	326	445	301	30	1655	1385	2061
靖西县	110	252	361	40	470	1288	759
那坡县	68	385	271	25	548	1038	768

二十一、地、市基本情况

21—1 各地、市社会经济主要指标

(2000年)

指标名称	单位	南宁市	南宁市市辖区	柳州市	柳州市市辖区
行政区域土地面积	平方公里	10029	1834	5284	658
城市建成区面积	平方公里	110	110	91	91
城市房屋建筑面积	万平方米	3796	3796	2917	2917
城市住宅建筑面积	万平方米	2074	2074	1574	1574
城市住宅居住面积	万平方米	891.67	891.67	690.29	690.29
年末总人口	万人	294.3	137.5	183.8	91.0
男性	万人	153.2	71.2	95.3	47.3
女性	万人	141.1	66.3	88.5	43.7
年末总户数	万户	78.47	39.12	50.61	26.50
#乡村户数	万户	47.17	12.74	23.91	3.04
出生人口	万人	3.55	1.68	2.22	1.26
死亡人口	万人	1.44	0.62	0.89	0.43
人口密度	人/平方公里	293	749	347	1391
经济活动人口	万人	165.51	82.77	95.6	43.76
从业人员	万人	164.08	81.76	94.57	42.94
城镇从业人员按经济类型分					
国有经济	万人	31.13	24.4	22.29	18.36
城镇集体经济	万人	3.94	3.4	4.23	4.05
其他单位合计	万人	6.37	5.52	8.54	8.09
内资	万人	4.65	4.39	8.37	7.92
港澳台投资经济	万人	0.84	0.53	0.07	0.07
外商投资经济	万人	0.88	0.59	0.1	0.1
城镇私营经济	万人	4.19	3.99	3.2	2.8
城镇个体	万人	6.96	5.6	5.4	3.49
从业人员按产业分					
第一产业	万人	80.7	18.97	40.49	4.97
第二产业	万人	27.1	17.58	22.45	18.8
#工业	万人	20.71	13.22	19.04	16.28
第三产业	万人	56.28	45.21	31.63	19.17
城镇登记失业人员数	万人	1.43	1.01	1.04	0.83
职工人数	万人	40.61	32.51	33.37	28.97
职工按登记注册类型分					
国有经济	万人	30.62	23.9	21.57	18.02
城镇集体经济	万人	3.71	3.17	3.29	2.88
其他单位合计	万人	6.28	5.44	8.51	8.07
乡村劳动力	万人	103.44	25.1	48.76	5.5
#农林牧渔业	万人	76.98	18.04	39.28	4.37
耕地面积	千公顷	10.29	34.88	105.94	9.77
农林牧渔业总产值(当年价)	万元	752536	162747	338835	60304
农业	万元	494850	93871	230784	31371
林业	万元	14000	1519	4452	1546
牧业	万元	200360	51710	86178	20537
渔业	万元	43326	15647	17421	6850
农林牧渔业总产值指数(上年为100)	%	100.68	98.53	107.21	99.17
农业	%	97.36	95.65	104.91	92.91
林业	%	104.97	92.78	95.37	90.52
牧业	%	109.5	103.67	114.49	104.95
渔业	%	104.46	103.42	112.02	115.51

21—1　续表 1　　　　(2000 年)

指标名称	单位	南宁市	南宁市市辖区	柳州市	柳州市市辖区
农业机械总动力	万千瓦	126.62	26.94	45.84	8.85
化肥使用量(折纯量)	吨	152000	27400	68529	6765
农村用电量	万千瓦小时	24640	9334	13500	3969
有效灌溉面积	千公顷	96.34	25.01	41.85	4.45
总播种面积	千公顷	385.53	72.01	216.02	20.86
#粮食作物播种面积	千公顷	168.75	24.94	102.35	7.42
粮食产量	吨	754693	103126	449152	34625
棉花产量	吨	5		5	
油料产量	吨	48645	9076	22681	3457
甘蔗产量	吨	3228422	663626	3253008	161900
水果产量	吨	425880	145681	50516	12411
猪肉产量	吨	114296	23083	55744	9426
牛肉产量	吨	4929	431	4132	196
羊肉产量	吨	545	17	1127	51
水产品产量	吨	68449	25647	24261	8563
工业企业单位数(规模以上)	个	349	255	361	280
大型企业	个	34	29	60	56
中型企业	个	37	29	80	69
小型企业	个	278	197	221	155
工业总产值(全部工业)	万元	1989447	1416132	2958493	2621368
工业总产值指数(全部工业)	%	106.79	107.19	110.58	111.98
工业总产值(规模以上)	万元	1268047	1044938	2527262	2294376
内资企业	万元	1044946	917637	2453398	2234691
国有企业	万元	357891	322714	711059	638184
集体企业	万元	156512	116578	337476	270574
股份合作企业	万元	4902	2749	46498	37552
联营企业	万元	1264		18762	18761
有限责任公司	万元	300097	291381	734123	678592
股份有限公司	万元	138384	111714	559880	559880
私营企业	万元	82435	69040	45600	31148
其他企业	万元	3461	3461		
港澳台投资企业	万元	93775	65339	25779	25187
外商投资企业	万元	129326	61962	48085	34498
工业总产值指数(规模以上)	%	111.3	111.1	111.07	100.54
工业企业增加值	万元	413700	342537	766105	639336
工业企业资产总计	万元	2447639	2069444	4266292	3948189
工业企业负债合计	万元	1697366	1431928	2766112	2579475
工业企业产品销售收入	万元	1307423	1084560	2532498	2303656
工业企业利润总额	万元	16798P	10942	99746	85868
工业企业税金总额	万元	126030	109621	219825	202627
批发贸易业法人企业个数	个	85	79	67	59
零售贸易业法人企业	个	71	60	16	13
社会消费品零售总额	万元	1495906	1299939	690569	577215
贸易业	万元	932707	825092	460116	409306
餐饮业	万元	200839	172041	86141	77062
制造业	万元	45769	28470	48495	40254
其它	万元	316591	274336	95817	50593
批发零售贸易业批发总额	万元	1096241	1070290	614941	559338

21—1 续表 2 (2000 年)

指 标 名 称	单 位	南宁市	南宁市市辖区	柳州市	柳州市市辖区
批发零售贸易业零售总额	万元	408448	386272	133696	131757
批发零售贸易业购进总额	万元	1379698	1335938	717063	664885
批发零售贸易业销售总额	万元	1504688	1456562	748637	691095
#零售额	万元	408448	386272	133696	131757
批发零售贸易业库存总额	万元	133061	129459	66316	59954
集市贸易成交额	万元	824089	692000	767291	684122
外商直接投资	万美元	8105	7843	1017	1017
国内生产总值	万元	2943002	2152169	1845031	1430071
第一产业	万元	486325	1049	198531	35139
第二产业	万元	891135	647310	906547	786930
#工业	万元	671878	465052	839213	730289
第三产业	万元	1565542	1399901	739953	608002
人均国内生产总值	元	10196	16121	10440	16617
国内生产总值指数	%	109.31	111.45	109.5	109.5
第一产业	%	100.67	92.3	106.6	107.2
第二产业	%	106.2	108.65	109.3	109
#工业	%	106.36	109.4	110.1	109.9
第三产业	%	114.78	115.37	110.7	110.7
人均国内生产总值指数	%	108.02	109.42	107.65	108.27
中央、地方财政收入	万元	303030	252023	298817	270260
地方财政收入	万元	173434	136741	141137	122070
#增值税	万元	30383	25728	39699	36684
营业税	万元	51756	45284	18974	16587
企业所得税	万元	15527	12967	20082	18377
地方财政支出	万元	215931	167451	152709	125859
#基建支出	万元	31159	31109	15728	15288
科技三项费用	万元	2259	2066	1972	1937
文教科卫事业费	万元	52887	36574	30963	21974
金融机构存款	万元	6194003	5802625	2616628	2381946
#企业存款	万元	2837472	2770823	1003793	959096
居民储蓄存款余额	万元	2410407	2119895	1485107	1309544
定期	万元	1351946	1202512	909704	812359
活期	万元	1058461	917383	575403	497185
金融机构贷款	万元	4435015	4230492	1782388	1409734
#工业贷款	万元	506257	481688	660719	645434
商业贷款	万元	597414	560291	293272	260485
农业贷款	万元	80580	27392	48854	22704
职工工资总额	万元	374540	324582	342302	310693
国有经济	万元	279095	237893	216755	189988
城镇集体经济	万元	24605	22526	23354	22444
其他单位合计	万元	70840	64163	102193	98261
职工平均工资	元	8829	9458	10183	10626
全社会固定资产投资	万元	958538	764452	332734	286585
#国有单位	万元	475445	433209	270443	254210
按性质分固定资产投资					
基本建设	万元	440562	385307	122047	106258
更新改造	万元	138301	128227	102294	99315
房地产开发	万元	157318	154740	48379	48129

21—1 续表 3 (2000 年)

指标名称	单位	南宁市	南宁市市辖区	柳州市	柳州市市辖区
其他	万元	222357	96178	60014	32883
国有投资新增固定资产	万元	711196	638499	194787	180047
商品房屋销售额	万元	89411	87249	54236	54195
商品房屋销售面积	万平方米	47.66	45.71	39.77	39.74
建筑企业单位数	个	294		70	62
建筑业企业从业人员	万人	9.2		4.2	4.16
建筑业总产值	万元	546862		215755	212150
房屋建筑施工面积	万平方米	608.6		376.1	376.1
房屋建筑竣工面积	万平方米	242.8		194.3	194.3
房屋建筑竣工住宅面积	万平方米	136.8		152.3	152.3
公路里程	公里	3747	923	974	89
等级路里程	公里	2773	657	773	89
出租汽车数	辆	3741	3741	1074	1074
市内公共电汽车数	辆	628	628	491	491
邮电业务总量	万元	190253	173664	112600	105065
本地电话用户	万户	58	51	31	27
幼儿园数	所	298	147	349	164
入园儿童数	人	52866	30785	19757	7484
学龄儿童入学率	%	99.47	99.89	98.16	99.69
小学专任教师数	人	11837	6086	9028	4952
小学学校数	所	769	283	533	221
小学在校学生数	人	300606	132134	199826	92822
小学招生数	人	42245	19893	27616	13883
小学毕业生数	人	62593	25201	39390	17056
普通中学专任教师数	人	9123	4614	6381	3587
普通中学学校数	所	208	85	135	72
初中在校学生数	人	168743	70316	98658	45370
初中招生数	人	61660	25336	36470	16276
初中毕业生数	人	47708	18042	26170	12270
高中在校学生数	人	36744	21194	22497	18160
高中招生数	人	15248	8805	8301	6504
高中毕业生数	人	8142	4457	6362	5363
中等专业学校数	所	47	44	18	18
中等专业学校在校学生数	人	68505	64703	32682	32682
中等专业学校招生数	人	17714	16746	10235	10235
中等专业学校毕业生数	人	17302	16158	6357	6357
普通高等学校数	所	13	11	3	3
普通高等学校在校学生数	人	54764	51091	9138	9138
普通高等学校招生数	人	21461	17788	3025	3025
普通高等学校毕业生数	人	9597	9018	2639	2639
广播覆盖率	%	99.8	100	100	100
电视覆盖率	%	95	98	97.5	99
公共图书馆	个	6	4	3	1
公共图书藏书量	万册	2350	2146	85.7	57.3
旅游人数	万人次	4.56	4.56	2.03	2.03
#外国人	万人次	2.37	2.37	0.42	0.42
涉外饭店数	个	33	32	19	19

21—1 **续表4** (2000年)

指 标 名 称	单 位	南宁市	南宁市市辖区	柳州市	柳州市市辖区
旅游外汇收入	万美元	691	690.9	126	126
供水管道长度	公里	734	734	1293	1293
供水总量	万吨	25196	25196	41498	41498
#生活用	万吨	17382	17382	11425	11425
用水人口	万人	116.27	116.27	85.9	85.9
煤气供气量	万立方米			2620	2620
#生活用	万立方米			1580	1580
天然气供气量	万立方米				
#生活用	万立方米				
液化石油气供气量	吨	40335	40335	27072	27072
#生活用	吨	40335	40335	27072	27072
污水排放量	万吨	20157	20157	33198	33198
污水处理量	万吨	9978	9978	21844	21844
排水管道长度	公里	532	532	455	455
生活垃圾清运量	万吨	27.22	27.22	23.16	23.16
生活垃圾处理量	万吨	27.22	27.22	23.16	23.16
公园面积	公顷	774.37	774.37	442.58	442.58
建成区绿化覆盖率	%	37.47	37.47	33.93	33.93
卫生机构数	个	700	541	969	761
#医院、卫生院	个	100	50	94	57
卫生防疫站	个	7	5	12	9
妇幼保健站	个			2	2
卫生机构床位数	张	12141	10003	8249	7182
#医院、卫生院	张	11497	9359	8055	7033
卫生机构人数	人	24288	20608	12492	10816
医院、卫生院技术人员	人	18196	15168	8819	7568
#医生	人	8285	6995	3509	2972
护师、护士	人	6203	5321	3821	3330
火灾事故	件	357	306	537	495
火灾伤亡人数	人	15	10	26	12
火灾损失金额	万元	426	340	227	100
交通事故	件	958	349	2494	914
交通受伤人数	人	416	405	1533	654
交通死亡人数	人	153	148	253	179
交通事故损失金额	万元	443	127	426	229
城市住房人均使用面积	平方米	15	15	16	16
城市人均居住面积	平方米	9	9	10	10
环境污染与破坏事故次数	次	7		12	12
污染直接经济损失	万元	14		30	2971
污染事故赔罚总额	万元	15		30	2971
城镇居民人均可支配收入	元	7448	7448	5740	5740
城镇居民人均消费性支出	元	6705	6705	4458	4458
#食品支出	元	2447	2447	1951	1951
农村居民人均纯收入(一次性调查数)	元	2184	2348	1969	2281
农村居民人均纯收入(上年年鉴口径数)	元	2719	2348	1969	2281
农村居民人均消费性支出	元			1834	
#食品支出	元			1029	

21—1 续表 5 (2000 年)

指 标 名 称	单 位	桂林市	桂林市市辖区	梧州市	梧州市市辖区
行政区域土地面积	平方公里	27809	565	12588	307
城市建成区面积	平方公里	56	56	23	23
城市房屋建筑面积	万平方米	2103	2103	1060	1060
城市住宅建筑面积	万平方米	1057	1057	545	545
城市住宅居住面积	万平方米	462	462	240	240
年末总人口	万人	483.6	64.5	289.6	34.3
男性	万人	251.7	33.0	152.4	17.4
女性	万人	231.9	31.5	137.2	16.9
年末总户数	万户	130.55	17.16	73.28	10.66
#乡村户数	万户	99.55	3.44	56.49	2.12
出生人口	万人	4.51	0.73	4.26	0.37
死亡人口	万人	2.84	0.29	1.53	0.22
人口密度	人/平方公里	174	1140	230	1114
经济活动人口	万人	264.47	40.57	153.21	18.9
从业人员	万人	263.11	40.02	152.57	18.6
城镇从业人员按经济类型分					
国有经济	万人	27.77	12.92	13.96	6.16
城镇集体经济	万人	3.02	1.33	2.09	1.46
其他单位合计	万人	3.12	2.39	1.02	0.79
内资	万人	1.8	1.29	0.38	0.36
港澳台投资经济	万人	0.46	0.35	0.51	0.31
外商投资经济	万人	0.86	0.75	0.13	0.12
城镇私营经济	万人	1.11		0.59	0.23
城镇个体	万人	9.12	3.19	2.01	0.92
从业人员按产业分					
第一产业	万人	162.11	6.05	85.44	2.61
第二产业	万人	45.43	13.76	25.16	7.13
#工业	万人	38.04	12.23	18.72	6.15
第三产业	万人	55.56	20.21	41.97	8.86
城镇登记失业人员数	万人	1.36	0.55	0.64	0.3
职工人数	万人	33.14	16.21	16.69	8.34
职工按登记注册类型分					
国有经济	万人	27.33	12.75	13.65	6.12
城镇集体经济	万人	2.93	1.27	2.03	1.44
其他单位合计	万人	2.88	2.19	1.01	0.78
乡村劳动力	万人	220.67	8.01	127.23	4.62
#农林牧渔业	万人	161.46	5.94	87.11	2.64
耕地面积	千公顷	278.54	7.88	94.08	1.24
农林牧渔业总产值(当年价)	万元	1532295	102745	740515	27174
农业	万元	1002793	46536	390518	5301
林业	万元	84032	4350	66303	2124
牧业	万元	377627	46271	250390	15721
渔业	万元	67843	5588	33304	4028
农林牧渔业总产值指数(上年为 100)	%	107.07	110.2	101.86	106.32
农业	%	104.18	108.64	96.51	94.73
林业	%	105.34	100	89.87	111
牧业	%	118.41	112.34	117.3	108.15
渔业	%	105.29	106.94	99.67	111.08

21—1 **续表 6** (2000 年)

指 标 名 称	单 位	桂林市	桂林市市辖区	梧州市	梧州市市辖区
农业机械总动力	万千瓦	142.34	5.38	58.39	4.34
化肥使用量(折纯量)	吨	167592	5307	53324	554
农村用电量	万千瓦小时	35377	1267	15051	1008
有效灌溉面积	千公顷	208.35	6.75	70.2	0.89
总播种面积	千公顷	791.79	19.24	288.69	2.65
#粮食作物播种面积	千公顷	425.79	8.45	174.89	1.42
粮食产量	吨	2177666	40550	1093629	6194
棉花产量	吨	192		10	
油料产量	吨	81358	810	30884	567
甘蔗产量	吨	334467	959	185113	1
水果产量	吨	865576	6457	72272	1343
猪肉产量	吨	288193	16083	128614	8659
牛肉产量	吨	8162	122	2587	11
羊肉产量	吨	1660	46	83	
水产品产量	吨	71689	5550	39666	7686
工业企业单位数(规模以上)	个	482	192	209	101
大型企业	个	32	28	12	12
中型企业	个	66	51	26	22
小型企业	个	384	113	171	67
工业总产值(全部工业)	万元	2419455	1215846	1200413	473657
工业总产值指数(全部工业)	%	110.23	112.66	107.1	105.16
工业总产值(规模以上)	万元	1266934	939434	524548	353448
内资企业	万元	1117418	821230	439689	294283
国有企业	万元	695362	523328	215278	161858
集体企业	万元	145166	100249	114830	31929
股份合作企业	万元	94196	56053	6848	6848
联营企业	万元				1585
有限责任公司	万元	40936	24033	5549	2527
股份有限公司	万元	115498	109741	80221	77883
私营企业	万元	25570	7826	15378	13238
其他企业	万元	690			
港澳台投资企业	万元	35333	24731	39332	18539
外商投资企业	万元	114183	93473	45527	40628
工业总产值指数(规模以上)	%	112.51	112.28	107.3	85.36
工业企业增加值	万元	386815	283335	150519	101377
工业企业资产总计	万元	2144219	1584700	894549	662108
工业企业负债合计	万元	1392547	1012998	611933	463531
工业企业产品销售收入	万元	1192495	883777	532017	352072
工业企业利润总额	万元	35154	29953	1044	16
工业企业税金总额	万元	84948	60020	33455	21971
批发贸易业法人企业个数	个	39	18	53	28
零售贸易业法人企业	个	21	13	19	5
社会消费品零售总额	万元	1135164	530187	575779	237411
贸易业	万元	804832	421826	447181	188566
餐饮业	万元	159261	74459	51477	16995
制造业	万元	51680	4373	20918	
其它	万元	119391	29529	56203	31850
批发零售贸易业批发总额	万元	228946	172353	141222	115940

21—1 **续表 7** (2000 年)

指 标 名 称	单 位	桂林市	桂林市市辖区	梧州市	梧州市市辖区
批发零售贸易业零售总额	万元	151830	118865	47516	30649
批发零售贸易业购进总额	万元	352914	271468	177967	134867
批发零售贸易业销售总额	万元	380776	291218	188739	146590
#零售额	万元	151830	118865	47516	30649
批发零售贸易业库存总额	万元	36114	31260	39000	33386
集市贸易成交额	万元			349155	140573
外商直接投资	万美元	11563	8635	5860	4138
国内生产总值	万元	3001573	998389	1270786	500707
第一产业	万元	988813	50001	417744	10692
第二产业	万元	922179	454416	385131	182752
#工业	万元	757598	388787	332718	157778
第三产业	万元	1090581	493972	467911	307263
人均国内生产总值	元	6245	15775	4462	14875
国内生产总值指数	%	110.1	114.5	108.1	109.2
第一产业	%	105.2	114.2	101.9	97.4
第二产业	%	111.3	112.8	110.2	106.4
#工业	%	111.7	112.9	108.9	104.2
第三产业	%	113.5	117	112.1	111.9
人均国内生产总值指数	%	109.5	116.5	105.9	106.9
中央、地方财政收入	万元	242197	137022	106218	53442
地方财政收入	万元	158887	82106	76123	33793
#增值税	万元	24270	15309	9642	6325
营业税	万元	35463	21686	11732	6955
企业所得税	万元	17002	11188	4580	3639
地方财政支出	万元	241450	105503	109813	49750
#基建支出	万元	22597	17369	9393	8334
科技三项费用	万元	1596	1426	290	285
文教科卫事业费	万元	70072	23360	27778	10139
金融机构存款	万元	2955448	1833624	1076264	614324
#企业存款	万元	818124	653807	193449	159978
居民储蓄存款余额	万元	1938277	1037098	808304	402907
定期	万元	1256483	682718	23	249444
活期	万元	681794	354380	311958	153463
金融机构贷款	万元	1664280	958542	886943	593605
#工业贷款	万元	330228	254083	136970	116199
商业贷款	万元	252811	119716	269882	195570
农业贷款	万元	137038	10669	57860	2658
职工工资总额	万元	261497	150767	106935	60988
国有经济	万元	116484	121307	90806	48130
城镇集体经济	万元	17879	9076	9469	7269
其他单位合计	万元	127134	20384	6660	5589
职工平均工资	元	7834	9128	6338	7094
全社会固定资产投资	万元	792294	322489	207254	111282
#国有单位	万元	409585	184719	128723	64700
按性质分固定资产投资					
基本建设	万元	306295	163553	108484	47641
更新改造	万元	138098	52536	21255	20063
房地产开发	万元	78536	71254	38437	35482

21—1 续表 8 （2000 年）

指 标 名 称	单 位	桂林市	桂林市市辖区	梧州市	梧州市市辖区
其他	万元	269365	35146	39078	8096
国有投资新增固定资产	万元	254877	82166	102461	64685
商品房屋销售额	万元	69327	66717	35178	34007
商品房屋销售面积	万平方米	43.54	40.02	24.94	23.55
建筑企业单位数	个	142	67	64	39
建筑业企业从业人员	万人	3.32	2.52	1.5	1
建筑业总产值	万元	190187	157614	63203	50378
房屋建筑施工面积	万平方米	305.53	221.72	122.2	97.9
房屋建筑竣工面积	万平方米	162.6	110.38	58	44.1
房屋建筑竣工住宅面积	万平方米	95.3	69.4	38.9	31.1
公路里程	公里	6284	230	2982	100
等级路里程	公里	4951	20	2040	59
出租汽车数	辆	2135	2135	376	376
市内公共电汽车数	辆	383	383	115	115
邮电业务总量	万元	132600	100081	58610	30990
本地电话用户	万户	39	20	18	1086
幼儿园数	所	435	156	101	23
入园儿童数	人	40489	15082	48737	4004
学龄儿童入学率	%	99.39	99.61	99.21	100
小学专任教师数	人	20446	3054	12718	1686
小学学校数	所	1753	88	922	47
小学在校学生数	人	436016	47233	351374	27832
小学招生数	人	57304	6763	54811	4223
小学毕业生数	人	102029	9287	52217	5262
普通中学专任教师数	人	15893	2166	7142	1087
普通中学学校数	所	342	27	149	17
初中在校学生数	人	267896	26627	133244	15224
初中招生数	人	97326	8550	49707	5069
初中毕业生数	人	78039	8570	35058	3937
高中在校学生数	人	52987	9935	15952	4553
高中招生数	人	21547	3767	6350	1840
高中毕业生数	人	12079	2735	4129	1189
中等专业学校数	所	22	20	8	5
中等专业学校在校学生数	人	19979	18240	10667	6947
中等专业学校招生数	人	7194	6952	2993	1814
中等专业学校毕业生数	人	5357	4686	3195	1982
普通高等学校数	所	7	7	1	1
普通高等学校在校学生数	人	31579	31579	1498	1498
普通高等学校招生数	人	10673	10673	600	600
普通高等学校毕业生数	人	5946	5946	372	372
广播覆盖率	%	90	100	92.64	100
电视覆盖率	%	93.76	100	90.27	96.97
公共图书馆	个	13	1	5	1
公共图书藏书量	万册	292.4	184.3	84.2	43.4
旅游人数	万人次	95.02	73.43	4.98	4.98
#外国人	万人次	40.35	35.98	0.31	0.31
涉外饭店数	个	27	27	15	15

21—1 续表 9 （2000 年）

指 标 名 称	单 位	桂林市	桂林市市辖区	梧州市	梧州市市辖区
旅游外汇收入	万美元	22791	18481	366	366
供水管道长度	公里	539	539	244	244
供水总量	万吨	15368	15368	4647	4647
#生活用	万吨	5925	5925	3019	3019
用水人口	万人	49.4	49.4	27.55	27.55
煤气供气量	万立方米				
#生活用	万立方米				
天然气供气量	万立方米				
#生活用	万立方米				
液化石油气供气量	吨	18097	18097	22404	22404
#生活用	吨	13567	13567	22404	22404
污水排放量	万吨	12134	12134	7783	
污水处理量	万吨	4960	4960	1964	
排水管道长度	公里	314	314	79	79
生活垃圾清运量	万吨	18.9	18.9	13	13
生活垃圾处理量	万吨	16.02	16.02	13	13
公园面积	公顷	326.35	326.35	203	203
建成区绿化覆盖率	%	38.89	38.89	43.35	43.35
卫生机构数	个	1570	420	864	321
#医院、卫生院	个	206	35	94	16
卫生防疫站	个	14	1	5	1
妇幼保健站	个	6		6	2
卫生机构床位数	张	12508	6357	5363	2765
#医院、卫生院	张	11434	5514	5348	2765
卫生机构人数	人	19663	8854	8876	4030
医院、卫生院技术人员	人	12093	5096	6338	2842
#医生	人	5122	2017	2596	1104
护师、护士	人	4760	2272	2562	1280
火灾事故	件	508	295	122	82
火灾伤亡人数	人	32	18	17	9
火灾损失金额	万元	54193	258	330	91
交通事故	件	1575	412	793	51
交通受伤人数	人	1458	273	638	75
交通死亡人数	人	330	72	176	35
交通事故损失金额	万元	711	179	461	30
城市住房人均使用面积	平方米	15	15	15	15
城市人均居住面积	平方米	10	10	9	9
环境污染与破坏事故次数	次			15	2
污染直接经济损失	万元			7	2
污染事故赔罚总额	万元			7	2
城镇居民人均可支配收入	元	6997	6997	5221	5221
城镇居民人均消费性支出	元	5893	5893	4604	4604
#食品支出	元	2409	2409	2046	2046
农村居民人均纯收入(一次性调查数)	元	1755		1681	
农村居民人均纯收入(上年年鉴口径数)	元	2878		2442	1903
农村居民人均消费性支出	元				
#食品支出	元				

21—1 **续表 10** (2000 年)

指 标 名 称	单 位	北海市	北海市市辖区	防城港市	防城港市市辖区
行政区域土地面积	平方公里	3337	957	6181	2822
城市建成区面积	平方公里	31	31	26	17
城市房屋建筑面积	万平方米	980	980	732	508
城市住宅建筑面积	万平方米	536	536	516	355
城市住宅居住面积	万平方米	212.36	212.36	261.05	177.42
年末总人口	万人	141.7	49.5	77.8	46.6
男性	万人	74.0	25.3	43.0	25.7
女性	万人	67.7	24.2	34.8	20.9
年末总户数	万户	37.25	14.96	20.65	12.63
#乡村户数	万户	26.59	7.83	14.74	7.66
出生人口	万人	1.82	0.59	1.00	0.55
死亡人口	万人	0.60	0.21	0.35	0.18
人口密度	人/平方公里	424	516	126	165
经济活动人口	万人	82.39	28.21	41.56	25.25
从业人员	万人	82.13	27.98	41.33	25.1
城镇从业人员按经济类型分					
国有经济	万人	9.11	5.25	5.6	3.47
城镇集体经济	万人	1.06	0.38	0.48	0.33
其他单位合计	万人	0.71	0.63	0.18	0.15
内资	万人	0.41	0.38	0.06	0.06
港澳台投资经济	万人	0.14	0.09	0.01	
外商投资经济	万人	0.16	0.16	0.11	0.09
城镇私营经济	万人	1.53	1.07	0.5	0.36
城镇个体	万人	3.69	1.31	1.86	1.28
从业人员按产业分					
第一产业	万人	47.83	10.03	22.87	11.76
第二产业	万人	15.89	6.82	5.74	3.74
#工业	万人	13.49	6.55	3.02	1.59
第三产业	万人	18.41	11.13	12.72	9.6
城镇登记失业人员数	万人	0.26	0.23	0.23	0.15
职工人数	万人	10.69	6.16	5.96	3.79
职工按登记注册类型分					
国有经济	万人	8.98	5.18	5.39	3.38
城镇集体经济	万人	1.02	0.38	0.4	0.28
其他单位合计	万人	0.69	0.6	0.16	0.13
乡村劳动力	万人	64.71	18.21	30.63	17.71
#农林牧渔业	万人	46.12	12.39	21.76	11.49
耕地面积	千公顷	80.23	24.13	46.94	18.61
农林牧渔业总产值(当年价)	万元	650593	298996	319393	194405
农业	万元	181805	57307	112586	52738
林业	万元	4741	1178	29104	17911
牧业	万元	109155	31836	41183	29569
渔业	万元	354892	208675	136520	94187
农林牧渔业总产值指数(上年为 100)	%	104.6	103.48	101.94	101.29
农业	%	97.65	99.33	103.12	103.55
林业	%	115.29	91.72	97.93	99.3
牧业	%	109.37	107.89	101.65	101.27
渔业	%	106.56	103.94	101.92	100.59

21—1　续表 11　　（2000 年）

指　标　名　称	单　位	北海市	北海市市辖区	防城港市	防城港市市辖区
农业机械总动力	万千瓦	73.32	40.92	36.95	19.34
化肥使用量(折纯量)	吨	53021	20492	28591	10236
农村用电量	万千瓦小时	10101	4234	5128	2977
有效灌溉面积	千公顷	46.39	9.82	25.38	10.68
总播种面积	千公顷	176.13	46.85	112.93	52.73
#粮食作物播种面积	千公顷	95.44	16.65	68.92	35.93
粮食产量	吨	420463	65529	259536	131502
棉花产量	吨				
油料产量	吨	38478	13700	10375	5167
甘蔗产量	吨	1258287	533362	987086	43578
水果产量	吨	43853	15811	46266	22666
猪肉产量	吨	49338	16888	24287	16566
牛肉产量	吨	2152	917	655	358
羊肉产量	吨	93	31	90	56
水产品产量	吨	851514	496314	397330	292948
工业企业单位数(规模以上)	个	141	91	76	45
大型企业	个	7	6	3	1
中型企业	个	23	16	4	4
小型企业	个	111	69	69	40
工业总产值(全部工业)	万元	933974	556266	396717	237641
工业总产值指数(全部工业)	%	108.99	117.88	117.3	118.22
工业总产值(规模以上)	万元	438750	310868	146349	82880
内资企业	万元	366835	287016	88985	25516
国有企业	万元	243653	199234	61676	14591
集体企业	万元	65011	30819	16889	3568
股份合作企业	万元	1897	1239	2007	2007
联营企业	万元	7391	7391		
有限责任公司	万元	18658	18658		
股份有限公司	万元	11171	11171	3359	3359
私营企业	万元	19054	18504	5054	1991
其他企业	万元				
港澳台投资企业	万元	56009	8732		
外商投资企业	万元	15906	15120	57364	57364
工业总产值指数(规模以上)	%	112.69	118.47	123.02	124.47
工业企业增加值	万元	114458	79493	44394	25361
工业企业资产总计	万元	609016	455334	209251	126461
工业企业负债合计	万元	437863	328066	173668	110834
工业企业产品销售收入	万元	386574	289360	117902	61888
工业企业利润总额	万元	-3388	-3600	1086	-818
工业企业税金总额	万元	40185	31228	6829	2614
批发贸易业法人企业个数	个	32	24	8	7
零售贸易业法人企业	个	14	10	4	3
社会消费品零售总额	万元	340121	251856	209387	150420
贸易业	万元	225713	160219	166099	121621
餐饮业	万元	52658	42523	20908	11705
制造业	万元	11362	8636	4178	3063
其它	万元	50388	40478	18202	14031
批发零售贸易业批发总额	万元	198396	191205	42086	34747

21—1 **续表 12** （2000 年）

指 标 名 称	单 位	北海市	北海市市辖区	防城港市	防城港市市辖区
批发零售贸易业零售总额	万元	24762	14031	4832	4066
批发零售贸易业购进总额	万元	211828	198454	54022	44167
批发零售贸易业销售总额	万元	223158	205236	46918	38813
#零售额	万元	24762	14031	4832	4066
批发零售贸易业库存总额	万元	17974	17074	4297	4173
集市贸易成交额	万元	192959	87014	208000	123100
外商直接投资	万美元	3629		3110	2423
国内生产总值	万元	1136811	686964	575085	373233
第一产业	万元	354634	165076	199498	119632
第二产业	万元	318142	194398	155743	99135
#工业	万元	269783	159453	120341	72027
第三产业	万元	464035	327490	219844	154466
人均国内生产总值	元	8085	13745	7423	7994
国内生产总值指数	%	107.71	110.5	107.4	106.6
第一产业	%	103.83	105.2	100.6	96.8
第二产业	%	110.01	114.9	111.1	112.1
#工业	%	112.68	119.6	113.2	113.1
第三产业	%	108.58	109.7	110.6	110.8
人均国内生产总值指数	%	106.21	111.24	106.16	106.34
中央、地方财政收入	万元	102004	75971	41305	24811
地方财政收入	万元	65375	48133	32611	19645
#增值税	万元	8732	6739	2839	1703
营业税	万元	14122	10581	6683	4841
企业所得税	万元	3270	3077	3909	3069
地方财政支出	万元	89834	63512	47412	30319
#基建支出	万元	11386	7119	2176	1699
科技三项费用	万元	232	215	73	70
文教科卫事业费	万元	21967	13273	11336	7274
金融机构存款	万元	1038622	739232	439078	301859
#企业存款	万元	235393	216479	80013	65452
居民储蓄存款余额	万元	756499	489898	331275	215830
定期	万元	444793	284583	199428	143399
活期	万元	311706	205315	131847	72431
金融机构贷款	万元	1091172	892037	291126	197121
#工业贷款	万元	123600	100578	30751	20260
商业贷款	万元	216401	155905	66891	49978
农业贷款	万元	81931	44559	29536	21520
职工工资总额	万元	78897	54660	42897	29176
国有经济	万元	68392	47198	39590	26517
城镇集体经济	万元	5016	2519	1435	977
其他单位合计	万元	5489	4943	1872	1682
职工平均工资	元	7574	9147	7183	7690
全社会固定资产投资	万元	218262	152764	152250	106192
#国有单位	万元	142275	96981	72232	54520
按性质分固定资产投资					
基本建设	万元	125994	82243	60960	44948
更新改造	万元	28072	27072	8407	8407
房地产开发	万元	10125	10125	2328	1625

21—1 **续表13** （2000年）

指标名称	单位	北海市	北海市市辖区	防城港市	防城港市市辖区
其他	万元	54071	33324	80555	51212
国有投资新增固定资产	万元	45348	39081	37551	30240
商品房屋销售额	万元	2433	2433	926	914
商品房屋销售面积	万平方米	2.69	2.69	1.02	1.02
建筑企业单位数	个	38	30	45	35
建筑业企业从业人员	万人	0.7	0.4	0.5	0.35
建筑业总产值	万元	17008	12165	121245	117291
房屋建筑施工面积	万平方米	76.4	22.3	28.6	19.8
房屋建筑竣工面积	万平方米	19.4	15.3	11.1	9
房屋建筑竣工住宅面积	万平方米	7.2	6	4.6	4.4
公路里程	公里	1396	487	1642	923
等级路里程	公里	1210	387	1279	738
出租汽车数	辆	580	580	36	36
市内公共电汽车数	辆	194	194	71	59
邮电业务总量	万元	58308	41080	26966	18106
本地电话用户	万户	18	11	7	4
幼儿园数	所	199	88	82	52
入园儿童数	人	24571	7684	11110	6658
学龄儿童入学率	%	99.9	99.9	98.92	99.5
小学专任教师数	人	6281	2804	5254	3255
小学学校数	所	429	132	320	202
小学在校学生数	人	198100	69161	89154	50434
小学招生数	人	29838	10139	13240	7013
小学毕业生数	人	36071	12819	17437	10597
普通中学专任教师数	人	4660	2064	2482	1515
普通中学学校数	所	85	37	59	33
初中在校学生数	人	82113	31718	37960	22211
初中招生数	人	34818	12558	16510	10038
初中毕业生数	人	21534	7794	8544	4957
高中在校学生数	人	14365	6175	6838	4689
高中招生数	人	5791	2536	2777	1908
高中毕业生数	人	3308	1465	1290	903
中等专业学校数	所	3	1		
中等专业学校在校学生数	人	4087	1637		
中等专业学校招生数	人	1629	761		
中等专业学校毕业生数	人	817	144		
普通高等学校数	所				
普通高等学校在校学生数	人				
普通高等学校招生数	人				
普通高等学校毕业生数	人				
广播覆盖率	%	97.6	99.3	84	84.11
电视覆盖率	%	98.9	99.8	85	85.52
公共图书馆	个	3	2	4	2
公共图书藏书量	万册	332	183	17.1	12.3
旅游人数	万人次	319.95		2.87	0.88
#外国人	万人次	3.85		2.6	0.8
涉外饭店数	个	20		13	3

21—1 续表 14 （2000 年）

指 标 名 称	单 位	北海市	北海市市辖区	防城港市	防城港市市辖区
旅游外汇收入	万美元	703.75		688	206
供水管道长度	公里	233	233	222	147
供水总量	万吨	4075	4075	2163	1448
#生活用	万吨	1860	1860	1328	891
用水人口	万人	34.4	34.4	17.14	9.85
煤气供气量	万立方米				
#生活用	万立方米				
天然气供气量	万立方米	0.2	0.2		
#生活用	万立方米	0.2	0.2		
液化石油气供气量	吨	17000	17000	5732	4999
#生活用	吨	16400	16400	5551	4828
污水排放量	万吨	2652	2652	1733	1158
污水处理量	万吨	1090	1090		
排水管道长度	公里	187	187	144	95
生活垃圾清运量	万吨	15.65	15.65	9.68	5.45
生活垃圾处理量	万吨	15.65	15.65	7.34	5.45
公园面积	公顷	76	76	56.88	31
建成区绿化覆盖率	%	54.39	54.39	12.95	12.7
卫生机构数	个	212	150	280	189
#医院、卫生院	个	47	23	42	27
卫生防疫站	个	4	3	4	2
妇幼保健站	个	1	1		
卫生机构床位数	张	3218	1766	1327	869
#医院、卫生院	张	3120	1668	1327	869
卫生机构人数	人	6549	3774	2645	1733
医院、卫生院技术人员	人	3899	2148	1588	1097
#医生	人	1594	853	730	501
护师、护士	人	1398	820	546	389
火灾事故	件	142	115	45	32
火灾伤亡人数	人	3	3	6	5
火灾损失金额	万元	117	88	18	9
交通事故	件	536	264	914	445
交通受伤人数	人	496	189	840	342
交通死亡人数	人	122	44	94	55
交通事故损失金额	万元	242	114	298	204
城市住房人均使用面积	平方米	19	19	24	29
城市人均居住面积	平方米	10	10	17	19
环境污染与破坏事故次数	次				
污染直接经济损失	万元				
污染事故赔罚总额	万元				
城镇居民人均可支配收入	元	6167	6167	6200	6200
城镇居民人均消费性支出	元	5092	5092	4758	4758
#食品支出	元	2399	2399	1970	1970
农村居民人均纯收入(一次性调查数)	元	2155	2119	1844	
农村居民人均纯收入(上年年鉴口径数)	元	2590	2119	2796	
农村居民人均消费性支出	元	1751	1752		
#食品支出	元	809	818		

21—1 续表 15 (2000 年)

指 标 名 称	单 位	钦州市	钦州市市辖区	贵港市	贵港市市辖区
行政区域土地面积	平方公里	10843	4657	10606	3543
城市建成区面积	平方公里	66	55	52	40
城市房屋建筑面积	万平方米	1531	1222	1387	782
城市住宅建筑面积	万平方米	889	706	921	601
城市住宅居住面积	万平方米	458.91	361.74	385	254
年末总人口	万人	325.5	115.8	460.9	169.9
男性	万人	174.5	63.3	240.0	87.3
女性	万人	151.0	52.5	220.9	82.6
年末总户数	万户	73.09	27.62	103.00	39.35
#乡村户数	万户	68.11	25.67	87.69	31.70
出生人口	万人	5.38	1.80	7.51	2.51
死亡人口	万人	1.66	0.61	2.23	0.68
人口密度	人/平方公里	300	242	434	479
经济活动人口	万人	183.91	7.26	223.93	83.72
从业人员	万人	183.32	7	223.68	83.58
城镇从业人员按经济类型分					
国有经济	万人	10.59	4.88	12.05	5.27
城镇集体经济	万人	1.36	0.56	1.8	0.75
其他单位合计	万人	0.77	0.69	0.74	0.68
内资	万人	0.47	0.47	0.7	0.65
港澳台投资经济	万人	0.22	0.09	0.01	
外商投资经济	万人	0.08	0.08	0.03	0.03
城镇私营经济	万人	0.69	0.06	1.09	0.8
城镇个体	万人	7.65	1.84	4.7	2.48
从业人员按产业分					
第一产业	万人	107.35	28.24	129.67	45.7
第二产业	万人	34.84	20.72	20.2	7.84
#工业	万人	22.11	14.51	9.98	4.12
第三产业	万人	41.13	26.72	73.81	30.04
城镇登记失业人员数	万人	0.59	0.26	0.26	0.15
职工人数	万人	10.86	5.4	13.39	6.48
职工按登记注册类型分					
国有经济	万人	8.93	4.27	11.15	5.08
城镇集体经济	万人	1.26	0.52	1.5	0.73
其他单位合计	万人	0.67	0.59	0.74	0.67
乡村劳动力	万人	191.12	70.36	203.29	73.61
#农林牧渔业	万人	103.27	37.48	129.32	45.44
耕地面积	千公顷	146.51	61.03	195	78.9
农林牧渔业总产值(当年价)	万元	1098317	528537	812244	247109
农业	万元	624061	239881	473310	149788
林业	万元	29089	11038	18651	2168
牧业	万元	178223	63583	261072	77603
渔业	万元	266944	214035	59211	17550
农林牧渔业总产值指数(上年为 100)	%	102.1	103.45	96.45	99.69
农业	%	99.24	99.04	90.6	94.15
林业	%	118.64	410.79	122.63	108.99
牧业	%	115.7	128.64	102.68	106.15
渔业	%	102.94	101.62	106.43	116.72

21—1 续表 16 (2000 年)

指 标 名 称	单 位	钦州市	钦州市 市辖区	贵港市	贵港市 市辖区
农业机械总动力	万千瓦	67.35	31.54	120.21	51.09
化肥使用量(折纯量)	吨	170270	71619	112291	44477
农村用电量	万千瓦小时	13286	3430	20558	7677
有效灌溉面积	千公顷	83.98	35.73	146.6	50.03
总播种面积	千公顷	351.4	159.6	465.62	180.21
#粮食作物播种面积	千公顷	222.3	98.6	291.7	112.3
粮食产量	吨	1236950	475567	1463444	538049
棉花产量	吨	70			
油料产量	吨	23598	12685	63740	25679
甘蔗产量	吨	1312844	883116	1552253	1322807
水果产量	吨	835358	145980	78632	15241
猪肉产量	吨	110227	33050	175381	70982
牛肉产量	吨	3384	935	5755	2003
羊肉产量	吨	278	123	132	65
水产品产量	吨	525656	458319	90028	28829
工业企业单位数(规模以上)	个	142	68	117	55
大型企业	个	1	1	5	4
中型企业	个	14	7	19	12
小型企业	个	127	60	93	39
工业总产值(全部工业)	万元	670924	220507	723705	350811
工业总产值指数(全部工业)	%	106.16	106.68	105.4	119.58
工业总产值(规模以上)	万元	188478	95116	357186	282648
内资企业	万元	171050	84108	340512	267693
国有企业	万元	80903	35793	103183	60772
集体企业	万元	39327	13429	42841	28089
股份合作企业	万元	5366	1408		
联营企业	万元			909	
有限责任公司	万元	21146	21146	34899	33648
股份有限公司	万元	7114	5661	90774	86902
私营企业	万元	17194	6671	67906	58282
其他企业	万元				
港澳台投资企业	万元	7110	3562	14978	13259
外商投资企业	万元	10318	7446	1696	1696
工业总产值指数(规模以上)	%	110.84	111.54	108.87	118.49
工业企业增加值	万元	55272	27265	100853	77821
工业企业资产总计	万元	359590	197912	844651	624756
工业企业负债合计	万元	269859	161082	560603	362192
工业企业产品销售收入	万元	175993	82879	351450	278355
工业企业利润总额	万元	-115	-3522	-1499	3658
工业企业税金总额	万元	13246	5904	22720	16627
批发贸易业法人企业个数	个	33	26	24	12
零售贸易业法人企业	个	17	8	14	11
社会消费品零售总额	万元	538796	262700	350788	206195
贸易业	万元	411540	205104	234243	161408
餐饮业	万元	43584	21480	21922	6780
制造业	万元	27273	18421	44022	20282
其它	万元	56399	17695	50601	17725
批发零售贸易业批发总额	万元	61916	28930	111562	89668

21—1 续表 17 (2000年)

指 标 名 称	单 位	钦州市	钦州市市辖区	贵港市	贵港市市辖区
批发零售贸易业零售总额	万元	43075	36543	79693	62119
批发零售贸易业购进总额	万元	99145	63269	172828	142596
批发零售贸易业销售总额	万元	104991	272351	184254	151786
#零售额	万元	43075	36543	72693	62119
批发零售贸易业库存总额	万元	18553	15767	12875	9901
集市贸易成交额	万元	256968	112746	383138	178916
外商直接投资	万美元	646	440	660	539
国内生产总值	万元	1323558	634564	1086129	392113
第一产业	万元	685175	327455	451954	132894
第二产业	万元	244791	94975	248377	102920
#工业	万元	196771	68089	217888	97790
第三产业	万元	393592	212134	385798	156299
人均国内生产总值	元	4125	5470	2396	2343
国内生产总值指数	%	104.7	105.13	104.6	106.4
第一产业	%	101.9	103.82	98.3	101
第二产业	%	103.4	94.6	108.8	110.5
#工业	%	106.9	106.1	108.1	110.9
第三产业	%	111.5	113.1	109.4	108.2
人均国内生产总值指数	%	102.17	103.66	102.2	101.8
中央、地方财政收入	万元	74761	38175	82460	46705
地方财政收入	万元	59382	30903	58114	31014
#增值税	万元	4545	2192	7143	4661
营业税	万元	10141	6056	9112	5151
企业所得税	万元	2496	1304	4494	2597
地方财政支出	万元	84266	44649	81200	42285
#基建支出	万元	5945	2690	4301	3716
科技三项费用	万元	107	72	131	48
文教科卫事业费	万元	24136	11137	27056	11282
金融机构存款	万元	683679	374378	1022490	503022
#企业存款	万元	89223	61117	152253	106375
居民储蓄存款余额	万元	555136	289969	800006	347566
定期	万元	336479	162189	450455	189609
活期	万元	218657	127780	349551	157657
金融机构贷款	万元	519236	299058	601206	308182
#工业贷款	万元	58435	38110	93209	69519
商业贷款	万元	116656	64000	126252	65571
农业贷款	万元	104592	58114	81455	26385
职工工资总额	万元	68302	33436	81217	40859
国有经济	万元	58474	26498	68768	31976
城镇集体经济	万元	5889	2356	6942	3681
其他单位合计	万元	3939	3495	5507	5202
职工平均工资	元	6455	6480	6096	6359
全社会固定资产投资	万元	230201	124895	172645	103450
#国有单位	万元	94975	53611	67304	47349
按性质分固定资产投资					
基本建设	万元	71922	35909	55285	35858
更新改造	万元	23964	19959	16924	16243
房地产开发	万元	4291	2192	5798	5005

21—1　**续表 18**　　　　　　　　　　（2000 年）

指　标　名　称	单　位	钦州市	钦州市 市辖区	贵港市	贵港市 市辖区
其他	万元	130024	66835	94638	46344
国有投资新增固定资产	万元	79148	36150	49235	40924
商品房屋销售额	万元	3118	2193	8662	7346
商品房屋销售面积	万平方米	4.11	2.99	11.2	9.89
建筑企业单位数	个	58	45	34	19
建筑业企业从业人员	万人	1.4	1.1	1.5	1
建筑业总产值	万元	41034	33445	51130	34079
房屋建筑施工面积	万平方米	60.9	41.14	108.9	73
房屋建筑竣工面积	万平方米	36.1	23.97	70.8	46.3
房屋建筑竣工住宅面积	万平方米	20.7	14.1	38.3	27.1
公路里程	公里	3054	1284	2191	910
等级路里程	公里	1966	910	2075	892
出租汽车数	辆	85	85	81	81
市内公共电汽车数	辆	222	222	63	63
邮电业务总量	万元	41280	24456	48642	22123
本地电话用户	万户	15	8	20	9
幼儿园数	所	291	116	88	35
入园儿童数	人	52113	16699	73149	27422
学龄儿童入学率	%	97.75	98.63	98.74	97.78
小学专任教师数	人	13420	4566	17696	6690
小学学校数	所	1083	375	1169	456
小学在校学生数	人	367379	121336	593730	237862
小学招生数	人	54505	16956	78898	30832
小学毕业生数	人	75654	25504	107719	43470
普通中学专任教师数	人	7077	2709	11661	4834
普通中学学校数	所	137	57	265	108
初中在校学生数	人	144545	51489	252872	98306
初中招生数	人	63777	21490	102041	40990
初中毕业生数	人	35408	8937	64150	20384
高中在校学生数	人	20632	8345	36644	16400
高中招生数	人	7980	2934	17237	7509
高中毕业生数	人	4424	2010	6781	2926
中等专业学校数	所	4	4	3	1
中等专业学校在校学生数	人	4981	4981	1701	717
中等专业学校招生数	人	1503	1503	50	50
中等专业学校毕业生数	人	1249	1249	737	253
普通高等学校数	所	1	1		
普通高等学校在校学生数	人	1945	1945		
普通高等学校招生数	人	738	738		
普通高等学校毕业生数	人	449	449		
广播覆盖率	%	100	100	97	97
电视覆盖率	%	97.5	96.6	95	95
公共图书馆	个	3	1	3	1
公共图书藏书量	万册	41.1	182	471	125
旅游人数	万人次	0.06	0.06	3356	1021
#外国人	万人次	0.04	0.03	519	230
涉外饭店数	个	9	6	12	7

21—1　**续表19**　　　　　　　　　（2000年）

指　标　名　称	单　位	钦州市	钦州市市辖区	贵港市	贵港市市辖区
旅游外汇收入	万美元	17.83	16.03	52	25
供水管道长度	公里	177	101	385	304
供水总量	万吨	5002	4198	15825	12423
#生活用	万吨	2837	2233	4298	3165
用水人口	万人	35.42	27.82	67.35	44.49
煤气供气量	万立方米				
#生活用	万立方米				
天然气供气量	万立方米				
#生活用	万立方米				
液化石油气供气量	吨	16004	13800	16308	10628
#生活用	吨	10680	9500	15290	9910
污水排放量	万吨	3783	3190	13370	9913
污水处理量	万吨	329	300	3995	3605
排水管道长度	公里	320	286	213	109
生活垃圾清运量	万吨	12.45	7.65	23.85	19.85
生活垃圾处理量	万吨	1.22	0.75	11.42	9.42
公园面积	公顷	77.8	17.3	163.6	110
建成区绿化覆盖率	%	13.86	14.49	24.1	27.5
卫生机构数	个	98	43	1991	1329
#医院、卫生院	个	77	33	101	37
卫生防疫站	个	5	3	3	1
妇幼保健站	个	5	3	3	1
卫生机构床位数	张	3758	1887	3767	1862
#医院、卫生院	张	3758	1887	3677	1772
卫生机构人数	人	6126	2841	9361	4448
医院、卫生院技术人员	人	4543	1424	5734	2315
#医生	人	1948	1013	2493	1029
护师、护士	人	2595	728	1701	782
火灾事故	件	112	80	172	113
火灾伤亡人数	人	4	2	33	28
火灾损失金额	万元	48	21	454	422
交通事故	件	504	206	711	394
交通受伤人数	人	568	207	772	465
交通死亡人数	人	112	58	164	89
交通事故损失金额	万元	116	22	186	57
城市住房人均使用面积	平方米	16	16	11	10
城市人均居住面积	平方米	12	11	8	7
环境污染与破坏事故次数	次	10	4	11	10
污染直接经济损失	万元				
污染事故赔罚总额	万元	2	1	6	5
城镇居民人均可支配收入	元	5692	5692	5468	5468
城镇居民人均消费性支出	元	5001	5001	4134	4134
#食品支出	元	1838	1838	1735	1735
农村居民人均纯收入(一次性调查数)	元	2092		1868	1903
农村居民人均纯收入(上年年鉴口径数)	元	2475	2463	2150	2190
农村居民人均消费性支出	元	1677	1696	1499	1346
#食品支出	元	974	926	796	723

21—1 续表 20 (2000 年)

指 标 名 称	单 位	玉林市	玉林市市辖区	南宁地区	柳州地区
行政区域土地面积	平方公里	12838	1251	29569	26811
城市建成区面积	平方公里	33	33	7	5
城市房屋建筑面积	万平方米	1484	1484	60.4	177
城市住宅建筑面积	万平方米	904	904	49.3	104
城市住宅居住面积	万平方米	408.28	408.28	47.5	47.73
年末总人口	万人	581.0	91.0	561.9	400.9
男性	万人	307.6	48.5	291.6	210.3
女性	万人	273.4	42.5	270.3	190.6
年末总户数	万户	134.74	23.03	131.35	94.12
#乡村户数	万户	114.48	17.53	112.45	79.95
出生人口	万人	8.76	1.27	6.22	4.44
死亡人口	万人	2.67	0.43	3.04	2.17
人口密度	人/平方公里	452	726	190	149
经济活动人口	万人	303.11	50.92	319.57	209.43
从业人员	万人	302.02	50.52	318.46	208.41
城镇从业人员按经济类型分					
国有经济	万人	19.47	5.4	21.76	14.7
城镇集体经济	万人	2.95	0.77	1.76	1.32
其他单位合计	万人	1.61	0.68	2.2	1.7
内资	万人	0.88	0.15		1.45
港澳台投资经济	万人	0.19	0.04		0.03
外商投资经济	万人	0.54	0.49		0.22
城镇私营经济	万人	1.24	0.44	0.52	1.14
城镇个体	万人	9.41	5.22	5.74	6.94
从业人员按产业分					
第一产业	万人	181.26	25.17	241.04	152.31
第二产业	万人	56.91	8.23	29.7	13.07
#工业	万人	43.91	6.07	18.88	8.63
第三产业	万人	63.85	17.11	47.72	43.03
城镇登记失业人员数	万人	0.8	0.4	1.11	1.02
职工人数	万人	21.81	6.43	24.84	17.49
职工按登记注册类型分					
国有经济	万人	17.38	5.06	20.97	14.5
城镇集体经济	万人	2.86	0.73	1.7	1.3
其他单位合计	万人	1.57	0.64	2.17	1.69
乡村劳动力	万人	294.98	294.98	285.37	210.24
#农林牧渔业	万人	181.26	181.28	206.73	150.4
耕地面积	千公顷	192.47	28.89	424.07	334.09
农林牧渔业总产值(当年价)	万元	1283803	198000	1173014	838543
农业	万元	818889	137302	795350	514578
林业	万元	27864	1213	29962	35561
牧业	万元	386608	47417	263931	258357
渔业	万元	50442	12068	83771	30047
农林牧渔业总产值指数(上年为 100)	%	97.41	103.68	96	102.48
农业	%	89.37	96.44	91.95	95.99
林业	%	110.68	154.24	96.23	111.16
牧业	%	121.29	136.44	107.31	114.72
渔业	%	105.03	103.34	106.11	111.45

21—1　续表 21　　　　(2000 年)

指　标　名　称	单　位	玉林市	玉林市 市辖区	南宁地区	柳州地区
农业机械总动力	万千瓦	170.81	30.43	208.92	130.22
化肥使用量(折纯量)	吨	135230	24157	253509	177717
农村用电量	万千瓦小时	41560	9214	34816	27577
有效灌溉面积	千公顷	153.23	26.84	217	153.84
总播种面积	千公顷	535.62	75.78	847.81	694.99
#粮食作物播种面积	千公顷	356.51	44.96	486.08	376.68
粮食产量	吨	2317010	307683	1834359	1483062
棉花产量	吨	52	4	12	48
油料产量	吨	41172	8833	62551	78562
甘蔗产量	吨	508938	77673	8581763	4607457
水果产量	吨	238577	27480	217430	121733
猪肉产量	吨	268977	28072	204596	238172
牛肉产量	吨	5194	882	9169	20838
羊肉产量	吨	186	28	2408	4256
水产品产量	吨	86984	24255	101362	41461
工业企业单位数(规模以上)	个	277	74	226	160
大型企业	个	5	4	8	13
中型企业	个	30	6	27	24
小型企业	个	242	64	191	123
工业总产值(全部工业)	万元	1988726	648375	808752	1004519
工业总产值指数(全部工业)	%	107	109.4	92	108.56
工业总产值(规模以上)	万元	673061	283650	499037	561112
内资企业	万元	483326	141013	376078	466163
国有企业	万元	134035	64344	244301	247921
集体企业	万元	109904	33805	43414	24780
股份合作企业	万元	11431		8248	7817
联营企业	万元	1879			
有限责任公司	万元	35308	33275	46694	174591
股份有限公司	万元	44809	5138	21111	2976
私营企业	万元	145960	4451	12310	8078
其他企业	万元				
港澳台投资企业	万元	18620	3434	5212	1020
外商投资企业	万元	171115	139203	117747	93929
工业总产值指数(规模以上)	%	107	117.01	96	109.2
工业企业增加值	万元	210855	94012	175480	169759
工业企业资产总计	万元	1266273	681928	1043536	1734866
工业企业负债合计	万元	807558	384260	699856	1166601
工业企业产品销售收入	万元	705844	296409	509692	564937
工业企业利润总额	万元	13633	15877	32667	21874
工业企业税金总额	万元	48612	21291	49534	45833
批发贸易业法人企业个数	个	32	15	19	14
零售贸易业法人企业	个	22	6	38	4
社会消费品零售总额	万元	926074	336060	711599	307766
贸易业	万元	674188	287996	456400	203921
餐饮业	万元	95158	34334	48452	32870
制造业	万元	80094	1340	28688	22820
其它	万元	76634	12390	178059	48155
批发零售贸易业批发总额	万元	261280	138553	53911	39651

21—1 **续表 22** (2000 年)

指 标 名 称	单 位	玉林市	玉林市 市辖区	南宁地区	柳州地区
批发零售贸易业零售总额	万元	93739	57633	66643	14274
批发零售贸易业购进总额	万元	321411	183971	106185	48669
批发零售贸易业销售总额	万元	355019	196186	120804	53925
#零售额	万元	93739	57633	66234	14274
批发零售贸易业库存总额	万元	25476	18195	10794	4126
集市贸易成交额	万元	781226	297564	628929	289247
外商直接投资	万美元	7564	4043	752	6750
国内生产总值	万元	1989324	433744	1683215	1376379
第一产业	万元	784190	111242	737186	545053
第二产业	万元	606999	178052	328617	414218
#工业	万元	555761	165143	261745	336048
第三产业	万元	598135	144450	617412	417108
人均国内生产总值	元	3477	4867	3018	3444
国内生产总值指数	%	106.1	108.9	101.2	106.3
第一产业	%	98.5	103.5	96.7	102.5
第二产业	%	109.4	110.8	99.5	106.8
#工业	%	109.4	111.2	102.6	114.7
第三产业	%	112.9	110.3	108.5	110.8
人均国内生产总值指数	%	103.5	105.9	100.3	105.61
中央、地方财政收入	万元	166507	68058	158533	120610
地方财政收入	万元	120856	46011	114918	82344
#增值税	万元	15010	7317	14286	12633
营业税	万元	16376	7234	14125	11353
企业所得税	万元	6988	4610	6769	4454
地方财政支出	万元	161086	58983	183527	138080
#基建支出	万元	7664	6392	6438	3479
科技三项费用	万元	263	72	115	185
文教科卫事业费	万元	52332	12372	50718	43604
金融机构存款	万元	1735927	826322	1229201	752020
#企业存款	万元	257101	146343	160042	128780
居民储蓄存款余额	万元	1377249	522034	993217	574914
定期	万元	818152	412406	503858	320869
活期	万元	559097	109628	489359	254045
金融机构贷款	万元	1217981	628334	632209	573114
#工业贷款	万元	210764	126254	101598	107569
商业贷款	万元	204061	129034	131793	106065
农业贷款	万元	149563	36957	112682	75749
职工工资总额	万元	147688	54436	145645	119920
国有经济	万元	119838	42163	123663	98115
城镇集体经济	万元	16064	4586	7345	6519
其他单位合计	万元	11786	7687	14637	15286
职工平均工资	元	6763	8466	5946	6905
全社会固定资产投资	万元	285009	81958	324523	310196
#国有单位	万元	119821	49219	138556	122236
按性质分固定资产投资					
基本建设	万元	92918	35516	129091	186817
更新改造	万元	30576	18077	14679	12456
房地产开发	万元	7295	4540	7807	454

21—1 **续表 23** （2000 年）

指 标 名 称	单 位	玉林市	玉林市市辖区	南宁地区	柳州地区
其他	万元	154220	23825	172946	110469
国有投资新增固定资产	万元	105173	48295	84300	69438
商品房屋销售额	万元	6116	3464	3750	647
商品房屋销售面积	万平方米	6.68	3.09	6	7905
建筑企业单位数	个	101	30	57	65
建筑业企业从业人员	万人	3.5	8387	1	0.92
建筑业总产值	万元	133392	35113	28959	22499
房屋建筑施工面积	万平方米	231.8	53.8	60	62.98
房屋建筑竣工面积	万平方米	140	22.8	35.6	35.02
房屋建筑竣工住宅面积	万平方米	66.4	12.7	18.3	17.98
公路里程	公里	4306	616	7616	7523
等级路里程	公里	3151	517	5631	4656
出租汽车数	辆	326	326	240	140
市内公共电汽车数	辆	77	77	156	26
邮电业务总量	万元	80283	34113	38597	26584
本地电话用户	万户	32	10	20	21
幼儿园数	所	527	237	426	530
入园儿童数	人	98027	14430	72442	47652
学龄儿童入学率	%	99.55	99.6	99	98.74
小学专任教师数	人	19615	3169	21047	15696
小学学校数	所	1449	218	1807	1495
小学在校学生数	人	715152	97874	585714	477731
小学招生数	人	100860	12368	89083	70080
小学毕业生数	人	145169	21655	121976	88252
普通中学专任教师数	人	15388	3198	13510	9199
普通中学学校数	所	336	55	383	253
初中在校学生数	人	356408	51412	288979	201709
初中招生数	人	130140	20271	108955	79399
初中毕业生数	人	92206	11957	74725	47139
高中在校学生数	人	42265	11794	37004	24992
高中招生数	人	10058	4827	14917	10726
高中毕业生数	人	18059	3001	8002	5248
中等专业学校数	所	10	5	2	
中等专业学校在校学生数	人	13907	7936	2821	
中等专业学校招生数	人	3450	2216	916	
中等专业学校毕业生数	人	3060	1725	765	
普通高等学校数	所	1	1	1	
普通高等学校在校学生数	人	5306	5306	1931	
普通高等学校招生数	人	2985	2985	721	
普通高等学校毕业生数	人	859	859	586	
广播覆盖率	%	95	95	85	89.76
电视覆盖率	%	96.9	100	85.24	93.45
公共图书馆	个	6	1	12	148
公共图书藏书量	万册	1046	34.7	96	136
旅游人数	万人次	0.99	0.21	3.99	0.58
#外国人	万人次	0.16	0.05	3.59	0.51
涉外饭店数	个	25	9	23	

21—1 **续表 24** （2000 年）

指标名称	单位	玉林市	玉林市市辖区	南宁地区	柳州地区
旅游外汇收入	万美元	180	39.6	199	14.71
供水管道长度	公里	264	264	101	385
供水总量	万吨	2995	2995	602	7019
#生活用	万吨	1887	1887	536	3405
用水人口	万人	31.7	31.7	5.1	51.13
煤气供气量	万立方米				
#生活用	万立方米				
天然气供气量	万立方米				
#生活用	万立方米				
液化石油气供气量	吨	11400	11400	1883	17362
#生活用	吨	10000	10000	1883	15582
污水排放量	万吨	2396	2396	45	5422
污水处理量	万吨			45	2711
排水管道长度	公里	152	152	23	181
生活垃圾清运量	万吨	9	9	1	25.19
生活垃圾处理量	万吨	9	9		20.15
公园面积	公顷	408	408		108.28
建成区绿化覆盖率	%	30.85	30.85	29.43	8.69
卫生机构数	个	1628	386	1828	235
#医院、卫生院	个	157	8	219	187
卫生防疫站	个	6	1	14	12
妇幼保健站	个	7	2	13	1
卫生机构床位数	张	7458	3143	7986	5675
#医院、卫生院	张	7278	3113	5508	5671
卫生机构人数	人	14960	4195	15045	9847
医院、卫生院技术人员	人	13424	3342	12295	7205
#医生	人	5724	1861	6267	2217
护师、护士	人	3427	1379	3466	2795
火灾事故	件	205		203	132
火灾伤亡人数	人	18		24	45
火灾损失金额	万元	22948		350	625
交通事故	件	874		2453	1115
交通受伤人数	人			2603	1037
交通死亡人数	人			470	249
交通事故损失金额	万元			1052	438
城市住房人均使用面积	平方米	19	19	19	13
城市人均居住面积	平方米	12	12	18	8
环境污染与破坏事故次数	次				26
污染直接经济损失	万元				68
污染事故赔罚总额	万元				76
城镇居民人均可支配收入	元	5690	5690	4743	5706
城镇居民人均消费性支出	元			3764	4376
#食品支出	元			1772	1774
农村居民人均纯收入(一次性调查数)	元	1736	1854	1515	1418
农村居民人均纯收入(上年年鉴口径数)	元	2840	3049	2131	2249
农村居民人均消费性支出	元			1664	961
#食品支出	元			843	526

21—1 续表 25 (2000 年)

指 标 名 称	单 位	贺州地区	百色地区	河池地区
行政区域土地面积	平方公里	11855	36201	33508
城市建成区面积	平方公里		29	24
城市房屋建筑面积	万平方米		394	1801
城市住宅建筑面积	万平方米		194	1196
城市住宅居住面积	万平方米		73.9	565.99
年末总人口	万人	206.0	364.5	379.7
男性	万人	108.0	187.0	195.3
女性	万人	98.0	177.5	184.4
年末总户数	万户	47.39	83.18	92.32
#乡村户数	万户	39.24	67.88	75.70
出生人口	万人	2.60	4.57	4.00
死亡人口	万人	1.10	2.38	2.37
人口密度	人/平方公里	173	101	113
经济活动人口	万人	114.95	190.24	190.71
从业人员	万人	114.92	189.92	189.57
城镇从业人员按经济类型分				
国有经济	万人	7.82	19.24	18.59
城镇集体经济	万人	0.78	1.17	2.21
其他单位合计	万人	0.49	0.74	0.81
内资	万人	2.51	0.7	0.64
港澳台投资经济	万人	0.01	0.04	
外商投资经济	万人	0.01		0.17
城镇私营经济	万人	0.35	1.01	1.14
城镇个体	万人	3.01	4.04	7.7
从业人员按产业分				
第一产业	万人	77.85	144.42	133.09
第二产业	万人	17.1	17.04	22.66
#工业	万人	13.46	13.44	17.18
第三产业	万人	19.97	28.46	33.82
城镇登记失业人员数	万人	0.03	0.32	1.14
职工人数	万人	8.79	18.78	20.99
职工按登记注册类型分				
国有经济	万人	7.55	17.01	17.98
城镇集体经济	万人	0.76	1.07	2.2
其他单位合计	万人	0.48	0.71	0.81
乡村劳动力	万人	93.69	177.62	169.21
#农林牧渔业	万人	75.26	143.67	133.87
耕地面积	千公顷	96.94	265.08	222.41
农林牧渔业总产值(当年价)	万元	672100	736162	677505
农业	万元	350846	480903	386082
林业	万元	35673	56967	43922
牧业	万元	250833	179888	230469
渔业	万元	34748	18404	17032
农林牧渔业总产值指数(上年为 100)	%	103.59	103.12	102.92
农业	%	102.73	101.41	101.14
林业	%	95.77	101.48	106.11
牧业	%	105.55	109.08	104.75
渔业	%	107.27	106.75	115.65

21—1　续表 26　　(2000 年)

指　标　名　称	单　位	贺州地区	百色地区	河池地区
农业机械总动力	万千瓦	40.98	115.8	130.19
化肥使用量(折纯量)	吨	55621	66297	76219
农村用电量	万千瓦小时	11760	27313	16763
有效灌溉面积	千公顷	67.45	107.42	82.85
总播种面积	千公顷	290.57	522.87	578.7
#粮食作物播种面积	千公顷	158.73	344.65	381.23
粮食产量	吨	815369	1168194	1198838
棉花产量	吨	10	96	350
油料产量	吨	42484	6555	35050
甘蔗产量	吨	130860	1603873	1831948
水果产量	吨	149135	276497	125695
猪肉产量	吨	185920	149981	184965
牛肉产量	吨	6299	9187	15408
羊肉产量	吨	509	3739	9571
水产品产量	吨	51762	25068	23839
工业企业单位数(规模以上)	个	111	238	270
大型企业	个	2	7	9
中型企业	个	9	22	19
小型企业	个	100	209	242
工业总产值(全部工业)	万元	804907	979810	1184897
工业总产值指数(全部工业)	%	111.39	8.15	110.73
工业总产值(规模以上)	万元	201551	625807	755352
内资企业	万元	198792	622860	718082
国有企业	万元	138516	509310	347541
集体企业	万元	11239	21753	197062
股份合作企业	万元	3240	3761	6306
联营企业	万元		533	
有限责任公司	万元	6261	28251	52954
股份有限公司	万元	18989	34973	44827
私营企业	万元	20547	24280	69392
其他企业	万元			
港澳台投资企业	万元	1923	2947	1469
外商投资企业	万元	836		35801
工业总产值指数(规模以上)	%	109.8	111.36	109.95
工业企业增加值	万元	84508	248303	322182
工业企业资产总计	万元	485231	1172592	1551907
工业企业负债合计	万元	410345	812487	1200994
工业企业产品销售收入	万元	214152	562789	745123
工业企业利润总额	万元	8143	67864	67777
工业企业税金总额	万元	19035	55133	64021
批发贸易业法人企业个数	个	6	14	33
零售贸易业法人企业	个	5	16	13
社会消费品零售总额	万元	270382	340248	509469
贸易业	万元	181255	226966	352985
餐饮业	万元	27475	33702	67205
制造业	万元	16503	14109	15643
其它	万元	45149	65471	73636
批发零售贸易业批发总额	万元	62042	105601	185396

21—1 续表 27 (2000年)

指 标 名 称	单 位	贺州地区	百色地区	河池地区
批发零售贸易业零售总额	万元	17932	20677	352985
批发零售贸易业购进总额	万元		118743	109293
批发零售贸易业销售总额	万元	269118	126279	538381
#零售额	万元	181255	20677	352985
批发零售贸易业库存总额	万元		9111	13974
集市贸易成交额	万元	167833	304049	121000
外商直接投资	万美元	1550	352	907
国内生产总值	万元	945341	1200224	1463014
第一产业	万元	396361	478505	434558
第二产业	万元	251971	340202	518145
#工业	万元	227144	278333	421648
第三产业	万元	297009	381517	510311
人均国内生产总值	元	4630	3304	3874
国内生产总值指数	%	105.2	107.2	108
第一产业	%	100.5	103.1	102.9
第二产业	%	109.6	113	111
#工业	%	109.8	109.6	111.5
第三产业	%	107.1	107.7	108.6
人均国内生产总值指数	%	103.5	106.84	107.2
中央、地方财政收入	万元	56926	127836	145015
地方财政收入	万元	39453	81829	95552
#增值税	万元	17067	14898	16395
营业税	万元	4246	15348	13064
企业所得税	万元	5329	4070	8354
地方财政支出	万元	68633	146820	164194
#基建支出	万元	2746	4526	4839
科技三项费用	万元	155	556	608
文教科卫事业费	万元	23151	51599	52850
金融机构存款	万元	408952	859302	1139951
#企业存款	万元	41639	188264	282216
居民储蓄存款余额	万元	339743	573650	790471
定期	万元	202213	320112	392771
活期	万元	137530	253538	397700
金融机构贷款	万元	361586	885388	694352
#工业贷款	万元	95585	162917	137255
商业贷款	万元	58473	143833	90364
农业贷款	万元	49195	55727	45167
职工工资总额	万元	62008	131778	131098
国有经济	万元	55394	120584	116684
城镇集体经济	万元	3654	5046	9566
其他单位合计	万元	2960	6148	4848
职工平均工资	元	6963	6454	6269
全社会固定资产投资	万元	110848	294617	405490
#国有单位	万元	56867	166545	254024
按性质分固定资产投资				
基本建设	万元	53300	129228	246203
更新改造	万元	10785	38530	25991
房地产开发	万元	2068	6028	330

21—1 **续表 28** (2000 年)

指标名称	单位	贺州地区	百色地区	河池地区
其他	万元	44695	120831	132966
国有投资新增固定资产	万元	58522	118689	151047
商品房屋销售额	万元	1030	1171	35
商品房屋销售面积	万平方米	0.75	12414	0.33
建筑企业单位数	个	49	53	83
建筑业企业从业人员	万人	0.55	1.2	1.62
建筑业总产值	万元	16258	35559	51315
房屋建筑施工面积	万平方米	39.4	82.5	90.8
房屋建筑竣工面积	万平方米	24.3	52.3	58.4
房屋建筑竣工住宅面积	万平方米	12.1	28.9	33.2
公路里程	公里	2643	6568	6064
等级路里程	公里	1999	4477	3914
出租汽车数	辆	69	200	269
市内公共电汽车数	辆	77	212	78
邮电业务总量	万元	22451	50979	54369
本地电话用户	万户	95600	22	20
幼儿园数	所	33	361	105
入园儿童数	人	29324	52337	21921
学龄儿童入学率	%	99.31	98.91	95.82
小学专任教师数	人	8538	17519	19463
小学学校数	所	746	1888	1738
小学在校学生数	人	276534	386402	381578
小学招生数	人	42700	48897	56228
小学毕业生数	人	52244	73651	61554
普通中学专任教师数	人	5438	8722	9799
普通中学学校数	所	121	258	272
初中在校学生数	人	119231	174159	157247
初中招生数	人	45038	64172	53169
初中毕业生数	人	32181	51057	43607
高中在校学生数	人	11186	20996	27909
高中招生数	人	4846	9129	11134
高中毕业生数	人	2436	4276	6083
中等专业学校数	所	3	9	10
中等专业学校在校学生数	人	3745	9031	9593
中等专业学校招生数	人	1226	2106	2506
中等专业学校毕业生数	人	1057	2657	2899
普通高等学校数	所	1	2	1
普通高等学校在校学生数	人	3571	4553	2301
普通高等学校招生数	人	1707	1744	1011
普通高等学校毕业生数	人	961	854	482
广播覆盖率	%	90.86	71.27	62.2
电视覆盖率	%	89.76	80.97	70.4
公共图书馆	个	4	12	11
公共图书藏书量	万册	44.53	102.95	70.12
旅游人数	万人次	10.25	92.5	0.03
#外国人	万人次	0.03	0.53	0.02
涉外饭店数	个	6	23	

21—1 **续表 29** (2000 年)

指 标 名 称	单 位	贺州地区	百色地区	河池地区
旅游外汇收入	万美元	16.31	488	4.24
供水管道长度	公里	296	1430	590
供水总量	万吨	2009	9896	12209
#生活用	万吨	1277	5073	5535
用水人口	万人	18.82	84.02	55.24
煤气供气量	万立方米			197
#生活用	万立方米			164
天然气供气量	万立方米			
#生活用	万立方米			
液化石油气供气量	吨	33	15893	18414
#生活用	吨	32	13435	15438
污水排放量	万吨	5571	9614	9783
污水处理量	万吨	4554		5486
排水管道长度	公里	56	216	345
生活垃圾清运量	万吨	60.74	23.71	18.13
生活垃圾处理量	万吨		6.11	6.65
公园面积	公顷		147.62	194.64
建成区绿化覆盖率	%		22.1	22.35
卫生机构数	个	114	276	1090
#医院、卫生院	个	92	225	220
卫生防疫站	个	5	14	13
妇幼保健站	个	4	2	12
卫生机构床位数	张	3255	6106	6339
#医院、卫生院	张	3255	6065	6303
卫生机构人数	人	5960	10066	10917
医院、卫生院技术人员	人	4161	7766	6933
#医生	人	1873	3930	2919
护师、护士	人	1469	2534	2602
火灾事故	件	85	171	159
火灾伤亡人数	人	10	29	18
火灾损失金额	万元	120	245	158
交通事故	件	811	1676	1028
交通受伤人数	人	671	1450	1152
交通死亡人数	人	156	269	328
交通事故损失金额	万元	340	642	421
城市住房人均使用面积	平方米		10	18
城市人均居住面积	平方米		6	12
环境污染与破坏事故次数	次	8		
污染直接经济损失	万元	5		
污染事故赔罚总额	万元	5		
城镇居民人均可支配收入	元	5429	5747	4800
城镇居民人均消费性支出	元	4271	5409	4167
#食品支出	元	1905	1971	1765
农村居民人均纯收入(一次性调查数)	元	1566	1183	1325
农村居民人均纯收入(上年年鉴口径数)	元	2662	1145	1386
农村居民人均消费性支出	元	2293		1252
#食品支出	元	1088		626

二十二、县(市)基本情况

22—1 各县(市)社会经济主要指标

(2000年)

指标名称	单位	邕宁县	武鸣县	柳江县	柳城县
行政区域土地面积	平方公里	4725	3470	113	113
年末总人口	万人	91.7	65.1	51.8	41.0
男性	万人	48.2	33.8	27.0	21.0
女性	万人	43.5	31.3	24.8	20.0
年末总户数	万户	22.15	17.2	13.93	10.18
#乡村户数	万户	8.63	15.80	12.00	8.87
出生人口	万人	1.19	0.68	0.58	0.38
死亡人口	万人	0.44	0.38	0.26	0.20
人口密度	人/平方公里	194	187	207	193
从业人员	人	451300	372000	272919	212746
从业人员按产业分					
第一产业	人	348000	269300	250412	158200
第二产业	人	45500	49700	7632	23517
#工业	人	35400	39400	7062	20119
第三产业	人	57700	53000	14875	31029
职工人数	人	40000	41000	24289	21061
乡村劳动力	人	461800	321600	250412	197100
#农林牧渔业	人	342300	247100	190921	158200
耕地面积	公顷	75955	59460	52564	43050
农林牧渔业总产值(当年价)	万元	299505	290284	131747	146652
农业	万元	210524	190455	94344	105070
林业	万元	8125	4356	1147	1626
牧业	万元	69768	78882	32588	33053
渔业	万元	11088	16591	3668	6903
农林牧渔业总产值指数(上年为100)	%	100.4	102.39	110.34	107.68
农业	%	96.03	99.7	107.6	106.28
林业	%	100.75	121.79	80.97	117.06
牧业	%	115.41	109.1	124.68	111.58
渔业	%	104.56	105.46	108.24	112
农业机械总动力	万千瓦	53.9	45.78	19968	17.02
化肥使用量(折纯量)	吨	68400	56200	27904	33860
农村用电量	万千瓦小时	8856	6450	6439	3092
有效灌溉面积	千公顷	41.75	29.58	18.79	18.61
总播种面积	千公顷	176.93	136.59	96.42	98.87
#粮食作物播种面积	千公顷	80.88	62.93	50.19	44.73
粮食产量	吨	337699	313868	223326	191201
棉花产量	吨		5	3	
油料产量	吨	20212	19357	7023	12294
甘蔗产量	吨	1310666	1254130	1372897	1708102
水果产量	吨	94298	185901	13614	24491
猪肉产量	吨	33663	57550	23160	23338
牛肉产量	吨	989	3509	2741	1195
羊肉产量	吨	82	446	805	271
水产品产量	吨	17752	25050	7237	8461
工业企业单位数(规模以上)	个	51	43	46	35
内资企业	个	36	38	43	35
工业总产值(全部工业)	万元	315024	258291	203280	133846
工业总产值指数(全部工业)	%	113.93	97.62	107.3	95.44
工业总产值(规模以上)	万元	150865	72244	133148	99738
内资企业	万元	67603	59706	118969	99738
国有企业	万元	8542	26635	63968	8907
集体企业	万元	10647	29287	33302	33600
股份合作企业	万元	2153		7907	1040
有限责任公司	万元	1264			
股份有限公司	万元	8716		2680	52851
私营企业	万元	26670			
其他企业	万元	9611	3784	11112	3340

22—1　**续表 1**　(2000 年)

指　标　名　称	单　位	邕宁县	武鸣县	柳江县	柳城县
港澳台投资企业	万元	16819	11617	592	
外商投资企业	万元	66443	921	13587	
工业企业增加值	万元	47835	23328	41645	34832
工业企业资产总计	万元	260084	118111	178431	139671
工业企业负债合计	万元	180071	85367	102202	84434
工业企业产品销售收入	万元	149505	73358	128226	100616
工业企业利润总额	万元	4576	1281	7412	5566
工业企业税金总额	万元	10933	5476	8883	8315
社会消费品零售总额	万元	90877	105090	58928	54426
贸易业	万元	44176	63439	24925	25885
餐饮业	万元	16891	11907	3140	5939
制造业	万元	11640	5659	712	7529
其它	万元	18170	24085	30151	15073
国内生产总值	万元	411736	379097	240636	174324
第一产业	万元	193318	188049	81286	82106
第二产业	万元	134881	108944	70146	49471
#工业	万元	113080	93746	63566	45358
第三产业	万元	83537	82104	89204	42747
人均国内生产总值	元	4539	5885	4611	4306
国内生产总值指数	%	106.65	100.24	109.3	109.4
第一产业	%	105.67	102.25	105.4	107.6
第二产业	%	106.96	92.26	112.3	110.6
#工业	%	107.29	91.2	113	111
第三产业	%	108.17	111.81	110.5	110.9
人均国内生产总值指数	%	105.72	99.95	106.9	108.83
中央、地方财政收入	万元	29006	22001	14893	14474
地方财政收入	万元	19964	16729	9729	9632
地方财政支出	万元	23079	25401	14838	12837
居民储蓄存款余额	万元	151013	139499	102914	72650
职工工资总额	万元	26175	23783	17712	14474
职工平均工资	元	6520	5815	7502	6919
全社会固定资产投资	万元	105158	88928	23795	22354
#国有单位	万元	105158	88928	9429	9589
按性质分固定资产投资					
基本建设	万元	42575	12680	9142	6647
更新改造	万元	5251	4823	135	2844
房地产开发	万元	821	1757	152	98
其他	万元	56511	69668		
建筑企业单位数	个			4	4
建筑业企业从业人员	人			570	277
建筑业总产值	万元			2399	1206
公路里程	公里	1420	1404	311	574
邮电业务总量	万元	9076	7513	5211	2324
本地电话用户	万户	4	3	2	2
幼儿园数	所	51	100	149	36
学龄儿童入学率	%	98.88	99.64	99.6	92.81
小学专任教师数	人	3632	2119	2299	1791
小学学校数	所	255	231	178	135
小学在校学生数	人	104128	64344	66743	40440
普通中学专任教师数	人	2458	2051	1597	1212
普通中学学校数	所	70	53	37	26
初中在校学生数	人	53133	45294	30536	22943
高中在校学生数	人	8125	7425	2736	1601
医院、卫生院数	个	29	21	21	20
医院、卫生院床位数	张	1256	882	524	526
医院、卫生院技术人员	人	1731	1297	957	710
农村居民人均纯收入(一次性调查数)	元	2042	2258	1853	2027
农村居民人均纯收入(上年年鉴口径数)	元	2615	2862	1853	2027

指标名称	单位	阳朔县	临桂县	灵川县	全州县
行政区域土地面积	平方公里	1428	2202	2287	4021
年末总人口	万人	29.9	45.1	35.1	76.7
男性	万人	15.4	23.0	18.0	41.0
女性	万人	14.5	22.1	17.1	35.7
年末总户数	万户	8.12	11.23	9.91	21.78
#乡村户数	万户	6.49	8.96	7.40	19.76
出生人口	万人	0.27	0.43	0.28	0.72
死亡人口	万人	0.17	0.24	0.22	0.48
人口密度	人/平方公里	209	205	154	191
从业人员	人	143688	243066	218906	411436
从业人员按产业分					
第一产业	人	103561	169236	130995	268500
第二产业	人	13506	16990	41337	58166
#工业	人	10610	9100	34282	46861
第三产业	人	26621	56840	46574	84770
职工人数	人	10952	15062	20506	25647
乡村劳动力	人	153300	229400	173300	384884
#农林牧渔业	人	103100	167600	130995	267100
耕地面积	公顷	19140	35320	23312	48031
农林牧渔业总产值(当年价)	万元	84334	138523	147575	247590
农业	万元	52622	74765	101526	166280
林业	万元	2177	3263	10551	9297
牧业	万元	22392	51544	30056	58849
渔业	万元	7143	8951	5442	13164
农林牧渔业总产值指数(上年为100)	%	104.42	107.43	100.93	107
农业	%	101.85	100.1	94.55	106.89
林业	%	114.4	111.24	109.7	97.81
牧业	%	112.25	121.77	117.99	110.2
渔业	%	102.75	103.91	108.08	105.55
农业机械总动力	万千瓦	8.43	8.5	18.33	18.23
化肥使用量(折纯量)	吨	12777	16989	15729	27243
农村用电量	万千瓦小时	1063	3014	8615	3631
有效灌溉面积	千公顷	13.48	26.61	18.37	37.96
总播种面积	千公顷	49.83	86.47	70.98	143.78
#粮食作物播种面积	千公顷	27.93	50.35	38.34	79.2
粮食产量	吨	126374	224341	187970	441356
棉花产量	吨	4		9	113
油料产量	吨	4881	1257	2427	28050
甘蔗产量	吨	26818	50394	17715	16537
水果产量	吨	67147	16885	44390	86338
猪肉产量	吨	18354	32696	20281	53022
牛肉产量	吨	362	1295	382	1815
羊肉产量	吨	329	97	171	221
水产品产量	吨	4192	10257	6338	14620
工业企业单位数(规模以上)	个	15	24	37	39
内资企业	个	15	23	35	39
工业总产值(全部工业)	万元	33848	104531	136407	191420
工业总产值指数(全部工业)	%	106.95	119.37	106.04	112.83
工业总产值(规模以上)	万元	3665	44218	58655	37053
内资企业	万元	3665	43269	56328	37053
国有企业	万元	3665	21507	36668	19928
集体企业	万元		15172	7263	9408
股份合作企业	万元		3226	5670	6341
有限责任公司	万元		1628	665	
股份有限公司	万元		1736	3380	
私营企业	万元			1993	1376
其他企业	万元			689	

22—1 续表 3 （2000 年）

指 标 名 称	单 位	阳朔县	临桂县	灵川县	全州县
港澳台投资企业	万元		949	2327	
外商投资企业	万元				
工业企业增加值	万元	1727	16862	14350	14216
工业企业资产总计	万元	7759	65953	143570	68119
工业企业负债合计	万元	4395	33608	91305	51830
工业企业产品销售收入	万元	4884	44151	53127	33869
工业企业利润总额	万元	149	4267	－3370	1145
工业企业税金总额	万元	466	3311	3174	3402
社会消费品零售总额	万元	42009	43342	61310	94323
贸易业	万元	20504	22829	40185	53096
餐饮业	万元	10134	9357	8118	7355
制造业	万元	4869	3623	7012	15942
其它	万元	6502	7533	5995	17930
国内生产总值	万元	98144	168535	202442	378481
第一产业	万元	51570	83275	95678	173468
第二产业	万元	14195	37022	46499	80189
#工业	万元	10470	30176	38579	63801
第三产业	万元	32379	48238	60265	124824
人均国内生产总值	元	3293	3764	5769	4957
国内生产总值指数	%	105.3	108.3	104.4	108.9
第一产业	%	104.5	106.5	101	106.4
第二产业	%	101.7	113.9	105.6	112.5
#工业	%	106.4	111.1	108.1	115.1
第三产业	%	108.9	105.9	108.5	109.3
人均国内生产总值指数	%	105.1	108.4	104.19	109.5
中央、地方财政收入	万元	6995	10956	11362	14200
地方财政收入	万元	5977	7677	7755	10136
地方财政支出	万元	9176	11822	12577	18777
居民储蓄存款余额	万元	61204	92907	112252	147856
职工工资总额	万元	7801	10151	13847	16578
职工平均工资	元	7094	6727	6843	6463
全社会固定资产投资	万元	18147	30744	36193	46523
#国有单位	万元	11442	11207	17449	13420
按性质分固定资产投资					
基本建设	万元	11036	8909	17574	11950
更新改造	万元	613	3937	1760	1010
房地产开发	万元	43	1079	3643	650
其他	万元	6455	16819	13216	32913
建筑企业单位数	个	4	9	11	14
建筑业企业从业人员	人	278	1153	1321	1122
建筑业总产值	万元	2912	2970	4091	5266
公路里程	公里	346	463	456	714
邮电业务总量	万元	3120	1948	4000	3322
本地电话用户	万户	2	2	2	3
幼儿园数	所	11	18	24	160
学龄儿童入学率	%	99.7	99.7	99.8	98.85
小学专任教师数	人	1031	2185	1425	2552
小学学校数	所	114	173	135	296
小学在校学生数	人	27175	52591	31769	72002
普通中学专任教师数	人	1140	1667	1541	2476
普通中学学校数	所	20	27	31	63
初中在校学生数	人	18878	24843	24183	42772
高中在校学生数	人	3178	3365	4599	11292
医院、卫生院数	个	12	14	19	23
医院、卫生院床位数	张	386	399	639	655
医院、卫生院技术人员	人	452	555	777	1131
农村居民人均纯收入(一次性调查数)	元	1553	1610	1703	1875
农村居民人均纯收入(上年年鉴口径数)	元	2555	2755	3124	2420

22—1 **续表 4** (2000 年)

指 标 名 称	单 位	兴安县	永福县	灌阳县	龙胜各族自治县
行政区域土地面积	平方公里	2344	2806	1837	2538
年末总人口	万人	37.2	26.9	27.1	16.7
男性	万人	19.2	13.9	14.8	8.7
女性	万人	18.0	13.0	12.3	8.0
年末总户数	万户	10.15	6.25	7.97	4.22
#乡村户数	万户	8.87	5.73	7.24	3.61
出生人口	万人	0.30	0.24	0.26	0.16
死亡人口	万人	0.21	0.17	0.18	0.13
人口密度	人/平方公里	159	96	148	66
从业人员	人	210607	148813	136556	86849
从业人员按产业分					
第一产业	人	140905	101174	100613	65901
第二产业	人	33851	24676	16225	7545
#工业	人	31612	22078	12664	7072
第三产业	人	35851	22963	19718	13403
职工人数	人	15981	11064	10361	9452
乡村劳动力	人	192445	132066	146100	85300
#农林牧渔业	人	140900	101174	100613	66600
耕地面积	公顷	22882	22875	16037	13345
农林牧渔业总产值(当年价)	万元	141873	94610	70661	48086
农业	万元	86494	65075	49171	31276
林业	万元	12107	7161	4579	7779
牧业	万元	37015	18963	14348	8574
渔业	万元	6257	3411	2563	457
农林牧渔业总产值指数(上年为100)	%	97.17	105.4	100.73	102.6
农业	%	93.04	107.3	97.5	106.55
林业	%	91.51	90.1	104.03	93.52
牧业	%	111.6	105.7	111.42	104.03
渔业	%	89.84	103.6	108.3	102.91
农业机械总动力	万千瓦	16.51	8.05	11.8	5.23
化肥使用量(折纯量)	吨	14538	12176	8767	3076
农村用电量	万千瓦小时	1687	2429	1757	642
有效灌溉面积	千公顷	18.99	16.24	12.19	7.26
总播种面积	千公顷	71.9	62.33	43.07	21.93
#粮食作物播种面积	千公顷	43.41	32.66	28.48	13.1
粮食产量	吨	231142	151701	157405	61670
棉花产量	吨	16	4		8
油料产量	吨	4885	2720	3484	831
甘蔗产量	吨	2377	42590	2188	
水果产量	吨	70502	27640	40931	21005
猪肉产量	吨	34924	16831	13723	7115
牛肉产量	吨	552	797	240	484
羊肉产量	吨	123	21	23	119
水产品产量	吨	6971	3783	2849	510
工业企业单位数(规模以上)	个	30	28	26	14
内资企业	个	28	28	26	13
工业总产值(全部工业)	万元	162152	115624	54683	40742
工业总产值指数(全部工业)	%	101.47	107.11	103.04	106.51
工业总产值(规模以上)	万元	25092	20234	7272	20452
内资企业	万元	20956	20234	7272	12565
国有企业	万元	11467	9561	6562	12017
集体企业	万元	2041	2455		
股份合作企业	万元	6622			
有限责任公司	万元				
股份有限公司	万元	826	5567		
私营企业	万元		2651	710	548
其他企业	万元				

22—1 **续表 5** (2000 年)

指 标 名 称	单 位	兴安县	永福县	灌阳县	龙胜各族自治县
港澳台投资企业	万元	3576			
外商投资企业	万元	560			7887
工业企业增加值	万元	7937	5271	2310	7252
工业企业资产总计	万元	38632	30186	21185	35276
工业企业负债合计	万元	31771	16857	12553	15480
工业企业产品销售收入	万元	24651	18855	6205	20052
工业企业利润总额	万元	-325	11	-297	1530
工业企业税金总额	万元	2059	1929	717	1420
社会消费品零售总额	万元	67127	36960	26956	14143
贸易业	万元	40294	21069	20740	10592
餐饮业	万元	8813	5122	1828	1511
制造业	万元	8208	745	2021	97
其它	万元	9812	10024	2367	1943
国内生产总值	万元	222875	125886	89676	71851
第一产业	万元	92249	59692	44533	32692
第二产业	万元	61796	42542	20550	18205
#工业	万元	45707	32531	16772	13443
第三产业	万元	68830	23652	24593	20954
人均国内生产总值	元	6020	4713	3316	4310
国内生产总值指数	%	103.5	109.6	103.2	109
第一产业	%	98.3	105.2	100.6	106.8
第二产业	%	109	115.8	105.5	109.7
#工业	%	101.3	111.2	102.4	101.1
第三产业	%	104.1	107.2	105.9	110.7
人均国内生产总值指数	%	103.27	109.1	103.23	108.87
中央、地方财政收入	万元	11373	8681	4628	4951
地方财政收入	万元	8971	5981	3714	3294
地方财政支出	万元	13522	8474	9908	8169
居民储蓄存款余额	万元	108598	53379	49348	32739
职工工资总额	万元	10899	6359	6468	6100
职工平均工资	元	6857	5804	6204	6601
全社会固定资产投资	万元	65425	86694	22338	24724
#国有单位	万元	13358	76646	13664	14429
按性质分固定资产投资					
基本建设	万元	11786	7155	10620	11633
更新改造	万元	110	70300	2864	2641
房地产开发	万元	1277		180	
其他	万元	52252	9239	8674	10450
建筑企业单位数	个	5	4	5	3
建筑业企业从业人员	人	554	438	549	288
建筑业总产值	万元	2166	1325	1416	1365
公路里程	公里	503	579	419	858
邮电业务总量	万元	4696	1986	1637	1788
本地电话用户	万户	2	1	1	1
幼儿园数	所	6	8	1	8
学龄儿童入学率	%	99.1	99.05	99.39	98.97
小学专任教师数	人	1571	1195	1343	883
小学学校数	所	121	107	143	103
小学在校学生数	人	29725	21492	25251	13721
普通中学专任教师数	人	1228	735	788	496
普通中学学校数	所	34	18	24	15
初中在校学生数	人	25369	13312	12879	8503
高中在校学生数	人	5080	1824	3535	1167
医院、卫生院数	个	16	11	12	12
医院、卫生院床位数	张	943	349	438	247
医院、卫生院技术人员	人	875	472	495	282
农村居民人均纯收入(一次性调查数)	元	2389	1612	1398	1243
农村居民人均纯收入(上年年鉴口径数)	元	3864	3001	2770	2277

22—1 续表 6 (2000 年)

指 标 名 称	单 位	资源县	平乐县	荔浦县	恭城瑶族自治县
行政区域土地面积	平方公里	1954	1919	1759	2149
年末总人口	万人	16.7	42.7	37.0	28.0
男性	万人	8.7	22.2	19.1	14.7
女性	万人	8.0	20.5	17.9	13.3
年末总户数	万户	4.9	10.54	10.71	7.61
#乡村户数	万户	4.08	8.87	8.97	6.13
出生人口	万人	0.14	0.37	0.35	0.26
死亡人口	万人	0.11	0.22	0.24	0.18
人口密度	人/平方公里	85	223	210	130
从业人员	人	86046	226689	223192	145814
从业人员按产业分					
第一产业	人	50269	172014	145361	112805
第二产业	人	10128	25447	36386	15940
#工业	人	7130	20728	28301	14803
第三产业	人	25649	29228	41445	17069
职工人数	人	8752	14719	14387	12410
乡村劳动力	人	86400	216741	197200	129500
#农林牧渔业	人	50249	172300	141800	112805
耕地面积	公顷	8275	20275	22188	18979
农林牧渔业总产值(当年价)	万元	37648	157202	145007	116442
农业	万元	25065	121024	95541	87451
林业	万元	6820	7493	5690	2734
牧业	万元	4948	23409	39605	21651
渔业	万元	815	5276	4171	4606
农林牧渔业总产值指数(上年为100)	%	103.46	105.89	101.83	105.43
农业	%	102.24	104.23	101	107
林业	%	112.53	110.73	112.46	78.14
牧业	%	91.58	111.86	111.66	104.25
渔业	%	110.18	117.96	98.4	111.39
农业机械总动力	万千瓦	4.8	12.68	8.32	16.08
化肥使用量(折纯量)	吨	2302	19731	12967	15990
农村用电量	万千瓦小时	425	5875	3372	1600
有效灌溉面积	千公顷	7.09	14.1	16.68	12.63
总播种面积	千公顷	23.53	71.44	69.21	58.08
#粮食作物播种面积	千公顷	11.27	31.64	32.47	28.49
粮食产量	吨	65289	177290	178309	134269
棉花产量	吨		25	9	4
油料产量	吨	1835	10591	5216	14371
甘蔗产量	吨		35926	107755	31208
水果产量	吨	9447	123534	74901	276399
猪肉产量	吨	3693	18698	34237	18536
牛肉产量	吨	173	723	295	922
羊肉产量	吨	37	110	98	265
水产品产量	吨	965	5881	4649	5124
工业企业单位数(规模以上)	个	11	18	25	23
内资企业	个	11	17	21	23
工业总产值(全部工业)	万元	22131	126394	159976	55702
工业总产值指数(全部工业)	%	107.89	105.52	105.84	107.71
工业总产值(规模以上)	万元	7859	25846	46012	31143
内资企业	万元	7859	23885	31959	31143
国有企业	万元	7185	7406	22006	14061
集体企业	万元		1238	5335	2006
股份合作企业	万元	674	11533		4077
有限责任公司	万元				8217
股份有限公司	万元		642		
私营企业	万元		3066	4618	2782
其他企业	万元				

22—1 续表7 (2000年)

指 标 名 称	单 位	资源县	平乐县	荔浦县	恭城瑶族自治县
港澳台投资企业	万元			3750	
外商投资企业	万元		1961	10303	
工业企业增加值	万元	1974	7914	14555	9146
工业企业资产总计	万元	12028	43964	53100	39447
工业企业负债合计	万元	8866	31728	47580	33578
工业企业产品销售收入	万元	6817	23048	46075	26985
工业企业利润总额	万元	－197	592	963	742
工业企业税金总额	万元	600	1627	4263	1963
社会消费品零售总额	万元	13396	72296	84357	48758
贸易业	万元	7609	60131	58024	27933
餐饮业	万元	1326	7151	15530	8557
制造业	万元	1770	633	415	1972
其它	万元	2691	4381	10388	10296
国内生产总值	万元	57889	202287	210477	133244
第一产业	万元	25081	110147	96303	74588
第二产业	万元	8974	42219	61633	24233
#工业	万元	6266	33059	53566	17214
第三产业	万元	23834	49921	52541	34423
人均国内生产总值	元	3681	4722	5740	4807
国内生产总值指数	%	105.7	107	104.3	106.1
第一产业	%	105.3	104.1	101.2	105.1
第二产业	%	108.3	111.6	105.9	108.4
#工业	%	107.4	104.1	106.1	109.9
第三产业	%	104.8	109.3	108	106.8
人均国内生产总值指数	%	105.1	108.05	105.5	105.93
中央、地方财政收入	万元	3639	8478	12969	6943
地方财政收入	万元	2889	6195	9090	5102
地方财政支出	万元	8562	10626	14029	10305
居民储蓄存款余额	万元	32775	73577	90212	51232
职工工资总额	万元	5832	8821	9546	8329
职工平均工资	元	6647	5995	6650	6764
全社会固定资产投资	万元	15761	55636	41270	26350
#国有单位	万元	10613	14896	13626	14116
按性质分固定资产投资					
基本建设	万元	10423	14575	13500	13581
更新改造	万元	190	676	926	535
房地产开发	万元		410		
其他	万元	5148	39975	26844	12234
建筑企业单位数	个	5	6	4	5
建筑业企业从业人员	人	751	316	583	612
建筑业总产值	万元	4585	701	1945	3831
公路里程	公里	382	411	451	472
邮电业务总量	万元	1430	2828	3646	2118
本地电话用户	万户	1	2	1	1
幼儿园数	所	4	9	24	6
学龄儿童入学率	%	99.8	99.46	99.8	99.8
小学专任教师数	人	767	1552	1645	1244
小学学校数	所	66	138	148	121
小学在校学生数	人	12531	48737	28542	25247
普通中学专任教师数	人	692	1052	997	915
普通中学学校数	所	18	21	20	24
初中在校学生数	人	10139	27408	16544	16439
高中在校学生数	人	1664	2277	3090	1981
医院、卫生院数	个	9	17	15	11
医院、卫生院床位数	张	320	506	556	482
医院、卫生院技术人员	人	331	527	603	497
农村居民人均纯收入(一次性调查数)	元	1108	1681	2290	1403
农村居民人均纯收入(上年年鉴口径数)	元	2055	3021	3290	3127

22—1 **续表 8** (2000 年)

指 标 名 称	单 位	苍梧县	藤 县	蒙山县	岑溪市
行政区域土地面积	平方公里	4273	3946	1279	2783
年末总人口	万人	66.0	91.8	19.8	77.7
男性	万人	34.8	48.6	10.4	41.2
女性	万人	31.2	43.2	9.4	36.5
年末总户数	万户	15.81	22.28	5.37	19.16
# 乡村户数	万户	14.48	18.94	4.83	16.12
出生人口	万人	1.05	1.38	0.25	1.21
死亡人口	万人	0.36	0.47	0.11	0.37
人口密度	人/平方公里	154	232	155	279
从业人员	人	374590	467701	101946	393456
从业人员按产业分					
第一产业	人	223569	296900	70375	237710
第二产业	人	55606	32506	14369	73903
# 工业	人	45041	16796	8727	51118
第三产业	人	95415	138295	17202	81843
职工人数	人	23957	25670	9172	26759
乡村劳动力	人	341100	416700	99949	368300
# 农林牧渔业	人	250000	296900	70268	227500
耕地面积	公顷	29046	32940	9218	21641
农林牧渔业总产值(当年价)	万元	176027	258857	78928	199410
农业	万元	91070	158418	29285	106329
林业	万元	13357	19102	3401	28321
牧业	万元	65405	72656	39878	56731
渔业	万元	6195	8681	6364	8029
农林牧渔业总产值指数(上年为100)	%	102.4	102.09	107.15	98.3
农业	%	93.8	98.79	106.99	92.4
林业	%	92.7	88.63	117.92	85.4
牧业	%	123.9	117.38	108.85	124.4
渔业	%	103	91.72	95.09	101.8
农业机械总动力	万千瓦	20.83	14.12	5.7	13.42
化肥使用量(折纯量)	吨	17300	17949	5529	11982
农村用电量	万千瓦小时	4885	3251	963	4944
有效灌溉面积	千公顷	22.3	23.31	7.33	16.38
总播种面积	千公顷	68.03	96.13	30.29	91.62
# 粮食作物播种面积	千公顷	51.92	52.37	16.29	52.67
粮食产量	吨	361051	332812	103172	290400
棉花产量	吨		8	2	
油料产量	吨	6204	8534	2635	12946
甘蔗产量	吨	8999	28217	59710	88186
水果产量	吨	19112	28269	3901	19647
猪肉产量	吨	28167	44779	20690	25955
牛肉产量	吨	1059	626	165	723
羊肉产量	吨	12		3	68
水产品产量	吨	7923	10511	4428	9119
工业企业单位数(规模以上)	个	24	21	18	45
内资企业	个	22	19	16	39
工业总产值(全部工业)	万元	191850	186342	44065	306096
工业总产值指数(全部工业)	%	110.4	109.9	118	105
工业总产值(规模以上)	万元	58821	25824	12429	74024
内资企业	万元	52053	13696	9688	68384
国有企业	万元	17590	8815	6506	20779
集体企业	万元	34463	2317	668	45453
股份合作企业	万元		2564		
有限责任公司	万元				188
股份有限公司	万元			1672	666
私营企业	万元			842	1298
其他企业	万元				

22—1 **续表 9** (2000 年)

指　标　名　称	单　位	苍梧县	藤　县	蒙山县	岑溪市
港澳台投资企业	万元	5943	12128	1541	2723
外商投资企业	万元	825		1200	2917
工业企业增加值	万元	18728	7473	3968	18958
工业企业资产总计	万元	95034	39439	20851	77117
工业企业负债合计	万元	67955	25579	18422	36445
工业企业产品销售收入	万元	63847	29147	12748	73703
工业企业利润总额	万元	914	562	-188	-260
工业企业税金总额	万元	3505	3219	1150	3595
社会消费品零售总额	万元	79722	123289	17680	117355
贸易业	万元	61340	102975	11972	82328
餐饮业	万元	11355	10827	2010	10290
制造业	万元	2684	4001	560	13673
其它	万元	4343	5486	3138	11064
国内生产总值	万元	215242	257612	71510	210665
第一产业	万元	98882	165498	40891	97058
第二产业	万元	66710	49510	12577	70532
#工业	万元	54960	42809	9954	67217
第三产业	万元	49650	42604	18042	43075
人均国内生产总值	元	3342	2858	3645	2762
国内生产总值指数	%	107.4	105	109.71	104
第一产业	%	104.9	97.2	109.02	101.9
第二产业	%	110.3	121.3	113.1	107.8
#工业	%	110.9	122.4	113.01	107.9
第三产业	%	107.7	111.4	108.57	110.7
人均国内生产总值指数	%	104.3	102.9	107.71	100.3
中央、地方财政收入	万元	15691	15814	5034	16138
地方财政收入	万元	11793	12602	3966	10977
地方财政支出	万元	15487	18410	7314	16263
居民储蓄存款余额	万元	106384	115393	41748	141875
职工工资总额	万元	12766	12954	5122	15405
职工平均工资	元	5450	5141	5897	5775
全社会固定资产投资	万元	32074	37518	11259	38884
#国有单位	万元	20917	13632	5416	24893
按性质分固定资产投资					
基本建设	万元	20221	11838	4285	24478
更新改造	万元		463	329	400
房地产开发	万元	1358	1331		140
其他	万元	10495	23886	6645	13866
建筑企业单位数	个	6	11	3	5
建筑业企业从业人员	人	2869	890		1000
建筑业总产值	万元	8194	6480	1057	2138
公路里程	公里	719	910	207	746
邮电业务总量	万元	4973	4815	1291	10775
本地电话用户	万户	3	3	1	4
幼儿园数	所	19	32	1	26
学龄儿童入学率	%	99.6	99.09	99.2	97.6
小学专任教师数	人	2833	3266	820	4113
小学学校数	所	234	280	80	281
小学在校学生数	人	76630	119879	22577	104456
普通中学专任教师数	人	1447	1769	617	2222
普通中学学校数	所	32	40	12	48
初中在校学生数	人	31117	43140	11989	33994
高中在校学生数	人	2145	3543	1223	4488
医院、卫生院数	个	22	24	13	23
医院、卫生院床位数	张	654	629	432	985
医院、卫生院技术人员	人	1021	996	401	1877
农村居民人均纯收入(一次性调查数)	元	1647	1573	1479	1761
农村居民人均纯收入(上年年鉴口径数)	元	2474	2193	2258	2688

22—1　**续表 10**　　（2000 年）

指　标　名　称	单　位	合浦县	上思县	东兴市	灵山县
行政区域土地面积	平方公里	2380	2810	549	3559
年末总人口	万人	92.2	21.0	10.2	132.0
男性	万人	48.7	11.7	5.6	69.6
女性	万人	43.5	9.3	4.6	62.4
年末总户数	万户	22.29	5.18	2.84	27.45
#乡村户数	万户	18.76	4.24	2.84	25.73
出生人口	万人	1.23	0.30	0.15	2.33
死亡人口	万人	0.39	0.13	0.04	0.63
人口密度	人/平方公里	387	75	185	370
从业人员	人	541488	102664	59599	706253
从业人员按产业分					
第一产业	人	378012	73889	37240	545566
第二产业	人	90695	11950	7994	76950
#工业	人	69393	9355	4944	41605
第三产业	人	72781	16825	14365	83737
职工人数	人	45316	14446	7197	30333
乡村劳动力	人	464962	83800	45400	671257
#农林牧渔业	人	337254	69100	33600	414076
耕地面积	公顷	56101	23156	5171	56865
农林牧渔业总产值(当年价)	万元	351597	72051	52937	297132
农业	万元	124498	47760	12088	208373
林业	万元	3563	8841	2352	2277
牧业	万元	77319	7292	4322	65340
渔业	万元	146217	8158	34175	21142
农林牧渔业总产值指数(上年为100)	%	105.96	100.19	106.7	99.84
农业	%	97.34	100.33	118.62	97.52
林业	%	129.48	91.11	113.57	76.93
牧业	%	109.97	102.9	101.73	110.8
渔业	%	112.43	107.35	104.28	107.78
农业机械总动力	万千瓦	32.4	14.08	3.53	19.9
化肥使用量(折纯量)	吨	32529	16456	1899	59190
农村用电量	万千瓦小时	5866	821	1330	7300
有效灌溉面积	千公顷	36.57	10.65	4.05	37.86
总播种面积	千公顷	129.28	47.11	13.09	124.5
#粮食作物播种面积	千公顷	78.79	22.95	10.05	77.74
粮食产量	吨	354927	90080	37954	500523
棉花产量	吨				48
油料产量	吨	24778	4206	1002	6787
甘蔗产量	吨	718288	940219	3289	365273
水果产量	吨	28042	16345	7255	354804
猪肉产量	吨	32448	4186	3535	45966
牛肉产量	吨	1235	171	126	1920
羊肉产量	吨	62	24	10	86
水产品产量	吨	355200	12542	91840	29030
工业企业单位数(规模以上)	个	50	25	6	37
内资企业	个	47	25	6	34
工业总产值(全部工业)	万元	377708	110300	48776	256614
工业总产值指数(全部工业)	%	91.66	115.79	107.51	106.52
工业总产值(规模以上)	万元	127882	58196	5273	42577
内资企业	万元	80605	58196	5273	37114
国有企业	万元	44418	44875	2210	13425
集体企业	万元	32602	13321		12964
股份合作企业	万元	658			3958
有限责任公司	万元	786			
股份有限公司	万元				1453
私营企业	万元	2141		3063	5314
其他企业	万元				

22—1 续表 11 (2000 年)

指标名称	单位	合浦县	上思县	东兴市	灵山县
港澳台投资企业	万元	47277			2590
外商投资企业	万元				2873
工业企业增加值	万元	34965	17392	1641	11567
工业企业资产总计	万元	153682	77012	5778	85899
工业企业负债合计	万元	109796	60196	2638	59401
工业企业产品销售收入	万元	97213	51323	4691	47318
工业企业利润总额	万元	212	1822	82	244
工业企业税金总额	万元	9447	3712	503	3887
社会消费品零售总额	万元	88265	22049	36918	158796
贸易业	万元	65494	17074	27404	114143
餐饮业	万元	10282	1594	7609	13173
制造业	万元	2579	1115		1996
其它	万元	9910	2266	1905	29484
国内生产总值	万元	456047	103386	120689	403345
第一产业	万元	197758	46123	32021	191025
第二产业	万元	123744	37188	19535	80441
#工业	万元	110330	34716	13651	67878
第三产业	万元	134545	20075	69133	131879
人均国内生产总值	元	5032	5004	11926	3116
国内生产总值指数	%	104.2	106.2	107.1	106.53
第一产业	%	104.7	99	99.56	102.56
第二产业	%	103.3	113.8	103.11	113.1
#工业	%	103.9	114.3	103.69	112.5
第三产业	%	104.4	108	113.05	108.79
人均国内生产总值指数	%	101.9	104.35	102.92	102.65
中央、地方财政收入	万元	26033	7820	8674	22333
地方财政收入	万元	17242	6565	6401	18258
地方财政支出	万元	26322	8854	8239	21164
居民储蓄存款余额	万元	266601	40660	74785	181929
职工工资总额	万元	24237	8140	5581	19544
职工平均工资	元	5457	5594	7721	6507
全社会固定资产投资	万元	65498	15258	30800	61005
#国有单位	万元	45294	9704	8008	20015
按性质分固定资产投资					
基本建设	万元	43751	7575	7848	17878
更新改造	万元	1000			1511
房地产开发	万元			160	1888
其他	万元	20747	7683	22792	39728
建筑企业单位数	个	8	3	7	8
建筑业企业从业人员	人	3000	500	1000	2031
建筑业总产值	万元	4843	1114	2840	4521
公路里程	公里	710	587	132	290
邮电业务总量	万元	15031	1588	7272	8690
本地电话用户	万户	6	1	2	4
幼儿园数	所	111	21	9	39
学龄儿童入学率	%	99.9	97.34	99.91	99.8
小学专任教师数	人	3477	1294	705	4922
小学学校数	所	297	75	43	397
小学在校学生数	人	128939	25424	13296	149910
普通中学专任教师数	人	2596	654	313	2672
普通中学学校数	所	48	20	6	51
初中在校学生数	人	58585	10468	5281	64746
高中在校学生数	人	8190	1249	900	7348
医院、卫生院数	个	24	10	5	23
医院、卫生院床位数	张	1452	253	205	1154
医院、卫生院技术人员	人	2226	323	168	1560
农村居民人均纯收入(一次性调查数)	元	2181	2389	3180	2090
农村居民人均纯收入(上年年鉴口径数)	元	2530	2389	3180	2470

22—1 **续表 12** (2000 年)

指 标 名 称	单 位	浦北县	平南县	桂平市	兴业县
行政区域土地面积	平方公里	2524	2988	4074	1487
年末总人口	万人	77.7	125.3	165.7	65.7
男性	万人	41.6	66.4	86.3	35.2
女性	万人	36.1	58.9	79.4	30.5
年末总户数	万户	18.02	27.50	36.15	15.2
#乡村户数	万户	16.71	24.99	31.00	14.87
出生人口	万人	1.25	2.00	3.00	0.93
死亡人口	万人	0.42	0.65	0.90	0.34
人口密度	人/平方公里	307	418	406	446
从业人员	人	370836	600000	830000	310871
从业人员按产业分					
第一产业	人	243827	323899	515000	182800
第二产业	人	65647	76138	166983	67225
#工业	人	35730	46528	131535	50850
第三产业	人	61362	197089	149517	60846
职工人数	人	24374	31036	38013	14150
乡村劳动力	人	385800	549979	746800	361500
#农林牧渔业	人	243827	323767	515000	182800
耕地面积	公顷	28610	46495	69604	26292
农林牧渔业总产值(当年价)	万元	277035	287080	278054	149272
农业	万元	180161	163182	160340	104735
林业	万元	15781	9034	7449	4204
牧业	万元	49326	96159	87309	36305
渔业	万元	31767	18705	22956	4028
农林牧渔业总产值指数(上年为100)	%	103.45	90.13	99.91	101.92
农业	%	102.35	81.36	96.21	95.95
林业	%	101.79	109.48	145.41	190.88
牧业	%	109.14	101.69	100.41	115.75
渔业	%	106.62	95.36	108.45	99.25
农业机械总动力	万千瓦	15.9	37.21	31.89	21.04
化肥使用量(折纯量)	吨	39461	27345	40469	15168
农村用电量	万千瓦小时	2556	3956	8926	4210
有效灌溉面积	千公顷	10.28	42.03	54.54	20.91
总播种面积	千公顷	67.27	122.9	162.52	71.37
#粮食作物播种面积	千公顷	45.93	70.49	108.92	43.45
粮食产量	吨	260860	394890	530518	280710
棉花产量	吨	22			40
油料产量	吨	4126	15577	22484	7487
甘蔗产量	吨	64455	127535	101911	41786
水果产量	吨	334574	26438	36953	13566
猪肉产量	吨	31211	35522	68877	34093
牛肉产量	吨	529	1522	2230	592
羊肉产量	吨	69	41	26	39
水产品产量	吨	38307	27820	33379	6346
工业企业单位数(规模以上)	个	36	22	40	24
内资企业	个	35	22	39	23
工业总产值(全部工业)	万元	193803	173298	199596	119666
工业总产值指数(全部工业)	%	103.45	95.37	99.53	105.6
工业总产值(规模以上)	万元	50785	30024	44514	29572
内资企业	万元	49827	30024	42795	27970
国有企业	万元	31685	16166	25605	2662
集体企业	万元	12933	1384	14006	21121
股份合作企业	万元				
有限责任公司	万元			909	
股份有限公司	万元			1252	
私营企业	万元		3873		3238
其他企业	万元	5209	8601	1023	

22—1 续表 13 (2000 年)

指 标 名 称	单 位	浦北县	平南县	桂平市	兴业县
港澳台投资企业	万元	958		1719	1602
外商投资企业	万元				
工业企业增加值	万元	17019	9707	13325	4345
工业企业资产总计	万元	75779	83214	136681	76465
工业企业负债合计	万元	49675	74806	123605	88207
工业企业产品销售收入	万元	45796	31063	42032	29206
工业企业利润总额	万元	97	298	-5455	-3918
工业企业税金总额	万元	3443	3084	3009	2417
社会消费品零售总额	万元	117397	49299	95294	76712
贸易业	万元	92390	22133	50702	31715
餐饮业	万元	8931	7838	7304	4693
制造业	万元	6856	14197	9543	25913
其它	万元	9220	5131	27745	14391
国内生产总值	万元	283368	259310	305719	182885
第一产业	万元	170343	136546	156143	89833
第二产业	万元	63446	49643	55334	43291
#工业	万元	54875	46964	47756	36098
第三产业	万元	49579	73121	94242	49761
人均国内生产总值	元	3759	2106	1898	2832
国内生产总值指数	%	106.1	98.32	101.46	105.80
第一产业	%	103.5	94.89	100.45	102.10
第二产业	%	108.3	96.63	96.96	106.02
#工业	%	107.9	96.22	99.05	106.30
第三产业	%	111.9	107.57	107.18	113.00
人均国内生产总值指数	%	104.2	96.91	99.65	104.30
中央、地方财政收入	万元	19020	13622	21537	9839
地方财政收入	万元	14989	10499	16599	7942
地方财政支出	万元	16574	17225	21690	12916
居民储蓄存款余额	万元	111252	203554	248886	68844
职工工资总额	万元	16409	17088	232696	7442
职工平均工资	元	6725	5494	6144	5298
全社会固定资产投资	万元	44301	21734	36084	32467
#国有单位	万元	21138	6280	13425	4173
按性质分固定资产投资					
基本建设	万元	18135	5760	13717	3529
更新改造	万元	3163		681	302
房地产开发	万元	211		793	323
其他	万元	22792	15974	20893	28313
建筑企业单位数	个	5	5	10	8
建筑业企业从业人员	人	1207	1365	4000	990
建筑业总产值	万元	3067	5582	11469	1353
公路里程	公里	268	582	676	553
邮电业务总量	万元	5600	8465	13937	4192
本地电话用户	万户	3	5	6	3
幼儿园数	所	136	10	43	121
学龄儿童入学率	%	96.71	99.17	99.59	99.75
小学专任教师数	人	3932	5405	5601	2014
小学学校数	所	311	283	430	205
小学在校学生数	人	96133	161107	194761	70057
普通中学专任教师数	人	1696	2936	3891	1624
普通中学学校数	所	29	79	78	35
初中在校学生数	人	26827	68326	86240	36766
高中在校学生数	人	4939	9032	11212	2789
医院、卫生院数	个	27	28	35	14
医院、卫生院床位数	张	715	730	1047	367
医院、卫生院技术人员	人	1093	1422	1928	576
农村居民人均纯收入(一次性调查数)	元	2189	1877	1826	1644
农村居民人均纯收入(上年年鉴口径数)	元	2492	2016	2226	2795

指标名称	单位	容县	陆川县	博白县	北流市
行政区域土地面积	平方公里	2257	1551	3835	2457
年末总人口	万人	75.2	85.7	146.8	116.6
男性	万人	39.2	44.8	78.3	61.6
女性	万人	36.0	40.9	68.5	55.0
年末总户数	万户	20.24	16.53	29.07	30.67
#乡村户数	万户	16.08	15.07	26.79	24.14
出生人口	万人	1.16	1.19	2.48	1.73
死亡人口	万人	0.41	0.34	0.60	0.55
人口密度	人/平方公里	332	551	382	474
从业人员	人	386555	449487	741100	627817
从业人员按产业分					
第一产业	人	248190	307803	463500	366656
第二产业	人	41371	80370	133200	164637
#工业	人	31678	52068	111600	102061
第三产业	人	96994	61314	144400	96524
职工人数	人	28081	30557	46870	47468
乡村劳动力	人	378014	444038	744508	548466
#农林牧渔业	人	248190	307015	463500	359387
耕地面积	公顷	22725	26866	53914	34840
农林牧渔业总产值(当年价)	万元	189846	147693	360829	238162
农业	万元	121086	75904	215382	164481
林业	万元	13361	1515	2954	4616
牧业	万元	50199	65883	127473	59330
渔业	万元	5200	4391	15020	9735
农林牧渔业总产值指数(上年为100)	%	97.6	94.84	98	90.7
农业	%	91.36	83.62	87.3	85.3
林业	%	107.02	107.55	104.8	79.5
牧业	%	115.69	119.1	122.2	118.8
渔业	%	106.74	102.55	108.1	106.8
农业机械总动力	万千瓦	15.41	26.31	40.7	36.53
化肥使用量(折纯量)	吨	15890	15803	137696	28130
农村用电量	万千瓦小时	5500	5056	12569	6900
有效灌溉面积	千公顷	19.11	22.91	36.76	26.42
总播种面积	千公顷	62.07	76.15	135.4	106.28
#粮食作物播种面积	千公顷	40.36	52.72	101.88	72.85
粮食产量	吨	286528	321146	619896	501047
棉花产量	吨				8
油料产量	吨	3994	1980	12405	6617
甘蔗产量	吨	21597	68588	167297	131997
水果产量	吨	45174	26703	74365	51301
猪肉产量	吨	24221	50845	94402	37344
牛肉产量	吨	320	1002	1785	613
羊肉产量	吨	7	14	69	29
水产品产量	吨	7794	10565	19841	16200
工业企业单位数(规模以上)	个	35	35	54	56
内资企业	个	30	33	50	53
工业总产值(全部工业)	万元	236743	264932	252237	466773
工业总产值指数(全部工业)	%	102.6	103.3	102.9	11.3
工业总产值(规模以上)	万元	91073	41213	113886	113667
内资企业	万元	82752	37150	95353	99087
国有企业	万元	21834	11154	9910	24132
集体企业	万元	2547	14227	16841	19927
股份合作企业	万元	481	3680		7270
有限责任公司	万元		2366		
股份有限公司	万元	550	1482		
私营企业	万元		4241	6796	28634
其他企业	万元	57340		61806	19124

22—1　续表 15　　(2000 年)

指　标　名　称	单　位	容　县	陆川县	博白县	北流市
港澳台投资企业	万元	2247	1460		9877
外商投资企业	万元	6074	2603	18533	4703
工业企业增加值	万元	27625	15140	34672	35061
工业企业资产总计	万元	99822	110887	102451	194722
工业企业负债合计	万元	61936	76918	74011	122227
工业企业产品销售收入	万元	92234	40122	113876	133997
工业企业利润总额	万元	1749	-558	1520	-1038
工业企业税金总额	万元	5660	51	7423	9169
社会消费品零售总额	万元	136209	80750	143241	153102
贸易业	万元	93198	44410	112663	104206
餐饮业	万元	15570	10460	16658	13443
制造业	万元	14456	13089	6489	18807
其它	万元	12985	12791	7431	16646
国内生产总值	万元	264771	266003	445927	395994
第一产业	万元	122617	93285	212408	154805
第二产业	万元	65641	84060	101665	134290
#工业	万元	58855	79965	92007	123693
第三产业	万元	76513	88658	131854	106899
人均国内生产总值	元	3580	3142	3082	3452
国内生产总值指数	%	105	104.5	104.8	106.5
第一产业	%	99.04	97.8	99.2	93.1
第二产业	%	108.01	104.1	107.5	114.7
#工业	%	107.88	103.3	107.8	114.2
第三产业	%	110.27	115.5	113	116.2
人均国内生产总值指数	%	103.24	102.58	101.4	104.7
中央、地方财政收入	万元	18811	16973	23828	28998
地方财政收入	万元	14472	13252	18650	20529
地方财政支出	万元	18899	17401	26561	25887
居民储蓄存款余额	万元	171228	153170	188439	273534
职工工资总额	万元	18649	17776	23819	28255
职工平均工资	元	6548	5771	5263	6950
全社会固定资产投资	万元	34115	33595	46030	50462
#国有单位	万元	17650	16135		19154
按性质分固定资产投资					
基本建设	万元	16120	15363	11344	11064
更新改造	万元	1138	772	750	9539
房地产开发	万元	989			1343
其他	万元	15868	17460	33936	28516
建筑企业单位数	个	11	5		28
建筑业企业从业人员	人	907	3000		19000
建筑业总产值	万元	3182	9348		75355
公路里程	公里	618	623	1342	931
邮电业务总量	万元	8640	8608	6174	13267
本地电话用户	万户	4	4	6	6
幼儿园数	所	26	27	45	71
学龄儿童入学率	%	99.24	99.9	99.4	99.9
小学专任教师数	人	2915	3204	4302	40111
小学学校数	所	217	167	350	290
小学在校学生数	人	91737	106601	213299	135584
普通中学专任教师数	人	1947	2440	3181	2998
普通中学学校数	所	56	43	83	59
初中在校学生数	人	42541	54249	94530	76910
高中在校学生数	人	3658	6963	9666	7395
医院、卫生院数	个	20	23	43	30
医院、卫生院床位数	张	748	769	1118	1163
医院、卫生院技术人员	人	1360	1518	1928	2637
农村居民人均纯收入(一次性调查数)	元	1611	1667	1604	2014
农村居民人均纯收入(上年年鉴口径数)	元	2623	2668	2761	3157

22—1 **续表 16** (2000 年)

指 标 名 称	单 位	凭祥市	横 县	宾阳县	上林县
行政区域土地面积	平方公里	650	3464	2314	1876
年末总人口	万人	10.2	107.5	96.4	45.1
男性	万人	5.2	57.2	50.3	23.3
女性	万人	5.0	50.3	46.1	21.8
年末总户数	万户	2.63	26.12	21.37	10.90
#乡村户数	万户	1.70	23.84	18.09	9.04
出生人口	万人	0.11	1.25	1.28	0.48
死亡人口	万人	0.06	0.57	0.40	0.24
人口密度	人/平方公里	156	310	416	240
从业人员	人	60230	594901	477910	205213
从业人员按产业分					
第一产业	人	38297	430807	345104	159789
第二产业	人	2319	73014	54377	17619
#工业	人	1869	39000	35735	9638
第三产业	人	19614	91080	78429	27805
职工人数	人	8205	35364	40638	15799
乡村劳动力	人	44800	559700	487685	235127
#农林牧渔业	人	36600	380300	345104	159789
耕地面积	公顷	4186	63464	53995	27936
农林牧渔业总产值(当年价)	万元	14013	243692	142707	93039
农业	万元	8184	156372	88814	57458
林业	万元	1015	5759	1605	4200
牧业	万元	3467	60229	35529	25099
渔业	万元	1347	21332	16759	6282
农林牧渔业总产值指数(上年为100)	%	105.9	103.22	99	102.72
农业	%	101.6	102.46	95.3	101.05
林业	%	75.8	104.11	197.8	103.22
牧业	%	136.5	105.44	105.1	104.72
渔业	%	114.9	102.92	104.1	106.73
农业机械总动力	万千瓦	2.91	36.06	27.16	23.4
化肥使用量(折纯量)	吨	1246	39667	33454	13820
农村用电量	万千瓦小时	221	6452	6798	4732
有效灌溉面积	千公顷	2.1	49.72	31.24	17.2
总播种面积	千公顷	9.23	133.53	110.99	61.85
#粮食作物播种面积	千公顷	5.27	77.91	72.7	41.84
粮食产量	吨	23321	364971	321499	151991
棉花产量	吨		6		
油料产量	吨	345	9233	10737	5747
甘蔗产量	吨	42141	933437	571427	267715
水果产量	吨	5250	26813	5499	2210
猪肉产量	吨	2810	41912	27868	20081
牛肉产量	吨	295	1749	1418	722
羊肉产量	吨	91	31	17	207
水产品产量	吨	1617	23052	18217	8750
工业企业单位数(规模以上)	个	8	16	30	24
内资企业	个	8	15	30	24
工业总产值(全部工业)	万元	10216	95910	184396	46147
工业总产值指数(全部工业)	%	104.57	83.45	95.5	105.36
工业总产值(规模以上)	万元	7404	51628	74246	22249
内资企业	万元	7404	46416	74246	22249
国有企业	万元	6243	9997	40935	20190
集体企业	万元				
股份合作企业	万元	1161	3349	12134	
有限责任公司	万元		29703	1138	
股份有限公司	万元		963	16390	2059
私营企业	万元		2404	3649	
其他企业	万元				

22—1 **续表 17** (2000 年)

指 标 名 称	单 位	凭祥市	横 县	宾阳县	上林县
港澳台投资企业	万元		5212		
外商投资企业	万元				
工业企业增加值	万元	2467	20183	22781	5753
工业企业资产总计	万元	13898	116315	149212	47291
工业企业负债合计	万元	10583	95138	90291	30317
工业企业产品销售收入	万元	5938	58924	81572	21556
工业企业利润总额	万元	399	1506	1009	−298
工业企业税金总额	万元	173	6792	6750	2324
社会消费品零售总额	万元	82569	136563	145598	27381
贸易业	万元	73393	95610	74828	20241
餐饮业	万元	2200	8996	6710	1490
制造业	万元	163	5815	6288	1150
其它	万元	6813	26142	57772	4500
国内生产总值	万元	93855	318352	232591	105567
第一产业	万元	9110	148626	90922	57572
第二产业	万元	6302	44415	59639	17673
#工业	万元	3244	33910	50650	12981
第三产业	万元	78443	125311	82030	30322
人均国内生产总值	元	9320	3014	2436	2360
国内生产总值指数	%	109.3	100.5	102	104.4
第一产业	%	105.9	102.3	96.4	102.5
第二产业	%	88.5	84.1	101	105
#工业	%	100.8	93.3	110	105.8
第三产业	%	111.9	108	110.3	107.1
人均国内生产总值指数	%	108.3	99.51	98.9	103.3
中央、地方财政收入	万元	9385	26016	21818	7575
地方财政收入	万元	7806	19605	16173	5761
地方财政支出	万元	9134	21357	21153	11186
居民储蓄存款余额	万元	76360	193592	177815	54261
职工工资总额	万元	5782	21396	26168	8323
职工平均工资	元	7058	6118	6439	5337
全社会固定资产投资	万元	14114	50024	46528	23390
#国有单位	万元	11657	16421	21141	11206
按性质分固定资产投资					
基本建设	万元	8902	10991	14252	10738
更新改造	万元		4885	4271	329
房地产开发	万元	508	285	463	309
其他	万元	4704	33863	27542	12014
建筑企业单位数	个	3	8	7	7
建筑业企业从业人员	人	194	1254	1767	1012
建筑业总产值	万元	621	4753	32570	1863
公路里程	公里	230	927	507	513
邮电业务总量	万元	4236	5963	7470	3241
本地电话用户	万户	2	4	4	1
幼儿园数	所	11	191	96	12
学龄儿童入学率	%	99	99.2	99.4	99.8
小学专任教师数	人	684	3860	3236	1841
小学学校数	所	39	312	225	135
小学在校学生数	人	12429	124903	122274	44589
普通中学专任教师数	人	308	2425	2478	1363
普通中学学校数	所	8	65	60	41
初中在校学生数	人	4113	58159	49029	28332
高中在校学生数	人	434	6227	8982	3888
医院、卫生院数	个	9	25	33	36
医院、卫生院床位数	张	202	807	1465	418
医院、卫生院技术人员	人	300	1348	1691	499
农村居民人均纯收入(一次性调查数)	元	1470	1647	1654	1433
农村居民人均纯收入(上年年鉴口径数)	元	1591	2518	2272	1768

22—1 **续表18** (2000年)

指 标 名 称	单 位	隆安县	马山县	扶绥县	崇左县
行政区域土地面积	平方公里	2265	2345	2875	2951
年末总人口	万人	37.1	49.3	41.2	33.5
男性	万人	19.3	24.7	21.6	17.4
女性	万人	17.8	24.6	19.6	16.1
年末总户数	万户	8.58	10.22	10.87	8.10
#乡村户数	万户	7.69	9.57	7.69	6.55
出生人口	万人	0.34	0.54	0.45	0.35
死亡人口	万人	0.21	0.26	0.23	0.20
人口密度	人/平方公里	163	210	143	115
从业人员	人	190497	206718	221442	194027
从业人员按产业分					
第一产业	人	153921	169968	169466	139507
第二产业	人	13205	12639	21775	22699
#工业	人	7225	8321	15299	19531
第三产业	人	23371	24111	30201	31821
职工人数	人	15807	15013	27401	21273
乡村劳动力	人	194153	244413	211900	176601
#农林牧渔业	人	153922	159613	165400	138921
耕地面积	公顷	33186	23954	51141	48223
农林牧渔业总产值(当年价)	万元	85779	60180	139074	98960
农业	万元	59458	32369	106809	83950
林业	万元	2832	1276	919	698
牧业	万元	19285	22413	21573	10564
渔业	万元	4204	4122	9773	3748
农林牧渔业总产值指数(上年为100)	%	101.36	101.1	79.1	94.98
农业	%	98.08	99.1	74.7	91.78
林业	%	84.3	107.3	196.4	155.95
牧业	%	112.85	104	111.2	125.82
渔业	%	136.25	100.3	100.9	108.1
农业机械总动力	万千瓦	16	10.17	25.27	12.66
化肥使用量(折纯量)	吨	20728	8014	32377	32236
农村用电量	万千瓦小时	2266	2015	2004	4475
有效灌溉面积	千公顷	9.27	8.12	17.68	11.22
总播种面积	千公顷	63.53	52.04	109.72	81.59
#粮食作物播种面积	千公顷	34.07	40.24	45.16	28.89
粮食产量	吨	134939	119705	161516	89045
棉花产量	吨	3			
油料产量	吨	2293	2321	16534	4945
甘蔗产量	吨	810551	67140	1268967	1960579
水果产量	吨	49651	5392	56219	20081
猪肉产量	吨	17598	20223	12797	6540
牛肉产量	吨	472	1154	728	332
羊肉产量	吨	300	711	209	224
水产品产量	吨	7041	6379	8290	5960
工业企业单位数(规模以上)	个	12	15	25	26
内资企业	个	12	15	24	23
工业总产值(全部工业)	万元	53087	48265	68968	110298
工业总产值指数(全部工业)	%	100.25	112.2	75.19	90.99
工业总产值(规模以上)	万元	32669	36715	58765	79392
内资企业	万元	32669	36715	32483	21970
国有企业	万元	28096	29749	22901	8106
集体企业	万元	2368	2732	1796	2219
股份合作企业	万元			5463	
有限责任公司	万元	2205			10706
股份有限公司	万元			1239	
私营企业	万元		4234	1084	939
其他企业	万元				

22—1　续表 19　　　　(2000 年)

指标名称	单位	隆安县	马山县	扶绥县	崇左县
港澳台投资企业	万元				
外商投资企业	万元			26282	57422
工业企业增加值	万元	6814	15769	16916	27615
工业企业资产总计	万元	52278	75498	161417	166692
工业企业负债合计	万元	33415	92201	98848	73091
工业企业产品销售收入	万元	18013	37501	58602	83513
工业企业利润总额	万元	－649	9061	1512	11613
工业企业税金总额	万元	1902	3473	4631	8621
社会消费品零售总额	万元	44010	28339	51767	50820
贸易业	万元	26494	14731	49928	36457
餐饮业	万元	4114	1088	1430	6289
制造业	万元	1425	3811	396	382
其它	万元	11977	8709	13	7692
国内生产总值	万元	90831	89021	156977	159439
第一产业	万元	54053	39117	86626	64084
第二产业	万元	16685	24132	22420	46148
#工业	万元	11736	19136	19365	39734
第三产业	万元	20093	25772	47931	49207
人均国内生产总值	元	2464	1813	3867	4814
国内生产总值指数	%	103.5	105.2	88.2	95.5
第一产业	%	103	99.3	84.5	93
第二产业	%	98.9	108.5	75.8	90.3
#工业	%	97.9	107.8	73.6	91.4
第三产业	%	111.3	111.4	107	107.2
人均国内生产总值指数	%	103.2	104.2	88.1	95.08
中央、地方财政收入	万元	10207	6744	17709	20710
地方财政收入	万元	7511	3244	11272	17266
地方财政支出	万元	11189	9851	18211	18566
居民储蓄存款余额	万元	61546	40998	91234	75619
职工工资总额	万元	8432	7856	14615	13137
职工平均工资	元	5463	5133	5703	6309
全社会固定资产投资	万元	23568	23791	20784	31061
#国有单位	万元	11776	8957	11349	12981
按性质分固定资产投资					
基本建设	万元	7687	17186	18052	16292
更新改造	万元	689		2147	302
房地产开发	万元	3400			9333
其他	万元	11792	6605	585	5134
建筑企业单位数	个	2	10	2	6
建筑业企业从业人员	人	202	1002	210	213
建筑业总产值	万元	612	1993	1002	4441
公路里程	公里	203	522	782	458
邮电业务总量	万元	2272	2469	3050	1827
本地电话用户	万户	1	2	1	1
幼儿园数	所	15	8	18	14
学龄儿童入学率	%	98.3	98.8	98.68	99.61
小学专任教师数	人	1425	1626	1400	1279
小学学校数	所	131	151	139	114
小学在校学生数	人	40517	46134	35969	30255
普通中学专任教师数	人	810	1149	1160	749
普通中学学校数	所	25	33	25	21
初中在校学生数	人	18896	24419	22771	21911
高中在校学生数	人	1867	3788	2721	2184
医院、卫生院数	个	17	17	33	24
医院、卫生院床位数	张	502	377	1006	436
医院、卫生院技术人员	人	863	530	992	994
农村居民人均纯收入(一次性调查数)	元	1423	1360	1494	1609
农村居民人均纯收入(上年年鉴口径数)	元	1870	1481	2425	2322

22—1 **续表 20** (2000 年)

指 标 名 称	单 位	大新县	天等县	宁明县	龙州县
行政区域土地面积	平方公里	2755	2159	3698	2318
年末总人口	万人	35.4	40.5	38.8	26.9
男性	万人	18.3	20.6	20.0	13.7
女性	万人	17.1	19.9	18.8	13.2
年末总户数	万户	8.30	8.50	9.40	6.36
#乡村户数	万户	6.87	8.01	7.86	5.54
出生人口	万人	0.34	0.44	0.41	0.23
死亡人口	万人	0.23	0.27	0.19	0.18
人口密度	人/平方公里	128	187	105	116
从业人员	人	180535	207471	178590	151107
从业人员按产业分					
第一产业	人	137523	152092	141432	119199
第二产业	人	16274	17553	20400	9915
#工业	人	12257	9708	5191	9505
第三产业	人	26738	37826	16758	21993
职工人数	人	20566	12699	20723	18479
乡村劳动力	人	190711	263299	187900	132628
#农林牧渔业	人	137503	152092	141432	96611
耕地面积	公顷	32722	25739	32282	27308
农林牧渔业总产值(当年价)	万元	66600	68437	83593	76941
农业	万元	44979	48254	55266	53599
林业	万元	966	619	6332	3740
牧业	万元	16491	18232	18582	12308
渔业	万元	4164	1332	3413	7294
农林牧渔业总产值指数(上年为100)	%	91.08	97.08	101.3	100.85
农业	%	87.37	90.81	101.8	99.4
林业	%	82.25	93.33	110.9	81.9
牧业	%	104.76	104.41	94.1	110.9
渔业	%	101.88	102.32	106	115.8
农业机械总动力	万千瓦	17.05	13.66	14.48	10.08
化肥使用量(折纯量)	吨	17198	11407	23628	15734
农村用电量	万千瓦小时	2408	583	954	1906
有效灌溉面积	千公顷	16.29	7.72	14.62	7.65
总播种面积	千公顷	60	51.99	60.51	53.59
#粮食作物播种面积	千公顷	41.82	40.16	32.88	25.18
粮食产量	吨	128632	130180	127864	80629
棉花产量	吨		3		
油料产量	吨	1430	827	4781	3039
甘蔗产量	吨	509022	140709	969997	1033243
水果产量	吨	20497	6367	26471	36980
猪肉产量	吨	15575	14813	16931	7448
牛肉产量	吨	458	298	903	640
羊肉产量	吨	191	266	82	79
水产品产量	吨	6044	1588	5688	8101
工业企业单位数(规模以上)	个	30	17	15	14
内资企业	个	30	17	13	14
工业总产值(全部工业)	万元	65718	18180	57143	50775
工业总产值指数(全部工业)	%	111.22	100.5	90.1	99.5
工业总产值(规模以上)	万元	50676	9412	39564	36675
内资企业	万元	50676	9412	5521	36675
国有企业	万元	33651	7478	3002	34312
集体企业	万元	13354	629		
股份合作企业	万元				726
有限责任公司	万元		1305		1637
股份有限公司	万元	713		2519	
私营企业	万元	2958			
其他企业	万元				

22—1 续表21 (2000年)

指 标 名 称	单 位	大新县	天等县	宁明县	龙州县
港澳台投资企业	万元				
外商投资企业	万元			34043	
工业企业增加值	万元	16868	3120	12397	11721
工业企业资产总计	万元	101591	24689	75613	58113
工业企业负债合计	万元	72358	24439	35673	43502
工业企业产品销售收入	万元	54266	9793	43265	36749
工业企业利润总额	万元	1137	-858	6367	2862
工业企业税金总额	万元	6287	687	4348	3925
社会消费品零售总额	万元	19805	26939	53414	44394
贸易业	万元	13020	16165	22090	27819
餐饮业	万元	2204	1279	3099	6497
制造业	万元	50	1536	3987	2429
其它	万元	4531	7959	24238	7649
国内生产总值	万元	95234	81003	147713	103809
第一产业	万元	43288	43793	51576	48419
第二产业	万元	28962	10773	21846	20799
#工业	万元	24426	5149	17190	15401
第三产业	万元	22984	26437	74291	34591
人均国内生产总值	元	2699	2014	3788	3871
国内生产总值指数	%	103.2	107.7	102.2	103
第一产业	%	96.9	101.4	101.3	100.6
第二产业	%	107.2	108.5	93.9	101.5
#工业	%	106.9	95.8	90.1	100.2
第三产业	%	109.9	115.2	107.3	107.5
人均国内生产总值指数	%	102.9	107.2	101.4	102.7
中央、地方财政收入	万元	11008	6806	18618	11708
地方财政收入	万元	6722	5505	14638	8749
地方财政支出	万元	11734	11181	18350	11942
居民储蓄存款余额	万元	51237	45347	60376	55283
职工工资总额	万元	10766	6586	11706	10804
职工平均工资	元	5558	5217	5820	5946
全社会固定资产投资	万元	22560	28107	22246	27539
#国有单位	万元	9444	7974	10454	14079
按性质分固定资产投资					
基本建设	万元	8682	27473	10454	12124
更新改造	万元	762	116		1955
房地产开发	万元	770			
其他	万元	12346	518	11792	13460
建筑企业单位数	个	3	2	2	7
建筑业企业从业人员	人	255	421	460	1000
建筑业总产值	万元	655	77	908	1433
公路里程	公里	718	263	744	709
邮电业务总量	万元	1607	2151	2279	1582
本地电话用户	万户	1	1	1	1
幼儿园数	所	27	1	31	2
学龄儿童入学率	%	99.75	99.61	99.3	97.3
小学专任教师数	人	1502	1504	1537	1153
小学学校数	所	155	125	167	115
小学在校学生数	人	26849	36116	40662	25017
普通中学专任教师数	人	672	848	1016	568
普通中学学校数	所	29	27	28	21
初中在校学生数	人	15076	16727	20442	10703
高中在校学生数	人	1302	2695	1860	1448
医院、卫生院数	个	28	19	23	20
医院、卫生院床位数	张	554	407	490	441
医院、卫生院技术人员	人	673	1332	789	571
农村居民人均纯收入(一次性调查数)	元	1394	1408	1458	1385
农村居民人均纯收入(上年年鉴口径数)	元	2066	1822	2217	2038

22—1 **续表 22** (2000 年)

指 标 名 称	单 位	合山市	鹿寨县	象州县	武宣县
行政区域土地面积	平方公里	350	3356	1899	1739
年末总人口	万人	14.0	47.1	34.9	40.4
男性	万人	7.3	25.3	18.1	21.5
女性	万人	6.7	21.8	16.8	18.9
年末总户数	万户	3.54	12.25	8.37	9.12
#乡村户数	万户	1.73	9.10	7.76	7.74
出生人口	万人	0.11	0.47	0.36	0.52
死亡人口	万人	0.06	0.24	0.21	0.19
人口密度	人/平方公里	401	139	184	232
从业人员	人	54727	244775	178605	234616
从业人员按产业分					
第一产业	人	33104	157831	128192	163808
第二产业	人	8016	19830	11581	16430
#工业	人	6608	15560	5881	10413
第三产业	人	13607	67114	38832	54378
职工人数	人	10667	26993	13500	17851
乡村劳动力	人	45600	236700	172400	227400
#农林牧渔业	人	32700	154100	127000	161000
耕地面积	公顷	5641	47283	35081	36742
农林牧渔业总产值(当年价)	万元	13589	120908	93451	131547
农业	万元	9200	72874	58789	89097
林业	万元	206	5140	1977	1562
牧业	万元	3857	39359	29662	37061
渔业	万元	326	3535	3023	3827
农林牧渔业总产值指数(上年为100)	%	97.42	114.93	105.53	88.36
农业	%	93.38	95.69	99.29	78.81
林业	%	87.63	125.32	85.49	226.26
牧业	%	114.23	129.85	121.05	110.52
渔业	%	58.01	104.96	101.65	112.64
农业机械总动力	万千瓦	4.26	25.01	15.65	14.34
化肥使用量(折纯量)	吨	2403	34499	31935	16498
农村用电量	万千瓦小时	390	3864	1332	3870
有效灌溉面积	千公顷	3.11	18.33	19.8	18.02
总播种面积	千公顷	13.09	91.08	79.31	82.69
#粮食作物播种面积	千公顷	8.13	45.75	42.61	38.89
粮食产量	吨	33755	200432	214170	157367
棉花产量	吨				
油料产量	吨	1263	9979	8233	12217
甘蔗产量	吨	43477	622309	597041	745689
水果产量	吨	235	41956	4305	22899
猪肉产量	吨	3116	28877	30637	32379
牛肉产量	吨	223	3045	1772	1640
羊肉产量	吨	53	275	180	71
水产品产量	吨	465	4776	5083	5837
工业企业单位数(规模以上)	个	8	30	11	12
内资企业	个	8	30	10	12
工业总产值(全部工业)	万元	99185	186992	98441	65234
工业总产值指数(全部工业)	%	90.73	107.85	124.99	80.53
工业总产值(规模以上)	万元	85022	89652	49252	25425
内资企业	万元	85022	89652	28948	25425
国有企业	万元	74634	50724	574	25425
集体企业	万元	6314	1815	9290	
股份合作企业	万元	1445		2291	
有限责任公司	万元		32042	16793	
股份有限公司	万元		2221		
私营企业	万元	2629	2850		
其他企业	万元				

22—1 **续表 23** (2000 年)

指 标 名 称	单 位	合山市	鹿寨县	象州县	武宣县
港澳台投资企业	万元				
外商投资企业	万元			20304	
工业企业增加值	万元	28571	23670	13588	5946
工业企业资产总计	万元	111556	388646	80056	71571
工业企业负债合计	万元	86409	251791	43161	63313
工业企业产品销售收入	万元	86666	90035	39786	32646
工业企业利润总额	万元	-1458	-170	685	340
工业企业税金总额	万元	6102	6237	4242	3016
社会消费品零售总额	万元	21223	40909	33068	32353
贸易业	万元	9798	25171	30552	20544
餐饮业	万元	1094	6825	998	2836
制造业	万元	1406	2239	349	3601
其它	万元	8925	6674	1169	5372
国内生产总值	万元	53376	206462	126462	136318
第一产业	万元	8473	78590	54506	85504
第二产业	万元	29806	65023	36860	17532
#工业	万元	27776	51592	31662	14106
第三产业	万元	15097	62849	35096	33282
人均国内生产总值	元	4023	4393	3628	3383
国内生产总值指数	%	96.1	107	111.8	95.5
第一产业	%	96.4	104.9	105.5	89
第二产业	%	93.2	106.5	125.9	118.1
#工业	%	91	107.9	126.1	117.8
第三产业	%	100.6	110.3	107.5	97.7
人均国内生产总值指数	%	96.61	105.95	111.43	94.69
中央、地方财政收入	万元	13747	14696	11152	8043
地方财政收入	万元	9281	10752	8133	5661
地方财政支出	万元	10463	13073	11649	11939
居民储蓄存款余额	万元	54350	103151	51399	45093
职工工资总额	万元	11628	18648	8685	10242
职工平均工资	元	9430	6990	6745	5772
全社会固定资产投资	万元	9664	72033	25578	16322
#国有单位	万元	7375	37499	8355	6368
按性质分固定资产投资					
基本建设	万元	5374	36624	8746	6123
更新改造	万元	2001	2512	2065	245
房地产开发	万元		372		26
其他	万元	2289	32525	14767	9928
建筑企业单位数	个	9	12	2	5
建筑业企业从业人员	人	1139	2556	401	886
建筑业总产值	万元	3272	6202	793	1488
公路里程	公里	112	519	348	322
邮电业务总量	万元	1995	5172	1730	2625
本地电话用户	万户	1	3	1	2
幼儿园数	所	7	22	14	16
学龄儿童入学率	%	99.72	99.23	99.92	99.36
小学专任教师数	人	764	1624	1449	1408
小学学校数	所	43	145	123	156
小学在校学生数	人	16456	48026	32710	51171
普通中学专任教师数	人	602	1007	1001	1117
普通中学学校数	所	16	34	19	22
初中在校学生数	人	8854	26594	20697	24551
高中在校学生数	人	1419	2160	1876	2542
医院、卫生院数	个	8	21	13	16
医院、卫生院床位数	张	462	602	323	451
医院、卫生院技术人员	人	555	787	461	768
农村居民人均纯收入(一次性调查数)	元	1284	1780	1488	1458
农村居民人均纯收入(上年年鉴口径数)	元	2576	2450	2500	2476

22—1 **续表 24** (2000 年)

指 标 名 称	单 位	来宾县	融安县	三江侗族自治区	融水苗族自治县
行政区域土地面积	平方公里	4364	2905	2454	4664
年末总人口	万人	96.7	32.2	34.2	46.5
男性	万人	50.6	17.0	17.8	24.2
女性	万人	46.1	15.2	16.4	22.3
年末总户数	万户	20.83	8.20	7.93	10.66
#乡村户数	万户	16.80	7.74	6.95	10.35
出生人口	万人	1.18	0.30	0.42	0.58
死亡人口	万人	0.43	0.16	0.23	0.29
人口密度	人/平方公里	221	111	139	100
从业人员	人	448392	169432	198676	247567
从业人员按产业分					
第一产业	人	345413	128162	142786	197649
第二产业	人	32258	10032	5254	9354
#工业	人	20431	6831	3977	6326
第三产业	人	70721	31238	50636	40564
职工人数	人	41655	14550	10053	17591
乡村劳动力	人	495600	158300	201200	257600
#农林牧渔业	人	339000	127400	142200	195800
耕地面积	公顷	91968	26104	14532	31487
农林牧渔业总产值(当年价)	万元	215535	49631	36691	66020
农业	万元	133051	31736	18550	36835
林业	万元	2583	4345	3722	10300
牧业	万元	72572	11302	12619	13965
渔业	万元	7329	2248	1800	4920
农林牧渔业总产值指数(上年为100)	%	108.33	105.72	104.11	100.08
农业	%	107.12	100.11	99.53	94.64
林业	%	153.15	138.19	92.42	101.67
牧业	%	107.36	104.55	120.8	112.62
渔业	%	121.82	103.49	121.64	113.3
农业机械总动力	万千瓦	31.04	7.54	5.37	8.8
化肥使用量(折纯量)	吨	59240	5859	1887	5942
农村用电量	万千瓦小时	8492	1895	2450	1798
有效灌溉面积	千公顷	38.33	14.18	9.12	14.1
总播种面积	千公顷	195.08	42.14	30.77	57.39
#粮食作物播种面积	千公顷	105.72	24.45	16.73	29.52
粮食产量	吨	357736	115871	76399	130679
棉花产量	吨			19	4
油料产量	吨	33906	2013	1083	4313
甘蔗产量	吨	2093814	53621	195	104650
水果产量	吨	14861	11402	2061	14281
猪肉产量	吨	80329	10723	9170	11789
牛肉产量	吨	8748	641	1680	1102
羊肉产量	吨	2453	185	135	71
水产品产量	吨	12317	3110	1800	4920
工业企业单位数(规模以上)	个	21	20	11	16
内资企业	个	18	19	11	15
工业总产值(全部工业)	万元	374702	54314	28395	27116
工业总产值指数(全部工业)	%	118.4	125.92	107.93	104.02
工业总产值(规模以上)	万元	227685	34982	9886	11006
内资企业	万元	156653	32389	9886	9986
国有企业	万元	37582	27479	2040	7774
集体企业	万元		2915	667	1043
股份合作企业	万元			4081	
有限责任公司	万元	119071	689	3098	
股份有限公司	万元				755
私营企业	万元		1306		414
其他企业	万元				

22—1 续表 25 (2000 年)

指 标 名 称	单 位	来宾县	融安县	三江侗族自治区	融水苗族自治县
港澳台投资企业	万元				1020
外商投资企业	万元	71032	2593		
工业企业增加值	万元	67704	9987	3017	4865
工业企业资产总计	万元	857160	68446	25409	56390
工业企业负债合计	万元	564405	40371	18590	33941
工业企业产品销售收入	万元	226700	33597	12042	14012
工业企业利润总额	万元	19012	1535	499	49
工业企业税金总额	万元	18054	2517	828	1940
社会消费品零售总额	万元	67313	27003	17033	36001
贸易业	万元	39911	21108	12475	23952
餐饮业	万元	7401	2068	1904	4379
制造业	万元	8068	579	200	2435
其它	万元	11933	3248	2454	5235
国内生产总值	万元	434802	115493	61694	83765
第一产业	万元	139248	32291	23953	40272
第二产业	万元	176107	24005	13131	12886
#工业	万元	155457	17729	6666	10687
第三产业	万元	119447	59197	24610	30607
人均国内生产总值	元	4509	3604	1813	1812
国内生产总值指数	%	106.1	112.1	106.5	101.7
第一产业	%	108	105.8	104	100.1
第二产业	%	100.6	132.1	107.3	82.7
#工业	%	123.6	125.9	107.9	93.6
第三产业	%	114.2	108.4	108.1	120.1
人均国内生产总值指数	%	105.24	111.42	105.96	100.87
中央、地方财政收入	万元	41158	6751	4106	6505
地方财政收入	万元	24095	4417	3419	4958
地方财政支出	万元	29716	8926	9046	11077
居民储蓄存款余额	万元	116336	60582	30620	54307
职工工资总额	万元	30888	10146	6432	10377
职工平均工资	元	7630	7081	6446	5981
全社会固定资产投资	万元	95173	30786	15097	12210
#国有单位	万元	21596	11585	7699	8552
按性质分固定资产投资					
基本建设	万元	73191	17937	7638	8552
更新改造	万元	4783			
房地产开发	万元				
其他	万元	17199	12849	7459	3658
建筑企业单位数	个	12	6	5	4
建筑业企业从业人员	人	1565	1014	526	242
建筑业总产值	万元	4189	1737	1345	632
公路里程	公里	699	378	407	554
邮电业务总量	万元	7071	1795	1257	2045
本地电话用户	万户	6	2	1	2
幼儿园数	所	76	7	17	12
学龄儿童入学率	%	99.9	96.59	97.7	95.2
小学专任教师数	人	3497	1299	1339	2182
小学学校数	所	269	142	187	219
小学在校学生数	人	143816	32106	40874	50916
普通中学专任教师数	人	2037	806	563	653
普通中学学校数	所	52	19	20	28
初中在校学生数	人	50126	15726	10573	15325
高中在校学生数	人	5579	2042	1118	1138
医院、卫生院数	个	37	17	18	26
医院、卫生院床位数	张	1132	534	300	577
医院、卫生院技术人员	人	1371	674	423	791
农村居民人均纯收入(一次性调查数)	元	1658	1407	1188	1085
农村居民人均纯收入(上年年鉴口径数)	元	2722	2232	1659	1566

22—1 **续表 26** (2000 年)

指 标 名 称	单 位	金秀瑶族自治县	忻城县	昭平县	贺州市
行政区域土地面积	平方公里	2518	2541	3273	5147
年末总人口	万人	14.7	40.2	39.3	89.2
男性	万人	7.7	20.8	20.9	46.4
女性	万人	7.0	19.4	18.4	42.8
年末总户数	万户	3.71	9.51	8.76	21.16
#乡村户数	万户	3.33	8.45	8.30	16.85
出生人口	万人	0.15	0.35	0.43	1.26
死亡人口	万人	0.09	0.27	0.21	0.48
人口密度	人/平方公里	58	158	120	173
从业人员	人	80659	226600	231298	468500
从业人员按产业分					
第一产业	人	60583	165529	170229	325800
第二产业	人	4914	12981	25882	55300
#工业	人	3490	6744	22758	39100
第三产业	人	15162	48090	35187	87400
职工人数	人	7649	14400	16697	35220
乡村劳动力	人	74800	232800	187800	409500
#农林牧渔业	人	59600	165200	170229	325800
耕地面积	公顷	14571	30681	14453	40102
农林牧渔业总产值(当年价)	万元	30571	80600	149789	284323
农业	万元	16720	47726	68209	161455
林业	万元	4604	1122	14096	10463
牧业	万元	8919	29041	55499	101623
渔业	万元	328	2711	11985	10782
农林牧渔业总产值指数(上年为100)	%	98.1	105.11	104	93.71
农业	%	95.05	94.69	100.6	91.97
林业	%	88.33	191.67	91.8	85.88
牧业	%	109.64	123.02	117.7	96.16
渔业	%	81.42	122.34	114.7	108.55
农业机械总动力	万千瓦	6.36	11.85	8.6	19.26
化肥使用量(折纯量)	吨	2363	17091	7874	25895
农村用电量	万千瓦小时	1156	2329	1972	6128
有效灌溉面积	千公顷	6.37	12.48	11.87	26.12
总播种面积	千公顷	23.36	80.09	51.18	115.51
#粮食作物播种面积	千公顷	12.79	52.09	32.27	60.29
粮食产量	吨	54367	142286	161123	343513
棉花产量	吨		25		8
油料产量	吨	1913	3642	3268	17102
甘蔗产量	吨	46561	300100	7481	95306
水果产量	吨	6117	3616	34272	47643
猪肉产量	吨	9401	21751	42070	55245
牛肉产量	吨	200	1787	450	1855
羊肉产量	吨	12	821	55	201
水产品产量	吨	447	2706	13250	20915
工业企业单位数(规模以上)	个	16	16	12	56
内资企业	个	16	16	12	52
工业总产值(全部工业)	万元	15688	54453	62589	364389
工业总产值指数(全部工业)	%	97.36	95.29	109.71	110.28
工业总产值(规模以上)	万元	6739	21464	25126	91610
内资企业	万元	6739	21464	25126	88851
国有企业	万元	3463	18227	13632	61127
集体企业	万元	2736		418	6434
股份合作企业	万元				3240
有限责任公司	万元	540	2358		4925
股份有限公司	万元			11076	3709
私营企业	万元		879		9416
其他企业	万元				

22—1 续表27 (2000年)

指标名称	单位	金秀瑶族自治县	忻城县	昭平县	贺州市
港澳台投资企业	万元				1923
外商投资企业	万元				836
工业企业增加值	万元	1964	10448	13108	44809
工业企业资产总计	万元	19130	58996	60552	269680
工业企业负债合计	万元	16930	50185	53498	241271
工业企业产品销售收入	万元	6182	25060	25436	113469
工业企业利润总额	万元	-9	1391	600	8313
工业企业税金总额	万元	453	2443	2636	8333
社会消费品零售总额	万元	10905	21958	29357	130510
贸易业	万元	9208	11202	21772	95882
餐饮业	万元	1206	4159	3879	12623
制造业	万元	42	3901	1323	6116
其它	万元	449	2696	2383	15889
国内生产总值	万元	40716	91851	149513	437857
第一产业	万元	19838	49247	83101	174730
第二产业	万元	6305	20254	20187	117083
#工业	万元	4587	15786	17823	104737
第三产业	万元	14573	22350	46225	146044
人均国内生产总值	元	2772	2287	3856	5001
国内生产总值指数	%	101.1	105.3	106.4	105.61
第一产业	%	98.3	105.1	106.3	96.13
第二产业	%	98.4	105.7	109.3	116.11
#工业	%	97.9	95.3	109.3	117.4
第三产业	%	106	105.5	105	107.03
人均国内生产总值指数	%	100.55	105.11	110.2	104.05
中央、地方财政收入	万元	2802	7003	12281	19202
地方财政收入	万元	2097	5658	7204	13696
地方财政支出	万元	7311	10821	11413	17479
居民储蓄存款余额	万元	25349	33779	48850	168923
职工工资总额	万元	4671	8203	10255	24745
职工平均工资	元	6049	5789	6090	7086
全社会固定资产投资	万元	11366	21967	16202	58792
#国有单位	万元	6125	7082	9342	29720
按性质分固定资产投资					
基本建设	万元	5446	17186	7189	23718
更新改造	万元	679	171	1697	4837
房地产开发	万元		56		46
其他	万元	5241	4554	456	1119
建筑企业单位数	个	5	5	7	22
建筑业企业从业人员	人	324	537	1138	3000
建筑业总产值	万元	1879	964	2573	8696
公路里程	公里	697	476	632	1458
邮电业务总量	万元	1749	1145	1372	12857
本地电话用户	万户	1	1	2	4
幼儿园数	所	17	14	6	7
学龄儿童入学率	%	98.19	98.57	99.53	99.27
小学专任教师数	人	814	1252	1302	3447
小学学校数	所	74	130	151	297
小学在校学生数	人	14442	44954	44980	125308
普通中学专任教师数	人	327	953	1121	2323
普通中学学校数	所	13	24	23	52
初中在校学生数	人	6872	21373	23068	54892
高中在校学生数	人	531	2294	2198	4480
医院、卫生院数	个	13	16	21	30
医院、卫生院床位数	张	270	496	366	1152
医院、卫生院技术人员	人	289	526	672	1693
农村居民人均纯收入(一次性调查数)	元	1191	1107	1487	1632
农村居民人均纯收入(上年年鉴口径数)	元	1841	1922	2456	2955

22—1 **续表 28** (2000 年)

指 标 名 称	单 位	钟山县	富川瑶族自治县	百色市	田阳县
行政区域土地面积	平方公里	1862	1572	3713	2394
年末总人口	万人	48.6	28.9	32.5	32.9
男性	万人	25.7	15.0	16.6	16.6
女性	万人	22.9	13.9	15.9	16.3
年末总户数	万户	10.43	7.04	7.82	8.04
# 乡村户数	万户	8.22	5.87	4.75	3.98
出生人口	万人	0.56	0.35	0.33	0.30
死亡人口	万人	0.26	0.15	0.21	0.26
人口密度	人/平方公里	260	184	88	138
从业人员	人	294439	171380	193995	199511
从业人员按产业分					
第一产业	人	170957	111600	105900	153081
第二产业	人	76215	22602	22207	20915
# 工业	人	62375	21179	18932	18665
第三产业	人	47267	37178	65888	25515
职工人数	人	21686	13080	45662	19573
乡村劳动力	人	208368	133300	125200	173394
# 农林牧渔业	人	168088	111600	101600	138958
耕地面积	公顷	24261	18121	25452	22397
农林牧渔业总产值(当年价)	万元	154020	83968	84088	115620
农业	万元	78822	42359	56938	86903
林业	万元	8059	3056	10462	2956
牧业	万元	58209	35502	13295	22443
渔业	万元	8930	3051	3393	3318
农林牧渔业总产值指数(上年为100)	%	107.9	100.6	101.13	101.02
农业	%	102.1	101.8	99.89	96.49
林业	%	106.1	82.5	98.73	92.67
牧业	%	118.2	103.9	109.65	125.62
渔业	%	109.4	88.7	105.35	107.05
农业机械总动力	万千瓦	7.59	5.57	118	17
化肥使用量(折纯量)	吨	12532	9320	5824	16918
农村用电量	万千瓦小时	2005	1654	1991	1560
有效灌溉面积	千公顷	16.45	13.01	9	12.76
总播种面积	千公顷	62.37	60.69	49	55.24
# 粮食作物播种面积	千公顷	37.43	28.74	21	25.63
粮食产量	吨	193233	108193	89060	122839
棉花产量	吨		2	47	
油料产量	吨	7369	14745	640	1217
甘蔗产量	吨	25228	2845	418320	317199
水果产量	吨	38349	28871	60752	65564
猪肉产量	吨	52993	35612	10352	23504
牛肉产量	吨	1864	2186	821	995
羊肉产量	吨	189	64	117	256
水产品产量	吨	12403	5194	4380	4830
工业企业单位数(规模以上)	个	19	18	57	23
内资企业	个	19	18	56	23
工业总产值(全部工业)	万元	324477	54852	169757	105105
工业总产值指数(全部工业)	%	111.28	96.5	105.19	108.96
工业总产值(规模以上)	万元	72782	12031	99055	43123
内资企业	万元	72782	12031	97966	43123
国有企业	万元	54822	8935	63829	38012
集体企业	万元	4386		2668	1095
股份合作企业	万元	3453			2980
有限责任公司	万元		1336		
股份有限公司	万元		749	24341	
私营企业	万元	10121	1011	7128	1035
其他企业	万元				

22—1 **续表29** (2000年)

指 标 名 称	单 位	钟山县	富川瑶族自治县	百色市	田阳县
港澳台投资企业	万元			1089	
外商投资企业	万元				
工业企业增加值	万元	21069	4948	34027	13890
工业企业资产总计	万元	104494	42121	209146	91507
工业企业负债合计	万元	78716	30868	132413	67631
工业企业产品销售收入	万元	68968	12334	87005	32947
工业企业利润总额	万元	-116	-671	606	-1141
工业企业税金总额	万元	5722	1964	7342	2560
社会消费品零售总额	万元	66123	44392	75615	45029
贸易业	万元	33800	29801	45789	22140
餐饮业	万元	7185	3788	8715	6951
制造业	万元	4326	4738	2051	4588
其它	万元	20812	6065	1301	11350
国内生产总值	万元	243395	114576	250012	151876
第一产业	万元	86380	52150	54603	72702
第二产业	万元	91505	23196	72889	41331
#工业	万元	85240	19344	56952	35696
第三产业	万元	65510	39230	122520	37843
人均国内生产总值	元	5055	3985	7465	4630
国内生产总值指数	%	106.32	100.1	111.64	104.6
第一产业	%	105.2	98.6	103.33	101
第二产业	%	105.6	95.9	109.83	108.2
#工业	%	105.3	94.1	106.56	109
第三产业	%	109.35	106.1	117.72	109.4
人均国内生产总值指数	%	103.65	100.8	106.97	105
中央、地方财政收入	万元	10682	7470	20928	11335
地方财政收入	万元	5580	4010	14571	7667
地方财政支出	万元	11370	10391	16344	11847
居民储蓄存款余额	万元	76416	45557	174752	51567
职工工资总额	万元	14680	9010	34602	12162
职工平均工资	元	6765	6224	7452	6025
全社会固定资产投资	万元	20878	14645	74009	31357
#国有单位	万元	13106	6654	52460	11625
按性质分固定资产投资					
基本建设	万元	10916	4832	47242	8081
更新改造	万元	1720	1063	7425	3544
房地产开发	万元	50	490	2114	
其他	万元	420	269	633	19732
建筑企业单位数	个	9	9	16	3
建筑业企业从业人员	人	1093	313	6833	1000
建筑业总产值	万元	3962	10270	120982	1545
公路里程	公里	512	414	1072	402
邮电业务总量	万元	5006	2952	12081	1965
本地电话用户	万户	2	1	5	2
幼儿园数	所	16	10	45	56
学龄儿童入学率	%	99.68	99.7	99.8	99.9
小学专任教师数	人	2140	1649	1994	1360
小学学校数	所	168	130	137	167
小学在校学生数	人	61346	39900	27404	27333
普通中学专任教师数	人	1077	872	1052	864
普通中学学校数	所	28	19	29	24
初中在校学生数	人	26982	14958	15924	16971
高中在校学生数	人	2417	1422	4860	2027
医院、卫生院数	个	27	15	146	16
医院、卫生院床位数	张	573	522	1842	419
医院、卫生院技术人员	人	780	714	2509	598
农村居民人均纯收入(一次性调查数)	元	1599	1418	1328	1342
农村居民人均纯收入(上年年鉴口径数)	元	2697	1976	1328	1342

指 标 名 称	单 位	田东县	平果县	德保县	靖西县
行政区域土地面积	平方公里	2816	2473	2575	3331
年末总人口	万人	38.9	45.2	34.0	57.4
男性	万人	19.7	23.2	18.0	29.8
女性	万人	19.2	22.0	16.0	27.6
年末总户数	万户	9.20	10.81	7.75	12.21
#乡村户数	万户	7.78	9.32	6.79	10.98
出生人口	万人	0.44	0.56	0.33	0.68
死亡人口	万人	0.27	0.26	0.26	0.32
人口密度	人/平方公里	139	183	132	172
从业人员	人	205276	220500	160195	305114
从业人员按产业分					
第一产业	人	151700	159600	126717	219516
第二产业	人	21987	27400	10950	13479
#工业	人	17587	25100	7954	7390
第三产业	人	31589	33500	22528	72119
职工人数	人	21450	24700	11632	18146
乡村劳动力	人	198562	219800	173054	291974
#农林牧渔业	人	151659	159600	126717	219516
耕地面积	公顷	26290	20779	23070	35432
农林牧渔业总产值(当年价)	万元	84796	91041	65088	107399
农业	万元	55110	50973	43830	75623
林业	万元	2602	3081	5953	1555
牧业	万元	24074	33674	14454	28085
渔业	万元	3010	3313	851	2136
农林牧渔业总产值指数(上年为100)	%	104	99.02	103.93	105.41
农业	%	102	98.7	106.09	102.39
林业	%	102	86.41	113.1	122.22
牧业	%	114	100.35	96.94	112.84
渔业	%	105	107.47	85.23	118.5
农业机械总动力	万千瓦	17.2	16.63	5.41	8.97
化肥使用量(折纯量)	吨	8727	11698	6287	7466
农村用电量	万千瓦小时	2260	3246	3885	7794
有效灌溉面积	千公顷	15.15	7.39	10.25	15.76
总播种面积	千公顷	59.88	52.62	49.38	82.41
#粮食作物播种面积	千公顷	29.55	35.18	40.82	71.57
粮食产量	吨	133127	142090	107835	206825
棉花产量	吨	10	5		
油料产量	吨	552	379	401	806
甘蔗产量	吨	475000	288088	12426	33332
水果产量	吨	73200	14840	11915	8020
猪肉产量	吨	23157	30674	10008	21253
牛肉产量	吨	712	1052	1023	1549
羊肉产量	吨	960	715	266	310
水产品产量	吨	5369	4312	850	2602
工业企业单位数(规模以上)	个	21	22	19	22
内资企业	个	21	22	18	22
工业总产值(全部工业)	万元	103754	410224	26506	42979
工业总产值指数(全部工业)	%	108.95	105.73	111.1	115.64
工业总产值(规模以上)	万元	70884	311071	13894	12903
内资企业	万元	70884	311071	12844	12903
国有企业	万元	34096	293603	9479	6482
集体企业	万元	4656	9968	2585	780
股份合作企业	万元			780	
有限责任公司	万元	19626			
股份有限公司	万元	6756			3874
私营企业	万元	5750	7500		1767
其他企业	万元				

22—1 **续表 31** (2000 年)

指 标 名 称	单 位	田东县	平果县	德保县	靖西县
港澳台投资企业	万元			1050	
外商投资企业	万元				
工业企业增加值	万元	33889	147363	4789	4919
工业企业资产总计	万元	134787	505617	40023	45500
工业企业负债合计	万元	69657	388153	27705	23436
工业企业产品销售收入	万元	69337	280733	12095	12894
工业企业利润总额	万元	1867	64769	-66	-214
工业企业税金总额	万元	6049	33099	1287	170
社会消费品零售总额	万元	47017	62319	16503	26928
贸易业	万元	32962	48220	10913	22025
餐饮业	万元	4778	4180	1531	821
制造业	万元	1679	1379	218	354
其它	万元	7598	8540	3841	3728
国内生产总值	万元	171620	189311	86628	121992
第一产业	万元	54269	58837	42042	69684
第二产业	万元	46347	85334	12071	18726
#工业	万元	39484	77518	9069	13381
第三产业	万元	71004	45140	32515	33582
人均国内生产总值	元	4412	4203	2544	2129
国内生产总值指数	%	105.4	110.8	105.8	109.58
第一产业	%	105.5	110.6	103.6	105.59
第二产业	%	107.8	122.6	113.1	121.59
#工业	%	107.9	121.4	109.7	112.47
第三产业	%	103.5	105.8	104.6	110.5
人均国内生产总值指数	%	100.2	110.2	106.04	109.09
中央、地方财政收入	万元	13339	34792	5238	7681
地方财政收入	万元	8263	16791	4181	6325
地方财政支出	万元	13325	17955	9828	14429
居民储蓄存款余额	万元	70936	84198	10698	43501
职工工资总额	万元	17389	18959	7491	9718
职工平均工资	元	7957	7737	6316	5378
全社会固定资产投资	万元	32682	35631	16212	29108
#国有单位	万元	13537	26338	8868	18074
按性质分固定资产投资					
基本建设	万元	10128	5850	7012	17216
更新改造	万元	2149	20488	1262	314
房地产开发	万元			594	
其他	万元	1260	9293	7344	11578
建筑企业单位数	个	10	8	5	5
建筑业企业从业人员	人	2335	1130	251	404
建筑业总产值	万元	8263	3620	563	1420
公路里程	公里	400	394	503	803
邮电业务总量	万元	3493	2947	1160	1813
本地电话用户	万户	3	3	1	2
幼儿园数	所	38	21	16	35
学龄儿童入学率	%	100	99.58	98.88	99.6
小学专任教师数	人	2261	1850	1582	2441
小学学校数	所	171	177	186	287
小学在校学生数	人	41237	48828	32560	57619
普通中学专任教师数	人	1329	1087	633	1397
普通中学学校数	所	32	24	20	32
初中在校学生数	人	22206	24903	11018	28658
高中在校学生数	人	3475	3261	1199	1675
医院、卫生院数	个	22	20	26	30
医院、卫生院床位数	张	601	616	431	670
医院、卫生院技术人员	人	845	768	491	660
农村居民人均纯收入(一次性调查数)	元	1312	1168	1009	1288
农村居民人均纯收入(上年年鉴口径数)	元	1312	1168	1009	1108

22—1　续表 32　　（2000 年）

指　标　名　称	单　位	那坡县	凌云县	乐业县	田林县
行政区域土地面积	平方公里	2231	2037	2617	5577
年末总人口	万人	19.3	18.2	14.6	23.2
男性	万人	10.1	9.3	7.4	11.8
女性	万人	9.2	8.9	7.2	11.4
年末总户数	万户	4.36	4.12	3.22	5.28
# 乡村户数	万户	3.66	3.69	2.79	4.60
出生人口	万人	0.24	0.30	0.28	0.35
死亡人口	万人	0.15	0.10	0.09	0.16
人口密度	人/平方公里	86	89	56	42
从业人员	人	103456	87159	73152	127968
从业人员按产业分					
第一产业	人	85240	68866	57079	107299
第二产业	人	5028	6653	5073	6829
# 工业	人	4548	3148	4004	4808
第三产业	人	13188	11640	11000	13840
职工人数	人	7842	6629	7447	11852
乡村劳动力	人	102690	80602	63331	118543
# 农林牧渔业	人	85159	68866	57079	106080
耕地面积	公顷	11827	10571	13771	26553
农林牧渔业总产值(当年价)	万元	24081	30760	18603	46848
农业	万元	15210	15453	11128	24001
林业	万元	3143	4754	3109	11359
牧业	万元	5370	10287	4066	10906
渔业	万元	358	266	300	582
农林牧渔业总产值指数(上年为100)	%	103.76	105.6	105.01	104.82
农业	%	99.23	99.5	105.04	106.2
林业	%	117.08	120.5	105.04	104.07
牧业	%	101.07	109.3	105.03	103.04
渔业	%	100.85	105.5	101.06	95.03
农业机械总动力	万千瓦	5.99	4.4	4.26	9.92
化肥使用量(折纯量)	吨	794	2260	558	1970
农村用电量	万千瓦小时	600	693	680	482
有效灌溉面积	千公顷	4.17	5	2.83	7.02
总播种面积	千公顷	27.83	29.07	18.93	33.48
# 粮食作物播种面积	千公顷	20.68	20.38	14.31	23.69
粮食产量	吨	51621	43982	46019	84349
棉花产量	吨	6		13	6
油料产量	吨	75	562	464	180
甘蔗产量	吨	2275	1620	3936	11471
水果产量	吨	6175	5812	3783	12442
猪肉产量	吨	4282	6715	3439	7131
牛肉产量	吨	410	362	398	852
羊肉产量	吨	6	528	81	98
水产品产量	吨	303	280	230	674
工业企业单位数(规模以上)	个	12	9	11	19
内资企业	个	12	9	11	17
工业总产值(全部工业)	万元	7083	12139	6569	38182
工业总产值指数(全部工业)	%	114.11	109.6	107.81	108.46
工业总产值(规模以上)	万元	2675	4988	1938	23392
内资企业	万元	2675	4988	1938	22584
国有企业	万元	2675	4988	1938	12326
集体企业	万元				533
股份合作企业	万元				
有限责任公司	万元				8625
股份有限公司	万元				
私营企业	万元				1100
其他企业	万元				

22—1 **续表 33** (2000 年)

指 标 名 称	单 位	那坡县	凌云县	乐业县	田林县
港澳台投资企业	万元				808
外商投资企业	万元				
工业企业增加值	万元	831	1887	722	6789
工业企业资产总计	万元	11120	17581	7245	42006
工业企业负债合计	万元	9309	14891	4737	27299
工业企业产品销售收入	万元	2492	4966	1853	18060
工业企业利润总额	万元	16	-289	17	387
工业企业税金总额	万元	232	453	158	6
社会消费品零售总额	万元	10436	10467	8556	14986
贸易业	万元	6285	5521	5700	12084
餐饮业	万元	1180	887	805	1414
制造业	万元	1050	1131	163	310
其它	万元	1921	2928	1888	1178
国内生产总值	万元	29383	39778	22236	59318
第一产业	万元	15653	20380	11486	30451
第二产业	万元	3617	7497	3800	14005
#工业	万元	2407	4630	2310	11922
第三产业	万元	10113	11901	6950	14862
人均国内生产总值	元	1542	2195	1530	2585
国内生产总值指数	%	107.29	108.7	108.9	105.7
第一产业	%	105.01	105.5	105.14	104.7
第二产业	%	110.31	119.5	126.6	106.8
#工业	%	106.25	113.8	107.77	107.1
第三产业	%	110.11	108	108.81	106.6
人均国内生产总值指数	%	107.26	108.2	108.2	104
中央、地方财政收入	万元	1743	6632	1639	5565
地方财政收入	万元	1296	2242	1310	4450
地方财政支出	万元	7338	6885	5762	7111
居民储蓄存款余额	万元	14637	14473	12926	29848
职工工资总额	万元	4803	4168	4124	7810
职工平均工资	元	6103	6287	5889	6607
全社会固定资产投资	万元	14701	10356	9462	13094
#国有单位	万元	6638	3957	6424	7695
按性质分固定资产投资					
基本建设	万元	12477	3937	4831	7150
更新改造	万元	129	20	1310	545
房地产开发	万元			650	300
其他	万元	2095	6399	2671	5099
建筑企业单位数	个	2	3	14	2
建筑业企业从业人员	人	212	319	130	450
建筑业总产值	万元	4410	828	220	791
公路里程	公里	2340	876	274	721
邮电业务总量	万元	750	787	802	2322
本地电话用户	万户	1	1	1	1
幼儿园数	所	5	23	13	27
学龄儿童入学率	%	49.3	98.6	98.9	98.65
小学专任教师数	人	1083	977	755	1130
小学学校数	所	133	107	86	159
小学在校学生数	人	17920	22547	21491	27345
普通中学专任教师数	人	323	391	259	441
普通中学学校数	所	14	13	12	202
初中在校学生数	人	5335	7332	6907	10256
高中在校学生数	人	388	767	625	1107
医院、卫生院数	个	14	11	14	23
医院、卫生院床位数	张	366	231	174	228
医院、卫生院技术人员	人	380	284	289	319
农村居民人均纯收入(一次性调查数)	元	1038	925	919	1162
农村居民人均纯收入(上年年鉴口径数)	元	1038	925	850	1162

22—1 **续表 34** (2000 年)

指 标 名 称	单 位	隆林各族自治县	西林县	河池市	宜州市
行政区域土地面积	平方公里	3508	3020	2340	3877
年末总人口	万人	35.1	13.2	30.9	61.1
男性	万人	17.8	6.7	15.9	31.2
女性	万人	17.3	6.5	15.0	29.9
年末总户数	万户	7.54	2.83	8.58	15.67
#乡村户数	万户	6.71	2.83	5.02	12.07
出生人口	万人	0.55	0.21	0.28	0.57
死亡人口	万人	0.21	0.09	0.18	0.32
人口密度	人/平方公里	99	45	132	157
从业人员	人	186702	70397	159696	324900
从业人员按产业分					
第一产业	人	157206	57980	75602	225600
第二产业	人	6138	3575	31482	39600
#工业	人	3690	2020	26264	32700
第三产业	人	23358	8842	52612	59700
职工人数	人	12422	6784	37521	35700
乡村劳动力	人	174280	70038	113800	291000
#农林牧渔业	人	157500	60240	86200	225100
耕地面积	公顷	26224	22925	15476	46120
农林牧渔业总产值(当年价)	万元	38267	29571	52674	174251
农业	万元	26760	19057	25520	115298
林业	万元	4922	3071	1057	2024
牧业	万元	6232	6919	24111	52376
渔业	万元	353	524	1986	4553
农林牧渔业总产值指数(上年为100)	%	105.2	106.5	107.78	102.18
农业	%	107.1	113.7	102.01	100.09
林业	%	92	81.5	105.78	154.34
牧业	%	107	109.8	115.1	104.21
渔业	%	117.9	155.2	103.56	123.6
农业机械总动力	万千瓦	0.97	3.87	13.31	27.08
化肥使用量(折纯量)	吨	3635	1079	5329	25973
农村用电量	万千瓦小时	2423	520	4332	2393
有效灌溉面积	千公顷	6.7	6.2	7.67	18.89
总播种面积	千公顷	35.9	28.8	41.06	130.92
#粮食作物播种面积	千公顷	23.3	16.4	25.63	80.22
粮食产量	吨	89137	51310	93120	307426
棉花产量	吨	5	7		112
油料产量	吨	957	458	2507	13450
甘蔗产量	吨	27445	10580	37394	1288179
水果产量	吨	6577	7417	16965	33971
猪肉产量	吨	6683	4552	21286	35941
牛肉产量	吨	453	560	1271	4116
羊肉产量	吨	308	134	587	1028
水产品产量	吨	808	430	3618	6544
工业企业单位数(规模以上)	个	11	12	42	29
内资企业	个	11	12	41	26
工业总产值(全部工业)	万元	50068	7514	187131	227879
工业总产值指数(全部工业)	%	117.9	106.94	115.69	103.43
工业总产值(规模以上)	万元	39165	2719	130345	151119
内资企业	万元	39165	2719	128876	115318
国有企业	万元	39165	2719	93275	73370
集体企业	万元			32605	3118
股份合作企业	万元				1322
有限责任公司	万元				37508
股份有限公司	万元				
私营企业	万元			2996	
其他企业	万元				

指 标 名 称	单 位	隆林各族自治县	西林县	河池市	宜州市
港澳台投资企业	万元			1469	
外商投资企业	万元				35801
工业企业增加值	万元	8227	2246	45767	40444
工业企业资产总计	万元	53289	14773	363004	234249
工业企业负债合计	万元	35340	11917	262129	162434
工业企业产品销售收入	万元	38294	2154	130626	150421
工业企业利润总额	万元	1798	120	5041	7376
工业企业税金总额	万元	1851	148	9598	10927
社会消费品零售总额	万元	15028	7364	115212	130405
贸易业	万元	10310	5017	86322	90786
餐饮业	万元	1883	557	17243	26922
制造业	万元	1168			2204
其它	万元	1667	1790	11647	10493
国内生产总值	万元	60672	33182	252338	369490
第一产业	万元	24578	18693	34853	113111
第二产业	万元	17476	4224	81251	94393
#工业	万元	13823	2246	65001	77531
第三产业	万元	18618	10265	136234	161986
人均国内生产总值	元	1737	2594	8193	6111
国内生产总值指数	%	107.7	109.7	108.1	106.1
第一产业	%	105.7	107.31	107.3	102
第二产业	%	110.8	117.5	112.1	105.1
#工业	%	111.5	106.8	116.2	105.9
第三产业	%	107.5	111.1	105.5	109.5
人均国内生产总值指数	%	107	108.8	107.6	104.8
中央、地方财政收入	万元	17982	2220	24485	28064
地方财政收入	万元	10478	1608	15205	22011
地方财政支出	万元	13086	5869	17662	25519
居民储蓄存款余额	万元	40645	11519	231198	121267
职工工资总额	万元	8673	3734	30897	25159
职工平均工资	元	6750	5576	8224	7144
全社会固定资产投资	万元	18458	9286	77857	71549
#国有单位	万元	5220	6642	61217	35200
按性质分固定资产投资					
基本建设	万元	4583	6349	45581	34989
更新改造	万元	637	293	14353	2459
房地产开发	万元		680	330	
其他	万元	13238	2234	17593	34101
建筑企业单位数	个	4	2	21	11
建筑业企业从业人员	人	647	420	7000	1200
建筑业总产值	万元	1578	1234	25284	3526
公路里程	公里	675	457	463	716
邮电业务总量	万元	1696	1003	18043	6946
本地电话用户	万户	1	1	4	4
幼儿园数	所	57	25	26	24
学龄儿童入学率	%	98.9	97.22	95.47	98.01
小学专任教师数	人	1816	604	1626	2804
小学学校数	所	525	92	144	228
小学在校学生数	人	42386	17932	27384	45591
普通中学专任教师数	人	851	223	1068	1670
普通中学学校数	所	25	11	22	53
初中在校学生数	人	15376	5258	17232	23204
高中在校学生数	人	1133	473	3985	5991
医院、卫生院数	个	24	12	24	29
医院、卫生院床位数	张	364	136	1314	945
医院、卫生院技术人员	人	325	207	1435	1122
农村居民人均纯收入(一次性调查数)	元	1106	1223	1459	2068
农村居民人均纯收入(上年年鉴口径数)	元	1106	1223	1456	2068

指标名称	单位	罗城仫佬族自治县	环江毛南族自治县	南丹县	天峨县
行政区域土地面积	平方公里	2658	4572	3918	3196
年末总人口	万人	35.8	37.2	27.9	14.2
男性	万人	18.6	19.3	14.3	7.3
女性	万人	17.2	17.9	13.6	6.9
年末总户数	万户	8.82	8.36	7.44	3.43
#乡村户数	万户	7.23	7.44	5.18	2.77
出生人口	万人	0.34	0.35	0.39	0.20
死亡人口	万人	0.21	0.20	0.19	0.09
人口密度	人/平方公里	135	81	71	44
从业人员	人	181319	167346	148618	69297
从业人员按产业分					
第一产业	人	132227	127281	88627	54142
第二产业	人	17732	22342	31930	4731
#工业	人	14433	21294	29537	2571
第三产业	人	31360	17723	28061	10424
职工人数	人	16904	17825	15492	7328
乡村劳动力	人	168200	153300	106700	61700
#农林牧渔业	人	132200	126900	88600	54000
耕地面积	公顷	22270	24369	16998	14858
农林牧渔业总产值(当年价)	万元	59563	74445	70003	30278
农业	万元	34638	46694	35955	15646
林业	万元	3608	6500	10252	5229
牧业	万元	20038	19320	22685	9051
渔业	万元	1279	1931	1111	352
农林牧渔业总产值指数(上年为100)	%	104.2	100.44	105.26	107.8
农业	%	107.26	94.19	105.84	108.04
林业	%	97.43	122.96	108.16	103.01
牧业	%	100.36	108.5	103.1	111.81
渔业	%	105.92	119.44	98.91	97.01
农业机械总动力	万千瓦	9.74	18.56	6.85	8.3
化肥使用量(折纯量)	吨	11653	7215	3346	1007
农村用电量	万千瓦小时	2505	1191	1591	289
有效灌溉面积	千公顷	12	11.08	5.38	3.09
总播种面积	千公顷	61.95	58.71	36.5	28.06
#粮食作物播种面积	千公顷	36.84	34.46	22.73	20.23
粮食产量	吨	145900	140393	86173	50530
棉花产量	吨	3	40	14	98
油料产量	吨	8633	4817	3196	324
甘蔗产量	吨	222861	89715	125	4373
水果产量	吨	7468	7118	11392	3624
猪肉产量	吨	15604	15007	14551	6440
牛肉产量	吨	1514	2122	789	741
羊肉产量	吨	362	435	252	353
水产品产量	吨	2006	2272	901	394
工业企业单位数(规模以上)	个	22	63	36	14
内资企业	个	22	63	36	14
工业总产值(全部工业)	万元	82816	181087	315194	10365
工业总产值指数(全部工业)	%	97.04	109.32	123.53	109.47
工业总产值(规模以上)	万元	25369	160986	160078	5340
内资企业	万元	25369	160986	160078	5340
国有企业	万元	18315	20838	23049	5340
集体企业	万元	675	98633	60835	
股份合作企业	万元	1262			
有限责任公司	万元		10165	1438	
股份有限公司	万元		12148	32679	
私营企业	万元	5117	19202	42077	
其他企业	万元				

指 标 名 称	单 位	罗城仫佬族自治县	环江毛南族自治县	南丹县	天峨县
港澳台投资企业	万元				
外商投资企业	万元				
工业企业增加值	万元	8627	52465	72713	1870
工业企业资产总计	万元	60950	119510	230194	45654
工业企业负债合计	万元	45945	77320	125499	15489
工业企业产品销售收入	万元	23570	155244	170041	4033
工业企业利润总额	万元	-569	3755	17666	-789
工业企业税金总额	万元	2100	6539	14790	697
社会消费品零售总额	万元	29068	38860	54637	16452
贸易业	万元	21254	17008	48009	10041
餐饮业	万元	2428	2620	2992	1955
制造业	万元	1887	6472	500	26
其它	万元	3499	12760	3136	4430
国内生产总值	万元	93806	127597	218141	39640
第一产业	万元	38257	45257	45393	19105
第二产业	万元	29551	56022	117088	8047
#工业	万元	23470	50139	103795	3065
第三产业	万元	25998	26318	55660	12488
人均国内生产总值	元	2631	3571	7915	2807
国内生产总值指数	%	105	107.2	116	108.7
第一产业	%	104.5	100.6	104.7	106.4
第二产业	%	103.1	110.9	120.7	114.3
#工业	%	100.7	110.7	120	107
第三产业	%	108.6	106.2	110.1	108.2
人均国内生产总值指数	%	104.6	101.4	114.2	107.8
中央、地方财政收入	万元	5722	10570	30166	2682
地方财政收入	万元	4084	7287	18718	2328
地方财政支出	万元	10036	11071	23001	5969
居民储蓄存款余额	万元	47299	52252	171406	16669
职工工资总额	万元	9256	11279	12453	3982
职工平均工资	元	5152	6353	8009	5427
全社会固定资产投资	万元	24536	36353	64548	27750
#国有单位	万元	7660	17486	48225	6583
按性质分固定资产投资					
基本建设	万元	7436	15142	49905	24921
更新改造	万元	998	2538		100
房地产开发	万元				
其他	万元	16102	18673	14643	2729
建筑企业单位数	个	5	8	4	5
建筑业企业从业人员	人	800	1000	900	600
建筑业总产值	万元	2006	3419	3294	872
公路里程	公里	399	544	515	588
邮电业务总量	万元	3092	3298	7828	1800
本地电话用户	万户	2	2	3	1
幼儿园数	所	2	17	9	1
学龄儿童入学率	%	97.99	96.95	98.82	97.14
小学专任教师数	人	1760	1954	1637	842
小学学校数	所	144	167	150	95
小学在校学生数	人	34322	38502	35677	14073
普通中学专任教师数	人	987	999	767	272
普通中学学校数	所	20	31	19	13
初中在校学生数	人	15974	14030	14139	5855
高中在校学生数	人	1694	2166	1382	770
医院、卫生院数	个	16	20	18	14
医院、卫生院床位数	张	547	411	645	290
医院、卫生院技术人员	人	628	540	726	265
农村居民人均纯收入(一次性调查数)	元	1240	1341	1699	1285
农村居民人均纯收入(上年年鉴口径数)	元	1240	1341	1699	1285

22—1 **续表 38** (2000 年)

指 标 名 称	单 位	凤山县	东兰县	巴马瑶族自治县	都安瑶族自治县	大化瑶族自治县
行政区域土地面积	平方公里	1738	2414	1981	4098	2716
年末总人口	万人	18.5	28.0	23.9	60.8	41.4
男性	万人	9.5	14.4	12.3	31.1	21.4
女性	万人	9.0	13.6	11.6	29.7	20.0
年末总户数	万户	4.12	6.28	5.27	14.17	10.18
#乡村户数	万户	3.60	5.79	4.83	13.36	8.41
出生人口	万人	0.22	0.36	0.29	0.56	0.44
死亡人口	万人	0.12	0.19	0.15	0.42	0.30
人口密度	人/平方公里	106	116	121	148	152
从业人员	人	91475	131497	114109	309191	198244
从业人员按产业分						
第一产业	人	65071	110504	79102	243036	129628
第二产业	人	11769	6396	12930	27434	20278
#工业	人	8065	4410	7616	12256	12588
第三产业	人	14635	14597	22077	38721	48338
职工人数	人	9035	9907	10086	16736	13222
乡村劳动力	人	82000	122100	101600	308200	183500
#农林牧渔业	人	63400	110500	79100	243100	129600
耕地面积	公顷	9350	12067	10175	34970	15750
农林牧渔业总产值(当年价)	万元	25247	34170	50371	65951	40552
农业	万元	11852	19619	31402	30916	18542
林业	万元	5629	2651	4595	847	1530
牧业	万元	7535	10915	12706	33596	18136
渔业	万元	231	985	1668	592	2344
农林牧渔业总产值指数(上年为100)	%	103.19	101.64	103.36	100.29	102.03
农业	%	104.64	106.61	103.33	98.37	96.23
林业	%	99.76	73.94	103.81	146.53	132.78
牧业	%	103.08	101.82	99.76	101.13	105.87
渔业	%	133.8	115.33	136.58	118.52	111.13
农业机械总动力	万千瓦	6.56	11.85	4.84	15.08	8.02
化肥使用量(折纯量)	吨	1508	2928	2516	7986	6758
农村用电量	万千瓦小时	121	918	572	1819	1032
有效灌溉面积	千公顷	4.56	4.47	2.87	8.54	4.30
总播种面积	千公顷	36.15	32.06	43.41	73.11	36.77
#粮食作物播种面积	千公顷	23.5	21.34	21.19	64.61	30.48
粮食产量	吨	48001	62030	67625	134087	63553
棉花产量	吨	4	5	21	5	48
油料产量	吨	457	89	808	333	436
甘蔗产量	吨	1603	4314	148617	26341	8426
水果产量	吨	3808	12084	10803	13992	4470
猪肉产量	吨	6909	10397	9116	33711	16003
牛肉产量	吨	494	785	1423	1250	903
羊肉产量	吨	315	1045	1207	1951	2036
水产品产量	吨	231	1050	1778	982	4063
工业企业单位数(规模以上)	个	13	17	4	16	14
内资企业	个	13	17	4	16	14
工业总产值(全部工业)	万元	12180	7670	16684	34460	109431
工业总产值指数(全部工业)	%	104.69	87.84	112.07	89.35	106.43
工业总产值(规模以上)	万元	6190	4046	6471	6780	98628
内资企业	万元	6190	4046	6471	6780	98628
国有企业	万元	6190	4046	256	4234	98628
集体企业	万元				1196	
股份合作企业	万元			2372	1350	
有限责任公司	万元			3843		
股份有限公司	万元					
私营企业	万元					
其他企业	万元					

22—1　续表 39　　　　(2000 年)

指　标　名　称	单　位	凤山县	东兰县	巴马瑶族自治县	都安瑶族自治县	大化瑶族自治县
港澳台投资企业	万元					
外商投资企业	万元					
工业企业增加值	万元	1688	1079	2263	2933	92333
工业企业资产总计	万元	7888	20094	18406	24966	426992
工业企业负债合计	万元	5604	17910	17499	19010	452155
工业企业产品销售收入	万元	2017	4117	5609	6776	92669
工业企业利润总额	万元	-42	-395	60	-222	35896
工业企业税金总额	万元	224	322	509	1209	17106
社会消费品零售总额	万元	13392	24642	26152	35066	25583
贸易业	万元	7832	15365	14874	22741	18753
餐饮业	万元	2077	2925	3197	3381	1465
制造业	万元	57	1281	582	1011	1623
其它	万元	3426	5071	7499	7933	3742
国内生产总值	万元	30683	45833	57506	97835	151439
第一产业	万元	15869	21468	31851	41717	26141
第二产业	万元	6582	8190	10501	17920	96623
#工业	万元	3738	2345	5471	10407	93270
第三产业	万元	8232	16175	15154	38198	28675
人均国内生产总值	元	1640	1643	2418	1586	3666
国内生产总值指数	%	105.6	104.4	105.5	104.1	106.80
第一产业	%	103.2	101.9	103.1	100.3	100.5
第二产业	%	109	104.9	107.2	101.1	107.9
#工业	%	103.4	86.1	106.1	90.3	109.3
第三产业	%	106.7	108.2	109	110.7	108.9
人均国内生产总值指数	%	106.6	104	104.7	105.5	107.1
中央、地方财政收入	万元	2076	4130	3828	6690	17258
地方财政收入	万元	1762	2407	2655	4650	7489
地方财政支出	万元	6825	8599	8406	14341	11448
居民储蓄存款余额	万元	14443	21927	18570	56062	39365
职工工资总额	万元	4868	5891	5418	10392	9037
职工平均工资	元	5360	5835	5835	6342	6813
全社会固定资产投资	万元	14477	22903	21919	28251	15347
#国有单位	万元	10723	18366	13868	23395	11301
按性质分固定资产投资						
基本建设	万元	6886	16799	13546	22935	8063
更新改造	万元	363	1062	420	460	3238
房地产开发	万元					
其他	万元	7228	5042	7953	4856	4046
建筑企业单位数	个	4	5	4	5	11
建筑业企业从业人员	人	300	500	500	2100	1300
建筑业总产值	万元	1271	1250	1136	5453	3804
公路里程	公里	504	608	474	759	494
邮电业务总量	万元	1616	2370	2140	4355	2881
本地电话用户	万户	1	1	1	1	2
幼儿园数	所	3	7	5	10	1
学龄儿童入学率	%	94.62	97.56	96.86	91.26	94.91
小学专任教师数	人	1073	1473	1110	3090	2094
小学学校数	所	116	157	113	252	172
小学在校学生数	人	23592	31112	28944	61107	41274
普通中学专任教师数	人	411	653	482	1441	1049
普通中学学校数	所	16	14	19	40	25
初中在校学生数	人	5287	12122	8308	24587	16509
高中在校学生数	人	705	1469	1338	5032	3377
医院、卫生院数	个	13	25	15	24	22
医院、卫生院床位数	张	242	445	384	663	417
医院、卫生院技术人员	人	271	377	324	706	539
农村居民人均纯收入(一次性调查数)	元	1120	1128	1148	1168	1210
农村居民人均纯收入(上年年鉴口径数)	元	1120	1128	1148	1168	1210

附录一

2000年广西国民经济和社会发展统计公报

广西壮族自治区统计局

二〇〇一年三月十日

2000年是实施"九五"计划的最后一年。一年来,在自治区党委、自治区人民政府的领导下,全区认真贯彻实施党中央、国务院的各项方针政策,紧紧抓住扩大内需、结构调整、深化改革和培育新的经济增长点等工作重点以及西部大开发的机遇,围绕促进增长、提高效益、增强实力、推动社会进步和改善人民生活的目标,狠抓落实,奋力拼搏,取得了经济和社会发展的新成绩。较好的完成了"九五"计划的主要宏观调控目标。

一、综合

国民经济稳定增长。初步统计,全年实现国内生产总值2035.55亿元,按可比价计算,比上年增长7.2%。其中,第一产业增加值536.64亿元,增长0.2%;第二产业增加值741.51亿元,增长8.6%;第三产业增加值757.40亿元,增长11.6%。

市场物价在低位上逐步回升。全年居民消费价格总水平比上年下降0.3%,但降幅比上年缩小2个百分点。分项目看,在八大类中除服务项目类上升13.6%、居住类上升5.9%外,其余均呈降势,其中,食品类价格下降3.4%;衣着类下降0.4%;家庭设备及用品类下降1.5%;交通和通信工具类下降8.7%;娱乐教育文化用品类下降1.4%;医疗保健用品类下降2.5%。受国际石油价格上涨影响,工业品出厂价格上升5.5%;原材料、燃料、动力购进价格上升0.9%。

劳动就业工作得到加强,下岗再就业工作力度加大。年末全区从业人员2566万人,其中,城镇从业人员421万人。年末全区国有企业下岗职工人数15.68万人。全年通过各种途径使7.29万人实现了再就业。城镇登记失业人数11.3万人,登记失业率为3.2 %,比上年下降0.1个百分点。

经济效益明显好转,运行质量进一步提高。财政收入保持较快增长,全年全区完成财政收入220.01亿元,比上年增长9.4%。其中,地方财政收入147.05亿元,比上年增长10.1%;财政收入占GDP的比重达到10.8 %,比上年提高0.5个百分点。企业实现利润大幅度增长,全年规模以上工业企业盈亏相抵实现利润34.91亿元,增长4.1倍,为1996年以来的最高水平。特别是国有及国有控股企业利润增长更为明显,实现利润26.22亿元,增长6.4倍。规模以上工业企业亏损面41.9%,下降5.2个百分点。其中,国有及国有控股亏损企业亏损面48.5%,下降5.5个百分点。规模以上亏损企业亏损额17.29亿元,下降38.8%。其中,国有及国有控股亏损企业亏损额12.56亿元,下降39.1%;全部大中型亏损企业亏损额9.53亿元,下降46.7%。全年工业企业经济效益综合指数为99.89,比上年提高19.57点,为1996年以来的最高值。

国民经济和社会发展中存在的主要问题是:经济增长的基础不稳固,社会需求持续增长机制尚未完全形成,结构性矛盾较为突出;农业基础比较脆弱,农民增收比较困难;企业的技术创新能力和市场竞争能力不强;就业压力增大;提高经济整体素质,促进经济稳步回升,仍需作艰苦的努力。

二、农业

面对市场和自然灾害的双重压力,2000年,全区进一步加大农业生产结构调整的力度,努力克服自然灾害的影响,使农业生产在上年较高增速的基础上保持增长。全年农林牧渔业总产值826.9亿元,比上年增长0.2%。其中,林业增长1.6%;畜牧业增长8.6 %;渔业增长4.2%;农业下降4.7%。

农业生产结构继续改善,先进适用技术和良种进一步推广应用。粮、蔗种植面积进一步调减,蔬菜、烤烟、药材等经济作物种植面积较大幅度增长。全年粮食面积调减71.7千公顷,比上年下降1.9%;甘蔗面积调减44.2千公顷,下降8.0%;蔬菜、烤烟、药材面积分别增长10.3%、21.2%和18.7%。经济作物种植面积占全部农作物播种面积的比重增加;优质稻、良种畜禽和海水养殖规模进一步扩大;畜牧水产养殖业占农林牧渔业的比重比上年提高2.3个百分点。

主要农产品中,粮食、甘蔗、水果受调减面积和自然灾害的影响,产量比上年减产,其他经济作物有较快增长。全年粮食产量1667.2万吨,比上年下降3.2%;甘蔗产量2937.9万吨,下降8.8%;水果产量360.1万吨,下降11.1%;油料产量58.6万吨,增长7.1%;蔬菜产量1613.2万吨,增长18.0%;烤烟产量1.7万吨,增长 24.9%。

畜牧业生产稳定增长。由于生猪价格回升,农民养猪积极性提高,促进了畜牧业生产的发展。全年肉类总产量 287.3 万吨,比上年增长 9.3%。

渔业生产持续发展。全年水产品产量 239.9 万吨,比上年增长 3.9%。

造林绿化工作取得新的成绩,生态林和具有地方特色的商品林基地建设以及森林管护等工作继续得到加强。全年完成造林面积 5.7 万公顷,其中退耕还林面积 2.2 万公顷,比上年增长 1.6 倍。

农业生产条件进一步改善,农村基础设施建设得到加强。年末全区农业机械总动力 1467.9 万千瓦,比上年增长 6.7%。农村用电量 29.6 亿千瓦小时,增长 3.5%;农田有效灌溉面积 150.3 万公顷,比上年增加 2.4 万公顷;全区农村通电、通车、通电话、通自来水的"四通"程度进一步提高。

三、工业和建筑业

工业生产增长加快,产销衔接状况良好。全年全部工业增加值 616.26 亿元,比上年增长 9.0%。其中,国有工业企业及年产品销售收入 500 万元以上的非国有工业企业(简称规模以上工业,下同)增加值 316.35 亿元,增长 9.5%。在规模以上工业中,国有及国有控股企业增加值 229.82 亿元,增长 7.3%;集体企业41.21 亿元,增长 8.4%;股份制企业 91.96 亿元,增长 14.5%;外商及港澳台投资企业 30.02 亿元,增长10.6%;其他经济类型企业 5.86 亿元,增长 6.8%。分轻重工业看,全年轻工业增加值 124.34 亿元,增长 3.1%;重工业增加值 192.01 亿元,增长 14.8%。全年规模以上工业产品销售率 97.96%,比上年提高 0.9 个百分点。

工业结构调整取得积极进展。围绕总量控制和产业、产品结构调整,加大了对糖业、汽车、有色金属、造纸、建材、食品、煤炭和制药等行业的改组改造力度,狠抓技术创新和产品创新,培育壮大了一批有特色、有潜力、有效益的产品。全年新产品产值达 111.13 亿元,比上年增长 20.6%。电子及通信设备制造业等高新技术行业高速增长,对工业经济增长的贡献提高。关停了一批污染严重、能耗高、效益差的小企业。冶金行业总量控制取得积极进展,产品结构继续调整,整体价格回升,行业利润明显提高。连续四年亏损的制糖业通过优化种植区域结构,调整和压缩落后制糖生产能力,糖价回升,实现扭亏为盈。煤炭、水泥制造业经过整改,实现大幅减亏。

国有企业改革进一步深化,三年扭亏脱困目标基本实现。100 多家国有大中型企业初步建立了现代企业制度,一批企业和企业集团通过改组、联合、兼并等形式,促进了经营机制的转换和经营状况的改善。全区 39 个工业行业大类中有 21 个行业实现整体扭亏或增盈,有 10 个行业实现整体减亏。1997 年亏损的并列入国家三年脱困监控对象的 245 家国有及国有控股大中型工业企业到 2000 年底已减少了 57%。

建筑业生产平稳增长。全社会建筑业完成增加值 125.25 亿元,比上年增长 6.0%。全区资质等级在四级及四级以上的建筑业企业实现利润 1.1 亿元;上缴税金 5.17 亿元,增长 2.2%;全年施工单位工程 16100 个,其中,投标承包工程 5938 个,分别比上年增加 940 个和 627 个;施工房屋建筑面积 2560 万平方米,增加 131.2 万平方米;竣工房屋建筑面积 1224.6 万平方米,增加 12.1 万平方米。房屋建筑优良工程面积 430.6 万平方米,比上年增长 12.7%。建筑业亏损企业 230 个,亏损面 17.8%。

四、固定资产投资

固定资产投资规模继续扩大。2000 年,全区抓住国家继续扩大国债投资和国内银行资金比较宽裕的有利时机,继续深化投融资体制改革,千方百计筹措资金,扩大投入规模,使固定资产投资继续保持增长。全年,全社会完成固定资产投资 660 亿元,比上年增长 6.4%。分经济类型看,国有及其他经济类型投资 411.73 亿元,增长 10.4%;集体经济投资 55.43 亿元,下降 1.7%;城乡居民个人投资 162.47 亿元,下降 1.1%。分投资管理渠道看,基本建设投资 281.81 亿元,增长 7.2%;更新改造投资 80.21 亿元,增长 14.4%;房地产开发投资 38.91 亿元,增长 18.2%;其他完成投资 16.22 亿元,增长 0.7%。

投资结构在调整中继续得到改善。基础产业、基础设施投资力度加大。在国有及其他经济类型投资中,农林牧渔水利业投资 16.63 亿元,比上年增长 5.4%;交通运输邮电通讯业投资 116.57 亿元,增长 12.8%。从产业投向看,第一产业投资 7.0 亿元,比上年增长 17.1%;第二产业投资 137.61 亿元,增长 12.3%;第三产业投资 267.12 亿元,增长 9.3%。

重点建设项目进展顺利,建设建成了一批重点项目。开工建设了钦州港进港航道、六景至兴业高速公路、广西 220 千伏电网工程、防城港跨海大桥等一批重大项目,建成投产了天生桥一级和二级水电站、宜州至柳州高速公路、南宁至吴圩高速公路、来宾火电厂B厂、防城港九号和十号泊位等19个自治区重点项目。全面启动了边境建设大会战，竣工了一批项目。

基本建设投资新增主要生产能力有：大中型发电机组容量78万千瓦；11万伏及以上变电设备能力129万千伏安，其中，城乡电网改造18.3万千伏安；新建等级公路1860公里，其中高速公路237公里；新扩建万吨级港口码头年吞吐量264万吨。

五、交通运输和邮电业

交通运输和邮电通讯业较快增长。全年交通运输和邮电通讯业完成增加值160.94亿元，比上年增长13.1%。

综合运输能力明显增强。全年各种运输方式完成货物周转量770.6亿吨公里，比上年增长10.4%。其中，铁路485.1亿吨公里，增长17.0%；公路209.4亿吨公里，增长3.6%；水运76.0亿吨公里，下降6.7%。完成旅客运输周转量465.0亿人公里，比上年增长5.6%。其中，铁路114.5亿人公里，增长8.6%；公路347.9亿人公里，增长4.7%；水运2.5亿人公里，增长0.8%。民用航空旅客吞吐量356.66万人，货邮行吞吐量5.71万吨，分别比上年增长10.9%和34.5%。沿海主要港口完成货物吞吐量1767.7万吨，比上年增长15.9%。其中，外贸货物吞吐量959.5万吨，增长15.3%。

邮电通讯业发展势头强劲。全年完成邮电业务总量(按不变价计算)95.3亿元，比上年增长45.6%。全年新增电话交换机54.4万门，总容量达到373.2万门。电话普及率达到1094部/万人，比上年增加480部。移动通讯发展迅速，年末移动电话用户达到164万户，其中，当年新增88万户。计算机互联网用户达23.17万户，比上年增加5.6倍。

六、国内贸易

市场消费稳中趋旺。全年实现社会消费品零售总额859.16亿元，比上年增长8.6%，考虑价格下降因素，实际增长10.1%。通讯器材、建筑装璜、新兴家电等商品销售均有较大幅度增长。分城乡看，城市消费增长领先农村。其中，城市消费品零售额416.33亿元，增长9.2%；县及县以下消费品零售额442.83亿元，增长8.0%。分行业看，批发零售贸易业零售额590.88亿元，增长12.1%；餐饮业零售额96.3亿元，增长8.8%。城乡集市贸易市场成交活跃，全年成交额671.53亿元，比上年增长13.8%。

生产资料市场交易逐渐回升，全区限额以上批发零售贸易业生产资料销售总额225.86亿元，比上年增长26.3 %。

限额以上批发零售贸易企业减亏增盈成效明显。1—11月份，全区限额以上批发零售贸易企业实现商品销售收入净额320.21亿元，同比增长18.3%，其中批发企业增长27.1%，零售企业增长11.6%；实现减亏0.99亿元，减少49.0%，其中批发企业整体实现扭亏为盈，实现利润总额0.49亿元。

七、对外经济

由于国际经济形势的好转，以及国家、自治区实施鼓励出口等政策的推动，对外贸易呈现良好的恢复性增长，利用外资保持一定规模。

外贸进出口呈现恢复性增长。全年实现进出口总额20.4亿美元，比上年增长16.3%。其中，进口5.45亿美元，增长7.6 %；出口14.93亿美元，增长19.7%。进出口相抵，贸易顺差9.48亿美元。在全部出口中，国有企业出口10.51亿美元，增长7.6%，外商投资企业出口3.41亿美元，增长54.7%；一般贸易出口11.84亿美元，加工贸易出口2.25亿美元，分别增长29.9%和5.3%。出口产品结构有所改善。初级产品出口2.36亿美元，增长7.4%；工业制品出口12.57亿美元，增长22,3%，其中机电产品出口2.34亿美元，增长39.7%。分地区看，对亚洲出口8.06亿美元，增长9.7%；对欧洲、北美洲、拉丁美洲、大洋洲出口分别为3.58亿美元、2.42亿美元、0.32亿美元和0.23亿美元，分别增长25.7%、55.4%、55.3%和25.8%；对非洲出口0.32亿美元，下降2.5%。

边境贸易保持活跃。全年实现边境贸易额37.81亿元，比上年增长7.7%。

实际利用外资保持一定规模。全年新签利用外资项目254项，比上年增长7.2%；合同外资额9.57亿美元，增长31.3%；新批外商直接投资项目246项，比上年增长10.3%；外商投资项目合同外资额7.15亿美元，增长6.2%。全年实际利用外资7.53亿美元，比上年下降18.2%，其中，实际利用外商直接投资5.25亿美元，下降17.7%。

对外承包工程和劳务合作取得新成绩。对外承包工程劳务市场由上年的22个国家和地区增加到31个。全年新签对外承包工程和劳务合作合同金额0.37亿美元,比上年增长56.9%;完成对外承包工程和劳务合作营业额0.52亿美元,增长13.0%;在外劳务人员数0.11万人,增长18.8%。

八、旅游业

旅游业实现了跨越式发展,国际旅游接待人数和旅游收入再创历史新高。全年全区国际旅游接待入境游客124.03万人次,比上年增长59.7%。其中,外国人50.63万人次,港澳台同胞73.07万人次,华侨0.33万人次,分别增长36.2%、81.6%和15.8%。国内旅游接待人数达3951.21万人次,增长7.7%。全年旅游总收入168.63亿元,比上年增长10.9 %。其中,国际旅游外汇收入2.62亿美元,增长43.8%;国内旅游收入146.85亿元,增长7.2%。旅游业作为新兴支柱产业和新的经济增长点的效益已逐步显现。

九、金融和保险业

在国家稳健货币政策作用下,全区金融运行健康平稳,货币供应量增加,对经济增长支持力度增强。

存贷款稳定增长。年末,全区金融机构各项存款余额2269.07亿元,比年初增加260.25亿元,增长13.0%。其中,企业存款余额665.74亿元,增长17.9%;城乡居民储蓄存款余额1374.42亿元,增长9.3%。金融机构各项贷款余额1613.25亿元,比年初增加160.9亿元,增长11.1%。其中,中长期贷款余额514.12亿元,增长16.0%;短期贷款余额942.60亿元,增长5.8%。

保险事业稳步发展。全年保费收入30.94亿元,比上年增长13.5%。其中,财产保险费收入12.13亿元,增长2.3%;寿险保费收入16.10亿元,增长22.5%;健康险和意外伤害险保费收入2.71亿元,增长19.4%。全年赔付额11.39亿元,比上年增长6.7%。其中,财产险赔付额5.59亿元;寿险给付4.64亿元;健康险和意外伤害险赔付1.16亿元。

十、科学技术和教育

科技队伍进一步壮大,科学研究和技术创新取得新成就。年末全区国有企事业单位共有各类专业技术人员79.5万人,比上年增长2.4%。全年共组织实施创新计划项目2900多项,其中新增1185项;开发工业新产品929项,选育并通过鉴定的农作物新品种81个。全年共取得重大科技成果358项,比上年增加35项。全区专利申请量1762件,比上年增加158件,增长9.9%。全年共签订各类技术合同912项,合同成交金额1.77亿元。

高新技术产业开发区建设进度进一步加快。到年末,全区高新技术企业已发展到307家。桂林、南宁、柳州三个高新技术开发区技工贸总收入152.19亿元,利税14.4亿元,工业总产值130.63亿元,高新技术产品产值74.98亿元,同比分别增长57.0%、55.0%、52.0%和55.0%。

教育事业和改革稳步发展,招生规模进一步扩大。至年末,全区拥有普通高等院校30所,全年普通高等院校招生4.72万人,比上年增长44.7%;在校生11.79万人,增长30.6%。全区研究生培养单位9个,全年共招收研究生0.09万人,比上年增长49.5 %;在校研究生0.21万人,增长29.3%。普通中等专业学校127所,招生4.10万人,在校生15.87万人。普通高中464所,招生15.34万人,在校生36.93万人,分别增长22.0%和19.3%。普通初中2555所,招生94.5万人,在校生248.7万人,分别增长2.7%和5.4%。初中毛入学率达91.7%,比上年提高1.6个百分点。全区共有小学16109所,全年招生76.76万人,在校生536.79万人。小学学龄儿童入学率98.7%;小学学生辍学率0.8%。到年末,全区共有69个县、市、区(城郊区)通过自治区"普九"验收;全区普及义务教育人口覆盖率达80.2%,青壮年文盲率下降到5%以下。

成人高等教育和各种职业教育较快发展。年末,全区拥有成人高校11所,共招收本科、专科学生4.61万人,比上年增长67.0%;在校学生10.1万人,增长33.8%。成人中等专业学校在校生9.51万人。全年各类成人技术培训学校培训毕业学员382万人次。全区扫除文盲人数7.65万人,比上年增长20.5%。

十一、文化、卫生和体育

文化事业不断发展。成功举办了2000年南宁国际民歌节和第九届中国金鸡、百花电影节。全区有6项21件作品获全国"五个一"工程奖。至年末,全区有各种艺术表演团体117个,公共图书馆96个(不含乡镇部分),群众艺术馆、文化馆98个,档案馆101个,博物馆41个。全区共出版报纸5.6亿份,各类杂志0.52亿册,图书2.37亿册(张)。全区有中短波广播发射台和转播台21座,一千瓦以上电视发射台和转播台28座。继续实施广播电视村村通工程,解决了654个行政村听广播看电视难的问题。广播、电视人口覆盖率分别达

85.2%和90%。

卫生事业不断进步。医疗服务体系和疾病预防控制体系进一步完善。年末全区共有卫生机构(含诊所)1.37万个,床位8.54万张。其中,医院、卫生院床位8.3万张;卫生技术人员12.7万人,其中,医生6.15万人,护师、护士4.03万人。全区共有卫生防疫、防治机构200所,卫生技术人员0.63万人。拥有妇幼卫生保健机构103个,卫生技术人员0.59万人。农村乡(镇)卫生院1315所,卫生技术人员2.78万人。贫困县医院的建设和农村卫生"三项建设"得到加强,全区儿童计划免疫接种率达到95%,农村饮用安全卫生水受益率达到85%。

体育事业取得优异成绩。在第27届奥运会中,我区运动员获得金、银牌各1枚和2枚。在其他国际国内重大比赛中,我区体育健儿共获得金牌5枚、银牌3枚。为祖国、为广西赢得了荣誉。全民健身活动继续深入广泛开展。各类健身活动场所、场馆不断增加。

十二、城市建设和环境保护

城市基础设施建设不断加强,城市功能进一步完善。全年城市建设完成投资25亿元,比上年增长19.3%。自来水供水综合生产能力达619万立方米/日,增长1.6%;污水处理能力118万立方米/日,增长4.0%。城市燃气普及率达93.0%,比上年提高3.3个百分点;城市道路长度达3680公里,增长2.2%。公交营运车辆2400辆,运营出租车9125辆,分别比上年增长1.6%和3.0%。建成了一批绿地广场和游园绿地,城市市容进一步美化。人均公共绿地面积7.85平方米,比上年增长5.5%。

环境保护工作取得新成果。年末全区各级环境监测站60个,环境监测人员1104人。全年完成环境污染限期治理项目1690个,总投资7.22亿元。年内关停并转污染企业246家。城市环境综合治理取得新进展。建成城市烟尘控制区33个;建成城市噪音达标区29个;主要污染物的排放量进一步下降。全区建成各类自然保护区62个,其中,国家级8个;自然保护区面积161.2万公顷。

十三、人民生活

城乡居民生活继续改善,城镇居民生活总体上达到小康水平。随着经济增长,国家提高国有企业下岗职工基本生活保障、失业保险和城镇居民最低生活保障"三条保障线"水平和适当增加行政事业单位人员的工资等政策措施的落实,我区城镇居民收入水平继续提高。全年全区城镇居民人均可支配收入5834元,比上年增长3.8%;城镇居民人均消费性支出4852元,增长5.8%。由于主要农产品粮食、甘蔗、水果减产,多数农产品价格仍在低位运行,农民增收难度加大。全年农村居民人均可支配收入1846元。

居住条件进一步改善。全年城镇竣工住宅面积2136.56万平方米,农村竣工住宅面积3263.2万平方米。年末,全区城镇居民人均居住面积和农村居民人均居住面积分别达18.91平方米和23.4平方米,比上年分别增加1.8和0.7平方米。

社会保障和福利事业继续推进。年末全区参加失业保险职工人数224.6万人;参加养老保险职工人数184.9万人;领取养老保险的离退休人员人数54.5万人;参加基本医疗保险、医疗费用统筹的职工和离退休人员共96万人。至年末,全区共有敬老院、福利院等养老机构616个,床位1.55万张,有10.8万人享受城镇最低生活保障。全年共销售社会福利彩票4.2亿元,筹集社会福利资金0.38亿元。

附表 1：　　2000 年工业主要产品产量

产品名称	计量单位	绝对数	比上年增减%
纱	万 吨	9.22	9.1
布	亿 米	0.87	4.8
化纤	万 吨	2.62	-2.5
发酵酒精	万 吨	21.46	-17.6
机制糖	万 吨	325.76	-13.0
卷烟	万 箱	72.33	-12.6
原煤	万 吨	706.67	-13.4
原油加工量	万 吨	64.67	6.0
发电量	亿千瓦小时	288.77	14.0
钢	万 吨	104.73	-11.9
钢材	万 吨	102.63	-5.2
十种有色金属	万 吨	60.59	15.8
其中:铝	万 吨	18.59	12.2
铅	万 吨	8.90	16.9
锌	万 吨	23.55	19.8
锡	万 吨	4.59	15.2
水泥	万 吨	2198.35	6.6
平板玻璃	万重量箱	192.73	4.0
木材	万立方米	320.00	0.4
硫酸	万 吨	86.04	36.5
纯碱	万 吨	1.90	15.0
化肥（折纯 100%）	万 吨	53.30	15.5
化学农药	万 吨	1.84	28.6
发电设备	万千瓦	7.29	-9.3
金属切削机床	万 台	0.31	19.1
汽车	万 辆	13.12	28.3
小型拖拉机	万 台	9.10	-19.0
程控交换机	万 线	0.07	-30.7
内燃机	万千瓦	1035.30	6.1

附表2：

2000年市场价格变动情况

类　　别	指数(上年=100)
全区居民消费价格指数	99.7
城市	100.0
农村	99.5
食品	96.6
粮食	91.6
肉禽及其制品	95.5
油脂类	96.0
蛋类	84.8
水产品类	96.3
鲜菜	100.0
衣着	99.6
家庭设备及用品	98.5
医疗保健	97.5
交通和通讯工具	91.3
娱乐教育文化用品	98.6
居住	105.9
服务项目	113.6
全区商品零售价格指数	98.6
城市	98.4
农村	98.8
农业生产资料零售价格指数	99.9
农产品收购价格指数	92.8
工业企业原材料、燃料、动力购进价格指数	100.9
工业品出厂价格指数	105.5
固定资产价格指数	101.4

注:1、本公报数为初步统计数,正式数以《2001年广西统计年鉴》为准;
2、本公报国内生产总值、各产业增加值和总产值绝对数按当年价格计算,增长速度按可比价格计算。
3、人口有关数据待第五次人口普查结束后公布。

附录二

西部地区国民经济和社会发展主要指标

(2000年)

指　　标	广西	内蒙古	重庆	四川	贵州
土地面积(万平方公里)	23.67	18.3	8.24	48.5	17.61
年末总人口(万人)	4751.2	2372.4	3091.09	8407.5	3755.72
#非农业人口	825.53	837	660.89	1565	543.09
人口自然增长率(‰)	7.9	4.4	3.5	5.1	13.1
人口密度(人/平方公里)	201	20	375	173	212
从业人员数(万人)	2566.4	1061.6	1695	4435.8	1866.23
第一产业	1571.5	553.7	905.48	2643.4	1305.28
第二产业	278.4	182.4	293.66	641.8	221.79
第三产业	716.5	325.5	495.86	1150.6	339.16
#在岗职工人数	283.1	263.9	208.88	515.45	218.36
国内生产总值(亿元)	2050.15	1401.01	1589.34	4010.25	993.32
第一产业	538.7	350.8	283	945.58	270.26
第二产业	748	556.28	657.51	1700.49	385.68
#工业	619.84	455.21	527.48	1393.84	308.52
第三产业	763.45	493.93	648.83	1364.18	337.38
国内生产总值指数(上年=100)	107.3	109.7	108.5	109	108.7
人均国内生产总值(元)	4319	5872	5157	4784	2661
全社会固定资产投资(亿元)	660.01	430.42	655.81	1403.85	402.5
#基本建设	281.54	242.03	262.93	663.79	147.99
地方财政预算收入(亿元)	147.05	110.68	104.46	233.86	85.23
地方财政预算支出(亿元)	224.98	261.06	202.46	452	201.57
金融机构存款余额(亿元)	2269.07	1270.13	1904.7	4513.2	1106.64
#城乡居民存款余额	1374.42	875.74	1085.3	2693.17	539.49
金融机构贷款余额(亿元)	1613.25	1340.74	1881.3	4053.46	1064.82
农林牧渔业总产值(亿元)	828.97	543.16	412.63	1483.52	412.97
农业	418.83	308.36	244.74	785.37	279.61
林业	38.76	23.61	10.82	49.13	18.04
牧业	275.33	205.46	141.99	611.76	110.67
渔业	96.05	5.73	15.08	37.26	4.65
农林牧渔业总产值指数(上年=100)(%)	100.2	102.5	104.5	105	103.8
粮食产量(万吨)	1667.24	1241.9	1131.21	3568.5	1161.3
油料产量(万吨)	58.61	116.4	31.06	193	74.34

云南	西藏	陕西	甘肃	青海	宁夏	新疆
39.4	122.84	20.58	45.44	72.23	5.18	166.49
4240.8	259.83	3644	2556.89	516.5	554.32	1791.55
656.5	43.89	832	491.43	137.03	159.23	554.33
11.5	12.9		8	13.1	11.9	9.3
108	2	177	56	7	107	11
2268.5	124.18	1812.8	1492	256.52	275.5	693.85
1760.5	90.98	1010.2	785.5	143.2	158.6	388.11
210.5	7.35	299	296.8	32.34	50	97.63
297.5	25.85	503.6	409.7	80.98	66.9	208.11
273.4	16.24	327.6	201.2	46.87	63.8	276.26
1955.09	117.46	1660.92	983.36	263.59	265.57	1364.36
436.26	36.32	279.12	193.36	38.53	45.95	288.18
843.24	27.21	731.9	439.88	114	120.04	586.84
697.69	10.13	549.58	328.41	80.55	93	422.07
675.59	53.93	649.9	350.12	111.06	99.58	489.34
107.1	109.4	109	108.7	109	109.8	108.2
4637	4559	4549	3838	5087	4839	7470
697.94	66.5	745.85	441.35	154.83	160.82	610.38
342.12	55.87	376.03	225.36	87.25	88.87	392.75
180.75	5.38	114.97	61.28	16.58	20.82	203.14
414.11	59.97	271.76	188.23	68.26	60.84	190.95
2465.68	144.98	2663	1402.93	280.17	396.49	1863.48
1138.22	40.48	1522.53	818.76	159.08	229.35	908.55
1987.83	80.62	2193.12	1171.14	348.57	382.23	1403.13
680.86	51.21	464.89	323.03	56.99	77.75	487.2
416.36	26.36	327.78	238.97	24.91	46.99	360.54
49.75	1.31	27.22	11.15	1.51	3.11	8.35
201.49	23.53	106.39	71.72	30.49	25.75	114.51
13.26	0.01	3.5	1.19	0.08	1.9	3.8
106.5	101.9	104.6	104.9	97.5	103.8	105.3
1467.8	96.22	1089.1	713.48	82.7	252.74	808.6
26.98	3.96	38.76	41.68	19.4	6.99	60.14

续 1 （2000 年）

指　　　标	广西	内蒙古	重庆	四川	贵州
糖料产量(万吨)	2937.89	141.3	9.06	166.82	25.65
水果产量(万吨)	360.14	21.45	81.68	252.37	31.1
肉类总产量(万吨)	287.26	143.4	143.91	641.2	124.06
#猪肉	217.87	76.62	122.45	478.59	105.5
奶类产量(万吨)	1.69	82.99	5.6	28.92	1.69
水产品产量(万吨)	239.86	7.21	20.03	51.31	6.24
全部工业总产值(亿元)	1800.24		1530	4154.07	855.51
全部工业总产值指数(上年=100)(%)	107.4		111.1	106.5	114.7
规模以上工业总产值(亿元)	1003.24	748.97	962.32	2076.96	631.64
#国有企业	410.56	598.08	283.63	594.56	319.64
集体企业	132.62	20.32	57.59	153.97	50.54
规模以上工业总产值指数(上年=100)(%)	109		113.6	113.1	113.8
原煤产量(万吨)	706.67	7247.29	1149.9	2061.95	3677
发电量(亿千瓦时)	289.09	439.21	167.9	500.24	404.7
钢(万吨)	104.73	423.59	179.69	602.35	166.9
生铁(万吨)	125.32	440.83	167.2	555.61	150.22
成品钢材(万吨)	102.63	378.91	156.98	541.34	150.93
水泥(万吨)	2198.35	630	1402.78	2766.42	783.88
农用化肥(万吨)	53.3	35.54	72.26	263.51	84.05
汽车(万辆)	13.12		24.59	2.39	0.14
建筑业总产值(亿元)	287.05	138.8	348.66	713.81	109.06
建筑业施工面积(万平方米)	2327.5	1816.9	6088.49	10592.05	1792
建筑业竣工面积(万平方米)	1188.7	1130	3083.72	5839.32	824
交通运输客运量(万人次)	42952		57667	143072	53978
#铁路	2508		2140	3161	3113
公路	39321		53170	136729	50397
水运	766		2240	2523	468
交通运输货运量(万吨)	31270		27889	54943	18891
#铁路	5843		2848	5645	6853
公路	23514		23646	47058	11684
水运	1910		1392	2224	354
邮电业务总量(万元)	963559		858200	1619856	406100
社会消费品零售总额(亿元)	859.16	483.98	643.58	1523.75	343.67

云南	西藏	陕西	甘肃	青海	宁夏	新疆
1420.61		1.79	37.9		0.35	292.65
76.95	0.74	493.79	121.59	2.24	19.32	151.87
205.17	14.93	92.12	60.91	20.83	19	90
172.94	0.79	69.75	40.97	6.95	9.34	17.18
14.69	20.4	63.88	13.74	21.29	23.64	78.23
16.62	0.02	6.08	1.41	0.12	3.7	6.01
1589.36	18.3	1787.59	1087.31	141.57	293.94	1061.29
108.1	108.1	114.3	112.41	10	115.9	108.6
1063.36		1184.58	840.6	196.08	239.11	852.01
		557.32	430.84	91.4	104.77	203.31
85.63		75.86	128.42	5.46	7.63	27.08
		107.1	110.6	8.8	122.6	
2215.61	2.13	1983.89	1632.71	145.44	1581	2798.9
317.46	6.61	272.28	280.27	133.79	136.61	182.98
189.41		53.65	229.94	42.91	0.79	109.7
309.42		62.53	203.3		6.85	106.42
183.71		57.7	201.91	36.39	5.59	131.26
1642.8	49.32	989.44	732.1	123.71	280.25	895.67
197.22		93.9	54.6	67.06	59.52	75.47
2.21		1.93				
311.34	16.82	242.3	126.4	44.72	56.2	234.95
3513.63	86.98	2396.54	1914.12	339.43	563.15	2241.48
2217.5	81.06	1087.17	1066.18	192.9	340.69	1261.42
33704	310	28709	12907	3612	5537	23191
1532		2661	1039	352	271	1147
31586	257	25600	11600	3250	5252	21877
241		234	192			
52452	209.3	29209	22722	5076	6880	33091
3521		3933	2885	833	2105	4199
48789	196	25200	19800	4050	4252	27048
134		73	36			
990739	38398	850392	421000	49181	143401	473000
583.17	42.87	607.61	362.7	89.08	90.23	374.5

续 2 （2000 年）

指　　　标	广西	内蒙古	重庆	四川	贵州
对外贸易进出口总额(亿美元)	20.38	20.36	17.85	25.45	6.6
#出口总额	14.93	10.22	9.95	13.94	4.21
实际利用外资(亿美元)	7.53	5.48	3.45	9.56	1.95
#外商直接投资	5.25	1.12	2.44	4.37	0.25
国际旅游人数(万人次)	124.78	39.19	26.61	46.21	18.39
旅游外汇收入(亿美元)	2.62	1.27	1.37	1.22	0.63
专任教师数(万人)					
大学	1.2	0.89	1.04	1.84	0.72
中等学校	14.11	10.1	8.59	21.7	8.12
小学	19.9	12.92	11.9	33.16	17.48
在校学生数(万人)					
大学	12	7.19	13.25	23.55	7.55
中等学校	328.2	162.13	156.24	391.98	157.2
小学	536.79	201.51	276.13	802.65	500.21
广播人口覆盖率(%)	85.2	85.58	89.93	92.85	76.24
电视人口覆盖率(%)	90.1	81.42	93.74	93.61	85.34
医院、卫生院个数(个)	1868	1988	2250	7665	2515
医院、卫生院床位数(万张)	8.3	6.32	6.57	17.08	5.86
医生数(万人)	6.15	5.23	4.49	13.04	3.78
每万人医生数(人)	13	22	14.6	15.5	12.2
在岗职工平均工资(元)	7651	6974	8020	8323	7468
城镇居民家庭人均可支配收入(元)	5834	5129	6276	5894	5122
城镇居民人均生活消费支出(元)	4852	3928	5475	4856	4278
农村居民家庭人均纯收入(元)	1864	2038	1892	1904	1374
农村居民家庭人均生活消费支出(元)	1846	1615	1396	1485	1097
城市人均居住面积(平方米)(抽样调查)	18.91	15.55	10.72	10.42	9.2
农村人均居民面积(平方米)(抽样调查)	23.4	16.84	29.58	28.03	19.75
人均储蓄余额(元)	2905	3700	3522	3203	1436

注:1.重庆人口数为户籍统计数。

2.贵州奶产量为牛奶产量;进出口和出口总额为贵阳海关报关数。

3.宁夏医院、卫生院个数及床位数为医院数据。

云南	西藏	陕西	甘肃	青海	宁夏	新疆
18.13	1.3	21.4	5.7	1.6	4.43	22.64
6.38	1.13	13.1	4.15	1.12	3.27	12.04
2.21			2.01		0.91	0.19
1.28		3	0.62		0.13	0.19
100.11	14.94	71.28	21.31	3.26	0.78	25.61
3.39	0.52	2.8	0.55	0.07	0.03	0.95
0.92	0.08	2.07	0.72	0.21	0.19	0.76
12.05	0.43	14.4	8.54	1.87	2.01	8.9
21.05	1.32	18.23	12.52	2.77	3.47	13.13
9.04	0.55	24.17	8.17	1.34	1.72	7.29
213.74	5.52	266.89	144.95	24.64	31.83	131.18
472.06	31.38	480.93	316.46	50.47	65.74	247.74
87.45	77.7	90.3	85.63	63.32	85.2	89.77
89	76.1	91.4	86.14	85.96	86	92.15
13356	810	2779	1867	5755	380	1352
9.75	0.62	9.26	5.66	1.65	1.62	6.59
6.26	0.53	6.43	3.77	0.96	0.88	4.54
14.8	20.3	17.7	14.8	19	18	24.6
9231	14976	7804	8516	9316	8681	8717
6325	6448	5124	4916	4704	4912	5817
5185	5554	4277	4126	4186	4201	4665
1479	1331	1444	1429	1490	1724	1618
1271	1117	1251	1084	348	1417	1236
12	20.04	9.34	15.21	12.71	13.8	15.27
22.18	23.16	22.87	18	15.32	18	17.25
2684	1558	4178	3211	3070	4179	4921

附录三　主要统计指标解释

常住单位　一经济单位在我国的经济领土范围内具有经济利益中心，则称之为我国的常住单位。

国内生产总值　是按市场价格计算的国内生产总值的简称，它指一个国家(或地区)所有常住单位在一定时期内生产活动的最终成果。国内生产总值有三种表现形态，即价值形态、收入形态和产品形态。从价值形态看，它是所有常住单位在一定时期内所生产的全部货物和服务价值超过同期投入的全部非固定资产货物和服务价值的差额，即所有常住单位的增加值之和；从收入形态看，它是所有常住单位在一定时期内所创造并分配给常住单位和非常住单位的初次分配收入之和；从产品形态看，它是最终使用的货物和服务减去进口货物和服务。在核算中，国内生产总值的三种表现形态表现为三种计算方法，即生产法、收入法和支出法。三种方法分别从不同的方面反映国内生产总值及其构成。

增加值　是指常住单位生产过程创造的新增价值和固定资产的转移价值。它可以按生产法计算，也可以按收入法计算，按生产法计算，它等于总产出减去中间投入；按收入法计算，它等于劳动者报酬、生产税净额、固定资产折旧和营业盈余之和。

劳动者报酬　是指劳动者因从事生产活动所获得的全部报酬。它包括劳动者获得的各种形式工资、奖金和津贴，既包括货币形式的，也包括实物形式的，它还包括劳动者所享受的公费医疗和医药卫生费、上下班交通补贴和单位支付的社会保险费等。单位支付的社会保险费，就是单位直接支付给负责社会保险的政府单位(一般指劳动部门)的社会保险金或为本单位职工离 退休、发生死亡、伤残、医疗保险等而支付的保险费。对于个体经济来说，其所有者所获得的劳动报酬和经营利润不易区分，这两部分统一作为劳动者报酬处理。

生产税净额　是指生产税减生产补贴后的差额。生产税指政府对生产单位生产、销售和从事 经营活动以及因从事生产活动使用某些生产要素，如固定资产、土地、劳动力所征收的各种税、附加费和规费。具体包括销售税金及附加、增值税、管理费中开支的各种税、应交纳的养路费、排污费和水电费附加、烟酒专卖上缴政府的专项收入等。生产补贴与生产税相反，是政府对生产单位的单方面收入转移，因此视为负生产税处理，包括政策亏损补贴、粮食系统价格补贴、外贸企业出口退税收入等。

固定资产折旧　是指一定时期内为弥补固定资产损耗按照核定的固定资产折旧率提取的固定资产折旧，或按国民经济核算统一规定的折旧率虚拟计算的固定资产折旧。它反映了固定资产在当期生产中的转移价值。各种类型企业和企业化管理的事业单位的固定资产折旧指实际计提并计入成本费用中的折旧费；不计提折旧的单位，如政府机关、非企业化管理的事业单位和居民住房的固定资产折旧则是按照统一规定的折旧率和固定资产原值计算的虚拟折旧。原则上，固定资产折旧应按固定资产的重置价值来计算，但是我国目前尚不具备对全社会固定资产进行重估价的基础，所以暂时只能采用上述方法来计算。

营业盈余　是指常住单位创造的增加值扣除劳动者报酬、生产税净额和固定资产折旧后的余额。它相当于企业的营业利润加上生产补贴，但要扣除从利润中开支的工资和福利等。

最终消费　是指常住单位在一定时期内对于货物和服务的全部最终消费支出，也就是常住单位为满足物质、文化和精神生活的需要，从本国经济领土和国外购买的货物和服务的支出。不包括非常住单位在本国经济领土内的消费支出。最终消费分为居民消费和政府消费。

(1)居民消费　指常住住户在一定时期内对于货物和服务的全部最终消费支出。居民关于货物最终消费支出在货物的所有权发生变化时记录，关于服务的最终消费支出在服务提供的时候记录。居民消费按市场价格计算，即按居民支付的购买者价格计算，货物的购买者价格是购买者取得交货所支付的价格，它包括购买者支付的运输和商业费用。居民消费除了包括直接以货币形式购买的货物和服务的消费支出外，还包括以其他方式获得的货物和服务的消费支出，即所谓的虚拟消费支出。居民虚拟消费支出包括如下几种类型：单位以实物报酬及实物转移的形式提供给劳动者的货物和服务；住户生产并由本住户消费了的货物和服务，其中的服务仅指住户的自有住房服务；金融机构提供的金融媒介服务；保险公司提供的保险服务。

(2)政府消费 指政府部门为全社会提供的公共服务的消费支出和免费或以较低的价格向居民住户提供的货物和服务的净支出，前者等于政府服务的产出价值减去政府单位所获得的经营收入的价值，政府服务的产出价值等于它的经常性业务支出加上固定资产折旧；后者等于政府部门免费或以较低价格向居民住户提供的货物和服务的市场价值减去向住户收取的价值。

资本形成总额 指常住单位在一定时期内对固定资产和存货的投资支出合计，包括固定资本形成总额和存货增加。

(1)固定资本形成总额 指常住单位在一定时期内购置、转入和自产自用的固定资产，扣除固定 资产的销售和转出后的价值。可分为有形国定资本形成总额和无形国定资本形成总领。有形固定资本形成总额包括一定时期内完成的建筑工程、安装工程和设备工器具购置(减处置)价值，以及土地改良、新增役、种、奶、毛、娱乐用牲畜和新增经济林木价值。无形固定资本形成总额包括矿藏的勘探、计算机软件、娱乐和文学艺术品原件等获得减处置。

(2)存货增加 指常住单位在一定时期内存货实物量变动的市场价值，即期末价值减期初价值的差额，存货增加可以是正值，也可以是负值，正值表示存货上升，负值表示存货下降。它包括生产单位购进的原材料、燃料和储备物资等存货，以及生产单位生产的产成品、在制品和半成品等存货等。

户数 包括家庭户(含单身独居)和集体户。

人口数 指一定时点、一定地区范围内有生命的个人的总和。年度统计的年末人口是指每年 12 月 31 日 24 时的人口数。全区人口数不包括部队人口。

人口出生率 指在一定时期内(通常为一年内)平均每千人所出生的人数的比率，一般用千分率表示。计算公式：

$$人口出生率=\frac{年出生人数}{年平均人数}\times 1000‰$$

出生人数 指活产婴儿，即胎儿脱离母体时(不管怀孕月数)，有过呼吸或其他生命现象。

人口死亡率 指在一定时期内(通常为一年)一定地区的死亡人数与同期平均人数(或期中人数)之比，一般用千分率表示。计算公式：

$$人口死亡率=\frac{年死亡人数}{年平均人数}\times 1000‰$$

人口自然增长率 指在一定时期内(通常为一年)人口自然增加数(出生人数减死亡人数)与平均人数(或期中人数)之比，一般用千分率表示。计算公式：

$$人口自然增长率=\frac{本年出生人口数-本年死亡人口数}{年平均人数}\times 1000‰$$

或人口自然增长率＝人口出生率—人口死亡率

性别比 反映两性人口间比例的指标，指在总人口中或各年龄组人口中，男性人数与女性人数之比。通常以每 100 个女性人口相对应的男性人口数来表示。

计算公式：

$$性别比=\frac{男性人口}{女性人口}\times 100$$

市人口 指地级市市辖区(不含辖县)和县级市的全部人口。

镇人口 指镇辖区内的全部人口。

市镇人口 指市人口和县辖镇人口。

乡人口 指县辖乡的全部人口。

农业人口 指农业户口人口。

非农业人口 指非农业户口人口。

劳动力资源总数 指在劳动年龄内人口(16 周岁以上)总数中，具有劳动能力，在正常情况下，可能或实际参加社会劳动的人口数。

从业人员 指从事一定社会劳动并取得劳动报酬或经营收入的人员 包括国有单位、城镇集体单位、其他各种经济类型单位的全部职工；再就业的离退休人员；私营业主和个体户主；农村从业人员和其他从业人员。

职工 指在国有单位、城镇集体单位、其他各种经济类型单位企业、事业、机关及其附属机构中工作，并由其支付工资的各类人员。具体包括长期职工和临时职工。

城镇失业人员 指有非农业户口，在一定的劳动年龄内(16 岁以上及男 50 岁以下，女 45 岁以下)，有劳动能力，无业而要求就业，并在当地就业服务机构进行求职登记的人员

$$城镇失业率=\frac{城镇失业人员}{城镇从业人员+城镇失业人员}\times 100\%$$

工资总额 指各单位在一定时期内直接支付给本单位全部职工的劳动报酬总额。由下列六部分组成：

(1)计时工资 指按计时工资标准和工作时间支付给个人的劳动报酬。

(2)计件工资 指对已做工作按计件单价支付的劳动报酬。

(3)奖金和计件超额工资 指支付给职工的超额劳动报酬和增收节支的劳动报酬以及计件工人超过定额后所得的工资。

(4)津贴和补贴 指为了补偿职工特殊或额外的劳动消耗和因其他特殊原因支付给职工的津贴，以及为了保证职工工资水平不受物价影响支付给职工的物价补贴。

(5)加班加点工资 指对法定节假日和公休假日工作的职工，以及在正常工作日以外延长工作时间的职工按规定支付的加班工资和加点工资。

(6)其他工资 是指其他根据国家规定支付的工资，如保留工资、附加工资、调整工资补发的上年工资等。

平均货币工资 是指在一定时期内职工货币工资的平均水平。其计算公式为：

$$平均货币工资=\frac{报告期工资总额}{报告期平均人数}$$

平均实际工资 是指扣除职工生活费用价格变动影响后的平均工资。其计算公式为：

$$平均实际工资=\frac{平均工资}{职工生活费用价格指数}$$

能源生产总量 指一定时期内一个国家或地区一次能源生产量的总和，是观察全国能源生产水平、规模、构成和发展速度的总量指标。一次能源生产量包括原煤、原油、天然气、水电、核能及其他动力能(如风能、地热能等)发电量，不包括低热值燃料生产量、生物质能、太阳能等的利用和由一次能源加工转换而成的二次能源产量。

能源消费总量 指一定时期内一个国家或地区物质生产部门、非物质生产部门和生活消费的各种能源的总和，是观察能源消费水平、构成和增长速度的总量指标。能源消费总量包括原煤和原油及其制品、天然气、电力，不包括低热值燃料、生物质能和太阳能等的利用。能源消费总量分为终端能源消费量、能源加工转换损失量和损失量三部分。

⑴终端能源消费量：指一定时期内一个国家或地区生产和生活消费的各种能源在扣除了用于加工转换二次能源消费量和损失量以后的数量。

⑵能源加工转换损失量：指一定时期内一个国家或地区投入加工转换的各种能源数量之和与产出各种能源产品之和的差额，是观察能源在加工转换过程中损失量变化的指标。⑶能源损失量：指一定时期内一个国家或地区能源在输送、分配、储存过程中发生的损失和由客观原因造成的各种损失量，不包括各种气体能源放空、放散量。

能源消费弹性系数 是反映能源消费增长速度与国民经济增长速度之间比例关系的指标。计算公式为：

能源消费弹性系数=能源消费量年平均增长速度/国民经济年平均增长速度

电力消费弹性系数 反映电力消费增长速度与国民经济增长速度之间比例关系的指标。计算公式为：

电力消费弹性系数＝电力消费量年平均增长速度/国民经济年平均增长速度

全社会固定资产投资 是指全社会以货币表现的建造和购置固定资产活动的工作量及与此有关费用的总称。包括国有单位投资、城乡集体所有制单位投资和城乡居民个人投资。按照我国现行报表制度，固定资产投资总额分为基本建设、更新改造、其他固定资产投资、房地产开发投资、农村集体所有制单位投资、城乡居民个人投资(包括城市、县城、镇、工矿区所辖范围内的个人建房和农村个人建房及购买生产性固定资产投资)。

基本建设投资 指国民经济各部门以扩大生产能力或工程效益为主要目的的新建、扩建工程完成量及有关工作量的货币表现。包括工厂、矿山、铁路、桥梁、港口、农田水利、商店、住宅、学校、医院等工程建造和机器设备、车辆等购置。

更新改造投资 指企事业单位对原有设施进行固定资产更新和技术改造，以及相应配套的辅助工程完成量和有关工作量的货币表现。

其他固定资产投资 指不纳入基本建设、更新改造计划管理的，独立核算的具有法人地位的国有经济、城镇集体经济、联营经济、股份制经济、中外合资经济、港澳台投资经济以及其他经济类型的企业、事业、行政单位的固定资产投资。

房地产开发投资 指各种经济类型的房地产开发公司，商品房建设公司及其他房地产开发单位统一开发的包括统代建、拆迁还建的商品住宅、厂房、仓库、饭店、宾馆、度假村、写字楼、办公楼等房屋建筑物和配套的服务设施，以及土地开发工程，如道路、给水、排水、供电、供热、通讯、平整场地等基础设施工程。

固定资产投资按建设性质分——其中：

⑴**新建** 一般指从无到有，“平地起家”新开始建设的单位。但若现有企事业和行政单位原有基础较小，经建设后其新增加的固定资产价值超过三倍以上也算为新建。

⑵**扩建** 指为扩大原有或增加新的产品生产能力而增建主要生产车间(或主要工程)、独立的生产线或总厂的分厂的企事业单位，行政使用单位在原单位增建业务用房。

⑶**改建** 指现有企事业单位对原有设施进行技术改造或更新(包括相应辅助设施)，没有增建主要生产车间、总厂的分厂等。

施工项目 指报告期内曾进行建筑或安装施工活动的建设项目。包括报告期内新开工项目，报告期以前开工跨入报告期继续施工的项目、报告期施过工并在报告期内全部建成投产或停缓建的项目。

全部建成投产项目 工业项目是指设计文件规定形成生产能力的主体工程及其相应配套的辅助设施全部建成、经负荷试运转，证明具备生产设计规定合格产品的条件，并经过验收鉴定合格或达到竣工验收标准，与生产性工程配套的生活福利设施可以满足近期正常生产的需要，正式移交生产的建设项目。非工业项目是指设计文件规定的主体工程和相应配套工程全部建成，能够发挥设计规定的全部效益，经验收鉴定合格或到达竣工验收标准，正式移交使用的建设项目。

新增生产能力 指通过固定资产投资活动而增加的设计能力或工程效益，它是用实物形态表示的固定资产投资的成果。新增生产能力的计算，是以能独立发挥生产能力或效益的单项工程(或项目)为对象。当单项工程(或项目)建成，经有关部门鉴定合格，正式移交投入生产，即可计算新增生产能力。

施工或竣工房屋建筑面积 房屋建筑面积从房屋的外墙线算起，包括房屋结构占用的面积和地下室面积。多层建筑按各自然层面积总和计算，包括房屋内的楼隔层，凸出墙面的望间、门斗、有柱雨罩的面积。包括的凸出墙面结构的构件、艺术装饰等所占的面积，如台阶、凹阳台、挑阳台按期水平投影面积一半计算建筑面积。

新增固定资产 指已经建成投产或交付使用的工程价值和到达固定资产标准的设备、工具、器具的投资及有关应摊入的费用。它是以价值形式表示的固定资产投资成果的综合性指标，可以综合反映不同时期、不同部门、不同地区的固定资产投资成果。

农林牧渔业总产值 指以货币表现的农、林、牧、渔业全部产品的总量，它反映一定时期内农业生产总规模和总成果。农业总产值的计算方法通常是按农林牧渔业产品及其副产品的产量分别乘以各自单位产品价格求得；少数生产周期较长，当年没有产品或产品产量不易统计的，则采用间接方法匡算其产值；然后将四业产品产值相加即为农业总产值。1957 年以前的农业总产值中包括了厩肥和农民自给性手工业（如农民自制衣服、鞋、袜，自己从事粮食初步加工等）。1958 年及以后的农业总产值，林业中增加了村及村以下竹木采伐产值；牧业中取消了厩肥产值；副业中取消了农民自给性手工业产值，增加了村及村以下办的工业产值；渔业中增加了海洋捕捞水产品产值。1980 年及以后的农业总产值，在副业中增加了农民家庭兼营工业商品部分的产值。从 1984 年起村及村以下工业产值划归工业。从 1993 年起取消副业，将野生动物的捕猎划入牧业、野生植物采集和农民家庭兼营商品性工业划归农业。

耕地面积 指年初可以用来种植农作物、经常进行耕锄的田地，包括熟地、当年新开荒地、连续撂荒未满三年的耕地和当年的休闲地（轮歇地），还包括以种植农作物为主并附带种植桑树、茶树、果树和其他林木的土地，以及沿海、沿湖地区已围垦利用的"海涂"、"湖田"等面积。不包括属于专业性的桑园、茶园、果园、果木苗圃、林地、芦苇地、天然或人工草地面积。

农业机械总动力 指主要用于农、林、牧、渔业的各种动力机械的动力总和。包括耕作机械、排灌机械、收获机械、农用运输机械、植物保护机械、牧业机械、林业机械、渔业机械和其他农业机械〔内燃机按引擎马力折成瓦（特）计算、电动机按功率折成瓦（特）计算〕。不包括专门用于乡、镇、村、组办工业、基本建设、非农业运输、科学试验和教学等非农业生产方面用的动力机械与作业机械。

农作物播种面积 指实际播种或移植有农作物的面积。凡是实际种植有农作物的面积，不论种植在耕地上还是种植在非耕地上，均包括在农作物播种面积中。在播种季节基本结束后，因遭灾而重新改种和补种的农作物面积，也包括在内。

粮食产量 指全社会的产量。包括国有经济经营的、集体统一经营的和农民家庭经营的粮食产量，还包括工矿企业办的农场和其他生产单位的产量。粮食除包括稻谷、小麦、玉米、高粱、谷子及其他杂粮外，还包括薯类和豆类。其产量计算方法，豆类按去豆荚后的干豆计算；薯类（包括红薯，不包括芋头、木薯等）按 5 公斤鲜薯折 1 公斤粮食计算。广西的马铃薯和芋头作为蔬菜统计，并按鲜品计算。其他粮食一律按脱粒后的原粮计算。

油料产量 指全部油料作物的生产量。包括花生、油菜籽、芝麻、向日葵籽、胡麻籽（亚麻籽）和其他油料。不包括大豆、木本油料和野生油料。花生以带壳干花生计算。

水果产量 指全年度内从果树上收获的全部水果产量。不论自食的或者是出售的，都应计算在内。但不包括果用瓜（西瓜、香瓜、白兰瓜、哈密瓜和脆瓜等）和主要作蔬菜食用的藕、西红柿等。也不包括采集的野生水果和林产品的核桃、板栗、白果等的产量。水果的产量按鲜果计算。

肉类总产量 指当年出栏并已屠宰的猪、牛、羊、驴、马、骡、家禽、特种家禽和其它饲养动物肉类产量之和。即屠宰的猪、大牲畜、羊、狗除去头、蹄、下水以后带骨肉（即胴体重）的重量，家禽、特种家禽和其它饲养动物除去毛和内脏后的重量。

水产品产量 指人工养殖的水产品和天然生长的水产品的捕捞量。包括海水的鱼类、虾蟹类、贝类和藻类以及内陆水域的鱼类、虾蟹类和贝类，不包括淡水生植物。海蜇按三矾后的成品、海藻按干品计量，其余所有的水产品均按捕捞起水时的鲜活实际重量计量。

效灌有溉面积 指具有一定的水源，地块比较平整，灌溉工程或设备已经配套，在一般年景下当年能够进行正常灌溉的耕地面积。

农用化肥施用量 指本年内实际用于农业生产的化肥数量，包括氮肥、磷肥、钾肥和复合肥。化肥施用量要求按折纯量计算数量。折纯量是指把氮肥、磷肥、钾肥分别按含氮、含五氧化二磷、含氧化钾的百分之一百成份进行折算后的数量。复合肥按其所含主要成分折算。

工业　指从事自然资源的开采，对采掘品和农产品进行加工和再加工的物质生产部门。具体包括：(1)对自然资源的开采，如采矿、晒盐、森林采伐等(但不包括禽兽捕猎和水产捕捞)；(2)对农副产品的加工、再加工，如粮油加工、食品加工、轧花、缫丝、纺织、制革等；(3)对采掘品的加工、再加工，如炼铁、炼钢、化工生产、石油加工、机器制造、木材加工等，以及电力、自来水、煤气的生产和供应等；(4)对工业品的修理、翻新，如机器设备的修理、交通运输工具(包括小卧车)的修理等。

工业统计调查单位　工业统计调查单位分为两类：独立核算法人工业企业和工业活动单位。

(1)独立核算法人工业企业　指从事工业生产经营活动的单位。独立核算法人工业企业应同时具备以下条件：①依法成立，有自己的名称、组织机构和场所，能够承担民事责任；②独立拥有和使用资产，承担负债，有权与其他单位签订合同；③独立核算盈亏，并能够编制资产负债表。

(2)工业活动单位　指在一个场所从事一种或主要从事一种工业生产活动的经济单位。它包括独立核算工业企业按主营业务活动(即工业生产活动)划分的主营业务活动单位和非工业企业所属的工业生产活动单位(即原非独立核算工业生产单位)。工业活动单位，一般应同时具备以下三个条件：①具有一个场所，从事一种或主要从事一种工业活动；②单独组织工业生产、经营或业务活动；③单独核算收入和支出。

国有经济工业(即过去的全民所有制工业或国营工业)　指生产资料归国家所有的一种经济类型。包括中央和地方各级国家机关、部队、科研机构、学校、人民团体和国有经济企事业单位等举办的国有经济工业。1957年以前的公私合营和私营工业，后均改造为国营工业，1992年改为国有经济工业，这部分工业的资料不单独分列时，均包括在国有工业内。从1998年起国有经济不含国有独资公司和国有联营企业。

集体经济工业　指生产资料归公民集体所有的一种经济类型，是社会主义公有制经济的组成部分。包括城乡所有使用集体投资举办的企业，以及部分个人通过集资自愿放弃所有权并依法经工商行政管理机关认定为集体所有制的企业。1998年后不含股份合作企业和集体联营企业。

其他经济类型工业　指除国有经济、集体经济、城乡个体经济以外的其他经济类型工业企业(单位)。包括私营经济、联营经济、股份制经济(股份有限公司，有限责任公司)；外商投资经济(中外合资经营、中外合作经营、外资企业)；港、澳、台投资经济(与大陆合资经营、与大陆合作经营、港、澳、台独资企业)及其他经济类型的工业。

轻工业　指主要提供生活消费品和制作手工工具的工业。按其所使用的原料不同，可分为两大类：(1)以农产品为原料的轻工业，是指直接或间接以农产品为基本原料的轻工业。主要包括食品制造、饮料制造、烟草加工、纺织、缝纫、皮革和毛皮制作、造纸以及印刷等工业；(2)以非农产品为原料的轻工业，是指以工业品为原料的轻工业。主要包括文教体育用品、化学药品制造、合成纤维制造、日用化学制品、日用玻璃制品、日用金属制品、手工工具制造、医疗器械制造、文化和办公用机械制造等工业。

重工业　指为国民经济各部门提供物质技术基础的主要生产资料的工业。按其生产性质和产品用途，可以分为下列三类：(1)采掘(伐)工业，是指对自然资源的开采，包括石油开采、煤炭开采、金属矿开采、非金属矿开采和木材采伐等工业；(2)原材料工业，指向国民经济各部门提供基本材料、动力和燃料的工业。包括金属冶炼及加工、炼焦及焦炭化学、化工原料、水泥、人造板以及电力、石油和煤炭加工等工业；(3)加工工业，是指对工业原材料进行再加工制造的工业。包括装备国民经济各部门的机械设备制造工业、金属结构、水泥制品等工业，以及为农业提供的生产资料如化肥、农药等工业。

根据上述划分原则，修理业中以重工业产品为修理作业对象的划为重工业，反之划为轻工业。

工业总产值　是以货币表现的工业企业在一定时期内生产的已出售或可供出售工业产品总量，它反映一定时期内工业生产的总规模和总水平。包括在本企业内不再进行加工，经检验、包装入库(规定不需包装的产品除外)的成品价值，对外加工费收入，自制半成品、在产品期末期初差额价值。工业总产值采用“工厂法”计算，即以工业企业作为一个整体，按企业工业生产活动的最终成果来计算，企业内部不允许重复计算，不能把企业内部各个车间(分厂)生产的成果相加。但在企业之间、行业之间、地区之间存在着重复计算。

轻重工业总产值的划分也是按“工厂法”计算的，即一个工业企业在正常情况下生产的主要产品的性质属于轻工业，则该企业的全部总产值作为轻工业总产值；一个工业企业生产的主要产品的性质属于重工业，则该企业的全部总产值作为重工业总产值。

工业增加值 指工业行业在报告期内以货币表现的工业生产活动的最终成果。

固定资产原价 指企业在建造、购置、安装、改建、扩建、技术改造某项固定资产时所支出的全部货币总额。它一般包括买价、包装费、运杂费和安装费等。

固定资产净值 指固定资产原价减去历年已提折旧额后的净额。

产品销售收入 指企业销售产品的销售收入和提供劳务等主要经营业务取得的收入总额。

建筑业总产值(自行完成施工产值) 指建筑业企业或附营建筑业施工单位自行完成的按工程进度计算的建筑安装总价值。它包括建筑工程产值，设备安装工程产值，房屋、构筑物修理产值，非标准设备制造产值。

竣工产值 指在报告期内，按照设计所规定的工程内容全部完成，达到了设计规定的交工条件，经质量监督检查部门检查验收鉴定合格的单位工程价值之和。

单位工程施工个数 指在报告期内施过工的全部单位工程个数。其中不仅包括本期内新开工的，还包括上期施工跨入本期继续施工的单位工程个数。

单位工程竣工个数 指报告期内按设计规定的工程内容全部完成，达到了使用条件，经质量监督检查部门验收鉴定合格的全部单位工程个数。

房屋建筑施工面积 指在报告期内施工的全部房屋建筑面积。包括本期新开工的、上期施工跨入本期继续施工、上期停建本期复工的房屋建筑面积；不包括上期开工后又停工，本期未施工的房屋建筑面积。

房屋建筑竣工面积 指在报告期内，按设计规定的工程内容全部完成，达到了设计规定的交工条件，经质量监督检查部门检查验收鉴定合格的房屋建筑面积。

建筑业增加值 指建筑业企业在报告期内以货币表现的建筑业生产经营活动的最终成果。目前建筑业增加值采用分配法计算，即从收入的角度出发，根据生产要素在生产过程中应得到的收入份额计算，构成项目有本年提取的固定资产折旧、应付工资、应付福利费、管理费用中的劳动待业保险费、税金、工程结算税金及附加、营业利润。

自有机械设备年末总台数 是指归本企业所有，属于本企业固定资产的生产性机械设备年末总台数。包括施工机械、生产设备、运输设备以及其他设备。

自有机械设备年末总功率 是指本企业自有施工机械、生产设备、运输设备以及其他设备等列为在册固定资产的生产性机械设备年末总功率，按设定能力或查定能力计算。包括机械本身的动力和为该机械服务的单独动力设备，如电动机等。计量单位用千瓦，动力换算可按 1 马力 = 0.735 千瓦折合成千瓦数。电焊机、变压器、锅炉不计算动力。

自有机械设备净值 是指本企业自有机械设备的原价减去累计折旧后的净额，即自有机械设备经过使用、磨损后实际存有的价值。

实收资本 是指企业实际收到的所有投资人投入的资本。包括货币、实物、无形资产等各种形式的投入。

资产 是企业拥有或可控制的能以货币计量的经济资源，包括各种财产、债权和其他权利。资产按其流动性分为：流动资产、长期投资、固定资产、专项工程、无形及递延资产和其他资产。

负债 是企业所承担的能以货币计量，将以资产或劳务偿付的债务。负债一般按其偿还期长短分为流动负债和长期负债。

流动资产合计 是指企业可以在一年内或者超过一年的一个生产周期内变现或者耗用的资产合计。包括现金及各种存款、短期投资、应收及预付款项、存货等。

固定资产原价 是指企业在建造、购置、安装、改建、扩建、技术改造某项固定资产时所支出的全部货币总额。它一般包括买价、包装费、运杂费和安装费等。

固定资产合计 指企业固定资产净值、固定资产清理、待处理固定资产净损失所占用的资金合计。

流动负债合计 是指企业在一年内或者超过一年的一个营业周期内偿还的债务。包括短期借款、应付票据、应付账款、预收账款、应付工资、应交税金、应付利润、其他应付款、预提费用等。

长期负债合计 指偿还期在一年以上或超过一年的一个营业周期以上的债务。它是除了投资人投入企业的资本以外,企业向债权人筹集,可供企业长期使用的资金。

所有者权益合计 指企业投资人对企业净资产的所有权,企业净资产等于企业全部资产减去全部负债后的余额。

工程结算收入 指企业按工程的分部分项自行完成的建筑产品价值并已与甲方在报告期内办理结算手续的工程价款收入,以及向甲方收取的除工程价款以外按规定列作营业收入的各种款项,如临时设施费、劳动保险费、施工机械调迁费等以及向甲方收取的各种索赔款。

工程结算成本 指企业在报告期内与甲方办理工程价款结算的已完工程实际成本。

工程结算税金及附加 指因从事建筑业生产活动,取得工程价款结算收入而按规定应该交纳的营业税、城市维护建设税等以及随同营业税金一并计算交纳的教育费附加等。

工程结算利润 指已结算工程实现的利润。如为亏损以"-"号表示。

利润总额 指企业全年实现的利润,亏损以"-"号表示。

企业总收入 指与企业生产经营直接有关的各项收入,包括工程结算收入和其他业务收入。

房屋建筑面积竣工率 是指报告期内房屋建筑竣工面积占同期房屋建筑施工面积的比重。

技术装备率 指在报告期末自有机械设备净值与期末从业人数的比重。

动力装备率 指在报告期末自有机械设备总功率与期末从业人数的比重。

产值利润率 指在报告期内每百元产值所实现的利润。它的计算方法是:利润总额除以建筑业总产值。

产值利税率 指在报告期内每百元产值所实现的利税。它的计算方法是:利税总额除以建筑业总产值。

铁路营业里程 又称营业长度,指办理客货运输业务的铁路正线总长度。凡是全线或部分建成双线及以上的线路,以第一线的实际长度计算;复线、站线、段管线、岔线和特殊用途线以及不计算运费的联络线都不计算营业里程。

公路里程 指在一定时期内实际达到《公路工程技术标准 JTJ01-88》规定的等级公路,并经公路主管部门正式验收交付使用的公路里程数。包括大中城市的郊区公路以及通过小城镇街道部分的公路里程和桥梁、渡口的长度,不包括大中城市的街道、厂矿、林区生产用道和农业生产用道的里程。两条或多条公路共同经由同一路段,只计算一次,不得重复计算里程长度。

内河航道里程 也称内河通航里程,指在一定时期内,能通航运输船舶及排筏的天然河流、湖泊水库、运河及通航渠道的长度。包括全年季节性通航累计三个月以上的航道,不包括仅供零散流放竹、木排的河道。它是反映内河水运网规模、水平和发展情况的主要指标。

民用航空航线里程 指民航运输定期班机飞行的航线长度的总和。航线长度按机场之间的距离计算,通常有两种计算方法:一是将每条航线长度相加称为重复计算航线里程;一是将两线或两条以上航线经过同一区段里程,只计算一次航线长度称为不重复计算航线里程。一般常用的是后者。

货(客)运量 指在一定时期内,各种运输工具实际运送的货物(旅客)数量。它是反映运输业为国民经济和人民生活服务的数量指标,也是制定和检查运输生产计划、研究运输发展规模和速度的重要指标。货运按吨计算,客运按人计算。货物不论运输距离长短、货物类别,均按实际重量统计。旅客不论行程远近或票价多少,均按一人一次客运量统计;半价票、小孩票也按一人统计。

货物(旅客)周转量 指在一定时期内,由各种运输工具运送的货物(旅客)数量与其相应运输距离的乘积之总和。它是反映运输业生产总成果的重要指标,也是编制和检查运输生产计划,计算运输效率、劳动生产率以及核算运输单位成本的主要基础资料。计算货物周转量通常按发出站与到达站之间的最短距离,也就是计费距离计算。

沿海主要港口货物吞吐量　指由水运进出沿海主要港区范围，并经过装卸的货物数量，包括邮件及办理托运手续的行李、包裹以及补给运输船舶的燃、物料和淡水。吞吐量可以分为进口、出口，又可以分为国内贸易和对外贸易。

邮电业务总量　指以货币表现的邮电业生产和服务的总量。邮电业务量按专业分类包括函件、包件、汇票、报刊发行、邮政快件、特快专递、邮政储蓄、集邮、公众电报、用户电报、传真、长途电话、出租电路、市话无线寻呼、移动电话、分组交换数据通信、出租代维等。核算方法为各类产品乘以相应的平均单价(不变价)之和，再加上出租电路和设备、代用户维护电话交换机和线路等的服务收入。

批发零售贸易业　指专门从事商品流通行业。根据其经营方式不同可分为批发贸易业和零售贸易业两大部分。

批发贸易业　指从工农业生产者或从商品流通企业购进商品，转卖给工业、农业、建筑业、运输邮电业、餐饮业和服务业等生产经营单位作为生产经营用，以及将商品转卖给其他批发贸易企业或零售贸易企业的商品流通企业和单位。农副产品采购、供应企业、对国(境)外商品进口、出口的对外贸易企业、物资供销企业等，一般都属于批发贸易企业。

零售贸易业　指从工农业生产者、批发零售企业或居民购进商品，转卖给城乡居民作为生活消费和售给社会集团作为公共消费的商品流通企业和单位。

餐饮业　指从事食品的烹饪、调制并直接售给居民和社会集团的机构。包括中西餐馆、饭店、各种小吃店、冷饮店、酒店、茶楼等。

法人单位　指各种经济类型独立核算法人批发零售贸易企业、餐饮企业的单位个数。它应同时具备以下条件:⑴依法成立、有自己的名称、组织机构和场所，能独立承担民事责任;⑵独立拥有和使用资产、承担负债，有权与其他单位签订合同;⑶独立核算盈亏，并能编制资产负债表。

活动单位　也称产业活动单位。指经工商行政管理部门注册登记，领取营业执照从事批发零售贸易业、餐饮业单位个数。它必须同时具备以下三个条件:⑴在一个场所内从事或主要从事批发零售贸易业、餐饮业活动;⑵相对独立组织经营活动;⑶能够掌握收入和支出等业务核算资料。它从属于各类法人单位，一个法人单位至少有一个活动单位。

人员　即从业人员。指报告期末从事批发零售贸易业、餐饮业劳动并取得劳动报酬或经营收入的人员。包括职工(含长期职工、合同制职工、临时职工)和其他从业人员(含再就业的离退休人员、三资企业中的外方人员和港澳台方人员)。

商品购进总额　指批发零售贸易企业从本企业以外的单位和个人购进(包括从国外直接进口)作为转卖或加工后转卖的商品。它由从生产者购进额、从批发零售贸易业购进额、进口额和其他项目组成，反映批发零售贸易企业从国内、外市场上购进商品的总量。

商品销售总额　指批发零售贸易企业对本企业以外的单位和个人出售〔包括对国(境)外直接出口〕的商品。这个指标反映批发零售贸易企业在国内市场上出售商品以及出口商品的总量。

零售　指售给城乡居民直接用于生活消费的商品和社会集团直接用于消费的商品。

批发　指除零售以外的一切商品销售活动，包括对生产经营单位批发、对批发零售贸易企业批发和出口。

年末库存　指批发零售贸易企业已取得所有权的全部商品。这指标反映批发零售贸易业的商品库存情况，以及对市场商品供应的保证程度。

社会消费品零售总额　指各种经济类型的批发零售贸易业、餐饮业、制造业和其他行业对城乡居民和社会集团的消费品零售额和农民对城镇居民零售额的总和。

实收资本　指实际收到投资者投入的资本总额，包括国家资本金、法人资本金、个人资本金和外商资本金。

商品销售收入 指批发零售贸易企业商品销售收入和接受其他单位委托代销商品的收入。

商品销售收入净额 指批发零售贸易企业已销售商品应负担的进货原价。

经营费用 指批发零售贸易企业在商品购、销、存过程中发生的各种经营费用。包括运输费、包装费、保险费、展览费、差旅费、广告费、商品损耗、进出口商品累计佣金、经营人员的工资及福利费等。

商品销售利润 指批发零售贸易企业由于商品销售得到的利润。

营业利润 指批发零售贸易企业营业收入扣除成本、费用和各种销售税金及附加费后的数额。

利润总额 指批发零售贸易企业全年实现的利润。包括工农业利润、投资净收益以及营业外收支净额。

城乡集市贸易成交额 指在城市和农村集市上买卖双方(包括农民、城镇居民、机关、团体、企事业单位和个体商贩)成交的全部商品金额。目前农民在集市外对城镇居民的商品销售也包括在内。

进出口总额 指实际进出我国国境的货物总金额。包括对外贸易实际进出口货物,来料加工装配进出口货物,中外合资企业、合作企业和外商独资企业进出口货物和公用物品,以及国家间、联合国及国际组织无偿援助物资和赠送品,华侨、港澳同胞、外籍华人的捐赠物品金额。包括代理进出口额。进口按到岸价计算,出口按离岸价计算。

利用外资 指我国各级政府、部门、企业、中国银行和其他单位通过对外借款,吸收外商直接投资和外商其他投资方式筹借的境外现汇、设备、技术等。

对外借款 指由我国政府、部门、企业和其他经济组织在境外借入的资金或发行的外币债券等。包括由我国政府和政府授权部门对外提供担保的借款。

外国政府贷款 指一国家政府利用国库资金向另一发展中国家提供的优惠贷款。

国际金融组织贷款 指国际金融业务机构对我国的贷款。

外国商业银行贷款 指国家批准的商业贷款项目。有权对外签定借款协议(合同)的单位和中国银行按利用外资计划借入的各种现汇资金。

外商直接投资 指依法批准在我国境内设立的外国、港澳台地区客商投资企业和海洋石油勘探开发项目合同中,由境外投资者以现金、实物、技术等对企业的投资(包括外商投资收益的再投资)以及批准的项目投资总额内,企业从境外借入的资金。

直接投资按照投资方式分为中外合资、中外合作、外资、港澳台与大陆合资、合作、港澳台独资等。

实际利用外资 指利用外资协议(合同)的执行数。即对外借款实际提取数或拨交的使用数,客商直接投资项目(合同)中实际投入的现金、实物、工业产权及专有技术的计价投资款。

对外承包工程 指我国对外承包公司承包国外建设工程项目,我国援外成套项目,我国驻外机构的工程项目和以服务成果向业主收费的技术服务项目以及由各对外承包公司提供的成套设备,工程物资等。对外承包工程的营业款是以货币表现的本期内完成的对外承包工程的工作量。

旅游人数 指来我国参观、访问、旅行、探亲、访友、休养、考察、参加会议和从事经济、科技、文化、体育、宗教等活动的外国人、华侨、港澳和台湾同胞的人数。

旅游收入 指国内各部门为来我国旅游的外国人、华侨、港澳和台湾同胞提供商品和劳务而得到的收入。

边境贸易 指在两国的边境地区,通过居民、贸易机构或指定的企业进行的进出口贸易。是实际到达我国边境(口岸)和实际离开我国边境(口岸)直接进出口的所有商品贸易(我区试行包括边民互市贸易)。

中国统计出版社最新资料书简目

廣西壮族自治區經濟信息中心

广西区经济信息中心领导班子

广西区经济信息中心是归口自治区发展计划委员会管理的信息职能机构，是国家经济信息系统的组成部分。中心拥有一支素质良好的专业技术队伍和先进设备，基本职能是：统一规划和管理自治区经济信息系统建设，为各级政府和综合经济管理部门提供信息与信息技术支持；组织协调信息资源的开发和利用；向社会提供信息服务；管理广西互联网络中心和广西经济信息网。

中心坚持开展宏观经济监测、预测分析，出版《宏观经济监测与预测》内部刊物，辅助政府宏观经济决策；建立了宏观经济、地方法规、企业与产品等一批数据库和管理信息系统。成功开发了自治区计委办公自动化、中轻南宁食糖批发交易市场交易系统等一大批大型计算机应用系统，完成了南宁市政府新楼的综合布线和广西发展大厦的智能化建设工程，并面向社会开展计算机技术培训。近年在建成广西经济信息网(GXEInet)的基础上，又完成了广西计算机互联网一期工程建设，为政府信息化及社会信息共享做出了贡献。

广西计算机互联网于99年8月16日开通

出版的内参

迈向新世纪的广西寿险事业

中国人寿保险公司广西分公司，前身是创立于1949年10月20日的原中国人民保险公司和分设于1996年2月的中保人寿保险有限公司。1996年随着国家实施产、寿险分业经营的政策，原中国人民保险公司广西分公司撤销并一分为二，组建了专门经营人寿保险的中保人寿保险有限公司广西分公司，1998年根据国务院有关决定，中保人寿保险有限公司广西分公司正式更名为中国人寿保险公司广西分公司。

五十多年来，中国人寿保险公司广西分公司秉承“忠诚服务，笃守信誉”的宗旨，在总公司及自治区党委、政府的正确领导下走上一条蓬勃发展的康庄大道，各项业务取得了长足的发展，充分发挥了人寿保险促进改革、保障经济、稳定社会，造福于民的积极作用，为振兴我区民族寿险事业作出了积极贡献。特别是1996年分业经营以来，业务收入成倍增长。保费收入从1995年的4.2亿元发展到2000年的15.5亿元，年均增长31.5%，占全区寿险市场份额的87%以上。目前我公司已在全区设置地市级分公司11个，县支公司（营业部）98个，260多个乡镇设立了办事处或保险部，兼职代办网点580多个。并组建了一支具有高素质的专业队伍，现有员工1100多人，其中60%以上具有大专以上学历，保险专业高、中级职称技术人员500多人。服务领域越来越宽，开办险种达60多个，全区拥有客户达1350万人次。主要险种：(1) 普通寿险，如定期寿险、终身寿险、两全保险、年金保险等三十多种。(2) 人身意外伤害险，如团体人身意外伤害保险、个人人身意外伤害保险、旅行意外伤害保险、交通工具乘客意外伤害保险等十几种。(3) 健康保险，如重大疾病保险、住院医疗保险、手术保险、意外伤害医疗保险等三十多种。(4) 为庆祝公司五十一周年华诞，又推出6个新险种，即国寿关爱女性疾病(A)、(B)保险、 国寿金色夕阳养老年金(A)保险、国寿99鸿福两全保险、国寿养老金保险、职工团体补充医疗保险等。

新的世纪已经到来，中国人寿保险公司广西分公司将一如既往地以“忠诚服务、笃守信誉”的经营宗旨，在“十五”时期加快发展，更好地造福广西人民。

中国人寿广西分公司加强客户服务工作。在积极开展宣传咨询活动的同时，还为市民和儿童提供健康咨询。

中国金融工会全国委员会主席，原中国人寿保险公司总经理何界生同志到广西分公司指导工作，并与领导班子成员合影。

在2000年中国人寿保险公司成立51周年华诞之际，广西分公司召开庆祝大会暨保户恳谈会，并向客户宣传公司的新险种。

2000年7月7日，柳州市壶东桥发生了公交汽车坠江的特大交通事故，车上79名乘客全部遇难。事故发生后，广西分公司和柳州分公司迅速成立“7.7”现赔专案组，进行查勘理陪工作。由于单位未办理乘客人身意外伤害保险，柳州分公司为其中20名遇难乘客支付保险金29万多元，得到了政府和群众的好评。

广西科技活动周十周年回顾与实践

——广西壮族自治区科学技术厅

自治区领导参观科技活动周交易会，图为自治区领导在观看科技扶贫示范点——环江肯福村模型。

马庆生副书记陪同国家科技部徐冠华副部长参观九六广西科技活动周新技术新产品交流交易会。

自治区领导参观科技活动周交易展览

2000科技活动周，广西首次推出虚拟展览技术。图为自治区人大领导在观摩虚拟展演示。

十年前——1991年12月，广西壮族自治区党委、政府作出决定：为广泛深入地宣传邓小平“科学技术是第一生产力”的思想，加快科教兴桂战略的实施，提高全区各族人民的科技意识，从1992年起，每年第一个月的第一周在全区举办科技活动周。广西科技活动周至今已连续成功举办了十届，成为自治区重要的科技节日。

十年来，每届科技活动周紧紧围绕广西科技、经济、社会发展的需要，确定既有特色又相互衔接的主题。每年的主题从不同的角度突出科技活动周的宗旨，全面贯彻“依靠、面向、攀高峰”的方针，营造尊重知识、尊重人才，学科技、用科技的氛围，全面推进科教兴桂和可持续发展战略，十届科技活动周覆盖全区，持续不断，常办常新，实在实效，红红火火，有效地提高了全广西各族干部群众的科技素质和科技意识，促进了科技创新和高新技术产业化，促进了科技与经济紧密结合，有力地推进了广西经济跨跃式的发展。

广西科技活动周以卓越的成就，创出了广西科技工作的品牌。

历届科技活动周的主题

1992年广西科技活动周主题：

宣传“科学技术是第一生产力”的思想，尊重知识，尊重人才，把经济建设转移到依靠科技进步和提高劳动者素质的轨道上来，促进“面向”、“依靠”方针的落实。

1993年广西科技活动周的主题：努力提高全社会科技素质，加速广西科技进步。

1994年广西科技活动周主题：大力发展科技型企业，促进广西经济上新台阶。

1995年广西科技活动周主题：加速科技经济一体化，促进广西经济快速发展。

1996年广西科技活动周主题：全区总动员，实施科教兴桂战略。

1997年广西科技活动周主题：加大科技成果转化力度，推动两个根本性转变。

1998年广西科技活动周主题：创新　转化　结合

1999年广西科技活动周主题：抓产品、创品牌，实施创新计划，促进科技与经济结合。

2000年广西科技活动周主题：创新、创业、发展，以产品创新为核心，促进科技与经济结合的新突破。

2001年广西科技活动周主题：抓机遇，引智、引技、引人才、鼓实劲，创新、创业、创效益。

继往开来 迈向新世纪

广西人民广播电台

广西人民广播电台于1950年5月1日开播，到现在走过了50年的历程。50年来，特别是改革开放以来，广西电台在党委政府的重视、关怀和社会各界的支持下，在一代又一代广播工作者的努力奋斗下，取得了长足的发展，发生了巨大的变化。从最初的一套节目，全天播音3个多小时，发射功率500瓦，很低的覆盖率，发展到现在全天播音66小时，发射功率813千瓦，全区综合人口覆盖率达到83.5%。队伍也从原来的36人发展到300多人。如今除了广西和邻近省、市能收到广西台的广播外，越南、日本、俄罗斯、新加坡、加拿大、巴西、阿根廷、联邦德国、美国、澳洲等38个国家和地区也有听众来信反映收听广西电台广播情况。

系列广播是深化广播改革的重要成果。进入90年代以来，广西电台适应社会主义精神文明建设的要求和不同听众的需要，学习广播界先进经验，先后开办了卫星广播、经济广播、文艺广播、教育生活广播等四个系列广播，形成了以新闻节目为主体，以社教节目和文艺节目为两翼的“一体两翼”互为带动相辅相成的整体框架，推出了一批各具特色的新闻、信息、专题和文艺节目，开创了广播宣传工作新局面。

广播电台是党和政府的喉舌，也是人民的喉舌，在各个重要历史时期，广西电台都紧紧围绕党的中心工作进行广播宣传，发挥了重要作用。特别是党的十一届三中全会以来，广西电台加强了对新闻宣传的管理，准确全面宣传党的路线、方针和政策， 以昂扬之气弘扬时代主旋律，打好主动战，为推动全区的改革开放和社会主义现代化建设，积极做好正确的舆论引导工作，成为凝聚人心，鼓舞斗志的号角。

今年以来，我们在新闻宣传上可以说是：导向正确，基调鲜明，平稳有序，生动活泼。具体表现在：分阶段层层推进加大西部大开发的宣传力度，从2月20日开始推出《广西与西部大开发》专栏，还与区广电厅联合组织中央台和西部省区9家广播电台到广西采访；对思想政治工作的报道有深度，从5月开始推出《切实抓好思想政治工作》专栏，宣传了东兰县抓扶贫达标，促思想政治工作的做法，全州县村镇干部开展民情备忘录制度，贺州造纸厂“以人为本”的思想政治工作等典型：“三个代表”重要思想报道集中有力，5月中旬开辟了《深入学习贯彻“三个代表”重要思想》专栏，每天采用消息、录音新闻、录音专访等形式及时报道各级领导和各地市学习“三个代表”的情况；先进典型人物的报道份量加大，《八桂骄子风采录》专栏先后宣传了60多位优秀专家和科技精英及容县老干局梁仍远、防城区十姐妹、钦北区那蒙镇村民小组长黄昌福、热心助残的曾柏良等。

精心组织，精心策划，集中优势兵力，打好一个个重大的宣传战役，然后编辑出书，克服广播“一稍即逝”的弱点，是我们在广播宣传中的又一条成功经验。从1988年至1998年的10年间，广西电台在广播稿的基础上进行加工整理，编辑出版了《漫话广西》、《桂海掠影》、《桂海潮》、《原野颂歌》、《辉煌四十年》等10部通讯集，共计460多万字。其中《漫话广西》一书获全国第三届优秀图书奖。

近几年来，广西电台实施精品战略，取得了丰硕的成果。广播剧《今天我去远航》、《葫芦妹的故事》获中宣部“五个一工程奖”，《永远的深情》获中国广播剧一等奖。《祖国医学的瑰宝—— 壮医壮药》、《你有困难我来帮，团结友爱真正强》、《和农民朋友说说牛年新事》等，分别获得中国广播奖一等奖；《手足情深》、《把广播电视送进千家万 峯 》获中国新闻奖二、三等奖。1997年，在全区名牌栏目评奖中，广西电台有三个栏目被评为优秀栏目，其中《新闻追踪》荣获一等奖。去年，《广西新闻》、《空中体坛》、《真情相约》被评为全区广播电视“十佳优秀栏目”。

近几年来，广西电台被中央台采用的稿件也大幅度增加，仅1999年就采用了200篇，用稿量在全国省级电台中连续三年排列前八名之内。今年1—10月份采用210多篇，排列第6名。

为了适应形势的发展，广西电台引进竞争机制，深化干部人事制度改革。1999年出台了《关于科级干部实行聘任制的暂行规定》，做好科级干部聘任工作，聘任科级干部79人。在此基础上，出台了《关于对台内中层领导干部实行聘任制的决定》，在文艺广播、广告部、柳州、钦州记者站搞试点，聘任了八位正副处级干部为在全台推行中层领导干部聘任制积累了经验。

在区党委、区政府和区广电局的关心帮助下，事业建设有了一定的进步。今年我台系列广播音频工作站建设初步完成，编播部室部分实现从录制到播出通过计算机操作控制，使节目资源得以共享。建立了广告计算机播出管理系统，使广告管理更加规范化。初步建立了采编文稿网络系统，并完成了桂林、柳州、梧州、钦州、河池、玉林六个记者站计算机安装，逐步使各编播部门、记者站编写稿件电脑化、网络化。投资500万元播控中心数字化改造工程也正在进行，计算机培训教室已经可以投入使用。广播大厦也已经列入自治区“十五”规划。

继往开来，迈向新世纪。明年是新世纪的头一年，是实施“十五”计划的开局之年，是我国加入WTO的第一年，是西部大开发全面展开的一年，我们要抓住机遇开拓进取，要在过去打下的基础上，开创“十五”伟业。我们学习外省台的经验，结合本台实际，研究制订广西电台在新世纪的第一个五年计划，定出本台在广播宣传、经济创收、事业建设、改善群众生活等方面实现的目标任务，以及实现目标任务所采取的措施。要按照现代广播的发展趋势，理清今后的发展方向和发展思路，就是“以宣传为本，专业化办台，企业化管理，数字化技术”。要按照江泽民总书记提出的“三个创新”的重要思想，进一步深化广播改革，要改革传统的思维方式，在思想上创新；改革传统的分配方式，在机制上创新；改革现有的机构设置，在管理上创新；改革现有的节目设置，在节目结构上创新；改革传统的新闻写作方式，在形式上创新。把广播工作推向一个新台阶。要把建设广播中心大楼提上议事日程，加快广播设备由模拟向数字化过渡的进程，巩固和扩大覆盖率，开拓广播宣传和服务的新领域，想方设法增强经济实力和发展后劲。

进一步加强队伍建设，提高干部队伍的整体素质。全台干部职工要发扬优良传统，团结奋进，努力办好广播，为加快广西发展，迎接新世纪的伟大斗争作出新的贡献，昂首阔步迈向新世纪。

广西壮族自治区人民防空办公室

2000年，自治区召开了全区人防工作会议，对“九五”期间的人防工作进行了全面的总结，并表彰了先进。“九五”期间，我区人防工作坚持以党的三代领导核心关于人防建设的一系列批示精神为指导，坚持“长期准备，重点建设，平战结合”的方针，认真贯彻《人民防空法》，人防工作取得了显著成绩，人防机构进一步健全，桂政发［2000］9号明确：自治区人防办是国防动员委员会常设办事机构，也是自治区人民政府人民防空工作的主管部门，规格升为正厅级。全区的国家人防重点城市由5个增至7个；人防专业队伍素质逐步提高，全区年终考核合格率达100%；全区在172所中学累计20多万名学生中进行了人民防空知识教育，全民的防空意识不断提高；人防重点工程建设步伐明显加快，结合城市民用建筑修建防空地下室已成为人防工程建设的主要部分，结合民用建筑修建的防空地下室是国家投资建设人防工程面积的7.58倍；人防指挥、通信警报系统的日趋完善，警报器比“八五”末增加了124%，建立了警报试鸣制度，平战结合稳步发展，发挥出较好的社会效益和经济效益，全区人防工程平战结合开发利用率达42.99%。安置从业人员4279人，“九五”期间累计创造产值6.17亿元，上缴国家税费3345万元，全区人防整体实力有了较大提高。

“人民防空是国防的重要组成部分，是现代城市建设的重要内容，也是一项全民的社会公益事业”，在新世纪，我区人防工作将按照国家新时期的军事建设方针，坚持人防建设与经济协调发展，与城市建设相结合，战时防空与平时防灾相结合，国家投资与全社会筹资的原则。希望全社会支持和关心人防事业。

安装报警器

全区中学三防知识教育（图为南宁市第八中学学生在进行“三防”防护演习）

华联地下超市

在发展中提高的广西乡镇企业

——自治区乡镇企业局

2000年，广西乡镇企业认真贯彻落实自治区党委"1234610"农村工作思路，逐步走出低谷，以略高于全国平均速度发展。企业生产经营开始由数量速度型向质量效益型转变。全年共有乡镇企业86.79万家，从业人员353.12万人。完成营业收入2323亿元，比上年增长12.39%；实现总产值1824亿元，增长12.1%，其中工业产值866亿元；实现增加值372亿元，增长12.74%；实交税金42亿元。增长10%；利润总额105.8亿元，增长10.2%。实发工资总额177.2亿元。营业收入500万元以上的工业企业发展更快，达到776家，实现增加值362亿元，起到了明显的龙头带动和支撑作用。企业经营逐步由粗放型向集约型转变，企业规模不断壮大。营业收入超亿元企业达17家。乡镇企业布局逐步向相对集中连片发展。2000年又有14个示范区通过自治区人民政府的验收命名。至此，全自治区共有56各自治区级以上乡镇企业示范区，示范区内约有企业3200家，工业产值220多亿元，乡镇企业工业小区的建设促进了小城镇的发展。在传统产业发展的同时，一些技术密集型、知识型的企业正在兴起，应用高新技术的企业不断增多，全自治区乡镇企业中已有了高级知识分子领办的"博士企业"、"教授企业"等。在实施"十百千万"星火工程中，2000年又有5家科技型企业集团、28家优秀科技型龙头企业、30家优秀科技型企业通过自治区人民政府的验收命名。

贵港市杨翔饲料有限公司是一家农牧型乡镇企业，去年加工销售饲料18万吨，收入5.06亿元。加盟该公司产业化养猪基地的农户有137万户，养猪年收入超过10万元的农民达3700户。图为自治区党委书记曹伯纯（中）到该公司视察。

2001年"十五"计划的开局之年，乡镇企业要开好局，起好步。2001年广西乡镇企业发展的指导性目标是：增加值、总产值、利润、税金分别比上年增长13%、12%、11%和11%，为推进农村工业化、城镇化，为农民增收多作贡献。

◀ 柳州金美集团是一家科、工、贸相结合的乡镇企业，主要从事国际贸易和有色金属、化工、生化、食品等行业的生产经营。企业建立了符合国际惯例的"中国有色在线"商业网站，开发相关软件，对生产、贸易实现电子化管理。图为该集团信息中心。

解放思想 开拓进取 成效显著

——广西区外事办公室

1999年10月26日，自治区党委书记曹伯纯（前排中）在自治区党委会客厅接见美国蒙大拿州州长马克·拉斯科特（前右三）。

2000年12月5日上午，自治区党委书记曹伯纯（中）在区党委会客厅接见奥地利驻华大使博天豪（前左三）一行。

2000年1月9日，自治区主席李兆焯在南宁跨世纪大酒店会见美国前驻华大使尚慕杰（右二）一行。

2000年4月9日，自治区人大常委会主任赵富林陪同越南国会主席农德孟（前右二）参观广西人大会堂。

"九五"期间是广西经济和社会发展的重要时期，也是我区外事工作从内容到形式，从深度到广度长足发展的时期。到2000年底，广西已同13个国家的20个省（州、郡、县、大区）、市缔结了友好关系，除个别县以外，广西各地基本上列为开放地区，同世界五大洲的地方政府和民间团体的交往与合作已经涉及到了经济和社会的各个领域，逐步形成了一个全方位，多层次和多领域的对外开放与交往的格局。

（一）认真履行中央赋予地方外事工作的职责，圆满完成了各项重要外事任务。

广西与越南毗邻，自从中越两国进行陆地边界和北部湾海域划界谈判以来，我区外事部门承担了大量、繁重的配合工作任务。几年来，自治区及边境地区各级外事部门在有关部门的配合和支持下，做了大量的调查研究和配合工作，为中越两国政府能如期在1999年12月30日签署《中越陆地边界条约》和2000年12月25日签署《中越北部湾划界协定》、《中越北部湾渔业合作协定》作出了重要的贡献。

在过去的五年中，中越陆地边界广西段和北部湾海城发生各种涉外纠纷事件近2000起，我区外事部门按照中央对越方针和两国签署的有关协议，从大局出发，在有关方面的配合下，比较妥善地处理了这些涉外事件，保持了边境地区的稳定和双方交往与经贸合作的不断发展。

1997年至1999年，我区外事部门连续3年4次配合美国专家组对猫儿山"二战"坠机现场的搜寻工作，非常圆满地完成了这项任务，为改善两国关系作出积极的贡献，受到了外交部的表彰。

几年来，我区外事系统共完成了中央和自治区下达的外事接待任务2583批21000人次，其中副部长级以上外宾267批2784人次，党宾、国宾168批1974人次。我区全体外事干部从配合国家总体外交和促进地方对外开放的大局出发，以高度的政治责任感和严谨的工作作风，保证了一个又一个任务的顺利完成。特别是一些高难度的重大外事接待任务，如美国总统克林顿、泰国王后诗丽吉的来访接待工作，我们的接待人员不怕苦不怕累，忘我工作，出色地、高质量地完成了接待任务，体现了我区外事部门较高的外事工作水平。

（二）把推动我区对外开放和各个领域的对外交往与合作作为工作重点之一，"实绩外事"已见成效。

几年来，我区广大外事干部和涉外工作人员，在理论上认真探讨新形势下地方外事工作的新特点、新内容、新课题、在实践中勇于摸索做好地方外事工作的新方法和新路子，更加明确了为国家总体外交和地方的经济，社会发展服务的"两个服务"的指导思想。自治区外办党组向全区外事系统提出了"实绩外事"的工作目标，要求把对地方经济和社会的实际贡献作为衡量地方外事工作成效的重要标准之一。由于提高了对新形势下地方外事工作内涵的认识，各地、市外事部门从本地区实际出发，发挥主动性和开拓性，各项工作有了新的突破。

"九五"期间，我区各级外事部门对引进国外资金、项目的参与力度明显加大，也是参与招商引资活动最多的时期。特别是最近两年，已经由间接参与转为直接参与。有些重大经贸活动，外事部门在组织筹划方面还发挥了"主角"的作用。据不完全统计，从1996年至现在，全区外事系统筹划和参与的国（境）内外的各种招商引资活动40多次。其中，仅2000年就有15次，各项合同、协议涉及的成交金额近30亿元人民币。

我各级外事部门充分利用对外联系广、渠道多、朋友多和信息灵的优势，发扬主动服务的精神，在各种外事活动中，注意研究工作对象，捕捉信息，主动了解来访人员和出访团组的情况，利用各种机会，为经济建设牵线搭桥，参与引进了一批外资项目。据不完全统计，从1996年到现在，我区外事部门共参与或协助引进各种项目20个，引进资金40.78亿元人民币。其中，如投资1100万美元的桂林英格索兰风动工具有限公司项目，韩国大宇公司投资2.5亿元人民币与桂林客车厂合资的大宇客车有限公司项目，英国（海外）糖业有限公司投资3800万美元的象州广西博华食品有限公司项目，日本政府向柳州市提供的用于环保项目的152亿日元低息贷款等。有一些还是在当地较有影响的项目。这些项目投产后，当地外事部门还积极做好后续工作和追踪服务，使之产生更好的经济和社会效益。

各级外事部门还积极利用各种渠道，争取各种国际友好援助。从1996年以来，全区外事系统获得各种国际无偿援助共计1598万元人民币。其中，1999年就达900多万元，是获得各种援助最多的一年。"九五"期间，自治区外办共为我区贫困地区争取到"利民工程"无偿援助项目32个，1100多万元人民币。这些援助，在改善当地教育、医疗和生产条件以及加强贫困地区的基础设施建设等方面都发挥了积极的作用。

2000年4月9日，自治区人大副主任丁廷模在南宁机场迎接来访的越南国会主席农德孟（左二）。

几年来，我区外事部门共办理各种类型因公出访团组审批18534批56835人次。在这项工作中，我区各级外事部门严格按照中央关于外事工作的政策和各项具体规定，加强了对外事工作的归口管理，注意发挥外事部门的职能作用，保证了我区对外交往健康有序地发展。

国际顶级护理指导 提高宝宝人生起点
令宝宝虽未学会走路
实已领先一步……

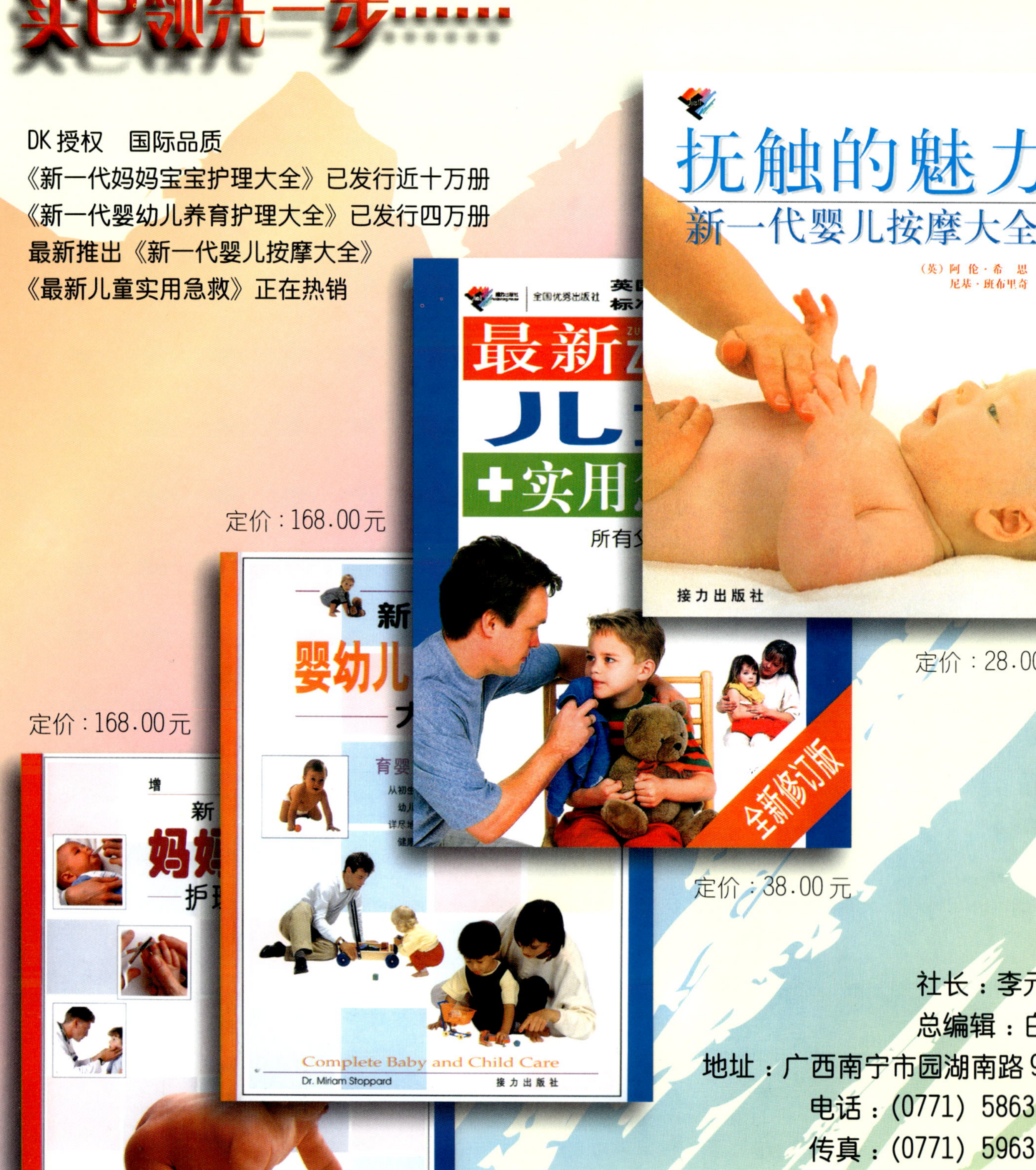

社长：李元
总编辑：白
地址：广西南宁市园湖南路9
电话：(0771) 58633
传真：(0771) 59632
邮政编码：5300
接力出版社 Jieli Publishing House
全国优秀出版社

广西边境的稳定和发展

——广西壮族自治区边防委员会办公室

自治区党委副书记、边防委主任陆兵（左五）、广西军区副参谋长廖庆才（左四）、自治区边防委办主任陈柱雄（左二）等领导在现场检查巡逻路建设。

广西壮族自治区边防委办公室，其前身为自治区党委边防工作领导小组办公室，成立于1979年9月，20年来，自治区边委办为促进广西边境地区的安宁与稳定以及战后重建工作发挥了重要的作用。

随着中越关系正常化，为适应新时期边海防工作的需要，使边防管理工作尽快走向正轨，广西边防委办在边海防管理工作中，服务于经济建设大局，积极扶持边境地区经济发展。为促进边境地区贸易的发展，加强边贸点的管理建设，广西边防委办根据“通贸兴边和振兴广西经济”的有关指示精神，把边境地区各个边贸互市点的建设作为边境地区经济发展的“龙头”和宣传窗口来抓，先后成立了13个边境互市点，制定了相应措施，严格实行管理，并采取以圩养圩的办法，加强边贸互市点的基础设施建设。

自治区边防委员会第六次会议。图左三为自治区党委副书记、边防委主任陆兵。

广西与越南接壤陆地边境线1020公里，海岸线1595公里。为维护国家领土主权完整，确保我管控的边境地区不失控，耕地面积不丢荒，广西边防委办积极协调有关边防职能部门，加强对边境争议地区的监护和管控，以保证我边民生命财产的安全。

1996年至2000年，国家边防委下达广西边防基础设施任务：修建乘车巡逻路377.4公里，人行巡逻路375.5公里，边境监控设施2套。广西边防委办十分重视边防基础设施建设工作，注重调查研究和真抓实干，超额完成国家边防委下达的建设任务。已建成382.9公里乘车巡逻路、390.8公里人行巡逻路，不仅极大地方便了我边防部队、武警和民兵小分队的巡逻执勤，而且贯通了边境一线部分村、屯，使82个边防村委、660个自然屯，27260户，135000多人，结束了祖祖辈辈出山赶集、运输农副产品全靠人背、肩挑的历史。为边疆的稳定和经济发展创造了有利条件。

图为边民正在将丰收的生姜装袋销往内地。

2000年8月自治区党委、自治区政府决定，边境建设大会战指挥部办公室设在自治区边防委办。边防委办全体人员全力以赴投入边境大会战之中，为保证整个大会战顺利进行，几个月来，他们连续超负荷工作，没有星期天、节假日；经常泡方便面、吃快餐。还经常深入基层调查研究，深入细致地作了许许多多鲜为人知的协调工作，化解了各式各样的公开的或孕育着的矛盾，为自治区边境建设大会战指挥部领导提供了决策依据，较好地发挥了参谋部的作用。

边防连队巡逻小分队乘车行驶在新修的公路上

边境的小学生高兴地走在新修的道路上

广西信息产业局

广西壮族自治区信息产业局是自治区电子信息产品制造业、软件业和无线电管理，推进国民经济和社会信息化的主管部门。

目前，电子信息产品制造业纳入行业归口管理的企业44家。我区生产的电子信息产品有雷达、通信、计算机、广播电视、家用电子电器、电子仪器、电子原件、电子材料、电子器件等9个门类，约500多个品种。在通信、计算机及应用产品、新型电子元件三大领域具有一定优势，其中：光通信设备、传真机、城市语音信箱、收录机、片式电阻、电声器件、数显量具等产品居国内同类产品销量前列。

我区从事软件研制开发、生产的企业近50家，产品已各类专业应用软件为主。其中：基于图形的超媒体系统、虚拟展览系统和古壮文处理系统等软件的研究开发能力较强。电网配送自动化管理软件，变电站综合控制软件、电厂报价及发电管理软件等产品，居于国内领先水平，矿井通风CAD系统软件、汽车电控系统故障分析软件，税控应用软件等商品化已获成功。

2000年7月26日广西壮族自治区信息产业局挂牌成立

无线电管理工作，已建立了覆盖全区的无线电监测网，在各地市监测站形成了一支相对稳定的技术人员队伍，有效的承担起了维护空中电波秩序的职能。

国民经济和社会信息化建设以及信息资源开发利用进程逐步加快，传输网络发展迅速，互联网利用范围不断扩大，各类计算机网络系统相继建成。信息资源的开发日趋丰富。

2000年电子产品制造业已实现工业总产值29.6亿元，出口交货值1亿元，工业增加值5亿元，产品销售收入12.4亿元，利税0.76亿元。

自治区无线电监控站的技术人员正在监测空中电波

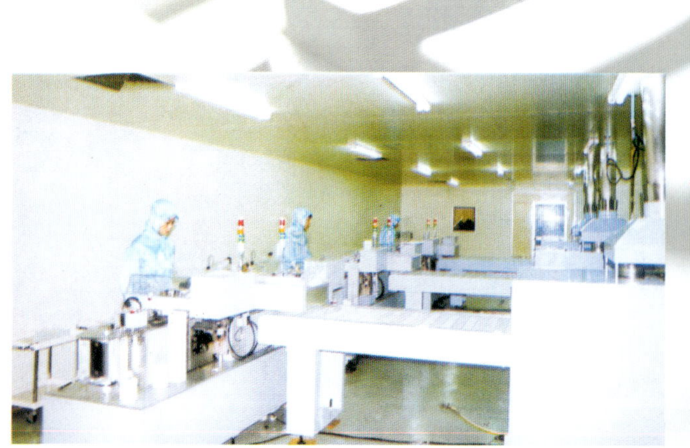
北海银河高科技产业股份有限公司超静印刷车间

南宁胜利科技股份有限公司电脑总装生产线

平桂矿务局

法人代表、局长：李阳通同志工作照

平桂矿务局是国有大型一档企业，广西壮族自治区外贸出口产品生产基地企业，享有进出口经营权，具有地质、采选、冶炼、电力、化工、建材、机械加工、建筑安装、设计、科研等综合能力。平桂局地处广西壮族自治区富川、钟山、贺州三县（市）境内，局本部设在贺州地区西湾工业园，与湘、粤两省交界，水陆交通便利，水电充沛。矿务局在桂林市设有办事处、饭店、电解电容器铝壳厂等。

平桂矿区有色金属采选冶炼历史悠久，汉代以来有文字记载，1907年设立西湾官矿局，1938年平桂矿务局正式成立。建国后，国家对平桂进行了大规模的投资和建设，使之成为当时广西最早、最大的联合企业，是五十年代全国第二个锡基地。平桂局在为国家创造大量财富的同时，也为广西工业战线，特别为有色冶金战线输送了大批人才，被誉为“广西工业的摇篮”。

改革开放以来，平桂局面对主产品矿山资源枯竭、离退休人员多、营业外开支大、社会负担重等困难，加快了多种经营、矿山转产、发展后劲的步伐。以冶炼、化工、电力、进出口等有效资产组建的平桂飞碟公司，颇具实力，成效显著，呈现一派生机，为矿务局深化改革、改制重组奠定了基础。主要生产规模：锡冶炼8000吨/年，铅冶炼4500吨/年、钛白粉10000吨/年、水泥20万吨/年，仲钨酸铵1000吨/年。主要产品有：锡锭、铅锭、银锭、铋锭、锡铅焊料、锡基轴承合金、银钎料、铅钙合金、基础磁粉、氧化铁红、锐钛型钛白粉、搪瓷型钛白粉、水泥、仲钨酸铵、蓝钨塑料编织袋、人造金刚石及其制品、锯齿波跳汰机系列、双曲波床条摇床等。主要产品畅销欧洲、美洲、东南亚各国和地区、“飞碟牌”锡锭纯度高、含铅低，为出口免检产品、广西名牌产品，三次获国家优质产品金奖、两次获国际博览会金奖。“飞碟牌”钛白粉粒子均匀细小、光学性能好、消色力强，为广西优质产品。仲钨酸铵、液压径向跳汰机、锡铅焊料、铅锭、水泥等多次获省部级科技进步奖、优质产品奖等。“飞碟牌”商标被授予广西著名商标。

“飞碟”牌精锡

法人代表、局长：李阳通
地　　址：广西钟山县西湾镇
邮　　编：542601
电　　话：0774-8831200　8831210
传　　真：0774-8831225　8831219
电子邮件：pmb5@public.glptt.gx.cn
网　　址：www.pinggui.com.cn

改革创新　双赢合作　共同发展

廣西建工集團有限責任公司

广西建工集团有限责任公司是广西壮族自治区境内规模最大的国有综合性大型企业集团，集团公司具有国家建筑一级资质和建设项目总承包一级资质、以及独立对国外经济技术合作业务经营权和进出口贸易权。现有全资子公司10家，核心层经营单位16家，其中10家骨干企业已获ISO9000系列标准质量认证。年竣工面积可达150万平方米，年完成总产值可达30亿元以上。在80年代初，广西建工集团的施工队伍就进入深圳、珠海、厦门、海南经济特区和上海、北京、武汉等大中城市承接工程任务，先后有80多项工程荣获自治区、建设部和国家授予的优质施工奖、优质工程奖、鲁班奖、成为国内建筑行业的一支劲旅。从60年代起，集团公司还在美国关岛、越南、肯尼亚、冈比亚、安哥拉、香港等国家和地区承接工程任务和开展工程承包、劳务合作以及商业贸易等经营业务。

集团公司的多元化经营已形成规模，建筑机械产销两旺，房地产开发势头良好，已成为企业的重要经营项目。

集团公司真诚希望与社会各界建立广泛密切的联系，互惠互利，共同发展。

公司地址：南宁市朝阳路49号
联系电话：0771-2810325
传真：0771-2820423

广西建工集团二公司厦门公司施工的福建厦门国联大厦，建筑面积47208平方米，总高度109.95米，框架结构，工程综合评定为优良，建设单位把它誉为金牌工程，荣获2000年度中国建筑工程鲁班奖。

广西建工集团路桥工程公司施工的国道321线宛龙二级公路NO：6合同段和平中桥T梁钢筋绑扎及监理验收。

由广西建工集团下属的广西建总房地产开发公司开发的商住区——东鼎雅居位于南宁市东葛路86号，规划地面积35亩，建筑面积5.5万平方米。整个小区配套设施齐全、规划设计合理、绿化率高达36%，为南宁市少有的几个大型生态住宅小区之一。

广西金蜂星电讯设备有限公司

CELLSTAR（施乐事达）公司是目前全世界最大的移动电话批发商和零售商，在美国是上市公司，在世界各地拥有23家子公司，17间大型批发仓库和近四百个连锁直销店。

“蜂星”就是施乐事达英文名“CELLSTAR”的中译名，“蜂星电讯”是上海蜂星国际贸易有限公司在中国的注册商标。

上海蜂星国际贸易有限公司是CELLSTAR（施乐事达）（亚洲）股份有限公司于1996年在上海出资注册成立，从事移动电话代理及分销业务。施乐事达秉承以“最高品质、最佳价格、最多选择、最快交货、最佳服务”为用户竭诚服务的宗旨。

东莞厅专营店门口

广西金峰星电讯设备有限公司是上海蜂星国际贸易有限公司在广西的分公司，是广西规模最大、实力最强的移动电话代理商和零售商之一。其手机销售网络覆盖全广西，在南宁总部下设有经营部，桂林、柳州、玉林设有直属分公司。同时，金蜂星在广西有十三家自营零售店（还在发展扩大），其中，在南宁、桂林、柳州、玉林都有在当地最大、档次最高的手机专营店，它们在当地享有很高的声誉。此外，公司还从长远的利益出发，开拓创新，积极的发展连锁加盟网络，目前已在河池、梧州、北海、钦州、防城、贺州、百色等市、县设有加盟店或牢固的合作伙伴，运营合作良好。

东莞专营店内部效果图

玉林分公司

广西金蜂星以“好的售后服务是企业发展的前提”来鞭策自己，竭诚为客户提供优质、快捷的服务，在柳州设有NOKIA授权的维修中心，桂林有MOTOROLA认证的OTC，南宁的广西蜂星维修中心还获得阿尔卡特、NEC等知名品牌的授权，是广西目前唯一的客户服务中心。

广西金蜂星秉承以“最高品质、最佳价格、最多选择、最快交货、最佳服务”为用户竭诚服务的宗旨，为用户提供方便、优质、快捷的服务。

抓住机遇 促进发展 再创辉煌

——阔步前进的广西民族学院

广西民族学院创办于1952年，经过近50年的建设和发展，现已成为一所以本科教育为主，学科专业设置较合理，基础较好，规模较大，实力较强，在区内外和东南亚地区有一定影响的综合性民族高等院校。1992年被确定为广西重点建设的普通高校之一。

学院现设有6个二级学院、8个系部、14个研究所（中心）、15个实验室。各类在校生12000多人，其中全日制在校生7484人。在职教职工1005人，其中任课教师563人，教授、副教授及相当职称者248人。

校址在南宁市西郊风景秀丽的相思湖畔，校园面积71.98万平方米，校舍建筑面积27万多平方米，绿化覆盖率52.64%。图书馆藏书93.29万册，生均拥有图书达国家A级标准。

近年来学院不断深化教学改革，教学质量不断提高。1998年5月，学院顺利通过了国家教育部组织的本科教学工作合格评价；2001年1月被国家教育部批准为国家外语非通用语种本科人才培养基地，是全国4个外语非通用语种本科人才培养基地之一。

学院积极开展广泛的国内外学术交流与合作，迄今已与美国、英国、法国、意大利、澳大利亚、日本、泰国、越南、老挝、香港、澳门和台湾等国家和地区的30多所高校和学术机构建立了友好合作及学术交流关系。

学校曾三次被评为“全国民族团结进步模范单位”，四次被评为“广西壮族自治区民族团结进步先进集体”，是全国、全区“党的建设和思想政治工作先进高等学校”和自治区、南宁市文明单位，2000年荣获“全国部门造林绿化400佳单位”称号。

相思湖神韵

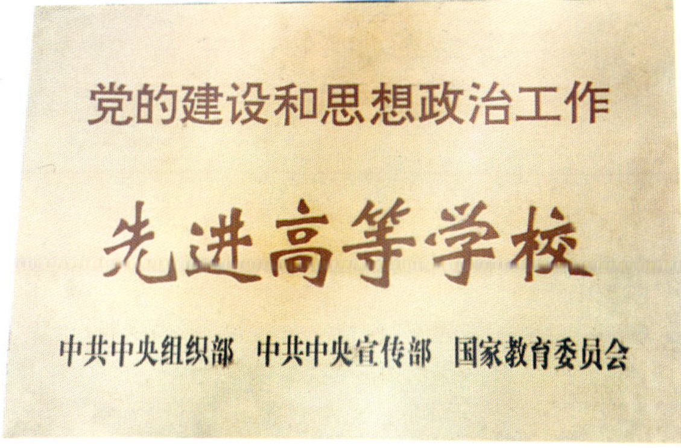

我院获得的荣誉称号

我院获得的荣誉称号

少数民族大学生

庄严古朴的大礼堂

校园喷泉

乘势前进的一年

——广西物资集团总公司

2000年，广西物资集团总公司在自治区党委和政府的领导下，认真贯彻落实十五届四中、五中全会精神，扎扎实实地开展企业改革整顿，强化企业管理，团结和依靠各级领导和全体员工艰苦奋斗，努力拼搏，真抓实干，经营业绩在1999年实现恢复性增长的基础上，继续保持良好发展态势，物质文明和精神文明建设取得了新的成果。

广西物资集团总公司党组书记、董事长、总经理张元生。

2000年，广西物资集团总公司主要经济技术指标提前一个月完成了全年计划任务。据统计，购进15.98亿元，比上年增长18.53%；销售16.95亿元，比上年增长13.51%，完成全年销售计划的116.80%；储运和市场收入3035万元，比上年增长3.97%。基本具备经营条件的企业，盈亏相抵实现盈利555.5万元，比上年增长29.85%。所有企业实现当年效益1365万元，完成年度计划的109.2%。集团总公司购、销占全区物资系统的比重分别为72.01%和70.48%，分别比上年提高了8.32和8.87个百分点。市场占有率和竞争力明显提高，发展后劲有所增强。

一年来，我们主要抓了以下几项工作：一是深化企业改革整顿，促进体制和机制创新。与劳动成果相挂钩的分配制度的改革已经全面推开，能多能少的分配机制基本形成；打破铁交椅的人事制度的改革深入人心，企业领导全部实行聘任制，形成了能上能下的用人机制；用工制度的改革全面实行优化组合，双向选择，企业的劳动用工管理进一步规范化、制度化。二是资产重组迈出新的步子。与桂林市政府联合成立桂林国家高新技术开发区平山工业园，机电设备总公司兴建了集别克汽车销售、维修、配件供应三位一体（3S）的大楼，外商公司建成了具有“3S”功能的“三菱”、“日产”汽车销售基地。三是坚持主业，不断扩大品牌经营。机电设备总公司坚持不懈地抓好汽车这个“龙头”，调整经营结构，积极推进营销创新，实施

广西物资集团总公司庆祝建党80周年歌咏比赛。

名牌战略和品牌经营，千方百计扩大销售。2000年机电总公司销售额达到13.2亿元，比上年增长16.02%，在全国省级机电设备总公司中，销售额排第三位，利润排第四位。节能技术研究设计院积极探索技术创新，与华中科技大学联合，大胆采用新技术，成功改造了河氮股份有限公司4号和6号锅炉，取得了明显的经济效益和社会效益，业务扩展到云南、贵州、广东等省，设计收入比去年增长65%。四是强化企业管理，提高经济效益。加强了经营指标、计划统计、财务审计、销售、安全的管理，确保企业健康发展。五是加强党的领导和职工队伍建设。去年底，集团总公司对企业领导班子进行了两年一次的全面考评，建立起业绩考核档案和廉政建设档案；通过民主推荐，组织考核，按照"四化"方针和德才兼备原则，建立了后备干部队伍；加强了业务培训，提高员工的整体素质，形成了一支管理骨干、业务骨干和技术骨干队伍。

回顾一年的工作，我们的基本经验和体会是：必须自觉运用邓小平理论指导经营工作，坚持以提高效益为中心，上规模求生存，争效益图发展；必须不断深化改革尤其是三项制度改革，以改革促进经营，以改革促进发展；必须加强领导班子建设，充分发挥广大员工的创造性和积极性；必须加强联合，采用先进的营销方式和现代化的营销手段，千方百计开拓市场，提高市场占有率；必须加强管理，管理出质量，管理出效益，管理出人才；必须处理好改革、稳定和发展的关系，做好下岗职工和分流人员的思想工作，解决困难职工和离退休职工的基本生活保障，为深化改革创造良好的环境。

广西物资集团机电设备总公司举办广西首届汽车及工程机械大型交易会。

广西物资集团总公司表彰最佳营销员。

广西物资局集团外企公司兴建的具有"3S"功能的"三菱"、"日产"汽车专卖店

党委书记、局长黄鹏鸣

——南宁

新世纪风鸣举时，回顾历年来首府公安事业发展的不平凡历程，展望光明灿烂的未来。

在上级党委、政府的坚强领导下，南宁市公安机关坚决贯彻执行党的路线方针政策，继承、发扬公安机关的优良传统，努力实践全心全意为人民服务的根本宗旨，保障人民群众安居乐业，保卫壮乡首府改革开放和社会主义现代化建设的顺利进行，作出了重要贡献，走过了一条忠于党、忠于国家、忠于人民、忠于法律的光辉道路。南宁市公安机关全力做好维护社会政治大局稳定的工作；坚持严打方针，依法严厉打击严重刑事犯罪活动；坚持严打与严管、严防、严治相结合，大力加强治安管理和防范工作，坚决扫除黄赌毒等社会丑恶现象，积极推进社会治安综合治理，确保了社会治安的持续稳定。市公安局坚持以改革求进步，以改革促发展，不断加大公安工作改革力度，建立了城市人民警察巡逻体制，加强了110报警服务台和快速反应机制建设，进行了派出所和刑侦工作的改革，加快了户政、出入境、交管等窗口服务部门的改革步伐，为改革开放和经济建设以及人民群众生活提供优质服务。市公安局始终坚持依法治警，从严治警的方针，积极推进公安队伍的革命化、正规化、现代化建设，队伍的精神面貌，整体素质和战斗力明显提高，公安战线的考验和锤炼，铸就了一批又一批的英雄模范和先进集体。实践证明，首府公安队伍是一支党和人民完全可以信赖的，有坚强战斗力的队

二00一年春节国务院总理朱容基看望南宁公安队伍

中央政治局常委，中纪委书记尉建行在南宁视察全国优秀车管所南宁市车管所

首府巡警巡逻在大街小巷

青少年维权“天使”

首府公安机关“神经中枢”市局110指挥中心

伍，不愧为壮乡首府坚强的金色盾牌！

光荣属于过去，未来任重道远。在跨世纪的征途上，南宁市公安局全体民警将紧密团结在以江泽民同志为核心的党中央周围，斤党的话，时刻以江总书记“三个代表”思想为指针，认真贯彻中央关于实施西部大开发战略，以促进广西的经济繁荣、社会进步、民族团结和山川秀美为目标，充分发挥公安机关职能作用，为壮乡首府的西部大开发创造一个良好、稳定的社会治安环境，是供优质、高效的服务。

销枪治爆

横扫黄赌

禁毒罴焰

严打声威

广西壮族自治

自治区地税局韦艳兰局长在征收一线了解税收收入情况

广西壮族自治区地方税务局于1994年8月成立至今，已历6个春秋。六年来，全区地方税务系统干部职工在自治区党委、政府的直接领导下，紧紧围绕自治区党委、政府制定的经济发展战略决策和国家税务总局关于“带好队，收好税”的总体要求，坚持以组织收入为中心，以促进我区改革开放和经济发展为己任，认真贯彻“法治、公平、文明、效率”的新时期治税思想，全面推进税收工作重心的“两个转移”，全面落实新税制积极深化税收征管改革，大力加强干部队伍建设，为促进我区改革开放和经济建设做出了积极的贡献。

一、确保全区地方税收收入高速稳定增长，为我区经济和社会发展提供了资金保证。6年来，全区地税系统共组织各项地方税收收入309.81亿元。

二、全面落实新税制，切实加强地方税收法制建设。一是认真、全面贯彻落实新税制，使各项地方税收政策落实到位，巩固了税制改革成果。二是深入调查研究，积极主动做好自治区党委、政府的参谋助手，采取措施不断完善地方税收体系。三是坚持依法治税，清理越权减免税。四是持久深入地开展税收法制宣传活动，努力增强广大纳税人依法纳税意识。五是努力营造税务机关严格依法征税，纳税人自觉依法缴税，全社会齐抓共管、协税护税的税收环境。

自治区地税局黄明汉副局长在南宁市地税一分局了解税收征管改革情况

区地方税务局

三、坚持税收服从服务于经济建设的宗旨，充分发挥税收的经济杠杆作用。一是牢固树立地方税收工作必须服从服务于地方经济建设的指导思想。二是重视强化对社会稳定和经济发展具有较强调节作用的税种的征管。

四、全面强化税收征管基础工作，逐步深化税收征管改革。围绕国家税务总局提出的"以纳税申报和优化服务为基础，以计算机网络为依托，集中征收，重点稽查"的新型税收征管模式，全区地税系统从1995年初开始大胆进行了深化税收征管改革的探索和实践。6年来，我区地税系统突出抓了两个方面，一个是加强基础工作，一个是探索新模式。

自治区地税局领导班子成员在给机关全体干部职工拜年（左起：局长韦艳兰、副局长黄明汉、吴殿禄、纪检组长甘维烈）

五、大力加强基层基础设施建设，基层地税部门的工作、学习和生活环境有了明显的改善。

六、努力提高地税干部队伍素质，树立良好的社会形象。全区地税系统一直以争创一流业绩，建设一流队伍作为努力的目标，坚持"两手抓，两手都要硬"的方针，始终坚定不移地把精神文明建设和党风廉政建设摆在突出位置。

地址：南宁市园湖南路26号
电话：0771-5878391
传真：0771-5878326

◀ 自治区地税局吴殿禄副局长在东兰县了解基层建设情况

把广西建成"西电东送"的电网支撑和电源补充基地

广西电力有限公司是国家电力公司的全资子公司，公司下辖9个供电局（含1个代管供电局）、4个水电厂、2个火电厂、2个控股公司（桂冠电力股份有限公司、桂林虹源发电有限公司）、水利电力建设集团有限公司（下辖9个子公司）、力元集团有限公司（下辖10个子公司）、电网调度中心、试验研究院、南宁电力学校（中等专业学校）。公司代管县级供电企业44个。公司业务范围包括电力建设、电力生产、电网经营、电力购销、电力科研、电力修配及咨询服务等。公司代管县级供电企业44个。2000年底有在职员工24650人。

至2000年底，广西发电设备装机容量为741.82万千瓦，比1995年增加183.46万千瓦，其中广西电力有限公司拥有装机容量277.57万千瓦；广西人均装机从1995年的0.123千瓦增加到2000年的0.156千瓦；全区发电量289.09亿千瓦时，人均发电量611千瓦时，分别比1995年增加71.8亿千瓦时、130千瓦时；全社会用电量322.03亿千瓦时，人均社会用电量665千瓦时，分别比1995增加93.95亿千瓦时、176千瓦时。公司全年售电量为230.66亿千瓦时，比1995年增加70.81亿千瓦时。至2000年底，公司拥有500千伏线路，变电容量200万千伏安；220千伏线路3800千米，变电容量 537.6万千伏安。

2000年3月23日，公司控股的桂冠电力股份有限公司在上海证券交易所上市，成为中国第一家以股份制方式筹集资金兴建大中型水电站的企业。

广西电力有限公司在加强物质文明建设的同时，注重加强精神文明建设。公司认真开展"三讲"教育和"三讲"教育"回头看"活动，逐步将江总书记"三个代表"重要思想的学习引向深入，积极开展党风廉政教育和"警示教育"，大力开展精神文明创建活动，公司系统35个创建单位，全部进入文明单位行列。

"十五"期间，广西电力工业发展战略是：抓住西部大开发的机遇，充分利用广西的资源优势和区位优势，大力开拓电力市场，强化电网建设，支持电源建设，保障"西电东送"工程建设顺利和"西电东送"通道安全畅通。"十五"期间把广西建成"西电东送"的电网支撑和电源补充基地。

电源项目总投资达600多亿元，重点开发以红水河梯级为主的水电资源，建设规模为900万千瓦，投产容量约350万千瓦，2005年发电装机容量超过1100万千瓦，实现向广东送电100万千瓦。具体项目是"五水"、"三火"，即龙滩、恶滩、平班、百色水利枢纽、长洲等5个水电站，合山火电厂改扩建工程、北海电厂、钦州电厂3个火电厂。

电网投资共约为124亿元。电网发展目标是：以"西电东送"500千伏主网架为依托，重点建设220千伏电网，实施与周边省份联网工程，继续推进城乡电网改造，基本实现村村通电，满足广西国民经济增长和人民物质文化生活对电力的需求，满足省间电力交换需要，把广西电网建成安全、稳定、可靠、开放的电网。

广西电力有限公司党组书记总经理赵建国上街宣传电力优质服务，向客户解答疑问。

合山火力发电厂

红水河上的明珠——岩滩水力发电厂装机121万千瓦。

新建的玉林500KV变电站，缓解了桂东西供电紧张局面。

抓管理、保稳定、促发展

为“三农”服务的广西农村经营管理队伍

农村经营管理部门承担着农民负担监督管理、农村土地承包管理、农村集体财务资产管理，负责指导农业产业化经营、农村合作经济组织建设、农业社会化服务体系建设，是集试验、示范、指导、管理、监督于一体的行政事业并存的部门。

农村经营管理部门坚持为农村、农业、农民服务的宗旨，不断改善农村生产关系，探索发展农村生产力的新途径。全区1300多个基层农村经营管理站，4000多名农村经营管理干部长期奋斗在农村第一线，成为最了解农村、最热爱农业、最贴近农民的干部。

各级党政部门十分重视农村经营管理，不断加大农村经营管理工作力度。目前，农村土地承包延长30年的工作基本完成，全区12000多个村签订了农业承包合同700多万份；推行了农村提留统筹预算决算制度和农民负担监督卡制度，对乱收费问题进行专项治理，清理涉农收费项目数百个，农民负担逐年减轻；监督管理农村财务人员持证上岗和电算化工作，村级财务公开工作全面铺开，达90%以上，推进了民主理财进程；对群众反映强烈的村集体财务进行专项审计，实施乡村干部任期和离任审计制度，严防新增不良债务；农业产业化经营在我区逐步推行，贵糖股份、黑五类集团入选全国农业产业化经营重点龙头企业，从今年起，我区每年筛选50家农业产业化经营龙头企业，给予重点扶持。

在新的世纪，农村经营管理部门将一如既往抓好三大管理和三项指导工作，维护农村社会稳定，促进农民收入的持续增长。

◀2000年全区农经工作会议，贯彻中发[2000]3号文件精神。

注重不断提高干部业务素质

广西经营总站认真学习江总书记的"三个代表"

广西经营总站负责人视察农业产业化经营示范基地

广西农业产业化经营示范基地之一

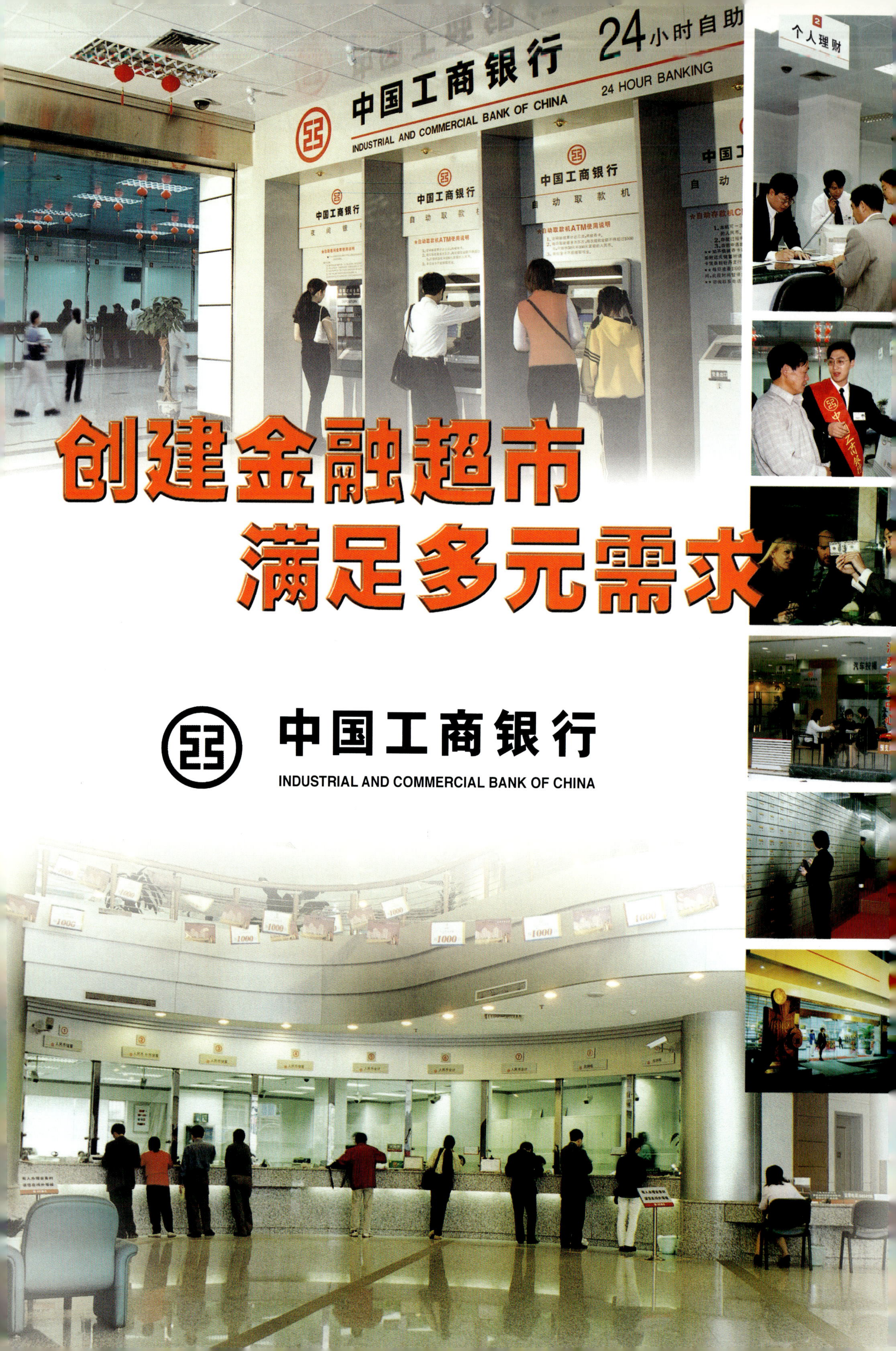
中国工商银行
INDUSTRIAL AND COMMERCIAL BANK OF CHINA
24小时自助
24 HOUR BANKING
个人理财
创建金融超市
满足多元需求
中国工商银行
INDUSTRIAL AND COMMERCIAL BANK OF CHINA

——广西美术出版社十年志——
凤鸣于苍梧之南

十年，在人类历史上只不过是白驹过隙，弹指一瞬。

然而对于广西美术出版社，却是从一个呱呱坠地的婴儿到迅速长大成人的十年，是充满奋斗、开拓、挫折、痛苦、欢乐、奉献、丰收曲折经历的十年。

一些表面简单的数字比任何长篇宏论更具有说服力：

1990年——有员工30余人，办公面积200平方米，启动资金30万元，年出书30余种，年生产码洋100余万元，年利润18000元，销售网点不足100个。

社长甘武炎（左四）、总编辑黄宗湖（右三）、书记张达平（左三）、副总编何幼明（左二）、副社长谭海寿（左一）、副总编苏旅（右一）、副社长叶斌（右二）。

2000年——有员工130余人，办公大楼近8000平方米，固定资产近亿元，年出书200余种，年生产码洋13000万元，年利润近1000万元，销售网点833个。

北京开卷图书市场研究所调查显示，广西版美术图书市场覆盖率居全国同行第一。这对于一个位处经济、文化不发达的边疆少数民族地区的小出版社几乎是不可思议的。

十年中，广西美术出版社获国家图书奖提名奖、中国图书奖、中国美术图书奖、桂版图书奖、中国书籍装饰帧设计奖近百项；《中国人体艺术大展画集》、《中国美术年鉴》、《中国油画百年图史》、《大英视觉艺术百科全书》、《北京画院秘藏齐白石精品集》、《二十世纪中国画流派与风格》、《二十世纪中国油画大展》、《新中国画大展》、《现代艺术品评丛书》、《视觉语言丛书》、《美术教材》……这一册册完全可以构成二十世纪中国美术宏大壮阔史诗的精美图书，凝聚了广西美术出版人多少智慧、勤劳、勇气和心血。

1998年秋，当代画坛巨匠吴冠中先生专门来看望广西美术出版社，用他的话说：“我就是要来看看你们这个‘山窝’是怎么飞出金凤凰的”。

2000年夏，俄罗斯列宾美术学院院长叶列梅耶夫参观广西美术出版社时惊讶地表示，没想到在遥远的广西能看到如此精美的图书。

凤鸣于苍梧之南。

时间苦短，来日方长，金凤既已清鸣于祖国南方风景如画的绿城南宁，今不奋翅，更待何时！

广西注册会计师协会

广西注册会计师协会于1990年1月8日经自治区财政厅批准成立，是由广西注册会计师组成并经自治区民政厅注册登记的社会团体，是中国注册会计师协会的地方组织，依法对全区注册会计师行业进行管理、监督，其业务主管部门为自治区财政厅。

广西各会计师事务所，资产评估事务所是经自治区财政厅批准设立的为社会提供经济鉴证服务的中介机构，其服务范围是：依法从事各类企业会计报表审计、注册资本验证、资产评估、税务代理、基建预决算审核、司法活动中有关会计鉴证、企业改制、兼并、清算的审计、各类财务会计咨询服务等。截止2001年7月30日，广西共有44家会计师事务所，12家资产评估事务所。

广西会计师事务所、资产评估事务所名录

名称	地址	电话
广西众益会计师事务所	南宁市新竹路14号	0771-5879191
广西祥浩会计师事务所	南宁嘉宾路2号南宁晚报社新闻中心第13层	0771-5535521
广西新时代会计师事务所	南宁市星湖路28号	0771-5324075
广西华通会计师事务所	南宁市新民路67-7号	0771-2814853
广西正德会计师事务所	南宁市民族大道68号	0771-5855080
广西诚信会计师事务所	南宁市民主路7号	0771-5653519
广西桂鑫诚会计师事务所	南宁市新竹路20号	0771-5862063
中天银会计师事务所	南宁市桃源路39号	0771-2811751
广西起元（联合）会计师事务所	南宁市七星路129号	0771-2806752
广西兴瑞（联合）会计师事务所	南宁市园湖南路19号	0771-5877246
广西风华（联合）会计师事务所	南宁市星湖路17号	0771-5863409
广西东方广信会计师事务所	南宁市新竹路14号	0771-5881490
南宁同德会计师事务所	南宁市金州路36号金州大厦3楼	0771-5523078
南宁金誉（联合）会计师事务所	南宁明秀东路31号	0771-3108897
广西正则会计师事务所	柳州市滨江东路1号海鸿广场1栋5楼	0772-2865697
柳州华丰（联合）会计师事务所	柳州市鹅山路三区1号	0772-3923722
广西公立会计师事务所	桂林市中山路296号	0773-2823029
广西立信会计师事务所	桂林市三多路29号古榕饭店4楼	0773-2855066
桂林方中会计师事务所	桂林市依仁路52号	0773-2833176
桂林信达会计师事务所	桂林市翊武路20号	0773-2823047
桂林中兴（联合）会计师事务所	桂林市中山路3号	0773-2814182
广西健业会计师事务所	梧州市新兴一路196号3楼	0774-3831188
贺州汇业会计师事务所	贺州市建设东路种子公司大楼东侧3楼	0774-5273355
昭平信德（联合）会计师事务所	昭平县（昭平镇）东宁街31号	0774-6683974

钟山富江（联合）会计师事务所	钟山县一中路	0774-8982561
广西天辰会计师事务所	北海市北京路城建大厦4楼	0779-2038979
北海中泰（联合）会计师事务所	北海市北部湾西路中航大厦	0779-3062717
北海珠城（联合）会计师事务所	北海市北部湾东路3号	0779-2056031
钦州永信会计师事务所	钦州市东风路1号二轻大厦2楼	0777-2830381
钦州中恒（联合）会计师事务所	钦州市文锋北路市工商局	0777-2813578
玉林英威尔会计师事务所	玉林市东门路118号	0775-2823575
灵山誉宗（联合）会计师事务所	灵山县友谊路审计局内	0777-6519203
玉林经纬（联合）会计师事务所	陆川县陆城镇祥和路	0775-7338098
容县泰和（合伙）会计师事务所	容县容城镇南门街113号	0775-5325168
平南鸿达（联合）会计师事务所	平南县冬笋塘136号	0775-7827752
河池华信会计师事务所	河池市新建路271号	0778-2285774
河池龙江（联合）会计师事务所	宜州市公园东路2号	0778-3143573
华寅会计师事务所广西分所	南宁桃源路67号	0771-5329496
上海东华会计师事务所广西分所	南宁市桃源路82号	0771-5313110
广西银海会计师事务所	南宁市东葛路葛东大厦七楼	0771-5700493
柳州天立（联合）会计师事务所	柳州市广场路4号商厦4楼	0772-2832886
桂林新鹏（联合）会计师事务所	桂林市解放西路17号	0773-2832238
贵港广源（联合）会计师事务所	贵港市中山北路	0775-4215073
柳州永禾会计师事务所	柳州市三中路45号	0772-2827881
广西无双资产评估有限责任公司	南宁市东葛路26号	0771-5860846
广西中恒信资产评估有限责任公司	柳州市滨江东路1号7楼	0772-2866520
广西大公财产评估有限公司	南宁市桃源路86号桃苑大厦4楼	0771-5335457
广西桂科资产评估有限公司	南宁市东葛路20-1号	0771-5881032
广西信达友邦资产评估有限责任公司	南宁市东葛路22号万锋大厦	0771-5875137
南宁新科资产评估事务所	南宁市桃源路88-3号	0771-5335331
梧州弘正资产评估事务所	梧州市新兴二路51-52号广辉楼2单元4楼	0774-3846509
钦州正和资产评估事务所	钦州市文峰北路	0777-2822723
北海诚信资产评估事务所	北海市贵州南路33号桂兴大院内	0779-3057441
百色红星资产评估事务所	百色市中山一路100号	0776-2823798
东方资产评估公司广西分公司	南宁市东葛路银宇大厦8楼	
桂林市方圆资产评估事务所	桂林市民主路5号	0773-3826672

南宁市人防战备工程公司

南宁市人防战备工程公司是一家具有建筑行业三级资质和人防工程资质的省一级建筑企业。成立于一九八五年，原属南宁市政府主管，于一九九三年转为国有企业。现拥有固定资产2550万元，流动资金580万元，施工机械动力3800多马力。职工590人，有各类专业工程技术人员119名，其中高级工程师8人，工程师40人，助理工程师20人，技术员38人，高级经济师3人，经济师5人，会计师5人，特殊工程持

防企业工程性质所决定，公司长

人防战备工程施工，在确保指令

外承包工民建筑、装饰工程、水

及公路工程施工。

十几年来，公司一直以进度

用户的好评，先后完成的地下工

街地道工程，火车站前地下商

工程及人防9353工程东西地下

程。由公司施工的主要地面工程

宁水泥厂技改工程、皮塑厂工

、人防办公楼3栋、人防住宅楼

宅楼、正大集团7栋综合办公楼、

9908市政府人防指挥所等近百项

工的各项工程项目，经有关部门

南宁市人防工程公司不仅有一个务实求新的领导班子，而且有一大批实际经验丰富，并有高、中级技术职称的专业技术管理人员。

图为该公司主要领导认真研究工作（从左到右依次为副经理钟业钧、书记李振深、经理颜建民、副经理韦加兴。

证上岗技术人员齐全。由于人

期以来一直承担上级指令性的

性工程施工任务完成外，还对

电工程、地下防水堵漏、土石方

快，工期短，质量好赢得上级和

程主要有：南宁火车站地下过

场、新华街地下商场、东亚地下

车道等工程。60%获得优良工

有：巴马人民银行办公大楼、南

程、南宁广电局6栋住宅楼工程

工程8栋，广西医科大学4栋住

人防9811工程和正在施工的

工程。公司成立以来，凡负责

验收评定100%合格，优良率达

30%以上，被评为97年市先进单位和安全三等奖，2000年荣获“95期间区人防工作先进单位”称号。

公司经理：颜建民　　**书　记：李振深**

地　址：南宁市东葛路19-1号　　**办公室电话：2842191　2803404-3336**　　**邮　编：530022**

该公司90年代以来就注重使用高科技管理施工生产，同时善于采用现代机械、大型设备投入于工程的施工中，实行全方位钻、爆、挖、运、砌筑一条龙服务，开创了一项又一项高产优质、安全纪录。图为工间的部分机械设备。

该公司不愧为广西人防施工的一支能征善战劲旅，敢打硬仗，连续作战是他们一贯工作作风。图为该公司施工中的9908工程基础一景。

图为由该公司承建并被评为优良工程的南宁人防培训中心大楼。

广西壮族自治区审计厅

2000年，自治区审计厅在自治区党委和自治区人民政府的领导下，按照全国审计工作会议的部署和要求，紧紧围绕政府工作中心和各项改革措施，全面贯彻落实《审计法》，严格审计执法，加大审计监督力度，揭露和查处了一批重大违法违纪问题，有效地发挥了审计监督在维护财经秩序，加强廉政建设，促进依法行政，保障国民经济健康发展方面的作用。全年厅机关共审计单位2423个，完成年度计划个的146.75%，共查出违规行为金额726427万元，为国家增收节支131702万元，其中，已上交财政21024万元，减少财政拨款补贴4558万元，追还被侵占挪用资金78007万元。同时，审计发现各种违法犯罪线索40件。2000年审计工作有以下特点：

一、审计监督力度加大，广度和深度明显增加

今年我厅认真贯彻朱总理对审计工作提出的全面审计，突出重点，注意发现大案要案线索和执法必严，违法必究的重要指示，改进工作方法，合理利用审计资源，进一步提高了审计工作质量。本级财政预算执行情况审计、行业审计、专项资金审计、金融和外资审计均取得了可喜成绩。

二、经济责任审计工作全面展开

按照中央关于加大反腐败力度、加强领导干部监督的要求，以及中央两办和自治区党委关于实行领导干部任期经济责任审计的有关规定，我厅将经济责任审计列作今年的工作重点来抓，积极配合有关部门做好对领导干部的监督管理工作。2000年5月，自治区纪委、组织部、人事厅、监察厅、审计厅五部门经济责任审计工作联席会议制度正式建立，加强了对这项工作的组织协调。经济责任审计为组织部门考核任用干部提供了依据，同时促进了领导干部所在部门加强管理，提高效益。

自治区主席李兆焯看望审计干部并作重要指示

三、“人、法、技”建设进一步加强

我厅组织全体干部认真学习江泽民同志关于“三个代表”的重要论述，积极探讨审计在西部大开发中如何发挥监督作用，扎扎实实开展“三讲”教育“回头看”，和警示教育活动，加强了审计队伍廉政建设，同时，进一步加大业务培训力度，审计人员的素质有了明显提高。

四、机构改革工作圆满完成

按照自治区党委、自治区人民政府的统一部署，我厅机构改革工作取得了成效。机构改革后，我厅机关职能处室由14个减为12个，综合管理部门由5个减少到3个，行政编制130名精减为79名。派出机构由29个减少到12个，人员由92名减少到39名。机关业务人员从占机关人员的72.7%增加为82.7%三分之二的处级干部实现了轮岗，工作人员63.4%交流了岗位。大学以上学历比改革前提高5.3%；机关人员平均年龄改革后下降了两岁。

审计署董大胜副审计长到审计厅检查指导工作

审计人员在认真审核会计资料

全区审计工作座谈会现场

努力拼搏 真抓实干
全区国税工作再上新台阶

2000年，全区各级国税机关在国家税务总局和自治区党委、政府的正确领导下，继续认真贯彻国务院关于“加强征管、堵塞漏洞，惩治腐败，清缴欠税”的税收工作方针，紧紧围绕全区国税工作会议提出“抓好六项工作，实现四个目标”的总体要求，严格坚持依法治税，认真落实各项税收政策，切实加强税收征管，着力搞好队伍建设，各项工作取得了新的成绩，圆满完成了各项工作任务，达到了预期的目标。

组织收入工作成绩斐然，全区国税收入有较大增长。据统计，2000年广西国税收入累计达到116.5亿元，完成年度计划103.9%，比上年增收12.7亿元，增长12.2%。这既是我区国民经济健康稳定发展的体现，也是全区国税部门努力奋斗的结果。我们始终坚持以组织收入为中心，坚持“抓早、抓紧、抓实、抓出成效”的决心不动摇，层层签订收入目标管理责任状，做到工作早部署、计划早安排、措施早落实，取得了组织收入工作的主动权。同时，在深化税收管理，强化税务稽查，清缴欠税等方面狠下功夫，挖掘潜力，防偷堵漏，努力做到依法征税，应收尽收，坚决不收“过头税”，保证了税收收入持续稳定增长和均衡入库。2000年是我区国税收入增长最高、任务完成最好的一年。

签订年度目标管理责任状会场

征管改革取得重大进展，征收管理工作进一步强化。一是进一步完善了征管改革的措施。对征管机构进行适当调整；按照征管机构职责分工的要求，明确了征管、稽查的岗位职责，理顺和衔接好各环节的工作关系；大力推广电子申报和扩大防伪程控系统的应用，统一征管软件，提高计算机的应用管理水平，有柳州、南宁等六个市实行电子申报。二是夯实征管基础工作。完善和规范户籍管理，从源头防止漏征漏管，共清理出漏征漏管户2150余户，查补税款36万元；加强和规范增值税专用发票和普通发票的管理，共查出假增值税专用发票170份，抓获罪犯20多名；全面实施《税收征管业务规程》，严格按规程进行操作；推行税控收款机和加油机安装税控装置，全区共安装加油机税控装置3400台，按照《征管质量目标考核办法》，强化考核工作。三是进一步加强稽查工作，严厉查处涉税案件。建立起三级稽查机构，形成稽查工作网络，进一步完善稽查工作制度，特别是在选案、检查、审理、执行四个环节建立了相互分离、互相制约的工作机制，形成了一个机构较健全、制度较完善、威慑力较强的税务稽查体系。全年共查补入库税款7.01亿元。

谢景开局长亲自参加税法宣传活动

局长谢景开同志深入基层了解情况

颁奖大会

“三讲”教育深入开展，干部队伍建设进一步加强。我们坚持以人为本，完善机制，切实抓好干部队伍建设，致力于建设和培养一支高素质的干部队伍。特别是去年下半年，我们认真贯彻落实全国税务系统队伍建设工作会议精神，狠抓“三项建设和两权监督制约”，进一步推进了我区国税干部队伍建设。一是加强各级国税机关领导班子建设。二是加强干部队伍建设。根据总局的统一部署，坚持理顺职能、精简机构、改善人员结构、提高人员素质的原则，切实抓好机构改革和人员分流工作。逐步建立起一个能者上、平者让、庸者下的用人机制，营造一个公开、公平、竞争、择优的用人环境。三是加强党风廉政建设和反腐败斗争，突出抓好对税收执法权和行政管理权的监督制约。针对推行新的征管模式后，税务稽查部门的权力比较集中，容易产生腐败的情况，我们把税务稽查权作为监督制约税收执法权的一个突破口，实行“两个制约一个监督”（即强化内部制约、外部制约和社会监督）加强对稽查人员的监督。在强化对行政管理权监督方面，我们重点是抓好人事管理权和财务管理权的监督制约，通过深化财务管理制度改革，建立健全规范、透明、公开的监督机制。

风雨兼程十六年

站长（兼书记）黄兆康

广西建设工程造价管理总站（原广西建设标准定额站）成立于1984年11月，是广西区建设厅的二层机构，处级单位，事业编制，经区编委批准，于1997年11月更名为广西建设工程造价管理总站，单位性质不变。

广西建设工程造价管理总站编撰的部分专业定额书籍

广西建设工程造价管理总站的工作职能和主要任务是：贯彻执行国家和自治区有关建设工程造价管理和工程建设定额的方针政策和法规。受自治区建设厅委托负责全区工程建设定额的编制、修订、解释、协解和仲裁。发布工程造价指数与造价信息。转发国标、部标、行标等有关信息，组织或协助有关部门的地标编制工作。监督和检查工程建设定额的执行、指导编制建筑工程估算、概算、预算和结算。负责全区国家和集体投资的建设工程竣工结算的抽查或审定工作。参与建设工程招标、投标的审标、评标、定标；指导标底编制审核工作。负责工程建设概预算人员的资格考核及发证工作。指导和管理各地、市造价管理站的业务工作。并负责广西工程建设标准化协会和广西建设工程造价管理协会的日常具体工作。

广西建设工程造价信息网络管理中心

广西建设工程造价管理总站设有土建定额科、价格信息科、综合管理科、劳动定额科、工程造价审核办公室、办公室等科室。在全区设立了15个分站，共有人员107人，其中高级工程师16人，具有造价工程师执业资格的12人，工程师49人，助理工程师28人。建立了一支稳定的、具有较高业务素质的专业队伍，形成覆盖全区、从上至下联系贯通和强有力的工程造价管理网络。

96年我们开始修编我区包括土建、安装、市政仿古修缮定额、劳动定额等定额。现《全国统一建筑工程基础定额广西单位估价表》、《广西建筑安装工程费用定额》、《安装工程间接费用定额》、《广西建筑安装工程补充劳动定额》、《全国统一房屋修缮定额广西单位估价表》（安装分册、古建筑分册）、《广西市政、园林、古建筑费用定额》等新定额均已修缮完毕并已发布实施。

我站于99年10月完成了“广西建设工程造价信息网”（网址：WWW.GXZJ.CN）的开发研制工作。现网站已通过中国公用数据通讯网接入了国际互联网运行。实现直接、动态、开放的数据共享，为社会广大用户提供服务。99年我站与北京广联达技术开发公司合作完成的“广西建筑工程图形自动计算工程量软件”通过了区科技厅的鉴定。

为了加强对概预算编审队伍的管理，出台了有关规定，建立起以考试为主要手段，日常考核为辅助方式的建设工程预结算编审人员的市场准入制度。历经多年的培训、考核，现我区建设工程概预算证书执证人员已超过6000人，实现了概预算人员计算机管理和证书的网上管理。

站长兼书记：黄兆康　　**副站长：谭恒乾**
副书记：田晓菲　　**电　话：(0771) 5861636**
地　址：广西南宁市东葛路30号五楼

全体员工合影

广西职业技术学院

广西职业技术学院是于1998年经国家教委批准，在原广西农工商职工大学基础上改制而成的，是全国独立设置成人高校第一所单独改制的高职学院。最早前身是创建于1977年的广西农学院热作分院。

学院占地1000亩，建筑总面积8.3万m²，有30多个专业。在校生5797人（全日制2783人，业余函授3014人），教职工383人，其中在职教师170人（正高4人，副高45人，中级85人）。图书馆藏书16万册，有46个实验室，3个多媒体实验室，另有实习茶厂、实习加工厂，实习饲料厂、汽车维修实验厂、计算中心、电教中心、生物园、园艺园、水产养殖场、养鸡场等校内实训基地，另有64个校外实训、实习基地。学院固定资产总值2259万元，其中教学、科研仪器设备资产值612万元。

在过去10多年的创办成人高等教育的办学实践中，学院发扬开拓创新、积极进取、艰苦奋斗的精神，走“多渠道、多层次、多形式、多规格”的办学路子，摸索总结“四个坚持、五个转变”教学改革经验，建设一支一专多能的教师队伍，为全国农垦和广西地方培养11530名合格的应用型人才。学院于1992年和1997年被国家教委分别授予“全国成人高等教育先进学校”和“全国成人高等教育评估优秀学校。”

改制后，学院以特色、质量、效益为办学准则，以创示范、争一流为办学目标、力争跨入全国示范性高职教育院校行列。目前，全院师生上下团结一致，同心同德，以转变思想观念为先导，深化教学改革、办出高职特色为核心，提高教学质量和为生产一线培养技术应用型人才为目的，牢固树立扎根于社会的办学思想，发扬创业、敬业和改革的精神，努力实现“六双”教学改革目标，探索建立适应社会经济发展需要的高职人才培养模式，面向二十一世纪培养大批高素质的社会主义建设者和接班人，为实现广西经济和社会发展“十五”计划和2010年规划目标作出应有贡献。

歌咏比赛

专业建设委员会 —— 学院与社会的桥梁

晚熟优良品种 —— 红苹芒

技能训练

实训大楼

插花比赛

广西壮族自治区广播电影电视局

自治区广播电影电视局局长朱焱和“村村通”工程技术人员一起安装广播电视接收天线

“九五”期间，广西广播电视事业建设进入新的历史时期。1997年1月，广西人民广播电台和广西电视台第一套节目分别实现了卫星传送，为扩大广播电视覆盖提供了良好的信号源。1998年开始，“村村通”广播电视工程在全区实施，三年来不仅解决了全区6919个通电行政村听不到广播、看不到电视的问题，而且使我区广播电视综合覆盖率上了一个新台阶。到2000年末广西广播和电视人口覆盖率将分别达到85%和90%，比“八五”末期分别提高18.7%和10.5%；中央广播覆盖从29.2%提高到81.4%，中央电视覆盖广西人口从47.4%提高到76.46%；全区卫星地面接收站增加3.5倍。广西1.48万个行政村中，除654个因不通电而未通广播电视外，所有的行政村都通过广播电视看到了外面的世界。

“村村通”工程技术人员正在投入紧张的安装工作

广西南宁茅桥被服厂

广西南宁茅桥被服厂已有17年的服装加工历史，现有员工1000多人，专业技术人员70多人，服装生产车间11个，全厂各类服装加工设备800多台，年服装生产能力70多万件。

团结务实，开拓进取的领导班子(从左到右：副厂长李央雄、厂长农玉波、副厂长柴恒画、副厂长欧阳方)

企业在发展中始终坚持“以质量求生存，以品种求发展，以服务求信誉”的质量方针，加强企业内部管理，完善企业管理体系，根据企业发展要求，不断扩大生产规模，全厂各类服装加工设备800多台，其中高速工业平缝机570多台，从美国、日本、香港等进口的圆头锁眼机、平头锁眼机、套结机、粘合机、双针机、压平机、翻领机、袖口机、圆领机、肩包机等专用设备230多台，引进了具有国际先进水平的美国“格柏”CAD电脑服装设计排版系统，拥有一整套先进的衬衣加工生产线，西服加工生产线及一整套蒸气整烫生产线。企业在生产中注重产品质量的管理，1993年国家技术监督局抽查广西15家服装产品时，有3家优秀，其中南宁茅桥被服厂榜上有名，1999年又荣获广西区质量管理小组活动优秀企业。由于加强了企业内部的管理，2000年在区内同行业中首家通过了ISO9002国际质量体系认证。

广西南宁茅桥被服厂加工的主要产品除了各类民用服装外，还生产保安、城管、校服等职业服装以及西服、休闲服系列。为了适应市场的需要，我们将不断加强服装技术装备改造，以上乘的产品质量和优质的服务赢得广大客户的青睐。

环境优雅的生产厂区

青岛产电脑绣花机

质量在手中，客户在心中

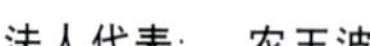

法人代表：　农玉波
地　　址：南宁市茅桥路4-1号
电　　话：0771-5614081　5617423
传　　真：0771-5616547
联 系 人：苏立坤5610555-3089

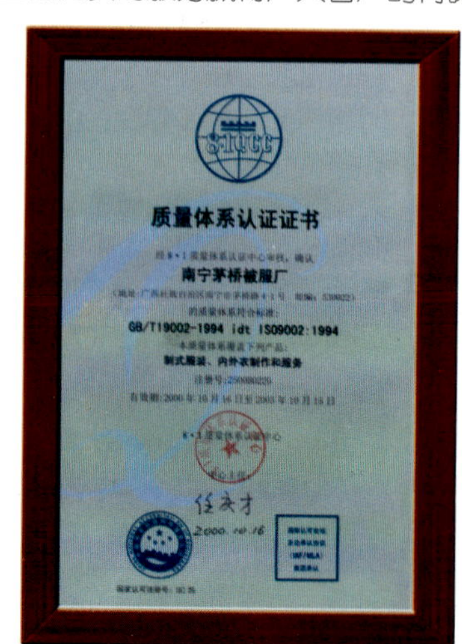

通过ISO9002质量体系认证

广西壮族自治区政策法规室

［概况］2000 年，自治区政府机构改革中撤消了原自治区法制局，组建自治区政策法规室（正厅级），作为自治区人民政府主管法制和政策监督工作的机构，内设秘书行政处、政策审议处、经济法规处、行政法规处、政府法制监督处、行政复议处（自治区人民政府行政复议办公室）等6个职能处，人员编制30人，其中行政机关编制20人，事业编制10人，设主任1人，副主任2人。同时将原来由自治区人民政府办公厅主管的自治区调解处理土地山林水利纠纷办公室（正处级）划归自治区政策法规室管理，重新核定机关事业编制10人。

年内，自治区政策法审查修改的地方性法规草案，经政府常务会审议并提请人大常委会审议的有7件，完成审查修改的规章有8件，承办各类征求意见和答复的函件1121件。

［行政立法重点为经济建设服务］2000 年，自治区政策法规室根据自治区党委、政府关于“三大战略、六大突破”的决策和”1234610”的工作思路以及西部大开发中广西要做好“五篇文章”的要求，重点承办与经济建设有关的立法项目，主要包括科学技术普及、自然资源管理、经济管理等方面的内容。

［强化政府法制监督］政府法制监督着重做好行政投诉案件的督办和较大行政行为投诉案件的协调处理工作。年内共接待群众来访156批次，受理投诉信件127件，接到群众投诉电话159次。对这442件群众投诉案件分别作出如下处理：直接派人查处6件，制发政府法制监督建议书3件，立案交办限期处理15件，转办94件，用书面和电话答复324件。协调处理较大行政行为投诉案件包括中央新闻单位转办的兴业县王德国成投诉案，广州市何伟强投诉我区公安部门的案件、桂林市肖寇辉投诉案等。同时把全区各地贯彻执行《行政诉讼法》、《行政处罚法》、《行政复议法》作为今年行政执法检查的重点，自治区政策法规室领导亲自带队先后到玉林、南宁、河池、桂林等9个市进行了检查，并对行政机关败诉率高的原因进行了专题调研。

区政策法规室副主任廖伦生（左二）亲自办案，图为廖副主任带领行政复议人员到南宁市郊查看现场，了解案情。

［集中力量审理骤然增加的行政复议案件］〈行政复议法〉颁发实施一年来，我区的行政复议案件急剧上升，统计到11月份，全区共收到复议申请4874件，比1999年同期增加了102%，创历史新高。其中县级政府受理1665件，增加136%；地市政府受理1061件，增加279%；自治区政府受理93件，增加365%。全区各级政府法制工作机构从维护稳定、发展大局出发，集中人员办理行政复议案件，办案质量不断提高。从行政复议办理的结果看，行政机关败诉率仅为11.2%，与未经复议的行政诉讼案件相比，行政机关败诉率减少了27个百分点。

［政府法制宣传和理论研究有所突破］年内，自治区政策法规室通过编写辅导资料、专门培训、上街头宣传等多种形式宣传《行政复议法》，使之逐步深入人心。在理论研究方面，自治区政策法规室与自治区高级人民法院、自治区国土资源厅共同举办了全区国土资源行政管理与行政诉讼理论研讨会，收到全区各部门的论文50多篇，这些论文多是来自基层实践，具有一定的学术价值和较普遍的现实指导意义。同时，自治区政策法规室工作人员先后发表了《由行政机关不履行法院行政裁判引起的思考》、《论国有企业的法律保护》、《论广西在西部大开发中的法制环境》等十几篇论文。

廣西供銷合作社

各级供销社积极参与和推进农业产业化经营，努力为发展农业和农村经济作贡献。图为田林县供销社连片开发八渡笋生产基地。

广西供销合作社开始组建于五十年代初期，1955年8月正式成立。四十多年来，在党委、政府的领导下，经过积极努力，事业不断发展壮大。到2000年底止，全区供销合作社系统职工总数14.5万人，有地市社14个，县（市、区）联社87个，基层社1075个，县以上专业公司544家，工业企业295家，各类市场43个，各类经营服务网点2.4万多个，仓储面积246平方米。自办、联办商品生产示范基地28万多亩，养殖基地100多个。固定资产原值35亿多元，所有者权益39亿多元。年商品购销总额约300亿元，上缴国家税费约1亿元。供销合作社已成为我区农村中组织体系较完整、经营网络较健全、经营覆盖面较广阔、经济实力较强的经济组织。成为党和政府与农民群众联系的桥梁和纽带。

长期以来，我区供销合作社是农村商品流通的主渠道，为发展经济、保障供给、稳定市场发挥了重要作用。特别是改革开放以来，各级供销合作社深化改革，转换机制，调整结构，发挥优势，认真搞好为农服务工作，积极引导农民进入市场。在努力做好化肥等农资供应、工业品下乡、农副产品购销、烟花爆竹归口经营等传统经营业务的同时，积极领办专业合作社、培育发展龙头企业、兴办农产品市场、创办生产示范基地、完善为农服务体系，大力参与和推进农业产业化经营，有力地促进了农村经济结构的战略性调整，为加快我区农业和农村经济的发展发挥了重要作用，做出了积极贡献。

迈入新世纪，实现新发展。当前，我区各级供销合作社认真贯彻党的十五届五中全会精神，坚持为农服务的宗旨，坚定真正办成农民的合作经济组织的目标，深化改革，锐意进取，加快发展。抓住农业结构调整的机遇，大力参与和推进农业产业化经营，努力在发展农业和农村经济中发挥更大作用，谱写新的篇章。供销合作事业前景更加辉煌灿烂。

供销社积极搞好化肥等重要农用物资的组织供应，满足农业生产的需要，年化肥供应量占全区社会需求量的60％以上，发挥了主导作用。图为自治区农资总公司调运进口化肥。

新华社广西分社

新华社是国家通讯社，是党中央的耳目喉舌，是我国统一发布新闻机关，是世界“消息总汇”，世界三大通讯社之一。新华社广西分社成立于1949年12月3日，是新华社派驻广西的分支机构，属正厅级事业单位。

春秋五十度，广西分社无论是在保卫祖国边疆的战火中，还是在和平年代的经济建设、改革开放中，都忠实地履行着党和国家耳目舌喉的神圣职责，积极为广西两个文明建设和社会发展鼓与呼。近年来，广西分社的各项工作连年上新台阶，名列国内分社先进行列。1999年被总社采用各类稿件近5000条，300多万字，2000年采用稿件突破6000条，广泛对外宣传了广西，为推动广西社会经济的发展和民族团结作出重要贡献。

秉承几代新华人的追求，一个更加朝气蓬勃、团结开拓的广西分社，正以崭新姿态昂首阔步迈向新世纪。

新华社广西分社大门

新华社广西分社大门口内一角

新华社广西分社办公区内一角

南宁职业技术学院

南宁职业技术学院是南宁市唯一的一所市属高校。1999年9月由南宁职业大学、南宁市教育学院、南宁市广播电视大学合并组建。一年以后，又合并了南宁市建设技工学校，从而使学院办学规模进一步扩大，办学实力不断增强，教育资源得到优化配置，学院现有64个专业，其中成高本科8个专业、高职高专28个专业。学院在校生总数7720人，其中全日制高职高专学生3220人，成高学生4500人。

目前，学院有6个分院，设有9个系、3个中心和3个教学部。现有教职工372人，其中专任教师244人。学院占地面积2221.27亩，建筑面积299056平方米，现有教学仪器设备价值2770万元，学院实验实训设施齐全，拥有设备先进的实验室、语音室、远程直播教室、电子阅览室、校办工厂实训基地等42个，校外实训基地83个。学院图书馆藏书25万余册。

学院坚持以教学为中心，重视培养学生的创新精神和综合职业能力，积极探索和实践教学改革和人才培养模式，学生的综合素质得到了提高。2000年学院毕业生一次性就业率高于广西高校平均水平，其中室内设计、电气、烹饪等专业就业率达100%。学院还广泛开展与其他院校的联合办学及国际交流与合作，与加拿大多伦多英皇学院达成联合办学及国际文凭合作，与美国爱德基金会合作进行中学英语教师培训，建立了国家外语BFT培训基地。

为了实现南宁市委市政府提出的“争创全国地方办一流大学”目标，学院做了大量、卓有成效的工作，在今年教育部专家组对学院进行建设全国示范性职业技术学院实地考察评审中，得到了专家们的好评。

教育部“创示范”评审专家组朱传礼、陈德清在市长助理、学院院长贾玉成陪同下考察南宁职业技术学院2000亩新校区建设模型。

南宁职业技术学院建院四十八周年暨并校一周年庆典大会

采用红、白两种面料的搭配，给人明快、朝气、活跃的感觉，透出都市少女欢快、喜悦的活力。

艺术工程系，97级学生服装设计作品展示会。

南宁市摩托车销售公司

侯家山总经理

南宁市摩托车销售公司创建于1984年，专业经营摩托车和配件，是集成车销售、配件供应、车辆维修、信息反馈“四位一体”全功能服务，在市场上较有影响力的专业公司。十七年来，不懈地坚持诚信兴商，以质取胜的经营理念和一流的商品质量、一流的服务质量并重的服务宗旨，以信誉佳、品牌精、质量好、服务优在我市广大消费者中享有良好的信誉。

公司三包服务部现场

1996年公司实施“创名店卖名车、引名车进店”作为企业发展的战略目标，先后引进中外合资厂生产的洛阳大阳、上海幸福、五羊——本田、建设雅马哈、凌鹰雅马哈、豪爵铃木等品牌摩托车设立专卖店，由于生产厂有海外母厂的支持，发动机和整车质量有保证，深受消费者的欢迎，在市场上扬名牌正气，引导消费，打击假冒伪劣，保护消费者的合法权益起到良好的作用。以上品牌先后被区、市消协推荐为消费者信得过的名优商品。2001年公司成为南宁市纪委、监察局首批授予维护企业合法权益重点保护单位牌匾的私营企业。

公司唐山路商场内景

公司坚持“靠质量服务起家，靠最佳信誉兴店”的服务方针，1998年公司入选中国民营企业400强后，在服务质量上更上一层楼，努力完善顾客放心工程建设，积极参加城区设立消费者放心区活动，坚决实践六项公开承诺，让消费者在公司购车买得舒心用得放心。公司已连续四年被评为消费者信得过单位，连续六年被评为完成社会消费品零售总额先进单位，连续七年被评为重合同守信用企业，六次荣获市委、市政府评为先进单位。

地　址：唐山路1号
邮　编：530001
电　话：0771-3319252

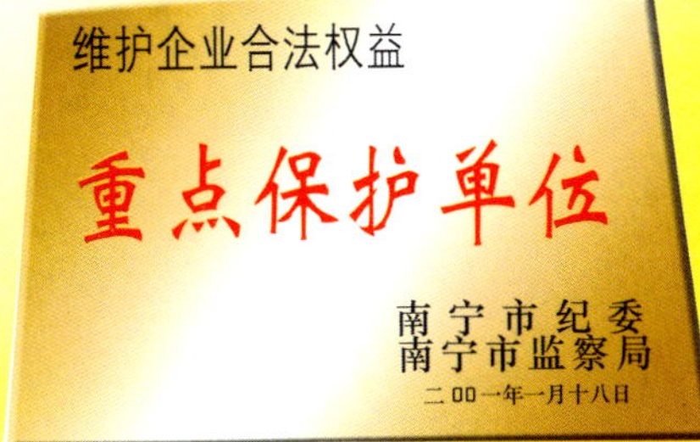

南宁市纪委、监察局授予维护企业合法权益重点保护单位牌匾

公司唐山路商场外景

广西壮族自治区畜禽品种改良站

广西壮族自治区畜禽品种改良站地处南宁市北郊13公里，交通便捷。成立于1988年，是广西唯一省级畜品种改良技术推广事业单位，隶属自治区水产畜牧局，编制50人，现有高级畜牧师5人，中级畜牧兽医师8人，助理畜牧师9人，并拥有一批国际先进的牛细管冻精生产线和牛精子检测器等设备。该站主要任务是承担国内外优良种畜的繁殖改良与应用研究，指导全区畜禽品种改良工作，负责良种公畜的选留、鉴定、登记及后裔测定，储备、供应猪牛冷冻精液和液氮，提供优良种用猪苗。站内设有国家级种公牛站、广西区种猪场、科技推广科等下属机构。

十几年来，全站人员坚持以科技为主导，充分发挥自身技术潜力，目前已有《猪冷冻精液的研究》、《水牛冷冻精液的研究》、《丹麦系长白种猪引种选育及推广应用》等14项科研工作获得自治区科技进步奖，在全区建立了39个县级畜禽品种改良站。现站内饲养的种公畜有摩拉水牛、尼里/拉菲水牛、利木赞和安格斯黄牛等35头，年生产牛冷冻精液15万头份，基本形成南方水牛冷冻精液供应中心；种猪有丹系长白猪、英系长白猪、大约克猪和杜洛克猪等优良品种，现有生产母猪350头，已向社会销售优质种猪8千多头，深受用户欢迎。

欧盟专家到我站指导工作，中为许典新站长。

站　长：许典新
地　址：广西南宁市邕武路24号
联系电话：
(0771)3318656(办公室)
(0771)3315372(种猪场)
联系人：　黄明光、唐胤晟
推广科：(0771)3317068　黄卫红
传　真：(0771) 3313025　3318656
邮　编：530001

1999年建成的三栋种公牛舍概邈

引自巴基斯坦的尼里/拉菲种公牛

美系杜洛克母猪　丹系长白公猪　美系大约克母猪

广西壮族自治区住房制度改革委员会办公室

广西壮族自治区住房制度改革委员会办公室（原广西壮族自治区住房制度改革领导小组办公室1998年9月更名为广西壮族自治区住房制度改革委员会办公室）成立于1988年4月，2000年9月自治区人民政府明确广西壮族自治区住房制度改革委员会办公室是广西壮族自治区住房制度改革委员会的常设机构，设在自治区建设厅。主要职责是贯彻落实国家及自治区有关住房制度改革的方针、政策和措施；指导全区城镇住房制度改革工作；拟定住房公积金及其他房改资金政策措施并监督贯彻实施。

广西壮族自治区住房制度改革委员会办公室成立12年来，在自治区党委和政府的领导下，指导全区各地房改部门开展积极而富有成效的工作，稳步地推进我区住房制度改革，取得了重大进展。截至2000年第三季度，全区累计出售公有住房4781.77万平方米，72.6万套；归集住房资金205.12亿元，其中住房公积金34.95亿元；累计投入资金145.51亿元，兴建住房32.65万套，建筑面积2553.10万平方米。

南宁振宁资产经营有限责任公司

[概况]南宁振宁资产经营有限责任公司是南宁市国有资产管理委员会授权，对南宁市轻工、纺织、化工和制药企业的国有资产行使所有权的独资公司。公司所属企业23户，有特大型企业和大型企业8户，其中上市公司2家，是南宁市规模最大的国有资产经营公司。2000年末公司资产总额52.38亿元，净资产19.68亿元，职工26150人。

[经济运行]2000年国有资产保值增值率完成108.58%，超计划10.91个百分点；完成工业总产值（不变价）25.9亿元，同比增长3.9%；产品销售收入25.07亿元，同比增长14.4%；盈亏相抵后实现利润5053万元，同比增加6652万元；实现利税29073万元，同比增长55.73%；技改完成投资额28374万元；利用外资318万元。全年经济运行较好，运行质量得到提高，特别是全系统利润总额盈亏相抵后，实现利润5053万元，这是公司成立以来，首次出现全系统扭亏为盈，亏损企业的亏损也得到一定程度控制，同比减亏 36.31%。

[国企改革]2000年是国企改革的攻关年，公司根据党的十五届四中、五中全会精神，按照有进有退，有所为有所不为的方针，以抓大放小和扭亏增盈为重点，加大了改革的力度，努力实现国有资产保值增值。

抓大扶强，企业上市工作取得进展。南宁糖业股份公司上市以来经济运行情况良好，第一次募集资金计划投向的三个项目已基本完成，企业低成本扩张计划正在逐步实施，2000年实现利润6741万元，同比增长27.89%。南宁化工股份有限公司6月16日在上海证券交易所成功地发行了4000万人民币普通股，募集资金18600万元，成为振宁公司授权企业的第二家上市公司，也是南宁市工业企业第二家上市公司。同时，南化原发行的15000万元可转债已基本转为南化公司的股票。

放开搞活，国有中小企业改制有所突破。全年完成了5家企业的公司制改制工作。完成了6家企业的《依法破产预案》的编制工作，并报国资委讨论通过。同时，完成了南宁罐头食品有限公司、南宁制药集团公司、南宁化工股份有限公司、南宁橡胶厂等四家企业的学校剥离工作。

[资本营运]2000年公司在收购原南宁市无线电二厂、南宁市毛纺织厂的破产财产基础上，为了盘活破产资产，彻底安置好破产职工，积极推进以开发利用破产企业闲置资源为核心的资本营运工作，使其成为新的增长点。截止2000年底，完成了振宁花园（原无线电二厂）共8万多平方米约1000户住宅开发，销售率达75%，完成了振宁公寓（原毛纺织厂）一期五栋住宅楼约2万平方米的开发，销售率达70%。此外，公司投资控股的振宁宾馆经营正常，已陆续获取投资回报。

南宁市自来水公司

广威实业公司“凉元帅”品牌纯净水

陈村水厂沉淀池

南宁市自来水公司始建于1934年，现已发展成为一个拥有固定资产近4.7亿元，员工1400余人，集自来水生产、销售、服务和多元经营为一体的国家大型二类供水企业。该公司拥有自来水生产供应资质、给水排水乙级设计资质、给水排水乙级工程监理、工民建工程乙级工程监理和市政工程市二级、土建工程市四级的施工资质，可承揽5万m^3/日水厂的设计和城市管道设计，最高年工业总产值13198.42万元（现行价）。1999年在全国供水行业中经济指标排序是：供水量18位，售水量15位，销售收入18位，全员劳动生产率13位。

公司目前设有河南、中尧、西郊、凌铁、陈村5座水厂，日供水设计能力达84万立方米。1991年以来年供水量连年突破2亿立方米大关。覆盖市区供水面积110.20平方公里，市区供水率达100%。该公司在发展城市供水事业中，注重技术创新和企业改制管理。其中，1996年引用外资投资建成的日供水能力20万m^3的陈村水厂是广西自动化程度最高、技术水平最先进的水厂。目前利用日方贷款投资建设的南宁市第六座水厂----三津水厂正在筹建中，该公司采用“三遥”调度系统对全市管网压力进行24小时监测，从美国、日本引进先进设备对水质进行三级检测，供水水质优于国家大型二类供水企业标准。公司中心化验室经国家计量认证，早于1994年12月升格为“国家城市供水水质监测网络南宁监测站”，是广西唯一的国家级水质检测中心，可检测项目达146项。该司1999年还实现了与南宁市自来水科技实业有限责任公司、（香港）光达国际发展有限公司、南宁市高新技术开发投资公司共同投资，成立了中外合资性质的南宁市生源供水有限公司，并实现了有效运转。

公司机构还下设有建筑安装工程处、营业收费处、管网所、综合厂、安装服务公司、广威实业公司和技工学校、银水服务部、物业公司等单位，大力发展第三产业，涉及的项目有给水排水设计、给水排水及工民建工程监理、管道安装、餐饮业、饮料生产与销售、净水剂生产与销售、车辆维修、汽车货运、物业管理等。其中，广威实业公司是目前南宁市饮料生产厂中较具竞争实力的单位之一，该公司生产的“凉元帅”品牌纯净水共5个系列饮料产品达30多种，年生产能力10万吨，该品牌1999年被评为南宁市“消费者喜爱的名优产品”和广西纯净水行业中唯一的广西优质产品。

该公司长期坚持两个文明一起抓，先后获得“广西经济效益‘百强企业’”、“全区三好企业”、“全区职工思想政治工作先进单位”、“南宁市先进单位”、“南宁市红旗基层党组织”、“广西安全生产标准化企业”、“南宁市明星企业”、“全国公用行业规范化服务优秀单位”等荣誉称号，1995年至1999年以来，连续5年获得振兴南宁市经济效益杯劳动竞赛“金杯奖”，1999年还被评为自治区文明单位。

公司总经理：谭良良
单位地址：南宁市体育路4号
邮　编：530031
电　话：0771（4822126）
　　　　0771（4816953）

公司供水调度大楼

企业获得的部份荣誉牌匾

绿树环抱中的中尧水厂供水机房

贯彻全国侨会精神　拓展广西侨务工作

——广西侨务办公室

钱其琛副总理（前排中）考察南宁华侨投资区时与自治区领导及有关部门和单位负责人合影留念。

2000年，区侨办深入贯彻党的十五大精神和“三个代表”的重要思想，落实全国侨务工作会议精神，积极开展各项侨务工作。促成区政府下发了《关于解决华侨农林场土地纠纷和土地发证问题的通知》、《关于批转自治区侨务办公室〈关于推进我区华侨企业改革和发展若干问题〉的通知》以及《关于我区国有企业在改革转制中对归侨职工工作安排若干问题的通知》等文件。在维护侨益、海外联谊、引资、引智等方面取得了较好成绩。一年来，全系统共接待来自18个国家和地区的华侨华人团组300个，1854人（次），其中重点团组53个，专业人士441人（次）；参与和促成引进外资项目48个，利用外资额5.38亿元人民币；广大侨胞积级关心家乡建设，捐赠物折计2170.54万元，建设“侨心工程”五项，投资250多万元，结对子助学550人。

全区华侨企业工作会议

10月份全区华侨企业工作会议在南宁举行，自治区副主席张文学（中）、国务院侨办宁活义副司长莅临会议并作重要讲话。

2000年6月上旬，国务院侨办副主任刘泽彭一行三人考察了广西。

9月7日，自治区“五侨”在自治区人大会堂召开“广西首府侨界纪念《归侨侨眷权益保护法》颁布十周年座谈会。在正台就座的领导有（从左至右）致公党广西区委会主委杨兆旋、区侨办主任李汉金、区宣传部副部长张红伟、区人大常委会副主任韦家能、区人大外事华侨委主任委员马继汇、区政协外事联谊委主任白先经、区人大办公厅助理巡视员杨子言。

广西农业区划

莫明荣主任在全国区域农业资源优化配置培训班开幕式上的讲话

颁　奖

资料室

广西农业区划委员会办公室，是由自治区区直农口单位领导组成，自治区人民政府分管农业的副主席直接领导的广西农业区划委员会的办事机构，负责全区农业资源调查与区划，副厅级事业单位。编制20人，人事挂靠区农办管理。主要职责：组织农业资源调查、监测、评价；组织编制农业资源区划和区域指导性规划；提出农业资源优化配置和农业区域发展的政策建议；负责农业资源持续高效利用实验示范；农业资源保护和管理；指导全区农业资源区划工作。

广西农业区划工作自1979年全面开展以来。经过20多年全区农业区划干部的艰苦努力，先后完成了广西土地、气候、水、生物等四大资源和社会情况调查；农业综合区划和部门行业区划；全区农业后备资源"四低"、"四荒"调查；农业区域综合开发总体规划；广西农业名特优新品种资源调查，广西主导产业调查与规划；调整广西农业产业结构，优化农业资源配置调研等工作，取得了显著成绩，共获国家部委优秀成果奖12项（次），其中一等奖2项、二等奖3项、三等奖7项；获自治区委、办、厅、局以及地（市）级优秀成果和科技进步奖434项（次）。编辑出版了《广西农业自然资源区划数据集》、《广西县级农业区划简介》、《广西林业区划》、

委员会办公室

广西种植业区划》、《广西畜牧业区划》、《广西草场资源区划》、《广西淡水鱼业区划》、《广西农业气象分析及区划》、《广西岩溶石山地区农村经济发展规划》、《广西海岸滩涂开发规划》、《广西果树自然资源与区域发展研究》、《广西农业名特优品种资源》、《农业主导产业布局与产业化开发建设》、《调整广西农业产业结构，优化农业资源配置调研报告》等资料和书籍。基本查清了广西农业资源的种类、数量、质量、分布状况以及开发潜力。形成了较完整的农（种植业）、林、牧、渔、水利、农机、气象等部门的专业区划和综合农业区划体系，初步建立了农业资源动态监测体系和广西农业资源数据库，计算机信息局域网，成立广西农业区划委员会，有在职专业技术人员240人，其中高级32人，中级120人。

广西农业区划办公室可提供农业资源信息、农业资源开发利用项目前期论证、规划等社会服务。

莫明荣主任视察农业资源持续高效利用实验区工作

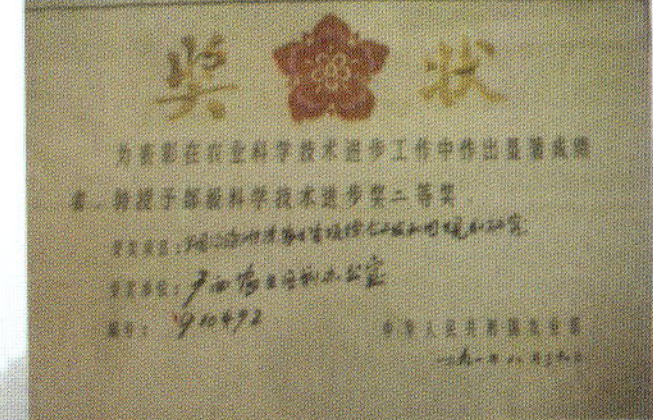

奖 状

为表彰在农业科学技术进步工作中作出显著成绩者，特授予部级科学技术进步奖二等奖

奖 状

为表彰在农业资源调查和农业区划研究工作中作出显著成绩，特发此状，以资鼓励。

获奖项目：

获奖单位：

奖励等级：一等

全国农业区划委员会　中华人民共和国农业部

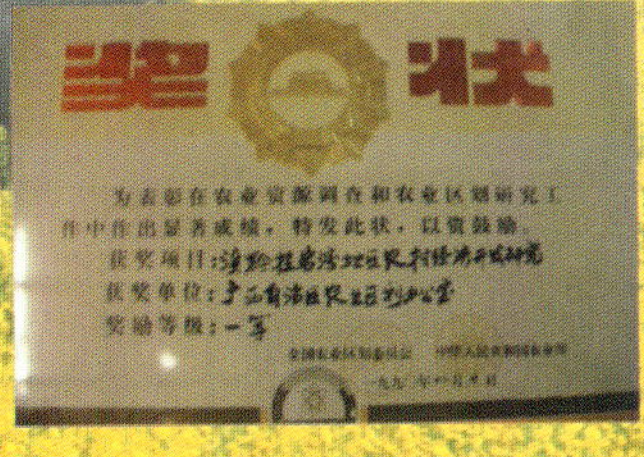

奖 状

为表彰在农业资源调查和农业区划研究工作中作出显著成绩，特发此状，以资鼓励。

获奖项目：

获奖单位：

奖励等级：一等

全国农业区划委员会　中华人民共和国农业部

部份研究成果

广西壮族…

广西博物馆创建于1934年，1956年重建，1…
年定名为广西壮族自治区博物馆。1978年在南宁市…
族广场东侧建陈列大楼，1988年建民族文物苑，占…
面积共30000多平方米，是一座省（自治区）级的…
志性博物馆。

本馆是广西珍贵文物的收藏所，现有藏品5万…
件，其中一级藏品150多件，包括新石器时代晚期…
石铲、商代的兽面纹铜卣、汉代写有370多字的《…
器志》木牍，绘有神话故事的漆绘铜盆和漆绘铜…
高达115.5厘米的大铜马，能消烟尘的铜凤灯。有…
量的民族文物，又以收藏铜鼓富甲天下，其中一面…
雷纹铜鼓面径165厘米，被誉为“铜鼓之王”。

本馆基本陈列有《广西历史文物陈列》、《广西…
族、民俗展览》、《广西古代铜鼓陈列》等。此外，…

博物馆馆长黄启善研究员

汉代铜骑俑

汉铜凤灯

博物馆

经常举办临时性的专题展览。

广西民族文物苑是广西壮族自治区博物馆民族民俗文物展览室内陈列的延伸和扩展，占地面积24000平方米，主要有壮、瑶、苗、毛南等族极富特色的民居，侗族的风雨桥和鼓楼，还有寨门、戏台、民族手工作坊，铜鼓群雕和铜马、铜镇塑像等。建筑周围配以石林、水池和奇花名树，民居内辅以生产工具、生活用具和民族工艺品原状陈列，手工作坊可进行制陶、造纸、榨油现场表演，在民族节日里，戏台上演出民族歌舞，石林深处有山歌对唱，在苗楼可以品尝民族风味小吃，在壮楼可以选购民族工艺品。踏进民族文物苑，民族风情扑面而来，壮乡瑶村苗寨，可望可及，可游可居；民族历史文化，有声有色，有香有味。让您在有限的时间和空间，领略到无限的民族风光和情趣，得到美的享受。

侗族风雨桥

世界之最 —— 大铜鼓

铜鼓雕塑群

博物馆陈列大楼

苗族民居和苗族吹芦笙

广西产品质量监督检验所

广西产品质量监督检验所（广西质检所）是我区依法设立唯一的综合性质检机构，与广西纤维检验所（广西纤检所）合署，隶属于广西质量技术监督局，具有独立的法人地位。内设广西包装、消防、烟花爆竹、微型计算机、首饰制品五个专业质量监督检验站。其主要职责是承担国家和地方监督抽查、打假执法等指令性产商品质量检验任务，接受有关政府部门及企业对实行产品质量认证、生产许可证、商品贸易公证、产品质量仲裁、产品质量鉴定、产商品验货等委托检验以及为企业制（修）订产品标准、质量体系和检测方面的技术咨询、人员培训等服务。出具科学、公正、有效的检验报告，并具有法定效力和承担相应的法律责任。

广西质检所、广西纤检所拥有满足各种检测必需的精良仪器设备和环境条件、雄厚的技术力量，并按照国际通行的ISO/IEC导则25建立和完善质量体系，坚持质量与服务的高水平。2000年正式通过了中国实验室国家认可委员会（CNACL）的评审认可，标志着两所的技术水平、管理水平和综合实力又上了新的高度，实现了实验室的运行方式与国际惯例接轨，提高了其在国内外的地位和声誉。被 国家人事部、国家质量技术监督局评为全国先进单位。现已具备食品、化工、电器、机械、建材、轻工、首饰制品、消防、微型计算机及外设、烟花爆竹、纤维及制品等一千多种产品（项目）的综合检验能力。

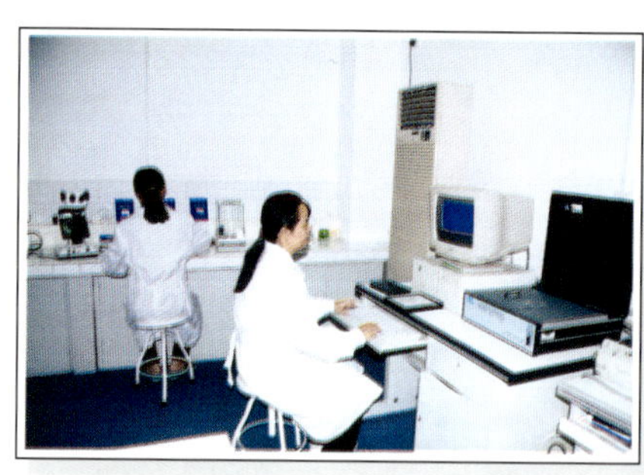

所　长：李官云

地　址：广西南宁市新竹路12号
电　话：(0771) 5860161　5869795
传　真：(0071) 5860161
E-mail:gxzjs@public.nngx.cn、gxzjs@163.net
邮　编：530022

站领导班子规划企业发展前景左起：总经理助理何文琛、副总经理林真茂、党委书记、总经理周亲才、副总经理韦彩明、纪委书记、副总经理马利飞。

广西南宁药材批发站
广西一心医药连锁公司

广西壮族自治区南宁药材批发站始建于1956年，是国家医药二级批发企业。现有在职正式员工370人，拥有各类专业技术人员160人。企业资产总额1.02亿元，占地面积17万平方米，建筑面积6.1万平方米（包括南宁、北海、百色、崇左等地的办公、营业及仓储等场所），下设9个职能科室、8个业务经营部门、1个中药饮片加工厂、1个药品配送中心、10个大型医药商场、1个宾馆（酒楼）及1个运输车队。

四十多年来，我站始终奉行"质量第一，顾客至上"的经营宗旨，在医药商品的采购、批发、零售、加工、储运等方面积累了丰富和成功的经验。并与全国各大药品生产厂家，医药一、二级站（公司）有着广泛、密切的业务联系。1998年11月16日我站成立了广西第一家药品配送中心，实行现金销售和低价位运行策略，以一种全新的经营模式，通过广泛地宣传和优质的药品配送服务，得到了广大客户的一致好评，逐步树立起知名度和良好的信誉。两年来，药品配送中心从无到有，从小到大，不断发展壮大，相继在都安、凭祥、上林、田东及扶绥等县（市）设立基层配送中心，销售网络以南宁市为中心，不断向周边地区扩展和辐射，日销售额在35万至50万元，经营品种也扩展到化学原料药及其制剂、中成药、中药材、中药饮片、生化药品、生物制品、医疗器械、玻璃仪器、保健药品、计生药具等各大类，品种规格达9000多个，年销售客突破2亿元，成为自治区最大的医药二级批发企业之一，取得良好的社会效益和经济效益，同时也增强了企业市场竞争能力和规模经营的实力，为企业今后的连锁经营和集团化发展奠定了良好的基础。

整洁的柜台陈列

随着国家医疗体制改革的不断深入以及药品分类管理的实施，人们逐渐形成"大病上医院，小病进药店"的观念，自我药疗和自我保健意识不断增强，药品零售和非处方药的销售蕴藏着巨大商机。为了不断提高药品零售市场的占有率，我站以原有的十大医药零售商场为基础，于2000年11月22日成立广西一心医药连锁公司，这标志着企业走向全面创新的阶段。一心医药连锁公司下属各大医药商场将实行统一的管理制度，统一的商号，统一的质量标准，统一的价格，统一的服务质量，统一的店容店貌等连锁化经营管理模式，以崭新的面貌迎接新世纪的挑战，用我们的热心、真心、诚心、为推动医药事业的发展，保障人民用药安全有效做出更大的贡献。

地　址：南宁市杭州路22号　　邮　编：530011
电　话：(0771)2425482　　电　挂：6004

努力開創民族工作新局面

广西壮族自治区民族事务委员会是主管民族事务的自治区人民政府组成部门，内设办公室、财经处、政法处、文教处、人事处、纪检监察室和机关党委。

在千年伊始、世纪之交的2000年，自治区民族事务委员会按照国家民委提出的2000年民族工作总任务，围绕自治区党委、政府的工作部署，以全面贯彻落实中央民族工作会议精神为主线，深入学习邓小平理论，努力实践“三个代表”思想；积极开展调查研究，当好党委、政府的参谋和助手；以经济建设为中心，积极参与实施西部大开发和“兴边富民行动”、边境建设大会战；加强和完善各项民族资金的使用和管理，大力引进资金，加快少数民族聚居地区和杂散区以及边境地区的经济发展；广泛开展民族团结进步教育；积极配合自治区党委组织部加强对少数民族干部培养选拔工作；持之以恒地抓好民委的“形象工程”。通过全体干部群众的共同努力，全区民族工作上了一个新台阶。

2001年是新世纪的第一年，也是我国实行第十个五年计划的第一年。自治区民族事务委员会将高举邓小平理论的伟大旗帜，坚持学习和实践“三个代表”的重要思想，深入贯彻落实中央和自治区民族工作会议精神，围绕国家和自治区“十五”计划的各项任务，努力完成民族工作部门担负的任务。积极参加西部大开发、“兴边富民行动”和边境建设大会战，全力推进少数民族和民族地区的经济社会全面发展，抓大事，办实事，以更饱满的工作热情、更加踏实的工作作风和更大的工作成绩，开创民族工作的新局面。

1——2000年12月19-20日，在即将跨入新世纪的重要时刻，自治区党委、政府召开自治区民族工作会议，全面部署新世纪的民族工作。

2——为贯彻落实自治区民族工作会议精神，部署新世纪初年的民族工作，自治区民委召开全区民委主任会议。

3——自治区民委机关干部深入少数民族地区开展扶贫工作。图为自治区民委主任黄海坤同志（左一）与他定点帮扶的贫困户老人亲切交谈。

4——自治区民委党组书记、民委主任黄海坤同志（左三）在荔蒲县蒲芦瑶族乡瑶民新村视察。

广西壮族自治区经济技术协作办公室

办公室主任：袁 智

广西壮族自治区经济技术协作办公室为自治区人民政府直属事业单位，承担与区外经济技术合作职能。年内，全区实施内联项目798个，投资额118亿元，引进区外资金40.1亿元。在2000广西投资贸易洽谈会上，又签约内联项目339个，投资额173.4亿元，引进区外资金94.8亿元。

广西壮族自治区经济技术协作办公室的主要职责是：

（1）负责与区外国内经济技术合作、对口支援工作，并进行宏观指导和协调服务；指导地市县经济技术协作工作。

（2）提出全区经济技术合作有关政策建议，根据自治区人民政府委托起草有关规范性文件草案，经批准后组织实施。

（3）负责我区与西南、中南区域经济技术协作，广西与北京航空航天大学合作和广西与广东对口帮扶经贸合作，广西与江苏对口协作以及三峡工程库区长寿县对口支援工作。

（4）负责西南六省区市七方联合开放南宁办公室和西南六省区市七方经济协调会广西联络员的工作；负责广西对口支援三峡工程工作领导小组办公室和广西与北京航空航天大学经济技术合作委员会广西办公室的日常工作。

（5）受自治区人民政府委托，组织自治区代表团（组）参加国内经济技术协作活动及完成有关准备工作；负责在我区召开的政府间区域经济协作会议的筹备工作。

（6）负责与各省区市驻桂办事处有关经济技术协作的业务联系。

（7）牵头组织我区企业参加国内商品展销和项目招商工作；负责我区举办的国内经贸洽谈商品展销会和南宁国际民歌艺术节的国内合作项目洽谈、签约及区外展品的组织、协调等工作。

（8）建立和管理全区国内经济技术合作项目库；参与区外重大经济联合及合作项目的考察、论证、洽谈及有关项目的签约工作；检查、督促全区经济技术协作项目的执行，负责全区经济技术协作项目的统计。

（9）受自治区人民政府委托，审批区外来我区设立的办事处和冠以“广西”的经济联合组织；会同有关部门受理内联企业的投诉，为内联企业提供政策咨询、信息交流及项目跟踪服务；负责自治区内联企业协会的日常工作。

（10）按照自治区人民政府的安排，负责区外来访有关经济代表团的业务接待工作。

（11）承办自治区人民政府交办的其他事项。

袁智主任参观昆明世博会广西活动周产品展销会

防震减灾 造福人民

——广西壮族自治区地震局

中国地震局副局长汤泉到广西地震局检查工作。从左至右为：龙安明副局长，袁家治局长，汤泉副局长，李竞志副局长。

广西是我国华南地区地震活动较为强烈的省区之一。仅在近一百多年内，广西境内就发生了20多次中强以上地震。

自治区地震局是自治区人民政府防震减灾的职能部门，行使自治区人民政府赋予的防震减灾工作的行政、社会管理职能。

一、防震减灾工作得到各级政府的进一步重视

自治区和全区14个地（市）都建立了由主要领导或分管领导任组长的防震减灾工作领导小组，明确了各级防震工作机构为同级领导小组的办事部门，负责处理日常工作。

二、地震监测预报水平不断提高

中国地震局和自治区人民政府先后投入建设资金近400万元，实施了台站优化方案和中国地震局的"131工程"以及"95-01/02"国家重点项目，将部分台站进行数字化、自动化技术改造，全面改善广西地震台网观测数据质量，增加地震前兆信息量，缩短地震数据处理时间，提高地震快速响应能力。

广西地震局科技人员正在进行地衣预报分析研究

三、防震减灾执法力度明显加大

1998年8月，自治区人民政府正式批复，决定赋予自治区地震局行使全区防震减灾工作行政管理职能，确立了自治区地震局作为自治区人民政府防震减灾行政主管部门的地位。广西各级法制管理部门也发文赋予自治区地震局及各地市县防震办行使防震减灾行政执法权和监督权。由自治区发展计划委员会牵头，区建设厅、水利厅、交通厅、电力局和地震局于1999年、2000年开展了全区地震应急工作和全区地震安全性评价及抗震设防要求执法检查。

四、加强了防震减灾宣传教育工作

开展了声势浩大、形式多样的全区《防震减灾法》宣传活动。举办了"地震·防震·法规知识专家系列广播讲座"和"全区防震减灾知识图片巡回展"，进一步提高了全民的防震减灾意识。

五、防震减灾服务领域不断拓宽

自治区地震局先后为平果铝业基地、南宁市地震小区划等30多个工程项目开展了工程建设的地震安全性评价和振动测试服务，为广西的经济建设发挥了重要作用，取得了较好的社会经济效益。

六、防震减灾科研成果累累，人员素质不断提高

广西地震科技人员多年来一直坚持边探索研究、边进行预报实践，对广西的断裂构造、历史地震、地震活动规律及震灾防御等进行了深入探索，35项研究成果获得了中国地震局基层科技进步奖。

广西地震局工程地震科技人员在野外工程地工作

奋进的广西农业科学院

院长：李杨瑞（教授、博士生导师）

院领导在都安检查野生毛葡萄组培苗生长情况（右一为副院长何红、右二为院长李扬瑞、右四党组书记李达球）

广西农业科学院是广西壮族自治区人民政府直辖的一个农业科研机构，主要从事种植业的应用、应用基础及配套技术和综合开发利用研究。下设十三个专业研究所室和三个研究中心。全院现有在职职工986人，其中科技人员505人，高级职称114人，博士12人，国家级有突出贡献专家4人，获政府特殊津贴26人，自治区级优秀专家10人，自治区有突出贡献科技人员7人。1964年建院以来，完成科研面目900多项。1978年后选育并推广自育农作物新品种200多个，推广面积占全区作物种植面积的50%以上。获奖成果226项，其中国家级23项，省部级173项，自治区重奖4项。累计新增社会经济效益450亿元以上。现承担有国家“863”及国家、广西重点等科研项目239项。为农业和农村经济发展做出了重要贡献。

随着社会主义市场经济的不断发展和知识经济时代的到来，我院正在进一步深化科技体制改革，努力实现科研有更快的发展，产业建设形成更强的实力，充分发挥广西农业和农村经济发展的科技支撑作用，迎接21世纪的挑战。

广西农业科学院科技综合楼

广西现代农业科技示范园

树工商形象，为红盾增辉

——南宁市工商行政管理局剪影

南宁市工商局下辖13个分（县）局、一个巡查支队、17个机关科室、4个协会、120个工商所，全局共有干部职工1500余人，担负着监管并维护首府市场经济秩序的重要职责，是由自治区工商局垂直管理的重要执法部门。

多年来，该局以培养一支政治素质好、业务能力强、清正廉洁、务实高效的工商行政管理队伍为目标，内强素质，外树形象，充分发挥职能作用，不断加大行政执法力度，依法打击制售假冒伪劣商品等经济违法行为，建立健全“12315”申诉举报网络，按照“有诉必接、有假必打、有案必办、快速出击”的服务宗旨，及时、准确、快捷地受理投诉或移交有关部门处理，维护消费者的合法权益，为维护首府的市场经济秩序作出了重要贡献，赢得了首府市民的热情赞誉。仅1995年以来，全局便获得了50余项市级以上荣誉，先后被国家工商局、国家人事部，自治区党委、区人民政府，自治区工商局和南宁市委、市政府授予“先进集体”、“先进单位”等荣誉称号。由他们监管的298个集贸市场已有74个获得市级以上“文明市场”荣誉称号，尤其是由该局指导全市个体户开展的“一帮一”活动和在全市集贸市场推行的“摊前一个桶”，经《人民日报》、新华社、中央电视台等中央权威媒介报道后，在全国引起强烈反响，充分展现了新时期工商行政管理部门的良好形象。

国家工商局副局长杨树德（右2）、自治区工商局局长蔡永伦（左2）、副局长蔡玉瑜（右1）在南宁市工商局局长武布文（左1）的陪同下，到南宁市工商局唐山工商所了解运用电脑对“经济户口”进行有效管理的情况。

南宁市工商局不断加大工商法规的宣传力度，图为该局副局长李永干（右一）与自治区工商局领导上街宣传《广告法》。

近年来，南宁市工商局按照把南宁市建设成“大流通”、“大中心”的规划和要求，结合“西部大开发”，积极构筑大西南流通体系，提出了生活资料市场与生产资料、生产要素市场兼顾，专业市场与综合市场并举，有形市场与无形市场相融的发展思路，不断加强市场建设的宏观调控，保证市场建设良好运行。短短几年来，南宁市的市场已由90年代前的150个（含两县）发展到现在的298个，总面积达219万平方米，总投资额达81356万元。截止2000年12月止，全市共有个体工商户76600多户、私营企业5400多户，初步形成了具有一定规模、门类较为齐全、功能较为完善、辐射力较强的市场体系。由于工商部门加大了市场监管力度，全市市场秩序井然，竞争有序。守法经营、公平竞争已蔚然成风，首府的整个市场正沿着统一、开放、竞争、有序的轨道健康发展。

为了打击非法传销，南宁市工商局副局长罗世会（左一）带领工商执法人员向群众宣传非法传销的危害性。

在整顿和规范市场经济秩序工作中，南宁市工商局严把市场准入关，从严整顿和规范市场交易行为、市场竞争行为，清理“三无”企业，打击传销和变相传销，净化首府经济环境和文化市场环境。在新形势下，他们还按照监管“大市场”的职能需要，不断拓宽监管领域，不仅对有形市场大胆管理，而且对无形市场也主动介入，打破部门垄断，先后介入到建材、汽车、通信产品、中介、文化等领域进行有效监管，较好地规范了市场交易行为，为市民营造了一个良好的市场竞争环境。

当前，我国加入WTO在即，市场经济已日趋走向成熟，南宁市工商局根据市场经济领域出现的新情况、新问题，不断探索新的监管方式和方法，增强紧迫感和使命感，以饱满的工作热情和良好的工商新风貌，迎接新世纪的挑战。

资料提供：毛国兴

自治区工商局局长蔡永伦（左1）在南宁市工商局局长武布文（左2）、副局长郑志光（右1）、纪检组长李欣（右2）的陪同下视察南宁市工商局的基层正规化建设。

熊熊烈火将各种假冒伪劣化为灰烬

广西机动车辆牌照证件制作印刷中心

中心大门

广西机动车辆牌照证件制作印刷中心始建于一九八一年，是经公安部审批的广西区内唯一的车号牌定点制作部门。中心位于南宁市望州路304号，现有在职员工120余人，各类技术骨干80余人，拥有固定资产1000多万元。

中心坚持以市场为导向，以质量求发展，开拓进取，敢为人先。近年来，斥巨资改造原有的部分旧设备和新添置一批具有先进水平的生产设备。光印刷设备就投资了五百多万元。现在中心除了印刷公安部门的各种处罚凭证、票据和证件外，还对外承印各类书刊、报刊、表格文件等等，创造了效益。中心还对外承制各种反光道路指路牌、反光标志牌、普通道路牌、龙门架等等，本着顾客至上的原则，中心赢得了广大的市场，在创造了很好的经济效益的同时，也创造了很好的社会效益。

物质文明是精神文明的基础，精神文明是物质文明的保证。中心领导两手抓，两手出效益，在抓经济建设的同时，狠抓精神文明建设，并取得了可喜的成绩。今年，计生工作获得城区第二名的好成绩，同时又获得城区“爱国卫生先进单位”和“全国创建文明先进单位”的光荣称号，保证了经济的稳步发展。

恬静优美的环境，使人工作倍感轻松，更能培养人爱家、爱单位、爱国的团结热情。中心因地制宜，建造假山、喷泉、凉亭、长廊、鱼池、花草果树等，工作之余，漫步其间，听泉声、鸟声、看鱼游，怡然自得，怡人的环境造就了职工团结奋发的精神风貌。

团结、务实、努力开拓，这就是职工的中心，这就是广西机动车辆牌照证件制作印刷中心。

中心宽敞的电脑室

中心职工正在紧张工作